퇴계시 풀이

1

제일권

퇴계시 풀이 제일권

초판 발행 • 2007년 6월 30일
초판 2쇄 • 2019년 10월 15일

지은이 • 이 황
옮긴이 • 이장우 · 장세후
펴낸곳 • 영남대학교출판부
디자인 • Gu kje AD

출판등록 • 1975년 9월 5일 경산 제16－1호
주소 • 경북 경산시 대동 214－1
전화 • (053) 810－1801~3
FAX • (053) 810－4722
홈페이지 • book.yu.ac.kr

ISBN 978-89-7581-330-6
978-89-7581-329-0 (셋트)

• 값은 표지 뒷면에 있습니다.
• 잘못 만들어진 책은 바꾸어 드립니다.

퇴계시 풀이 ①

제일권

이황 지음
이장우 · 장세후 옮김

영남대학교출판부

머리말

이 책은 이퇴계 선생이 남기신 한시 중에서 문집의 《내집內集》 5권에 수록된 시 1086수를 우리 말로 옮기고 상세하게 주석을 단 것이다. 《내집》 이외에도 《별집別集》, 《외집外集》, 《속집續集》에도 도합 4권에 이 정도의 시가 더 수록되어 있으며, 이밖에도 문집에 수록되어 있지 않으면서 전하는 시가 상당히 많은 분량이 있으니, 이 책에서 풀이한 시는 퇴계선생이 평생에 지은 시 가운데 대체로 약 3분의 1 정도의 분량이 될 것으로 보아야 할 것이다.

이 역주 작업은 필자와 장세후군이 《퇴계학보退溪學報》(서울, 퇴계학 연구원, 지금은 반연간)에 장장 63회에 걸쳐서 연재한 것이다. 처음에는 계간季刊이었던 이 학보에 필자가 단독으로 이 작업을 시작하였으나, 너무나 일이 지지부진하여 컴퓨터를 잘 다룰 줄 아는 장군을 공역자로 선정하여, 장군이 만들어놓은 초고를 필자가 교정하는 방식으로 일을 진행하였다.

처음 필자가 이 작업을 시작하게 된 동기는 이미 여러 차례 다른 데서 밝힌 바 있지만, 대개는 다음과 같다. 이 일을 시작할 즈음인 20년 전의 상황은 필자가 전공하고 있는 중국문학이라는 분야의 연구환경도 지금에 비하여 많이 열악하였고, 또 필자가 처한 연구 조건도 그다지 바람직하지만은 않았다. 중국 대륙에서 무슨 책들이 출판되어 나오는지도 잘 알 수가 없었고, 또 설령 그러한 책들을 어렵사리 구하였다 하여도 신설

학과와 새로 만든 학회의 일에 얽매여 무엇 하나 차분히 일관성 있게 읽어 낼 도리가 없었다. 이런 처지에서라도 틈나는 대로 조금씩 할 수 있는 일이 바로 무엇이라도 짬짬이 조금씩 적어두었다가 연재의 형태로 지면을 할당받아 발표하는 것이었다.

대구로 와서 계명대의 고 이원주李源周 교수가 가지고 있던《요존록要存錄》(《퇴계집》의 한문 필사 주석본)을 얻어 보고는 이미 간행된《퇴계선생문집고증考證》과 함께 참고한다면, 이 퇴계시에 관한 역주에 있어서 만은 필자 나름으로 한 몫을 할 수 있을 것 같다는 생각이 좀 들었다. 뿐만 아니라 이 일은 학계로 봐서도 상당히 의미가 있을 것 같았다. 이런 생각을 하게 된 이유는 당시 한국의 학문 풍토를 보면, 지금도 거의 마찬가지이겠지만, 무슨 분야를 공부한다고 할 때 그 분야의 원전은 제대로 잘 보지도 않고 대개 수박 겉 핥기 식으로 남이 쓴 것만 보고는 적당한 수준에서 끼워 맞춰 짜깁기나 하는 경향이 많았는데,《퇴계문집》같은 어려운 한문 원서는 더 말할 나위도 없었기 때문이다.

이 작업을 하면서 필자와 장군은 20년 가까운 세월을 온 힘을 다 바쳤다고 하여도 과언이 아니다.《고증》과《요존록》에 나오는 한문 주석들을 현대 독자들이 이해할 수 있도록 여러 가지 한문 사전과 중국 · 한국의 고전들을 찾아서 원전과 일일이 꼼꼼하게 대조하고, 더욱 알기 쉬우면서

도 상세하게 풀었을 뿐만 아니라, 퇴계 선생이 누구의 시를 보고 지었거나 시를 받고 화답한 시의 경우에는 그 원시들까지 찾을 수 있는 한 모두 찾아서 참고로 번역을 해 두었다. 중국의 도연명陶淵明, 두보杜甫, 소동파蘇東坡, 주자朱子의 많은 시와, 이퇴계 선생의 친구, 제자들의 많은 시를 참고로 제시하였다.

이 작업을 시작한 뒤에 이미 몇 가지 관련된 책이 딴 사람들의 손에서도 나왔고, 우리 공역자들의 손을 통해서 나오기도 하였다. 퇴계학연구원에서 낸《완역퇴계전서》, 중국에서 나온 백화문 번역《退溪全書》, 한국정신문화연구원에서 낸《퇴계시 Ⅰ·Ⅱ》등이 이들이다. 첫째 책은《내집》부분의 시는 이가원李家源 교수가 번역한 것이고, 나머지 시는 필자와 장군도 번역에 참여하였다. 그러나 이 책은 주석이 그렇게 상세하지가 않다. 두 번째 책은 중국어로 옮겼다는데서, 호기심을 이끌어 낼만한 것이고 또 더러 참고가 되기도 하지만 너무나 촉박한 시일 안에 한국의 연구비를 받아내기 위하여 서둘러 낸 것이 되어 기대에 크게 못 미친다. 세 번째 책은 바로 지금 우리가 내고 있는《내집》부분만 역주한 것인데, 저명한 한학자 신호열辛鎬烈 선생이 구술하고 당시 정신문화연구원의 교수였던 정양완鄭良婉·심경호沈慶昊 두 교수가 받아 정리한 것으로, 한글 번역문도 매우 유려하고, 주석도 자못 상세하여 매우 잘 된 책이다. 이러한 책들이 나온 뒤에 물론 필자들은 이 책들을 늘 책상머리에 놓아두고 자주 참고하기도 하고, 우리가 한 번역들과 대조하여 보기도 하였다. 그러나 위의 어느 책도 《요존록》까지 참고한 것은 없고, 또 우리들의 역주와 같이 평이하면서도 상세하지가 않다.

이 작업을 하는 동안 장군은 《퇴계시 색인》(서울, 이회출판사)을 내었고, 필자와 경북대의 이세동李世東 교수가 주관하여 낸 《퇴계선생문집고증》(대구, 국제퇴계학회 대구 경북지부)의 번역에도 참가하였으며 필자와 장군은 공역으로 《퇴계마을의 노래》(퇴계잡영, 서울, 지식산업사), 《도산잡영》(서울, 을유문화사) 등을 내었다. 《고증》 같은 책은 번역을 한 사실이 거의 알려져 있지도 않지만, 한국의 한문번역사에서는 매우 중요한 업적으로 생각되며, 똑같은 책을 역시 중국에서 백화문으로 내기도 하였지만, 역시 위에서 말한 《퇴계전서》와 똑같은 목적으로 낸 것이 되어, 우리들이 몇 년 동안에 걸쳐 힘들여 낸 작업과는 도저히 같은 차원에 놓고 비교를 할 수가 없는 것이다.

우리 두 사람이 풀이하고 있는 이 퇴계시의 역주작업은, 앞으로도 계속하여 지금 문집 《내집》 5권, 《별집》·《외집》·《속집》의 4권, 《보유補遺》 등 도합 10권 이상을 낼 작정으로 있는데, 우선 이미 작업을 마친 《내집》 부분만 5권으로 낸다. 우리가 한 수고에 비하여 이 책을 기꺼이 출판하여 주려는 일반 출판사는 거의 없었다. 일은 많으나 별로 수익성이 없다고 판단을 하였기 때문이 아닐까 한다.

이러한 사정을 알고도 선뜻 출판을 맡아준 영남대출판부에 진심으로 심심한 감사를 드리는 바이다. 27년 간이나 봉직해온 곳에서, 20년 넘게 다듬은 원고를 책으로 내어준다니 그저 감개무량할 뿐이다.

이 책을 마지막 손질하는데 방대한 분량의 내용을 처음부터 꼼꼼하게 검토하면서 다시 철저하게 교정하여 준 영남대학교 중국언어문화학부의 이춘영 교수와 대학원 박사과정의 박한규군의 정성어린 협조에 감사를 표한다. 이 두 사람 모두 학부과정부터 우리들과 더불어 여러 해 동안 공부를 함께 해 온 자랑스러운 후학들이다.

끝으로 이 일을 추진하도록 결단을 내리고, 독려하여 준 영남대의 전임과 현임 출판부장이신 이희욱 교수와 이현진 교수님, 그리고 출판실무를 담당한 이종백 선생님 등 직원 여러분들께 감사의 마음을 표할 따름이다.

2007년 6월 중순

이장우李章佑

차례

1. 過吉先生閭_癸巳[1]

길재선생님의 여각閭閣에 들러_계사년(33세)

朝行過洛水
조 행 과 락 수

아침에 길을 떠나 낙동강 물을 지나가니,

洛水何漫漫[2]
낙 수 하 만 만

낙동강 물은 얼마나 끝없이 넘치는가?

午憩望鰲山[3]
오 게 망 오 산

낮에 잠깐 쉬면서 금오산金鰲山을 바라보니,

鰲山鬱盤盤[4]
오 산 울 반 반

금오산은 울울창창한 숲이
구비구비 서려 있구나.

1 | 고려 말의 충신이며 성리학자인 야은(冶隱) 길재(吉再, 자는 再父) 선생의 지조를 기려 선산부(善山府) 봉계리(鳳溪里)-지금의 선산군 고아면(高牙面)에 속함-에 있는 선생의 옛날 살던 고향 마을에 세워진 기념각[旌閭閣]을 지나며 적은 시임. 이 정려각은 세종 때 세워졌고, 이 시는 계사년, 퇴계선생 33세 때 지은 것이다. 《연보》에 의하면 이 해에 퇴계선생은 「반궁(泮宮-성균관)에 유학하다가 가을에 고향으로 내려가 경상도 향시(鄕試)에 응시하였다」고 되어 있다. 아마 겨울에 이 시험을 응시하러 가는 것을 계기로 하여, 전실부인인 허씨의 친정이 있었던 의령(宜寧)의 처가와, 숙부 송재(松齋) 공이 진주목사로 부임하여 계실 적에 그의 셋째 형님과 넷째 형님이 따라와서 공부하던 절 등을 둘러보고, 지금의 경상남·북도에 속한 여러 곳을 유람하고 다닐 때에 이 시를 지은 것일 것이다.

2 | 만만(漫漫) : 「曼曼」이라고도 하며 아득히 먼[曠遠] 모양을 말함. 굴원(屈原)의 《초사·슬픔을 만남(楚辭·離騷)》「길 아득하니 길고도 멂이여, 내 장차 오르내리면서 어진 임금 구하려 하네.」(路漫漫其修遠兮, 吾將上下而求索)

清流徹厚坤[5]
청 류 철 후 곤

맑은 개울물 두터운 땅을 뚫고 흐르고,

峭壁凌高寒
초 벽 릉 고 한

가파른 절벽 높고도 찬
겨울 하늘에 솟아 있구나.

有村名鳳溪
유 촌 명 봉 계

그 아래 한 마을 있어 봉계라 이름하니,

乃在山水間
내 재 산 수 간

이에 산과 강 사이에 자리잡고 있구나.

先生晦其中[6]
선 생 회 기 중

길吉선생님께서 그 마을에서
이름을 숨기고 사셨다고,

表閭朝命頒
표 려 조 명 반

사시던 집 앞에 정문旌門을 세우라는
나라의 명령이 내렸다네.

3 | 오산(鰲山) : 지금의 구미에 있는 금오산(金烏山)을 말함. 금오산의 「오」자는 한자(漢字)로 「鰲」와 「烏」를 다 썼는데, 일반적으로 「烏」자가 통용되었음.

4 | 반반(盤盤) : 구비구비 서린 모양. 당(唐)나라 이백(李白)의 〈촉땅으로 가는 길이 험난함(蜀道難)〉 「청니령 얼마나 구불구불하던지, 백 걸음에 아홉 번은 꺽이어 바위와 봉우리에 얽히어 있네.」(靑泥何盤盤, 百步九折縈巖巒)

5 | 철후곤(徹厚坤) : 당나라 두보(杜甫)의 〈여름 낮에 탄식하다(夏日歎)〉 붉은 빛 뿜어내는 해는 두꺼운 땅을 뚫는데, 짜증스럽고 찌는 듯한 더위 어디에서 열릴 것인가?」(朱光徹厚地, 鬱蒸何由開) 역시 두보의 〈목피령(木皮嶺)〉 「우러러 보니 밝은 해 가리우고, 굽어 두터운 땅 찢고 들어가네.」(仰干塞大明, 俯入裂厚坤)

6 | 회(晦) : 「감추다」, 「숨기다」의 뜻으로 쓰였음. 곧 이름을 숨기어 [晦名] 세상에 드러나지 않게 하는 것을 말함.

大義不可撓 큰 의리만은 굽힐 수 없는 것이지,
대 의 불 가 뇨

豈曰辭塵寰[7] 어찌 현실을 도피하였다고 말할 수 있겠는가?
기 왈 사 진 환

千載釣臺風[8] 천년 전 부춘산富春山에서 낚시하던 기풍이,
천 재 조 대 풍

再使激東韓[9] 다시금 우리 동쪽 삼한三韓 땅 선비들을 감격하게 하였네.
재 사 격 동 한

扶持已無及[10] 부축하고 지탱시켜 보려고 하여도 이미 미칠 방법이 없었으나,
부 지 이 무 급

7 | 진환(塵寰) : 「塵闤」이라고도 하며 속세, 곧 인간이 사는 세상을 말함. 진세(塵世).

8 | 조대(釣臺) : 후한(後漢)을 건국한 광무제(光武帝) 유수(劉秀)의 옛 친구였던 엄광(嚴光: 자는 子陵)이 친구가 천자가 된 뒤에 여러 번 간곡하게 초청을 하였으나 나아가지 않고, 부춘산(富春山-지금 杭州의 富春縣에 있음)에서 밭을 갈고 낚시를 하고 지냈다고 함. 그가 낚시하던 곳을 「엄릉조단」(嚴陵釣壇)이라고 부른다고 함. 《후한서 · 엄광의 전기(後漢書 · 嚴光傳)》의 고야왕의 《여지지(輿地志)》에 인용된 주석. 명(明) 이현(李賢)의 《일통지 · 엄주부(一統志 · 嚴州府)》 「【부춘산】동려현 서쪽에 있으며 일명 엄릉산이라고도 한다. …… 엄자릉이 은거하며 낚시하던 곳으로 …… 동 · 서의 두 조대가 있다. 【조대】부성의 동쪽 50리 지점에 있으며 동 · 서의 두 조대가 각기 수백 길이다. 시내는 엄자릉이 낚시를 드리우던 곳이다.」(【富春山】在桐廬縣西, 一名嚴陵山. …… 嚴子陵隱釣處 …… 有東西二釣臺. 【釣臺】在府城東五十里, 東西二釣臺, 各高數百丈, 溪嚴子陵垂釣處) 《고증》 「이른바 동강 칠리탄이 바로 이것이다.」(所謂桐江七里灘, 是也) 이씨조선이 들어선 뒤에 길재선생에게 벼슬을 내리고 초청하여도 응하지 않은 것을 엄자릉과 비유하였음.

植立永堅完 식 립 영 견 완	절개를 세움은 영원히 굳고도 완전하였네.
丈夫貴大節 장 부 귀 대 절	대장부는 큰 절개를 귀하게 여기지만,
平生知者難[11] 평 생 지 자 난	평상시에 그것을 아는 것은 어렵다네.
嗟爾世上人 차 이 세 상 인	아아! 그대들 세상 사람들이여!
愼勿愛高官 신 물 애 고 관	부디 높은 벼슬을 사랑하지 말라.

9 | 동한(東韓) : 곧 우리나라를 가리키는 말임. 기자조선(箕子朝鮮)의 마지막 왕인 기준(箕準)이 위만(衛滿)의 공격을 받아 지금의 익산(益山) 근처로 도망을 와 삼한(三韓)의 하나인 마한(馬韓)을 세우고 한왕(韓王)이라 한데서 유래하였음.

10 | 부지(扶持) : 넘어지려 할 때 붙들어 주고 위태로울 때는 부축해준다는 부전지위(扶顚持危)의 준말임. 《논어 · 계씨가(季氏)》「위태로운데도 붙들어주지 못하고 넘어지려하는데도 부축해주지 못한다면 장차 그런 신하를 어디에다 쓰겠느냐?」(危而不持, 顚而不扶, 則將焉用彼相矣) 이는 길재같은 인재로도 이미 망해가는 고려를 되돌리기에는 역부족이라는 비유로 쓰인 것임.

11 | 평생(平生) : 여기서는 일생이라는 뜻보다는 평소, 또는 평소의 뜻이나 업적이라는 뜻으로 사용되었음. 《논어 · 원헌이 묻기를(憲問)》「이익을 보면 의로움을 생각하고, 위험함을 보면 목숨을 바쳐야 하며, 오랫동안 곤궁하더라도 이러한 평소에 한 말을 잊어버리지 말아야 또한 온전한 사람이라고 할 수 있느니라.」(見利思義, 見危授命, 久要不忘平生之言, 亦可以爲成人矣)

2. 月影臺[1]
월영대

老樹奇巖碧海堧[2]
노 수 기 암 벽 해 연

늙은 나무 기이한 바위
　　짙푸른 바다 곁의 빈터만 남았을 뿐,

孤雲遊跡總成烟
고 운 유 적 총 성 연

최고운이 놀던 유적은
　　모두 안개 속에 사라져버렸네.

只今唯有高臺月
지 금 유 유 고 대 월

지금은 다만 남아 있네
　　높은 누대에 걸린 달만이,

留得精神向我傳
유 득 정 신 향 아 전

옛날 그대로 남아서 선생의 정신을 얻어
　　나를 향하여 전하여 주려하고 있네.

1 | 지금의 경남 마산시(馬山市)의 해변에 남아 있는 고운(孤雲) 최치원(崔致遠)이 놀던 유적. 《신증동국여지승람 · 창원도호부(昌原都護府)》「회원현 서쪽 바닷가에 있다. 최치원이 놀던 곳이며 (글을) 새겨놓은 바위가 있으나 벗겨지고 부서져 버렸다.」(在會原縣西海邊, 崔致遠所遊處, 有石刻剝落) 이 시 역시 33세(겨울)에 쓴 것으로 문집에 정리되어 있다. 이하 특별히 제작 연대 표시가 없는 시는 모두 그 앞에 연대 표시가 나온 시와 같은 해에 지은 것이다.

2 | 해연(海堧) : 「堧」은 「壖」으로도 쓰며, 노는 땅, 빈터를 말함. 「海堧」은 일반적으로 바다에 접한 [沿海] 곳을 가리키는 말로 쓰인다. 주자(朱子)의 〈취석(醉石)〉「정신은 북쪽 궁궐의 그늘을 달리고 있는데, 생각은 동해가의 빈터에 있네.」(神馳北闕陰, 思屬東海堧)

3. 矗石樓[1]

촉석루

落魄江湖知幾日[2]
낙 탁 강 호 지 기 일

별볼일 없이 강호에 쏘다닌지
몇일이나 되었던가?

行吟時復上高樓
행 음 시 부 상 고 루

시를 읊고 다니며 이제 다시
높은 누각에 올라보네.

橫空飛雨一時變
횡 공 비 우 일 시 변

하늘을 가로질러 날던 빗방울
일시에 그치니,

入眼長江萬古流[3]
입 안 장 강 만 고 류

눈앞에 들어오는 긴 강물
영원히 흐르네.

1 | 경남 진주(晋州)에 있는 촉석루에서 지었음. 《신증동국여지승람》에 수록되어 있는 하륜(河崙)의 기문(記文)에 의하면 「강 가운데에 뾰족뾰족한 돌이 있기 때문에」(江之中有石矗矗) 그렇게 이름을 지었다고 한다. 역대의 많은 문인, 명사가 이 루에 올라 시문을 남겼다.

2 | 낙탁(落魄) : 「魄」은 여기서 「탁」으로 읽으며, 「落薄」 또는 「落托」과도 뜻이 통한다. 곤궁하여 실의에 빠진 것을 말함. 《사기 · 역이기의 전기(酈食其列傳)》 「책 읽기를 좋아하였으나 집이 가난하고 실의에 빠져 입고 먹는 것을 생업으로 삼지 않았다.」(好讀書, 家貧落魄, 無以爲衣食業) 후한 응소(應劭)의 주석. 「낙탁은 뜻과 행실이 쇠락하여 악화된 모습이다.」(落魄, 志行衰惡之貌)

3 | 장강(長江) : 곧 촉석루의 아래를 흐르는 남강(南江)을 가리킴.

往事蒼茫巢鶴老[4]
왕 사 창 망 소 학 로

지나간 일 까마득한데
　둥지튼 학만 늙었고,

羈懷搖蕩野雲浮[5]
기 회 요 탕 야 운 부

나그네 마음 울렁거리는데
　들판의 구름 떠가네.

繁華不屬詩人料
번 화 불 속 시 인 료

번화로운 일 시짓는 사람
　헤아릴 바 아니니,

一笑無言俯碧洲
일 소 무 언 부 벽 주

한바탕 웃으면서 말없이
　짙푸른 물가만 굽어보네

4 | 소학로(巢鶴老) : 소나무 위에 둥지를 틀고 사는 학을 말함. 당나라 왕유(王維)의 〈연자감의 선사(燕子龕禪師)〉「밤 줍는 원숭이 따라 다니고, 돌아와서는 소나무에 둥지 튼 학을 마주보고 있네.」(行隨拾栗猿, 歸對巢松鶴) 역시 당나라 유장경(劉長卿)의 〈홍존도사를 찾았으나 만나지 못하다(尋洪尊師不遇)〉「학은 늙어 나이 알기 어렵고, 매화는 추워서 꽃 피우지 않았네.」(鶴老難知歲, 梅寒未作花)

5 | 기회요탕(羈懷搖蕩) : 「기회」는 나그네의 회포를 말함. 「요탕」은 「遙蕩」이라고도 하며 자유분방하다는 의미임. 《장자 · 큰 스승(大宗師)》「자네가 어찌 저 자유분방하고 변화무쌍한 도(의 세계)에서 노닐 수 있겠는가?」(汝將何以遊夫遙蕩恣睢轉徙之塗乎)

4. 與驪州牧李公純、訓導李畬, 遊神勒寺_乙未[1]

여주목사 이순 공과 훈도 이여와 더불어 신륵사에 가서 놀며 _을미년(35세)

京洛風塵一夢悠[2]
경 락 풍 진 일 몽 유

서울의 풍진이란
한바탕의 꿈과 같이 아득한데,

從公聊作靜中遊
종 공 료 작 정 중 유

나으리들 따라서 다만 가져보네,
고요한 곳 찾아와 놂을.

江山曉作雙眸畫
강 산 효 작 쌍 모 화

강산은 새벽되니 두 눈에 그림같이 보이고,

1 | 《연보(年譜)》「(乙未年, 35세) 6월에 일본 사신을 호송하는 관리로 차출되어 왜국의 사신을 동래까지 호송하였다. 여주를 지나다가 목사 이순과 신륵사에서 놀며 지은 시가 있다.」(六月, 差護送官, 送倭奴於東萊. 過驪州, 與牧使李純遊神勒寺, 有詩) 그때 여주목사 이순(李純)과 훈도(訓導 : 고을의 교육을 담당하는 관직) 이여(李畬)가 모두 학자였고, 또 퇴계가 존경하는 모재(慕齋) 김안국(金安國) 선생과 각각 친구와 제자 사이였기 때문에 특별히 만난 것 같다.

여주(驪州) : 지금의 경기도 여주군을 말함.

이순(李純) : 자는 희문(希文)이며 본관은 덕산(德山)으로 퇴계, 김안국(金安國) 등과 교유하였다. 1507년 식년 문과에 을과로 급제하여 사헌부지평, 성균관사성을 거쳐 여주목사에까지 이르렀다. 관상감의 혼의혼상감수관(渾儀渾象監修官)으로 있을 때 천체관측 기계를 제작한 적이 있으며《홍범황극내편보해(洪範皇極內篇補解)》를 지었다.

樓閣晴生六月秋　　누각에 안개 걷히니 유월인데 가을 같네.
누 각 청 생 유 월 추

問數可能探理窟[3]　　세상 이수에 관하여 물으니
문 수 가 능 탐 리 굴　　　　이치의 근원을 찾아갈 수 있었고,

談仙直欲謝時流[4]　　신선에 관하여 이야기하니
담 선 직 욕 사 시 류　　　　곧 시속 사람들을 사절하고 싶네.

이여(李畬 : 1503~1544) : 자는 유추(有秋) 또는 긍확(肯穫), 호는 송애(松厓)이며 본관은 한산(韓山)으로 목은(牧隱) 이색(李穡)의 후손이다. 김안국에게 나아가 학문을 닦았으며, 1531년 식년 문과에 병과로 급제하여 정언, 지평 등을 역임하고 44년에 문학으로 죽었다.《주역(周易)》에 뛰어났으며 진천의 백원서원(百源書院)에 제향되었다.

신륵사(神勒寺) : 여주군 북내면 천송리 봉미산(鳳尾山) 기슭에 있음. 이 시가 지어진 당시의 명칭은 보은사(報恩寺)였다. 경내의 동대(東臺)에 다층 전탑이 있었는데, 이 탑 전체를 벽돌[塼]로 쌓아올렸다 하여 벽절[甓寺] 이라고도 불렀다. 보은사라고 개칭한 것은 1469년에 세종대왕의 능인 영능(英陵)이 이곳 여주로 이장되어 신륵사를 영릉의 원찰(願刹)로 삼았던 까닭이다.

2 | 경락풍진(京洛風塵) : 서울의 먼지바람이란 공명과 이록 등 세속의 일을 비유하는 말임. 남조(南朝) 진(晉)나라 육기(陸機)의 〈친구인 고영(顧榮)이 부부간에 지은 시를 대작하여(爲顧彦先贈婦)〉「서울 낙양에 먼지바람 많이 일고, 흰 옷은 검게 물들여졌네.」(京洛多風塵, 素衣化爲緇)

3 | 문수~탐리굴(問數~探理窟) : 《황극내편》을 두고 읊은 것임.
「이굴」은 의리(義理)가 많음, 재학(才學)이 풍부함을 이르는 말이며, 또한 의리가 심오한 것을 나타내기도 함. 북송의 성리학자인 횡거(橫渠) 장재(張載)의 문집에 보면 〈경학의 이치가 모인 굴(經學理窟)〉이란 것이 있음. 역시 북송의 이학자인 강절(康節) 소옹(邵雍)의

公嘗註皇極內篇, 積功二十餘年而始就.

是日論內篇及參同契修鍊之法[5]

공이 일찍이 《황극내편皇極內篇》을 주해하였는데, 20여 년 동안 공을 쌓아 지금 비로소 완성하였다. 이날 이 《황극내편》과 《참동계參同契》의 수련하는 방법을 논하였다.

〈가을에 느낌(秋懷) 32〉「옷 벗어 부상나무 가지에 걸어두고, 손 뻗어 달 속의 굴 찾네.」(脫衣掛扶桑, 引手探月窟)

4 | 담선~사시류 : 《참동계(參同契)》를 두고 읊은 것임.
한나라 유향(劉向)의 《여러 신선들의 전기 · 왕자교(列仙傳 · 王子喬)》「(왕자교가 桓良에게) 『우리 집에다 7월 7일에 나를 구지산의 입구에서 기다리라고 전해주게.』 과연 흰 학을 타고 산언덕에 머물렀는데 바라볼 수는 있어도 다다를 수는 없었다. 손을 들어 당시 사람들에게 작별을 하고 여러 날 만에 떠났다.」(告我家於七月七日待我於緱氏山頭. 果乘白鶴駐山, 望之不到. 擧手謝時人, 數日而去)

5 | 《황극내편》은 원래 남송 때 주희(朱熹)의 사위인 학자 채침(蔡沈)이 지은 《홍범황극내편(洪範皇極內篇)》이라는 철학책이며, 《참동계》는 한(漢)나라 위백양(魏伯陽)이 지은 《주역(周易)참동계》라는 책인데 《주역》의 이치를 빌려다가 양생술(養生術)에 관하여 논의한 것이며, 주자의 주석서가 있음.
《속집(續集)》 권8의 〈조서를 받든 사신에게 보이는 회답(回示詔使書)〉「근자에 이순이란 사람이 스스로 이르기를 그 학설에 능통하여 책을 지어 주석을 달고 풀이를 하였는데, 또한 그것이 과연 오류가 있는지 없는지는 모르겠습니다.」(近世有李純者, 自謂能通其說, 而至著註解, 亦未知其果無謬否也)

5. 臨風樓_七夕[1]

임풍루에서_칠월 칠석

勝事由來天所慳 승 사 유 래 천 소 간	좋은 일은 본래 하늘이 아끼는 바이나,
臨風樓上且偸閒 림 풍 루 상 차 투 한	바람 맞는 누각 위에서 잠깐 한가로움을 훔쳐보노라.

1 | 경북 성주(星州)에 있는 누각인데, 이 시는 연산군에서 중종 때까지의 문인 강혼(姜渾 : 1464~1519, 자는 士浩 호는 木溪)이 이 누각에서 지은 다음과 같은 시의 각운자에 맞추어 지은 것「次韻」이다.

試吟佳句發天慳	시험삼아 아름다운 시구를 읊조리어 하늘이 아끼는 것을 발로하니,
正値樓中吏牒閑	마침 다락 가운데서 공문서 처리를 한가롭게 면하였구나.
紫燕交飛風拂柳	붉은 제비 번갈아 나는데 바람은 버들을 스치고,
青蛙亂叫雨昏山	청개구리 어지럽게 우니 비에 산이 어둡네.
一生毁謗身多病	일생 동안 남에게 비방을 받으니 몸에 병이 많고,
半載馳驅鬢欲斑	반년 동안이나 바쁘게 말 달리니 귀밑털 반백이 되려 하네.
黃閣故人書斷絶	정승 벼슬하는 친구의 편지가 끊어졌으니,
客行寥落滯鄕關	나그네 행색 쓸쓸하게 시골에 머물러 있도다.

《국역신증동국여지승람 · IV》 85쪽의 번역문을 참조하여 조금 고침.

樹遮午熱風生檻
수 차 오 열 풍 생 함

숲이 낮의 열기를 차단하니
바람이 헌함에 생겨나고,

雲破秋陰日映山
운 파 추 음 일 영 산

구름이 초가을 그늘을 걷어가자
해가 산에 비치네.

老鶴飮多如酒渴[2]
로 학 음 다 여 주 갈

늙은 학이 물 많이 마심은
마치 술 마신 뒤에 오는 갈증과 같고,

2 | 주갈(酒渴) : 술을 마신 뒤에 오는 갈증을 말함. 당나라 맹계(孟棨 : 자는 初中)가 지은 시화집(詩話集)인 《시의 사적에 대한 근원을 밝힘 · 정감(本事詩 · 情感)》「봄을 찾아 홀로 나섰다가 술 마신 갈증으로 마실 것을 구하였다.」(尋春獨行, 酒渴求飮) 당나라 피일휴(皮日休)의 〈한가로운 밤에 술이 깨다(閑夜酒醒)〉「술을 마셔 갈증이 나 차 마시고 싶은 생각 굴뚝같은데, 산속의 동자 불러도 일어나지를 않네.」(酒渴漫思茶, 山童呼不起)
《고금사문유취(古今事文類聚)》 권42 〈우충부 · 학(羽蟲部 · 鶴)〉「제나라 임금이 순우곤에게 학을 초나라에 바치라고 했는데, 고을의 문을 나서자 길에서 그 학을 날리고는 다만 빈 새장만 들고 보고 있었다. 초나라 왕이 말하였다. 『제나라 왕이 신하에게 학을 바치게 하였는데 물가를 지나다가 학이 목말라 하는 것을 차마 견디지 못하여, 내보내어 물을 마시게 하니 (학은 물을 다 마시자마자) 날아가 버렸다.』」(齊王使淳于髡獻鶴于楚, 出邑門, 道飛其鶴, 徒揭空籠以見. 楚王曰, 齊王使臣獻鶴, 過于水上, 不忍鶴渴, 出而飮之, 飛去) 이 책에서는 출처를 《사기》라고 밝혀 놓았으며, 다른 유서(類書 : 백과사전류)에는 학 대신에 고니[鵠]로 되어 있는 것도 있다. 명나라 팽대익(彭大翼)의 《산당사고(山堂肆考)》 권108「왕원지(王元之)가 『한 번 술 마신 뒤의 갈증 오자 바다를 마시려하네.』라 읊자 유소일(劉少逸)이 『몇 차례나 시 짓는 미치광이 하늘에 오르려 했던가?』라 하였다.」(元之曰, 一回酒渴思呑海. 少逸曰, 幾度詩狂欲上天) 이 기사는 《송시기사》 권4에도 수록되어 있음.

寒蟬吟苦欲詩斑[3]
한 선 음 고 욕 시 반

가을 매미 괴롭게 읊음은 꼭 시인이
시상詩想에 지쳐서 반백이 된 듯하네.

萬竿脩竹臨池岸
만 간 수 죽 임 지 안

만 줄기나 죽죽 뻗은 대나무는
못 둑에 임하여 있으니,

塵土城中自不關
진 토 성 중 자 불 관

티끌 가득한 성안과는
스스로 관계가 없네.

3 | 한선(寒蟬) : 「한조」(寒蜩), 「아선」(啞蟬)이라고도 하며 매미의 일종인 쓰르라미를 말함. 송 육전(陸佃)의 《이아를 보충함 · 곤충을 풀이함(埤雅 · 釋蟲)》「한조는 (《禮記》) 〈월령〉에는 한선이라고 하였는데 …… 곧 지금의 아선이다. 아선은 처음에는 울지 못하다가 차가운 이슬과 서늘한 바람을 맞게되면 비로소 운다.」(寒蜩月令亦曰寒蟬 …… 卽今啞蟬. 啞蟬初瘖, 及得寒露冷風乃鳴)

시반(詩斑) : 시상에 너무 골몰하여 머리가 반백이 되어 희끗희끗해진 것을 말함. 송나라 소식의 〈도잠의 남겨두고 이별함이란 시의 각운자로 짓다(次韻陶潛留別)〉「참선하는 마음에 구별의 말 없음 진작부터 기뻐하였으나, 머리 깍고 중되었으나 시상에 지쳐 반백이 되었다고 하는 말 오히려 꺼려하네.」(已喜禪心無別語, 尙嫌剃髮有詩斑) 송나라 왕십붕(王十朋)의 주석. 「당나라 때 중이 지은 시에 『머리칼은 시상에 지쳐 반백이 되었네.』라 한 구절이 있다.」(唐僧詩云, 髮爲作詩斑)

6. 嶺南樓[1]

영남루에서

樓觀危臨嶺海天 누 관 위 림 령 해 천	누대는 우뚝하게 내려다보고 있네, 영남 땅 하늘 높이.
客來佳節菊花前 객 래 가 절 국 화 전	나그네 좋은 계절에 왔네, 국화 핀 앞에.
雲收湘岸青楓外[2] 운 수 상 안 청 풍 외	구름 강기슭에 걷히니 푸른 신나무 밖이요,

1 | 경상남도 밀양(密陽)에 있는 영남루에서 지은 시인데, 고려 성원도(成元度)의 다음과 같은 〈영남루〉시의 각운자를 그대로 사용「次韻」한 것이다.

朱欄突兀襯雲天	붉은 난간은 불쑥 솟아 하늘 구름에 닿았고,
列岫連峯湊眼前	줄지은 산 잇단 봉우리가 눈 앞에 모였구나.
下流長江流不盡	아래로 흐르는 긴 강은 끊임없이 흘러가고,
南臨大野闊無邊	남쪽을 바라보니 큰 들들은 광활하여 끝도 없도다.
村橋柳暗千林雨	마을 다리는 버드나무에 가려 어두운데 천 그루 만 그루 빗속에 젖고 있기 때문이요,
官路花明十里煙	관리 행차 다니는 길은 꽃피어 밝네, 십여 리나 안개에 쌓여 있어도.
不欲登臨賞風景	올라가서 풍경을 더 감상하고 싶지 않음은,
恐人因此設歡筵	사람들 이런 풍경에 반하여 흥겨운 잔치 베풀까 걱정되어서라네.

《국역신증동국여지승람》 권26, 568쪽에 있는 역문을 참조하여 다시 옮김.

水落衡陽白雁邊[3]
수 락 형 양 백 안 변

물 형양 땅에 떨어지니
흰 기러기 주변을 맴도는구나.

錦帳圍將廣寒月[4]
금 장 위 장 광 한 월

비단 장막은 에워싸고 있네,
광한전廣漢殿의 달을.

玉簫吹入太清烟[5]
옥 소 취 입 태 청 연

옥퉁소 소리는 흘러들어 가는구나
하늘 안개 자욱한 곳으로.

2 | 상안청풍외(湘岸青楓外) : 「湘」은 원래 중국의 동정호로 흘러들어가는 강을 말하나 여기서는 낙동강을 가리킴. 당나라 이백의 〈조남 땅의 여러 관리들을 남겨두고 떠나 강남으로 가다(留別曹南群官, 之江南)〉「요임금의 딸인 아황과 여영은 동정호에 막혀 있고, 푸른 단풍은 소수와 상수에 가득하리니.」(帝子隔洞庭, 青楓滿瀟湘) 당나라 두보의 〈달밤에 배 역을 마주하고 절에 가깝다(舟月對驛近寺)〉「금빛 나는 절은 푸른 단풍숲 바깥에 있고, 붉은 누각은 흰 강변에 있네.」(金刹青楓外, 朱樓白水邊)

3 | 이 한 연(聯)의 원문 속에는 「상수」(湘水) · 「형양」(衡陽) 등 중국의 남방에 있는 강 이름과 땅이름이 나오나, 여기서는 모두 영남루 앞에 있는 낙동강(洛東江)과 밀양(密陽)을 비유한 말임. 본래 기러기가 형양(호남성 상수 곁에 있음)까지 북쪽에서 날아왔다가 봄이 되면 다시 날아 올라간다고 함. 그래서 회안봉(回雁峰 : 기러기가 돌아가는 봉우리)이 그곳에 있다고 함. 또 소상강(瀟湘江)의 신나무는 옛사람들의 시에도 많이 나옴.
당나라 왕발(王勃)의 〈등왕각에서(滕王閣序)〉「기러기떼는 추위에 놀라 울음소리가 형양의 포구에까지 울린다.」(雁陣驚寒, 聲斷衡陽之浦) 송나라 공평중(孔平仲)의《공씨의 문예담론 · 흰기러기는 서리 소식(孔氏談苑 · 白雁爲霜信)》「북쪽 지역에는 흰기러기가 있는데 기러기와 비슷하나 작으며 흰 색이다. 가을이 깊어져 (그 새가) 날아오면 서리가 내리는데, 황하 북쪽 사람들은 이를 서리 소식이라 한다.」(北方有白雁, 似雁而小色白, 秋深至則霜降, 河北人謂之霜信) 여기서는 철새인 기러기가 대체로 낙동강 하구에 있는 밀양까지 왔다가 돌아가므로 형양의 고사를 끌어다 쓴 것임.

4 | 금장(錦帳) : 당나라 두보의〈판관이신 설씨네 열 두번째 어르신께서 보내어주신 시에 받들어 답함(奉酬薛十二丈判官見贈)〉「누가 비단 휘장 속에 앉아 있는 것 자랑하는가? 생선과 고기 정말 물리도록 먹는게 괴로울 것을.」(誰矜坐錦帳, 苦厭食魚腥) 한대의 관직제도를 설명한 책인《한관의(漢官儀)》에 의하면 상서랑(尙書郎)에게는 비단 휘장을 주었다함.

平生儘有騷人興[6]
평 생 진 유 소 인 흥

평소에 나도 다 갖추고 있네,
시인의 흥취를.

猶向尊前踏綺筵[7]
유 향 준 전 답 기 연

오히려 술바리 앞으로 나아가서
꽃방석 밟고 춤추었다네.

위장(圍將) : 신라 최치원(崔致遠)의 《계원필경집 · 황소의 토벌을 고취하는 글(桂苑筆耕集 · 檄黃巢書)》「높은 기 큰 깃발, 초땅의 요새의 바람을 에워싸고 펄럭이네.」(高旌大旆, 圍將楚塞之風)

광한(廣漢) : 광한전(廣寒殿), 곧 신화에 나오는 달 속의 궁전. 당 명황(唐明皇 : 唐 玄宗)이 팔월 대보름날 달 속을 노닐다가 한 큰 궁전을 봤는데 「광한청허지부」(廣寒淸虛之府)라는 방패(榜牌)가 붙어 있더라는 전설이 있음. 당나라 유종원이 지었다고 전해지는 《용성록(龍城錄)》에 수록되어 전함. 송 소식의 〈정월 초하룻날 눈 속에 회수를 지나가 손님을 만나뵙고 돌아와서 짓다(正月一日, 雪中過淮謁客回作)〉 두 수 중 첫째 시 「예로부터 달을 빛나게 잘닦는 사람들 모두 광한궁에 모여 있었네.」(從來修月手, 合在廣寒宮)

5 | 옥소(玉簫) : 《고증》「진나라 때 소사와 농옥은 생황을 잘 불었으며 〈봉명곡〉을 지었다.」(秦時簫史弄玉善吹笙, 作鳳鳴曲) 소사와 농옥에 대한 기사는 한나라 유향(劉向)이 지은 《여러 신선들의 전기(列仙傳)》에 보임.

태청(太淸) : 하늘을 말함. 《회남자 · 도응훈(淮南子 · 道應訓)》「태청이 무궁에게 물었다. 『그대는 도를 아는가?』」(太淸問於無窮日, 子知道乎) 한나라 고유(高誘)의 주석 「태청은 원기 가운데 맑은 것이다.」(太淸, 元氣之淸者也) 당나라 이백의 〈옛 시체를 본따서(古風)〉 둘째 시. 「두꺼비 맑은 하늘 얇게 하더니, 이곳 옥 같은 누대의 달 이지러뜨렸네.」(蟾薄太淸, 蝕此瑤臺月)

6 | 소인(騷人) : 모든 시인을 지칭하는 말로 쓰이나, 여기서는 특히 초나라의 굴원과 같이 〈슬픔을 만나다(離騷)〉 같은 우수의 정서를 많이 읊는 시인들을 말함.

7 | 기연(綺筵) : 화려하고 풍성한 연회석을 말함. 당나라 진자앙(陳子昻)의 〈봄날에 친구와 작별하다(春夜別友人)〉「은빛 촛불은 푸른 안개 토해내고, 금술잔은 비단 자리 마주하고 있네.」(銀燭吐靑煙, 金樽對綺筵)

7. 感春_丙申[1]

봄에 느낌_병신년(36세)

淸晨無一事 청 신 무 일 사	맑은 아침에 아무말 없이,
披衣坐西軒 피 의 좌 서 헌	옷을 걸치고 서쪽 툇마루에 앉아 있네.
家僮掃庭戶 가 동 소 정 호	머슴아이가 뜰을 쓸고는,
寂寥還掩門 적 료 환 엄 문	적적하게 다시 문을 닫아버렸네.
細草生幽砌 세 초 생 유 체	보드라운 풀 그윽한 섬돌에까지 돋아나고,

1 | 36세로 서울에서 3년째 벼슬하고 있을 때 지음. 앞 부분에서는 서울서 봄을 맞은 풍경을 노래하였고, 뒷 부분은 고향의 봄 경치를 그리워 하였음. 벼슬에 대한 욕심이 없음을 읊은 시임.

2 | 향설표(香雪飄) : 송나라 소식의 〈달밤에 객과 더불어 살구꽃 아래서 마시다(月夜與客飮杏花下)〉「꽃 사이에 술상 차리니 맑은 향기 나는데, 무엇 때문에 긴 가지 끌어 당기어 향기로운 눈[꽃잎] 떨어지게 하는가?」(花間置酒淸香發, 爭挽長條落香雪) 소식의 이 시의 전문은 〈177〉의 [참고]를 볼 것.

3 | 은해(銀海) : 도가에서 말하는 눈[目]임. 송나라 소식의 〈눈온 후에 북쪽 누대의 벽에 쓰다(雪後書北臺壁)〉 두 수 중 첫째 시. 「목뼈 얼어붙어서 추위에 좁쌀같은 소름 돋고, 빛 눈에 흔들리니 아찔한 것이 꽃이 피는 것 같네.」(凍合玉樓寒起粟, 光搖銀海眩生花)「옥루」는 역시 도가에서 말하는 목뼈임.

佳樹散芳園 가 수 산 방 원	아름다운 나무는 향기로운 동산에 흩어졌네.
杏花雨前稀 행 화 우 전 희	살구꽃은 비오니 드물어졌고,
桃花夜來繁 도 화 야 래 번	복사꽃은 밤 사이에 활짝 피었네.
紅櫻香雪飄[2] 홍 앵 향 설 표	붉은 벚꽃 향기로운 눈처럼 나부끼고,
縞李銀海飜[3] 호 리 은 해 번	흰 오얏꽃은 바다가 출렁거리는 것 같네.
好鳥如自矜[4] 호 조 여 자 긍	아름다운 새는 스스로 자랑이나 하는 듯,
間關哢朝暄[5] 간 관 롱 조 훤	지저귀는 소리 아침볕을 노래하네.

4 | 자긍(自矜) : 송나라 소식의 〈소철의 뜰 안의 초목을 적음에 화답함(和子由記園中草木)〉 열 한 수 중 둘째 시 「봄볕 한번 펴지니, 곱고 추한 것 제각기 자랑하네.」(春陽一以敷, 姸醜各自矜)

5 | 간관(間關) : 길이 구불구불하여 가기 어렵다는 뜻도 있으나, 여기서는 새가 지저귀는 소리를 나타내는 의성어로 쓰였음. 당나라 백거이(白居易)의 〈비파의 노래(琵琶行)〉 「꾀꼴꾀꼴 꾀꼬리 소리 꽃 아래서 매끄럽고, 깊숙이 울리는 샘 흐르는 소리 얼음 아래서는 나기 어렵네.」(間關鶯語花底滑, 幽咽泉流氷下難)

농(哢) : 일반적으로 연면자(聯綿字)인 「哢吭」으로 많이 쓰며, 새가 우는 것을 말함. 남조 제나라 좌사의 〈촉나라의 서울을 읊음(蜀都賦)〉 「그 가운데 기러기가 무리짓고 고니가 짝하여 …… 구름 속을 날고 물에서 자며 맑은 시내에서 지지배배 지저귀었다.」(其中則有鴻儔鵠立, …… 雲飛水宿, 哢吭淸渠) 《문선(文選)》에 주석을 단 당나라 이주한(李周翰)의 주석 「농항은 고개를 들고 그 목소리를 내어 우는 것이다.」(哢吭, 擧首哢其音聲)

時光忽不留
시 광 홀 불 류

세월 흘러감 홀연히 머물지 않아,

幽懷悵難言
유 회 창 난 언

깊숙이 스민 회포 섭섭하여
　　표현하기 어렵네.

三年京洛春[6]
삼 년 경 락 춘

삼년째 서울에서 봄을 맞으니,

局促駒在轅[7]
국 촉 구 재 원

움츠러들기 망아지가
　　수레멍에에 매인 듯하네,

悠悠竟何益[8]
유 유 경 하 익

하염없이 지났으니
　　끝내 무슨 이익 있었던가?

6 | 삼년경락춘(三年京洛春) : 「경락」은 한나라와 당나라 때의 서울인 낙양(洛陽)을 말하나 일반적으로 서울을 나타내는 말로 많이 쓰인다. 《연보》에 의하면 퇴계는 중종(中宗) 28년인 1534년 갑오년(甲午年: 34세)에 과거에 급제하여 승문원권지부정자(承文院權知副正字)에 보직된 이래 이듬해에는 호송관에 임명되고, 이 시가 지어진 해인 그 이듬해(丙申年)에는 또 선무랑(宣務郎)에 임명되는 등 3년째 서울에서 관직 생활을 하고 있었다.

7 | 국촉구재원(局促駒在轅) : 「局促」은 「局趣」(국촉)라고도 하며, 어떤 일로 움츠러들어 위축된 것을 말함. 《사기 · 위기후와 무안후의 전기(魏其武安侯列傳)》 「임금이 성을 내며 내사에게 말했다. 『그대는 평소에는 몇 차례나 위기와 무안의 장단점을 말하더니, 오늘 조정에서의 정론은 위축되어 멍에 밑의 망아지를 닮았구나!』」(上怒內史曰, 公平生數言魏其武安長短, 今日廷論, 局趣效轅下駒)

日夕愧國恩
일 석 괴 국 은

아침 저녁으로 나라의 은혜에 부끄럽구나.

我家淸洛上
아 가 청 락 상

우리집은 맑은 낙동강 곁에 있는,

熙熙樂閒村
희 희 락 한 촌

언제나 기쁘고 즐거운 고요한 마을.

隣里事東作[9]
인 리 사 동 작

이웃 사람들 봄 되면
들에 나가 농사 지으니,

鷄犬護籬垣
계 견 호 리 원

닭과 개는 울타리와
담을 돌며 집을 지키네.

圖書靜几席
도 서 정 궤 석

책을 펴고 고요히 책상 앞에 앉으면,

8 | 유유(悠悠) : 원래는 한가로이 여유가 있는 모습을 나타내는 데 주로 쓰이나, 여기서는 하는 일 없이 허송세월만 하였나는 뜻으로 쓰였음.

9 | 동작(東作) : 봄이 되어 농사를 시작하는 것을 말함. 봄은 오행(五行)에 의하면 동쪽에 해당되므로 이르는 말임. 《서경 · 요임금의 기록(堯典)》「해가 뜨는 것을 공손히 인도하시어 봄농사를 고르게 다스리도록 하셨다.」(寅賓出日, 平秩東作) 당나라 공영달(孔穎達)의 주석[傳]「해는 동쪽에서 떠오르는데, 이에 비로소 밭을 갈게 되므로 동작이라 한다.」(歲起於東, 而始就耕, 謂之東作)

烟霞映川原[10] 연 하 영 천 원	안개와 노을이 시내와 언덕 위에 감도네.
溪中魚與鳥 계 중 어 여 조	시내 가운데에는 고기와 새가 놀고,
松下鶴與猿 송 하 학 여 원	소나무 아래에는 학이 원숭이와 어울렸네.
樂哉山中人 낙 재 산 중 인	즐겁도다! 산중에 사는 사람이여!
言歸謀酒尊[11] 언 귀 모 주 준	이제 나 돌아가 술잔 들 일 궁리하리라.

10 | 연하영천원(烟霞映川原) : 당나라 한유의 〈무릉도원을 그린 그림(桃源圖)〉「복숭아꽃 심으니 곳곳에서 꽃 피고, 내와 언덕에서 멀리서 가까이서 붉은 놀 오르네.」(鍾桃處處惟開花, 川原近遠烝紅霞)

11 | 준(尊) : 「樽」 또는 「罇」이라고도 하며, 옛날 술을 담는 그릇으로 「바리」라고 하였는데, 요즘의 잔보다는 크고 병보다는 작은 것임.

8. 安東愛蓮堂_并序

안동의 애련당에서_서문을 아우름

堂舊爲亭, 在蓮池中, 叔父松齋府君莅官日,[1] 嘗有詩曰, 琴韻泠泠雜雨聲, 敗荷無藕尙含淸. 移葵間竹西墻下, 紅綠分明各自旌.[2] 後聾巖李先生繼爲府,[3] 改構爲堂, 仍掛松齋詩于壁. 竹移于北墻, 而葵無處矣

이 애련당은 옛날에는 정자로 연못 가운데 있었다. 숙부이신 송재 부군께옵서 이 고을에 원으로 오셨을 때 일찍이 시를 지으셨는데, 그 시에 이르기를 「거문고 소리 시원시원하게 빗소리에 섞여 있고, 찢어진 연잎 처량하나 여전히 맑은 기상 지니고 있네. 촉규화 대나무 사이로 옮기어 서녘담 아래 심으니, 붉고 푸름 분명하게 제각기 드러내네.」라고 하였다. 그 뒤에 농암聾巖 이선생께서 이어 이 고을의 원이 되자 정자를 당으로 고쳐 짓고, 여전히 송재의 시를 벽에 걸어두었는데, 대는 북쪽 담장 밑으로 옮겼으나, 촉규화는 간 곳이 없어지고 말았다.

1 | 송재(松齋) : 퇴계의 숙부인 이우(李堣: 1469~1517)를 말함. 자는 명중(明仲). 어려서 부친을 여읜 퇴계에게 많은 영향을 주었음. 퇴계가 직접 쓴 묘갈문(墓碣文)의 기록[識]이 《내집》 46권에 전하고 있음. 묘갈문의 번역문은 퇴계학연구원에서 간행한 《퇴계문집》의 번역총서인 《퇴계전서 · 11》을 보라.

竹因風細笑無聲[4]
죽 인 풍 세 소 무 성

대나무 바람소리 가늘기 때문에
웃으나 소리 없고,

荷爲秋凉韻更淸
하 위 추 량 운 갱 청

연잎은 가을 기운 때문에
기운 다시 맑아졌네.

2 | 이 시의 제목은 〈비온 뒤 흠의 무리와 함께 연정에서 마시다(雨後, 與欽之輩, 飮蓮亭)〉이며, 이우의 문집인 《송재집 · 습유(松齋集 · 拾遺)》에 수록되어 전한다.

3 | 농암(聾巖) : 이현보(李賢輔)의 호이며, 또한 설빈옹(雪鬢翁)이라 호하기도 했다. 자는 비중(棐仲). 본관은 영천(永川)이며, 1498년 식년 문과에 급제하여 관로에 들어선 뒤 사간원정언 때 서연관의 비행을 논하였다가 안동에 유배되었으며 중종반정으로 복직하였다. 이후 경상도 관찰사, 호조참판까지 올랐으며, 76세 되던 해인 1542년에는 지중추부사에 제수되었으나 병을 핑계로 고향인 부내[汾川]에서 만년을 강호에 파묻혀 지냈다. 후배뻘인 퇴계와는 특히 자주 왕래하여 한집안처럼 지내기도 하였다. 1700년에 예안의 분강서원(汾江書院)에 제향되었으며 시호는 효절(孝節)임. 퇴계가 손수 지은 행장(行狀)이 《내집》 48권에 수록되어 전함. 역문은 《퇴계전서 · 11》을 보라.

4 | 죽인풍세소무성(竹因風細笑無聲) : 「소」(笑)자는 원래 《설문해자(說文解字)》에는 없었는데, 당나라 이양빙(李陽氷)이 《간정설문(刊定說文)》을 지어 다음과 같이 풀이를 했다.

不見西墻紅間綠
불 견 서 장 홍 간 록

보이지 않는구나, 서쪽 담 밑에 있던
푸른 대나무 사이의 붉은 촉규화는,

空餘珠玉映簾旌[5]
공 여 주 옥 영 렴 정

부질없이 남아 있구나, 주옥같은 시구만이
주렴 사이를 비추고 있으면서.

「『竹』부를 따르며, 『夭』자를 따른다. 뜻은 『대나무가 바람을 얻으면 몸이 구부러져 사람이 웃는 것과 같다』라 했는데 그 자세한 것은 모르겠다.」(從竹從夭. 義云, 竹得風, 其體夭屈, 如人之笑, 未知其審)

5 | 주옥(珠玉) : 남의 시문을 높여서 일컫는 말이며, 여기서는 송재의 시를 가리키는 것임. 당나라 두보의 〈중서사인(中書舍人) 가증(賈曾)과 기거사인(起居舍人) 자지(子至)가 새벽에 대명궁에 조회하러 들어감에 받들어 화답하다(奉和賈至舍人早朝大明宮)〉「조회 끝나니 향기로운 안개 소매 한가득 따르고, 시 이루어지니 주옥이 붓 가는 데 있네.」(朝罷香烟携滿袖, 詩成珠玉在揮毫)

염정(簾旌) : 발을 말함. 주자의 〈어머니 생신날 아침에 송수를 기원하다(壽母生朝)〉 시에 〈다시 지음(又)〉「대나무 잣나무 가지 맑은 정원에 얽혀 있고, 서풍은 푸른 발 흔들지 않네.」(竹栢交柯庭院淸, 西風不動翠簾旌)

9. 雨留新蕃縣[1]

비 때문에 신번현에서 묵다

已見中秋月欲虧
이 견 중 추 월 욕 휴

이미 팔월 대보름
달이 한쪽 허물어져감을 보는데,

南州行客尙逶遲[2]
남 주 행 객 상 위 지

남쪽 고을길 떠나온 과객은
아직도 돌아갈 길 느리고 또 느리네.

1 | 역시 퇴계 36세(丙寅年) 8월 18일에 앞서 27세(丁亥年) 때 상처를 하였던 허(許)씨 부인의 친정이 있는 의령(宜寧)의 처가에 다녀오는 길에 그 속현(屬縣)인 신번(뒤에는 新反縣이라고도 하였음)역에서 비를 만나서 하루 밤을 묵으면서 지은 시이다. 《별집(別集)》(한 권으로 모두 시만 수록하고 있음)에 같은 날 지은 시 〈8월 18일 의령에서 돌아오는 길에 비 때문에 신번현에 묵게 되다(八月十八日還自宜寧, 雨留新蕃縣)〉한 수가 더 있음.
제1구, 제3구, 제5구, 제7구 등 한 구절의 마지막에 나오는 끝자들을 평(平 : 虧), 상(上 : 里), 거(去 : 袖), 입(入 : 渴)의 순서로 배열한 것이 특색임. 졸역 《중국시학(中國詩學)》 68쪽 참조.

2 | 위지(逶遲) : 길이 멀어서 끝이 없는 모양. 《시경 · 소아 · 네 마리 말(四牡)》 「네 마리 말 쉬지 않고 달리고 또 달리어도, 주나라로 가는 길 구불구불 끝이 없네.」(四牡騑騑, 周道倭遲) 또 느릿느릿 천천히 가는 모양을 나타내기도 함. 남조 양(梁)나라 강엄(江淹)의 〈이별을 읊음(別賦)〉 「배는 물가에 막혀 지체되고, 수레는 산모퉁이 느릿느릿 가네.」(舟凝滯於水濱, 車逶遲於山側)

3 | 홍운북궐(紅雲北闕) : 송나라 소식의 〈정월 대보름날 시신들이 황제를 모시고 마시는 누대에서 세 수를 지어 같은 반열에 있는 관원들에게 드림(上元侍飮樓上三首, 呈同列)〉

紅雲北闕三千里[3]
홍 운 북 궐 삼 천 리

붉은 구름 감도는 북쪽에 있는 궁궐은
삼천리나 멀리 떨어져 있고,

白髮高堂十二時[4]
백 발 고 당 십 이 시

백발이신 어머니께서 고향에 계시니
하루 종일 생각나네.

醉別故人風挽袖
취 별 고 인 풍 만 수

취하여 옛 친구들과 이별할세
바람이 소매를 끌어 당기고,

愁吟孤館雨催詩[5]
수 음 고 관 우 최 시

슬픈 생각 외로운 여관에 앉아 홀로
읊조리니 비소리 오히려 시를 재촉하네.

「모시는 신하들 고니처럼 통명전에 늘어서 있는데, 한떨기 붉은 구름 옥황께 바치네.」(侍臣鵠立通明殿, 一朶紅雲捧玉皇) 송나라 왕십붕(王十朋)의 주석 「《익성전》에서는 『옥황상제가 앉아계신 곳에는 늘 붉은 구름이 에워싸고 있는데, 비록 진짜 신선이라 하더라도 또한 그 속을 볼 수는 없다.』라는 기록이 있다.」(翼聖傳載, 玉皇坐處, 常有紅雲擁之, 雖眞仙亦不得見其面也)

4 | 고당(高堂) : 부모를 높이어 일컫는 말. 《고증》「선생의 모부인이신 박씨가 집에 계셨다.」(先生母夫人朴氏在堂) 당나라 이백의 〈장수재가 종군함에 전송하다(送張秀才從軍)〉「칼 안고 부모님께 작별하고, 장차 곽장군에게 이 몸 던지려 하네.」(抱劍辭高堂, 將投霍冠軍)

5 | 우최시(雨催詩) : 당나라 두보의 〈여러 귀공자들을 모시고 장팔구에서 기생들을 데리고서 더위를 식히는데 저녁 무렵에 비를 만나다(陪諸貴公子丈八溝, 携妓納凉, 晚際遇雨)〉 두 수 중 첫째 시「조각구름 머리 위에 검게 드리우니, 응당 비가 시 재촉하는 것이리라!」(片雲頭上黑, 應是雨催詩) 송나라 소식의 〈산에 사는 장씨의 동산에서 노닐다(遊張山人園)〉「하늘하늘 어지러이 보리에 누런 꽃 드는데, 쏴아쏴아 시 재촉하는 맑은 비 내리네.」(纖纖入麥黃花時, 颯颯催詩白雨來)

徒令倦僕知飢渴[6]
도 령 권 복 지 기 갈

부질없이 지친 종으로 하여금
배 곯리고 목만 마르게 하였으니,

屈指歸程併日期[7]
굴 지 귀 정 병 일 기

손가락 꼽아가며 돌아갈 길을
이틀을 하루 잡아 기약해 보네.

6 | 권복지기갈(倦僕知飢渴) : 당나라 한유의 〈비서랑인 장적(張籍)이 사공이신 배도(裴度)에게서 말을 얻은 것을 축하하다(賀張十八秘書, 得裴司空馬)〉「길이길이 노복들로 하여금 배고프고 목마른 것 알게 하여, 모름지기 어질고 훌륭한 마음으로 대하게 하기를!」(長令奴僕知飢渴, 須著賢良待性情)

7 | 병일(併日) : 이틀치를 하루에 하는 것을 말함. 《예기 · 선비의 행실(儒行)》「이틀에 하루치의 음식을 먹더라도 임금이 응답하면 감히 의심을 하지 않는다.」(幷日而食, 上答之, 不敢以疑) 한나라 정현(鄭玄)의 주석「이틀에 하루의 음식을 쓰는 것이다.」(二日用一日食也) 여기서는 어머니를 하루바삐 뵙고 싶은 마음에 이틀 걸릴 거리를 하루로 계산하는 것을 말함.

10. 歲季得鄕書書懷[1]

연말에 고향에서 온 편지를 받고 회포를 적음

鄕書十數紙
향 서 십 수 지

고향 편지 십여 장을 받아보니,

字字親舊筆
자 자 친 구 필

글자마다 옛날 친하게 보던 필적일세.

晨興忽滿眼
신 흥 홀 만 안

새벽에 일어나 보니 홀연히
눈에 가득하게 들어와서,

讀盡更一一
독 진 갱 일 일

하나 하나씩 다시 읽어 보았네.

豈不喜平安
기 불 희 평 안

모두 평안하다고 하니
어찌 즐겁지 않으랴만,

喜多情轉鬱
희 다 정 전 울

즐거움을 다하다가 보니
마음 다시 울적해지네.

1 | 병신년(36세) 세모에 서울에서 호조좌랑(戶曹佐郞) 벼슬을 할 때 시골에서 온 편지와 선물(음식물)을 받고서 적음.

憶我辭北堂[2] 억 아 사 북 당	내 어머님 슬하를 작별하고 떠나오던 날을 생각해 보니,
霜風菊花節 상 풍 국 화 절	서릿발 치고 국화꽃 피던 늦가을날이었네.
西來何所爲 서 래 하 소 위	서쪽으로 서울에 와서 무엇을 하고자 하는가?
悶默繫袍笏[3] 민 묵 계 포 홀	아무말 없이 관복을 입고 홀笏을 잡고 있네.
但知趁公務 단 지 진 공 무	오직 공무에 쫓겨다님만 알 뿐,
不暇憂病骨 불 가 우 병 골	병든 몸 근심할 겨를도 없었네.

2 | 북당(北堂) : 편모(偏母)를 일컫는 말. 당나라 한유의 〈아들에게 보임(示兒)〉「주부는 북쪽 집을 다스리는데, 음식과 의복 먼 친지에게 보내네.」(主婦治北堂, 膳服適戚疎)

3 | 포홀(袍笏) : 조회 때 입는 관복과 홀을 말함. 원래는 모든 관원들이 다 들었으나 나중에는 서품이 있는 관리[品官]들만 조복을 입고 홀을 들었음. 송나라 홍매(洪邁)의《용재수필(容齋隨筆)》「당나라의 제도에는 조회할 때 입는 관복으로 청색 · 녹색 · 붉은색 · 자주색의 네 철에 따른 관복이 있었고, 우리 조대(宋代)에는 녹색 · 붉은색 · 자주색의 세 등급의 조회 때 입는 관복이 있다.」(唐制朝服有青綠朱紫四時袍, 國朝有綠緋紫三登袍)《예기 · 옥조(玉藻)》「가신(家臣 : 비서)이 상아 홀을 올리면 생각했던 것, 대답할 것, 명령했

馳光忽不淹
치 광 홀 불 엄

달리는 세월 홀연히 멈추지 않아,

逼此歲除日[4]
핍 차 세 제 일

이 해도 선달 그믐이 박두하였구나.

客枕多憂思
객 침 다 우 사

나그네 잠자리 속 걱정이 가득하고,

魂夢輒飛越
혼 몽 첩 비 월

혼만 꿈 속에서 문득 떠돌아 다니네.

撫躬良自愧
무 궁 량 자 괴

자신을 살펴보니 정말
스스로 부끄러워지고,

報國亦云缺
보 국 역 운 결

나라에 보답한 일 또한 아무 것도 없구나.

胡不早收愚
호 불 조 수 우

어찌 진작 어리석은 일
거두어 물러나지 않는가?

던 것을 모두 그 위에 적는다.」(史進象笏, 書思對命)《송사 · 선거의 기록(選擧志)》「무릇 모두 오백여 명에게 조복과 홀을 내렸다.」(凡五百餘人, 皆賜袍笏)

4 | 핍차세제일(逼此歲除日) : 「세제일」은 「제석」(除夕) · 「제야」(除夜)와 같으며, 곧 섣달 그믐날을 말함. 옛날에는 섣달 그믐날 밤에 북을 쳐서 역병(疫病)을 내쫓았다고 하는데 이를 축제(逐除)라 하였으며 이 말도 여기서 유래하였다고 함. 당나라 맹호연(孟浩然)의 〈세밑에 남산으로 돌아가다(歲暮歸南山)〉「흰 머리칼은 나이들어 늙어가는 것 재촉하는데, 봄날은 한 해가 지라고 핍박하네.」(白髮催老年, 青陽逼歲除)

歸安在蓬蓽[5] 귀 안 재 봉 필	돌아가서 편안하게 쑥대 대나무 엮은 대문안에 살고 싶어라.
力耕給公上[6] 력 경 급 공 상	힘써 밭갈아 관청에 세금 바치고,
甘旨奉怡悅[7] 감 지 봉 이 열	맛좋은 음식 지어 어버이 즐겁게 받들리라.
玆誠分所宜 자 성 분 소 의	이러한 정성 분수에 맞는 바이나,

5 | 봉필(蓬蓽) : 쑥대를 엮어 만든 문과 대나무를 쪼개어 만든 문이란 뜻의 봉호필문(蓬戶蓽門)의 준말로, 가난한 사람의 집이란 뜻으로 쓰이며 보통 선비의 집을 형용할 때 쓰인다. 《예기 · 선비의 행실(儒行)》「선비는 1묘의 담장과 사방 1도가 되는 방이 있는데, 대를 쪼개어 만든 문을 달고 문옆에는 작은 문을 내었으며, 쑥대로 엮은 지게문에 옹기구멍으로 낸 들창을 낸다.」(儒有一畝之宮, 環堵之室, 蓽門圭窬, 蓬戶甕牖) 당나라 두보의〈북으로 가다(北征)〉「돌아보니 부끄럽게도 나만 은총 입어, 초라한 집으로 돌아가도록 허락 받았네.」(顧慙恩私被, 詔許歸蓬蓽)

6 | 공상(公上) : 조정 또는 관청[官家]을 말함.《한서 · 양운의 전기(楊惲傳)》「그런 까닭에 저는 처자를 이끌고서 힘껏 뽕나무 밭을 갈고, 동산에 물을 대며 생산물을 다스려 관청에 바치는 것입니다.」(是故身率妻子, 戮力耕桑, 灌園治産, 以給公上)

7 | 감지(甘旨) : 맛좋은 음식이란 뜻과 양친을 봉양하는 음식이란 두 가지의 뜻이 있는데, 여기서는 후자의 뜻으로 쓰이었음. 당나라 백거이(白居易)의〈마음을 호소하는 장계(奏陳情狀)〉「신의 어머니는 병이 많은데다 집은 본래 가난하니, 봉양할 음식마저 때때로 없어 봉양을 할 수 없었습니다.」(臣母多病, 臣家素貧, 甘旨或虧, 無以爲養)

久矣不自決
구 의 불 자 결

스스로 결단 내리지 못한지 오래되었네.

强顔名利藪[8]
강 안 명 리 수

뻔뻔스러운 얼굴 명리名利의 늪에 빠져,

掩抑徒自失[9]
엄 억 도 자 실

눌리고 막히어 부질없이
자신을 잃고 있네.

猶能得酒狂[10]
유 능 득 주 광

오직 술을 얻으면 미칠 수 있을 뿐이요,

8 | 강안(强顔) : 낯가죽이 두꺼움, 곧 염치를 모름을 말하는 것임. 한나라 사마천(司馬遷)의 〈소경인 임안(任安)에게 답하는 편지(報任少卿書)〉「아울러 이 지경에 이르고서도 욕을 보지 않았다고 말하는 것은, 이른바 염치를 모르는 것일 따름이며, 여기에 무슨 귀히 여길 만한 것이 있겠습니까?」(及以至是, 言不辱者, 所謂强顔耳, 曷足貴乎) 「강안」은 나중에 또한 억지로 즐거워하는 척하다의 뜻으로도 쓰였다.

9 | 엄억(掩抑) : 소리가 눌리고 막히어 제대로 펴지 못하는 것을 말함. 당나라 백거이의 〈비파의 노래(琵琶行)〉「줄마다 막히고 눌린 듯하여 소리마다 생각에 잠겼는데, 마치 평생을 뜻 이룰 수 없음 하소연하는 듯하네.」(弦弦掩抑聲聲思, 似訴平生不得意)

10 | 엄주광(酒狂) : 《한나라의 역사 · 갑관요의 전기(蓋寬饒傳)》「갑관요는 자가 차공이며 위군 사람이다. …… 갑관요가 말했다. 『나에게는 많이 따르지 마시오, 나는 곧 술 미치광이요.』 그러자 승상인 위후가 웃으면서 말했다. 『차공은 깨어 있어도 미치광이인데 어찌 하필 술 때문이겠는가?』」(蓋寬饒字次公, 魏郡人也. …… 寬饒曰, 無多酌我, 我乃酒狂. 丞相魏侯笑曰, 次公醒而狂, 何必酒也) 당나라 허작(許碏)의 〈취하여 읊조리다(醉吟)〉「뭇 신선들 손뼉을 치며 경박한 것 싫어하여, 인간 세상으로 귀양와 술미치광이 되었네.」(群仙拍手嫌輕薄, 謫向人間作酒狂)

無計學眞訣[11] 무 계 학 진 결	이태백 같은 신선이 되는 비결을 배울 방도는 없네.
敝衣屢欲典[12] 폐 의 루 욕 전	낡은 옷이나마 자주 전당을 잡히고 싶고,
甁粟行告竭[13] 병 속 행 고 갈	항아리 속에 있는 곡식은 떨어져 가네.
宦情易成歇 환 정 이 성 헐	벼슬하고 싶은 마음 쉽게 식어가고,
鄕心不可遏 향 심 불 가 알	고향으로 돌아가고 싶은 마음 막을 수 없네.

11 | 학진결(學眞訣) : 신선이 되는 비결을 말함. 당나라 이백의 〈대붕을 읊은 글의 서문(大鵬賦序)〉「내 옛날에 강릉에서 천대산의 사마승정(司馬承楨)을 만났는데, 내게 신선의 풍골이 있어 더불어 정신이 먼 팔방의 끝까지 노닐만하다고 하였다.」(余昔於江陵見天臺司馬子微, 謂余有仙風道骨, 可與神遊八極之表) 역시 이백의 〈하지장이 사명산으로 돌아감을 전송하며 임금님의 명에 의해 짓다(送賀監歸四明, 應制詩)〉「신선의 비결 모씨로부터 터득했으니, 임금님의 은총 동정호로 돌아간다고 어찌 막히리오?」(眞訣自從茅氏得, 恩波寧阻洞庭歸) 당나라 한유의〈화산의 여인(華山女)〉「마침내 자리에 올라와 신선이 되는 비결 펴니, 문보며 사람들이 창 여는 것 허용하지 않네.」(遂來昇座演眞訣, 觀門不許人開局)

12 | 폐의루욕전(敝衣屢欲典) :「典」은 저당잡히는것을 말함. 당나라 두보의 〈곡강(曲江)〉 두 수 중 둘째 시「조회 마치고 돌아올 때면 날마다 봄옷을 저당 잡혀, 매일같이 곡강 가에서 진탕 취하여 돌아오네.」(朝回日日典春衣, 每日江頭盡醉歸)

感此遠餉意[14]
감 차 원 향 의

이렇게 멀리서 음식물을
보내어준 마음에 감사하노니,

珍重不在物
진 중 불 재 물

진귀함이 어찌 물건에만 그치겠는가?

兒童豈知此
아 동 기 지 차

아들이 어찌 이 뜻을 알리오?

呼叫索梨栗[15]
호 규 색 리 률

고함치면서 배와 밤을 찾네.

床前有筆硯
상 전 유 필 연

침상 앞에 붓과 벼루 있으니,

長吟聊自述
장 음 료 자 술

길게 한탄하며 부질없이 생각을 적어보네.

13 | 병속행고갈(甁粟行告竭) : 「甁」은 곡식을 담아두는 주둥이는 작고 배는 불룩하게 생긴 항아리나 독 따위를 말함. 진나라 도연명(陶淵明)의 〈돌아가자꾸나의 서문(歸去來兮辭序)〉「어린 것들은 집에 가득한데 항아리에는 저축해 놓은 곡식도 없고, 식구들을 살릴 바탕도 그 재주를 찾지 못했다.」(幼稚盈室, 甁無儲粟, 生生所資, 未見其術)

14 | 원향(遠餉) : 음식물 따위를 먼 곳까지 보내어 주는 것을 말함. 송나라 소식의 〈동정호의 봄빛(洞庭春色)〉「이미 취하여 그대 깬 것 생각하니, 멀리까지 음식 보내어 나의 장수 기원하네.」(旣醉念君醒, 遠餉爲我壽)

15 | 색리율(索梨栗) : 「이율」은 잘 익은 가을 과실을 가리키는 말. 진나라 도연명의 〈자식들을 책망함(責子)〉「아들녀석 통이는 아홉 살이 다 되어가는데도, 다만 배와 밤만 찾는다네.」(通子垂九齡, 但覓梨與栗)

11~22. 義州雜題十二絕_辛丑[1]

의주에서 여러 가지를 읊음. 절구 열 두 수_신축년(41세)

11 鴨綠天塹[2]

압록강이란 천연 요새지

日暮邊城獨倚闌 일 모 변 성 독 의 란	해 저무는 국경지대의 성에 올라 홀로 난간에 기대고 섰으니,
一聲羌笛戍樓間[3] 일 성 강 적 수 루 간	한 소리 북쪽 사람들 피리소리 수루戍樓 위에 들려 오네.

1 | 의주(義州)에 중국과의 외교관계 문서[咨文]와 외교사절들이 사용하는 마필(馬匹)을 점검하는 자문점마(咨文點馬)라는 임시직책을 띠고 평양을 거쳐 의주에 도착하여 지은 연작시임. 《연보 · 신축년(辛丑年)》「자문점마관으로 의주에 갔다.」(以咨文點馬赴義州) 퇴계의 후손인 이야순(李野淳)이 서애본(西厓本)을 토대로 편저한《연보보유》에 의하면 이때 퇴계는 공무에만 전렴하여 한달을 머물러 있으면서도 부화한 행동은 전혀 하지 않았다고 한다.

2 | 압록강은 마자(馬訾) · 청하(靑河), 또는 용만(龍灣)이라고도 하며 그 물빛이 오리의 머리처럼 파랗다 해서 붙여진 이름이라고 함.

「천참」(天塹)은 「天」이라고도 하며, 천연적인 해자(垓字 : 적병이 쉽게 접근하지 못하도록 성 주위에 판 인공의 도랑)를 이루고 있는 요새지를 뜻한다. 보통 장강(長江 : 揚子江)을 가리키는 말로 많이 쓰인다. 《수서 · 오행의 기록(隋書 · 五行志)》「장강은 천연의 해자라 예로부터 남과 북을 한정하여 갈라 놓았는데 오늘날 북쪽 (오랑캐의) 군대가 어찌 날아서 넘을 수 있으리오?」(長江天塹, 古以爲限隔南北, 今日北君, 豈能飛渡耶) 명 이현

憑君欲識中原界[4]
빙 군 욕 식 중 원 계

그대에게 부탁하여 알고저 하니
중국과의 경계가 어디쯤인지,

笑指長江西岸山
소 지 장 강 서 안 산

웃으면서 손짓하네 긴 강의
서쪽 언덕에 있는 산을.

12 州城地利
의주성의 지리상의 이점

雉堞峨峨地勢雄[5]
치 첩 아 아 지 세 웅

성담벽과 성가퀴 높이높이 치솟고
지세도 웅장 한데,

(李賢)의 《명일통지(明一統志) · 조선》조에 보면 「압록강은 천연의 해자」(鴨綠天塹)라는 말이 나온다.

3 | 일성강적수루간(一聲羌笛戍樓間) : 「적」(笛)은 원래 구멍이 7개인 피리를 말함. 「강적」은 서역의 강족에게서 전파된 구멍이 3개 또는 4개의 피리를 나란히 붙여 만든 쌍피리[雙笛]를 말함. 한나라 마융(馬融)의 〈긴 피리를 읊음(長笛賦)〉「근세에 쌍피리가 강족에게서 생겨나, 강족 사람들 대나무 베는 것 그친 적이 없었다네.」(近世雙笛從羌起, 羌人伐竹未及已) 당나라 때 국경의 요새지에 관한 시를 많이 쓴 고적(高適)의 〈요새 위에서 피리 부는 소리를 듣다(塞上聽吹笛)〉「눈 깨끗한 땅에서 말 먹이고 돌아오니, 달은 밝은데 강족의 피리소리 수루 위로 들려오네.」(雪淨胡天牧馬還, 月明羌笛戍樓間)

4 | 중원(中原) : 「중원」은 한족들의 주활동무대를 말하는데, 넓게는 전 황하유역을 포괄하며 좁게는 지금의 하남(河南) 일대만을 가리키는 말이다. 대부분의 중국 왕조들이 이 지역에다 도읍을 정하였으므로 나중에는 중국을 가리키는 말로 널리 쓰이게 되었다.

分疆遼左壓山戎[6]
분 강 료 좌 압 산 융

요동 땅과 경계를 그어
　　북쪽 오랑캐를 눌렀도다.

國門鎖鑰如天設[7]
국 문 쇄 약 여 천 설

나라의 관문 굳게 잠그기는
　　마치 하느님이 마련한 자물쇠와 같으니,

長得平安報夕烽[8]
장 득 평 안 보 석 봉

오래도록 평화를 얻어
　　초저녁마다 무사함을 보고하네.

5 | 치첩(雉堞) : 「치」는 면적을 나타내는 도량형 단위임. 《좌전 · 은공(隱公) 원년》 「도읍과 성곽이 백 치를 넘게 되면 나라의 해가 됩니다.」(都城過百雉, 國之害也) 《좌전》에 주석을 단 근래의 학자 양백준(楊伯峻)에 의하면, 길이와 높이가 각각 한 길[一丈]인 것을 도(堵)라 하며, 3도를 1치라 한다고 하였다. 곧 치는 높이가 한 길 길이는 세 길이 되는 것을 말한다. 첩은 원래 「첩」이라 했으며, 성벽 위에 凹凸 모양으로 덧쌓은 낮은 담으로 성가퀴[女墻, 또는 女垣]라 한다. 《좌전 · 양공(襄公) 6년》 「성의 둘레에 쌓아올린 흙성이 성가퀴까지 닿았다.」(堙之環城, 傅於堞)

6 | 산융(山戎) : 중국의 북방에 거주했던 민족명으로 북융(北戎)이라고도 했으며, 흉노족(匈奴族)의 한 지파이다. 이들에 대한 역사적 기록은 《좌전 · 장공(莊公) 30년》과 《한서 · 흉노에 대한 기록(匈奴傳)》 등에 보인다.

7 | 국문쇄약(國門鎖鑰) : 송나라 왕군옥(王君玉)의 《국가의 원로가 문예를 논함(國老談苑)》 「구준이 대명부에 둔진하고 있을 때 북쪽으로 가는 사자가 올라가는 길에 그곳을 경유하다가 와 공에게 이르기를 『상공께서는 명망이 중하옵신데 어째서 중서성에서 근무하고

13 山川形勝

산천의 뛰어난 형세

龍淵雲氣曉凄凄[9] 용 연 운 기 효 처 처	구룡연九龍淵의 구름 기운 새벽되니 서늘한데,
鶻岫摩空白日低[10] 골 수 마 공 백 일 저	송골산松鶻山은 하늘을 찔러 밝은 해도 낮게 보이네.
坐待山城門欲閉 좌 대 산 성 문 욕 폐	앉아서 산성의 문이 닫히기를 기다리고 있자니,

계시지 않습니까?』라 했다. 이에 구준이 대답했다. 「주상폐하께서 조정에는 (내가 할만한) 일이 없다고 여기시나, 북쪽관문을 굳게 잠그는 것은 제가 아니면 안된다 하시었소.』」(寇準鎭大明府, 北使路由之, 謂公曰, 相公望重, 何以不在中書. 準曰, 主上以朝廷無事, 北門鎖鑰, 非準不可)

8 | 평안보석봉(平安報夕烽) : 《당 육조의 법전(唐六典)》「국경의 요새에서 봉화연락이 닿는 곳은 대체로 30리의 거리쯤 된다. 그 국경에 아주 근접한 곳에는 성을 쌓아서 (그 거리를) 이룬다. 연기를 피우는 것은 봉화를 한 개를 올릴 때도 있고 봉화를 둘 · 셋 · 넷을 올릴 때도 있다. 매일 초저녁에 하나의 봉화를 올리는 것을 편안을 알리는 불이라 한다. 그 나머지는 적병의 많고 적음에 따라 나소산 자이가 있나.」(鎭戍烽候所至, 大率相去三十里. 其逼近邊者, 築城以致之. 其放煙有一炬二炬三炬四炬者, 每日初夜擧一炬, 謂之平安火. 其餘則隨寇多少, 多少爲差) 당나라 두보의 〈저녁 봉화(夕烽)〉「저녁 봉화불 가깝지 않은 곳에서 오나, 매일같이 평안함을 알리네.」(夕烽來不近, 每日報平安)

9 | 용연(龍淵) : 의주 북쪽 8지 지점에 있는 구룡연(九龍淵)을 말함.

10 | 골수(鶻岫) :

角聲吹度大江西[11]
각 성 취 도 대 강 서

호각 부는 소리 들려오네
　압록강의 서쪽에서.

14 義順館[12]
의순관

華館凌雲鴨水濱
화 관 릉 운 압 수 빈

영빈관 구름을 뚫고 서 있네
　압록강 기슭에,

吾東盡禮爲王人[13]
오 동 진 례 위 왕 인

우리 동쪽 나라 사람들은 예를 다하고 있네,
　중국 임금의 사신을 위하여.

11 | 각성(角聲) : 《고증》「《통례의찬》 황제가 치우와 싸울 때 황제는 피리를 불어 용이 우는 소리를 내게 해서 그를 막았다. 군영 안에다 그것을 설치하여 밝고 어두운 것을 알렸다.」(通禮儀纂. 黃帝與蚩尤戰, 帝命吹角作龍鳴以御之. 軍中製之以司昏曉) 《통례의찬》이란 책은 미상임.《신당서 · 모든 관원들에 관한 기록(百官志)》「【절도사】 경계로 들어서면 주와 현에서는 절도사의 누대를 축조하여 북과 피리를 불면서 맞아들였다. 관청의 병장기를 앞에 두고, 각종 기는 중간에 설치하며, 대장은 구슬 장식을 울리고 쇠로 만든 악기와 징 · 북 · 나팔 등은 뒤에다 설치하며, 주와 현에서는 길 왼쪽에서 관인을 싸들고 와서 맞이한다.」(入境, 州縣築節樓, 迎以鼓角, 衙仗居前, 旌幢居中, 大將鳴珂, 金鉦鼓角居後, 州縣齎印迎于道左)

12 | 압록강 가에서 중국 사신을 영접하던 곳. 《동국여지승람 · 의주목(義州牧)》「옛이름은 망화루인데 성의 남쪽 2리 지점 압록강 기슭에 있으며, 중국 조정의 사신을 맞이하는 곳이다. 우리(朝鮮) 세조 때 누대를 철거하고 관을 설치하였다.」(舊名望華樓, 在城南二里鴨綠江水濱, 迎候中朝使臣之所. 我世祖撤樓置館)

來迎鳳詔歡聲溢[14]
래 영 봉 조 환 성 일

천자의 조서詔書를 맞이할 때는
환호소리 넘치고,

去送龍章別恨新[15]
거 송 룡 장 별 한 신

깃발 든 사절을 떠나보낼 때에는
이별하는 마음 새롭게 생겨나네.

15 義順館[16]

의순관

麗季狂謀敢逆天[17]
여 계 광 모 감 역 천

고려 말기에 요동을 정벌하려던
허황된 계획은 감히 하늘을
거역하려던 것이었네.

13 | 왕인(王人) : 원래 주나라의 하급관직[微官]이었음. 《춘추 공양씨의 주석·장공(春秋公羊傳·莊公) 6년)》「왕인이라는 것은 어떤 것인가? 미천한 관직이다. 어찌하여 서열이 제후의 위에 놓이었는가? 선왕이 그렇게 명령하였기 때문이다.」(王人者何, 微官也. 曷爲序乎諸侯之上, 先王命也) 왕인은 왕명을 수행하였으므로 나중에는 천자의 사신을 가리키는 말로 쓰이게 되었다.

14 | 봉조(鳳詔) : 곧 조서를 말함. 남조 송나라 육홰(陸翽)의 《업중기(鄴中記)》「석호(石虎 : 후주의 3대 황제)가 황후와 함께 누대에서 조서를 꾸몄는데 오색 종이로 만들어 봉황의 입에다 매달았다. 봉황에게 조서를 물리자 시종들이 수백 길이나 되는 붉은 끈을 풀었는데 활차가 회전하면서 봉황이 날아 내려가 이에 봉조라 했다. 봉황은 나무로 만들었으며 오색 옻칠에 그림을 그렸고, 다리는 모두 금으로 만들었다.」(石季龍與皇后在觀上爲詔書, 五色紙著鳳口中, 鳳旣銜詔, 侍人放數百丈緋繩, 轆轤回轉, 鳳凰飛下, 謂之鳳詔. 鳳凰以木作之, 五色漆畵, 脚皆用金) 송나라 소식의 〈앞서 지은 시의 각운자를 써서 다시 대부인 곽한영(霍漢英)에게 화답한다(用前韻, 再和霍大夫)〉「봉황 꼬리같은 조서 가서

飛龍景會尙田淵[18]
비 룡 경 회 상 전 연

용이 날듯 임금이 되는 큰 기회를 얻음은
오히려 숨은 덕을 쌓음에 있다네.

自從神勸回旋後[19]
자 종 신 권 회 정 후

신이 권하여 장마철인데도 위화도에서
압록강 무사히 건너 되돌아온 뒤부터,

東海春融萬萬年
동 해 춘 융 만 만 년

동해 가에 있는 우리나라 봄기운 무르익어
만년토록 편안하리.

보고, 오히려 건두주로 내려가네.」(行看鳳尾詔, 却下虔頭州) 송나라 왕십붕(王十朋)의 주석 「《기문담》 진원제가 등극함에 모든 제후들이 상소문을 올리니 이에 비답하여 『올린 말을 수락하노라!(言諾)』라 하였다. 그런데 초서의 諾자는 글자의 꼬리가 봉황의 형태와 같아 봉미조라 하게 되었다.」(《紀聞譚》 晉元帝踐祚, 凡諸侯箋奏, 批之曰言諾, 而草書若字之尾如鳳形, 故謂之鳳尾詔焉)

15 | 용장(龍章) : 용을 수놓은 깃발을 말하며 왕을 대표하였다. 사신이 나갈 때 왕을 대신하여 왕의 상징인 용을 수놓은 깃발[龍章]을 지니고 다녔으므로 곧 사신을 비유하는 말로 쓰이게 되었음. 당나라 이백의 〈우씨네 종형제 중 열 한번째 항렬인 적과 배씨네 종형제 중 열 세째인 유를 요새의 담장곁에 남겨두고 떠나다(留別于十一兄逖, 裵十三遊, 塞垣)〉 「배선생은 옛날 책 두루 살피어, 용이며 난새같이 천자의 문장 빛나게 하네.」(裵生覽千古, 龍鸞炳天章)

16 | 조선의 태조인 이성계(李成桂)가 고려 우왕(禑王) 때 최영(崔瑩)의 무리한 요동(遼東) 정벌에 반대하여 위화도에서 회군한 것을 칭찬하여 썼음. 위화도는 의주 서쪽 15리 바깥 압록강 검동도(黔同島) 아래 쪽에 있는며 둘레가 40리 남짓한 작은 섬이다.

17 | 여계광모(麗季狂謨) : 1338년 고려 우왕과 최영의 요동정벌 기도를 말함.

16 三島禁耕[20]

오적도於赤島 · 검동도黔同島 · 위화도威火島 세 섬의 경작을 금함

江分沃土勢漫漫
강 분 옥 토 세 만 만

압록강 갈라진 곳에 옥토가 생겨
지세가 평평한데,

上國邊民雜此間
상 국 변 민 잡 차 간

중국 국경지대에 사는 사람들이
이 사이에 들어와 섞여 살더라.

已被皇恩疆界別
이 피 황 은 강 계 별

이미 황제의 양해를 얻어
피차간에 국경을 구별하여 두었으니,

18 | 비룡경회상전연(飛龍景會尙田淵) : 용은 왕의 상징이며 비룡은 왕위에 오르는 것을 말함. 「경」은 크다는 뜻이며 「경회」는 큰 기회, 곧 태조 이성계가 왕위에 오르게 될 기회를 말함. 전연은 용이 승천할 때까지 몸을 숨기고 있는 곳으로 이성계가 대의를 품고 잠복하고 있던 때를 말함. 《주역 · 건괘(乾掛)》의 효사 「【九二】 용이 논에 보이니 이로움이 큰 대인에 나타난다. 【九四】 간혹 연못에서 뛰어놀기도 하나 허물이 없다. 【九五】나르는 용이 하늘에 있으니 이로움이 큰대인에 나타난다.」(見龍在田, 利見大人. 或躍在淵, 無咎. 飛龍在天, 利見大人)

19 | 신권회정(神勸回旌) : 조선 건국의 발단이 된 위화도 회군이 신이 계시에 의하여 이루어졌음을 말함. 《동국여지승람 · 의주목》에 인용된 《태조실록(太祖實錄)》의 기록 「그때 장마비가 몇일씩이나 내렸는데도 물이 넘치지를 않았는데, 돌아오는 군사들이 모두 건너자 그제서야 큰 물이 몰려와서 온 섬이 잠기어, 사람들이 모두 신기하게 여기었다.」(時霖　數日, 水不漲. 及旋師纔渡岸, 大水驟至, 全島墊沒, 人皆神之)

20 | 《동국여지승람 · 의주목》「(오적도 · 검동도 · 위화도의) 세 섬은 그 땅이 모두 기름지고 넉넉하여 백성들이 많이 경작하였었는데 천순 5년 신사년(1461)에 농민들이 건주위의 야인들에게 붙들리어 갔으므로 그로부터 관에서 경작 및 개간을 금하였다.」(三島其地俱沃饒, 民多耕墾. 天順五年辛巳農民爲建州衛野人所虜, 自從官禁耕墾)

可無平日戒圖難[21]
가 무 평 일 계 도 난

어찌 평상시인들 없을 수 있겠는가?
환난 닥쳐올 것 사전에 경계하는 일을.

17 聚勝亭[22]
취승정

城中那得盡風流
성 중 나 득 진 풍 류

의주성 안에서 어떻게 가능하겠는가?
나의 풍류 다 발휘함을,

水遠山長各自由
수 원 산 장 각 자 유

물은 멀고 산은 길어
각기 멋대로 흩어져 있으니.

試問東亭收勝處
시 문 동 정 수 승 처

삼가 묻노니 의주성 동쪽에 있는
좋은 경치 한 곳에 모여 있는 곳을,

一尊堪勸故人留
일 준 감 권 고 인 류

한바리 술 들어 권할만 하네,
먼길 떠나는 친구 여기 붙잡아 두고서.

21 | 도난(圖難) : 《노자》「어려운 일을 도모할 때는 그것이 쉬울 때 해야 하며, 큰 일을 처리할 때는 그것이 작을 때 해야 한다.」(圖難於其易, 爲大於其細) 어떤 일이 닥치기 전에 미리 대비를 하라는 것의 비유로 쓰였음.

22 | 객관 동쪽에 있으며 1492년에 의주목사가 된 구겸(具謙)에 의하여 1494년에 세워졌다. 홍귀달(洪貴達 : 1438~1504)이 지은 기문(記文)이 있는데, 이 기문에 의하면 「산수의 뛰어난 경치가 한곳에 모인다」(聚勝)라는 의미의 이 정자의 명칭은 노공필(盧公弼 : 1445~1516)이 지었다고 한다.

18 統軍亭[23]

통군정

統軍亭上望江流
통 군 정 상 망 강 류

통군정 위에서
　압록강 물 흐름을 바라보니,

天際微茫入海洲[24]
천 제 미 망 입 해 주

지평선과 맞닿아 희미하게
　바다와 삼각주 속으로 사라지는구나.

正使變成春酒綠[25]
정 사 변 성 춘 주 록

정말 이 강물로 하여금 변하게 하여
　봄날 푸른 술을 만든다고 하여도,

古今難盡別離愁
고 금 난 진 별 리 수

옛날부터 지금까지 다 풀기는 어려우리라
　허다한 이별의 슬픔을.

23 | 의주 삼각산 기슭의 북쪽에 있으며, 대대로 관서팔경(關西八景)의 하나로 손꼽혀 왔다. 임사홍(任士洪 : ?~1506)이 지은 기문이 있는데, 이 기문에 의하면 이 정자가 누구에 의해 어느때 지어졌으며, 또한 이 정자의 유래도 알 수 없다고 하였다. 그러나 이 정자가 지어진 시기는 대체로 고려초기로 추정되며, 1538년에 한 차례 중수되기도 하였다.

24 | 미망(微茫) : 희미하여 흐릿한 모양을 말함. 당나라 이백의 〈꿈에 천모에서 노닐다가 읊어 이별을 만류하다(夢遊天姥吟留別)〉「바다의 나그네 신선 사는 영수를 이야기하나, 안개물결 흐릿하여 실로 구하기 어렵네.」(海客談瀛洲, 煙濤微茫信難求)

25 | 변성춘주록(變成春酒綠) : 당나라 이백의 〈양양의 노래(襄陽歌)〉「아득히 한수의 물을 보니 오리머리처럼 파래어, 마치 포도주 막 술을 빚어 놓은 것 같네. 이 강이 변하여 봄술이 된다면, 쌓인 누룩으로 지게미 언덕에 누대 쌓겠네.」(遙看漢水鴨頭綠, 恰似葡萄初醱醅. 此江若變作春酒, 壘麴便築糟邱臺)

19 禁銀[26]

사신使臣의 수행원이 사적으로 은을 소지하고 들어가는 것을 금지함

一自南人蟻壞防[27]
일 자 남 인 의 괴 방

한번 남쪽나라 사람들이
천길이나 되는 방천에 개미구멍을
낸 뒤부터,

中朝嗤我等行商[28]
중 조 치 아 등 행 상

중국 조정에서는 우리들 보고도 비웃네,
장사같이 은을 숨기고 들어 온다고.

何能痛洗吾君恥
하 능 통 세 오 군 치

어찌 통쾌하게 씻을 수 있으랴?
우리나라 임금이 받은 수치를,

26 | 《국가를 경영하는 큰 법전 · 예부의 법전(經國大典 · 禮典)》「북경에 갈 때는 은과 철을 가지고 윗나라로 가는 자, 중국에서 은과 철을 지니고 와서 강을 끼고 중국인과 무역을 하는 자는 의주목판이 이를 엄금한다. 공적으로 무역하는 품목인 베 등은 서장관이 관청에서 바리 수를 정하여 북경에 도착할 때까지 소요되는 수량을 헤아려 줌으로써 은으로 바꾸는 폐단을 근절한다.」(赴京時, 齎銀鐵往上國者, 自唐齎來銀鐵, 貿易於夾江唐人者, 義州牧判, 常加嚴禁. 應公貿易布子書狀官署押作馱. 到北京計數還給, 以杜換銀之弊) 이동환(李東歡) · 김릉하(金綾夏)의 〈퇴시전주(退詩箋注)〉(《퇴계학보 · 47집》)에서 재인용.

27 | 남인의괴방(南人蟻壞防) : 남인은 안남(安南 : 지금의 월남)과 유구인(琉球人) 등을 말하는 것 같다. 이들의 명나라에 대한 사무역(私貿易)이 명나라가 제정한 기준을 깨뜨리자, 이의 여파가 조선에 까지 미친 것을 말하는 듯함.
《한비자 · 노자로 비유함(喩老)》「천 길이나 되는 둑도 개미구멍에 의하여 무너지며, 백 치나 되는 큰 방도 굴뚝 사이에서 새어 나오는 불티에 의하여 재가 된다.」(千丈之堤以蟻之穴潰, 百尺之室以突隙之烟焚)

議法前時動廟堂[29]
의 법 전 시 동 묘 당

옛날에는 법을 의논할 적에
온 조정이 총동원 되었지.

20 斷渡[30] 近朝議欲寬銀法

압록강 도하를 금지시키다 요즈음 조정의 의론이 금은법禁銀法을 완화시키려 하였다

懷璧貪夫欲剖身[31]
회 벽 탐 부 욕 부 신

값진 구슬을 감추고자 하는
탐욕스러운 녀석들은 제 살을 갈라서
넣고 다니려 하는데,

謾將舟檝斷通津
만 장 주 즙 단 통 진

산만하게 내왕하는 배들만 보고서
나루 사이 오고 감을 막았네.

28 | 중조치아(中朝嗤我) : 이조 건국 초기에 우리나라 사람들이 몰래 금은(金銀)을 숨기고 요동에 들어가서 변방의 장교들과 여진(女眞) 사람들을 유혹하여 협잡을 하는 사례가 있다고 하여, 명(明)나라 황제가 손수 조서(詔書)를 작성하여 우리나라 임금에게 보내어 크게 책망을 한 적이 있었다. 그때 정도전(鄭道傳)으로 하여금 변명하는 글을 지어 보내게 하였으나, 그쪽에서는 도리어 그 글의 사연이 공손치 못하다 하여 조선의 사신을 거절한 일이 있었다고 함. 《고증》 참조.

29 | 의법전시동묘당(議法前時動廟堂) : 옛날과 같이 온 조정이 총동원되어 그러한 불미스러운 일이 다시 생기지 않도록 은을 몰래 숨기고 가는 일을 엄금하는 법을 제정하여야 한다는 뜻으로 보임.
묘당은 조정, 곧 정부를 말함. 《장자 · 가을 강(秋水)》「내가 듣기에 초나라에는 신령스런 거북이 있는데 죽은 지가 3천 년이나 되며 왕께서는 그것을 헝겊에 싸서 상자에 넣어 묘당 위에 간직하고 있답니다.」(吾聞楚有神龜, 死已三千歲矣. 王巾史而藏之廟堂之上)

微姦百計欺疏網[32]
미 간 백 계 기 소 망

미묘한 간상배姦商輩들 온갖 방법을
다 동원하여 너그러운 나라의 법망을
속이려 하나니,

國是猶寬鼠輩人[33]
국 시 유 관 서 배 인

나라의 시책 오히려 너그럽네,
쥐새끼 같이 몹쓸 놈들에게는.

30 | 중국과의 사무역(私貿易)을 금지시키기 위하여 압록강을 몰래 건너가는 것을 금지시키는 것을 말함. 당시의 법령에 만약 이를 어기고 몰래 강을 건너 사무역을 하는 자가 적발되면, 해당자는 사형에 처하고 있었으며 관할지의 지방관은 귀양을 보내었다.

31 | 회벽(懷璧) : 《좌전 · 환공(桓公) 10년》「주나라의 속담에 『평범한 지아비는 죄가 없고 구슬을 품은 것이 죄이다』라고 하였다.」(周諺有之, 匹夫無罪, 懷璧其罪)
탐부(貪夫) : 《사기 · 백이의 전기(伯夷列傳)》「가의(賈誼)가 말했다. 『탐욕스런 사내는 재물에 죽고, 절의가 굳센 선비는 명예에 죽는다.」(賈子曰, 貪夫殉財, 烈夫徇名)
욕부신(欲剖身) : 송나라 사마광(司馬光)의 《자치통감 · 당기(資治通鑑 · 唐紀)》「태종 정관 원년(627) : 내가 듣기에 서역땅에 있는 오랑캐 장사치들은 아름다운 구슬을 얻으면 배를 가르고서 그것을 저장한다 하였다.」(太宗貞觀元年, 吾聞西域賈胡得美珠, 剖身以藏之)

32 | 소망(疏網) : 법망이 너그러운 것을 말함. 《노자》「하늘의 그물은 넓디넓지만 그렇게 성글어도 빠뜨리는 것은 없다.」(天網恢恢, 疏而不失) 《한나라의 역사 · 떠돌이 협객들의 전기 서문(游俠傳序)》「한나라가 홍성해지자 금지하였던 법망이 허술해졌지만 바루어 고친 적이 없었다.」(及至漢興, 禁網疏闊, 未之匡改也)

33 | 국시(國是) : 《고증》「손숙오가 말했다. 『하나라의 걸과 상나라는 안정되지 못한 나라를 이어받아 취하고 버리는 것을 모으는 사람을 옳다 하였고, 취하고 버리는 것을 합하지

21 淸心堂[34]
청심당

虛檻疎欞愛此堂
허 함 소 령 애 차 당

빈 헌함 성긴 기둥
이 마루를 사랑하여,

病夫安臥洗塵忙
병 부 안 와 세 진 망

병든 나그네 편안히 누워
여행에 고달픈 몸을 풀었네.

那堪主帥挑人醉[35]
나 감 주 수 도 인 취

어찌 감당하겠는가? 고을 원님
사람을 취하게 만듦을,

않는 사람은 그르다』 하였다. 나라에 옳은 것이 있다는 것은 백성들이 미워하는 것이다.」(孫叔敖曰, 夏桀商受不定國, 而以合其取舍者爲是, 不合其取舍者爲非, 國之有是, 衆之所惡也)

서배인(鼠輩人) : 《삼국지 · 위지 · 화타의 전기(魏志 · 華佗傳)》「태조「曹操」가 말했다. 『걱정마라, 천하에 이런 쥐새끼 같은 놈은 없애야하지 않겠는가?』 마침내 고문하여 화타를 심문했다.」(太祖曰, 不憂, 天下當無此鼠輩耶. 遂考竟佗) 당나라 한유의 〈노동에게 부침(寄盧仝)〉「당장에 도적을 잡는 관청의 벼슬아치들을 불러들여, 쥐새끼들을 모조리 잡아들여 저자거리에서 죽여야 하네.」(立召賊曹呼伍佰, 盡取鼠輩尸諸市)

34 | 의주의 객관(客館 : 공무로 출장오는 관리들이 묵는 집) 북쪽에 있었다 함. 이야순의 《연보보유(年譜補遺)》에 의하면 당시 관서지방은 분화(紛華)한 곳으로 유명하였으며, 공무 중에 퇴계가 평양을 지날 때는 감사가 한 여인을 누이라고 속이기까지 하며 천거하였으나 끝내 돌아보지 않았다고 한다. 공무 중의 과도한 접대에 당혹스러워 하는 듯한 내용을 담고 있다.

35 | 주수(主帥) : 원래는 군대의 총수(總帥)를 말하나, 여기서는 의주목사가 겸임하게 되어 있는 무관직인 의주진관첨절제사(義州鎭管簽節制使)를 말함.

不分紅糚笑客凉[36]
불 분 홍 장 소 객 량

난감하구나, 단장한 기생들이
손님 마음 녹이려고 웃음을 자아냄이.

22 閱馬[37]

중국에 보낼 말을 점검하다

揀閱龍孫入帝閑[38]
간 열 용 손 입 제 한

좋은 말을 가려보고 뽑아서
황제의 마구에 들여보내려고,

36 | 불분(不分) : 당나라 두보의 시 〈노씨네 종형제 중 여섯째인 시어벼슬을 하고 있는 분이 입조함에 전송하다(送路六侍御入朝)〉「복숭아 꽃 붉기가 비단 같음은 분별할 수 없으나, 버들솜 솜보다 흼은 밉네.」(不分桃花紅勝錦, 生憎柳絮白於錦) 두보의 시에 주석을 단 청나라의 구조오(仇兆鰲)는 「『불분』은 분별할 수 없음이다.」(不分, 不能分辨也)라고 주석을 달았다.

홍장(紅糚) : 단장한 여인을 말하며, 곧 기생을 가리킴

37 | 위에 나오는 절구 11수의 결론 같은 내용을 담고 있음. 그때 사명을 띠고 갔던 자문점마(咨文點馬)라는 벼슬이 어떤 일을 하는 것인지 이 시를 통하여 알 수 있다.

「閱」은 「점검하다」의 뜻이다. 당나라 두보의 〈천자의 마구간인 천육의 날랜 기마를 노래함(天育驃騎歌)〉「옛날 태복 벼슬하던 장경순은, 기르는 것 감독하고 망아지 거두어 들여 굳센지를 점검하였네.」(伊昔太僕張景順, 監牧收駒閱淸峻)

38 | 용손(龍孫) : 훌륭한 말을 일컫는 말임. 명나라 장자열(張自烈)의 《정자통(正字通)》「청해의 곁에서는 훌륭한 말이 많이 나는데, 용손이라 한다.」(靑海旁馬多龍種, 日龍孫) 당나라 이상은(李商隱)의 〈화청궁에 있는 임금님의 마구간 문앞을 지나다(過華淸內廐門)〉「이로부터 임금은 순행하지 않았는데도, 지금까지도 청해에는 용손이 있다네.」(自是明時不巡行, 至今靑海有龍孫)

江頭齊出錦雲斑[39]
강 두 제 출 금 운 반

강가에 나란히 내어다 세우니
비단에 놓인 구름 무늬같이 아롱지네.

玉書寫就傳朝使[40]
옥 서 사 취 전 조 사

우리 임금님 외교문서 완성하여
중국 사신에게 전하여 주니,

邊月多情照我還
변 월 다 정 조 아 환

변방 달도 다정하여
내 돌아갈 길을 비추어 주네.

제한(帝閑) : 천자의 마구간을 말함. 주나라의 관직제도를 설명한 책인 《주례 · 하관 · 교인(夏官 · 校人)》「천자에게는 12개의 마구간이 있으며, 말은 여섯 종이 있다. 제후국에는 6개의 마구간이 있으며 말은 네 종이 있다.」(天子十有二閑, 馬六種. 邦國六閑, 馬四種) 송나라 소식의 〈전협(錢勰)이 지은 시의 각운자를 써서(次韻錢穆父)〉「곧바로 술상 차리어 같은 객사에 있는 손님 불렀더니, 내리신 비룡 같은 말 천자의 마구간 나오는 것 보네.」(便須置酒呼同舍, 看賜飛龍出帝閑)

39 | 금운반(錦雲斑) : 《구당서 · 왕모중의 전기(王毛仲傳)》「왕모중은 본래 고려 사람이다. …… 임금이 동쪽에 있는 봉토로 행차함에 수행하여 여러 가지 길들인 말 수만 필을 따르게 하여 색깔별로 각기 한 대열을 이루게 하니 바라보면 마치 비단구름 같았으며, 현종은 너욱 좋아하였다.」(王毛仲本高麗人也. …… 扈從東封, 以諸牧馬數萬匹從, 每色爲一隊, 望如雲錦, 玄宗益喜)

40 | 옥서(玉書) : 중국과의 사이에 외교적인 교섭이나 통보, 또는 조회할 일이 있으면 주고받던 공식적인 외교문서였던 자주문(咨奏文)을 말함. 조선의 국왕과 명나라의 육부관아(六部官衙) 사이에서 오가던 외교문서임.

조사(朝使) : 여기서는 명나라의 사신(使臣)을 일컫는 말.

23. 聚勝亭韻奉別洪公[1]_春卿以聖節使赴京[2]

취승정을 소재로 지은 시의 각운자脚韻字를 그대로 사용하여 시를 지어 홍공洪公에게 드리며 전별하노라_춘경이 성절사로 북경에 들어가다

徙倚西山欲揜曛[3]
사 의 서 산 욕 엄 훈

서산을 거닐면서
저녁 햇살 손으로 가리려는데,

平看鴉背閃餘紛[4]
평 간 아 배 섬 여 분

수평으로 바라보니, 갈가마귀 등에
번쩍이는 석양빛이 아직도 분분하네.

1 | 이 「취승정」을 소재로 지은 퇴계의 시는 앞의 〈의주잡제십이절(義州雜題十二絶)〉(17) 중에도 한번 나온다. 《동국여지승람》에는 홍귀달이 지은 이 정자의 기문과 시가 몇 수 수록되어 있지만 모두 이 시와는 운자가 달라 퇴계가 쓴 이 시의 원운시가 과연 누구의 것인가 하는 것은 알 길이 없다.

2 | 춘경은 홍춘경(洪春卿 : 1497~1548)으로 자는 명중(明仲), 호는 석벽(石壁)이며 본관은 남양(南陽)이다. 퇴계가 의주에 자문점마(咨文點馬)의 사명을 띠고 출장와서 있는 동안에 의주를 거쳐 중국 명 세종(世宗)의 생일(千秋節이라고도 하고 聖節이라고도 함) 잔치를 축하하러 들어갔다. 《이조실록(李朝實錄)》을 보면, 당시에 중국에 갔다가 돌아오는 사절들의 행차에 따라다니는 자들 중에 밀수를 하는 자들이 많아, 조정에서 이번에 중앙정부의 관리 중에서 특별히 의주로 나가서 이 행차에 들여오는 짐을 수색할 관리를 파견하자는 영의정 윤은보(尹殷輔)의 건의가 있었는데, 임금이 전교(傳敎)를 내리기를, 퇴계가 출장나간 김에 기다리고 있다가 그들이 돌아올 때 맞아서 수색을 하고 돌아오도록 하였다고 함. 〈中宗三十六年辛丑 · 六月 · 庚申條〉

3 | 사의서산욕엄훈(徙倚西山欲揜曛) : 「옮길 사」(徙)자는 「무리 도」(徒)자로 된 판본도 있다. 「사의」는 「거닐다」 · 「배회하다」의 뜻임. 송나라 진여의(陳與義)의 〈악양루에 올라

虛簷夜納胡笳月[5]
허 첨 야 납 호 가 월

빈 처마는 밤이 되니 받아들이네,
외국 날라리 소리 속에 비치는 달을,

碧瓦晴連海戍雲[6]
벽 와 청 련 해 수 운

짙푸른 기와는 맑게 연결되어 있네,
바다에 잇닿은 수자리 위를
감도는 구름으로.

漸近別懷如水遠
점 근 별 회 여 수 원

차츰 가까워지는 이별의 아쉬움
물처럼 아득히 넓어지고,

(登岳陽樓)〉 두 수 중 첫째 시 「올라와 굽어보니 오나라와 촉나라 땅을 가로로 가르는데, 호수와 산 사이를 배회하니 해 막 지려 하네.」(登臨吳蜀橫分地, 徙倚湖山欲暮時)

4 | 평간(平看) : 높은 곳에 올라 똑바로 바라보는 것을 말함. 당나라 송지문(宋之問)의 〈무산은 높고(巫山高)〉 「구부려 비파협에서 나오는 소리 듣고, 수평으로 구름과 비 내리는 높은 대 보네.」(俯聽琵琶峽, 平看雲雨臺)

아배(鴉背) : 당나라 온정균(溫庭筠)의 〈봄날 들판을 가다(春日野行)〉 「나비의 날개는 아침에 빛 다하였는데, 까마귀 등에는 저녁에 햇빛 많네.」(蝶翎朝盡粉, 鴉背夕陽多)

섬여분(閃餘紛) : 당나라 두보의 〈옛 시체로 짓다(古詩)〉 「해 떨어지니 갓생긴 놀 남아서 반짝거리며 빛나더니, 별안간 동서쪽으로 안되는 것 없다네.」(落日初霞閃餘映, 倏忽東西無不可)

5 | 호가월(胡笳月) : 《문헌통고 · 악고 · 죽지속(文獻通考 · 樂考 · 竹之屬)》에 의하면 중국 북방민족의 취주악기로 피리와 비슷하게 생겼다. 모양은 가로로 부는 피리인 필률(觱栗)과 같으나 구멍이 없다. 《광운(廣韻)》과 《집운(集韻)》에 의하면 오랑캐「胡」 사람들이 갈대잎을 말아서 분 것이라 한다. 삼국시대 위(魏)나라 두지(杜摯)의 〈날라리를 읊음(笳賦)의 서문〉 「옛날 이백양이 난리를 피하여 서쪽으로 융땅으로 들어갔는데, 융월에 있을 때

無邊詩興與公分 무 변 시 흥 여 공 분	한없이 솟아나는 시흥詩興을 공과 함께 나누어 갖네.
但令日日參高座 단 령 일 일 참 고 좌	다만 날마다 하게 하라 이같이 높고 시원한 자리에 참석하도록,
淸暑氷漿不要勳[7] 청 서 빙 장 불 요 훈	더위를 서늘하게 한다는 찬 음료도 별로 쓸모 없는 것이려니.

의 생각에 고향의 풍속을 그리워하는 뜻이 있어 마침내 이 악기를 만들었다.」(昔李伯陽避亂西入戎, 戎越之思, 有懷土風, 遂造斯樂)《진서 · 유곤의 전기(晉書 · 劉琨傳)》「유곤은 자가 월석이다. …… 진양에 있을 적에 일찍이 오랑캐의 기병들에게 포위를 당한 적이 있는데, 성안에서는 적들의 공격에 매우 고생을 하였지만 이렇다할 계책이 없었다. 유곤은 이에 달이 뜨자 누대에 올라 맑은 휘파람을 불었는데 적들이 이것을 듣고는 모두 슬퍼하며 길게 탄식하였다. 한밤중에 호가를 연주하니 적들은 또한 눈물을 흘리며 휴우하고 한숨을 짓고는 고향땅을 간절히 그리워하였다.」(劉琨字越石 …… 在晉陽, 嘗爲胡騎圍數重, 城中窘迫無計, 琨乃乘月登樓淸嘯, 賊聞之, 皆悽然長歎. 中夜奏胡笳, 賊又流涕歔欷, 有懷土之切)

6 | 해수운(海戍雲) : 해수는 바다에 잇닿아 있는 수자리를 말함. 당나라 이백의 〈자주빛 천리마(紫騮馬)〉「관문과 산의 백설 수자리는 멀고, 바다에 잇닿은 황운의 수자리는 희미하네.」(白雪關山遠, 黃雲海戍迷) 백설과 황운은 모두 당나라 때의 수자리 이름임.

7 | 청서빙장(淸暑氷漿) : 남조 송나라 포조(鮑照)의 〈백두음을 본따서 짓다(代白頭吟)〉「곧기는 붉은 현 줄 같고, 맑기는 옥항아리 속의 얼음 같네.」(直如朱絲繩, 淸如玉壺氷) 송나라 소식의 〈백학봉의 새 거처가 완성될 즈음 밤에 서쪽 이웃에 사는 수재 적봉형(翟逢亨)에게 들르다(白鶴峰新居欲成, 夜過西隣翟秀才)〉「평평한 강바닥 뚫어 백 자나 되는 우물 파는데, 더위 시원하게 하는 한 항아리 얼음 같은 물 나누고자 함이네.」(待鑿平江百尺井, 要分淸暑一壺氷)

24. 平壤練光亭陪監司尙公震夜[1]

평양 연광정에서 감사인 상진尙震공을 모시고서 밤연회에 참석함

縹緲城頭翼瓦齊[2]
표 묘 성 두 익 와 제

멀리 아득한 성머리에
날 듯 펼쳐진 기와 지붕들 가지런한데,

登臨唯覺遠山低
등 림 유 각 원 산 저

올라와 보니 유독 깨닫겠네,
먼산들 한결 낮아 보임을.

1 | 연광정은 중종 때 사람인 허굉(許硡)이 지었으며, 평양 대동강 덕암(德巖) 위에 있다.「연광」이란「흰 깁 빛」이라는 뜻인데, 대동강 물이 밤에 보니 꼭 흰 깁이 가로질러 있는 것 같이 보인다는 뜻에서 그렇게 쓴 것이다.

《요존록(要存錄)「『나와 병과(兵科) 급사중(給事中) 사(史)선생이 반삭(頒朔: 천자가 딴 나라에 새해의 달력을 반포함)의 조명을 받들고 오는 길에 …… 다시 평양(平壤)에 이르니 이군(李君) 택지(擇之)가 관반(館伴: 사신을 영접함)으로 함께 연광정(練光亭)에 올라서 역관(譯官)에게 명하여 나에게 기(記)를 지어주기를 청하였다. 그러나 내가 글이 서툴러 사양하였더니, 이틀이 지나 정주(定州) 납청정(納淸亭)을 지나갈 새, 이 정자는 내가 앞서 처음 지나갈 때 이름지었던 것이라, 다시 청하기를「그러면 납청정의 기(記)를 지어주시겠습니까?」한다. 내가 웃으면서 말하기를「이 정자에 이름을 지었고, 또 글까지 지어, 저 정자는 사양하고 이 정자는 허락한다면 너무나 편벽되지 않은가? 부득이하다면 차라리 〈연광정기〉를 지으려 하오」……』」〈연광정기〉의 역문은 《국역신증동국여지승람》에서 인용.

《요존록》에서 당고(唐皐)의 이 〈연광정기〉를 인용한 것은 연광정이란 정자의 이름이 당고에게서 비롯된 것이 아님을 반박하려는 의도인 것 같으며, 이로 보아 아마 퇴계는 연광정이란 이름을 명나라 사신 당고가 처음 지어준 것 같이 시에서 적은 것은 좀 와전된 이야기를 그대로 믿은 것인 듯하다.

殘雲返照迎初席[3]
잔 운 반 조 영 초 석

초저녁 조각구름과 져가는 햇볕은
처음 연회자리 펴는 것을 환영하고,

玉笛瑤琴送早鷄[4]
옥 적 요 금 송 조 계

옥저소리와 구슬 장식한 금소리는
새벽 닭운 뒤까지 이어졌네.

檻外長江橫似練[5]
함 외 장 강 횡 사 련

헌함 바깥에 흐르는 긴 강물은
마치 흰 깁실이 가로지른 듯하고,

명나라 이현(李賢)의 《일통지 · 성도부(一統志 · 成都府)》「【연광정】무주 성내에 있으며 두보가 지은 시의 『내의 무지개 흰 깁빛 마시네』라 한 구절을 취하여 이름으로 삼은 것이다.」(【練光亭】在茂州城內. 取杜甫詩川虹飲練光之句爲名) 인용된 두보시의 제목은 〈엄정공의 관청에서 민산과 타강의 그림을 그림에 스무 구로 지어 받들어 보임(奉觀嚴鄭公廳, 事岷山沲江畵圖十韻)〉이며, 「虹」자는 원시에 「蜺」로 되어 있다.

상진(尙震 : 1493~1564) : 자는 기부(起夫), 호는 향일당(嚮日堂), 송현(松峴) 또는 범허재(泛虛齋)라고 하였으며 본관은 목천(木川)이다. 15세가 되도록 한량질만 일삼다가 이웃에서들 업신여김을 받자 분발하여 1519년에 별시 문과에 병과로 급제하였다. 1544년에 성절사(聖節使)로 명나라에 다녀오기도 했으며, 이후 병조판서 · 우의정 · 좌의정을 역임하고 1558년에는 마침내 영의정이 되어 5년간 국정을 총괄하였다. 명재상으로 이름을 떨쳤으나 말년에 윤원형(尹元衡) 등 소윤(小尹) 일파와 어울려 사람들의 지탄을 받기도 하였다. 시호는 성안(成安).

2 | 익와제(翼瓦齊) : 「익와」는 날듯이 펼쳐진 기와지붕의 기와를 말함. 당나라 두보의 〈두견새(子規)〉「골짝 안에는 구름 편안하게 걸려 있고, 강가 누대에는 날 듯한 기와 가지런하네.」(峽裏雲安縣, 江樓翼瓦齊)

3 | 반조(返照) : 「反照」라고도 하며, 석양 또는 그 무렵이 되어 지려는 해가 무엇에 반사되어 비치는 것 따위를 말함. 당나라 두보의 〈석양빛(返照)〉「지는 해 되비치니 강에 들어 돌벽에서 번득이고, 돌아가는 구름은 나무 끼고서 산촌에서 잃어가네.」(返照入江飜石壁, 歸雲擁樹失山村) 곧 저녁 무렵에 연회가 시작되었음을 말함.

空中明月近堪梯[6]
공 중 명 월 근 감 제

하늘 가운데 떠 있는 달은
가까웁기가 사다리를 타고
올라가면 될 듯.

唐公此意眞先得
당 공 차 의 진 선 득

명나라 사신 당고唐皐 공이
이 경치의 뜻을 정말 먼저 터득하여

恰把亭名二字題[7]
흡 파 정 명 이 자 제

합당하게 정자 이름을
「연광」練光 두 자로지었네.

亭名, 唐公皐所名, 且書額

이 정자의 이름은 당고공이 명명한 바요, 또 그 현판의 액자를 썼다.

4 | 연회가 계속되어 그 다음날 새벽까지 이어졌음을 말함.

5 | 함외장강횡사련(檻外長江橫似練) : 「장강」은 여기서 곧 대동강을 가리킴. 당나라 왕발(王勃)의 〈등왕의 누각(滕王閣)〉 「누각에 있던 황제의 아들은 지금 어디 있는가? 난간 밖의 장강만 부질없이 흐르네.」(閣中帝子今何在, 檻外長江空自流) 남조 송나라 사조(謝眺)의 〈저녁 무렵 삼산에 올랐다가 돌아올 때 서울을 바라봄(晩登三山還望京邑)〉 「잔놀은 스러져 비단무늬 이루고, 맑은 강은 고요하여 흰 깁과 같네.」(餘霞散成綺, 澄江靜如練)

6 | 명월근감제(明月近堪梯) : 당나라 장독(張讀)의 《선실(황제의 궁전)의 기록(宣室志)》 「당나라 태화 연간의 사람인 주생은 도술을 가지고 있어 구름을 타고 올라가서 달을 가져올 수 있었다.」(唐太和中, 周生有道術, 能梯雲取月)

7 | 당공~이자제(唐公~二字題) : 주 1)을 보라.
당공(唐公) : 명나라 사신으로 조선에 왔었던 당고(唐皐)를 말함. 당고는 자가 수지(守之), 호는 신암(新庵)이며 명나라 신안(新安) 사람임. 1521년 한림원수찬(翰林院修撰)으로 있을 때 명 세종(世宗)의 등극을 알리는 조서를 지니고 조선에 사신으로 온 적이 있었음. 바로 이때 연광정에 대한 유래 등을 적은 기문인 〈연광정기〉를 지었음.

25. 早秋夜坐[1]

이른 가을 밤에 앉아서

僦屋近西城[2] 추 옥 근 서 성	집을 서쪽 성문 가까이 얻으니,
空庭翳樹木 공 정 예 수 목	빈 뜰을 수목이 덮었네.
群蟬得佳蔭 군 선 득 가 음	뭇 매미들은 좋은 그늘을 얻어,
日夕如相促 일 석 여 상 촉	저녁나절에 서로 재촉하듯 우네.
須臾入黃昏[3] 수 유 입 황 혼	잠깐 사이에 황혼이 들어와서,
窓戶失炎溽[4] 창 호 실 염 욕	창가에는 무더위가 사라졌네.

1 | 신축년(辛丑年 : 41세) 7월(음력)에 서울 서소문(西小門) 안에 세를 얻어 살던 집에서 쓴 것으로 짐작된다.

2 | 추옥근서성(僦屋近西城) : 「추」는 음이 「추」(卽就切)이며, 「세를 얻다」(賃)라는 뜻이다. 서성은 서소문을 말하는 것 같다.

3 | 황혼(黃昏) : 한(漢)나라 회남왕(淮南王) 유안(劉安)이 그의 식객들을 시켜 짓게한 《회남자 · 천문의 가르침(淮南子 · 天文訓)》「해가 양곡의 위로 떠올라 함지에서 목욕을 하고 부상나무에서 떨쳐 일어나는 것을 신명이라 하며 …… 우의 연못에 이르는 것을 황혼이라 한다.」(日出于暘谷, 浴于咸池, 拂于扶桑, 是謂晨明, …… 至于虞淵, 是謂黃昏)

新月出海來
신 월 출 해 래

새로운 달이 바다에서 나와서,

皎皎臨墻曲
교 교 림 장 곡

밝디 밝게 담 모퉁이에 걸려 있네.

蟲鳴在四壁
충 명 재 사 벽

벌레 소리 네 벽에 가득하고,

草露飜似沐
초 로 번 사 목

풀에 이슬 내리니 목욕한 듯 뒤쳐나네.

感時忽興嘆
감 시 홀 홍 탄

시절이 흘러감을 느껴
흘연히 탄식을 일으키나니,

徂年水流速
조 년 수 류 속

한해가 감이 마치 물흐르듯 빠르구나.

舊學苦已晚
구 학 고 이 만

옛날 공부하던 것은 정말 잊기가 늦었고,

4 | 염욕(炎溽) : 습도가 높아서 짜증스런 날씨, 곧 무더위를 말함. 삼국시대 위(魏)나라 완적(阮籍)의 〈마음 속을 읊음(詠懷)〉 아홉째 시 「무더위 오직 이 여름 뿐이니, 삼십일 곧 옮겨가려 하네.」(炎暑惟茲夏, 三旬將欲移) 《문선》에 주석을 단 당나라 이선(李善)의 주석 「남방은 불이며 여름의 주된 성질은 불이니 불꽃이 위에 있으므로 여름의 달을 불볕더위라 한다.」(南方爲火, 而主夏火性, 故謂炎暑也) 「욕」은 습기가 많은 더위「濕暑」를 말함.

5 | 구학~가뉵(舊學~可恧) : 《논어 · 정치를 행함에(爲政)》에 나오는 「옛 것을 잊지 않고 새 것을 알면 스승이 될 수 있다.」(溫故而知新, 可以爲師矣)는 말을 퇴계 자신은 실천하지 못하고 있다는 겸양의 표현이다.

新知良可恧[5]
신 지 량 가 뉵

새로운 지식에는 정말 부끄러울 뿐일세.

沈痾喜負心[6]
침 아 희 부 심

깊이 병들어 차라리 내 마을을
저버리는 것이 나을지,

謬筭難諧俗
유 산 난 해 속

잘못된 계산 시속에 조화되기만 어렵네.

小人思獻愚
소 인 사 헌 우

소인들은 어리석은 죄를
바칠 것을 생각하지만,

君子貴知足[7]
군 자 귀 지 족

군자는 만족함을 아는 것을 귀히 여기네.

悠悠不成寐
유 유 불 성 매

아득하고도 아득하여
밤잠을 이르지 못하니,

耿耿照書燭
경 경 조 서 촉

책 비추이는 촛불만 반짝반짝하네.

6 | 침아희부심(沈痾喜負心) : 《요존록》「『희』자는 선생이 스스로 하는 말에 들지 않으며, 깊은 병이 마를 일으키어 걸핏하면 심사를 어그러뜨리기를 좋아한다는 말과 같다. 아마 병이 많음을 깊이 탄식하는 뜻에서 나온 것일 따름일 것이다.」(喜字非屬語先生之自道, 猶言沈　作魔, 輒以敗了心事爲好也. 蓋出於深歎多疾之意爾)

7 | 지족(知足) : 《노자(老子)》「만족함을 아는 사람은 욕을 당하지 않게 되고, 멈춰야 할 곳을 아는 사람은 위태로워지지 않아 오래도록 길이 보존할 수 있다.」(知足不辱, 知止不殆, 可以長久)

26. 書堂次金應霖秋懷[1]

독서당에서 김주金澍의 「가을에 느낌」이라는 시를 보고서, 그 시의 각운자脚韻字에 맞추어 짓다

秋入梧桐撼一年[2]
추 입 오 동 감 일 년

가을이 와서 오동나무가
한 해를 흔들어 놓으니,

1 | 서당(書堂) : 호당이라고도 하며 사가독서(賜暇讀書)를 하던 장소, 곧 독서당을 말함. 사가독서는 세종 때 신숙주 · 성삼문 등 장래가 촉망되는 유망한 학자들을 독서하게 한 상사독서(上寺讀書)에서 비롯되어 세조와 연산군 때는 일시 폐지되기도 하는 등 단속적으로 이어져 오다가 중종 때 다시 부활되었다. 그리하여 1507년 지금의 동대문 숭인동에 있는 정서원을 독서당으로 만들었다가 1517년에 두모포(豆毛浦)의 정자를 고쳐 동호독서당이라고 하였다. 이로부터 몇 차례 독서당을 옮기기는 하였으나 명칭 자체는 바뀌지 않고 임진왜란 때까지 계속 독서의 장소 및 도서관의 기능을 수행하였다. 이가원 박사의 《퇴계시역주(退溪詩譯註)》(退溪全書 1)에 의하면 「옛날 용산사(龍山寺)를 성종조(成宗朝)에 이르러 서당이라 고치어 글을 읽게 하였으며, 뒤에 두모포 남쪽으로 옮겼고, 중종(中宗) 때에는 다시금 동호(東湖) 송암(松菴) 서녁 산기슭에 터를 잡아서 호당(湖堂)이라고 일렀다.」하였다 한다.

김응림(金應霖) : 김주(金澍 : 1512~1563)의 자, 호는 우암(寓菴), 본관은 안동으로 안원군(安原君) 공량(公亮)의 아들임. 중종 26년(1531)에 진사, 동 34년(1539) 별시(別試) 문과(文科)에 장원으로 급제하여 호당(湖堂)에 뽑히었으며, 예조참판에까지 이르렀다. 명종 18년(1563)에 종계변무(宗系辨誣) 사신 때문에 명나라에 사신으로 갔다가 북경 관사에서 병들어 죽었다. 선조때 광국공신(光國功臣)으로 추대되고 화산군(花山君)에 추봉되어 짐. 퇴계 및 하서(河西) 김인후(金麟厚) 등과 교유가 있었음. 문집으로는 《우암유고(寓菴遺稿)》 7권이 있는데, 김주가 죽은지 200여 년 뒤에 편집된 목판본으로 호당에서 독서할 때 지은 시는 한 수도 수록되어 있지 않다. 아마 임진난을 겪는 사이에 당대의 많은 시 작품들이 유실되었을 것으로 생각된다.

飜思宿債負山川 반 사 숙 채 부 산 천	오랫동안 빚지고 있다는 생각 되솟아 나네 산천을 등지고 있으니.
病中猶憶聖呼酒3 병 중 유 억 성 호 주	병고 속에서도 오히려 생각나네 맑은 술을 성인이라고 불렀다는 말이,

추회(秋懷) : 「가을이 되면 느끼게 되는 회포를 적는다」는 뜻으로 중국이나 우리나라 문인들의 한시(漢詩)의 제목으로 많이 사용됨. 《퇴계집》에도 이 시 외에도 똑같은 제목의 시가 또 있음.

《퇴계연보》「신축년 선생 41세, 3월에 경연에 들어가서 아뢰었다. 휴가를 내려주어서 독서하게 하였다. 독서당이 동호(東湖)에 있으니, 그것은 국가에서 인재를 기르는 곳이었다. 문학 학문의 선비를 극히 엄선하여 번갈아서 글을 읽게 하니, 거기에 선택된 자는 영광스럽기가 선관(仙官)에 비교되기도 하였다. 그러나 피선된 사람으로서 많이 놀고 방탕하여 규칙에 어긋나는 자가 많았는데, 선생은 매양 자기 차례에는 반드시 가서 글 읽는 일에만 힘을 썼다. 남쪽 다락 왼편에 조그만 집을 지어 문회당(文會堂)이라 이름하였는데, 해마다 이 서당에서 주고 받은 시작(詩作)이 여러 편 있었다. …… 자문점마관으로 의주까지 갔다. 부교리로 승진되어 빨리 오라는 재촉을 받고 조정으로 돌아왔다.」(辛丑. 先生四十一歲. 三月. 入對經筵啓事. 賜暇讀書. 堂在東湖. 乃國家儲養人才之地. 極選文學之士以充之, 輪番讀書, 與其選者, 榮比登瀛焉. 然被選之人多遊放自逸. 先生每番必往, 往必以讀書爲事. 於南樓左偏起小堂, 名以文會, 有逐年書堂唱酬諸作. …… 以咨文點馬赴義州, 陞副校理, 承催旨還朝) 이러한 기록들을 보면, 이 시를 지을 때 퇴계는 부교리(副校理)라는 본직을 가지고 있으면서, 특별히 선발되어 사가독서하고 있었음을 알 수 있다.

2 | 추입오동감일년(秋入梧桐憾一年) : 「일엽지추」(一葉知秋)의 고사를 말함. 《회남자 · 산의 교훈을 말함(說山訓)》「작은 것으로서 큰 것을 알 수 있는데, 나뭇잎 하나가 떨어지면 해가 저물어감을 알고, 병 속의 얼음을 보면 천하가 추움을 안다.」(以小明大, 見一葉落, 而知歲之將暮. 睹甁中之氷, 而知天下寒)

貧裏寧甘兄事錢[4]
빈 리 녕 감 형 사 전

가난 속에서도 어찌 달게 여기겠는가?
돈을 형님같이 여긴다는 것을.

紫氣仙人函谷外[5]
자 기 선 인 함 곡 외

자줏빛 기운 띤 신선은
함곡관 밖으로 나갔고,

3 | 성호주(聖呼酒) : 《삼국지 · 위지 · 서막의 전기(三國志 · 魏志 · 徐邈傳)》「위나라 건국 초기에 상서랑이 되었는데, 당시에는 법령으로 금주령을 내리고 있었으나 서막은 밀주를 마시다가 많이 취하였다. 형리(刑吏)인 조달이 법에 의거하여 심문을 하니, 막이 『성인을 마셨다』(임금을 쏘았다는 뜻도 있음)고 하였다. 조달이 이 말을 위 태조[曹操]에게 아뢰자 태조는 크게 노하였다. 그때 도료장군 선우보가 나아가서 말하기를 『평일에 취객은 맑은 술을 성인이라 말하고, 탁한 술을 현인이라 말합니다. 서막은 성격이 평소에 근신하는데, 우연히 취하여 그렇게 말했을 따름입니다.』라고 하여 겨우 형을 면하게 되었다.」(魏國初建, 爲尙書郎. 時科禁酒, 而邈私飮至於沈醉. 校事曹達問以曹事, 邈曰, 中聖人. 達白之太祖, 太祖甚怒. 度遼將軍鮮于輔進曰, 平日醉客謂酒淸者爲聖人, 濁者爲賢人, 邈性脩愼, 偶醉言耳. 竟坐得免刑) 당나라 이백의 〈달 아래서 홀로 마시다(月下獨酌)〉 네 수 중 둘째 시 「이미 청주를 성인에 비유한다는 말 들었거늘, 다시 탁주를 현자와 같다 하네.」(已聞淸比聖, 復道濁如賢)

4 | 형사전(兄事錢) : 진(晉)나라의 은자(隱者)인 노포(魯褒)가 〈돈 귀신을 논함(錢神論)〉을 지어 돈을 신명(神明)과 같이 받드는 당시의 풍조를 풍자하였는데, 그 중에 「돈을 형님과 같이 가까이 받든다」(親之如兄)는 말이 있음. 《진서 · 은자들의 전기(晉書 · 隱逸傳)》에 보이며 더 상세한 내용은 다음의 〈137〉-11)을 보라.

5 | 자기선인함곡외(紫氣仙人函谷外) : 노자(老子)가 주나라에서 주하사(柱下史: 국립도서관장)라는 벼슬을 지내다가 국운이 쇠퇴하여 가는 것을 보고 주나라를 떠나갈 때의 이야기를 말함. 전한 유향(劉向)의 《여러 신선들의 전기(列仙傳)》「노자가 서쪽으로 가는데 함곡관령인 윤희에게 아득히 보라빛 기운이 관의 위에 떠있는 것이 보였는데 노자가 과연

黃冠道士鑑湖邊[6]
황 관 도 사 감 호 변

누른 관 쓴 도사는
거울못 곁에서 놀았다네.

平生謬厠金閨彦[7]
평 생 류 측 금 규 언

평소에 잘못 끼어 들었네,
금마문金馬門 안을 드나드는 선비들 틈에,

푸른 소를 타고 지나가는 것이었다.」(老子西遊, 關令尹喜望見有紫氣浮關, 而老子果乘青牛而過也)《사기》의 주석서인 당나라 사마정(司馬貞)의《사기의 숨은 뜻을 찾음(史記索隱)》에서 재인용. 남조 진(晉)나라 갈홍(葛洪)이 지은《신선들의 전기(神仙傳)》에 의하면 관령 윤희가 지키던 관문은 곤륜관(崑崙關)이라고 되어 있다. 당나라 두보의〈가을의 홍취(秋興)〉여덟 수 중 다섯째「서쪽으로는 요지에 서왕모 강림하는 것 바라보았고, 동으로는 자주빛 기운 함곡관 가득 왔다네.」(西望瑤池降王母, 東來紫氣滿函關)

6 | 황관(黃冠) :「황관」은 원래 농부[野夫]들이 쓰는 관이었다.《예기 · 교외에서 지내는 제사의 특별한 희생(郊特牲)》「누른 옷이니 누런 관을 쓰고 제사를 지내는 것은 (일이 없을 때) 쉬는 농부들이다. 농부들은 누런 관을 쓰니, 누런 관이라는 것은 풀로 만든 복장을 말한다.」(黃衣黃冠而祭, 息田夫也. 野夫黃冠, 黃冠草服也) 이후로는 들판이나 산에 은거하는 도사들이 쓰는 관을 지칭하는 말로 쓰이게 되었음. 송나라 소식의〈도사인 이종고(李宗固)에게 드림(贈李道士)〉「예로부터 대대로 누른 관 쓰게 하였으니, 베 양말에 짚신 신고 구름 같은 물에서 장난쳤다네.」(故敎世世作黃冠, 布襪青鞋弄雲水)

도사감호변(道士鑑湖邊) :《새로 쓴 당나라의 역사 · 하지장의 전기(賀知章傳)》「천보 초(3년) 병이 들어 …… 이에 도사가 되어 귀향할 것을 청하자 조서를 내려 이를 허락하였으며 …… 또 조서로 경호와 섬천의 땅 일대를 하사하였다.」(天寶初, 病, …… 乃請爲道士, 還鄕里, 詔許之. …… 有詔賜鏡湖剡川一曲)《옛날에 쓴 당나라의 역사》에 의하면 이때 하지장의 나이 80이었다고 한다. 경호는 소흥현(紹興縣) 남쪽에 있는 호수인 감호(鑑湖)

不及渠家養寸田[8]
불 급 거 가 양 촌 전

미치지 못하네, 제 집에서
한 마디의 마음밭을 잘 가꾸기만은.

의 별칭으로, 동서가 20리이고 남북이 몇 리나 되는데, 그 주위에 있는 산봉우리들이 맑은 물에 비친 모습이 꼭 거울에 비친 듯이 아름다우므로 「거울못」[鑑湖]이라고 한다 함.

7 | 금규언(金閨彥) : 한나라 때 미앙궁(未央宮)에 있는 노반문(魯般門) 밖에 구리로 만든 말이 있었기 때문에 「금마문」(金馬門)이라고 부름. 한무제가 공손홍(公孫弘) 같은 학자들을 이 문을 통하여 불러들였기 때문에, 뒤에 문인으로서 벼슬하는 것을 「금마문에 들어간다」고 함. 「금규」(金閨)는 금마문의 다른 칭호임. 남조 제(齊) 사조(謝朓)의 〈처음으로 상서성에 나가다(始出尚書省)〉「이미 금마문에 명부 통하였으며, 다시 옥 같은 연회에서 술 따루어 받았네.」(旣通金閨籍, 復酌瓊筵醴) 남조 양(梁)나라 강엄(江淹)의 〈이별을 읊음(別賦)〉「금마문의 여러 선비요, 난대의 여러 영웅들이라네.」(金閨之諸彥, 蘭臺之群英) 당나라 두보의 〈이백에게 드림(贈李白)〉「이공께서는 금마문의 큰 선비로, 몸 빠져나와 깊이 토론함 섬긴다네.」(李侯金閨彥, 脫身事幽討)

8 | 거가양촌전(渠家養寸田) : 《황정내경경 · 경실(黃庭內景經 · 瓊室)》「한 치 남짓한 밭, 한 자 남짓한 집으로도 생명을 다스릴 수 있다.」(寸田尺宅可治生) 당나라 양구자(梁丘子)의 주석에 의하면 양미간을 상단전(上丹田)이라고 말하고, 심장을 강궁전(絳宮田)이라고 말하며, 배꼽 및 세 치 아래를 하단전(下丹田)이라고 말한다. 송나라 소식의 〈아우 소철(蘇轍)의 병중에 술을 마셔 폐병이 나다라는 시의 각운자를 써서 짓다(次韻子由病酒肺疾發)〉「한 치 밭으로도 생활 다스릴 수 있거늘, 누가 누런 찰벼 갈라고 권하는가?」(寸田可治生, 誰勸耕黃糯)

27. 讀東國史用應霖韻[1]

우리 동쪽나라 역사책을 읽고서, 김주가 지은 시의 각운자를 그대로 사용하여

蠻觸乾坤計未良[2] 만 촉 건 곤 계 미 량	만씨국과 촉씨국 같은 작은 나라의 판도는 좋은 계책이 없으니,
孰爲猛獸孰群羊[3] 숙 위 맹 수 숙 군 양	누가 사나운 짐승 같고 누가 양같이 순한지 알 길이 없네.
爭疆爛沸雖從漢[4] 쟁 강 란 비 수 종 한	강토를 두고 어지럽게 다투던 것은 비록 한나라 때부터이나,

1 | 바로 위에 나온 시의 해제에서 밝힌 바와 같이 김응림의 원시는 지금 찾아볼 길이 없음.

2 | 만촉(蠻觸) : 와각(蝸角)과 같은 의미로 사소한 것을 가지고 다툰다는 말임. 《장자 · 칙양(則陽)》「달팽이의 왼쪽 뿔에 있는 나라를 촉씨라 하고, 달팽이의 오른쪽 뿔에 있는 나라를 만씨라 했다. 이때 서로 땅을 다투어 싸움을 벌여 넘어져 죽은 시체가 수 만이나 되었다.」(有國於蝸之左角者, 曰觸氏. 有國於蝸之右角者, 曰蠻氏. 時相與爭地而戰, 伏尸數萬)

3 | 맹수군양(猛獸群羊) : 《전국책 · 초책(戰國策 · 楚策)》「그리고 대저 합종을 행하는 자들은 양떼를 좇아내고 사나운 호랑이를 공격하는 것과 다를 까닭이 없습니다.」(且夫爲從者, 無以異於驅群羊而攻猛虎也)

4 | 쟁강~종한(爭疆~從漢) : 한반도를 두고 세 나라가 다투던 삼국시대의 신라 · 고구려 · 백제가 모두 한나라 때 건국되었음을 말함.

5 | 개국~실자당(開國~實自唐) : 여기서 「당」(唐)이란 요(堯)임금이 통치하던 당나라로 볼 수도 있을 것 같으며, 또 송(宋)나라에 앞서 있었던 당나라로 보는 주석(《요존록》)도 있

開國神明實自唐[5]
개 국 신 명 실 자 당

나라를 연 신령스러운 일은
당나라 때부터였다네.

但有名存離復合
단 유 명 존 리 부 합

다만 이름만 남아 있으니
떨어졌다가 다시 합하고,

不隨形滅臭兼香[6]
불 수 형 멸 취 겸 향

형편에 따라서 멸망하지 않으니
나쁜 일 좋은 일이 번갈아 있었네.

秋風白日書窓下
추 풍 백 일 서 창 하

가을 바람 부는 계절 밝은 대낮에
서재의 창문 곁에 앉아서,

獨對遺編永憤傷
독 대 유 편 영 분 상

홀로 옛날 책을 대하고
길게 슬퍼하네.

다. 전설에 당요(唐堯) 25년에 단군이 즉위하였다고 하며, 뒤의 주석에 의하면 당나라 때 신라에 의하여 삼국이 하나로 통일된 사실을 여기서 「개국」(開國)으로 본 것이 아닌가 추측됨.

6 | 취겸향(臭兼香) : 「취」는 악취로 악을 비유하는 말로 쓰이며, 「향」은 향기로 선을 비유하는 말로 쓰인다. 삼국시대 위(魏)나라 왕숙(王肅)의 《공자가어 · 육본(孔子家語 · 六本)》「좋은 사람과 거처하는 것은 영지며 난초가 있는 방에 들어가는 것과 같아 오래되면 그 향기를 맡을 수가 없는데, 곧 그것에 동화된 것이다. 좋지 못한 사람과 거처하는 것은 건어포와 어물전에 들어가는 것과 같아서 오래되면 그 악취를 맡을 수 없는데 또한 그것에 동화되었기 때문이다.」(與善人居, 如入芝蘭之室, 久而不聞其香, 卽與之化矣. 與不善人居, 如入鮑魚之肆, 久而不聞其臭, 亦與之化矣)《좌전 · 희공(僖公) 4년》「향기나는 풀 한 포기와 악취가 나는 풀 한포기를 한데 놓아두면 10년이 지나도 악취만 난다.」(一薰一蕕, 十年尙猶有臭)

28. 夕霽舟上示應霖・景說[1]

저녁에 비가 개이자 배 위에서 지어 김주・민기閔箕 두 친구에게 보임

不堪盡日群書擁
불 감 진 일 군 서 옹

견디지 못하겠네, 하루 종일
여러 가지 책 끼고 앉아 있는 것,

難負高秋積雨晴
난 부 고 추 적 우 청

어이 접어두랴? 하늘 높은 가을
묵은 비 개인 경치를,

1 | 앞에 나온 〈26〉・〈27〉 시와 같은 시기(호당에서 사가독서할 때)에 지은 것임.
경열(景說) : 민기(閔箕: 1504~1568)의 자임. 호는 관물당(觀物堂) 또는 호학재(好學齋)이며 본관은 여흥(驪興)임. 모재(慕齋) 김안국(金安國)의 문인으로 중종 26년인 1531년에 생원시에 합격하였고, 1539년의 별시 문과에 병과로 급제하였다. 1552년에는 동지사(冬至使)로 명나라에 갔다온 적이 있으며, 선조 초년에는 관직이 우의정까지 올랐음. 당시 시문으로 이름을 떨쳤다 하며, 퇴계와도 교분이 두터워 서로 주고 받은 시와 편지가 많음. 시호(諡號)는 문경(文景).

2 | 해상고사(海上孤査) : 「査」(사)는 「槎」(사), 혹은 「楂」(사)와도 통용되는데, 뗏목이라는 뜻임. 《광운・마(麻)운》 「『사』는 물 위에 떠있는 나무이며 『査』와 같다.」(楂, 水中浮木, 査同) 남조 진(晉)나라 왕가(王嘉)의 《습유기・당요(拾遺記・唐堯)》 「요임금이 재위에 오른지 30년 만에 큰 뗏목이 서해로 떠올라 왔는데, 그 뗏목 위에는 마치 별빛이나 달빛 같은 빛이 있는 것 같았는데 밤에는 빛나고 낮에는 사라졌다. 바닷사람들이 그 빛을 바라보면 언뜻 보기에는 크기도 한 듯하고 또 얼핏 보면 작은 것 같기도 하여 마치 별과 달이 드나드는 것 같았다. 이 뗏목은 항상 온 천하를 떠돌아 다니는데 12년 만에 하늘을 한바퀴 돌며, 한바퀴를 돌고나면 다시 시작하는데, 이 뗏목의 이름을 『달을 꿰는 뗏목』이니 『별에 걸린 뗏목』이니 한다.」(堯登位三十年, 有巨査浮於西海, 査上有光, 夜明晝滅, 海人望其光, 乍大乍小, 若星月之出入矣. 査上浮堯四海, 十二年一周天, 周而復始, 名曰貫月査, 掛星査) 진 장화(張華)의 《박물지(博物志)》 「옛날 이야기에 은하수는 바다와 통하였다 하는데, 근래에 바닷가에 사는 어떤 사람이 해마다 8월만 되면 뗏목을 띄우고서 그곳을 왕래하는데, 그때를 놓치지 않는다 하였다.」(舊說云, 天河與海通, 近世有人居海渚者, 年

暮色漸迎山色暝 모 색 점 영 산 색 명	저녁 빛은 차츰 맞이하네, 산 빛깔 어두워져 감을,
霞光時倒水光明 하 광 시 도 수 광 명	노을 빛 때때로 거꾸로 비치네, 물빛 맑은 곳에.
愁連海上孤査遠[2] 수 련 해 상 고 사 원	근심은 바닷가까지 이어졌네, 외로운 뗏목 아득히 흘러가 버렸으니.

年八月, 有浮槎去來, 不失期) 당나라 두보의 〈늦가을에 소씨네 다섯째 아우 영의 강가의 누각에서 평사벼슬을 하는 최씨네 열 두째와 소부벼슬을 하는 위씨 어른의 조카에게 밤에 연회를 베풀다(季秋, 蘇五弟纓江樓, 夜宴崔十二評事·韋少府姪)〉 세 수 중 둘째 시 「맑음은 술잔 가운데의 술에서 움직이어, 높이 바다 위의 뗏목 따르네.」(清動杯中物, 高隨海上査) 송나라 소식의 〈아우인 자유의 목산봉에 물을 끌어들이다라는 시에 화답하다(和子由木山引水)〉「촉간에 오래도록 푸른 물결 보이지 않더니, 강위의 마른 뗏목 멀리 가서 가질 수 있겠네.」(蜀間久不見滄浪, 江上枯槎遠可將)

3 | 강동일안횡(江東一鴈橫) : 《진(晉)나라의 역사 · 장한의 전기(張翰傳)》「(당시의 권력가인) 제왕 사마경이 그를 불러 대사마동조연(재상의 보좌관)으로 삼았다. …… 장한은 가을 바람이 이는 것을 보자 자기 고향인 오중의 고미나물 반찬과 순나물 국, 농어 회 생각이 나서 말하기를 『인생은 뜻대로 사는 것을 귀하게 여기는데, 어떻게 고향을 떠나서 수천 리 밖에서 남에게 얽매여서 명예와 벼슬을 추구할 수만 있겠는가?』 하고서, 드디어 수레를 지워 고향으로 돌아왔다. …… 얼마 지나지 않아 사마경이 패하자 사람들은 모두 그에게 선견지명이 있다고 하였다.」(齊王冏辟爲大司馬東曹掾, …… 翰因見秋風起, 乃思吳中菰菜, 蓴羹, 鱸魚膾曰, 人生貴得適志, 何能羈宦數千里以要名爵乎. 遂命駕而歸. …… 俄而冏敗, 人皆謂之見機)

당나라 이백(李白)의 〈태자사인(太子舍人) 벼슬하는 장씨가 양자강 동남쪽 땅으로 떠나감에 송별하여(送張舍人之江東)〉「장한이 양자강 동쪽 땅으로 은퇴하여 가던 때가, 바야흐로 가을 바람 일어날 때였지. 하늘은 밝은데 한 마리 기러기 멀리 날아가니, 바다 같은 강물 한없이 넓고 외로운 배 한가롭게 떠가네. 밝은 대낮 저물려 하는데도, 만경창파에

興遶江東一鴈橫[3]
홍 요 강 동 일 안 횡

홍겨움은 강 동쪽을 감도네,
한 마리 기러기 가로질러 날아가니.

暫出瀛洲弄烟艇[4]
잠 출 영 주 롱 연 정

잠시 영주를 벗어나와서
안개 낀 배를 타고 놂이,

何如耕釣赴初盟[5]
하 여 경 조 부 초 맹

밭 갈고 낚시 하고자 하였던
당초의 맹서를 지키려 함과 비교하여
어떤가?

하염없이 흘러만 가니 언제 다시 만날지 도무지 기약하기 어렵네. 강동에 있는 오지방의 삼각주에서도 만약 달을 볼 수 있거든, 천리 밖에 있는 나를 한번쯤 생각하여 준다면 다행스럽겠네.」(張瀚江東去, 正值秋風時. 天淸一鴈遠, 海闊孤帆遲. 白日行欲暮, 滄波査難期. 吾洲如見月, 千里幸相思)

4 | 영주(瀛洲) : 바다 가운데 있다는 신선이 놀던 삼신산(三神山) 중의 하나인데, 문학지사가 특별한 영예를 얻어 선경에 들어온 듯한 것을 일컫는 말이며, 호당(湖堂)을 영주라고도 불렀다. 《새로 쓴 당나라의 역사 · 저량의 전기(褚亮傳)》「무덕 4년(621)에 태종이 천책상장군이 되어 도적들의 난이 어느 정도 가라앉자 이에 고을의 선비들에게 궁성의 서쪽에다 문학관을 지어 어진 인재들을 받아들였다. …… 무릇 세 번으로 번갈아 문학관에 거처하게 하였는데 모두에게 진귀한 요리를 제공하였다. 휴가 때만 되면 정사를 행하는 곳에 방문하기도 하여 옛 전적들을 토론하기도 하였으며 앞서의 기록을 하나로 요약하기도 하였는데, 일상적인 예법은 무시하였다. 염립본에게 초상을 그리라 하고, 저량에게는 찬을 짓게 하여 이름과 자 및 관작을 적게 하였는데 『십팔학사』라 하고는 문서 보관창고에 보관하여 어진 이를 예로서 중시함을 나타내었다. 바로 이때 그 가운데 뽑힌 자들을 온 세상에서 흠모하여 바라보았는데, 그 것을 일러 『영주에 올랐다』라 하였다.」(武德四年, 太宗爲天策上將軍, 寇亂稍平, 乃鄕儒, 宮城西作文學館, 收聘賢才, …… 凡分三番遞宿于閣下, 悉給珍膳. 每暇日, 訪以政事, 討論墳籍, 榷略前載, 無常禮之間. 命閻立本圖象, 使亮爲之贊, 題名字爵里, 號十八學士, 藏之書府, 以章禮賢之重. 方是時, 在選中者, 天下所慕向, 謂之登瀛洲)

5 | 하여~부초맹(何如~赴初盟) : 북송(北宋) 황정견(黃庭堅)의 〈쾌각이라는 누각에 올라(登快閣)〉「만리 길 고향으로 돌아가는 배 위에서 길게 피리소리 내고 싶구나, 이 마음 나는 흰 갈매기와 더불어 맹서하였지.」(黃里歸舡弄長笛, 此心吾與白鷗盟)

29. 南樓壁上有六言四韻, 次韻, 示二君[1]

호당湖堂의 남쪽 누각 벽 위에 여섯 자로 된 정형시구 여덟 구가 적혀있는 것을 보고, 그 각운자에 맞추어 시를 지어 김주·민기 두 친구에게 보이노라

古意時時撫琴
고 의 시 시 무 금

옛 뜻 살려보려 때때로 금을 어루만지나,

幽愁日日關心
유 수 일 일 관 심

그윽한 시름 날마다 마음에 걸리누나.

澗底風生欲暮
간 저 풍 생 욕 모

산골짜기 개울 바닥에 바람일자
해 저물려 하나,

1 | 남루(南樓)는 호당 안에 있는 작은 누각이다. 《연보》 신축년 조에 보임. 〈26〉-1)을 보라.

2 | 천변하산경음(天邊霞散輕陰) : 북송 정호(程顥)의 시 〈진공의 이원에서 봄맞이 행사를 하는 자리에서 짓다(陳公廙園修禊事席上賦)〉「저녁이 저문다고 걱정할 것 없네, 하늘가에는 아직도 어두운 빛이 가벼우니.」(未須愁日暮, 天際是輕陰)

3 | 조박비조(糟粕非粗) : 《장자 · 천도(天道)》「(제나라) 환공이 대청에서 글을 읽고 있을 때 수레바퀴쟁이가 뜰 아래서 수레바퀴를 깎고 있었다. 그가 몽치와 끌을 놓고 올라와서 환공에게 물었다. 『감히 여쭙겠습니다만 임금님께서 읽고 계신 것이 무슨 말인지요?』 환공이 말하였다. 『성인의 말씀이지.』 『그 성인이 지금 살아 있습니까?』라 말하자, 환공이 말했다. 『이미 돌아가셨다네.』 그러자 말하기를 『그렇다면 임금님께서 읽고 계신 것은 옛사람들의 찌꺼기이겠습니다.』라 했다.」(桓公讀書於堂上, 輪扁斲輪於堂下. 釋椎鑿而上, 問桓公曰, 敢問公之所讀者何言邪. 公曰, 聖人之言也. 曰, 聖人在乎. 公曰, 已死矣. 曰, 然則君之所讀者, 古人之糟魄已夫) 여기서 「魄」은 「粕」자의 가차자(假借字)로 쓰였으며, 같은 내용이 《회남자 · 도응훈(道應訓)》에도 보임. 명나라 진헌장(陳獻章)의 〈내한 장정상의 편지에 답하고 아울러 시를 지어 제학 호희인에게 바침(答張廷祥內翰書, 括而成詩呈胡希仁提學)〉「옛사람 찌꺼기 버렸는데, 찌꺼기는 참으로 전한 것이 아니라네.」(古人棄粗粕, 粗粕非眞傳)

天邊霞散輕陰[2]
천 변 하 산 경 음

하늘 가에 노을 흩어지니
가벼운 어둠 흩어지네.

須知糟粕非粗[3]
수 지 조 박 비 조

모름지기 알아야 하네,
찌꺼기가 조잡하지만은 않다는 것을,

及到淵源又深[4]
급 도 연 원 우 심

연원을 타고 올라가 봄에 이른다면
경지 또한 길다네.

與子方欣麗澤[5]
여 자 방 흔 이 택

그대들과 함께 있음을 바야흐로
즐거워 하네, 서로 절차탁마하니,

都忘衰病侵尋
도 망 쇠 병 침 심

모두 잊어버리겠네,
쇠함과 병듬 깊이 닥쳐옴을.

4 | 급도연원우심(及到淵源又深) : 주자의 〈우연히 짓다(偶題)〉 세 수 중 첫째 시 「흐르는 물 따라 걸어서 시내의 근원 찾는데, 가다가 들판 끝에 이르러서는 오히려 망연자실하네. 참된 근원은 간다고 이를 수 없음 비로소 깨달아, 대지팡이 짚고 가는 곳마다 졸졸 흐르는 물에서 노네.」(步隨流水覓溪源, 行到原頭却惘然. 始悟眞源行不到, 倚笻隨處弄潺湲)

5 | 이택(麗澤) : 친구끼리 서로 절차탁마하는 것을 「이택」이라고 함. 《주역 · 태괘(兌卦)》 「못이 연이어 있는 것이 『태』의 괘상이다. 군자는 이 괘상을 보고 친구들과 모여 서로 연마하고 익힌다.」(麗澤, 兌. 君子以朋友講習)

30. 九月七日午憩臨津亭_災傷御史[1]

9월 7일 낮에 임진정에서 쉬면서_재해를 살피는 어사가 되어

臨津渡上秋空碧
임 진 도 상 추 공 벽

임진강 나루 곁에
가을 하늘 짙푸른데,

斜日淸江映石壁
사 일 청 강 영 석 벽

맑은 강에 해 비스듬하게 드니
석벽이 훤하게 비치네.

潮來潮去幾今古[2]
조 래 조 거 기 금 고

들물 밀물 드나들기를
옛날부터 몇 차례나 되풀이 하였는가?

1 | 신축년(辛丑年 : 41세) 전국적으로 흉년이 들고, 경기도 영평현(永平縣)에는 수해가 특히 심하였으므로, 이 해 9월에 경기도 재상어사(災傷御史)로 차출되어 영평(永平) · 삭녕(朔寧) 등 경기도 동북부지방을 돌아보고 왔다. 《퇴계연보》에는 이 사실이 언급되어 있지 않으나, 《별집(別集)》(모두 한 권으로 시만 수록하고 있음)에 나오는 시의 제목(2수) 《이조실록》 동년, 동월 무신일(戊申日: 25일) 경연(經筵) 석강(夕講)에서 퇴계가 시독관(侍讀官)으로서 흉년에 대한 대책을 건의한 내용 등에서 관련된 사실을 더러 찾아볼 수 있음.
보주(補注) : 이장우의 〈퇴계의 사행시(使行詩)〉(단국대, 퇴계학 연구소 《퇴계학연구》 제2집, 1988)과 권오봉의 〈퇴계선생의 일기총록〉(퇴계학연구원 《퇴계학보》 제78 · 79 · 80집, 1993) 등을 참조하라.
「임진정」(臨津亭)은 장단부(長湍府) 남쪽 37리에 있는 임진강을 건너 다니는 나루터「臨津渡」의 남쪽편에 서 있는데, 이 정자 자체는 파주(坡州) 땅에 속한다. (파주 북쪽 17리) 양쪽 언덕이 석벽임. 《고증》 · 《동국여지승람》등 참조.

大海西連數峯隔
대 해 서 련 수 봉 격

큰 바다 서쪽으로 이어졌으나
몇 봉우리나 막아서 있네.

盤遊狡童厭法宮[3]
반 유 교 동 염 법 궁

돌아다니며 놀기 좋아하던 소년은
법당을 싫어하고,

輕薄詞臣昧釁積[4]
경 박 사 신 매 흔 적

경박한 문신들은 어리석어
분쟁의 실마리를 만들어 갔다네.

2 | 조래조거(潮來潮去) : 진 갈홍(葛洪)의 《포박자(抱朴子)》「달이 밝을 때 물이 생기는데 이런 까닭으로 달이 차면 조수가 커진다.」(月之精生水, 是以月盛而潮大) 《패문운부》에서 재인용. 《고증》「《임안지》 저녁 조수가 밀려오는 시기는 달이 모두 자시(밤 11시~새벽 1시)에 해당된다. 낮에 조수가 밀려오는 시기는 달이 모두 오시(낮 11시~오후 1시)에 해당된다. 우리 정해는 달이 묘시에서 유시(새벽 5시~오후 7시)에 해당되면 물이 동서로 불어나고, 달이 자시에서 오시까지 오면 조수가 남북으로 평평해진다.」(《臨安志》夕潮之期, 月皆臨子. 晝潮之期, 月皆臨午. 余靖海月臨卯酉水張東西, 月臨子午潮平乎南北)

3 | 교동(狡童) : 「狡僮」이라고도 함. 《시경 · 정나라의 민요(鄭風)》에 〈교활한 아이(狡童)〉란 시가 있는데, 여기서 정나라의 귀공자인 홀을 풍자한 이후로는 교활하고 혼란한 임금이란 뜻으로 쓰이게 되었다. 《사기 · 송미자의 세가(宋微子世家)》「(기자는) 이에 〈보리는 패었는데〉라는 시를 지어서 노래불러 읊었다. 그 시에서는 『보리이삭 점차 패어감이여, 벼와 기장 윤기가 반지르르하네. 저 교활한 아이여, 나와는 사이가 좋지 않다네.』라 했다. 이른바 교활한 아이란 것은 주임금이다.」(乃作麥秀之詩以歌詠之. 其詩曰, 麥秀漸漸兮, 禾黍油油. 彼狡僮兮, 不與我好兮. 所謂狡僮者, 紂也)
고려 의종(毅宗)이 놀기를 좋아하여 평시에 사원(寺院)을 찾아다니며 놀았다. 그의 재위 24년(서기 1170년)에 장단(長湍)에 있는 보현원(普賢院)이라는 절에 놀러가는 것을 틈타 무신 정중부(鄭仲夫) 등이 반란을 일으켜, 문신인 한뢰(韓賴) 등을 죽이고, 임금은 폐위

轟天簫鼓愁魚龍
굉 천 소 고 수 어 룡

하늘을 뒤흔드는 퉁소소리 북소리는
고기와 용을 근심스럽게 하였고,

軼霧優倡鬧鈿舃[5]
질 무 우 창 뇨 전 석

광대들 안개를 스치고 지나가니
금비녀와 나무덧신 어지럽게 늘려 있었다네.

豈知眼中强跋扈[6]
기 지 안 중 강 발 호

어찌 알았으리오? 눈 앞에서
사납게 발호하던 장군들도,

시켜 거제도로 귀양보냈다. 의종은 인종의 맏아들로 인종 5년(1127년)에 출생하여 20세에 임금이 되었는데,(1146년) 태자로 있을 때부터 행실이 경박하였다.

4 | 문신들 중에서 임금과 어울려 한가롭게 음풍영월(吟風詠月)하면서, 임금의 환심을 사서 무신들을 깔보는 자들이 많았다. 김부식의 아들인 김돈중(金敦中)은 정중부의 수염을 촛불로 지졌고, 한뢰(韓賴)는 대장군인 이응소(李膺紹)의 뺨을 때린 일이 있었다.

5 | 요전석(鬧鈿舃) : 당나라 명황(明皇: 즉 玄宗)이 당나라의 수도인 장안(長安) 교외의 여산(驪山)에 있는 온천 별궁인 화청궁(華淸宮)으로 행차의 할 때의 화려한 행렬을 말함.《신당서 · 후비전 · 양귀비(新唐書 · 后妃傳 · 楊貴妃)》「매년10월 황제(玄宗)가 화청궁으로 행차할 때면 다섯 집(곧 楊貴妃의 오빠인 錡와 사촌오빠인 國忠 및 양귀비의 세 여동생들)도 모두 뒤따라 가는데, 각기 대열을 달리하였고 대열마다 각기 다른 색을 이루었는데 얼마 있다가 하나의 대열을 이루게 하여 다섯 집의 대열이 합해지면 온갖 꽃이 흐드러지게 핀 것과 같았으며, 내와 골짝은 비단에 수를 놓은 듯하였고 양국충이 검남절도사의 깃발로 이끌었다. 금비녀가 땅에 떨어진 것 · 나무덧신이 길에 떨어진 것 · 온갖 진귀한 구슬들 따위가 길바닥에 어지러이 흩어져 있고, 향기로운 냄새가 수 십리나 났다.」(每十月, 帝幸華淸宮, 五宅車騎皆從, 家別爲隊, 隊一色, 俄五家隊合, 爛若萬花, 川谷成錦繡, 國忠導以劍南旗節. 遺鈿墮舃, 瑟瑟璣琲, 狼藉于道, 香聞數十里)
「舃」(석)은 나막신[屐] 밑에 신는 것으로 진흙길에 다닐 때 사용함.

遊魂已似浮烟釋
유 혼 이 사 부 연 석

떠돌아 다니던 혼 이미
뜬 안개와 같이 사라질 줄이야!

皺巖明鏡足垂後[7]
추 암 명 경 족 수 후

추암의 맑은 교훈
후세에 족히 전할 만하고,

驪山禍胎謬傳昔[8]
려 산 화 태 류 전 석

여산은 화의 씨앗이라고
잘못된 일 옛부터 전하여 오네.

6 | 발호(跋扈) : 「호」(扈)는 통발[竹籬]인데, 물가에 사는 사람들이 냇물이 줄었을 때 통발을 쳐두고서 고기가 그 안에 들어오기를 기다리는 것이다. 그러나 물이 빠지고 나면, 흔히 작은 고기만 그 안에 남아 있을 뿐 큰 고기는 그 통발을 뛰어 넘어[跋] 도망치고 만다. 그래서 「통발을 뛰어 넘어간다」는 뜻으로 「발호」라는 말이 생겼다. 《후한의 역사 · 양기의 전기(梁冀傳)》 「충제가 또 돌아가시자 양기는 질제를 세웠다. 질제는 어렸지만 총명하여 양기가 교만하고 전횡하는 것을 알고 일찍이 신하들에게 조회를 하는 자리에서 양기를 보면서 말했다. 『이 사람은 통발을 뛰어 넘어간 장군이요.』 양기는 듣고 그를 매우 미워하여 결국 측근들에게 명령하여 짐새의 독을 구운 떡에 넣게하여 바치니 황제는 그날로 죽었다.」(沖帝又崩, 冀立質帝. 帝少而聰慧, 知冀驕橫, 嘗朝群臣, 目冀曰, 此跋扈將軍也. 冀聞, 深惡之, 遂令左右進鴆加煮餅, 帝卽日崩)

7 | 추암(皺巖) : 고려의 임금과 문인들이 놀던 곳. 《동국여지승람》 「개성(開城)의 도성 동북쪽 2 · 3리 지점에 바위가 있는데 시내의 곁에서 병풍처럼 펼쳐져 막고 있어서 완전히 순리대로 흐름을 가로막으므로 그렇게 이름지었다. 그 아래에는 앉아서 마시고 놀만한 큰 바위들이 많은데 고려 때 최영이 매번 소를 타고 와서 여러 원로들과 여기서 놀았다.」(松京都城東北二三里, 有巖溪流之側, 如展屛障, 蓋有橫理, 故以名焉. 下多巨石可以坐飮. 高

楓林霜葉爛猩紅[9]
풍 림 상 엽 란 성 홍

단풍 든 숲 서리맞은 나무잎은
성성이의 피와 같이 무르녹았고,

沙岸蘆花袞雪白
사 안 로 화 곤 설 백

모래 강둑에 핀 갈대꽃은
눈 흰 것과 분간하기 어려웠네.

舟人只知爭渡急
주 인 지 지 쟁 도 급

뱃사공은 다만 아네,
급히 건너가는 것을 다툴 줄만,

麗崔讜每騎牛, 與諸老遊於此)

명경(明鏡) : 밝은 거울이라는 뜻으로 「전감」(前鑑 : 앞서 있었던 역사의 거울)과 같은 말이다. 같은 책.

8 | 여산(驪山) : 앞의 주 5)를 보라.

송 사마광의 《자치통감 · 당기(唐紀)》「경종이 여산의 온천에 행차하려 하자 좌복야 이강과 간의대부인 장중방 등이 여러 차례나 간언하였지만 듣지를 않았다. 습유인 장권여가 자신전 아래 엎드려 머리를 조아리고 간언하기를 『지난날 주(周)나라 유왕(幽王)이 여산에 행차하였다가 견융(犬戎)에게 피살되었고, 진시황을 여산에 장사지내자 나라가 망하였으며, 현종이 여산에다 별궁을 세움에 안록산이 난을 일으켰고, 선제께서는 여산에 행차하시어 수명을 제대로 누리지 못하셨습니다.』라 했다. 그러자 임금이 말하기를 『여산이 이처럼 흉악하단 말이냐? 내 마땅히 한번 가서 그 말을 시험해 보겠노라.』라 했다.」(上欲行驪山溫湯, 左僕射李絳 · 諫議大夫張仲方等屢諫不聽. 拾遺張權與伏紫宸殿下叩頭諫曰, 昔周幽王幸驪山爲犬戎所殺, 秦始皇葬驪山國亡, 玄宗宮驪山而祿山亂, 先帝幸驪山享年不長. 上曰, 驪山若此之凶邪. 我宜一往以驗彼言)

鷗鷺無情事高格
구 로 무 정 사 고 격

해오라기 하염없이
높이 날아오르는 것만 일삼네.

鵠山隱翳暮雲頭[10]
곡 산 은 예 모 운 두

곡산은 저녁 구름 속에
남몰래 가려져 있으니,

憑闌客子偏傷激
빙 란 객 자 편 상 격

난간에 의지한 나그네
갑자기 마음이 울컥하여지네.

9 | 성홍(猩紅) : 성성(猩猩)이는 원숭이의 일종인 오랑우탄을 말하며, 주로 동남아시아의 여러 섬나라에 살고 있는데, 털이 길고 붉은 것이 특징임. 중국에서는 사람 비슷하나 몸은 개와 같고 털이 길며 그 빛이 주홍색(朱紅色)이고, 사람의 말을 이해하며 또 술을 좋아하는 동물이라고 상상하였음. 성성전(猩猩氈)이라고 하는 붉은 담요가 있는데 성성이가 술을 마시고 붉은 피를 토한 것을 염료로 사용하였다고 말함. 당나라 배염(裴炎)의 〈성성이를 경계함 서문(猩猩銘序)〉「서역나라의 오랑캐들은 그 피를 뽑아서 털담요를 물들이는데 색이 선명하고 얼룩이 지지 않는다.」(西國胡人取其血, 染毳罽, 色鮮不黯) 당나라 방간(方干)의 〈손씨네 숲속의 정자(孫氏林亭)〉「쓸쓸히 온 골목에 대나무 숲지어 늘어섰고, 성성이의 피는 동산의 꽃 절반이나 물들였네.」(瑟瑟林排全巷竹, 猩猩血染半園花)

10 | 곡산(鵠山) : 개성 북쪽에 있는 진산으로 송악산(松嶽山)을 말한다. 원래 부소(扶蘇), 곡령(鵠嶺)이라 하였는데 산의 형세는 훌륭하지만 나무가 없어 이에 나무를 심고 송악(松岳)이라 하였으며 또 숭산(崧山) 신숭(神嵩)이라고도 부른다.

31. 玉堂春雪用歐公韻[1]_壬寅 ○二月十四日內直賦示閔叔道

옥당에서 봄눈을 읊다. 구양수歐陽脩공이 지은 「눈을 읊다」 詠雪는 시의 각운자를 그대로 사용하여_임인년(42세) ○ 2월 14일에 내직에서 지어 민숙도에게 보이노라

令節春將半 영 절 춘 장 반	좋은 계절 봄이 반이나 지나가려 하는데,
今朝雪候臻 금 조 설 후 진	오늘 아침 눈이 내릴 조짐이 왔네.
氣爭方晩合 기 쟁 방 만 합	찬 기운 다투다가 저녁 늦게 곧 합쳐지고,
雲積忽窮垠 운 적 홀 궁 은	구름 쌓이더니 별안간 끝이 없어져 버렸네.

1 | 「옥당」(玉堂)은 한림원의 별칭으로 일찍이 송태종이 한림원에 친히 행차하여 「옥당지서」(玉堂之署)라 쓴 비백체(飛白體)의 액자를 내린 데서 유래하였다. 조선에서는 홍문관(弘文館)을 일러 옥당이라고 하였다. 거기에 문신(文臣)들이 임금의 경연(經筵) 강의나 조칙(詔勅)을 작성하기 위하여 숙직하는 집이 마련되어 있었으므로 「내직」(內直)이라고도 부름. 이해 2월에 퇴계는 형조정랑(刑曹正郎)으로 홍문관 부교리(校理) 직을 다시 겸직하도록 발령받았다.

민숙도(閔叔道) : 민기문(閔起文 : 1511~1574)의 자. 호는 역암(櫟菴)이며 본관은 여흥(驪興)임. 편모 슬하에서 독서에 힘써 약관에 사마시에 급제하여 문명을 크게 떨쳤다. 이기·윤원형 등을 거슬리어 오래도록 변방으로 쫓겨나갔다가 윤원형이 물러나자 직첩이 환급되었다. 선조가 즉위한 후에 벼슬에 우승지까지 이르렀다.

구양수(歐陽脩 : 1007~1072)는 북송의 문인이며 학자이자 정치가임.

入眼瓊花亂
입 안 경 화 란

눈안에 들어오나니 구슬 꽃 어지럽게
나는 것 뿐이요,

飜空玉海新
번 공 옥 해 신

허공에 뒤집히나니 흰구슬
새롭게 바다를 이루었네.

聽窓憐屑窣[2]
청 창 련 설 솔

창밖에 소리 들으니
사삭사삭하는 소리 애처롭고,

看地愛輕勻[3]
간 지 애 경 균

땅을 보니 가볍고 가지런한 것이
사랑스럽네.

鼇禁稀鳴索[4]
오 금 희 명 삭

옥당 안에는 비상호를 알리는
방울 당기는 소리 드물고,

2 | 청창(聽窓) : 당나라 한유의 〈눈이 내림을 기뻐하여 상서랑 배균(裴均)에게 드림(喜雪獻裴尙書)〉「날씨 매우 추워 술로 바꿔야만 하고, 급하게 뿌려대니 창문 소리만 들어도 알 수 있네.」(氣嚴當酒換, 灑急聽窓知)

설솔(屑窣) : 눈이 내리는 소리를 나타내는 의성어임.

3 | 경균(輕勻) : 송나라 소식의 〈사철을 읊다(四時詞)〉 네 수 중 네째 시「일어나 앉아 손 불어가며 한 쌍 까마귀 그리는데, 술취한 얼굴에 가볍고 고르게 놀 눈 가까이 다가오네.」(起來呵手畫雙鴉, 醉臉輕勻襯眼霞)

4 | 오금(鼇禁) : 문서[文翰]를 취급하는 관청인 한림원(翰林院)을 말함. 이 관청이 궁중[禁中] 안에 있었기 때문에 한금(翰禁)이라고도 하였음. 오산은 거대한 자라가 머리로 이고서 떠받치고 있다는 전설상의 신선이 사는 산을 말함.《열자 · 탕임금이 묻기를(列子 · 湯問)》「발해의 동쪽에는 …… 대여산 · 원교산 · 방호산 · 영주산 · 봉래산 등의 다섯 산이 있는데, …… 다섯 산의 뿌리가 서로 이어져 있지 않아, 항상 파도따라 아래 위로 흔들리

天街絕響輪[5] 천 가 절 향 륜	서울 거리에는 수레바퀴 구르는 소리도 끊어졌다네.
苦篁撑一節 고 황 탱 일 절	마른 대나무 밭에서는 한 줄기만 버티고 서 있고,
高柏抗千鈞 고 백 항 천 균	키큰 잣나무는 3만 근을 이겨내네.
爲瑞將騰賀[6] 위 서 장 등 하	상서로운 징조라고 달려와 임금님께 하례를 올리려하고,
迎豊且解顰 영 풍 차 해 빈	풍년을 맞이할 것이니 장차 쭈그린 얼굴 펴게 되겠네.

니 …… 이에 천제가 명을 내려 거대한 자라 열 다섯 마리로 머리를 들어 이 산을 이도록 하였다(渤海之東有 …… 其中有五山焉, 一曰岱輿, 二曰員嶠, 三曰方壺, 四曰瀛洲, 五曰蓬萊等山, …… 而五山之根, 無所連著, 常隨潮波, 上下往還, …… 乃命策, 疆使巨鰲十五, 擧首而戴之) 또한 이 오산(자라가 받치고 있는 산)이 신령스러운 곳이었기 때문에 문인 학자들이 근무하는 한림원(翰林院)을 「오봉」(鼇峰) · 「오액」(鼇掖) · 「오금」(鼇禁) · 「오서」(鼇署) 따위로 불렀다.

명색(鳴索) : 《고증》 「당나라 때는 한림원에 방울을 달아놓고 밤에 숙직을 하였다. 긴급하게 처리하여야 할 문서들이 있으면 그 줄을 당겨서 소리를 쳐서 호출하는 것에 대신하였다.」(唐翰林院有懸鈴以備夜直. 警急文書出入, 皆引其索以代傳呼) 송나라 소식의 〈9월 15일 이영각에서 《논어》를 강독하는데 …… (九月十五日, 邇英講論語 ……)「옥당에 낮에는 닫기어 문서들만 고요히 있고, 방울 울리는 끈 흔들리지 않는데 종소리만 오래도록 새나오네.」(玉堂晝掩文書靜, 鈴索不搖鍾漏永)

霏微看到暮[7]
비 미 간 도 모

바스락 바스락하는 소리 자세히 보니
저녁 때까지 내리고,

浩蕩想連晨
호 탕 상 련 신

쏴아 쏴아하는 소리 생각하니
새벽까지 갈 것 같네.

病憶重裘襲
병 억 중 구 습

병든 몸 생각나네,
두터운 갖옷 다시 걸칠 것을,

恩慙內醞陳[8]
은 참 내 온 진

임금님 은혜에 부끄럽네,
궁중에서 빚은 술을 내려주셨으니.

5 | 천가(天街) : 원래는 궁중에 난 길을 말하나 여기서는 도성 안에 난 길을 말함. 당나라 한유의 〈새벽에 거리의 서쪽으로 가서 행향의 의식을 올리고 태자중사인으로 있는 노씨와 이씨 두 사람에게 드림(早赴街西行香, 贈盧李二中舍人)〉「서울의 길 동서가 다른데, 조칙 받들어 마침내 노닐게 되었네.」(天街東西異, 祇命遂成游)

6 | 위서장등하(爲瑞將騰賀) : 《고증》「당나라 장수 2년(693년) 정월에 눈이 내리자 가까이 모시고 있는 신하들에게 말하기를 『정월에 눈이 내리면 이는 풍년이 들 상서로운 조짐이다.』라 하였다. 뭇 신하들이 마침내 입궐하여 하례하였다.」(唐長壽二年正月雪, 謂侍臣曰, 正月有雪, 爲年豊之瑞. 群臣遂入賀) 남조 송나라 사혜련(謝惠連)의 〈눈을 읊음(雪賦)〉「한 자의 눈이 쌓이면 풍년이 들 상서로운 조짐이 나타나고, 한 길이 넘으면 덕행을 해치는 기운이 나타나게 된다.」(盈尺則呈瑞於豊年, 袤丈則表沴於陰德)

7 | 비미(霏微) : 눈이 쌓이는 소리를 나타내는 의성어임. 한유 위 주 2)의 시 「아득하게 하늘과 땅 합쳐지고, 바스락바스락 만물의 모양 옮겨가네.」(浩蕩乾坤合, 霏微物象移)

8 | 내온(內醞) : 궁중에서 빚은 술을 말함. 《서경잡기(西京雜記) · 권 1》「한나라 때의 제도에 종묘에서 8월에 술을 마시는데 구온주와 소 · 양 · 돼지의 희생을 써서 황제가 제사를 모셨다. 정월 초하루에 술을 담가서 8월에 빚는 것을 『구온』이라고도 말하고, 또 『순주』

瑤城渾合沓[9]
요 성 혼 합 답

아름다운 구슬성은 사뭇 눈으로 빽빽하고,

銀屋鬱盤囷[10]
은 옥 울 반 균

은백색 흰집들은 편편하고
둥글둥글하게 늘어서서 있네.

地自同仙府[11]
지 자 동 선 부

이곳이 바로 신선이 사는 곳과 같으니,

詩難語俗人
시 난 어 속 인

시로써 속인들에게 이야기하기는 어렵네.

沈吟倚闌處
침 음 의 란 처

나직이 읊조리며 난간에 기대고 있으니,

라고도 한다.」(漢制, 宗廟八月飮酎, 用九醞太牢, 皇帝侍祠. 正月旦作酒, 八月成, 一曰九醞, 一曰醇酎)

9 | 합답(合沓) : 「답」은 「겹치다」·「중복되다」의 뜻임. 남조 제(齊)나라 사조(謝眺)의 〈경정산에서 노닐다(遊敬亭山)〉 「이 산 백 리나 되는데, 몇 겹이나 합쳐져 구름과 나란하네.」(玆山亘百里, 合沓與雲齊)

10 | 요성·은옥(瑤城·銀屋) : 「요성」과 「은옥」은 모두 눈에 덮힌 성과 집을 말함. 흔히 눈을 표현할 때 옥(玉)·경(瓊)·요(瑤) 등 구슬에 비유한 것이 많은데 눈이 구슬과 같이 깨끗하기 때문에 그런 것이다. 은(銀)은 눈의 색이 희어서 쓰는 표현임.

반균(盤囷) : 당나라 두목(杜牧)의 〈아방궁을 읊음(阿房宮賦)〉 「겹겹이 쌓이고 둘레둘레 져진 것이 벌집 같고 소용돌이 같은데 우뚝하니 솟은 것이 몇 천만 채인지를 모르겠네.」(盤盤焉, 囷囷焉, 蜂房水渦, 矗不知其千萬落)

11 | 지자동선부(地自同仙府) : 당나라 초기의 문인 노조린(盧照隣)의 〈저작국(著作局) 최소감이 지은 「두 그루의 무궁화 나무를 노래한 부」를 보고서 지은 부(同崔少監作雙槿樹賦)〉 「땅은 도서가 가득한 곳이요, 사람은 신선 가운데서도 가장 신령스러운 사람들이다.」(地則圖書之府, 人則神仙之靈)

疑是入長春[12] 의 시 입 장 춘	의심하건대 장춘궁에 들어와서 있는 듯하네.

【원운시】 〈詠雪 눈을 읊음〉

歐陽脩 구양수

至日陽初復	동짓날에 양기 비로소 되살아 났는데,
豊年瑞遽臻	풍년들 상서 갑자기 찾아왔네.
飄颻初未積	휘날리며 처음에는 쌓이지 않다가,
散漫忽無垠	어수선하게 흩어져서 홀연히 끝이 없어져 버렸네.
萬木青煙滅	온갖 나무에는 푸른 기운 사라지고,
千門白晝新	집집마다 대문이 백주에 새롭게 되었네.
往來衝更合	날아왔다 날아갔다 하며 부딪치다가는 다시 합하고,
高下著何勻	올라갔다 내려감이 얼마나 뚜렷하고도 고른가?
望好登長榭	좋은 풍경 바라보며 긴 정자에 오르니,

12 | 장춘궁(長春宮) : 《태평환우기 · 관서도(太平寰宇記 · 關西道)》「【동주】 장춘궁은 강량의 언덕에 있는데 북주 무제 보정 원년(561년)에 우문호가 지은 것이다.」(【同州】長春宮在强梁原上, 周武帝保定元年宇文護所築) 장춘이라 것은 꽃나무들이 항상 봄철과 같이 자란다는 뜻이다.

平堪走畫輪	주위가 모두 편편해져서 수레 타고 끝없이 달릴 만하누나.
馬寒毛縮蝟	말은 추워 털이 고슴도치 같이 쭈그러들고,
弓勁力添鈞	활은 빳빳하여 힘들기 30근이나 더 얹어놓은 듯하네.
客醉看成眩	나그네는 취하여 자세히 보니 현기증을 일으킨 듯하고,
兒嬌咀且顰	아이놈은 아리땁게 씹으면서 눈을 찡그리네.
虛堂明永夜	빈 마루 밤이 새도록 밝고,
高閣照淸晨	높은 누각은 맑은 새벽에 훤하게 비치네.
樹石詩翁對	나무와 돌은 시 짓는 늙은이를 마주하고 있고,
川原獵騎陳	냇물과 언덕에는 사냥하는 말들 늘어서 있네.
凍狐迷舊穴	언 여우는 옛구멍을 찾지 못하고,
飢雀噪空囷	굶주린 참새는 빈 곳집에서 배고파 지저귀네.
此土偏宜稼	이 땅이 특별히 농사할 만하나,
而予濫長人	그래도 나는 아무 쓸모 없는 사람일세.
應須待和暖	마땅히 모름지기 봄날이 따뜻해질 때를 기다려서,
載酒共行春	술을 싣고 함께 봄나들이 갈꺼나.

32. 泰安曉行, 憶景明兄[1]_時, 兄賑恤敬差在嶺南, 滉以救荒摘奸御史往湖西[2]

태안에서 새벽에 달려가면서, 경명형님을 생각하노라_이때 형님이 기근으로 고생하는 백성을 돌보기 위하여 조정에서 파견된 진휼어사로서 차출되어 영남에 계시고, 황은 기근을 구제하고 나쁜짓을 하는 관리들을 조사하는 어사로서 호서에 가 있었다

郡城吹角夜開門 군 성 취 각 야 개 문	군의 성문 앞에서 호각을 불어 밤의 성문을 열게 하니,

1 | 퇴계가 어사로 나가서 활동한 기록을 간단하게 기록하여 둔 칠필 수고본 일기인 〈퇴계선생일기(退溪先生日記)〉(壬寅 · 癸卯 · 甲辰 3년의 기록, 이하 연도별로 壬寅 · 癸卯 · 甲辰日記라 약칭)에 의하면 임인년 3월 22일에 「당진과 서산을 거쳐서 태안에서 묵었다.」(歷唐津瑞山, 宿泰安)이라 적혀 있는 것으로 보아 이 시는 이때 지어졌을 것으로 생각된다.
태안(泰安) : 지금의 충청남도 태안반도에 위치한 태안읍 일대임.
경명(景明) : 퇴계의 네째 형님인 온계(溫溪) 이해(李瀣 : 1496~1550)의 자(字)이다. 온계는 퇴계와 함께 숙부인 송재(松齋) 이우(李堣)에게서 배워 중종 20년인 1525년에 진사, 1528년에 식년 문과에 병과로 급제하였다. 1550년 한성부우윤으로 있을 때 소윤 일파인 이기의 심복인 사간 이무강(李無疆)의 탄핵으로 갑산으로 귀양을 가게 되었는데 도중인 양주에서 병사하였다. 선조 때 벼슬이 환급되고 이어 예조참판에 추증되었으며 시호는 정민(貞敏)이다. 상세한 것은 내집 47권 〈가선대부 예조참판 겸 동지춘추관사 오위 도총부부총관 이공 묘지명(嘉善大夫禮曹參判兼同知春秋館事五衛都摠府副摠管李公墓誌銘)〉에 보임. 그 역문은 퇴계학연구원 간(刊) 《퇴계전서 · 11》를 보라.
이때 온계는 47세로 홍문관의 직제학(直提學)으로 있으면서 1월달에 경상도 진휼경차관으로 나갔고, 퇴계는 의정부 검상(檢詳) 벼슬에 있으면서 3월달에 충청도 어사로 나갔다.

祇爲王途急馹奔[3]
지 위 왕 도 급 일 분

오직 임금님 명령 받드는 일이라
급하게 역마를 갈아타고 달리네.

殘夢續鞍身兀兀[4]
잔 몽 속 안 신 올 올

덜 깬 꿈결 안장에 묶은 채
몸은 얼얼한데,

遊光連海月痕痕[5]
유 광 련 해 월 흔 흔

떠도는 빛 바다에 연하였고
달빛만 훤하네.

驚人別鶴投孤嶼[6]
경 인 별 학 투 고 서

인기척에 놀란 학은
외딴 섬으로 도망치고,

2 | 호서(湖西) : 호서는 충청도를 말함.

3 | 일(馹) : 역의 소식을 전하는 수레, 또는 역에 비치된 말[驛馬]을 가리킴.

4 | 잔몽~올올(殘夢~兀兀) : 「올올」은 얼얼하게 정신을 잘 차리지 못하는 모양. 송나라 소식의 〈태백산 아래를 새벽에 가면서 횡거진에 이르러 숭수원의 벽에 쓰다(太白山下早行, 至橫渠津, 書崇壽院壁)〉「말 위에서 꿈결이 이어지니, 아침해 떠오른 줄 모르겠네.」(馬上續殘夢, 不知朝日昇) 〈신축년 11월 19일 이미 아우인 소철(蘇轍)과 정주의 서문 밖에서 이별하고 말 위에서 시 한 편을 읊어 아우에게 부친다(辛丑十一月十九日, 旣與子由別於鄭州西門之外, 馬上賦詩一篇寄之)〉「술을 마시지 않았는데도 어찌 일일하게 취하였는가? 이 마음 이미 돌아가려고 떠나는 안장으로 달려가네.」(不飮何爲醉兀兀, 此心已逐歸鞍發) 〈섣달 그믐밤에 큰 눈이 내려 유주서 머물다가 정월초하루 아침에 개어 마침내 가게되었는데 도중에 눈이 다시 내리다(除夜大雪, 留維州, 元日朝晴, 遂行, 中途雪復作)〉「동풍 주막으로 불어오는데, 비쩍 마른 말은 꿈결이라 아직 얼얼하네.」(東風吹宿酒, 瘦馬兀殘夢)

趁雨耕夫出遠村
진 우 경 부 출 원 촌

비를 틈탄 밭갈이꾼들은
먼 마을에 나타나네.

湖嶺相望隔千里
호 령 상 망 격 천 리

영남과 호서가 서로 바라보기에
천리길이나 떨어져 있으니,

不知何處戒征轅
부 지 하 처 계 정 원

알지 못하겠네, 어느 곳에서
달려가는 수레를 조심하고 계시는지.

5 | 월흔흔(月痕痕) : 송나라 담지유(譚知柔)의 〈저녁에 취하여 중얼거리다(晩醉口占)〉「바람 앞에 매화꽃 천 송이나 한스러워 하고, 모래 위에는 사람 없는데 달 하나만 덩그러니 빛나네.」(風前有恨千點紅, 沙上無人月一痕)

6 | 별학투고서(別鶴投孤嶼) : 당나라 방간(方干)의 〈여행 중 양주에 머물면서 학씨네 숲의 정자에 우거하다(旅次洋州, 寓居郝氏林亭)〉「학은 빙빙 돌면서 멀리 외딴섬으로 날아가고, 매미는 여운 남기면서 다른 가지로 지나가네.」(鶴盤遠勢投孤嶼, 蟬曳殘聲過別枝)

33. 宿淸風寒碧樓[1]

청풍의 한벽루에서 묵다

半生堪愧北山靈[2]
반 생 감 괴 북 산 령

반평생 지나온 일 매우 부끄럽네,
북산의 산신령에게,

一枕邯鄲久未醒[3]
일 침 한 단 구 미 성

한번 베개 베고 누운 한단의 꿈을
오래도록 깨지 못하고 있네.

1 | 〈임인일기(壬寅日記)〉 3월 28일 「비. 연풍을 거쳐 청풍서 묵다.」(雨歷延豊, 宿淸風) 청풍은 충청도 단양 곁에 있는 고을 이름. 「한벽루」는 청풍의 객관(客館) 동쪽에 있는데 큰 강(南漢江)을 굽어 보고 있다. 고려 주열(朱悅)의 시에 「물빛은 맑고 맑아 거울 아닌 거울이요, 산기운 자욱하니 연기 아닌 연기로다. 차고 푸름[寒碧] 서로 엉키어 한 고을이 되었거늘, 맑은 바람[淸風] 만고에 전할 이 없네.」(水光澄澄鏡非鏡, 山氣靄靄煙非煙. 寒碧相凝作一縣, 淸風萬古無人傳)라는 것이 있다. 《국역신증동국여지승람》 권2의 451쪽. 아마 위 〈32〉의 시와 같이 충청도어사로 다닐 때 지은 것으로 생각된다.

2 | 감괴북산령(堪愧北山靈) : 중국 남조(南朝)의 제(齊)나라에 살았던 주옹(周顒)이라는 가짜 은자(隱者)가 촉(蜀)의 초당사(草堂寺)의 숲을 그리워하여 강소성(江蘇省)의 북산(北山 : 지금 남경시의 紫金山)에 학관(學館)과 절을 세우고 이름을 초당(草堂)이라고 부르며 《장자(莊子)》에 나오는 은자 남곽자기(南郭子綦)와 같이 생황[竽]을 훔쳐 불고, 함부로 은자의 관을 쓰고 다녔다. 그러나 나중에 은자라는 명성을 이용하여 나아가 해염령(海鹽令)이라는 벼슬을 하다가 임기를 마치고 상경하는 길에 북산에 들르려고 하였다. 같은 나라의 문인인 공치규(孔稚圭)가 〈북산의 산신령이 해염 고을 원에게 띄우는 편지(北山移文)〉라는 글을 적어 산신령의 입을 빌어 그 소행을 혹독하게 비난하였다. 송나라 소식의 〈백부의 선군께서 낙제하시고 촉땅으로 돌아가시다라는 시에 이르기를 …… 라 하셨다. 행차가 떠나려 함에 이 구절을 외어주므로 각운자로 삼아 작은 시 14수를 지어 거기 보낸다(伯父送先人下第歸蜀詩云, …… 按節將去, 爲誦此句, 因以爲韻, 作小詩十四首送之)〉 「서주의 문으로 물러나 들어가려니, 북산의 산신령에 오래도록 부끄럽네.」(却入西州門, 永愧北山靈)

薄暮客程催馹騎
박 모 객 정 최 일 기

어스름 저녁에 초조한 나그네 걸음
역마驛馬를 채찍질하였더니,

清宵仙館對雲屛[4]
청 소 선 관 대 운 병

맑은 저녁 신선 집에서
구름 병풍 대하였다네.

3 | 일침한단(一枕邯鄲) : 당(唐)나라 때의 문인 심기제(沈既濟)가 지은 소설 〈베개 속에서 겪은 이야기(枕中記)〉의 내용. 「노생(盧生)이라는 젊은 사람이 한단(邯鄲)이라는 곳의 객주집에서 도사(道士)인 여옹(呂翁)을 만나서 신세 타령을 하였다. 그러자 여옹은 행낭 속에 있는 베개를 꺼내어 주면서 이것을 베고 있으면 소원이 이루어지리라고 말하였다. 노생은 잠이 들자 곧 과거에 급제하고 장군도 되고 재상도 되어 50년 동안 모든 영화를 다 누리게 되었다. 그러다가 홀연히 하품을 하고 깨어보니, 여옹은 그대로 곁에 앉아 있고 잠들기 전에 짓던 누런 기장밥이 아직 다 지어지지도 않았다.」

4 | 운병(雲屛) : 겹겹이 둘러쌓인 산봉우리를 비유하여 말함. 송나라 구양수(歐陽脩)의 〈심준에게 드림(贈沈遵)〉「어떤 때는 취하여 쓰러져 시내의 바위를 베고 자기도 하는데, 푸른 산이며 흰 구름이 잠자리 병풍 되네.」(有時醉倒枕溪石, 青山白雲爲枕屛) 주자의 〈축효우의 침병에 그린 아담한 경치를 보고서 그 그림 위에 적어준 시(題祝孝友枕屛小景)〉「산은 차고 저녁 회오리바람 급한데, 나뭇잎 떨어지니 동정호 물결 이네. 첩첩이 쌓인 산봉우리들 좋으니, 한평생 가을 꿈 많겠다.」(山寒夕颷急, 木落洞庭波. 幾疊雲屛好, 一生秋夢多)

5 | 승학(乘鶴) : 송나라 소식의 〈오잠에 있는 중의 녹균헌에서(於潛僧綠筠軒)〉「만약에 대나무 마주하고 크게 씹을 수만 있다면, 세상에 어찌 양주의 학 따위가 있으랴!」(若對此君仍大嚼, 世間那有揚州鶴) 송나라 왕십붕(王十朋)과 청나라 풍응류(馮應榴)의 주석「《하찮은 이야기(小說)》「객들이 서로 모여 각기 마음 속에 품은 뜻을 말하기로 하였는데, 혹자는 양주의 자사가 되기를 바란다」하고, 혹자는 재물을 많이 갖기를 바란다 하고, 또 혹자는 학을 타고 날아오르고 싶다고 하였다. 그 가운데 한 사람이 말하기를 『허리에는 십만

重遊勝地如乘鶴[5]
중 유 승 지 여 승 학

다시 좋은 곳에 와서 노니
마치 학을 탄 듯하나,

欲和佳篇類點螢[6]
욕 화 가 편 류 점 형

아름다운 시편詩篇에 화답하려니
반딧불 남의 옷 더럽히려는 것과 비슷하네.

관의 돈을 두르고, 학을 타고 양주의 위를 날아 세 가지를 한꺼번에 하고싶다』고 하였다.」(有客相從, 各言所志, 或願爲揚州刺史, 或願多貨材, 或願騎鶴上乘. 其一人曰, 腰纏十萬貫, 騎鶴上揚州, 欲兼三者)《하찮은 이야기(小說)》은 남조 때 양(梁)나라 단운(段芸)이 지은 책으로《연감유함(淵鑑類函)》이라는 유서(類書: 각종 고전을 찾아보기 좋게 항목별로 나누어 수록한 책)에 수록되어 전해지고 있다.《고증》「《원풍구역지》라는 책을 보면 악주에 황학산이 있는데, 비문위가 신선이 되어 간 후에 학을 타고서 이 산으로 왔다고 한다.」(元豊九域志, 鄂州有黃鶴山, 費文禕仙去, 駕鶴來此)
〈4〉-4)를 참조하라.

6 | 유점형(類點螢) : 당나라 두보의 〈반디불(螢火)〉「요행으로 썩은 풀에서 나와, 감히 태양 가까이 날려 하네. 책 권을 보는데 가서 밝혀주기에는 부족하고, 이따금씩 나그네의 옷이나 더럽힐 수 있을 뿐이라네.」(幸因腐草出, 敢近太陽飛. 未足臨書卷, 時能點客衣)《고증》「생각건대 이 시구의 뜻은 당신들이 지은 좋은 시편(詩篇)에 화답하려고 하여도 뜻대로 잘 지을 수가 없기 때문에 꼭 반디불이 남의 옷이나 더럽게 하는 것과 같다는 뜻일 것이다.」(案詩意謂, 欲和佳篇而未能工, 如螢明之點人衣也)
「다시 좋은 곳에 와서 노니 …… 」라는 것으로 보아 퇴계가 앞서 이곳에 한번 다녀갔음을 알 수 있다. 이전에 고향에서 서울까지 내왕하는 사이에 들른 것인지 알 수 없다. 또 여기서 시를 화답하는 이야기가 나오는데, 아마 어사(御史)라는 직책을 띠고 고을의 객사(客舍)에 머물렀으니까 청풍군의 여러 명사들이 나와서 마주 앉아 시를 주고 받았을 것으로 생각된다.

杜宇聲聲何所訴[7]
두 우 성 성 하 소 소

두견새 울부짖는 소리
무엇을 하소연하려는 것일까?

梨花如雪暗空庭[8]
이 화 여 설 암 공 정

배나무 눈꽃과 같은데
빈 정원에 몰래 피었네.

7 | 두우(杜宇) : 송나라 악사(樂史)의《태평환우기 · 검남서도(太平寰宇記 · 劍南西道)》「【익주】두우는 이미 칭제하고는 망제라 하였다. …… 망제가 스스로 더불어 덕이 같지 않다고 여기고 별냉에게 왕위를 선양하니 개명이라 하였다. 마침내 스스로 목숨을 끊어 자규가 되었기 때문에 따라서 촉나라 사람들은 자규가 우는 소리를 듣게되면『이는 우리 망제다』라 하였다.」(【益州】杜宇已稱帝, 號望帝 …… 望帝自以德不相同, 禪位于鼈冷, 號開明. 遂自亡去化爲子鵑鳥, 故蜀人聞子鵑鳴, 曰, 是我望帝也) 익주는 지금의 촉지방을 말함.

8 | 이화여설(梨花如雪) : 당나라 이백의〈이별하여 보내다(送別)〉「배꽃은 천 그루나 눈같이 피어 있고, 수양버들 잎은 만 갈래나 안개처럼 드리워져 있네.」(梨花千樹雪, 楊葉萬條烟)

34. 鎭川東軒[1]

진천현의 동헌에서

菲才直道詎追前[2] 비 재 직 도 거 추 전	나의 엷은 재주, 바른 길을 어떻게 앞사람들을 앞설 수 있겠는가?
懦性從來合佩弦[3] 나 성 종 래 합 패 현	게으른 성격 본래부터 활시위를 차고 다니기에 알맞네.
民病欲蘇時雨後 민 병 욕 소 시 우 후	백성들의 고통 나으려 하네, 때 맞추어 내린 비 뒤에.
春光都盡客愁邊 춘 광 도 진 객 수 변	봄 빛은 모두 지나가려 하네, 근심에 싸인 나그네 주변을.

1 | 〈임인일기〉 3월 30일 「음성을 거쳐 진천에서 묵다.」(歷陰城, 宿鎭川) 진천은 지금의 충청북도 서북쪽에 위치한 군(郡)이름으로, 경기도 안성군과 충청남도 음성군에 접하여 있다. 앞의 시들과 같이 충청도에 어사로 나왔을 때 지은 시임. 동헌(東軒)은 고을원이 공사(公事)를 처리하는 대청.

2 | 비재(菲才) : 「菲材」라고도 하며, 천박한 재수라는 뜻으로, 보통 사신의 재주가 얕음을 비유하는데 쓰이는 겸양적인 표현임.

3 | 패현(佩弦) : 《한비자 · 행실을 살핌(觀行)》 「(춘추시대 魏나라의) 서문표는 성미가 급하여 (부드러운) 가죽을 차고 다니면서 자신을 누그러뜨렸고, (趙나라의) 동안우는 성격이 느렸기 때문에 활시위를 차고 다니면서 스스로 긴장시켰다.」(西門豹之性急, 故佩韋以緩己, 董安于之心緩, 故佩弦以自急)

當軒翠樹圍青幄
당 헌 취 수 위 청 악

헌함 앞에 선 짙푸른 나무들은
　　푸른 장막을 둘러싸고,

照眼紅花冪紫烟[4]
조 안 홍 화 멱 자 연

눈부신 붉은 꽃들은
　　자주빛 아지랑이에 덮였네.

荒政儘由賢守宰
황 정 진 유 현 수 재

거칠어진 나라 일 모두
　　어진 고을원들이 해결해야 할 것이니,

莫令并棄艾三年[5]
막 령 병 기 애 삼 년

모두 버리지 마소서
　　삼년 묵은 쑥을.

4 | 조안홍화(照眼紅花) : 당나라 한유의 〈장씨네 열한번째인 서의 객사에 지어주다 · 석류꽃(題張十一旅舍 · 榴花)〉「오월이라 석류꽃 눈 밝게 빛나고, 가지 사이로 이따금 열매 갓 맺은 것 보이네.」(五月榴花照眼明, 枝間時見子初成)

5 | 애삼년(艾三年) : 《맹자 · 이루의(離婁) 상》「지금의 천하를 다스리고자 하는 사람들은 7년이나 묵은 병에 3년 밖에 말리지 않은 쑥을 구하는 것과 같으니, 실로 (미리) 저축을 해두지 않으면 죽을 때까지도 얻지 못할 것이다.」(今之欲王者, 猶七年之病, 求三年之艾也. 苟爲不畜, 終身不得) 쑥은 뜸을 뜨는데 쓰이는 약재(藥材)로 오래 말릴수록 그 약효가 좋음을 말한 것으로, 여기서는 인의(仁義)를 쑥을 말리듯이 미리 축적하여 쌓아 두어야 한다는 말로 쓰였음.

35. 蓮亭小集[1]

연정에서 작은 모임을 갖다

淸池虛檻逗微凉 청 지 허 함 두 미 량	밝은 못 빈 헌함에 가벼운 추위 감도는데,
高樹風生送夕陽 고 수 풍 생 송 석 양	높은 나무끝에는 바람 생겨 석양을 송별하네.
紅燭不須催騕褭[2] 홍 촉 불 수 최 요 뇨	붉은 촛불 반드시 요뇨말의 울음을 재촉할 것은 없네.
待看新月滿華堂 대 간 신 월 만 화 당	기다려 보면 새로운 달이 이 좋은 마루를 가득하게 비출터이니.

1 | 연정은 진천현 남쪽에 있는 정자 이름. 《동국여지승람 · 진천현(鎭川縣)》「【연정】 진천현 남쪽에 있다. 이승소의 시에 『연꽃은 사면에서 십분 맑은데, 조그만 누각 그 가운데 거꾸로 밝게 비치네.』라 하였다.」(【蓮亭】在縣南. 李承召詩, 荷葉四面十分淸, 小樓當中倒影明) 바로 앞의 시 34. 〈진천현의 동헌에서(鎭川東軒)〉라는 시를 지은 때와 같은 때인 임인년 3월 30일에 지은 시임.

2 | 요뇨(騕褭) : 비토(飛兎)라는 말과 함께 하루에 만리를 달렸다 하는 명마의 이름으로, 나중에는 준마를 가리키는 말로 일반화하여 쓰이게 되었다. 송나라 소식의 〈밤에 술을 마시다가 필추관이 지은 시의 각운자에 맞추어 짓다(夜飮次韻畢推官)〉「붉은 촛불 뜰에 비치니 요뇨를 울게 하고, 누런 닭 새벽 재촉하면서 영롱하게 우네.」(紅燭照庭嘶騕褭, 黃鷄催曉唱玲瓏) 송나라 시원지(施元之)의 주석 「《한서음의》라는 책에 보면 『요뇨는 신마로 주둥이는 붉게 빛나고 몸의 빛깔은 검다.』라 하였다.」(漢書音義, 騕褭神馬也, 赤喙黑身)

36. 吾鄕李參判先生假歸, 將因以乞身. 鄕人在朝者會餞於先生仲子寓舍. 奉呈近體一首[1]_時金子裕氏及家兄爲承旨, 先生仲子架虛爲參奉, 公幹爲京畿都事, 滉忝舍人, 南伯仁爲成均學正, 又安大寶爲刑郞, 而豊基鄕人同參[2]

우리 고을 이참판 선생님께옵서 휴가를 마치고 돌아오셔서, 장차 이를 계기로 하여 퇴직하여 한가롭게 지내실 것을 나라에 청하셨다. 우리 고을 사람들로서 지금 조정에서 벼슬하는 사람들이 모두 선생의 둘째 아드님댁에 모여 함께 전별하였다. 이에 근체시 한 수를 지어 올린다_이때 김자유씨와 나의 형님은 승지요, 선생의 둘째 자제 가허는 참봉이요, 공간은 경기도사였으며, 나는 의정부議政府의 사인이고, 남백인은 성균관의 학정이며, 또 안대보는 형조의 사무관이었는데 풍기사람으로서 자리를 함께 하였다

1 | 이 시는 퇴계선생 42세(壬寅年, 서기 1542년) 7월 16일[旣望]에 같은 예안(禮安) 고을의 선배인 농암(聾巖) 이현보(李賢輔)선생께서 76세의 나이로 호조(戶曹) 참판(지금의 차관)벼슬을 사직하고 고향으로 돌아가실 때 지은 것이다. 이때 농암은 여러 차례, 나라의 높은 관리들로부터도 융숭한 환송을 받았는데, 퇴계의 환송시로는 이 시 외에도 별도의 환송연에 참석하여 지은 시가 또 있다. 《농암선생문집(聾巖先生文集) · 권5》〈퇴휴시별첩(退休詩別帖)〉을 보라.
근체시는 당나라 초기에 심전기(沈佺期)와 송지문(宋之問)에 의하여 완성된 정형 시체인 절구와 율시를 통칭하며, 협의의 의미로는 율시(律詩)를 가리킴.

2 | 김자유(金子裕) : 김연(金緣 : 1487~1544)의 자. 또한 자를 자적(子迪)이라고도 하였으며, 호는 운암(雲巖) 본관은 광산(光山)임. 중종 5년인 1510년 생원 및 진사시의 양과에 합격하였으며, 1519년 33세 때는 문과에 합격하여 관로에 들어섰는데 이후 사간원정언(司諫院正言)으로 있을 때부터 김안로(金安老)가 죽을 때까지 정적이 되었다. 김안로의 실각과 복직에 따라 관로의 부침이 심했으며 1544년 경주부윤으로 있을 때 임지에서 죽었다. 뒤에 퇴계의 제자가 된 후조당(後凋堂) 김부필(金富弼)의 아버지이다.

引退非緣忘主恩[3]
인 퇴 비 연 망 주 은

퇴직을 자청한 것은
임금님 은혜를 잊었기 때문이 아니라,

高年自合愛丘園[4]
고 년 자 합 애 구 원

높은 연세 스스로 부합하기 때문일세,
본성이 옛날 놀던 동산을 사랑하는.

一鄕會餞簪纓簇[5]
일 향 회 전 잠 영 족

한 고을 사람들 모여서 전별하니
높은 벼슬자리 득실거리고,

가형(家兄) : 퇴계의 넷째 형인 온계(溫溪) 이해(李瀣: 〈32〉를 참조하라)를 말함.

가허(架虛) : 농암의 세째 아들인 이희량(李希樑)의 자. 호는 호암(虎巖) 또는 녹균헌(綠筠軒)으로 봉화(奉和)현감을 지냈음.

공간(公幹) : 농암의 네째 아들인 이중량(李仲樑: 1504~1582)의 자. 호는 하연(賀淵). 중종 23년인 1528년 사마시에 합격하고 1534년에는 식년문과에 급제하였음. 뒤에 안동대도호부사를 지냈으며, 농암의 후사를 이었다.

남백인(南伯仁) : 남숭(南崧)의 자임. 농암선생의 질서(姪婿)로 경상도 영해(寧海) 사람인데 예안에 와서 우거(寓居: 임시로 사는 것)하고 있었다. 나중에 현감(縣監)을 지냈다.

안대보(安大寶) : 안공신(安公信)의 자임. 풍기 사람인데 농암선생이 일찍이 풍기에 우거한 적이 있었기 때문에 또한 동향인으로 생각하여 참석하였다.

3 | 인퇴(引退) : 벼슬을 버리고 퇴직을 자청하는 것을 말함. 만당(晩唐)의 시인 전기(錢起)의 〈늦게야 남전 땅 옛집에 돌아옴(晩歸藍田舊居)〉「재주 없어 보잘 것 없으니 퇴직을 자청함이 다행스럽고, 모름지기 얻어보네 드디어 노을 찾아 쉬는 재미를.」(才微甘引退, 應得遂霞棲)

二品辭歸齒德尊[6]
이 품 사 귀 치 덕 존

이품이나 되는 지위 사양하고 돌아가시니
연세와 덕이 높았네.

天爲宵歡收積雨
천 위 소 환 수 적 우

하늘도 오늘 저녁 잔치를 위하여
오래 내리던 비를 거두고,

月因離恨照芳罇
월 인 리 한 조 방 준

달도 이별의 한 때문에
향기로운 술잔을 비추고 있네.

4 | 애구원(愛丘園) : 진나라 도연명의 〈전원으로 돌아와 지내며(歸園田居)〉「어릴 때부터 속세와는 기질이 맞지 않았고, 천성이 본래 언덕과 산을 좋아하였네.」(少無適俗韻, 性本愛丘山)

5 | 잠영족(簪纓簇) : 「잠」은 비녀인데, 남자의 경우에는 머리털과 관을 고정시키기 위하여 사용한 핀으로 생각됨. 「영」은 갓끈. 「잠」과 「영」이 옛날에는 모두 신분이 높은 남자들 머리에 쓰는 관(冠)을 고착시키기 위하여 사용한 장식품들이었기 때문에 벼슬을 한 사람들을 「잠영」이라고도 불렀고, 또 지체가 높은 가문을 「잠영세가」(世家)라고도 불렀음. 당나라 두보의 〈좌복야인 정국공 엄무공에게 드림(贈左伏射鄭國公嚴公武)〉「부질없이 늙은 나그네만 남아 있어, 이몸에 비녀며 갓끈 하고 있음이 부끄럽네.」(空餘老賓客, 身上愧簪纓) 「족」(簇)은 가는 대나무[小竹]라는 뜻도 있지만, 여기서는 모여 있다[取集]는 뜻임.

6 | 치덕존(齒德尊) : 세상 사람들이 모두 존귀하게 여기는 높은 관작, 장수, 덕행의 세 가지, 이른바 삼달존(三達尊)을 말함. 《맹자 · 공손추가(公孫丑) 하》「천하에 존귀한 데 이르렀다는 것이 세 가지가 있으니 관작이 하나요, 연치가 하나이며, 덕이 하나이다.」(天下有達尊三, 爵一, 齒一, 德一)

憑風寄與詩僧道
빙 풍 기 여 시 승 도

바람에 의지하여 띄워 보내고자 하노니
영철靈徹같은 시승詩僧은 이야기하라,

林下如今可共論[7]
임 하 여 금 가 공 론

수풀 아래서 지금쯤은
이러한 분과 더불어 이야기를 나눌 만 할런지?

7 | 빙풍~가공론(憑風~可共論) : 「시승」(詩僧)은 당나라 때 동림사(東林寺)의 승려 영철(靈徹)을 말함. 송나라 계유공(計有功)의《당시기사 · 위단(唐詩紀事 · 韋丹)》「강서태수(太守)인 위단은 동림사의 영철스님과 가까운 친구가 되었는데, 위단이 일찍이 고향으로 돌아가고 싶어하는 심정을 읊은 절구를 지어서 영철에게 부쳐 말하기를『나랏일 분분하여 한가한 날이 없고, 부평초 같은 인생 하염없이 흘러가니 구름과 같을 뿐이라네. 이미 장형(張衡: 후한의 문인 학자, 자가 平子임)과 같이 벼슬을 버리고 돌아가서 쉴 계획을 세웠으니, 오로봉의 바위 앞에서 그대와 함께 들을 날이 있으리라.』라고 하였다. 이에 영철이 그 시에 화답하기를『나이 늙어 몸 한가로워시니 바깥일 없고, 삼베옷 길치고 풀깔고 지내니 또한 몸 하나 수용할만 하네. 서로 만났을 적에 벼슬을 버리고 물러나고 싶은 생각 다 털어놓았으니, 수풀 아래서 무엇 때문에 당신을 또 만날 필요가 있겠소?』라고 하였다.」(江西韋大夫丹與東林靈澈上人爲忘形之契, 丹嘗爲思歸絶句以寄澈公云, 王事紛紛無暇日, 浮生冉冉只如雲. 已爲平子歸休計, 五老巖前必共聞. 澈奉酬詩曰, 年老身閑無外事, 麻衣草坐亦容身. 相逢盡道休官去, 林下何曾見一人)

37. 秋日南樓晚霽[1]

가을날 호당湖堂의 남쪽 누각에서 저녁에 날이 개임

蕭蕭晚雨霽 소 소 만 우 제	쏴아 쏴아 하던 저녁 비 개이고,
決決小溪響[2] 결 결 소 계 향	콸콸하고 작은 시냇물 소리내네.
湖雲薄未歸 호 운 박 미 귀	호수를 덮은 구름 엷게 서려 걷히지 않았고,
天日淡猶朗 천 일 담 유 랑	하늘에 있는 해 담담하나 오히려 밝네.
小樓地勢高 소 루 지 세 고	이 작은 누각 지세가 높은 곳을 차지하여,

1 | 「남쪽누각」[南樓]은 문회당(文會堂)을 말함. 앞의 〈29〉-1)을 보라.

2 | 결결(決決) : 물 따위가 흐르는 소리를 나타내는 의성어. 송나라 소식의 〈정월 20일 기정에 갔는데 고을 사람인 반·고·곽 세 사람이 나를 여왕성에 있는 동선장의 정원에서 뜰에서 송별하다(正月二十日, 往岐亭, 郡人潘古郭三人送余於女王城東禪莊院)〉「조금씩 콸콸하는 얼음계곡의 물 흐르는 소리 들리더니, 흘러흘러 푸릇푸릇해져 탁 흔적조차 없네.」(稍聞決決流氷谷, 盡放青青沒燒痕)

3 | 망창(莽蒼) : 《장자·자유롭게 노님(逍遙遊)》「한꺼번에 보이는 곳에 가는 사람은 세 끼니만 먹고 돌아와도 아직 배가 부르다.」(適莽蒼者, 三飡而反, 腹猶果然) 당나라 성현영(成玄英)의 《남화진경주소(南華眞經注疏)》「『망창』은 교외와 들판의 색으로, 아득히 바

孤座几席爽 고 좌 궤 석 상	외롭게 앉은 자리 책상 앞이 시원하네.
騷情喜曠蕩 소 정 희 광 탕	시를 적는 마음 앞이 넓게 트인 것을 좋아하나,
病眼怯莽蒼[3] 병 안 겁 망 창	아픈 눈은 한꺼번에 바라보이는 곳이 겁나네.
落葉滿林蹊 낙 엽 만 림 혜	떨어진 나뭇잎은 수풀속 지름길에 가득하고,
凉風撼書幌 양 풍 감 서 황	서늘한 바람은 서재書齋의 방장을 흔들어 놓네.
萬物各歸根[4] 만 물 각 귀 근	만물은 모두 각각 그 뿌리를 찾아서 돌아가고,

라보이는 것이 그다지 분명하지 않는 것이다.」(莽蒼, 郊野之色, 遙望之不甚分明也) 곧 시력이 다하여 흐릿하게 보이는 곳까지를 이르는 말임. 「蒼」은 「푸르다」라는 뜻으로 사용되면 하평성(下平聲) 「陽」운에 속하고, 「들판」(草野)이라는 뜻으로 사용되면 상성(上聲)의 「養」운에 속한다. 이 시에서는 상성으로 쓰였음.

4 | 귀근(歸根) : 근원으로 돌아가는 것을 말함. 《노자》「텅빈 것에 이르는 것을 지극히 하고, 고요함을 지키는 것을 돈독히하라. 온갖 것이 함께 자라나나 나는 돌아감을 볼 뿐이다. 대체로 모든 만물은 풀처럼 쑥쑥 자라지만 제각기 다시 그 뿌리로 돌아간다. 뿌리로 돌아가는 것을 고요함이라 하고, 또 이것을 일러 제 명으로 돌아간다라 한다.」(致虛極, 守靜篤. 萬物幷作, 吾以觀復. 夫物芸芸, 各復歸其根. 歸根曰靜, 是謂復命)

龍蛇思蟄養[5] 용 사 사 칩 양	용과 뱀은 움츠려 들어가 보신保身할 생각을 하네.
邃古民大朴[6] 수 고 민 대 박	아득한 옛날에는 백성들이 크게 소박하였으나,
末路世密網 말 로 세 밀 망	말세가 되면서 세상이 더욱 빡빡하게 되었네.
幽鳥亦何意 유 조 역 하 의	그윽히 사는 저 새들은 또한 무슨 마음이 있는지,
下啄還飛上 하 탁 환 비 상	내려와서 모이를 쪼고는 다시 날아 올라가네.

5 | 용사사칩양(龍蛇思蟄養) : 《주역 · 계사전(繫辭傳)》「자벌레가 몸을 구부리는 것은 펴는 것을 구하기 때문이며, 용과 뱀이 엎디어 몸을 숨기고 있는 것은 몸을 보존 하려함 때문이다.」(尺蠖之屈, 以求信也. 龍蛇之蟄, 以存其身)

6 | 수고(邃古) : 아득한 옛날.

대박(大朴) : 「대박」(大樸) 또는 「태박」(太朴)이라고도 하며 원시상태 그대로의 질박한 큰 도(道)를 말함. 남조 진(晋)나라 혜강(嵇康)의 〈자연과 배우기를 좋아함이 어려움에 대하여(難自然好學論)〉「옛날 태고적 세상에서는 큰 질박함이 이지러지지 않아, 임금은 위에서 꾸미지를 않았고 백성들은 아래에서 다투지를 않아 만물이 완전히 순리대로 되어 각기 스스로 뜻을 얻지 않은 것이 없었다.」(昔鴻荒之世, 大樸未虧, 君無文于上, 民無競于下, 物全理順莫不自得) 《고증》「고시에 『겨울의 갖옷과 여름의 갈포옷은 큰 질박함을 지니고 있다.』(冬裘夏葛存大朴)라는 구절이 있다.」

38. 湖上園亭偶出效康節體[1]

동호東湖 곁 정원의 정자에 우연히 나와서 – 소강절의 시체를 본받아 지음

何限名園漢水頭
하 한 명 원 한 수 두

이름난 정원이 어찌
　한강수 머리쪽에만 있다고 하겠는가?

閒來無處不堪遊
한 래 무 처 불 감 유

한가하게 찾아가면
　어느 곳에도 놀만한 곳이 없지 않네.

白魚切玉家家興[2]
백 어 절 옥 가 가 흥

흰 고기 옥을 끊어놓은 듯하니
　집집마다 흥겨워하고,

1 | 앞의 시와 같이 동호(東湖) 독서당에서 사가독서할 때 지은 것임. 「강절」(康節)은 북송시대의 철학자이며 문인인 소옹(邵雍 : 1011~1077)의 시호(諡號)인데, 그의 시는 평이(平易)함을 중시하면서도 철학자의 체취(體臭)를 간직하고 있다. 시에서 산다는 것을 스스로 즐겁게 여기고[自樂] 세월이 저절로 흘러가는 것, 세상 만물이 모두 자연의 섭리에 따라 움직이는 것을 즐겁게 노래하였다.(樂時與萬物之自得也 : 그의 문집인 《이천격양집(伊川擊壤集)》의 〈서문(自序)〉에 나오는 말)

2 | 백어절옥(白魚切玉) : 당나라 두보(杜寶)의 《대업습유록(大業拾遺錄)》「오군에서 송강에서 잡은 농어의 말린 회를 바쳤는데, 농어의 고기 빛깔은 눈처럼 희고 비린내가 나지 않아 이른바 금나물 구슬회라 한다.」(吳郡獻松江鱸魚乾膾, 鱸魚肉白如雪, 不腥, 所謂金玉膾) 《대업습유록》은 《태평어람(太平御覽)》 937권에 수록되어 있음. 당나라 두보의 〈좁은 골짜기의 시내(峽隘)〉「뱅어는 마치 옥을 끊어둔 듯하고, 붉은 귤은 값을 논할 것

黃菊排金院院秋[3]
황 국 배 금 원 원 추

누런 국화 금을 배열한 듯
정원마다 가을일세.

酌酒喜臨高榭豁
작 주 희 림 고 사 활

술잔 나누며 즐겁게 올라가 앉으니
높은 정자는 시원하게 자리 잡았고,

題詩愛向曲闌幽
제 시 애 향 곡 란 유

정자를 읊은 시들은 굽은 난간
그윽함을 사랑하였네.

도 없네.」(白魚如切玉, 朱橘不論錢) 남조 진(晉)나라 최표(崔豹)의 《고금주(古今注)》「뱅어는 무리를 지어 맑은 물가에서 놀기를 좋아하기 때문에 『흰 부평초가 옥을 끊어놓은 듯하다』고 말하기도 하는데, 그 흰 빛깔을 두고 이른 것이다.」《두시인득(杜詩引得)》의 주석에서 재인용.

3 | 황국배금(黃菊排金) : 《고증》「《국화의 계보》에 보면 누런 국화에는 대금 · 소금 · 승금 · 첩금 따위가 있다.」(菊寶, 黃菊有大金小金勝金疊金之類) 대금 및 소금은 《사정지 · 국보 · 황(史正志 · 菊譜 · 黃)》 조(條)에, 그리고 승금과 첩금은 유몽(劉夢)이 지은 《국보 · 황화(黃花)》 조에 수록되어 있음. 《고금도서집성(古今圖書集成)》 참고. 당나라 두보의 〈9월 9일 잠삼에게 부침(九日寄岑參)〉「번쩍번쩍하는 황금빛 국화꽃은, 무슨 이유로 옷소매에 가득한가?」(采采黃金花, 何由滿衣袖) 당나라 한유의 〈불꽃을 읊어서 후희에게 보냄(詠燈花同侯十一)〉「누런 금색의 조 같은 낟알 늘어서 있고, 비녀 끝에는 옥같은 벌레 꿰어져 있네.」(黃裏排金粟, 釵頭綴玉蟲)

更知易厭紅裙醉[4]
갱 지 이 염 홍 군 취

다시 알겠네, 붉은 치마에 취하면
싫증나기가 쉽다는 것을,

要學沙鷗浩蕩遊[5]
요 학 사 구 호 탕 유

배워야 하겠네, 모래 위에 나는 해오라기
호탕하게 노는 모습을.

4 | 홍군취(紅裙醉) : 당나라 한유의 〈취하여 장비서 적(籍)에게 주노라(醉贈張秘書)〉「장안의 여러 부잣집 자식들, 밥상 위에 가지가지 좋은 양념 넣은 반찬들 늘어놓았네. 옛날문자에 나오는 격식 갖춘 음주법은 하나도 알지 못하면서, 오직 붉은 바지 입은 계집아이들에게만 취하네.」(長安衆富兒, 飯饌羅羶葷. 不解文字飮, 猶能醉紅裙)

5 | 사구호탕유(沙鷗浩蕩遊) : 당나라 두보의 〈받들어 상서좌승이신 위제 어르신께 44구로 지어 바침(奉贈韋左丞丈二十二韻)〉「흰 갈매기 호탕하게 들어가니, 만리에 누가 길들일 수 있으리?」(白鷗沒浩蕩, 萬里誰能馴) 송나라 왕안석(王安石)의 〈뗏목을 읊음(題舫子)〉「졸면서 누런 송아지 먹일 풀 나누고, 앉아서 모래톱의 흰 갈매기에게 물어보네.」(眠分黃犢草, 坐占白鷗沙)

39. 與諸君同登狎鷗亭後岡[1]

여러 친구들과 함께 압구정 뒷 등성이에 올라

斷阜瀕江勢欲騫[2] 단 부 빈 강 세 욕 건	끊어진 언덕 강에 가까워 기세는 날 듯 한데,
與君登眺暢形魂 여 군 등 조 창 형 혼	그대들과 더불어 올라서서 바라보니 몸과 마음이 확 터지는구나.
浮雲遶堞齊神嶽[3] 부 운 요 첩 제 신 악	뜬 구름은 성가퀴를 감돌아 신령스런 묏뿌리와 가지런하고,

1 | 「압구정」(狎鷗亭)은 지금의 서울 영동(永東)에 있는 압구정동에 있던 정자이다. 세조 때의 권세가 한명회(韓明澮)가 벼슬을 버리고 「갈매기와 더불어 친하게 논다」는 뜻으로 당시의 지명인 두모포(豆毛浦)에 지었던 것이며, 정자의 명칭은 그가 명나라에 사신으로 갔을 때 당시 한림학사였던 예겸(倪謙)에게 청하여 지은 것이라 하며 아울러 예겸이 지은 기문(記文)이 전하고 있다. 중종 때 동호로 사가독서당(賜假讀書堂)을 옮기기 전에는 일시 동안 이 정자 근처에 독서당이 있었음. 퇴계는 독서당에서 독서를 하다가 친구들과 함께 옛 독서당이 있던 이곳으로 소풍을 와서 이 시를 지었을 것으로 짐작됨.

2 | 건(騫) : 날다[飛貌]

3 | 신악(神嶽) : 삼각산(三角山)을 말함. 삼각산이 서울 뒤에 자리잡고 있는 산[鎭山]이며, 임금의 도읍을 신주(神州)라고 부르기 때문에 이렇게 말함. 《요존록》

4 | 해문(海門) : 중국 절강성(浙江省) 어귀에 있는 소산현(蕭山縣) 동쪽 골짜기 양안에 있는 두 산 사이로 흐르는 강물을 말함. 송나라 요관(姚寬)의 《서계총어(西溪叢語)》 「남쪽에 있는 산을 감, 북쪽에 있는 산을 자라고 한다. 두 산이 마주 보고 있는데, 이것을 바다로 드는 문이라고 하였다.」(夾岸有山, 南曰龕, 北曰赭. 二山相代, 謂之海門) 여기서는 한강을 바다에서 들어오는 입구라는 뜻에서 이렇게 부른 것임.

落日低空近海門[4]
락 일 저 공 근 해 문

떨어지는 해 하늘 낮게 드리웠으니
바다 문턱에 가깝구나.

萬世經營槐穴夢[5]
만 세 경 영 괴 혈 몽

온 세월두고 세상 사람들이 경영하는 일
남가일몽南柯一夢과 같은 것이니,

一時感慨菊花罇
일 시 감 개 국 화 준

일시에 감개 솟아나
국화 앞에서 술잔을 드네.

沙禽豈管人間事[6]
사 금 기 관 인 간 사

모래 위에 노는 물새들 어찌
아랑곳하리오? 인간 세상의 일을,

浩蕩風流無語言
호 탕 풍 류 무 어 언

호탕한 풍류 말없이 즐기고 있네.

5 | 괴혈몽(槐穴夢) : 당나라 이공좌(李公佐)의 〈남가태수전(南柯太守傳)〉이라는 소설의 줄거리. 「순우분(淳于棼)이라는 사람의 꿈에 두 사자가 와서 이르기를 『괴안국(槐安國)에서 당신을 맞이합니다』라 하고는 늙은 회나무[槐] 구멍 속으로 인도하였다. 그 국왕이 이르기를 『남가군(南柯郡)이 다스리기가 어려우므로 그대를 태수로 삼겠다』고 하였다. 태수가 되어 20여 년을 잘 통치하고 많은 부귀와 영화를 부러움없이 누렸다. 그러나 늙어 남의 규탄을 받고 직위가 해제되어, 다시 임금의 명령으로 자기가 원래 살던 곳으로 잠시 물러나 쉬게 되었다. 그래서 꿈을 깨어나게 되었는데, 그 회나무의 구멍을 다시 살펴보니 그 구멍 밑에 탑(榻) 하나를 수용할 만한 자리에 커다란 개미가 있으니 그것이 곧 국왕이요, 또한 구멍이 줄곧 남쪽 가지로 오르게 되었으니, 이곳이 곧 남가군(南柯郡)이었다.」 앞의 〈33〉 3)에 나오는 「한단몽」(邯鄲夢)이라는 이야기와 더불어 이 이야기도 인생의 부귀공명이란 일장춘몽과 같은 것이라는 내용을 적고 있음. 이 구절에서는 아마 세조 · 성종 때에 부귀공명이 극에 달하였던 한명회를 두고 이야기한 것 같음.

6 | 사금(沙禽) : 모래톱이나 모래 여울에 사는 물새를 말함. 당나라 유장경(劉長卿)의 〈목주로 물러나 돌아가다가 칠리의 여울 아래에 이르러 짓다(却歸睦州至七里灘下作)〉 「강가의 나무는 저녁 모래섬을 굽어보고, 물새들은 찬 물을 마주하고 있네.」(江水臨洲晩, 沙禽對水寒)

40. 原州憑虛樓有懷州敎金質夫, 次樓韻留贈_災傷御史[1]

원주의 빙허루에서 원주 교관 김질부를 생각하여, 빙허루 현판에 적혀 있는 시의 각운자에 맞추어 시를 지어 그에게 남겨 보냄_재해를 살피는 어사로 차출되어

此地乖逢又此行 차 지 괴 봉 우 차 행	이 땅에서 만나지 못하고 또 이렇게 떠나가니,

1 | 임인년(壬寅年 : 서기 1542년, 42세) 8월에 강원도 지방에서 생긴 재해(災害)를 살펴보는 암행어사로 차출되어 평창(平昌) · 춘천(春川) · 원주(原州) 등지를 시찰할 때 지은 것임. 〈임인일기〉 8월 21일 「재해를 살피는 어사로 강원도로 가서 손님들과 즐기다.」(災傷御史往江原道娛賓) 8월 22일 「원주」(原州) 이 시는 임인년 8월 22일에 지어졌음을 알 수 있다. 「빙허루」(憑虛樓)는 원주의 객관(客館) 동쪽에 있음.

김질부(金質夫): 김사문(金士文)의 자. 원래 퇴계선생과 같은 고향의 사람으로 벼슬이 형조정언(刑曹正言)에까지 이르렀는데, 이때는 마침 원주에 교관(敎官)으로 와서 고을의 교육을 담당하고 있었는데, 한번 만나보려했지만 뜻대로 되지 못하여 이 시를 적어두고 떠났음.

《신증동국여지승람》(이하 《승람》로 줄임) 제46권 〈빙허루〉 조목에 보면, 이 시와 같은 운자를 사용한 시가 모두 7수나 수록되어 있는데, 이 중에서 2수만 인용하여 본다.

우승범(禹承範)의 시 : 「말 들으니 고려 충렬왕 때 이곳 사람 원충갑(元沖甲) 공이 칼을 짚고 떠날 때에, 장한 마음 신표(信標)로 삼을 명주조각을 버리고 간 한나라 때의 종군(終軍)이란 사람보다도 뛰어났네. 한번 휘둘러서 천년 외구(外寇 : 원나라의 반적 哈丹을 말함)를 소탕하니, 우뚝히 홀로 선 성(城)이 백 치(雉: 성의 크기)의 성처럼 든든하네. 옛부터 고원(高遠)한 지세는 유적을 수호하고, 이제까지 물고기와 새들도 위명(威名)을 두려워하네. 남아(男兒)의 사업은 이미 이같이 성대한데, 나는 항상 몸소 밭가는 한사(寒士)임을 비웃네.」(聞說元公杖劒行, 壯心超邁棄繻生. 一揮掃盡千年寇, 獨立還同百雉城. 從

紛紛離合況平生
분 분 이 합 황 평 생

분분하게 떨어졌다 만났다 함이
하물며 평생 동안 몇 차례나 되겠는가?

頭因別久欲添雪
두 인 별 구 욕 첨 설

머리는 이별한지 오래되었기 때문에
눈을 더하려 하고,

愁爲秋深更築城[2]
수 위 추 심 갱 축 성

근심은 가을이 깊어지기 때문에
다시 성을 쌓으려 하네.

古風雲護遺迹, 至今魚鳥畏威名. 男兒事業已如此, 自笑冷儒當自耕)

성현(成俔)의 시 : 「어려서 시서(詩書)를 배워 장성하여 행하고자 하였더니, 임금의 은혜 바다같아 나같이 조그마한 물고기까지 목욕하게 되었네. 외람되이 아기(牙旗)와 부절(符節)을 갖고 하합(河陜)을 순찰하였고, 무성(武城)에 자주 와서 현가(絃歌)를 들어보네.(앞구절은 강원도 관찰사가 된 것을 말하고, 뒷 구절은 자주 원주에 왔다는 뜻) 옛날 주나라 때 소공(召公)이 감당(甘棠)나무 아래서 쉬면서 어진 정사를 하듯이 온 도(道)를 잘 다스려 보고자 노력은 하였으나 실지로 미친 혜택은 없었으며, 이 빙허루 현판에 시(詩)를 쓰니 헛된 이름 부끄럽구나. 밭에서 신고하는 늙은이에게 묻거니와, 들을 갈고 있는 그대 나의 혀로만 밭가는 것이 어떠한가?」(幼學詩書欲壯行, 君恩如海沐鯫生. 濫持牙節巡河陜, 頻聽絃歌到武城. 宣化棠陰無實惠, 題詩板上愧虛名. 寄語辛苦田間叟, 耕野何如我舌耕)

2 | 수위추심갱축성(愁爲秋深更築城) : 북주(北周) 유신(庾信)의 〈근심을 읊음(愁城賦)〉 「근심의 성을 공격하여도 끝내 깨어지지 않고, 근심의 성을 소탕하여 버리려 하여도 끝내 떼어낼 수 없네.」(攻許愁城終不破, 蕩許愁城終不開)

3 | 조과호영다위적(鳥過豪英多偉蹟) : 송나라 소식의 〈황(黃)천선 장관에게 화답하여 부침(和寄天選長官)〉 「흐르는 세월 어찌 족히 믿을 수 있으리? 백년의 세월도 새 날아서 지나가는 것과 같다네.」(流光安足恃, 百歲同過鳥) 이백의 〈옛 시체를 본따서(古風)〉 「인생이란 새가 눈 앞을 스치는 것, 어찌 스스로 묶어둘 수 있으리!」(人生鳥過目, 胡乃自結束)

鳥過豪英多偉蹟[3]
조 과 호 영 다 위 적

새 날아가듯 빠른 인생에도 영웅호걸들은
위대한 자취 많이 남겼으니,

龍蟠形勢稱雄名[4]
룡 반 형 세 칭 웅 명

용이 서리고 있는듯한 형세
큰 이름 일컫고 있네.

《고증》「원주의 홍법사에는 고려 태조의 어제비가 있는데, 최광윤에게 명하여 당 태종의 글씨를 모각하게 하였다. 이제현은 그 글은 마치 검은 홀을 들고 붉은 신발을 신고 조정에서 공손히 읍을 하고 있는 듯하며, 그 글자는 난새며 봉황이 둥둥 떠다니며 기운이 형상 밖의 것을 삼키는 것 같아 천하의 보물이라고 하였다. 또 법천사의 탑에는 권람 · 한명회 · 서거정 등이 읊은 시가 적혀 있는데, 여기서 말한 『큰 업적』이라함은 혹시 이러한 것들을 두고 이른 것인가?」(原州興法寺有高麗太祖親製碑, 命崔光胤集唐太宗書摹刻. 李齊賢以爲文如玄圭赤舃, 揖讓廊廟, 字如鸞漂鳳泊, 氣呑象外, 天下之寶也. 又法泉寺榻有權擥韓明澮徐居正題. 詠偉蹟, 或指此等而言歟)
지금 역자의 생각으로는「鳥過豪英 ……, …… 稱雄名」이 두 구절을 해석하는데, 권람 등의 제시를 드는 것은 좀 어색한 것 같다. 첫째 권람이나 한명회 같은 권세를 누렸던 위인들을 퇴계가 좋아하였을 이유가 없었을 듯하고 또 바쁜 어사행차에 이러한 절을 직접 찾아가서 그러한 유적들을 보고 감명을 받았을 것으로 보이지도 않기 때문이다.(간접으로 이야기를 듣고서라도 마찬가지일 것이다) 그것보다는 오히려 위의 《승람》에서 인용한 원주성을 원나라의 침입에서 지킨 원충갑(元沖甲)의 고사 같은 것을 드는 것이 더 적절할 것 같다.

思君坐數同襟樂
사 군 좌 수 동 금 락

그대 생각하여 보니 몇 차례나 함께 앉아
동문의 즐거움을 같이 하였는데,

祗在山中耦舌耕[5]
지 재 산 중 우 설 경

다만 산 속에서
나란히 혀로만 밭을 갈았지.

4 | 용반형세(龍蟠形勢) : 「龍盤」이라고도 하며, 지세가 험난하여 요해처가 될직한 곳을 형용하는 말임. 또 어떤 사물이 매우 아름다움을 형언하는데 쓰이기도 함. 한나라 유향(劉向)의 《서경잡기 · 문목을 읊음(文木賦)》「노공왕이 오문목(烏文木) 하나를 얻었는데 그것을 베어서 기물로 만든 후 그것을 즐겨 감상했다. 중산왕이 부를 지어 말했다. 『…… 이미 깍고 또 새기어 그 문장을 보니 어떤 때는 용이 쭈그린 듯 호랑이가 걸터 앉은 듯도 하고 또 난새가 모여들고 봉황이 나는 듯하기도 하네.』」(魯恭王得文木一枚, 伐以爲器, 意甚玩之. 中山王爲賦曰, …… 旣剝旣刊, 見其文章, 或如龍蟠虎踞, 復似鸞集鳳翔)

5 | 설경(舌耕) : 《습유기(拾遺記)》「(동한시대의 경학자인 賈逵는) 제자들이 배우러 옴에 만리길을 멀다하지 않았다. 어떤 사람들은 아이를 포대기에 업고 와서 문 곁에다 버려누기까지 했다. 오로지 입으로만 경전을 전수하였는데 갖다바친 자들의 곡식이 쌓여 창고가 가득하였다. 혹자는 이야기하기를 가규는 힘으로 농사를 지어 얻는 것이 아니라, 경전을 외는데 혀를 말 뿐이라 하였는데, 세상에서 이른바 혀농사이다.」(門徒來學, 不遠萬里. 或襁負孫, 舍於門側. 皆口授經文. 贈獻者積粟盈倉. 或云, 賈逵非力耕所得, 誦經口卷, 世所謂舌耕也)

41. 酒泉縣酒泉石姜晉山韻[1]

주천현의 주천석 – 강진산이 지은 시의 각운자를 그대로 사용하여

神槽雷劈已上天[2] 신 조 뢰 벽 이 상 천	신령스러운 술 주자 벼락에 갈라져 이미 하늘로 올라갔으나,
至今以酒名其泉 지 금 이 주 명 기 천	지금까지도 「술 주」자를 넣어 그 샘 이름 「주천」이라고 부른다네.
人言土俗信荒怪 인 언 토 속 신 황 괴	사람들은 말하네, 토속적인 이야기는 정말 허황하고도 괴이하며,

1 | 주천현은 강원도 원주(原州)에 속한 고을 이름이다. 〈임인일기〉에 의하면 이해 8월 23일 주천현에 도착하였다고 되어 있다.

강진산(姜晉山) : 이조 초기의 문장가이며 서예가로, 문인화가로 이름을 날렸던 인순부윤(仁順府尹) 강희안(姜希顔)의 동생이며 세종(世宗)의 이질(姨姪)인 강희맹(姜希孟: 1424~1483)의 봉호(封號)임. 자는 경순(景醇), 호는 사숙재(私淑齋) · 운송거사(雲松居士) · 국오(菊塢) · 만송강(萬松岡)이며 본관은 진주임. 관리로서도 성종조에 이조판서 좌찬성에 이르렀는데 예종 때 남이(南怡)를 타도한 공로로 익대공신(翊戴功臣) 3등에 책봉되어 진산군(晋山君)에 봉해졌다. 시호는 문량(文良).

주천석(酒泉石) : 《승람》「주천현의 남쪽 길가에 돌이 있으니 형상이 반 깨어진 돌 술통 같다. 세상에서 전해오는 말에 『이 돌 술통은 예전에는 서천 가에 있었는데 거기에 가서

繼之好事非眞傳
계 지 호 사 비 진 전

호사가들이 덧붙인 것은
　진실을 전하는 것이 아니라고.

我疑造物本難測
아 의 조 물 본 난 측

나는 의심하노니 조물주의 이치는
　본래 헤아리기 어렵다는 것을,

厥初安知有由然
궐 초 안 지 유 유 연

그 아득한 옛날 일이니 어찌 알겠는가?
　이런 일이 있었으리라고.

當時仙釀非世法
당 시 선 양 비 세 법

당시 좋은 술 빚는 법
　세상 사람들의 솜씨가 아니어서,

糟牀日注靈波堧[3]
조 상 일 주 령 파 연

술주자에서 나날이 흘러나와
　신령스러운 물결 빈 땅에 넘치는구나.

마시는 자에게는 넉넉하지 않은 적이 없었다. 읍(邑)의 아전이 (술을 마시려고 거기까지) 왕래하는 것을 싫어하여 현 안으로 옮겨 놓고자 하여 여러 사람들과 함께 옮기니, 갑자기 크게 우레쳐서 돌이 세 개로 갈라져 한 개는 못에 잠기고, 한 개는 있는 데를 알 수 없고, 한 개는 곧 이 돌이라 한다.』」(酒泉縣南, 道傍有石, 狀如半破石槽者. 世傳石槽舊在西川邊, 就而飮者無不足焉. 邑吏憚於往來, 欲轉置於縣, 衆共移之, 忽大雷震石碎爲三, 一沉于淵, 一不知所在, 一卽此石也) 번역은 민족문화추진회의 것을 참고하여 고침.

2 | 신조(神槽) : 「조」(槽)는 술짜는 기계[壓酒機]이다. 당나라 이하(李賀)의 〈술을 받들어 올림(將進酒)〉「유리 술잔에 호박빛 술 진한데, 작은 술 주자에서 술방울이 정말 붉은 구슬 같이 나오네.」(琉璃鍾, 琥珀濃, 小槽酒滴眞珠紅)

3 | 조상일주(糟牀日注) : 당나라 두보의 〈강촌(羌村)〉「벼와 기장 거두어 들였음 알았으니, 벌써 술주자에서는 술 쏟아지리라.」(賴知禾黍收, 已覺糟牀注)

幔亭虹橋降眞侶[4]
만 정 홍 교 강 진 려

만정봉幔亭峰의 무지개 다리에는
참된 신선 친구 내려오고,

瀛尊嶽豆無論錢[5]
영 준 악 두 무 론 전

바다로 바리 삼고 산으로 안주 그릇
삼았으니 돈은 거론할 것도 못되었네.

4 | 만정홍교(幔亭虹橋) : 「만정」(幔亭)이라는 것은 「장막(帳幕)으로 만든 정자」라는 뜻. 《운급칠첨(雲笈七籤) · 권 46》이라는 도교(道教) 책에 보면 육홍점(陸鴻漸)이 지은 《무이산기(武夷山記)》에 있는 다음과 같은 말을 인용하였다. 「무이군(武夷君)은 지관(地官 : 풍수)이다. 전하여 오는 이야기로는 매년 8월 15일에 마을 사람들을 무이산 위에 많이 모이게 하고 큰 회의를 여는데, 산 꼭대기에다가 장막을 둘러친 정자[幔亭]를 마련하고, 요술을 발휘하여 구름다리[虹橋]를 만들어 산 아래까지 통하게 한다.」(권 96) 무이산의 「만정봉」은 이러한 전설에서 이름이 나왔다.
《고증》「만정봉은 무이산 천주봉 북쪽에 있는데, 진시황 2년 8월에 무이군이 고을 사람들에게 여기서 주회를 열고 장막을 둘러친 정자 · 채색한 집 · 값진 구슬 장막 따위를 마련하고, 붉은 장식과 자주빛 노을로 된 장식을 만들어 앉게 하였다. 이때문에 만정봉이라는 이름이 생겨나게 되었다. 또 《무이구지》라는 책에 보면, 진시황 2년에 위나라의 왕자였던 건이 13 선주를 위하여 승진관을 만정봉 꼭대기에 설치하고, 또 구름다리를 만들고 연회를 하였다.」(幔亭峯在武夷天柱峯北, 秦始皇二年八月, 武夷君置酒會鄉人于此, 建幔亭彩屋寶帳, 設紅雲紫霞褥, 因以爲名. 又武夷舊志始皇二年, 魏子騫爲十三仙主築昇眞觀于峯頂, 又築虹橋而宴) 만정봉과 홍교는 주자의 〈무이구곡도가(武夷九曲櫂歌)〉의 제일곡(第一曲)에보인다. 〈119〉 [원운시]를 보라.
무이산(武夷山)은 복건성(福建省)과 강서성(江西省) 중간에 위치한 산으로 복건성 제일의 명산이다. 유명한 주자(朱子)의 〈무이구곡도가〉란 연작시(聯作詩)의 소재가 된 산이기 때문에, 퇴계를 비롯한 우리나라 유학자들의 시에 많이 등장한다. 〈무이구곡도가〉는 서론 또는 총론격인 첫째시를 포함하여 모두 10수인데 퇴계가 차운한 시가 《내집》 1권에 보인다. 시의 번역 전문(全文)은 뒤 〈118〉~〈127〉의 [원운시]를 보라.

5 | 영준악두(瀛尊嶽豆) : 「豆」는 제기(祭器)로 굽이 있는 접시처럼 생긴 것을 말함. 이와는 달리 굽이 없고 대접처럼 생긴 제기는 「등」(登)이라 함. 《시경 · 대아 · 백성을 낳으심(生

瓊漿如流樂且湛[6]
경 장 여 류 락 차 담

아름다운 술 물 흐르듯 하니
즐겁고도 또한 편안하여,

官府久廢玉皇前[7]
관 부 구 폐 옥 황 전

관청의 일 오랫 동안 폐지되었네,
옥황상제 앞에서는.

民)》「제기에 제물을 담는데 접시에 담고 대접에 담네.」(卬盛于豆, 于豆于登) 당나라 한유의 〈육혼산의 불이라는 시 한 수를 황보식이 지은 시의 각운자로 화답하다(陸渾山火一首和皇甫湜用其韻)〉「깊고 넓은 큰 골짜기 자못 우묵하고 검은데, 다섯 영산으로 제기 삼고 네 바다로 술바리 삼네.」(谽呀鉅壑頗黎盆, 豆登五山瀛四罇) 송나라 손여청(孫汝聽)의 주석 「『두등오산』이라는 것은 오악을 두와 등같은 제기로 삼는 것이요, 『영사준』이란 것은 사해를 술바리로 삼는 것이다.」(豆登五山者, 以五嶽爲豆登, 瀛四罇者, 以四海爲酒罇) 무론전(無論錢) : 당나라 두보의 〈좁은 골짜기의 시내(峽隘)〉「뱅어는 마치 옥을 끊어둔 듯하고, 붉은 귤은 값을 논할 것도 없네.」(白魚如切玉, 朱橘不論錢)

6 | 경장(瓊漿) : 좋은 술[美酒]을 가리키는 말. 《당시기사 · 권 48》의 번씨네 딸[樊氏女]이 배항(裵航)에게 화답하였다는 시 「한번 좋은 술 마시고 나니 갖은 생각 떠오르고, 신선의 약초 다 두드리니 기생인 운영이 보이네.」(一飮瓊漿百感生, 玄霜搗盡見雲英)

7 | 관부구폐옥황전(官府久廢玉皇前) : 당나라 한유의 〈급사중(給事中) 벼슬을 지낸 운부 노정(盧汀) 형이 「곡강의 연꽃」이란 시를 보내어 주신 것을 보고 받들어 화답하여 부쳐 드리고, 아울러 재상이신 전휘(錢徽) 형과 조교인 장적(張籍)에게도 드리노라(奉酬盧給事雲夫四兄曲江荷花行見寄, 幷呈上錢七兄閣老張十八助教)〉「하늘나라에 있는 진인 관부에 만족하나니, 어찌 덜된 신선이 난새 채찍질하고 봉황을 매질하여 종일토록 서로 좇는 것만 하겠는가?」(上界眞人足官府, 豈如散仙鞭笞鸞鳳終日相追陪) 송나라 손여청(孫汝聽)의 주석 「『상계진인』은 신선이다. 신선에게 관부의 일이 있다지만 운부가 시상의 완선하지 못한 신선이 되어 종일토록 즐김만 못하다는 것이다.」(上界眞人, 謂仙人也. 仙人有官府之事, 不如雲夫爲地上散仙, 終日嬉游也) 송나라 이방(李昉)의 《태평광기 · 목공(太平廣記 · 木公)》「목공은 또한 동왕보라고도 하고, 또한 동왕공이라고도 하는데 대체로 청양의 원기이며 온갖 사물 가운데 가장 먼저 생겼다. …… 또한 옥황이라고도 한다.」(木公亦云東王父, 亦曰東王公, 蓋青陽之元氣, 百物之先也.…… 亦號玉皇)

上界有謫一念差[8]
상 계 유 적 일 념 차

천상天上세계에서 귀양 명령이 내렸으니
생각 한번 잘못하였기 때문이네.

赫然下命六丁遷[9]
혁 연 하 명 륙 정 천

시퍼렇게 명령을 내리어
여섯 귀신에게 옮기게 하였다네.

8 | 상계유적(上界有謫) : 남조 진나라 갈홍(葛洪)의 《포박자 · 의혹을 떨침(抱朴子 · 袪惑)》 「하동 포판에 사는 항만도라는 사람은 아들 하나와 산에 들어가 신선의 술법을 배웠는데, 10년만에 집에 돌아오게 되어 집안 사람들이 그 까닭을 물었다. 항만도는 말했다. 『…… 천상세계에 이르러 먼저 신선의 궁궐을 지나치게 되었는데 금으로 된 침대며 옥으로 만든 안석 등이 휘황찬란한 것이 그야말로 고귀한 곳이었다. 신선들이 다만 흐르는 노을로 만든 불로장생주 한 잔을 내게 주었을 뿐인데 그것을 마셨더니 문득 배고픔과 갈증이 나지 않게 되었다. 갑작스레 집 생각이 나서 하느님 앞에 이르러 알현을 하는 자리에서 그만 예의를 잃는 바람에 쫓겨나 돌아오게 되었다.』 …… 하동에서는 그로 인하여 만도를 쫓겨난 신선이라 불렀다.」(河東蒲坂有項曼都者, 與一子入山學仙, 十年而歸家, 家人問其故. 曼都曰 …… 及到天上, 先過紫府, 金牀玉几, 晃晃昱昱, 眞貴處也. 仙人但以流霞一盃與我, 飮之輒不飢渴. 忽然思家, 到天帝前, 謁拜失儀, 見斥來還, …… 河東因號曼都爲斥仙人) 이 고사는 북위(北魏) 역도원(酈道元)의 《수경의 주석 · 속수(水經注 · 涑水)》에도 인용되어 있는데, 거기에는 항만도가 항녕도(項寧都)라 되어 있다. 송나라 황정견(黃庭堅)의 〈천거되어 가는 사람을 송별하다(送人赴擧)〉 「만약 옛날의 황정견 나에 대해서 묻는다면, 인간 세상에 유배되어 이제 8년 되었다 하겠네.」(若問舊時黃庭堅, 謫在人間今八年)
당나라 때 하지장(賀知章)이라는 문인이 이태백(李太白)을 보고서 「그대는 사람이 아니라, 하늘나라에서 땅으로 잠시 귀양온 신선[謫仙人]일세」라고 한 이야기는 너무나 유명하다. 이 고사는 이백의 〈술을 앞에 놓고 하지장을 생각하며 지은 시의 서문(對酒憶賀監詩序)〉에 보인다. 두보의 〈이씨네 종형제 중 열 두 번째인 백에게 40구로 지어 부치다(寄李十二白二十韻)〉 「옛날 사명산에 미친 나그네가, 그대를 귀양온 신선이라 불렀다네.」(昔年有狂客, 號爾謫仙人) 광객은 하지장을 일컫는 말로, 그는 스스로 호를 사명광객(四明狂客)이라 하였다.

區區反爲龍所貪[10]
구 구 반 위 룡 소 탐

구구하게 다루다가 도리어
용이 탐하는 바 되어,

一片誤落金沙淵[11]
일 편 오 락 금 사 연

한 조각은 잘못 떨어졌네,
금모래 못에.

9 | 육정(六丁) : 도교의 귀신 이름. 《무상구소뇌정옥경(無上九霄雷霆玉經)》을 보면 「육정은 옥녀(玉女)요, 육갑(六甲)은 장군이다」라고 되어 있다. 도교에서는 육정(丁卯 · 丁巳 · 丁未 · 丁酉 · 丁亥 · 丁丑)은 음신, 즉 여신(女神)이고, 육갑(甲子 · 甲戌 · 甲申 · 甲午 · 甲辰 · 甲寅)은 양신 즉 남신이다. 그들은 천제(天帝)가 시키는 대로 바람을 불게 하고, 우레를 치게 하며, 귀신을 억누른다고 한다. 《후한서 · 양절왕 유창의 전기(梁節王暢傳)》「시종인 변기는 육정을 부릴 수 있다고 자부하였다.」(從官卞忌自言能使六丁) 당나라 이현(李賢)의 주석 「육정은 육갑 가운데 정에 해당하는 귀신이다. 갑자로 시작되는 열흘에는 정묘가 이 귀신이며, 갑인으로 시작되는 열흘에는 정사가 귀신이 되는 따위이다. 그것을 부리는 방법은 먼저 재계를 한 후에 그 귀신이 이르면 그것을 먼 곳의 사물에 이르게 할 수 있고 아울러 길흉을 알 수도 있다.」(六丁謂六甲中丁神也. 若甲子旬中, 則丁卯爲神, 甲寅旬中, 則丁巳爲神之類也. 役使之法, 先齋戒, 然後其神至, 可使致遠方物及知吉凶)
당나라 한유의 시 〈장적에게 조롱 삼아(調張籍)〉「선관(仙官)이 육정에게 명령하여, 우레와 번개를 몰고와서 (이태백 같은 文章을) 데려가게 하였네.」(仙官勑六丁, 雷電下取將)
청나라 방세거(方世擧)의 《보주(補註)》본의 주석 「상원(上元) 연간에 대주(臺州)의 도사 왕원지(王遠知)가 《주역》에 능하여 사람의 사생(死生) 화복(禍福)에 관하여 잘 알았기 때문에 《역총(易總)》이라는 책 15권을 지었다. 그런데 하루는 우레가 치고 비가 내리는 중에 한 노인이 안개와 구름 속에 나타나서 꾸짖기를 「네가 하늘의 비밀을 누설한 책이 어디 있느냐? 상제(上帝)께서 내게 명하여 육정(六丁)을 거느리고 우레와 번개를 몰고 가서 거두어 오라고 하셨느니라」고 하였다. 원고(遠古)가 기겁을 하여 땅에 쓰러졌는데, 그 곁에 있는 여섯 청의사자(青衣使者)들이 이미 그 책을 찾아서 들고 서 있었다.」

復留一片豈無意
부 류 일 편 기 무 의

다시 한 조각만 남긴 것이
어찌 뜻이 없겠는가?

天戒衆飮官途邊
천 계 중 음 관 도 변

하늘이 뭇 사람들이 술마시는 것을
경계하기 위함일세, 관청길 옆에서.

世人不曉靈眞跡
세 인 불 효 령 진 적

세상 사람들 깨닫지 못하네,
신령스러운 참된 유적을,

渴喉但覺流饞涎[12]
갈 후 단 각 류 참 연

목 마르면 다만 깨닫네,
게걸스럽게 침만 흘릴 줄을.

謂神之怒坐一吏
위 신 지 노 좌 일 리

말하는가? 신의 노여움이
아전 한 사람에게만 관련된다고,

10 | 반위용소탐(反爲龍所貪) : 전국시대 초나라에서 불우하게 지내다가 물에 빠져 죽은 충신(忠臣) 굴원(屈原)을 위하여 단오(端午) 날마다 밥을 물에 던져 넣는 것이 습관과 같이 되었는데, 한 무제(武帝) 때 굴원의 혼이 장사(長沙)에 사는 어떤 사람의 꿈에 나타나서, 지금까지 던져준 밥을 모두 교룡(蛟龍)이 빼앗아 먹어 버렸으니, 앞으로는 반드시 종려수나무 잎에 싸서 던져달라고 하였다고 한다. 그래서 지금까지 중국사람들은 단오에 찹쌀밥을 종려수 잎에 싸서 쪄서 먹고 있다.

11 | 금사(金沙) : 당나라 두보의 〈왕태수님을 모시고 정월 그믐날 강에 배를 띄워 황씨네 집의 정자로 향하다(陪王使君, 晦日泛江, 就黃家亭子)〉 두 수 중 두 번째 시 「길에는 보드라운 금모래 있고, 아름다운 푸르른 풀 있는데 사람은 없네.」(有徑金沙軟, 無人碧草芳)

謾說相誇今幾年
만 설 상 과 금 기 년

부질없이 이야기하고 서로 과장하기를
지금까지 몇 해나 계속하였던가?

徵奇詰異竟誰是
징 기 힐 이 경 수 시

기이한 일 추궁하고 이상한 일 따져보자면,
필경 누가 여기에 적합한가?

我欲就問騎鯨仙[13]
아 욕 취 문 기 경 선

내 나아가서 묻고싶네,
고래를 타고 놀던 신선에게나.

【원운시】 〈次韻酒泉驛壁上韻[14] 주천역의 벽에 적힌 시의 각운자를 그대로 써서 짓다〉

姜希孟 강희맹

星君以酒名於天

별星은 술로써 하늘에 이름이 있고,

12 | 참연(饞涎) : 음식 따위를 보고 침을 흘리는 것을 말함. 당나라 맹교(孟郊)의 〈탐을 내다(偸詩)〉「굶주린 개는 마른 뼉다귀나 깨물고서, 스스로 배고파 나오는 침 먹는다네.」(餓犬齚枯骨, 自喫饞飢涎)

13 | 기경선(騎鯨仙) : 이태백을 고래를 타고 나는 신선으로 두보가 묘사한 시 구절이 있음. 〈공소보가 강동으로 돌아가서 놀려고 함에 송별하며 아울러 이백에게 드림(送孔巢父歸遊江東, 兼呈李白)〉「만약에 고래를 타고 있는 이백을 만나거들랑, 두보가 지금은 어떻게 지내는지 묻더라고 말해주게.」(若逢李白騎鯨魚, 道甫問訊今何如)

14 | 역문은 《승람》권 46 민족문화추진회의 번역을 그대로 옮김.

坤靈釀液流於泉　땅의 신령은 액체를 빚어서 샘물에 흘려 보냈다고 한다.

鄙俗寧知皆假稱　몽매한 풍속이 어찌 다 헛말임을 알겠는가?

騁以怪談猶流傳　기괴한 이야기가 되어 지금까지도 유전한다네.

原城部曲古縣西　원성 부곡 옛 고을 서쪽에,

斷峯돌(山+突)屼臨蒼然　깍아 세운 듯한 높은 봉우리 우뚝 솟아 창연히 섰네.

崖下泓澄瞰黝碧　벼랑 아래는 물이 깊고 맑아서 굽어보면 검푸른데,

石槽破碎橫江堧　돌 술통 부숴져 강가에 가로 놓였네.

人言槽在蒼崖巓　사람들이 말하기를 술통이 높은 벼랑 위에 있을 때는,

淸濁自湧休論錢　맑은 술도 탁주도 저절로 솟아오르고 술값은 말하지 않았다네.

千鐘爲堯百斛孔　「천 종을 마시면 요임금이 되고 백 휘를 마시면 공자가 된다」 하더니,

玉山自倒春風前　옥산이 봄바람 앞에 스스로 도괴되었네.

天工意在合自然　하늘이 만든 뜻은 자연에 맞게 하는 데 있는 것인데,

何人强欲村中遷　어떤 사람이 억지로 마을 가운데로 옮기고자 하였던가?

群靈爲怒倩神物　여러 신령들 성내어 신물에게 시켜서,

擘取槽石歸重淵　술통 돌을 깨어내어 깊은 못에 돌리었다네.

靈波雖渴石猶頑　신령한 물결은 비록 고갈하였으나 돌은 오

히려 완강하여,

至今遺跡官河邊　이제까지 남긴 흔적이 큰 냇물 가에 있다.

我聞此語乍信疑　나는 이 말을 듣고 믿기도 하고 의심하기도 하나,

臨淵恐有神蛟涎　못에 가보면 혹시라도 이무기가 침을 흘릴까 두려웁다.

我欲鼓浪溯淸泠　나는 물결을 고동시켜 맑고 서늘한 원천源泉에 거슬러 올라가서,

打起霹靂如當年　옛날 그때처럼 벽력을 두드려 일으키고,

并取途中一片石　도중에 있는 한 조각 돌을 합해 가져다가

盡輸水府供謫仙　모두 다 물나라에 던져서 이적선에게 바치고자 하노라.

42. 錦江亭[1]

금강정에서

鵑啼山裂豈窮年[2]
견 제 산 렬 기 궁 년

두견새 울어 산 대나무 갈라지니
어찌 끝날 해가 있으리오?

1 | 퇴계선생의 〈임인일기〉에 의하면 이해 8월 24일에 영월(寧越)에 도착하였다고 하였다. 금강정은 지금의 강원도 영월에 있는 금장강(錦障江)의 언덕 절벽 위에 세워져 있으며, 지금은 강원도 문화재자료 제24호로 지정되어 있다. 《승람》에 의하면 세종 10년인 1428년 군수인 김복항(金福恒)이 세운 것으로 되어 있으나, 〈영월제영(寧越題詠)〉라는 기록에 의하면 이자삼(李子三)이 영월군수로 있을 때 금강의 아름다운 경치에 반하여 사재를 들여 정자를 짓고 금강정이라 이름지었다 한다. 동으로는 금장강에 임하여 있고, 남으로는 금봉연(金鳳淵)을 바라보고 있다. 강 밖에 상덕촌(尙德村)이라는 마을이 있으며, 남쪽으로는 밀적포(密積浦)가 있어서 나무들이 울창하고, 마을의 연기와 물기운이 은은히 가리우고 아른거려서 바라보면 그림같다.

2 | 견제산열(鵑啼山裂) : 당나라 두보의 〈장안(長安)의 자오곡(子午谷)에 있는 현도단이라는 옛날 고적을 노래하여, 원씨성을 가진 은사에게 띄움(玄都壇歌寄元逸人)〉「자규새(두견새) 밤에 울제 산대나무 갈라지고, 왕모새 낮되어 내려오니 구름깃발 뒤집어지네.」(子規夜啼山竹裂, 王母晝下雲旗飜) 명나라 사성(謝省)의 주석「자규의 울음소리는 대나무가 갈라지는 소리와 같다. 소식이 달았다고 가탁(假託)한 주석에서는 두의가 촉의 진원에 있을 때 자규새가 울자 정원에 있는 대나무가 갈라졌다는 것을 끌어다 쓰고 있는데 근거없는 기록에서 나왔다. 황희는 자규가 밤에 울면 대나무가 그것 때문에 갈라지려 한다 했는데 그것을 터득하였다.」(子規啼聲如竹裂. 僞蘇注引竇誼居蜀之津源, 子規啼而庭竹裂, 出於妄撰. 黃希謂子規夜啼, 而山竹爲之欲裂, 得之)
《고증》「단종(端宗) 대왕이 영월에 있을 때 관풍루(觀風樓)와 매죽루(梅竹樓)에 올라가서

蜀水名同非偶然[3]
촉 수 명 동 비 우 연

촉 땅에도 물 이름이 같은 것이
우연한 일이 아닐세.

明滅曉簷迎海旭
명 멸 효 첨 영 해 욱

명멸하는 새벽 처마는
바다에서 떠오르는 햇볕을 맞이하고,

飄蕭晩瓦掃秋烟
표 소 만 와 소 추 연

산뜻한 저녁 기와는
가을 기운을 깨끗하게 쓸어놓는구나.

두견새가 우는 소리를 듣고 다음과 같은 시를 지었다. 『(주나라 말기에 쫓겨났던 촉나라 임금 望帝 杜宇의 혼백이 변한) 두견새 울부짖고, 산의 달은 허공에 걸렸는데, 생각에 사무쳐서 정자 한쪽 머리에 의지하고 서 있구나. 너 괴롭게 우니, 나 듣기에 괴롭고, 너 울지 않으면, 나도 근심 없으리. 세상에서 노고하는 사람들에게 말 띄우노니, 삼월달에 자규새가 산에 달 비치는 정자에서 우는 곳에 정말 오르지 말라!』(蜀魂啼, 山月浮, 相思憶倚樓頭. 爾啼苦, 我聞苦, 無爾啼, 無我愁. 寄語世上勞苦人, 愼莫登春三月子規啼山月樓)
또 다음과 같은 시도 지었다. 『한번 억울한 새가 임금의 궁궐에서 쫓겨나서는, 의로운 몸 홀로 있는 그림자 푸른 산중에 머물게 되었구나. 밤마다 밤마다 거짓 잠 뿐이니 진짜 거짓이 없어진 듯하고, 해마다 해마다 궁색한 한 뿐이니 한이 끝날 날 없네. 새벽 멧부리에 우는 소리 끊어지니 이지러진 달만 밝았고, 봄 골짜기에 피는 흘러 떨어지는 꽃잎조차 붉었구나. 하느님 밝은 귀에 아직도 슬프게 부르짖는 소리를 못들으셨는지? 무엇 때문에 수심에 싸인 사람 귀에만 유독 분명하게 들리게 만드는지?』(一自冤禽出啼宮, 孤身隻影碧山中. 假眠夜夜眠無假, 窮恨年年恨不窮. 聲斷曉岑殘月白, 血流春谷落花紅. 天聾尙未聞哀訴, 胡乃愁人耳獨聰)」
이 시들은 단종이 노산군(魯山君)으로 강등되어 영월에 유배되었던 세조 3년(1457년)에 쓰여 진 것으로 알려져 있다. 《요존록》에 의하면 이 고사는 단종 · 성종(成宗) 조에 살았던 추강(秋江) 남효온(南孝溫 : 1454~1492)이 지은 시화인 《추강냉화(秋江冷話)》에 수록되어 있는 것으로 밝히고 있는데, 지금 이 시화가 수록되어 있는 《추강집 · 권 7》에는 이것과 관련된 시화가 전하지 않고 있다.

碧潭楓動魚游錦
벽 담 풍 동 어 유 금

짙푸른 소에 바람이 이니
고기들 노는게 비단 같고,

青壁雲生鶴踏氈[4]
청 벽 운 생 학 답 전

파아란 절벽에 구름 생기니
학이 담요털을 밟는 듯.

3 | 촉수명동비우연(蜀水名同非偶然) : 주나라 말기에 별냉(鼈冷)에게 쫓겨나 왕위를 빼앗기고 자규, 곧 두견새로 변했다는 망제 두우(杜宇)가 살던 촉나라에도 금수(錦水)라는 강이 있음을 나타낸 말.

《요존록》「촉은 망제(望帝)의 나라인데, 금강(錦江)이라는 강의 이름까지도 마침 영월에 있는 것과 같으니 우연한 일이 아니다. 내가 생각하건대 선생께서는 늘 다음과 같은 말씀을 하셨다. 『근세의 선비들이 세조(世祖) 때 일어난 정치적인 사건을 막 드러내놓고 떠들면서 조금도 가리어 놓을 줄 모른다. 이것은 내가 대단히 근심하는 바이다. 조상에 대해서 옛날 일을 마구 드러내어 놓고 떠들 수가 없다. 공자는 소공(昭公)이 예를 안다고 생각하였다. ……』 이러한 말에 의거하면, 이 시의 몇 구절에서는 희미하게 몇 마디를 숨기고 있을 뿐이지, 마구 크게 떠들지 않는 것을 또한 엿볼 수 있다. 대산(大山, 李象靖)선생은 다음과 같이 말하였다. 『이 시는 특별한 뜻이 없이 지었다고 볼 수도 있다. 그러나 특별한 감회를 지니고 적었다고 보아도 또한 가능하다.』」(蜀是望帝之國, 錦江之名, 適與之同, 正非偶然. 按先生嘗曰, 近世士類顯言世祖朝事, 不知有擇. 此某所大憂也. 祖宗之事, 不可顯言, 孔子以昭公爲知禮云云. 據此, 則今此數句之特寓微意, 而不欲顯言者, 又可見矣. 大山先生曰, 此詩作平常看亦得, 然作寓感看亦得)

이 구절은 의미있게 보면 단종이 망제와 같은 처지임을 서글퍼하는 심정을 드러낸 것이라 볼 수 있다.

4 | 학답전(鶴踏氈) : 송나라 소식의 〈(새해(新年)〉「작은 저자거리의 사람들 모두 돌아갔고, 외로운 배는 학이 밟아 뒤집히네.」(小市人歸盡, 孤舟鶴踏飜) 《강록(江錄)》(木齋 洪汝河[1655년 경]의 《退溪文集訓解》에서 인용한 三江齋 儒生들의 주석) 「『전』은 구름을 가리

更約道人携鐵笛[5]
갱 약 도 인 휴 철 적

다시 도인들과 약속하네,
쇠피리를 가지고,

爲來吹破老龍眠[6]
위 래 취 파 노 룡 면

여기와서 깨게 하기를,
늙은 용의 잠을.

켜 말한 것』이라고 하나, 내가 살펴보니 『전』은 담요의 털을 말한 것이다.」(氈指雲而言. 按, 氈毛也) 당나라 두보의 〈절로 흥취가 일어 절구를 짓다(絶句漫興)〉 아홉 수 중 일곱째 시 「질펀한 오솔길에 버드나무 꽃 날아 떨어져서 흰 담요를 깔아놓은 듯하고, 점점이 있는 시내의 연잎은 파아란 돈을 포개놓은 듯하네.」(糝逕楊花鋪白氈, 點溪荷葉疊青錢)

5 | 도인휴철적(道人携鐵笛) : 주자의 〈무이정사에서 이것 저것 읊음(武夷精舍雜詠)〉 열 두 수 가운데 아홉째 시인 〈철적정(鐵笛亭)〉 「어느 사람 이 쇠피리 소리를 굉장하게 내는가? 뿜어대는 소리에 양쪽 산등성이조차 열리는구나! 만고에 그 우렁찬 소리 남았으니, 오히려 의심스럽구나, 생황소리 듣고 춤추던 학이 너훌 너훌 날아 오르지나 않을런지?」(何人轟鐵笛, 噴薄兩崖開. 千載留餘響, 猶疑笙鶴來)
주자의 원주 「은자인 유겸도가 무이산을 거닐면서 …… 쇠피리를 잘 불었다. 그 소리는 마치 구름을 뚫고 돌을 깨어내는 듯하였다. …… 하루는 내(朱子)가 손님과 도사 몇 사람을 데리고 그가 옛날 거닐던 곳을 찾았는데, 마침 피리소리가 수풀 밖에서 울려퍼져 나오는데 비장하면서도 울적함이 감돌아 돌바위가 모두 흔들흔들거리는 듯하였다. 옛날 일들을 되돌아 생각하여 보고 다시 정자를 짓고 …… 또한 이름을 (奪秀亭에서) 지금 이름으로 바꾸어 버렸나.」(隱者劉君兼道, 遊涉 …… 善吹鐵笛, 有穿雲裂石之聲. …… 一日與客及道士數人, 尋其故址, 適有笛聲發於林外, 悲壯回鬱, 巖石皆震. 追感舊事, 因復作亭 …… 仍改今名)

6 | 취파노룡면(吹破老龍眠) : 송나라 소식 〈경산에 노님(遊徑山)〉 「날듯한 누각은 궁전처럼 솟아 누르고 있는 산 깨뜨리고, 아침 종 저녁 북소리는 용의 꿈을 깨우네.」(飛樓湧殿壓山破, 朝鍾暮鼓驚龍眠)

43. 洪川三馬峴用景明兄竹嶺途中韻[1]_并序

홍천의 삼마현에서 경명 형님께서 죽령 도중에 지은 시의 각운자를 그대로 사용하여_서문을 아우름

昔從家兄, 自京還鄉到竹嶺, 時秋景爛熳. 兄於馬上, 占一絕云, 楓林翠壁彩屛開, 中有淸溪抱石臺. 誤近忙途知不幸, 了無遊跡到蒼苔. 余今每遇丹楓碧澗, 輒誦此時. 聊和以遣懷, 兄今在銀臺

옛날 집의 형님을 따라서 서울에서 고향으로 돌아가는데, 죽령에 이르니 마침 가을 경치가 무르익었다. 형님이 말 위에서 절구 한 수를 읊으셨는데 「단풍 숲 푸른 절벽 채색 병풍을 펴 놓은 듯, 그 가운데 푸른 시냇물 돌층대를 끼고 흐르네. 바쁜 벼슬길 잘못 가까이 하였음을 불행하게 아노니, 도무지 노는 발걸음 푸른 이끼 가까이 할 수 없구나.」라고 하셨다. 내가 지금 늘 단풍과 푸른 산골짜기 물을 볼 때마다 문득 이 시를 외운다. 이에 화답하는 시를 적어 회포를 풀어본다. 형님은 지금 승정원承政院의 승지로 계신다.

1 | 〈임인일기〉에 의하면 동년 8월 28일에 홍천에 도착하였다고 했다.
삼마현(三馬峴)은 지금의 강원도 홍천읍 삼마치리(三馬崎里)임.
죽령(竹嶺) : 경상북도 영주군(榮州郡) 풍기면(豊基面)과 충청북도 단양군(丹陽郡) 대강면(大崗面)의 경계에 있는 재로, 일명 죽령재 또는 대재라고도 부른다. 《삼국사기》에 의하면 신라 8대 아달라(阿達羅)이사금 5년(158)에 죽죽(竹竹)에게 명하여 이 재에 길을 내었기 때문에 죽령이라고 이름을 붙였다 하며, 또 일설에는 옛날 어느 도승이 이 고개를 넘어가다가 너무 힘들어 짚고 가던 대나무를 꽂아둔 것이 살아나 죽령이라 하게 되었다고도 한다. 그러나 죽죽은 실제 선덕여왕 당시의 장군이므로 전자는 신빙성이 떨어진다.

澗水楓林相映開
간 수 풍 림 상 영 개

산골짜기 물과 단풍 숲은
서로 비추고 있는데,

彩屛麗句憶銀臺[2]
채 병 려 구 억 은 대

「채색 병풍」 같다고 읊은 아름다운 구절
은대에 계신 형님을 기억케 하네.

我今正作忙途客
아 금 정 작 망 도 객

내가 지금 바로 되어 버렸네,
벼슬길에 바쁜 나그네가,

佳處何緣步石苔
가 처 하 연 보 석 태

아름다운 곳에서 어떻게
돌 이끼 밟아보랴?

퇴계가 당시 예안에서 서울로 가던 노정은 예안에서 봉화 · 영주 · 풍기, 그리고 죽령을 넘어 단양으로 가서 남한강을 따라 수로로 가던 방법과 예안에서 안동 · 예천 · 문경, 그리고 새재[鳥嶺]를 넘어 충주로 가서 육로를 잡아 가던 두 가지의 방법이 있었다.

2 | 은대(銀臺) : 중국의 직관 중 문하성에 속한 한림원을 지칭하는 말로, 「은대문」(銀臺門)을 통하여 한림학사(翰林學士)들이 드나들면서 임금을 배알하였다 한데서 유래하였다 함. 《송사 · 직관에 관한 기록(宋史 · 職官志)》「은대는 전국의 임금에게 올리고 또 임금이 내리는 각종 문서를 거두는 일을 맡아서 관장하였다.」(銀臺, 司掌收天下奏狀) 당나라 한악(韓偓)의 〈비온 후 달 아래 옥당에 한가로이 앉다(雨後月中玉堂閒坐)〉「은대 바로 금란전 밖 북쪽에 있는데, 여름 비 갓 개이니 달빛 속 밝기만 하네.」(銀臺直北金鑾外, 暑雨初晴皓月中) 우리나라에서는 주로 왕명의 출납을 관장하던 임금의 비서기관인 승정원(承政院)을 말함. 승정원을 일컫는 또다른 말로는 은대 외에도 정원(政院) · 후원(喉院) · 대언사(代言司) 등이 있어서 승정원이 관장했던 업무의 성격을 보여주고 있다.

44. 過淸平山有感[1]_并序

청평산을 지나가며 느낌을 적음_서문을 아우름

春川之淸平山, 卽古之慶雲山也. 前朝李資玄,[2] 棄官歸隱于此山. 山有普賢院, 資玄就而居之, 號曰文殊寺.[3] 慶雲之改號淸平, 亦由資玄而得之也.

1 | 〈임인일기〉에 의하면 이해 8월 29일 춘천에 도착하였다고 한 것으로 보아 이 시는 이날 지어진 것으로 보인다.
청평산(淸平山) : 지금의 강원도 춘성군(春城郡) 북산면(北山面) 청평리와 화천군 강동면의 경계에 위치한 산이다. 산의 남쪽 기슭에 청평사가 있었는데, 유지(遺址)는 6.25동란 때에 소실되었고, 다만 회전문(廻轉門)만 남아 보물로 지정되어 있다. 다섯 개의 봉우리가 있다 하여 오봉산(五峰山)이라고도 불리우며, 또 옛날에는 경운산(慶雲山)이라고도 불리웠다. 청평산이란 이름은 이 산에 청평사가 있었다 하여 붙여진 명칭이라고도 하며, 또 일설에는 고려 인종 때 이자현이 이곳에 와서 득도를 하기 전까지는 호랑이와 도적들이 들끓었는데, 그가 이 산에서 득도한 뒤에는 호랑이도 도둑들도 자취를 감추어 깨끗하게 평정되었다[淸平]해서 붙여진 이름이라고도 한다. 지금은 소양강을 가로막아 댐이 놓여 있으며 소양댐에서 양구--청평사 간을 선박이 왕래하고 있다. 《승람》의 청평산 조항에는 이자현의 시 한 수가 번역되어 있다.

2 | 이자현(李資玄 : 1061~1125) : 자는 진정(眞靖), 호는 식암(息庵) · 청평거사(淸平居士) · 희이자(希夷子). 중서령(中書令)을 지낸 자연(子淵)의 손자요, 고려 예종(睿宗)의 외척인 태위(太尉) 이자겸(李自謙)의 동생이며 예종비인 순덕왕후(順德王后)의 숙부이다. 일찍이 선종(宣宗) 6년(1089) 과거에 급제하여 태악서승(大樂署丞)이 되었는데, 관직을 버리고 청평산에 들어가 아버지가 세웠던 보현원을 개수하여 문수원으로 개명하고 당(堂)과 암자를 지어 이곳에서 나물밥과 베옷을 입고 생활하면서 선(禪)을 즐겼다. 예종이 차와 향, 비단과 금 등을 하사하고 조서를 내려 여러 차례 불렀으나 「다시는 서울의 거리를 밟지 않겠다고 맹세하였으므로 감히 조서를 받들 수 없다」라 하였다. 나중에 예종이 남경(南京 : 곧 지금의 서울)에 행차하였을 때 그의 아우인 상서(尙書) 자덕(子德)을 보내어 어제시(御制詩)를 하사하여 자현을 보았다. 그러나 얼마 있지 않아 다시 문수원으로 돌아가 여생을 수도생활로 일관하였다. 저서로 《선기어록(禪機語錄)》 · 《가송(歌頌)》 · 《남유시(南遊詩)》 · 《포대송(布袋頌)》 등이 있으며, 시호는 진락(眞樂)이다.

資玄生長閥閱,[4] 風流文雅, 冠絕當時. 亦嘗筮仕而登顯要矣.[5] 其於求富貴取青紫, 不啻如拾地芥.[6] 然乃能辭榮避位, 高蹈遠引, 蟬蛻於濁穢之中,[7] 鴻冥於萬物之表.[8] 住此山, 蓋至於三十七年之久. 雖卑辭厚禮, 不足以屈其節, 千駟萬鍾不足以動其心. 非有所樂於胸中者, 安能如是哉. 余讀東國通鑑,[9] 嘗怪史臣, 論資玄之辭, 深加貶剝,[10] 至指爲貪鄙吝嗇,[11] 噫何其甚也. 自古, 高人逸士如資玄比者豈少哉. 然類多出於畎畝之中, 草澤之

3 | 보현원 · 문수사(普賢院 · 文殊寺) : 퇴계집의 구판본에는 보현원의 「보」자가 「寶」로 되어 있고, 뒤에 나온 판본에는 「普」로 되어 있다. 퇴계문집의 판본을 감별하는데 중요한 기준이 된다. 계명대학교 한문학과의 이원주 교수의 의견을 참고함.
고려 김부철(金富轍 : 곧 김부식의 아우인 金富儀)이 지은 기문에 의하면 나말 여초의 선사(禪師)인 승현(承賢)이 당나라를 다녀와서 경운산(즉 청평산)에 절을 창건하였는데 백엄사(白嚴寺)라 하였다 한다. 그때가 973년이었는데 이후 고려 문종 23년인 1069년에 이자현의 아버지인 이의(李顗)가 춘주감창사(春州監倉使)로 부임하면서 백엄선원의 옛터에 보현원(普賢院)을 세웠다. 이로부터 20년 뒤인 1089년에 이자현이 벼슬을 버리고 이곳에 와서 도를 닦으면서 산 이름은 청평으로, 선원의 명칭은 문수(文殊)로 고쳤다. 《승람》과 《민족문화대백과사전》 참조. 이들 참고서목마다 고유명사에 다소간 차이가 있는데 이를테면 승현은 수현(水賢), 영현(永賢)으로, 또 이의는 이두(李頭)로, 백엄은 백암(白巖) 따위로 다르게 표기가 되어 있다. 좀 더 철저한 고증을 요한다.

4 | 벌열(閥閱) : 「伐閱」이라고도 하며 원래는 공신들의 등급을 나타내는 말이다. 《사기 · 고조의 공신 제후들의 연표 서문(高祖功臣侯者年表序)》 「옛날에 신하된 사람들의 공에는 다섯 품급이 있었다. …… 그 등급을 밝힌 것을 『벌』이라 하였으며, 그렇게 하여 공로가 날로 쌓인 것을 열이라 하였다.」(古者人臣功有五品. …… 明其等曰閥, 積日曰閱) 또 옛날에는 벼슬을 하는 집안마다 가문의 공로를 적어서 문밖에 세워둔 기둥에 내다 걸었는데, 왼쪽에 내건 것을 「벌」, 오른쪽에 내건 것을 「열」이라 하였다. 이는 이자현이 낭낭한 뇌척이었음을 말한 것이다.

5 | 서사(筮仕) : 벼슬을 하러 가기에 앞서 먼저 점을 쳐서 길흉을 알아보는 것을 말함. 《좌전 · 민공(閔公) 원년》 「이전에 필만이 진나라에 벼슬을 하러 감에 점을 쳐보니 둔괘에서 비괘로 가는 괘가 나왔다.」(初, 畢萬筮仕於晉, 遇屯之比) 나중에는 일반적으로 출사하는 것을 나타내는 말로 쓰이게 되었다.

遠. 其與木石居, 鹿豕遊. 而飯糗茹草, 乃其素所積習, 而其心安焉, 其於長往而不返, 固亦無難矣. 至若脫屣於聲利之場,[12] 抽身於紈綺之叢,[13] 不怨不悔, 終始不變如資玄者, 蓋絕無而僅有之. 斯不亦可尚哉. 或謂資玄之去, 其跡涉於爲名, 以是爲可貶. 則吾又不知其說也. 夫枕流漱石,[14] 枯死巖穴之名, 孰與於紆靑拖紫,[15] 銘彝鼎被絃歌之名哉.[16] 自世俗之見言

6 | 청자(靑紫) : 청색과 자주색은 모두 지위가 높음을 나타내는 말이다. 한나라 관제에 승승과 태위는 모두 금 도장에 자주빛 도장끈을 하였고, 어사대부는 은 도장에 청색의 도장끈을 하였다. 《한서 · 하후승의 전기(夏侯勝傳)》「선비들의 병은 경학을 밝히지 않는 것이다. 경학만 실로 밝힐 수만 있다면 청색과 자색의 인끈을 차는 것은 구부려 땅에 있는 지푸라기를 줍는 것과 같을 따름이다.」(士病不明經術. 經術茍明, 其取靑紫如俛拾地芥耳) 당나라 안사고(顔師古)의 주석 「청색과 자색은 공경과 대부의 복색이다.」(靑紫, 卿大夫之服色也)

7 | 선세어탁예지중(蟬蛻於濁穢之中) : 「세」는 껍질을 벗는 것[去皮]을 말함. 《회남자 · 숲의 교훈을 말함(說林訓)》「매미는 (물 따위를) 마시기는 해도 먹지는 않지만 30일 만에 허물을 벗는다.」(蟬飮而不食, 三十日而脫) 「선세」는 원래 매미가 각질, 곧 허물을 벗는 것을 말하는데 고결하여 세속과 영합하지 않는다는 것을 비유하는 말로 쓰인다. 《사기 · 굴원과 가의(賈誼)의 전기(屈原賈生列傳)》「스스로를 소원하게 하여 더러운 진흙구덩이 속에서 더러운 것을 씻고 탁하고 더러운 것을 매미가 허물을 벗듯 벗어나 속세 밖에서 떠돌며 놀았다.」(自疏濯淖汚泥之中, 蟬蛻於濁穢, 而浮游於塵埃之外)

8 | 홍명(鴻冥) : 「鴻飛冥冥」의 준말. 한나라 양웅(揚雄)의 《법언 · 밝음을 물음(法言 · 問明)》「잘 다스려지는 세상에서는 드러낼 것이요, 어지러운 세상에서는 숨을 것이다. 큰 기러기가 아득히 하늘 높이 난다면 주살을 가진 자인들 어떻게 그것을 잡겠는가?」(治則見, 亂則隱, 鴻飛冥冥, 弋人何簒焉)

9 | 《동국통감(東國通鑑)》 : 성종 16년인 1458년에 서거정(徐居正)과 이극돈(李克墩) 등이 왕명을 받들어 신라 초부터 고려 말까지의 역사를 편찬한 56권 28책의 사서임. 세조 때 이 역사서의 편찬사업이 시작되어 고대사 부분이 1476년 《삼국사절요(三國史節要)》라는 이름으로 먼저 간행되었으며, 1484년에 《동국통감》이라는 이름으로 완성을 보게 되었다. 현존하는 형태의 모습은 그 이듬해인 1485년에 이 책의 편찬에 참석하였던 사람들의 이론을 참작하여 새로이 편정한 것이다.

之, 斯二者均謂之名, 而苦樂則懸絕. 資玄於彼則望望然去之, 若將浼焉, 於此則昧昧然就之. 以是終其身而不顧, 若是而稱曰, 爲名而然. 此豈近於人情之論歟. 貪鄙吝嗇, 其亦尙論之當乎. 余以是知其胸中, 必有所自樂者, 而非世俗之云云者. 余所以惓惓於資玄者也. 史稱資玄, 置田業, 爲一方農民所苦. 夫隱居者, 豈皆能上食槁壤, 下飮黃泉, 如蚯蚓然哉, 不爲

10 | 폄박(貶剝) : 「貶駁」이라고도 하며, 깍아내리어 물리치고 논박하여 비난하는 것을 말함.

11 | 탐비인색(貪鄙吝嗇) : 《고려사절요(高麗史節要)》「성질이 인색하여 재산을 많이 축적해서 재물을 독점하며 양곡을 모아들였으므로 그 지방의 농민들이 매우 괴롭게 여겼었다.」(性吝, 多畜財貨擧物種穀, 頗爲一方農民所苦)

12 | 탈사(脫屣) : 「사」는 작은 신발[小履]을 말함. 「탈사」는 헌 신발을 벗어던지듯 미련없이 가볍게 간주함을 비유함. 《한서 · 각종 제사에 관한 기록(郊祀志) 상》「오호라! 실로 황제가 한 것처럼 되어 내 처자를 버리는 것을 신발을 벗어던지듯 할 따름이니라.」(嗟乎. 誠得如黃帝, 吾視去妻子如脫屣耳) 당나라 안사고(顔師古)의 주석 「신발을 벗는다는 것은 그것의 편하고 쉬움을 위하여서는 아무 것도 고려하지 않는다는 것을 말한다.」(脫者, 言其便易, 無所顧也)

13 | 환기(紈綺) : 환은 흰 비단이며, 기는 섬세한 무늬를 수놓은 비단으로 모두 귀족 자제들이 입는 옷을 말한다. 《한서 · 반고의 자서전(敍傳)》「(班伯은) 수년 동안 금화궁에서의 일을 그만 두고 나와서 왕봉(王鳳) · 허상(許商)의 자제들과 무리를 이루어 명주옷 · 비단옷 사이에 있었다.」(數年, 金華之業絕, 出與王許子弟爲郡, 在於綺繻紈袴之中) 당나라 두보의 〈받들어 위좌승 어르신께 44구로 지어 드림(奉贈韋左丞丈二十二韻)〉「비단바지 입은 사람은 굶주려 죽지 않고, 선비의 갓 쓴 사람은 몸 그르치는 일 많네.」(紈袴不餓死, 儒冠多誤身)

14 | 침류수석(枕流漱石) : 은거함을 말함. 유송(劉宋) 유의경의 《세설신어 · 조롱(排調)》「손초(孫楚)는 젊었을 적부터 은거를 하고자 하여 왕제(王濟)에게 『돌을 베고 흐르는 물에 양치하려 한다.』라 말해야 할 것을 『돌로 양치하고 흐르는 물을 벤다.』라고 하였다. 왕제가 말하기를 『흐르는 물을 벨 수 있고, 돌로 양치를 할 수 있는가?』 하니, 손초가 대답했다. 『흐르는 물을 베는 까닭은 귀를 씻고자 함이요, 돌로 양치를 하는 까닭은 이빨을 갈고자 함이요.』」(孫子荊, 年少時欲隱, 語王武子當枕石漱流, 誤曰枕流漱石. 王曰, 流可枕石可漱乎. 孫曰, 所以枕流, 欲洗其耳, 所以漱石, 欲礪其齒)

賣藥與賣卜,[17] 則耕田以食其力矣, 然則資玄之置田食力, 亦何足病焉. 而必以是爲詬罵耶. 此無乃當時士夫之貪榮嗜利, 役役於世途者, 自見資玄之與己相去, 不啻黃鵠之與壤蟲.[18] 於其心, 蓋亦有所不平焉. 竊竊然伺其所爲而摘之, 以爲隱者之無求於世也. 亦以置田業爲事乎. 相與造爲不根之謗者,[19] 未必無之, 則所謂農民所苦者. 安知非此輩所誣耶. 昔种明逸之

15 | 우청타자(紆青拖紫) : 한나라 양웅의 〈조롱하는 글에 해명함(解嘲)〉「파란색 도장끈을 두르고, 자주빛 도장끈을 차며, 붉은 색으로 수레 바퀴를 장식하였다.」(紆青拖紫, 朱丹其轂) 「청」이나 「자」는 모두 한나라 때 고관대작들이 차던 관인의 끈[印綬]으로 지체가 높음을 비유하는 말이다.

16 | 명이정(銘彝鼎) : 이는 술동이 보다 조금 작은 술그릇으로 주로 제기로 쓰이는 기물이다. 정 또한 제기를 말함. 《예기 · 제사의 근본(祭統)》「솥에는 명이란 것이 있다. …… 명이란 것은 선조에 훌륭한 덕 · 큰 공로 · 업적 · 상 받은 것 · 명성 등이 있음을 논하여 선별한 후 천하에 널리 알리고 그것을 제기에 새겨 넣어 스스로 그 이름을 이루어 선조의 제사에 사용하는 것이다.」(鼎有銘, …… 銘者, 論譔其先祖之有德善功烈勳勞慶賞聲名, 列於天下, 而酌之祭器, 自成其名焉, 祀先祖者也)

현가(絃歌) : 음악과 노래로써 다스리는 것으로, 태평성세의 다스림을 말함. 《논어 · 양화가(陽貨)》「공자가 무성에 가셨는데, 악기와 노래 소리를 들으셨다.」(子之武成, 聞絃歌之聲)

17 | 매약(賣藥) : 《후한서 · 한강의 전기(韓康傳)》「한강의 자는 백휴이며 일명 염휴라고도 하는데 경조 패릉사람이다. …… 항상 명산에서 약초를 캐어다가 장안의 저자에 내다 팔았는데 한 입으로 두 값을 말하지 않았으며 30여 년을 그렇게 했다. 그때 어떤 여자가 한강에게 와서 약을 사는데, 한강은 값을 지켜 변동이 없었다. 여자가 성이 나서 『그대가 한백휴라도 되오? 두 값을 매기지 않다니오?』라 하자, 한강이 탄식하며 말했다. 『내 원래 이름을 숨기고자 하였는데, 지금 보잘 것 없는 여자까지도 나를 알아보니 약 따위를 팔아서 무엇하리!』 그리고는 패릉의 산 속으로 숨어버렸다.」(韓康字伯休, 一名恬休, 京兆霸陵人. …… 常采藥名山, 賣於長安市, 口不二價, 三十餘年. 時有女子從康買藥, 康守價不移. 女子怒曰, 公是韓伯休那. 乃不二價乎. 康歎曰, 我本欲避名, 今小女子皆知有我, 何用藥爲. 乃遯入霸陵山中) 송나라 진여의(陳與義)의 〈밤중에 지어 벗에게 부치다(夜賦寄友)〉「약초를 파는 데는 한강백이요, 경서를 이야기하는 데는 관녕(管寧)이라

晩節,[20] 亦有置田産之謗, 然而尙論之士, 不過曰盛名難副而已. 曰淸議惜之而已. 安有如今史氏刻害過甚之論耶. 前史不闕而甚傳之,[21] 後史輕信而驟論之. 人之好議論, 不樂成人之美如是哉. 余觀資玄辭就徵表有曰, 以鳥養鳥,[22] 庶免鐘鼓之憂, 觀魚知魚, 俾遂江海之樂.[23] 噫此其爲人之胸次, 豈世俗譊譊者所能窺其萬一哉. 余之奉使而來也. 過淸平山下, 問驛

네.」(賣藥韓康伯, 談經管幼安)
매복(賣卜) : 점을 쳐서 생계를 잇는 것을 말함. 진나라 황보밀(皇甫謐)의《뜻이 높은 선비들의 전기 · 엄준(高士傳 · 嚴遵)》「(前漢의) 엄준은 자가 군평이며 촉땅 사람이다. 숨어 살면서 벼슬을 하지 않고 늘 성도의 저자거리에서 점을 쳐주며 먹고 살았는데, 하루에 백 전만 벌면 점치는 것을 그만 두고 가게의 문을 닫고 발을 내리고서는 책을 짓는 것을 일삼았다. …… 군평은 점을 팔았는데, 양웅(揚雄)이 스승으로 삼았네.」(嚴遵字君平, 蜀人也. 隱居不仕, 常賣卜于成都市. 日得百錢以自給, 卜訖則閉肆下簾以著書爲事……君平賣卜, 子雲所師)

18 | 황곡지여양충(黃鵠之與壤蟲) : 양충은 「蠰蟲」과 같으며 우리 말로는 연가시라고 함. 《회남자 · 도응훈(道應訓)》「(진나라의 박사인) 노오가 북해에서 노닐다가 태음을 거쳐 현궐산으로 들어갔다가 몽곡산 꼭대기에 이르렀다. 그곳에 한 선비가 보였는데 …… 바람을 맞으며 춤을 추다가 노오를 돌아보더니 느릿느릿 팔을 내리고는 비석 뒤로 숨었다. 노오가 가서 보니 거북 껍데기를 말아서 조개를 먹고 있었다. 노오가 그에게 말했다. ……『그대는 나와 더불어 친구가 될 만하오.』…… 그 선비가 웃으면서 대답하였다. …… 나는 남쪽으로는 망량의 들판에서 노닐었고, 북쪽으로는 침묵의 땅에서 쉬었으며, 서쪽으로는 요명의 땅 끝까지 갔었고, 동으로는 홍몽의 앞까지 열었소. ……』그 선비는 팔을 들고 몸을 솟구쳐 마침내 구름 속으로 들어갔는데, 노오가 우러러 보아도 보이지를 않았다. …… 말하기를『내 그대에 비하면 누런 고니와 연가시벌레와 같구려. 하루 종일 가도 지척간도 벗어나지를 못하니.』」(盧敖遊乎北海, 經乎太陰, 入乎玄闕, 至於蒙穀之上. 見一士焉 …… 迎風而舞, 顧見盧敖, 慢然下其臂, 遯逃乎碑. 盧敖就而視之, 方捲龜殼而食蛤梨. 盧敖與之於曰. …… 子殆可與敖爲友乎. …… 若士笑曰, …… 吾南游乎罔之野, 北息乎沈默之鄕, 西窮窅冥之黨, 東開鴻濛之先. …… 若士擧臂而竦身, 遂入雲中. 盧敖仰而視之弗見. …… 曰吾比夫子, 猶黃鵠與壤蟲也, 終日行不離咫尺)

吏, 知山中有日淸平寺者, 疑卽古所謂普賢院也. 限於嚴程,[24] 不得叩山門訪幽蹟. 聊書此, 以發其嘗讀史而有感於胸中者如右, 而繼以詩云

춘천에 있는 청평산은 옛날의 경운산慶雲山으로 앞서 고려시대에 이자현李資玄이 벼슬을 버리고 돌아와서 이 산에 숨어 살았다. 이 산에

19 | 불근(不根) : 근거가 없어 황당무계함을 이르는 말. 《한서 · 엄조의 전기(嚴助傳)》「사마상여(司馬相如)는 늘 병이라 칭하고 일을 피했다. 동방삭(東方朔)과 매고(枚皐)는 근거가 없는 의론을 지니고 있어 임금은 자못 광대로 그들을 키웠다.」(相如商稱疾避事. 朔皐不根持論, 上頗俳優畜之)

20 | 충명일지만절(种明逸之晩節) : 충방(种放)의 자임. 송 하남(河南) 낙양 사람이다. 7세 때 이미 글을 잘 지었으며, 아버지인 충후(种詡)가 진사로 천거하였지만 학업이 이루어지지 않았다 하여 이를 거절하였다. 아버지가 죽자 어머니와 함께 종남산(終南山)으로 들어가 은거하며 강습하는 것을 일삼았는데, 평생 동안 장가를 들지 않고 호를 퇴사(退士) · 운계취후(雲溪醉侯)라 하였다. 은거한지 30년 만인 진종(眞宗) 때 불리어 좌사간(左司諫)이 되었으나 오래지 않아 산으로 돌아갔다. 충방은 수 차례나 불리었다가 돌아가곤 하였는데, 세상사람들이 이를 가지고 글로 조롱을 하기도 하였는데 아무런 응답을 하지 않았다고 한다. 날이 갈수록 조정에서 내리는 봉록과 하사품이 더욱 많아져 만년에는 수레며 옷에 많은 장식을 하였고 장안에 좋은 전답을 많이 소유하여 해마다 많은 이득을 보기도 하였다. 심지어는 그의 문인들과 족속들까지 그의 세력을 믿고 방자하게 굴었다. 죽어서는 그가 은거하였던 종남산에다 장사를 지냈으며 공부상서(工部尙書)로 추증되었다.

21 | 전사불궐(前史不闕) : 《논어 · 위령공이(衛靈公)》「내 오히려 사관들이 글을 빼놓고 기록하지 않음과, 말을 가진 자가 남에게 빌려주어 타게함을 본 적이 있는데, 지금에는 그것도 없어졌구나!」(吾猶及史之闕文也, 有馬者借人乘之, 今亡矣夫)

보현원普賢院이 있었는데, 이자현이 거기 가서 거처하면서 문수사文殊寺라고 불렀다. 그리고 경운산을 청평산이라고 이름을 고친 것도 이자현의 호인 「청평거사」淸平居士를 따라서 고쳐진 것이다.

이자현은 큰 공신의 가문에서 자라나 풍류風流가 그 당시에 가장 뛰어났었고, 또 일찍이 벼슬하여 빛나고 중한 자리에 올랐었다.

22 | 이조양조(以鳥養鳥) : 《장자 · 지극한 안락함(至樂)》「옛날에 바다새가 노나라 교외에 와서 머물렀는데 노나라 임금이 모셔다가 종묘에서 술을 대접하고 구소의 음악을 연주하여 주고, 소 · 돼지 · 양의 희생으로 대접하였다. 새는 그만 눈이 아찔해지고 매우 슬퍼하여 한 조각의 고기도 먹으려들지 않고 한 잔의 술도 먹으려들지 않아 3일만에 죽어 버렸다. 이는 자기가 보양하는 방법으로 새를 보살펴서 그런 것이지 새를 보양하는 방법으로 새를 보살펴서 그런 것이 아니다.」(昔者海鳥至於魯郊, 魯侯御而觴之於廟, 奏九韶以爲樂, 具太牢以爲膳. 鳥乃眩視憂悲, 不敢食一臠, 不敢飮一杯, 三日而死. 此以己養養鳥也, 非以鳥養養鳥也)

23 | 관어~지락(觀魚~之樂) : 이치가 모든 것에 통달하여 깨달음을 말함. 《장자 · 가을 강(秋水)》「장자가 혜자와 더불어 호수(濠水)의 봇둑을 거닐고 있었다. 장자가 『피라미가 나와서 유유히 헤엄치고 있으니, 이는 고기의 즐거움이다.』라 하자, 혜자가 말했다. 『그대는 고기가 아닌데 어찌 고기가 즐거울 것임을 아는가?』 장자가 말했다. 『그대는 내가 아닌데 어찌 내가 고기가 즐거워 할 것임을 모르리라는 것을 아는가?』 …… 장자가 말했다. 『…… 나는 호수 가에서 물고기와 일체가 되었으므로 그것을 아는 것이다.』」(莊子與惠子游于濠梁之上, 莊子曰, 儵魚出游從容, 是魚之樂也. 惠子曰, 子非魚, 安知魚之樂. 莊子曰, 子非我安知我不知魚之樂. …… 莊子曰, …… 我知之濠上也)

24 | 엄정(嚴程) : 일정이 꽉 짜인 노정을 말함. 당나라 두보의 〈시어사(侍御史)로 있는 장손씨네 종형제 중 아홉째가 무위판관으로 부임함에 송별하다(送長孫九侍御赴武威判官)〉「천자께서 양주를 근심하시니, 빡빡한 일정에 일찍 도착해야 하겠네.」(天子憂凉州, 嚴程到須早)

그가 부귀를 구하고 청색青色과 자색紫色을 띤 관복을 입는 높은 자리를 차지하기는 마치 땅에 떨어진 지푸라기를 줍는 것과 같이 쉬웠는데도 불구하고 능히 영화를 하직하고 지위를 피하였으니, 매미가 탁하고 더러운 가운데서 벗어나고 기러기가 만물의 위에서 아득하게 멀리 날으는 것과 같았다. 그는 이 산속에서 37년 동안이나 오래 머물렀다.

임금이 겸손한 말과 후한 예禮로 불렀으나 그 절개를 굽히지 못하였고, 말 수천 마리, 봉급 수만 석을 준다고 하였으나 그의 마음을 움직이지 못하였으니, 그 마음에 숨은 즐거움이 없었다면 어찌 이와 같이 할 수 있었겠는가?

내가 일찍이 《동국통감東國通鑑》을 읽었는데, 그 책을 읽은 사관史官들이 이자현을 논한 말에 그를 몹시 깍아내렸으며, 심지어는 그를 가리켜 탐욕이 많고 야비하며 인색하다고 하였으니, 괴상하도다. 아아, 어찌 그리 심한 말을 하였는가?

옛날부터 고결한 뜻을 지녔던 분들이나, 벼슬을 버리고 숨어산 선비로서 이자현과 같은 사람이 어찌 드물었겠는가마는, 그들은 대체로 농부의 신분이나, 또는 먼 초야草野에서 나왔기 때문에, 나무와 돌과 더불어 살고 사슴이나 산돼지와 함께 놀면서, 조밥과 나물을 먹고사는 것이 본래부터 익힌 생활이기 때문에 그 마음이 편하였으니 그들이 아주 숨어서 나오지 않은 것도 그리 어려운 일이 아니었을 것이다.

그러나 명성과 부귀를 신을 벗듯이 하고, 화려한 생활에서 몸을 빼쳐서도 원망하거나 뉘우침이 없이 끝까지 변하지 않는데 이르러서는, 이자현과 같은 이가 아주 드물 것이니, 역시 높일 만하지 않겠는가?

어떤이는 말하기를『이자현이 그 자취를 숨긴 것은 고상하다는 이름을 얻기 위해서였다.』하는데, 이런 뜻에서 그를 깎아내린다고 한다면 나는 또 그 말을 이해할 수 없구나.

대체 돌로 베개 삼고 흐르는 물로 양치질하다가 바위틈에서 말라죽었다는 것과, 청색과 자색을 띤 관복을 걸치고 영화롭게 살다가 죽은 뒤에까지 그의 공적을 쇠그릇들에 새겨주고, 노래를 지어 찬미하는 것과 어느 것이 낫겠는가? 세속의 소견으로 말하면 이 두 가지가 다 같이 훌륭한 듯 하지만, 은둔의 괴로움과 부귀의 즐거움은 아주 다른 것이다.

이자현은 부귀에 대하여는 아주 버렸을 뿐 아니라 부귀가 자기 몸을 더럽힌다고 여겼으며, 은둔에 있어서는 거침 없이 나아가 은둔생활로 몸을 마치면서 돌아보지 않았는데 만일 이것을 이름을 위해 그렇게 하였다고 한다면, 그것이 어찌 인정人情에 가까운 말이라 하겠는가? 더구나 탐욕이 많고 야비하며 인색하다는 것이 어찌 정론定論이랴?

이것이 내가 그의 마음에 스스로 즐거워하는 것이 있었으며 세속에서 하는 말이 그릇된 줄 알고, 또 내가 이자현을 사모하는 까닭인 것이다.

또 사관史官들은 이자현이 밭을 소유하여 한 지방의 농부들을 괴롭혔다고 말하였다. 그러나 은자인들 어떻게 지렁이처럼 위로는 마른 흙을 먹고 밑으로는 흙 속의 물만 마시고 살겠는가? 생계를 잇는 방법으로 약을 팔거나 점쟁이 노릇 같은 것을 하지 않으려면, 밭을 갈아 그 노력으로 먹고 살아야 할 것이 아닌가? 그렇다면 이자현이 밭을 갈아 그 노력으로 먹고 산 것이 무엇이 나쁘기에 그것을 가지고 비방하는가?

이것은 아마도 영화를 탐하고 이익을 즐겨하여 세속길에 허덕이던 당시의 사대부들이, 이자현이 자기들과는 거리가 저 공중에 높이 솟은 누런 따오기와, 흙 속에 기어다니는 벌레와도 견줄 수 없음을 보고서, 마음에 불평이 있어서 가만히 그가 하는 일을 엿보다가, 그것을 꼬집어 내어, 『은자는 세상에서 구하는 것이 없어야 하는데, 어찌 밭을 가지고 농사를 짓는가?』한 것이다. 그들은 서로 사실이 아닌 비방을 만들려다가 그 사실이 근거가 없으므로, 이른바 『농민을 괴롭혔다』하였으니, 그 무리들의 모함이 아닌 줄을 어찌 알겠는가?

옛날 송宋나라의 충명일种明逸 : 이름은 放에게도 늘그막에 밭을 가지고 재산을 장만하였다는 비방이 있었다. 그러나 올바른 논평을 하는 선비들은 기껏, 『세상에 높이 알려진 이름이 그 실상에 맞기 어렵다』했거나, 또는 『깨끗한 언론이 애석히 여겼다』고 하였을 뿐이다. 어디에 지금의 사관들처럼 각박하게 심히 해치는 말이 있었던가? 먼저 고려 때의 사관이 의심스러운 것을 빼지 않고 심한 말로 전하였고, 후대의 사관들이 그것을 경솔하게 믿고서 함부로 논하니, 사람이란 의론을 좋아하고 남을 아름답게 만들어 주기를 좋아하지 않는 것이 이와 같은가?

내가 이자현이 조정의 부름에 나아가기를 사양한 글을 보니, 그 글에 《장자莊子》에 나오는 말을 인용하여 『새는 새로서 들판에 놓아두어야지, 잡아다가 좋은 음식과 아름다운 음악을 들려준들 아무 소용이 없을 것이요, 물고기는 물고기대로 물 속에 버려 두어야 즐겁게 놀 수 있습니다.』 하였다. 슬프다! 세속의 헐뜯는 자들이 그 사람의 흉금을 어찌 그 만 분의 일이나마 엿볼 수 있었겠는가?

내가 어사御史의 사명을 받들고 올 적에 청평산 밑을 지나다가, 그

역리驛吏에게 『산 중의 일을 아는가?』하였더니, 그는 『지금의 청평사清平寺가 아마 옛날의 이른바 보현원普賢院일 것입니다』 하였다. 그러나, 사명을 받든 길이 한정이 있어, 부득이 산문山門을 두드리지 못하고, 심심한대로 이 글을 적어 일찍이 역사책을 읽다가 가슴속에 있었던 느낌을 위와 같이 표시하고, 다시 시詩를 짓는다.

峽束江盤棧道傾[25] 협 속 강 반 잔 도 경	좁은 골짜기는 강바닥을 묶었고 사닥다리는 기울어졌는데,
忽逢雲外出溪淸 홀 봉 운 외 출 계 청	홀연히 만나누나, 구름 밖에 또 맑은 시내가 나옴을.
至今人說廬山社[26] 지 금 인 설 려 산 사	아직까지도 사람들은 이야기하네, 여산에서 모였던 일을.

25 | 협속강반(峽束江盤) : 당나라 한유의 〈貞女峽〉「강바닥 좁은 골짜기에 묶이니 봄 여울 호쾌하고, 우레와 바람 싸움을 벌이니 물고기와 용 도망가네.」(江盤峽束春湍豪, 雷風戰鬪魚龍逃)

26 | 여산사(廬山社) : 명 이현(李賢)의 《일통지 · 남강부(一統志 · 南康府)》「【여산】 남강부 서북쪽 20리 지점에 있으며, 옛이름은 남장산이다. 세상에 전하는 바에 의하면 주 무왕 때 광유 형제 7명이 이 산에다 초막을 짓고 은거하였다 하여 이렇게 이름을 지었다고 한다.」(【廬山】在府西北二十里, 古名南障. 世傳周武王時, 匡裕兄弟七人結廬隱居於此, 故名) 여산사는 동진(東晉) 말년에 혜원(惠遠) 법사가 여산에 있는 동림사(東林寺)에 들어

是處君爲谷口耕[27]
시 처 군 위 곡 구 경

白月滿空餘素抱
백 월 만 공 여 소 포

晴嵐無跡遣浮榮
청 람 무 적 견 부 영

이곳에서 그대는 하고 있었네,
곡구에서 정자진과 같이 밭가는 일을.

흰 달 공중에 가득하니
그가 남긴 정신 깨끗하게 감싸주는 듯,

맑은 산기운 자취없이
뜬 영화를 물리쳤구나.

와서 당시 이름이 있던 명사인 혜영(慧永) · 혜지(慧持) 및 유일민(劉逸民) · 뇌차종(雷次宗) 등 18명과 어울려 정토사(淨土社)를 세운 뒤에 못을 파서 흰 연꽃을 심고는 「백련사」(白蓮社: 여기서 「社」라는 말은 조직 · 서클이란 뜻. 즉 흰 연꽃 같이 살기를 다짐하는 모임이란 뜻)라고 불렀다 한다. 당시에 시인 도연명도 여산 가까이 살면서 이들과 더러 교유가 있었던 것으로 전해짐.

27 | 곡구경(谷口耕) : 한(漢)나라의 은사 정자진(鄭子眞)이 운양(雲陽)에 있는 골짜기의 입구[谷口]에서 밭을 갈았다. 한 양웅(揚雄)의 《법언 · 귀신에 대하여 물음(法言 · 問神)》「(雲陽) 골짜기 어귀의 정자진은 그 뜻을 굽히지 않고 바위 아래서 밭을 갈았지만 그 이름은 서울까지 떨쳤다.」(谷口鄭子眞, 不屈其志而耕於巖石之下, 名震京師)

東韓隱逸誰修傳
동 한 은 일 수 수 전

동쪽 나라 은사들의 전기를
누가 다시 바로 잡으리오?

莫指微疵屛白珩[28]
막 지 미 자 병 백 형

지적하지 말라, 작은 허물을
흰 구슬을 물리치기 위하여.

28 | 미자병백형(微疵屛白珩) : 「자」는 옥구슬 등에 난 조그마한 흠집을 말함. 《사기 · 점쟁이들의 전기(龜策列傳)》「일진도 완전치 못하여 외롭고 비었으며, 황금에도 흠이 있고 백옥에도 티가 있다.」(日辰不全, 故有孤虛, 黃金有疵, 白玉有瑕) 백형은 초나라에 대대로 전해져 내려온 보물로 위쪽이 기울어진 구슬임. 《국어 · 초어(國語 · 楚語) 하》「왕손위에게 『초나라의 백형은 아직 있는가?』라 물으니, 『그렇습니다.』라 하였다. 조간자(趙簡子)가 말했다. 『그것이 보물이 된 지가 몇 세대나 되었습니까?』 …… 『이는 초나라의 보물입니다. 만약에 대체로 백형이 선왕의 노리개였다면 무엇 때문에 그것을 보물로 삼았겠습니까!』」(問於王孫圉曰, 楚之白珩猶在. 然. 簡子曰, 其爲寶也, 幾何矣. …… 此楚國之寶也. 若夫白珩先王之玩也, 何寶之焉)

45~46. 奉酬聾巖李先生靈芝精舍詩[1]_并序○癸卯

삼가 농암 이선생의 「영지정사시」에 화답하여_서문을 아우름○계묘년(43세)

吾鄕靈芝山有佛舍, 滉舊嘗往來讀書, 而山後亦有小築.[2] 宦游思歸而未得, 因自號靈芝山人. 先生旣歸愛是庵, 就而重新之, 名曰精舍, 時杖屨逍遙其中. 詩寄滉且曰, 足下舊卜山麓, 自稱山人, 而今我先之, 無乃呼賓作主耶. 早晩, 當訟而辨之云.[3] 滉感先生之高義, 叨承詩札以爲笑謔, 不勝欣幸之至. 謹次詩呈上, 惶恐再拜[4]

1 | 영지산(靈芝山) : 《승람》에 의하면 예안현 북쪽에 있다고 하였는데, 지금의 행정구역으로 보면 도산면(陶山面)에 있으며, 해발 444m의 자그마한 산임.
정사(精舍) : 원래는 「정결하게 닦는 집」이란 뜻으로 도사나 승려들이 도를 닦는 도량(道場)이나 불사(佛舍)를 가리키는 말로 사용하였으나, 뒤에는 유학자들이 독서 강독을 하는 학사(學舍), 서재라는 뜻으로도 쓰이게 되었다. 송나라 고승(高承)의 《사물의 기원을 밝혀 기록함(事物紀原)》「한나라 명제가 정사를 세우고 올라가서 거처하였다.」(漢明帝立精舍以處攝摩騰) 주석 「지금 사람들은 불사를 정사라고 하는데, 곧 선비들이 교수를 하는 곳을 말하는 것인지 모르겠다.」(今人以佛舍爲精舍, 不知乃儒者敎授之所)

2 | 산후소축(山後小築) : 《연보》 병오년 조에 보면 퇴계 동쪽에 양진암을 짓기 전에 온계의 남쪽 지산 북쪽에 작은 집을 지었다고 하였는데, 아마 이것을 가리키는 듯하다. 《요존록》에서는 「퇴계선생이 처음에 온계의 양곡당에 거처한 일이 있는데, 여기서 『산북녘 달팽이 같은 집』이라고 한 것은 곧 이것을 말한 것이다.」(先生初居溫溪之暘谷堂, 山北蝸廬卽指此也)라고 한 것으로 보아 그 건축물의 이름을 양곡당이라고 지었음을 추측할 수 있다.

3 | 족하~변지(足下~辨之) : 농암이 이때 퇴계에게 보낸 편지는 두 수가 있는데 《농암집》 권2의 첫머리에 실려 있다.

4 | 농암 이현보의 문집인 《농암집(聾巖集)》에는 퇴계가 농암의 시에 화답한 시와 그 서문을 부록으로 싣고 있는데, 그 화답시의 서문이 《내집》에 실려 있는 서문보다 훨씬 더 길고

우리고향 영지산에 불교의 절이 있는데, 내가 일찍이 내왕하면서 책을 거기서 읽었는데, 그 산 뒤에도 또한 작은 건물이 있었다. 벼슬살이 하다가 거기로 돌아가서 지내고자 하였으나 그렇게 할 겨를을 얻지 못하였지만, 그러한 일을 계기로 하여 스스로 「영지산인」이라고 호를 지었다.

선생님께서 이미 돌아가셔서 이 암자를 사랑하시어 들어가셔서 그것을 다시 새롭게 꾸미시고 「정사」라고 이름을 붙이시고는 때때로 지팡이를 짚고 가벼운 신발을 끌면서 그 주위를 소요하시었다. 시를 지어 나에게 띄우시면서 또 말씀하시기를 「그대가 옛날에 이 산 기슭에 터전을 마련하고서 스스로 『영지산인』이라고까지 자칭하

또 상세하여 편집을 거치지 않은 원래의 형태를 보존하고 있는 것 같다. 여기 《농암집》에 실린 퇴계의 이 시의 서문을 참고로 옮겨본다.

「예안은 우리 고을이다. 한 산이 있으니 이름하여 『영지』라고 한다. 온계가 그 북쪽에서 만나고 분수가 그 동쪽을 감싸고 있다. 멀리로는 청량산을 쳐다보고 가까이로는 용두산을 마주하고 있다. 이러니 산은 작지만 경치는 그윽하고 뛰어나다.

옛날 절간이 이 산 남쪽에 있었는데, 내가 일찍이 그 사이에 왕래하면서 글을 읽었고, 또 산 뒤쪽 기슭 온계 곁에도 또한 작은 집을 마련하고 공부를 하고자 하였으나 끝을 내지 못하였다. 벼슬길에 들어 여러 해를 지내고 보니 쇠약함과 병고가 깊게 내 몸을 파고 들었으나, 버리고 돌아가고자 하나 그것조차 쉽사리 되지 않는다. 그래서 스스로 호를 「영지산인」이라고 하였으니 다만 나의 평소의 생각을 여기에 담아본 것일 뿐이다.

작년 가을에 우리고을 이참판 나리께서 노령으로 벼슬을 버리시고 고향으로 내려가시어, 이 암자를 사랑하시어 그것을 새롭게 중건하시고 이름을 『영지정사』라고 하시고는 마음을 즐겁게 하고 성품을 가다듬어 보실 곳으로 삼으시었다.

공의 집은 영지산의 동쪽, 분수의 가에 있어 정사로부터는 겨우 몇 리 밖에 되지 않는 곳에 있다. 때때로 고을에 사는 자식들과 조카를 데리고 지팡이와 간단한 신발 차림으로 거기 들어가서 한적하게 거닐면서, 더러 열흘이고 한 달이고 간에 돌아갈 것을 잊으시기도 하였다.

였는데 지금 내가 그곳을 먼저 차지하여 버렸으니, 나그네가 주인 노릇을 한 짓이 아니겠는가? 조만간 마땅히 고소를 해서 바로 잡아야 될 일일세. ……」라 하셨다.

선생님의 높은 뜻에 감격하고, 외람되게도 주신 시와 편지를 받아보니 우스운 해학이 넘친다. 즐겁고도 다행스러운 마음을 금할 길 없어, 삼가 다음과 같이 선생님의 시에 운자韻字를 맞추어 보내어 드리면서 황송하고도 두려워 두 번 절한다.

거기서 지은 시를 적어 서울에 띄우시기도 하고, 우리 형제들에게도 보내주셨다. 또 나에게 말씀하시기를 『그대가 옛날 이 산기슭에다가 집을 마련하고 평소에 이 산의 주인으로 자칭하였는데, 지금 내가 그것을 미리 차지하여 버렸으니, 손을 돌려보내어 주인이 되게 한 것이 아닌가? 조만간 내려와서 마땅히 고소를 하여 일을 바로 잡는 것이 좋겠네.……』 하셨다.

공께서는 높으신 연세에, 풍부한 덕망과 숭고한 행실과 탁월한 경력을 갖추고 계시니, 나와 같은 까마득한 후배인 젊은 사람에게 욕되게 편지를 주고 받으시며 우스개소리까지 하실 것은 없다. 그렇게까지 소박하고, 즐거웁고, 천진하시면서도 한가로우신 풍도는 사람으로 하여금 생각할수록 홍겹게 만드는 바가 있다.

내가 보내주신 시에 대하여 삼가 다음과 같이 같은 각운자를 써서 짓고, 또 공에게 글월을 올리기를 『영지산인이라는 칭호는 제가 처음에 보잘 것 없는 집이 산 북쪽에 있었고, 이 암자 역시 옛날 책을 읽던 곳이라서, 함부로 그렇게 지어 놓고서 병이 많은 몸이라 벼슬 자리에서 은퇴하면 거기로 돌아갈까 하는 뜻을 나타내어 보이기 위함이었을 뿐입니다. 나리께서 정사를 지어 들어가신 후로 온 산의 구름과 안개·꽃과 풀·물 한 방울·돌 한 덩어리까지 모두 다 깨끗하게 즐기시지 않는 것이 없으니, 산신령이 이미 모든 것을 갖다 바치고 선생님의 마음을 즐겁게 하여 드리는데 여념이 없을 것이니, 제가 비록 구구하게 헛된 이름만 차지하고서 속세에서 스스로 『영지산인』이라고 외쳐보아야 점점 더 망녕됨만 드러낼 뿐이요, 또 제 능력으로도 감당할 수 없는 일입니다. 주인이니 손이니 하시는 말씀은 마땅히 진짜냐 가짜냐에 따라서 갈라질 것인즉, 제가 『산인』이라고 주장하

45

山北蝸廬是假容[5]
산 북 와 려 시 가 용

영지산 북녘에 달팽이 같은 집을 짓고
살았으나 거짓 은사의 모습을
하였을 뿐이요,

久纏繮鎖病仍攻[6]
구 전 강 쇄 병 잉 공

오래도록 말 고삐와 족쇄에 묶여 있었으니
병이 그냥 생겨나네.

는 것이 이치에 맞지 않음이 어찌 뒷날 법정에 가서 고소를 하여본 뒤에야 알겠습니까? 산신령의 처분이 마땅히 벌써 결정되었을 것으로 봅니다. 청하옵건대 이제부터 『영지산인』이라는 넉 자로 된 칭호를 삼가 나리에게 돌려드리나이다.……』라고 하였다.

그렇기 때문에 나의 보잘 것 없는 시의 앞의 한 수는 오로지 이러한 일에 관하여서만 적었다. 대개 공께서 이미 우스개 말로 언급하시었으므로 나도 부득불 다시 우스개 말로 회답하여 드리지 않을 수 없다. 죄송하고 또 죄송하다.」(禮安吾鄕也. 有山曰, 靈芝. 溫溪會其北, 汾水抱其東. 遠揖淸凉, 近對龍頭. 蓋山之小而幽勝者也. 舊有佛庵在山南, 滉常往來讀書於其間, 而山後麓, 溫溪之上, 亦有小築而未竟也. 宦游多年, 衰病侵尋, 思歸而未得. 因自號靈芝山人, 所以寓意也. 去年秋, 吾鄕李參判相公, 以老棄宦而去, 愛是庵, 就而重新之, 名曰靈芝精舍, 以爲頤神養性之所. 公家在芝山之東, 汾水之濱, 去精舍纔數里. 時與鄕閭子姪, 杖屨逍遙於其中, 至或旬月忘返. 以詩寄京師, 示滉兄弟. 且謂滉曰, 足下舊卜于此山之麓, 素稱主人, 而今我先之, 無乃回賓作主耶. 早晩下來, 當訟而辨之云. 公以耆年宿德, 高蹈遠引, 而不辱與後生小子往復書札, 以爲笑謔. 其高簡樂易, 淸眞蕭散之風, 使人想味而興起也. 滉謹次來詩如左, 且復書丁公曰, 山人之號, 滉初以拙巢在山北, 庵亦是舊日讀書之所, 漫以自托, 欲見多病思歸之意耳. 自相公卜築精舍之後, 一山之雲烟花草, 一水一石, 擧爲淸玩之物, 山靈固已獻狀作娛之不暇, 滉雖欲區區占虛名, 以自表於塵世, 多見其妄而不自量也. 主賓之勢, 當由眞假而分, 則滉之理屈, 豈待他日訟理而後知之. 山靈處分, 應已定矣. 請自今四字稱號, 謹以歸之於相公云云. 故拙詩前一首, 專言此事. 蓋公旣以謔語見及, 滉不得不以謔語復之. 悚罪悚罪.)

願將美號輸眞隱[7]
원 장 미 호 수 진 은

원컨데 영지산인靈芝山人이란
아름다운 별명을 참된 은자에게
넘겨드리고자 하노니,

不獨山南第一峯[8]
부 독 산 남 제 일 봉

어찌 유독 태백산 남쪽의
제일 첫째 봉우리만이리요?

5 | 와려(蝸廬) : 와사(蝸舍)라고도 하며 달팽이처럼 자그마하고 둥그스름한 간편하게 지은 집을 말함. 일반적으로 보잘 것 없는 누추한 집을 가리키는 말이며, 주로 자신의 거처를 겸손하게 표현하는 데 많이 쓰인다. 《삼국지 · 위지 · 관녕의 전기(魏志 · 管寧傳)》의 송나라 배송지(裴松之)의 주석 「《위략》에 말하기를 『초선은 자가 효연이다. …… 직접 달팽이 같은 집 한 채를 짓고는 그 속을 깨끗하게 청소하였다.』라 하였다. 신배송지가 《위략》에서 말한 『초선이 양패에 가서 또한 달팽이 같은 초막을 짓고 그 속에서 머물렀다.』한 것을 생각해보니 『과』자는 마땅히 『와』자가 되어야 할 것이다. 와우는 소라류로 뿔이 있는 것이며 세상에서는 황독이라 부르기도 한다. 초선 등이 둥그스름한 집을 지었는데, 형태가 달팽이를 덮어씌운 것 같으므로 그것을 달팽이 집이라고 하였다.」(魏略曰, 先字孝然. …… 自作一瓜牛廬, 淨掃其中. 臣松之案魏略云, 焦先及楊沛, 幷作瓜牛廬, 止其中. 以爲瓜當作蝸. 蝸牛螺蟲之有角者也, 俗或呼謂黃犢. 先等作圓舍, 形如蝸牛蔽, 故謂之蝸牛廬) 송나라 소식의 〈벼슬을 사퇴한 도관(都官)낭중 장자야(張子野)의 봄날 낮이라는 시에 화답하다(和致仕張郎中春晝)〉「달팽이 껍질에 집 정하여 사니 마음 절로 호방하고, 파리 머리만하게 써놓은 글씨에도 눈 밝기만 하네.」(蝸殼卜居心自放, 蠅頭寫字眼能明)

가용(假容) : 남조(南朝) 제(齊)나라의 문인 공치규(孔稚珪)의 〈북산의 산신령이 해염(海鹽) 고을의 원을 지낸 가짜 은자(隱者)인 주옹(周顒)에게 띄우는 공식적인 편지(北山移文)〉(앞의 〈33〉-2)를 보라) 「비록 강호에 숨어서 거짓 은자의 모습을 하고 있으나, 마음은 벼슬을 즐기는 데 얽매여 있다.」(雖假容於江皐, 乃纓情於好爵)

46

精廬高架白雲巔[9]
정 려 고 가 백 운 전

정밀하게도 닦는 집은 높이 걸려있네,
흰구름 꼭대기에,

藥竈逍遙葛稚川[10]
약 조 소 요 갈 치 천

약 달이는 부엌 만들어 놓고
한가롭게 노니 갈치천과 똑 같네.

莫把高臺名杜妄
막 파 고 대 명 두 망

높은 층대의 이름은
「망녕됨을 막는다」고 부르지 마소서,

6 | 강(繮) : 「韁」(강)과 같은 글자니, 말고삐[馬紲]를 말한다. 이 두 구절은 벼슬길에 얽매여 있음을 말함. 상동.

7 | 진은(眞隱) : 송나라 소식의 〈도잠의 이별의 만류함이라는 시의 각운자를 써서 짓다(次韻道潛留別)〉「듣기에 여산에 참된 은자 많다 하니, 고고한 이에게 나아가 단연코 따르기를 원하네.」(爲聞廬岳多隱眞, 故就高人斷宿攀)

8 | 부독산남제일봉(不獨山南第一峯) : 주 4)의 《농암집》에 실려 있는 퇴계의 원 서문을 보라.

9 | 정려(精廬) : 위 1)의 정사(精舍)와 뜻이 같음.

10 | 갈치천(葛稚川) : 치천(稚川)은 남조 진(晉)나라 갈홍(葛洪 : 281?~341)의 자임. 갈홍은 강소성(江蘇省) 구용(句容) 사람으로 호는 포박자(抱朴子)라 하였다. 어렸을 적에는 집이 가난하였지만 학문을 익히기를 좋아하였으며, 처음에는 유교의 학술로 이름을 떨쳤다. 일찍이 그의 종조부인 갈현(葛玄)이 정은(鄭隱)이란 사람에게 복용하면 신선이 된다고 하는 환약인 단약을 굽는 방법인 연단술(鍊丹術)을 가르친 적이 있는데, 갈홍은 정은에게서 다시 이를 전수받았다. 이로부터 신선술과 그들의 심신 수련방법을 좋아하게 되어 교지(交趾) 땅에서 단사(丹砂)가 많이 나온다는 말을 듣고, 구루현(句漏縣)의 현령 벼슬을 자청하여 가서 나부산(羅浮山)에서 단약(丹藥)을 구웠다고 한다. 저서로는 주로 신선술과 연단법에 대하여 논술한 《포박자》와 여러 신선들의 전기인 《신선전(神仙傳)》 등이 있다. 나중에 역시 진 구용 사람인 허매(許邁)라는 사람이 나와 그가 단약을 달이던 솥이 걸려있던 곳에다가 정사(精舍)를 세우고서 신선들이 사는 집을 찾았다고 한다.

聞風俗駕自回鞭[11]
문 풍 속 가 자 회 편

이 소문 듣고 속세에서 찾아오는 사람들 발걸음 스스로 채찍을 돌려 나가리라.

有小臺名杜妄

작은 대가 있는데 두망이라 하였다.

【원운시】 〈題靈芝精舍 영지정사를 노래한다〉

李賢輔 이현보

靈芝山本龍頭山支脈, 在家北數里, 不甚高大, 而峯巒稍峻, 延袤亦遠, 名存載籍, 非他尋常丘垤之比也. 舊有佛庵, 歲久破亡, 中間有僧鳩材重營, 隘陋低微, 觀者惜其地位高爽而制構不稱. 未久而又爲回祿所災. 壬寅秋, 余以年老, 致仕來家, 家饒泉石, 非無臺榭遊覽之所, 而塵紛世念, 不能無惱於其間, 乃募素款僧人稍有幹才名爲祖澄者, 助給資財, 營構精舍數間於此. 不數月而舍成, 遂因赴京之友, 求中原善筆, 舍之扁額而來. 不日庵

11 | 두망~회편(杜妄~回鞭) : 위의 5)에 인용한 〈북산이문(北山移文)〉「만약 주옹(周顒)이 다시 이 북산을 찾아오게 된다면, 골짜기 어귀에서 그대가 타고 오는 수레의 바퀴를 끊어버리게 할 것이요, 들판 한쪽 끝에서 그대의 망녕된 말고삐를 중지시킬 것이다.」(截來轅於谷口, 杜妄轡於郊端)

而舍者, 懼其緇流多接, 雜亂香火, 只令澄僧, 往來消遣, 作我頤養之地也. 舍南百步外, 有峯斗起, 松樹羅生, 除地爲臺, 是山之洞門也. 自下而來者, 到此休憩, 山路危險, 或下馬步進. 距舍數十步, 有坑谷路斷, 積石爲楠, 作爲層階, 但可通人, 不得馬通. 旁築高臺, 亦令坐歇. 客至于此, 則騶從皆除, 而杖屨單行, 不使喧鬧於舍門, 因名其階曰捨馬, 臺曰杜妄, 用北山移文語也. 此其大略矣. 其他觀覽形勢之勝, 楝楹制作之巧, 來者瞻眺而自得, 不必覼縷焉. 抑又有一說焉. 昔之李德裕, 晩構平泉庄, 耽玩花石. 作記戒之曰, 有以一木一石與人者, 非吾子孫也. 余之經營此舍, 亦甚勤且勞也. 其有年少之徒, 呼朋引類, 群遊侶戲, 毁瓦畵墁, 使同於郵館院舍, 是深懼也. 吾亦以是吾兒曹. 吟詩二絕孫婿黃俊良和之, 因寄景明兄弟云

영지산은 본래 용두산의 지맥으로, 우리 집에서 북쪽으로 몇 리 밖에 안되는 거리에 있는데, 그렇게 높고 크지는 않으나, 봉우리가 자못 우뚝하고 언저리가 또한 멀리 펴져나가, 그 이름이 책에도 나오는 바이니, 보통 언덕과는 비길 것이 못된다.

옛날에는 여기 절이 있었으나 세월이 오래 지나 허물어져 없어지고 중간에 어떤 중이 자재를 구하여 중건을 도모하였으나, 협소하고 낮아서 볼품이 없으니, 보는 사람들이 그 지세는 높고 상쾌하나 건물이 거기에 맞지 않는 것을 애석하게 여겼다. 그러나 그것도 또 화재를 당하여 없어졌다.

임인년1542년 가을에 내가 늙어 벼슬을 버리고 집에 돌아오니, 집 주위에 시내와 바위가 많고, 정자가 적지 않아 놀만한 곳이 많았지만, 속세의 분분한 생각이 그 사이에 물들지 않는다고 말하기가 어려우므로, 이에 평소부터 친하게 지내는 중들 중에서 좀 재간이 있는 조

징이라는 사람을 뽑아서, 자재를 도와주고 정사 몇 칸을 여기에 다시 지어보게 하였다. 몇 달 뒤에 정사가 완성되자, 드디어 서울에 가는 친구에게 부탁하여 중국의 명필에게 여기 달 현판 글씨를 좀 받아오도록 하였다.

이름을 「……암」이라고 부르지 않고, 「……사」라고 한 것은 승려들이 자주 들락거리면서 분분하게 불공을 드리는 것을 꺼려서이니, 다만 조징 스님 하나에게만 왕래하게 하며 고요히 거닐게 하여, 나의 휴양지를 삼으려 하기 때문이다.

이 정사 남쪽 백여 걸음 밖에 한 봉우리가 우뚝하게 솟았는데, 소나무가 즐비한 가운데 땅을 갈라서 한 층대가 이루어졌으니, 이것이 이 산을 통하여 들어오는 어귀의 문이 된다. 아래로부터 올라오는 사람들이 여기에 와서 쉬는데, 산 길이 위험하기 때문에 더러는 말에서 내려서 걸어 들어오기도 한다.

또 정사에서 수십 걸음 떨어진 곳에 굴이 하나 있는데, 골짜기의 길이 끊어지고 돌을 쌓아서 층계를 만들어 겨우 사람 하나만 통할 수 있게 하고 말도 통과할 수 없이 되어 있다. 그 곁에다 높은 축대를 쌓아서 역시 조금 앉아서 쉬도록 만들어 두었다. 손님들이 여기에 이르면 말과 하인들까지도 다 남겨두고서 지팡이와 간단한 신발에만 의지하여 단신으로 걸어나오기 때문에, 이 정사 문 앞이 시끄럽게 되지 않는다. 그래서 그 계단을 사마捨馬라 부르고, 대를 두망(杜妄 : 망녕된 생각을 막는다)이라고 부르는데, 〈북산이문〉에 나오는 말들을 사용한 것이다.

이상이 이 정자의 모습을 대강 적은 것이다. 그밖에 이 주위의 경치의 아름다움, 이 건축의 정교함 따위에 관하여서는 여기 와서 한번 쳐다보는 사람은 스스로 터득함이 있을 것이니, 반드시 여기서 길게 풀어 놓을 것이 없다.

다만 한 가지 꼭 이야기하여 둘 것이 있다. 옛날 이덕유(당나라 후기의 문인 정치가)가 만년에 「평천장」을 지어놓고서 꽃과 돌을 크게 사랑하였다. 그래서 〈평천장기〉란 글을 지어 경계하기를 「만약 여기 있는 나무 한 포기 · 돌 한 덩이라도 남에게 주는 녀석은 나의 자손이 아니다」라고 하였다. 내가 이 정사를 돌보는데도 또한 매우 부지런하고 또 수고로웠다. 만약 어린 녀석들이 친구들이나 부르고, 그 또래의 녀석들이나 이끌고 와서, 무리지어 놀기를 일삼아 기와가 헐고 벽이 더러워져서, 마치 역관驛館이나 주막酒幕집 같이 되어버릴까 몹시 걱정이 된다. 나도 또한 이러한 말로써 우리집 아이들에게 경계하고자 한다.

절구 두 수를 지어 손서인 황준량으로 하여금 화답하게 하고, 또 경명(퇴계의 형인 溫溪 李瀣의 자) 형제에게도 띄워 보내노라.

生來成癖烟霞趣	태어나면서부터 습관이 되어버렸네, 아지랑이와 노을 좋아하는 것이,
白首膏肓未易攻	흰 머리 되었으니 고치기 어려운 뜻은 쉽게 깨뜨릴 수가 없다네.
家近聾巖嫌在俗	집이 농암에 가까이 있으니 속세와 가까운 것이 좋지 않아서,
靈芝新占藥頭峯	영지산에다 집을 새로 마련하니 약두봉 밑에 있다네.
舍在高峯最上巓	정사는 높은 봉우리 가장 높은 꼭대기에 있어,

前臨衆壑與長川	앞으로 여러 묏부리를 굽어보고 긴 냇물도 굽어본다네.
笻扶脚力猶堪借	지팡이에 의지하니 다리의 힘을 아직도 오히려 견딜만 하지만,
還恨靑年未著鞭	도리어 한스럽다네, 청년시절에 채찍질을 가하여 노력하지 않았던 것이.

47~48. 題林士遂關西行錄後, 二首[1]

임형수의 《관서행록》을 읽은 뒤에 적음, 두 수

47

捭闔奇謀漢子房[2]
패 합 기 모 한 자 방

기이한 꾀를 열었다가 닫았다 함은
꼭 한나라 때의 장자방과 같으니,

當年曾受石公方
당 년 증 수 석 공 방

당시에 일찍이 받아서 익혔네,
황석공黃石公의 병법을,

1 | 임사수(林士遂) : 임형수(林亨秀 : 1504~1547)의 자. 임형수의 호는 금호(錦湖), 본관은 평택임. 중종 26년인 1531년에 진사가 되고 동 30년에 문과에 급제하여 사관(史官)이 되었으며, 호당(湖堂)에 들어가서 사가독서(賜暇讀書)를 하였다. 문 · 무(文武)에 두루 뛰어나서 국가에 중용될 것으로 촉망되었으나, 명종때 을사사화(乙巳士禍)가 일어나면서 제주목사로 좌천되고, 또 윤원형(尹元衡)에게 윤임(尹任)의 일당으로 지목되어 양재역(良才驛) 벽서 사건이 빌미가 되어 정미사화(丁未士禍) 때 결국 죽음을 받았다. 퇴계(退溪) 하서(河西 : 金麟厚)와도 가깝게 지냈다. 《금호유고(錦湖遺稿)》 1권이 숙종때 편집되어 목판본으로 전하고 있으며, 출생지인 나주(羅州)의 송재서원(松齋書院)에 제향되었다. 지금 전하는 임형수의 문집 《금호유고(錦湖遺稿)》에는 이 《관서행록》에 실렸던 시가 한 수도 전하지 않을 뿐 아니라, 임형수의 전기에서도 이때 이기(李芑)의 종사관으로 따라갔던 사실을 금기(禁忌)하여 한마디도 언급하지 않고 있다. 이것은 이기가 윤원형과 일당이 되어 옥사를 일으켜 선비들을 섬멸한 사실이 있었기 때문일 것이다. 다만 《퇴계집》 제12권에 퇴계가 〈임형수에게 보내는 편지(與林士遂)〉가 있는데, 그 내용은 임형수가 퇴계가 지은 이 〈관서행록을 읽은 뒤에〉라는 시를 보고 감격하여 퇴계의 집에까지 찾아왔던 사실 등을 적고 있다.

2 | 패합(捭闔) : 원래는 전국시대 병가의 일파인 《귀곡자(鬼谷子)》에 나오는 병법 이론의 한 가지로 「개폐」(開閉), 곧 열었다가 닫았다가 함의 뜻임. 일설에는 「패」자의 음을 「벽」으로도 읽는다고 하는데, 이렇게 되면 쪼갠다[折劈]는 뜻임. 《귀곡자 · 패합》 「대체로 어질고 불초함 · 지혜롭고 어리석음 · 용기와 겁 · 인의에는 차이가 있어서 열 수도 있고 닫을 수도 있다. …… 패합이라는 것은 음양과 사철을 열고 닫아서 만물을 종횡으로 변화시키

未黐巢窟龍庭界[3]
미 번 소 굴 용 정 계

오랑캐들의 소굴인 용정까지
　　들고 엎어버리지는 못하지만,

先作干城鰈海疆[4]
선 작 간 성 접 해 강

먼저 지었네, 든든한 성벽을
　　동해바다 언저리에다가.

絶域病攻天拂亂[5]
절 역 병 공 천 불 란

절해고도에서 병마病魔가 공격하였으나
　　하늘이 어지러운 것을 제거하였고,

는 것인데 …… 이는 천지와 음양의 도리요, 사람을 유세하는 방법이다.」(夫賢不肖智愚勇怯仁義有差, 乃可捭乃可闔 …… 捭闔者, 以變動陰陽四時開閉, 以化物縱橫 …… 此天地陰陽之道, 而說人之法也)

한자방~석공방(漢子房~石公方) : 한 고조(高祖) 유방(劉邦)의 참모였던 장량(張良)의 자가 「자방」(子房)임. 젊을 때 황석공(黃石公)이라는 도사를 만나서 《소서(素書)》라는 책을 얻어 읽고서 옛날 강태공(姜太公)의 병법을 터득하게 되었다고 함. 뒤에 그 도사를 찾아갔더니 「누런 돌」(黃石)로 변하였다고 함. 더 상세한 내용은 136. 〈《사기》의 〈장량전〉을 읽고(史記張良傳)〉를 보라.

3 | 용정(龍庭) : 고대 흉노족들이 천신(天神)에게 제사를 지내던 장소임. 한나라 반고(班固)의 〈연연산에 봉선(封禪 : 천자가 천하에 태평함을 하늘에 보고하는 제사)을 행하며 지은 명문(封燕然山銘)〉「묵특의 부락을 점령하고 지나가서 노상 땅의 용정을 불태웠도다.」(躡冒頓之區落, 焚老上之龍庭) 「용정」은 「龍城」 또는 「蘢城」이라고도 하는데, 그 땅은 지금 외몽고에 있다.

4 | 간성(干城) : 《시경 · 주남의 민요 · 토끼그물(周南 · 兎罝)》 「늠름한 무사는 나라의 방패라네.」(赳赳武夫, 公侯干城)

접해(鰈海) : 우리나라 근해에서 가자미[鰈]가 많이 잡히기 때문에, 우리나라를 「접역」(鰈域), 우리나라 근해를 「접해」(鰈海)라고 하였음.

5 | 천불란(天拂亂) : 《맹자 · 고자(告子) 하》하늘이 장차 큰 임무를 이 사람에게 내리려 하면, 반드시 먼저 그의 마음과 뜻을 괴롭히고, 그 힘줄과 뼈를 수고롭게 하고, 그 신체를 굶주리게 하고, 그 자신을 아무 것도 없게 만들고 나아가 그 하는 바가 어그러지고 어지럽게 만든다.」(天將降大任於是人也, 必先苦其心志, 勞其筋骨, 餓其體膚, 空乏其身, 行拂亂其所爲)

荒城雷鬪鬼驚忙
황 성 뢰 투 귀 경 망

거친 성터에 우레가 다투니
귀신이 놀라서 분주하였더라.

豪吟百首凌雲氣[6]
호 음 백 수 릉 운 기

호탕하게 읊은 시 백 수나 넘었는데
구름을 타고 넘었고

妙句何妨鐵石腸[7]
묘 구 하 방 철 석 장

묘한 구절 무엇이 방해되랴?
철석 간장을 지닌 것이.

6 | 호음백수릉운기(豪吟百首凌雲氣) : 「능운」은 구름을 뚫고 하늘로 올라가듯이 뭇사람보다 뛰어남을 형용하는 말. 《사기 · 사마상여의 전기(司馬相如列傳)》 「사마상여가 〈대인을 읊음(大人賦)〉을 다 아뢰자 천자는 크게 기뻐하였는데, 가벼이 나부끼면서 구름을 뚫고 오르는 기세가 있는 것이 하늘과 땅 사이를 노니는 뜻이 있는 듯하였다.」(相如旣奏大人之頌, 天子大說, 飄飄于凌雲之氣, 似游天地之閒意)
《고증》 「살펴보건대, 임사수가 관서에 나가서 지은 시 구절 가운데 『꽃 아래 서니 백옥 같이 이쁜 여자 술에 취한 듯 얼굴이 붉게 보이고, 산구비 끊어졌는데 푸른 용이 해협의 물을 마시고 있네.』라는 구절을 퇴계 선생이 일찍이 애송하였다고 하니, 이러한 구절이 바로 호탕한 기운이 구름을 뚫고 솟아나온다는 것일 것이다.」(案, 士遂遊關西, 如花底玉女酣觴面, 山斷蒼蛇飮海腰之句, 先生嘗愛誦之, 此可見浩氣之凌雲也)

7 | 철석장(鐵石腸) : 당나라 피일휴(皮日休)의 〈복숭아 꽃을 읊은 글의 서문(桃花賦序)〉 「광평공(廣平公) 송경(宋璟)이 재상이 되었는데 자세는 꿋꿋하고 바탕은 굳세며 태도가 꿋꿋하고 외모가 강의해 보여, 그 분이 쇠로 된 마음과 돌로 된 창자를 가지고 있지나 않은지 의심스러우니, 부드럽고 아름다운 말을 표현할 줄 모를 것 같이 보인다. 그러나 그가 지은 〈매화부(梅花賦)〉를 보니, 기상이 맑고 새로우며 표현이 풍부하고 아름다워 꼭 남조(南朝)시대의 미문가(美文家) 서릉(徐陵)이나 유신(庾信)의 문체를 체득한 것 같다. 그러나 매우 그사람의 모습과는 다르다.」(宋廣平之爲相, 貞姿勁質, 剛態毅狀, 疑其鐵腸心石, 不解吐婉媚辭. 然睹其文而有梅花賦, 淸便賦艶得南朝徐庾體, 殊文類其爲人也) 송나라 소식의 〈장질이 은혜롭게도 최미의 초상을 읊은 시를 부쳐주다(章質夫惠崔徽眞詩)〉 「그대를 위하여 붓을 잡고 매화를 노래하노니, 송광평 공의 마음씨가 쇠와 같았음 거리낄 것 없네.」(爲君援筆賦梅花, 未害廣平心似鐵)

48

狂胡射月遼東塞[8]
광 호 석 월 료 동 새

미친 오랑캐 녀석들 달을 쏘네,
요동땅의 요새에서,

壯士搜兵樂浪墟[9]
장 사 수 병 락 랑 허

씩씩한 참모들은 군대를 찾아내었네,
옛 낙랑의 터전에서.

8 | 광호(狂胡) : 《고증》「살펴보니 가정 14년(1535년)에 추장 길낭엄답 등이 중국의 유림새를 넘어들어가고, 경자년(1540년)에 또 유림새를 넘어가서 청평보를 파괴하였다. 신축년(1541년)에는 만리장성을 넘어가서 중국사람과 가축을 노략질하여 갔다. 임인년(1542년)에는 상당 지방을 노략질하였다. 『미친 오랑캐』라고 말한 것은 대개 이러한 것을 지적한 것이다.」(案嘉靖十四年, 虜酋吉囊奄答等入楡林塞, 庚子又入楡林破淸平保, 辛丑入關殺掠人畜, 壬寅掠上黨. 狂胡蓋指此)

석월(射月) : 《좌전 · 성공(成公) 16年》「(鄢陵의 싸움에서 晉나라 대부인) 여기가 꿈을 꾸니, 달을 화살로 쏘아서 맞히고 물러나다가 진흙 속에 빠지는 것이었다. 이상하여 점을 쳐보니 『희씨(姬氏 : 주나라 천자의 성)는 해요, 이성(異姓 : 여러 제후나라)은 달이다. 반드시 초(楚)나라 임금을 쏘는 징조일 것이며 물러나다가 진흙에 빠진다는 것은 그대 또한 죽는 것일 것이다』고 하였다. 이윽고 전쟁이 일어나자 초나라 공왕을 쏘아서 눈을 맞히었다.」(呂錡夢射月, 中之, 退入於泥. 占之, 日, 姬姓, 日也, 異姓, 月也, 必楚王也. 射而中之, 退入於泥, 亦必死矣. 及戰, 射共王中目) 당나라 두보의 〈유화문(留花門 : 감숙성에 있는 回紇을 막기 위하여 세운 보루의 문)〉「높은 가을하늘 말은 건장하게 살쪘는데, 화살을 끼고 은하의 달을 쏘네.」(高秋馬肥健, 挾矢射海月)

요동(遼東) : 옛날 중국과 조선의 전략적 요충지로 발해를 끼고 있으며 지금의 요동성 요양현(遼陽縣) 일대임.

9 | 낙랑(樂浪) : 지금의 평양 자리에 설치하였던 한사군(漢四郡)의 하나이다.

10 | 구호표(驅虎豹) : 《맹자 · 등문공이(滕文公) 하》「주공이 무왕을 도와서 …… 나라를 멸망시킨 것이 50개국이었으며, 범과 표범 · 코뿔소와 코끼리를 먼 곳으로 내쫓으니 천하가 크게 기뻐하였다.」(周公相武王 …… 滅國者五十, 驅虎豹犀象而遠之, 天下大悅) 《후

指顧威靈驅虎豹[10]
지 고 위 령 구 호 표

지휘하고 둘러보는데 위세와 영기가 넘침은
호랑이와 표범을 내모는 듯하고,

風流談笑發詩書[11]
풍 류 담 소 발 시 서

풍류가 넘치는 담소談笑를 나누고
전쟁판에서도《시》·《서》를 펴보네.

海航病得龍王藥[12]
해 항 병 득 룡 왕 약

바다로 항해하여 가다가 병을 얻었으나
용왕이 약을 주어 나았고,

한서 · 광무제본기(光武帝本紀)》「왕망(王莽 : 前漢을 빼앗아 新나라를 세움)은 …… 또 한 여러 맹수들, 곧 호랑이와 표범 · 코뿔소 · 코끼리 따위를 내어몰아 위험과 무력을 더하였다.」(王莽 …… 又驅諸猛獸虎豹犀象之屬, 而助威武)

11 | 담소발시서(談笑發詩書) : 《문선(文選)》 진나라 좌사(左思)의 〈영사시(詠史詩)〉「내 노중련을 사모하네, 담소하는 사이에도 진나라 군대를 물리쳤으니.」(吾慕魯仲連, 談笑却秦軍) 송나라 소식의 사(詞) 〈염노교라는 곡조에 맞추어 적벽의 옛 일을 생각하다(念奴嬌--赤壁懷古)〉「깃털 부채 면 두건을 쓰고 웃는 사이에 강한 적 재되어 날리고 연기로 사그러지게 하였네.」(羽扇綸巾, 談笑間, 强虜灰飛煙滅)
《좌전 · 희공(僖公) 27년》「(晉나라가 宋나라를 구원하러 가는데) 원수를 누구로 할 것인가를 의논하였다. 조최가 다음과 같이 이야기 하였다. 『각곡이 괜찮습니다. 여러번 그가 하는 이야기를 들으니, 예와 악을 좋아하며 또《시경》과《서경》같은 책의 내용을 실천하는데도 돈독하다 합니다.《시경》과《서경》은 의리를 담고 있는 창고입니다.』」(謀元帥. 趙衰曰, 郤縠可. 臣亟聞其言矣. 說禮樂, 而敦詩書. 詩書義之府也)

12 | 해항병득룡왕약(海航病得龍王藥) : 《태평기재(太平記載)》「어떤 사람이 뗏목을 타고 먼 곳의 바닷가에 이르렀는데 마침 병이 들었다. 꿈에 한 거인을 만나게 되었는데 『나는 용왕이다. 그대는 바닷바람을 잘못 쐬게 되어 병이 났는데, 어느 섬에 가면 어떤 돌이 있는데, 그 무늬가 마치 골수(骨髓)와 같을 것인데, 그것을 먹으면 그대의 병이 나을 것이다』고 하였다. 그 사람이 정말 그것을 먹고나니 곧 나았다.」(有人浮査至海上, 適病. 夢見一巨人曰, 我龍王也. 子病洋風所祟. 某島中有石理如髓, 服之可愈. 其人果服卽愈)
《고증》에서 재인용.

江閣吟窺帝子居[13]
강 각 음 규 제 자 거

강가의 누각에서 노래하면서 주위를
돌아보니 옛날 임금님이 살던 곳일세.

唾手功名歸燕頷[14]
타 수 공 명 귀 연 함

손에 침뱉어 이룬 부귀공명은
제비턱 가진 장군들에게 돌리고,

太平容我老樵漁
태 평 용 아 노 초 어

태평성대에 나를 용납하게 하라
나무꾼 고기잡이꾼으로 늙어가도록.

13 | 강각제자거(江閣帝子居) : 당나라 왕발(王勃)의 〈등왕 이원영(李元嬰)이 지은 누각(滕王閣)〉「황제의 아들이(唐高祖의 막내 아들 등왕 이원영이 洪州都督으로 강서 땅에 부임하여 와서) 세운 누각이 있는 긴 모래톱이 내려다 보이고, 신선들이 살던 옛 별관에 오게 되었다. …… 누각에 있던 황제의 아들은 지금 어디에 있는가? 난간 밖으로 장강만이 무심하게 흘러가네.」(臨帝子之長洲, 得仙人之舊館. …… 閣中帝子今何在, 檻外長江空自流) 이 시를 지은 황주(黃州)는 황해도 황주군(조선의 黃州牧)에 있는데, 《삼국사기》·《삼국유사》의 기록에 의하면 고구려의 시조인 동명성왕(東明聖王) 고주몽(高朱蒙)은 천제(天帝)인 해모수(海慕漱)의 아들이라고 하였다. 황주가 바로 옛날 고주몽의 땅이기 때문에 이렇게 읊은 것이다.

14 | 타수(唾手) : 손에 침을 뱉는 일, 용이하게 되는 일을 비유. 바뀌어서 용감하게 일에 착수하는 것을 비유함. 《신당서 · 저수량의 전기(新唐書 · 褚遂良傳)》「태종(太宗)이 친히 요동을 정벌하려 함에 저수량이 굳이 가지 말 것을 권유하였다. 임금이 말했다. …… 다만 한두 명의 신중한 장수만 보내어 정예병 10만만 붙이고 돌을 쏘는 쇠뇌와 구름병거만 있다면 손에 침을 뱉고서 그것을 차지할 수 있겠다.』」(帝欲自討遼東, 遂良固勸無行. 上曰 …… 但遣一二愼將, 付銳兵十萬, 翔檐雲輣, 唾手可取)

時國家將以朝命出兵助討胡, 士遂以元帥從事官點兵關西. 入薪島驅馬, 得病, 幾死乃甦. 還抵黃州, 遇大雷雨, 有詩極道其壯觀[15]

이때[癸卯 正月] 나라에서 조정의 명령으로 군대를 내어보내어 오랑캐를 치는 것을 돕도록 하였는데, 사수士遂가 원수元帥의 종사관從事官으로서 관서關西의 병력을 점검하였다. 신도薪島에 들어가서 말을 달리다가 병을 얻어 거의 죽을 뻔하다가 이에 소생하였다. 돌아오다 황주黃州에 도착하여 큰 우레와 비를 만났는데, 시에서 그 장관을 크게 노래하였다.

연함(燕頷) : 《후한서 · 반초의 전기(後漢書 · 班超傳)》「관상쟁이에게 갔는데 관상쟁이가 말했다. 『그대는 지금 이름없는 서생(書生)에 불과하나, 나중에 마땅히 만리타향에 나가서 큰 공로를 세워 공작 · 백작과 같은 작위를 얻게 될 것이오.』 반초가 그 상을 물으니 관상쟁이가 (반초의) 얼굴을 가리키면서 말하였다. 『제비와 같은 턱, 호랑이와 같은 목을 타고 났으니, 날아다니며 고기를 먹게 될 팔자라, 이것이 바로 만리밖에 나가서 공을 세워 후작이 될 상이라오.』」(行詣相者, 日, 祭酒布衣諸生耳, 而當封侯萬里之外. 超問其狀. 相者指曰, 生燕頷虎頸, 飛而食肉, 此萬里侯相也)

15 | 《고증》「《조야회통(朝野會通)》명나라에서 군사를 청하였으므로 이기(李芑)로 대원수(大元帥), 이언간(李彦良)으로 부원수, 임형수도 종사관을 삼아서 보냈다.」(朝野會通. 皇朝徵兵李芑爲大元帥, 李彦良副, 林亨秀爲從事官) 이때 송기수(宋麒壽) · 임호신(任虎臣) · 송복견(宋福堅) 등도 종사관으로 함께 갔다.
신도(薪島)는 의주(義州)에 있다. 《조야회통》은 정조 초기 사람인 김재구(金載久)가 조선 태조 조부터 영조(英祖) 조까지의 역사를 편년체로 기술한 야사 중심의 역사책이다.

49. 當軒綠叢花[1]_四季

헌함 앞에 핀 녹총화를 보고_사계

門前老槐樹
문 전 로 괴 수

문 앞에 늙은 회나무 있는데,

日暮飢鳶蹲
일 모 기 연 준

해 저무니 굶주린 새매 날아와서
주저앉아 있네.

赤葉間翠林
적 엽 간 취 림

붉은 잎새 비취색 띄운
수풀 사이에 섞여 있고,

凉風動西園
량 풍 동 서 원

시원한 바람 서쪽 동산을 움직이네.

返照斂城頭
반 조 렴 성 두

지는 햇살 장안성 머리에 거두어 들어가고,

悲蟲號草根
비 충 호 초 근

슬피우는 벌레들 풀뿌리 사이에서 소리내네.

1 | 《고증》「녹총화는 사계절 동안 꽃이 피기 때문에 또『사계화』라고도 한다.」(卽綠叢花以四季有開花, 故又名四季)《요존록》「『헌』은 곧 동호독서당이다.」(軒卽書堂)
위의 두 가지 주석을 종합하여 보면, 위에 나온 시를 쓸 때와 같이 서울에서 벼슬하고 있는 도중, 임금의 특명으로 사가독서(賜暇讀書)를 동호(東湖)의 독서당에 가서 하고 있을 때(43세) 헌함 앞에 핀 사계화 꽃을 보고 읊은 시임. 시의 내용으로 보아 서리가 내리는 가을에 썼음.

深巷斷人來
심 항 단 인 래

깊숙한 골목길에는 오고가는 사람들
발길조차 끊어지고,

寥寥獨閉門
료 료 독 폐 문

고요하고도 고요하게
홀로 문을 닫고 앉아 있네.

當軒綠叢花
당 헌 록 총 화

헌함 앞에 핀 사계화는,

色映丹霞痕
색 영 단 하 흔

고운 빛깔 붉은 노을 흔적에 비추고 있네.

寂寞向晚意
적 막 향 만 의

적막하게도 저녁 늦게사 피는 뜻은,

凄凉結芳魂
처 량 결 방 혼

처량하게 아리따운 혼을 묶어놓고자 함일세.

畸人厲孤操[2]
기 인 려 고 조

기이한 선비는 외로운 절개를 갈고,

2 | 기인(畸人) : 보통 사람들의 행동과는 달라서 세속(世俗)에 잘 어울리지 못하는 사람. 《장자 · 대종사(大宗師)》「자공(子貢)의 물음 『감히 묻습니다, 기인(畸人)이란 무엇입니까?』 공자의 대답 『기인이라는 것은 사람들과는 잘 어울리지 못하나, 하늘의 뜻에는 부합하게 사는 사람이니라.』」(子貢曰, 敢問畸人. 曰, 畸人者, 畸於人而侔於天) 주석 「기(畸)라는 것은 남의 상대가 잘 되지 못함[不耦]을 말한다. 수행(修行)을 잘 하지 않기 때문에 외양이 거칠며, 인간의 일상생활에도 차이가 나며, 세속에도 잘 어울리지 않는다.」
「기인」(畸人)이란 속세의 일상생활에는 서툴지만, 본성만은 정직한 사람을 말한다. 퇴계가 스스로를 「기인」으로 자처하기도 하고 또 그의 시에도 가끔 등장한다. 《퇴계시학(退溪詩學)》(王甦 저, 李章佑 역) 85쪽 참조.

靜女守舊恩 정 녀 수 구 은	정숙한 여자는 옛 사랑을 지키네.
脈脈如有懷[3] 맥 맥 여 유 회	서로 물끄러미 바라보니 마음속에 간직한 뜻이 있는듯 하지만,
迢迢竟不言[4] 초 초 경 불 언	아득하고도 아득하여 끝내 말을 할 수가 없네.
荏苒迫霜露[5] 임 염 박 상 로	세월이 하염없이 흐르고 또 흘러가서 서리내릴 계절 임박하니,

3 | 맥맥(脈脈) : 서로 물끄러미 바라보는 모습. 〈고시십구수(古詩十九首)〉「철철 넘치는 강물을 사이에 두고, 서로 물끄러미 바라보면서도 한 마디 말도 못하고 있네.」(盈盈一水間, 不得語)「맥」자는「脈」이 정자임.

4 | 초초(迢迢) : 먼 모양[遠貌]을 말함. 〈고시 십구수(古詩十九首)〉「견우성은 멀고 먼데, 직녀성은 밝디 밝네.」(迢迢牽牛星, 皎皎河漢女)

의불언(意不言) : 《사기 · 이릉의 전기(李陵列傳)》「속담에 『복사꽃 오얏꽃이 아무말도 하지 않으나, 그 밑에 스스로 길이 생겨난다.』는 것이 있는데, 이는 말하는 것은 작으나 크게 비유할 수 있다는 것이다.」(諺曰, 桃李不言, 下自成蹊. 此言雖小, 可以踰大也) 송나라 소식의 〈옥반우(玉盤盂)〉 두 수 중 둘째 시「꽃은 말할 수 없으나 그 뜻은 짐작할 수가 있으니, 그대 통쾌하게 마셔 더욱 의심 없도록 하네.」(花不能言意可知, 令君痛飮更無疑) 이 시구의 앞뒤 문맥으로 보아서「기인」(畸人)은 퇴계 자신,「정녀」(靜女)는 녹총화로 비유되고, 여기서「말을 할 수 없네」(不言)라고 하였지만, 결국 마음은 서로 통하는 것으로 보임.

幽貞信乾坤[6]
유 정 신 건 곤

그윽하게 지니고 있는 곧은 마음씨
하늘과 땅을 믿고서 피네.

感此堂上客
감 차 당 상 객

이를 보고 크게 느낌을 받은
마루 위에 앉은 나그네는,

歲晏思彌敦[7]
세 안 사 미 돈

한 해가 다 갈수록 생각은
더욱 돈독하여지네.

5 | 임염(荏苒) : 세월이 자꾸자꾸 흘러감을 나타내는 말로 세월이 쉬 흘러감을 형용하는 말로 주로 쓰이나, 여기서는 세월이 하염없이 돌고 도는 것을 표현하는 말로 쓰였다.

6 | 신건곤(信乾坤) : 당나라 두보(杜甫)의 〈벼를 다 베고서 감회를 읊음(刈稻了詠懷)〉「집의 소식을 들을 수조차 없으나, 나그네가 되어 하늘과 땅을 믿을 뿐일세.」(無家間消息, 作客信乾坤)

《고증》「이 구절은 서리가 내리는 계절에 온갖 초목이 다 시들어졌으나 녹총화만은 그윽하고 곧은 절개를 지니고 홀로 하늘과 땅의 원칙을 믿고서 가을에도 피었다는 것이다.」(案此句言霜露之節, 百卉皆萎而綠叢幽貞之節, 獨信天地而開發也)

7 | 세안사미돈(歲晏思彌敦) : 주자의 〈서재에 있자니 감흥이 일다(齋居感興)〉 스무 수 중 열한 번째 시「부지런히 행함 마땅히 그치지 않아야 하고, 가르침 지키려는 생각 더욱 돈독해져야 하리.」(勤行當不息, 敎守思彌敦)

50. 舟上示宋台叟[1]

배 위에서 시를 지어 송기수宋麒壽에게 보이노라

泝洄同上木蘭船[2]
소 회 동 상 목 란 선

함께 흐르는 물을 거슬러 올라가서
목란선에 오르니,

1 | 송태수(宋台叟) : 송기수(宋麒壽 : 1507~1581)의 자. 호는 추파(楸波)이며, 본관은 은진(恩津)임. 중종 26년인 1531년에 진사가 된 후 동 29년에 식년 문과에 병과로 급제하여 호당에 들어갔다. 당시의 권세가이던 김안로(金安老)에게 아부를 하지 않아 그의 일당이 물러난 후에야 등용이 되었다. 일찍이 을사사화에 가담하여 그와는 종형인 규암(圭庵) 송인수(宋麟壽)를 모함하여 죽이기도 하였다. 이후 벼슬이 이조판서에 이르렀으며, 윤원형이 제거되자 을사사화 이후에 죄를 입은 당대의 명사들을 다시 등용하기도 하였으나 을사사화에 가담한 일로 사림의 지탄을 벗어나지 못하였다. 문집인《추파선생집(楸波先生集)》 5권 2책이 목활자본으로 전함. 이때 호당에서 퇴계와 함께 사가독서를 하면서(《요존록》에 의함), 한강에서 배를 타고서 지은 것으로 보임.

2 | 소회(泝洄) : 「溯洄」라고도 하며, 거슬러 올라가는 것을 말함.

목란선(木蘭船) : ① 목란나무로 제조한 배. 목란은 나무의 재질이 아름답기 때문에 옛날 사람들이 흔히 이 나무로 배를 만들었다. 남조 양(梁)나라 임방(任昉)의《술이기(述異記) 하》「목란주는 심양강 가운데 있는데, 목란나무가 많다. 옛날 오나라 임금 합려가 목란을 여기 심었다가 그것으로 궁전을 건축하였다. 칠리주 가운데, 노반이 목란을 깍아서 배를 만들었는데, 그 배가 지금도 이 삼각주 가운데 있다. 시인들이 『목란나무 배』라고 말하는 것은 여기에서 나왔다.」(木蘭洲在潯陽江中, 多木蘭樹. 昔吳王闔閭植木蘭於此, 用構宮殿也. 七里洲中, 有魯班刻木蘭爲舟, 舟至今在洲中. 詩家云木蘭舟, 出於此) 당나라 이백의 〈강가에서 읊조리다(江上吟)〉「목란으로 만든 노와 사당나무로 만든 배에, 퉁소와 금피리 양쪽 곁에 놓여 있네.」(木蘭之枻沙棠舟, 玉簫金管坐兩頭) ② 배를 아름답게 표현하는 말. 당나라 유종원(柳宗元)의 〈조시어가 상현을 지나가면서 보내어준 시에 화답하여

往事茫茫知幾年[3]
왕 사 망 망 지 기 년

지나간 일 아득하고도 아득한데
몇 년이나 벌써 지나갔는가?

暮雀競栖雲渚樹
모 작 경 서 운 저 수

저녁이 되자 새들은 다투어 깃드네,
구름 낀 강변의 나무숲에,

殘霞倒影玉湖天[4]
잔 하 도 영 옥 호 천

남은 노을은 그림자를 거꾸로 비추네,
옥같이 맑은 호수 위에 시원스럽게.

(酬曹侍御過象縣見寄)〉「파액산(破額山) 앞에 벽옥(璧玉) 같은 물이 흐르는데, 근심에 찬 시를 적는 사람은 목란주를 멀리 대 두었네.」(破額山前璧玉流, 騷人遙駐木蘭舟)

3 | 왕사지기년(往事知幾年) : 송기수(宋麒壽)와 퇴계는 중종 29년 갑오년 식년(式年 : 3년마다 한번씩 보이는 정규과거) 문과(文科)에 함께 급제하였음. 이 시를 지을 때보다 9년 전이다.

4 | 도영(倒影) : 여기서는 문장의 구조로 보아 「그림자를 거꾸로 비친다」로 해석하였다. 그러나 이 말은 명사로서 다음에 열기하는 것과 같은 뜻이 있는데, 여기서는 해석은 비록 위에 한 것과 같이 하였지만 아마 아래의 명사적인 의미도 연상을 하여 보는 것이 좋을 것 같다.

① 도가(道家)의 용어로서 하늘에서 가장 높은 곳. 《한서 · 교사지(漢書 · 郊祀志) 하》 「멀리 도경에 이른다.」(登遐倒景) 위(魏) 여순(如淳)의 주석 「해와 달 위에 있어, 도리어 아래서 비추어 주기 때문에 그 그림자가 거꾸로 되어 있다.」(在日月之上, 反從下照, 故其倒景)

② 물 가운데 거꾸로 선 그림자. 《문선》 남조 진(晉)나라 손작(孫綽)의 〈천태산에 가서 놀면서 지은 부의 서문(遊天台山賦序)〉 「더러는 깊은 못 안에다가 그림자를 거꾸로 비추기도 하고, 더러는 봉우리를 여러 산 속에 숨기기도 한다.」(或倒景於重溟, 或匿峯於天嶺) 당나라 이선(李善)의 주석 「산은 물에 임하여 그림자가 거꾸로 보이기 때문에, 도영(倒影 : 影과 景은 통용)이라고 한다.」(山臨水而影倒, 故曰倒影也)

「천」자를 여기서는 부사로 「시원스럽게」로 번역하여 보았다. 흔히 형용사로는 「자연스러운」이라는 뜻으로 쓴다.

仲由自可輕千乘[5]
중유자가경천승

공자의 제자인 자로는 스스로 가능하였네,
천 승乘이나 가진 나라를 가볍게
여기는 것이.

程尉何曾直一錢[6]
정위하증치일전

서궁위위西宮衛尉였던 정불식程不識은 어찌
한푼 값어치나 될 것인가?

5 | 중유자가경천승(仲由自可輕千乘) : 《좌전 · 애공(哀公) 14년》「(魯나라의 속국인) 소주나라의 대부(大夫)인 역이 구역 땅을 노나라에 갖다 바치면서, 노나라로 망명하여 왔다. 말하기를 『계로(공자의 제자인 子路)로 하여금 나와서 저와 약속을 하게 한다면, 저는 별도로 노나라와 외교적인 약속을 하지 않아도 됩니다.』고 하였다. 그래서 자로를 보고서 나가서 약속을 하고 오라고 하였더니, 자로가 그 일을 사양하였다. 당시 노나라의 실권자인 계강자가 염유(역시 공자의 제자였음)로 하여금 자로에게 가서 다음과 같이 물어보게 하였다. 『노나라 같이 전차 천 승(乘 : 말이 이끄는 전차의 단위)을 가진 강대국과 맺는 외교적인 맹서도 믿지 않으려고 하면서, 다만 그대의 말만 믿으려고 하는데, 그대가 설령 한번쯤 나아가서 그 사람과 만나 약속을 한다고 해서, 그대에게 무엇이 그렇게 욕될 것이 있겠는가?』 자로의 대답 『우리 노나라가 만약 저 소주국과 전쟁을 하게 된다면, 저는 이 전쟁을 왜 일으키게 되었는지 그 까닭을 물을 것도 없이 그 성 밑에 가서 싸우다가 죽는 것이 옳을 것입니다. 그런데 저 역은 자기 소주국의 신하의 도리를 어기고 우리 노나라로 도망쳐서 왔는데, 만약 그 사람이 하는 말을 듣고서 그와 약속을 하게 된다면, 그것은 곧 그 사람의 풍성스럽지 못한 행동을 정당화시켜주는 것입니다. 그러니 저는 그렇게 할 수는 없습니다.』(小邾射以句繹來奔, 曰, 使季路要我, 吾無盟矣. 使子路, 子路辭. 季康子使有謂之曰, 千乘之國, 不信其盟, 而信子之言, 子何辱焉. 對曰, 魯有事小邾, 不敢問故, 死其城下可也. 彼不臣, 而濟其言, 是義之也)

6 | 정위하증치일전(程尉何曾直一錢) : 《한나라의 역사 · 관부의 전기(漢書 · 灌夫列傳)》「관부가 (그 당시 승상이던 田蚡의 결혼을 축하하는 연회석상에서) 술을 돌리다가, 전분에게 온잔을 권하니, 전분은 자리에 무릎을 꿇고 『잔을 채우면 마실 수 없소.』라 하였다. 관부는 이에 성이 나서 희죽 웃으며 말하기를 『장군은 귀인이니 다 마셔야죠!』라 했는데 그

笑罷歸來風浪帖
소 파 귀 래 풍 랑 첩

웃음 끝내고 돌아오니
풍랑도 잠잠한데,

蛟龍應亦讋雄篇[7]
교 룡 응 역 접 웅 편

교룡도 또한 마땅히 당신의 웅장한 시편을
보고 할말을 잊으리라.

때 전분은 받으려 하지 않았다. 술이 돌아 임여후 관현에게 권할 차례가 되었는데, 그때 관현이 마침 정불식과 귓속말을 하고 있었고, 또 술잔이 앞에 와도 경의의 표시로 앉은 자세를 바꾸지도 않았다. 관부가 전분이 온 잔을 받지 않는데 대한 불만을 풀 길이 없다가, 관현에게 욕을 하기를 『평소에 정불식이를 한푼 값어치도 없는 놈이라고 욕하더니, 오늘 어른이 술잔을 권할 때는 계집년들 같이 서로 어울려서 귀에 대고 소근거리는구나!』고 하였다.」(夫行酒, 至蚡, 蚡膝席曰, 不能滿酒. 夫怒, 因嘻笑曰, 將軍貴人卿, 畢之. 時蚡不肯. 行酒次至臨汝侯灌賢, 賢方與程不食耳語, 又不避席. 夫無所發怒, 乃罵臨汝侯曰, 平生毁程不食不直一錢, 今日長者爲壽, 乃效女曹呫囁耳語) 그때 정불식(程不識)의 벼슬이 서궁위위(西宮衛尉)였다.

5)와 6)의 내용은 앞 구절은 외교적인 활동을 잘한 송태수를 칭찬한 것이고, 뒷 구절은 그러한 훌륭한 사람과 귓속말을 나눌 수 있는 자신은 보잘것 없다는 겸사의 표현일 것이다. 송태수가 앞에 나온 시 〈47〉의 해제에 나오는 임형수(林亨秀, 字 士遂)와 함께 도원수(都元帥)의 종사관으로 요동(遼東)에 나갔다 온 일이 있는데(李朝實錄 · 中宗 · 癸卯正月甲寅條), 아마 이 사실을 과장하여 자로와 비긴 것일 듯하다. 여기서 「直」의 음은 「치」(=値)임.

7 | 접(讋) : 음은 「접」(之涉切)이다. 한나라 허신(許愼)의 《설문해자(說文解字)》「접은 넋을 잃고 중얼거리다라는 뜻이며, 또한 한번 말을 하면 그치지 않는다이다.」(讋, 失氣言, 一曰不止也)

이가원 교수는 《퇴계시역주》에서 「여기서 웅장한 시편이라고 말한 것은 송태수의 시를 일컬었는 듯 싶다.」라 하였다. 지금 전하는 송태수의 문집 《추파집(楸波集)》에는 이때 지은 시가 보이지 않는다. 아마 실전(失傳)되었을 것임.

51~54. 九日獨登書堂後翠微寄林士遂. 四首[1]

구월 구일에 홀로 독서당 뒤에 있는 산허리에 올라서
– 임형수에게 띄우노라. 네 수

51

野菊猶多思 야 국 유 다 사	들국화 피었다니 오히려 생각이 많이 나서,
尊前小摘枝 준 전 소 적 지	술잔 앞에 조그마한 가지를 꺾어 놓았네.
杯盤眞偶設 배 반 진 우 설	술상을 정말 우연하게 마련하였으니,

1 | 공자가 지었다는 설이 있는 중국에서 가장 오래된 글자 사전인 《이아(爾雅)》「(산이) 정상까지 미치지 못한 것을 『취미』라 한다.」(未及上, 翠微) 주석[疏] 「풀이하여 말하기를 정상에 미치지 못한 것이라 하였다. 산비탈의 곁에 있는 곳을 취미라 한다. 일설에는 산기운이 푸른 옥색을 띠고 있기 때문에 취미라 한다고 하였다.」(釋曰, 未及頂上. 在陂陀之處, 名翠微. 一說山氣青縹色, 故曰翠微) 당나라 두보의 〈정씨의 동쪽 정자를 다시 소재로 삼아서(重題鄭氏東亭)〉「화려한 정자는 산비탈로 들어가고, 가을날 맑은 빛 어지러이 비치네.」(華亭入翠微, 秋日亂淸暉)
원래 「취미」라는 말은 「푸른 기운이 희미하게 감도는 것」이라는 뜻인데, 산 턱에 오르면 이러한 기운이 감돌기 때문에 「산 턱」을 이렇게도 표현한다. 《연면자전(聯緜字典)》 참조. 음력 9월 9일을 중구(重九 : 重陽節)라고도 하며, 형제들이 머리에 산수유 꽃가지를 꽂고 함께 높은 곳에 올라가서 놀던 습관도 중국에 있었다고 한다. 이 시를 지은 때는, 퇴계가 서울에서 벼슬(朝散大夫 司諫院司諫 등 직)을 하고 있는 도중에, 앞에 나온 시에서와 같이 동호의 독서당에 들어가서 사가독서(賜暇讀書)하면서, 중양절을 맞이하여 적은 것임.

2 | 등고(登高) : 남조 양(梁)나라 오균(吳均)이 지은 옛날 산동반도에 있던 제나라의 도사들이 전하는 우스운 이야기꺼리를 모은 책[齊諧 : 《장자》에도 인용됨]을 이어 쓴 괴상한 이야기를 담은 소설 《속제해기(續齊諧記)》「여남(汝南) 땅 사람 환경(桓景)은 비장방(費長房)을 따라다니며 몇 년 동안이나 배웠다. 비장방이 말하기를 『9월 9일에 자네 집에 화재

歌管豈曾隨
가 관 기 증 수

가수와 악기 어찌 일찍 따라왔었겠는가?

望遠愁腸斷
망 원 수 장 단

멀리 바라보니 근심스러운 창자
끊어질 듯하고,

登高病脚危[2]
등 고 병 각 위

높이 올라가니 병든 다리 위태롭네.

陶然成一醉
도 연 성 일 취

거나하게 한번 술에 취하였으나,

短舞爲誰垂[3]
단 무 위 수 수

짧은 소매춤인들 누구를 위하여
추어볼 것인가?

가 날 것이니 급히 가보게. 집안 사람들에게 각각 붉은 주머니를 만들어 거기에 산수유(山茱萸)를 담아 팔뚝에 매게 하고, 높은 곳에 올라가서 국화주를 마시면 이 화를 면할 수 있을 걸세.』라고 하였다. 환경은 그 말대로 온 집안 사람을 데리고 산에 올랐다. 저녁에 돌아오니 닭·개·소·양들이 한꺼번에 급사한 것이 보였다. 비장방이 그 소식을 듣고, 『이것들은 나를 대신할 만하구나』하고 말하였다. 요즘 사람들이 9일에 높은 곳에 올라가서 술을 마시고, 부인네들은 산수유가 든 주머니를 차는 것은 대체로 여기서 비롯된 것이다.」(汝南桓景隨費長房遊學累年. 費長房曰, 九月九日汝家中當有災, 宜急去. 令家人各作絳囊盛茱萸繫臂, 登高飮菊花酒此禍可除. 景如言, 齊家登山. 夕還, 見鷄犬牛羊暴死. 長房聞之曰, 此可代也. 今世九日登高飮酒, 婦人帶茱萸囊, 蓋始於此)

3 | 단무위수수(短舞爲誰垂): 「수」는 춤을 출 때 옷소매를 늘어뜨리는 것을 말함. 송나라 곽무천의 《악부시집·잡곡가사·대수수(雜曲歌辭·大垂手)》「〈악부해제〉에서 『말하기를 〈대수수〉, 〈소수수〉는 모두 춤추면서 소매를 늘어뜨리는 것을 말한다』 하였다.」(樂府解題曰, 大垂手小垂手, 蓋言舞而垂其手也) 송나라 소식의 〈장난삼아 지어주다(戱贈)〉「작은 누각은 옛날과 똑같고 저녁 해 기우는데, 누각 위에서 소매를 늘어뜨려 춤추는 사람 볼 수가 없구나.」(小樓依舊斜陽裏, 不見樓中垂手人) 《요존록》에서는 「『수수인』은 소식 시의 주석에 춤을 이해하는 사람」(垂手人, 坡註, 解舞)이라 했다.

52

聖主開東觀[4]
성 주 개 동 관

어진 임금님께서 동관東觀을 여시고는,

將期瑞世文
장 기 서 세 문

장차 기약하여 보시네,
세상을 상서롭게 할 글이 나올 것을.

愧添樗櫟散[5]
괴 첨 저 력 산

부끄럽구나 가죽나무 상수리나무 같은
쓸모없는 인간 끼어 있는 것이,

欣覩鳳螭紛[6]
흔 도 봉 리 분

즐겁게 바라보네, 봉황새와 이무기가
분분하게 나부끼는 것을.

4 | 성주개동관(聖主開東觀) : 《후한의 역사 · 화제의 전기와 연대기(和帝本紀)》 영원(永元) 13년(101년) 조(條) 「화제가 동관에 행차하시어 도서실을 둘러보시고 각종 서적을 살펴보신 뒤, 학문에 뛰어난 선비들을 널리 선정하시어 그 관청의 관리로 충원하셨다.」(帝行東觀, 覽書林, 閱篇籍, 博選術藝之士以充其官) 《고증》에서는 「비서감(秘書監: 지금의 중앙도서관 같은 것)을 『동관』(東觀)이라고도 하고, 『봉관』(蓬觀)이라고도 한다.」고 하였는데 비서감은 화제보다도 3대나 뒤인 환제(桓帝) 연희(延熹) 2년(159년)에 비로소 설치가 되었다. 비록 그 기능은 같지만 명칭상 설치 연대가 훨씬 뒤이므로 이것은 잘못된 것이라 하겠다. 당나라 두보의 〈진씨댁 둘째로 보궐[諫官]이란 벼슬을 하는 겸(兼)이란 분에게 바치는 시(贈陳二補闕)〉「임금님께 바친 글을 받아보시고는 동관의 문을 열게 하시고, 임금께서는 한대의 뛰어난 문장가인 사마상여(司馬相如)에 대해 물어보셨다네.」(獻納開東觀, 君王問長卿)

5 | 저력(樗櫟) : 가죽나무와 상수리나무. 재목으로 사용하기에 부적합하기 때문에, 재능이 보잘것 없다는 뜻의 비유로 사용함. 《장자 · 소요유(逍遙遊)》「큰 나무가 있는데 사람들은 가죽나무라고 이른다. 그 바탕은 울퉁불퉁하여 목수의 먹줄조차 갖다 댈 수가 없다.

樂事淸時得 락 사 청 시 득	즐거운 일 맑을 때에 얻는 것이라,
幽香小坐聞 유 향 소 좌 문	그윽하게 향을 피우니 잠깐 앉자 풍겨오네.
故鄕千岫外 고 향 천 수 외	나의 고향은 천 겹 산구멍 밖에 있으니,
醉眼送歸雲 취 안 송 귀 운	술에 취한 눈 다만 돌아가는 구름만 흘려보내네.

그 잔가지는 꼬불꼬불하여 자를 갖다 댈 수가 없다. 길가에 서 있으나 목수가 둘러보지도 않는다.」(有大樹, 人爲之樗. 其木擁腫而不中繩墨, 其小枝卷曲而不中規矩. 立之塗, 匠者不顧) 같은 책 〈인간세(人間世)〉에도 비슷한 이야기가 나옴. 송나라 소식(蘇軾)의 〈전협(錢勰)이 지은 「이른 가을」이라는 시에 화답하여(和穆父新凉詩)〉「늘 겁나네, 가죽나무 상수리나무 같은 보잘 것 없는 몸이, 갓쓴 벼슬아치들 치렁치렁한 자리에 묶여 앉아 있다는 것이.」(常恐樗櫟身, 坐纏冠蓋蔓)《대사전(大辭典)》(대만, 三民書局)
「저력」은 「저륵」이라는 발음도 있고(이희승《국어대사전》)「櫟」자를 또 「락」으로 읽어야 한나는 실도 있다.

6 | 봉리분(鳳螭紛) : 당나라 한유(韓愈)의《구루산(岣嶁山)》「(禹임금의 사적비에 적힌 고대 문자들이) 올챙이 같은 글자는 몸체가 주먹을 쥔 듯하고 염교잎 같은 글자체 펼쳐져 있으며. 난새가 나부끼고, 봉황이 깃들며, 호랑이와 이무기가 서로 잡아당기는 듯하네.」(科斗拳身薤倒披, 鸞飄鳳泊拏虎螭) 구루산은 곧 형산(荊山)을 말함.《고증》「살펴보니 이 말은 여러 사람들의 글이 크게 빛나는 것을 말한 것이다.」(案此言諸公文華之盛)

53

思君那得暫時寬
사 군 나 득 잠 시 관

그대를 생각함 어찌 가능하리오?
잠시나마 늦춤이,

醉把黃花誰共歡
취 파 황 화 수 공 환

취하여 누런 꽃을 잡고 있으나
누구와 더불어 함께 즐기리오?

新月媚人還入手
신 월 미 인 환 입 수

새로운 달은 사람에게 아첨하여
다시 손 안에 들어올 듯하나,

長風欺客且吹冠[7]
장 풍 기 객 차 취 관

긴 바람은 나그네를 속여
또 갓을 불어 떨어지게 하려네.

7 | 장풍기객차취관(長風欺客且吹冠) : 《진서 · 환온의 전기(晉書 · 桓溫傳)》「맹가는 자가 만년으로 …… 뒤에 정서장군(征西將軍) 환온의 참모가 되었는데, 환온이 그를 매우 중시하였다. 9월 9일에 환온이 용산에 올라가서 연회를 베풀었는데, 막료들이 다 모였다. 이때 막료들은 모두 군복을 착용하였는데, 바람이 불어와서 맹가의 모자를 떨어지게 하였으나 맹가가 그것을 알아차리지 못하였다. 환온이 좌우 사람들에게 아무 말도 말게 하고서 그 행동만 살펴보았다. 맹가가 한참 뒤에 변소에 갔는데, 환온이 그 떨어졌던 모자를 주워오게 하고는, 손성으로 하여금 글을 지어 맹가를 조롱하게 할 셈으로 맹가가 원래 앉아 있던 곳에다가 그 글을 부착하게 하였다. 맹가가 돌아와서 그것을 보고는 곧 그 글에 응답하는 글을 지었는데 매우 아름다웠다. 그래서 온 좌석에 있던 사람들이 모두 감탄하였다.」(孟嘉字萬年 …… 後爲征西桓溫參軍, 溫甚重之. 九月九日, 溫燕龍山, 僚佐畢集. 時佐吏幷著戎服, 有風至, 吹嘉帽墮落, 嘉不知覺. 溫使左右勿言, 欲觀其擧止. 嘉良久如厠, 溫令取還之, 命孫盛作文嘲嘉, 著嘉坐處. 嘉還見, 卽答之, 其文甚美, 四坐嗟歎) 이 뒤부터 「모자를 떨어뜨린다」는 말이 곧 중양절에 높은 곳에 올라간다는 뜻의 전고(典故)가 되었다. 송나라 진사도의 〈9월 9일날 진구에게 부치다(九日寄秦覯)〉「9월 9일 맑은 술로 흰 머리 속이는데, 10년이나 나그네 되어 누런 국화꽃 저버렸구나.」(九日淸樽欺白髮, 十年爲客負黃花)

千重眉黛依依列[8]
천 중 미 대 의 의 렬

천겹 만겹 푸른 눈썹을 그려놓은 듯한 산들

一道氷紈湛湛寒[9]
일 도 빙 환 잠 잠 한

어렴풋하게 늘어서 있고,
긴 강물 한 줄기 얼어붙은 깁실
같은데 흠치르르하게 차네.

景物隨緣易陳跡[10]
경 물 수 연 역 진 적

사물의 경치는 연고에 따라서
옛 자취를 바꾸노니,

急須摹取與君看
급 수 모 취 여 군 간

급하게 꼭 이 좋은 풍경을 모사하여
가지고 그대와 더불어 같이 보고 싶네.

8 | 미대(眉黛) : 《고증》「《의감(醫鑑)》 : 『대라는 것은 쪽(푸른색 염료로 사용하는 풀)으로 만드는 것인데, 청화라고도 부른다. 그것으로 눈썹을 그린다.』 살펴보니 조합덕(한무제가 사랑하였던 여자)이 눈썹을 짙게 화장하였으므로 『원산대』라고 불렸다. 탁문군(한 武帝 때의 문인인 司馬相如의 처)은 눈썹을 화장하지 않았으므로 눈썹이 먼 산과 같이 보였다고 한다.」(醫鑑 : 黛以藍造者, 俗名青花, 用以畵眉. 案趙合德爲薄眉, 號遠山對. 卓文君不可黛望如遠山)

9 | 잠잠(湛湛) : 이슬이 많은 모양. 이 글자들은 「담담」(진실하고 무게 있는 모양, 물이 가득차있는 모양) · 「침침」(물이 힘차게 흐르는 모양)이라는 딴 음들도 있음.

일도빙환(一道氷紈) : 당나라 황보식(皇甫湜)의 〈업무에 대한 비유(諭業)〉「이 양자강 줄기에 가을에 물이 차니 천리 먼 줄기가 한 길로 보이며, 찌를 듯한 회오리 바람이 빠른 물결을 일으켜도 드넓은 물의 흐름은 막히지 않는다.」(長江秋注, 千里一道, 衝飇激浪, 瀚流不滯) 《한서 · 지리에 관한 기록(地理志)》「제나라 땅(지금의 山東省 일대)에서는 …… 흰 섬세한 비단 · 비단 자수 · 고운 명주실 같은 물품을 짜내는데, 이것으로 천하를 씌우고 매고 입히고 신긴다고 한다.」(齊地 …… 織作氷紈綺繡純麗之物, 號爲冠帶衣履天下) 당나라 안사고의 주석 「『빙』은 베와 비단이 가늘며, 그 색은 얼음같이 선명하고 깨끗하다는 것이다. 『환』은 명주이다.」(氷, 謂布帛之細, 其色鮮絜如氷者也. 紈, 素也)

54

今古茫茫似逝川
금 고 망 망 사 서 천

옛날 아득하고도 아득하기
흘러가는 냇물과 같은데,

登臨佳景故依然
등 림 가 경 고 의 연

아름다운 경치 높은데 올라와서 보니
옛날 모습 어렴풋하구나.

同牀不識寧非貴 11
동 상 불 식 녕 비 관

같은 침상 위에서 함께 사나 잘 알아보지
못하나 어찌 귀하다 하지 않으리오?

10 | 진적(陳跡) : 「陳蹟」 또는 「陳迹」이라고도 함. 진나라 왕희지의 〈난정기(蘭亭記)〉 「얼마 전의 즐거웠던 일이 내려다보고 쳐다보고 하는 짧은 사이에 이미 옛 자취가 되어 버리니, 더욱이 그것 때문에 감회가 일지 않을 수 없게 된다.」(向之所欣, 俛仰之間, 已成陳跡, 尤不能不以之興懷)

11 | 동상불식영비관(同牀不識寧非貫) : 송나라 사마광(司馬光)의 《자치통감 · 후한기 · 효순황제(資治通鑑 · 後漢紀 · 孝順皇帝)》 정묘년(丁卯年: 127) 「이고는 자가 자견으로 합의 아들인데, 젊을 때부터 학문을 좋아하였다. 합이 사도라는 높은 벼슬을 하였으나, 고는 성명을 감추고 지팡이를 짚고 노새를 몰면서, 책 상자를 지고서 스승을 찾아다녔다. 늘 태학(중앙에 있는 국립대학)에 다닐 때에는 남몰래 관사에 들어가서 부모에게 아침 저녁 문안을 드리고는, 동창생들에게 자기가 합의 아들이라는 것을 모르게 하였다.」(李固字子堅, 郃之子. 少好學. 郃爲司徒, 固改姓名, 杖策驅驢, 負笈從師. 每到太學, 入公府定省, 不令同業諸生知其郃子也) 《노자(老子)》 「나를 아는 이가 드물면 내가 귀하다. 그러므로 성인은 칡으로 짠 옷을 입고 있지만 안에는 구슬을 품고 있는 것이다.」(知我者希, 我貴矣. 是以聖人, 被葛懷玉)

舉世相疵亦有傳
거 세 상 자 역 유 전

온 세상이 헐뜯는다고 하여도
역시 그 이름이 전한다네.

語穽豈容罇俎裏[12]
어 정 기 용 준 조 리

말의 함정 어찌 용납되리오?
술자리 앞에서,

愁城難著菊花前
수 성 난 착 국 화 전

근심의 성도 와 닿기가 힘드네,
국화 앞에서는.

남조 송[劉宋] 유의경(劉義慶)의 《세설신어 · 상과 명예(世說新語 · 賞譽)》「왕담(王湛)은 이미 상복을 벗었는데도 묘소가 있는 곳에서 머물렀다. 형의 아들인 왕제는 무덤에 참배하러 올 때마다 무시하고 숙부에게 들르지 않았고 숙부 또한 안부를 묻지 않았다. 왕제가 어쩌다가 가끔씩 들러도 날씨나 묻는 정도에 그쳤을 뿐이었다. 한번은 심심풀이로 근래에 있었던 일에 대하여 물은 적이 있는데 대답하는 언사가 매우 조리가 있어서 왕제는 의외라 생각하고 매우 놀랐다. 이에 더불어 얘기를 나누게 되었는데 갈수록 정미로워졌다. 왕제는 처음에는 조카로서 존경하지 않았는데 그가 하는 말을 듣고부터는 자신도 모르게 송구스러워 했으며 심신이 모두 숙연해졌다. 마침내 그의 집에 머무르면서 함께 담론을 나누게 되었는데 낮이 다하고 밤까지 이어졌다. 왕제가 비록 빼어나고 시원스러웠다지만 자기가 결함이 있음을 안 뒤에 탄식하기를 『우리 집에 명사가 계신데, 30년 동안이나 알아보지 못하였구나!』라 하였다.」(王汝南既除所生服, 遂停墓所. 兄子濟每來拜墓, 略不過叔, 叔亦不候. 濟脫時過, 止寒溫而已. 後聊試問近事, 答對甚有音辭, 出濟意外, 濟極惋愕, 仍與語, 轉造精微. 濟先略無子姪之敬, 既聞其言, 不覺懍然, 心形俱肅. 遂留共語, 彌日累夜. 濟雖儁爽, 自視缺然, 乃喟然歎曰, 家有名士三十年而不知)

歸鴉落日都成畫[13]
귀 아 낙 일 도 성 화

돌아가는 까치들 지는 해에
모두 그림과 같은데,

臥看東湖玉鏡天
와 간 동 호 옥 경 천

누워서 자세히 들여다 보네,
동호에 비친 옥거울 같은 하늘을.

12 | 어정(語穽) : 당나라 한유(韓愈)의 〈가을에 느낌(秋懷)〉 11수 중 열 번째 시 「말을 고의로 구불구불하게 꼬아서 함정에 빠지는 것을 회피하려 하니, 광활한 천지는 마음의 갈등 촉발해 내네.」(詰屈避語穽, 冥茫觸心兵)

준조(罇俎) : 술과 고기안주를 담는 잔과 그릇. 보통 제기를 말함. 《장자 · 자유롭게 노님(逍遙遊)》「(제사를 준비하는) 요리사가 음식을 잘 못만든다 해서 시동이나 신주가 술잔과 고기를 받치는 그릇을 들고 대신할 수는 없는 것입니다.」(庖人雖不治庖, 尸祝不越樽俎而代之矣)

「온 세상이 헐뜯는다고 하여도 여기 그 이름 전하네.」(擧世相疵亦有傳)라는 말이 무엇을 구체적으로 지적하는지 자세히는 알 수 없다. 다만 《이조실록》을 보면, 이해 12월에 「종성부사(鍾城府使)인 임형수(林亨秀)가 통선랑(通善郎 : 正五品)의 품계에서 아홉 자리[九資]를 뛰어넘어 갑자기 당상관(堂上官 : 正三品 이상의 벼슬)의 자리를 받은 것이 너무 지나친 우대」라고 하는 사헌부(司憲府)의 반대의견이 거세게 나온다. 아마 임형수가 그 전해까지 회령판관(會寧判官)으로 나가서 몇 해 동안 젊은 나이에 큰 공적을 세우고 임금의 신임을 받게 되어, 관례를 무시하고 크게 등용하려는 것을 반대하는 여론이 있었을 것으로 보인다.

13 | 귀아낙일(歸鴉落日) : 송나라 진여의(陳與義 : 호는 簡齋)의 〈시월(十月)〉 「까치 돌아가고 해 지니 하늘의 조화에 따라 꾸며지는 기밀 무르익고, 늙은 기러기 긴 구름에 갈 길 험난하기만 하네.」(歸鴉落日天機熟, 老雁長雲行路難)

55. 送金厚之修撰乞假歸覲, 仍請外補養親, 恩許之行[1]

김인후 수찬이 휴가를 얻어 고향으로 어버이를 뵈오러 가는 길에, 이를 계기로 하여 고향 가까운 곳의 수령벼슬을 청하여 어버이를 받들고자 함에, 나라에서 허락하여 떠나는 길에 송별하여 적음

君不見
군 불 견

그대는 보지 못하였는가?

1 | 김후지(金厚之) : 김인후(金麟厚 : 1510~1560)의 자(字). 호는 하서(河西) 또는 담재(湛齋)이며 본관은 울산(蔚山)임. 전라도 장성(長城) 출신의 큰 성리학자로 어릴 때는 모재(慕齋) 김안국(金安國)에게서 《소학(小學)》을 배웠으며, 1531년에 성균사마시에 합격하여 성균관에 입학한 후 퇴계 등과 두터운 교유를 쌓았다. 퇴계보다는 나이 9년 아래이나 성균관과 호당(湖堂)에서 함께 연구를 한 적이 있음. 이 시를 지을 때 퇴계는 43세, 하서는 34세였다. 하서의 〈연보(年譜)〉에 의거하면, 이해(中宗 38년, 癸卯年 서기 1543년) 8월에 하서가 홍문관(弘文館) 부수찬(副修撰: 正六品 벼슬)을 하고 있었는데, 조정에서 임금의 친척들 사이에 반목이 노골화되어 세태가 심상하지 않을 것을 예감하고 양친 부모가 연세가 많은 것을 핑계삼아 돌아가서 봉양할 것을 간청하였다. 그해 12월에 나라에서 전라도 옥과현감(玉果縣監)으로 임명하여 주면서, 고향 가까운 고을에서 근무하면서 부모님을 받들도록 하였다고 한다. 이후 을사사화 때는 병을 이유로 고향인 장성으로 돌아갔으며, 1545년까지 여러 차례 관직에 제수되었으나 사직하고 끝내 나아가지 않았다. 1796년에 문묘에 배향되었으며, 시호는 문정(文正)이다.
이 시는 당나라 때 이태백(李太白)이 지은 유명한 권주가(勸酒歌)체의 악부시(樂府詩: 악곡이 미리 마련되어 가사를 적어 넣는 시) 〈장진주(將進酒)〉(술을 가지고 권하려 한다)라는 노래의 형식을 따라서 지은 것인데, 이별을 아쉬워하여 술을 권하며 썼다. 「君不見 …… (그대는 보지 못하였는가? ……)」·「又不見 …… (또 보지 못하였는가? ……)」라는 말은 〈장진주〉에 나오는 말투이며, 마지막에 가서 박박주(薄薄酒)를 권하는 말이 나온다. 시구의 글자 수도 길어졌다 짧아졌다 하면서 변화가 있고, 각운자(脚韻字)도 여기서 단락을 떼어놓은 데마다 바뀌었다. 경쾌한 분위기를 자아내기 위함일 것이다.

鯤魚化作垂天翼
곤 어 화 작 수 천 익

곤어가 큰 붕새로 화하여
하늘에 날개를 드리우는 것을?

九萬摶風竟奚適[2]
구 만 박 풍 경 해 적

구만리 넓은 하늘에 바람을 몰고
필경 어디로 가려는 것인가?

下有區區斥鷃輩[3]
하 유 구 구 척 안 배

그 아래 구구하게 조무래기 새들이,

搶榆控地皆眞樂[4]
창 유 공 지 개 진 락

수레바퀴에 부딪쳐 땅에 닿으면서도
모두 정말 즐겁게 지낸다네.

2 | 곤어~해적(鯤魚~奚適) : 《장자 · 자유롭게 노님(逍遙遊)》「북해에 고기가 한 마리 살고 있으니, 그 이름은 곤(鯤)이라고 하였다. 곤의 크기는 몇 천리나 되는지 알 수 없다. 변화하여 새가 되었는데 그 이름을 붕(鵬)이라고 하였다. 붕의 등어리도 몇 천리나 되는지 알 수 없다. 노하여 날면 그 날개가 하늘에 구름이 드리워져 있는 듯 하였다. 이 새는 바다가 움직이면 장차 남해로 옮아가려 한다. 남해라는 것은 천지이다. …… 붕이 남해로 옮겨갈 때에는 물이 삼천리나 튀며, 회오리 바람을 휘몰아서 올라가기를 9만 리나 한다. 그래서 6월의 큰 바람을 타고 날아가는 것이다.」(北冥有魚, 其名爲鯤. 鯤之大, 不知其幾千里也. 化而爲鳥, 其名爲鵬. 鵬之背, 不知其幾千里也. 怒而飛, 其翼若垂天之雲. 是鳥也, 海運則將徙於南冥, 南冥者, 天池也. …… 鵬之徙於南冥也, 水擊三千里, 摶扶搖而上者九萬里. 去以六月息者也)

3 | 척안배(斥鷃輩) : 종달새 또는 메추라기라고도 함. 위와 같음. 「(곤이 멀리 날아가는 것을 보고서) 종달새가 비웃으며 말하기를 『저것은 장차 어디로 가는가? 나는 훌쩍 뛰어 올라가 보아도 불과 몇 길 올라가다가 내려오고, 쑥대 밭에서 뛰어노는데, 이것이 고작 내가 날 수 있는 한도일 뿐이다. 그런데 저것은 장차 어디로 날려고 하는가?』라 하였다.」(斥鷃笑之曰, 彼且奚適也. 我騰躍而上, 不過數仞而下, 翱翔蓬蒿之間, 此亦飛之至也, 而彼此奚適也)

又不見
우 불 견

또 보지 못하였는가?

魏瓠種成實五石
위 호 종 성 실 오 석

위나라 임금이 준 박을 심자
다섯 섬을 넣을 큰 열매를 맺은 것을,

不願爲瓢憂濩落
불 원 위 표 우 확 락

원하던 표주박이 되지 않음에
터무니 없이 큰 것만 걱정하네.

何況作尊浮江湖[5]
하 황 작 준 부 강 호

하물며 바리를 만들어 강호에 띄운다고?

4 | 창유공지(搶楡控地) : 위와 같음. 「매미와 작은 비둘기가 그것을 비웃기를 내가 있는 힘을 다하여 나는데도 느릅나무와 박달나무(가지)에 머무를 뿐이고, 때로는 거기까지도 못 올라가고서 땅에 곤두박질 칠 따름이다.」(蜩與學鳩笑之曰, 我決起而飛, 搶楡枋而止, 時則不至而控於地而已矣)

5 | 위호~강호(魏瓠~江湖) : 위와 같음. 「혜자(곧 惠施)가 장자에게 다음과 같이 말하였다. 『위나라 임금이 나에게 큰 박의 씨를 주었는데, 내가 심어 익게 되자 열매 하나가 다섯 섬이나 되었다. 거기다가 물을 담아보니 견고하지 못하여 그대로는 들 수가 없고 쪼개어서 표주박을 만들려니, 너무나 커 아무 용도가 없었다. 나는 그것이 아무 쓸모가 없기 때문에 깨어버렸다.』 장자의 대답 『그대는 정말 큰 것을 사용할 줄 모른다. …… 지금 그대가 다섯 섬이나 되는 박이 있다면, 어찌 큰 바리를 만들어 강이나 호수에 띄울 생각을 하지 않는가? 그러고서 다만 그것이 너무나 커 쓸모가 없다고만 걱정하니, 그대는 아무래도 마음이 꽉 막혀있소이다그려!』」(惠子謂莊子曰, 魏王貽我大瓠之種, 我樹之成, 而實五石, 以盛水漿, 其堅不能自擧也. 剖之以爲瓢, 則瓠落无所容. 非不呺然大也, 吾爲其无用而掊之. 莊子曰, 夫子固拙於用大矣. …… 今子有五石之瓠, 何不慮以爲大樽而浮乎江湖. 而憂其瓠落无所容, 則夫子猶有蓬之心也夫)

却笑莊生未甚達
각 소 장 생 미 심 달

도리어 우습구나, 장자가
그렇게 이치에 통달하지 않았음이.

我昔與子遊泮宮6
아 석 여 자 유 반 궁

내 옛날 그대와 함께
성균관에서 유학할 때에,

一言道合欣相得
일 언 도 합 흔 상 득

한 마디를 나누자 길이 같아서
흔연히 서로 좋은 벗이 되었네.

6 | 아석여자유반궁(我昔與子遊泮宮) : 반궁은 원래 서주(西周) 때 설치한 학궁(學宮)인 대학[太學]을 말함. 「泮」은 뜻이 「半」과 통하는데 옛날 노나라에 설치한 학궁에 북쪽을 제외한 반월, 또는 벽옥(璧玉)을 반을 자른 형태의 못을 판 데서 유래함. 후에는 태학 및 성균관 등 국립대학을 일컫는 말로 널리 쓰이게 되었다. 《시경 · 노송 · 반궁의 연못(魯頌 · 泮水)》「즐거운 반궁의 물에서 미나리를 캐네.」(思樂泮水, 薄采其芹)
〈김하서연보(金河西年譜)〉(《河西先生全集 · 附錄卷三》) 24세 계사년(癸巳年: 1533년) 조「성균관에 유학할 적에 이퇴계선생과 더불어 학문을 강론하였다. 때가 기묘사화를 지낸 뒤라 선비들의 기가 죽어 있었고 도학(道學: 즉 性理學)에 관하여 언급하는 것을 꺼렸다. 그러나 선생은 퇴계를 한번 보자 뜻이 서로 깊게 맞아 학문의 근원을 심오하게 추구하여 서로 도움이 많았다. 얼마 뒤에 퇴계가 고향으로 돌아갈 때 선생이 시를 지어 송별하였는데 『선생님께서는 영남의 으뜸가는 선비, 이태백과 두보의 문장에다 왕희지와 조맹부(趙孟頫 : 원나라 때의 명필)의 필재까지 갖추시었네.』라 읊은 구절이 있다.」(遊泮宮. 與退溪李先生講學. 時經己卯士禍, 士氣沮喪, 諱言道學. 而先生一見退溪, 深相契合, 源源講劘, 深有麗澤之益. 未幾, 退溪還鄕, 先生以詩贈別, 有夫子嶺之秀, 李杜文章王趙筆之句)
7 | 처세여허주(處世如虛舟) : 《장자 · 산 속의 큰 나무(山木)》「배 두 척이 나란히 강물을 건너가고 있는데, 그 중에 사람이 타고 있지 않은 빈 배가 사람이 타고 있는 배 곁에 와서 부딪쳤다면, 비록 성급한 사람이라고 하더라도 성을 내지 않을 것이다. 그러나 만약 어떤 사람이 그 배에 타고 있었다고 한다면, 서로 상대방의 배를 비키라느니 되밀라느니 하고

君知處世如虛舟[7]
군 지 처 세 여 허 주

그대는 알았네, 세상에 사는 것을
마치 빈 배와 같이 해야함을,

我信散材同樗櫟[8]
아 신 산 재 동 저 력

나는 믿었네, 쓸모없는 재주
가죽나무와 상수리나무와도 같음을.

富貴於我等浮雲[9]
부 귀 어 아 등 부 운

부와 귀는 나에게 있어
뜬 구름과 같은 것이니,

고함을 칠 것이다. 한번 고함을 쳐도 듣지 않고 두번 고함을 질러도 듣지 않는다면, 세번째 고함을 칠 때는 반드시 욕설이 튀어나올 것이다. 앞서는 노하지 않았는데, 지금 노하는 것은 앞서는 배가 비었기 때문이고 지금은 배에 사람이 타고 있었기 때문이다. 사람이 자기 자신을 비우고서 세상을 살아 간다면, 어떤 사람이 그를 해치겠는가?」(方舟而濟於河, 有虛船來觸舟, 雖有惼心之人不怒. 有一人在其上, 則呼張歙之, 一呼而不聞, 再呼而不聞, 於是三呼邪, 則必以惡聲隨之. 向也不怒而今也怒, 向也虛而今也實. 人能虛己以遊世, 其孰能害之)

8 | 저력(樗櫟) : 〈52〉 5)를 보라. 《장자》의 〈자유롭게 노님〉 편과 〈인간세(人間世)〉 편에 나옴.

9 | 부운(浮雲) : 뜬구름. 《논어 · 전하여 기술하되(述而)》「의롭지 못하고서 부자가 되는 것, 신분이 귀하게 되는 것 따위는 나에게 있어서는 마치 뜬 구름과 같이 보잘 것 없는 것이니라.」(不義而富且貴, 於我如浮雲) 이 장편시에서는 여기서 나눈 것과 같이 운자(韻字)를 여덟 번이나 바꾸어 가며 전 시를 8단으로 나누었는데, 반 단원에서도 대개 첫 구절에 운자를 달고 있으므로, 여기서도 부운(浮雲)을 운부(雲浮)로 바꾸어 그 밑에 나오는 「求」(구) · 「流」(류) 자와 운이 통하도록 지은 것이 아닐까 하고 추측한 주석도 있다. 목재(木齋) 홍여하(洪汝河)가 인용한 삼강재(三江齋) 유생들의 견해인 《강록(江錄)》「마땅히 『운부』로 해야 한다.」(當作雲浮) 글자의 순서를 바꾸어 놓아도 뜻은 마찬가지니까 그렇게 볼 수도 있다.

偶然得之非吾求
우 연 득 지 비 오 구

우연히 얻는다고 하여도
추구하지는 않겠네.

風雲感激偶一時[10]
풍 운 감 격 우 일 시

바람과 구름이 서로 만난 감격
우연히 한때를 맞아,

玉堂金馬接跡追時流[11]
옥 당 금 마 접 적 추 시 류

옥당과 금마문에 잇달아 드나들면서
한때의 흐름에 좇아다니기는 하였지마는.

10 | 풍운(風雲) : 여기서는 기회를 잘 만나는 것을 비유함. 《후한서 · 마무의 전기(後漢書 · 馬武傳)》「(후한 光武帝를 도와서 한나라를) 다시 세운 28명의 장군들에 관하여 이전에는 그들이 모두 하늘의 28개의 별자리의 정기를 타고 난 것으로 생각하였으나 꼭 그런지는 알 수 없다. 그렇지만 그들 모두가 다 능히 바람과 구름이 모이는 조짐을 느낄 수 있었기 때문에, 그들의 지혜와 용기를 다하여서 끝내는 좌명공신(국가의 운명을 바로잡는데 보좌한 공신)의 칭호를 듣게 되었으니, 역시 각기 그들의 뜻을 다 발휘한 탁월한 인물들이다.」(中興二十八將, 前世以爲相應二十八宿, 未之詳也. 然咸能感會風雲, 奮其智勇, 稱爲佐命, 亦各志能之士也) 당나라 한유(韓愈)의 〈이관에게 주노라(贈李觀)〉「바람과 구름이 하루 아침에 모여, (북극에 사는 鵬과 남해에 사는 鯤을) 변화시켜 한몸을 만들어 버렸네.」(風雲一朝會, 變化成一身) 한유가 좋은 기회를 얻어 이관과 더불어 가까운 친구가 되었다는 뜻임.

11 | 옥당(玉堂) : 〈31〉-1)을 보라.
금마(金馬) : 〈26〉-7)을 보라.

12 | 도산(道山) : 후한 때 조정(朝廷)의 도서관인 동관(東觀)이 문인들이 모이는 곳이 되었는데, 당시의 학자들이 그곳을 도가(道家)의 비조인 노자(老子)가 주나라의 도서관장을 지낸 일이 있고, 또 도가들의 전설에 동해 가운데 있는 봉래산(蓬萊山)에 신비한 책들이 많이 소장되어 있다는 전설이 있기 때문에, 「도가봉래산」(道家蓬萊山)이라고 불렀다고 한

恩榮合沓謬所當
은 영 합 답 류 소 당

은혜와 영광 계속하여 넘치니
보잘 것 없는 재주에 감당하기
어려우나,

歲月紛綸閱江浪
세 월 분 륜 열 강 랑

세월은 분분히 흘러
강물결 바라보듯 하였네.

道山同讀未見書[12]
도 산 동 독 미 견 서

진리의 동산에서 함께 읽었네,
아직 못 보았던 책을.

다. 그래서 이조 때에도 동호독서당을 흔히 「동관」(東觀) 또는 「봉관」(蓬觀)이라고도 불렀다고 함. 《후한서 · 두융의 전기(後漢書 · 竇融傳)》「이때에 학자들이 동관을 노씨의 장서실이니, 도가의 봉래산이니 하고 불렀다.」(是時學者稱東觀爲老氏藏室, 道家蓬萊山)
미견서(未見書) : 위의 책 〈여러 문인들의 전기 · 황향의 전기(文苑傳 · 黃香傳)〉「황향은 자가 문강이며 강하 안륙 사람이다. …… 갓 낭중에 제수되었을 때인 원화 원년(84년)에 숙종(곧 章帝)이 조서로 황향을 동관으로 불러 아직껏 일찍이 보지 못했던 책을 읽게 하였다.」(黃香字文彊, 江夏安陸人.…… 初除郎中, 元化元年, 肅宗詔香詣東觀, 讀所未嘗見書)
《요존록》「다시 살펴보니 『함께 못보던 책을 읽었다』고 말한 것은 아마 《주자대전》이 여기 소장된 것을 처음 읽게 되었다고 한 것이 아닌가 한다.」(更案, 同讀未見書, 疑指朱子大全是藏, 始得是書)
퇴계가 편집한 《주자의 편지 중에서 중요한 내용을 요약한 책(朱子書節要)》)의 서문을 보면 「가정 계묘년(서기1543년, 중종 38년)에 우리 중종대왕께서 서관에 명령하시어, (이 《주자대전》을) 인쇄하여 반포케하시니, 내가 이때에야 비로소 이 책이 있는 줄 알고 구해서 얻게 되었다.」(嘉靖癸卯中我中宗大王命書觀, 印出頒行, 臣滉於是知有是書, 而求得之) 유탁일(柳鐸一) 교수의 〈退溪의 朱子書節要와 그 영향〉 참고. 계묘년이 바로 하서에게 주는 이 시를 지은 해이니, 하서와 더불어 이 해에 처음으로 《주자대전》(주자의 글을 다 모은 책, 100권)을 보게 되었다고 말할 수 있다.

我齒已衰君方壯
아 치 이 쇠 군 방 장

이때 내 나이 이미 쇠퇴기에 들었으나
그대는 바야흐로 장년일세.

抽玄關
추 현 관

도로 들어가는 문을 밀치고서

發奧藏
발 오 장

깊숙하게 감추어진 책을 열어 보았네.

經世謀猷兮
경 세 모 유 혜

세상을 경륜하는 지모가 큼이여,

賁國文章
비 국 문 장

나라를 빛내는 문장 솜씨도 있었네.

旨賜宮醞塵飛鞚[15]
지 사 궁 온 진 비 공

임금님의 뜻으로 궁중의 술을 보내시니
티끌이 날아가는 말굴레에 일고,

13 | 현관(玄關) : 불교의 용어로 도(道)로 들어가는 문을 말한다. 《문선(文選)》(중국 고대 시문 선집) 왕좌(王屮)의 〈두타사비문(頭陁寺碑文)〉「이때에 도로 들어가는 문이 비록 그윽하게 막혔으나, 느낌을 얻어 드디어 통하게 되었다.」(於是玄關幽揵, 感而遂通) 《노자》「잘 닫는 자는 빗장을 쓰지 않는데도 열 수가 없다.」(善閉無關楗而不可開) 당나라 한유의 〈협률도위인 원씨네 18째 집허(集虛)에게 이별함에 드림(贈別元十八協律)〉 여섯 수 중 첫째 시「쇠나 돌 같은 목소리 나고, 궁실의 빗장을 여네.」(金石出聲音, 宮室發關楗) 송나라 황정견(黃庭堅)의 〈고자면이 지은 시의 각운자를 써서(次韻高子勉)〉 열 수 중 첫째 시「궁궐의 도로 들어가는 문 자물쇠로 잠겼으니, 옥 열쇠로 열리기를 기다린다네.」(重玄鎖關鑰, 要待玉匙開)

珍分御廚稟繼倉
진 분 어 주 름 계 창

진귀한 반찬을 임금님의 부엌에서
나누어 오니 뒤주와 창고에 줄줄이
쌓였네.

昔人已云不敢當
석 인 이 운 불 감 당

옛날 사람들도 이미 말하였네,
이러한 우대를 감당할 수 없다고,

矧余焉能不愧顔
신 여 언 능 불 괴 안

하물며 내가 어찌 가능하겠는가?
얼굴에 부끄러움이 없이.

秋風蕭蕭吹漢水
추 풍 소 소 취 한 수

가을 바람 쓸쓸하게 한강을 스치는데,

我夢夜夜白石靑雲間
아 몽 야 야 백 석 청 운 간

내 꿈꾸네 저녁마다
흰 돌 푸른 구름 사이를 감도는 것이.

14 | 오장(奧藏) : 깊이 감추어진 장서. 당나라 이화(李華)의 〈저작청이라는 관청의 할 일을 그 관청의 벽에 적어둔 글(著作廳記)〉「봉래산 봉우리에 올라서서 장서실의 깊숙한 구석을 빙빙 돌아다닌다.」(登陟蓬萊之峯, 循環藏室之奧)

15 | 비공(飛鞚) : 날아다니는 말굴레. 말을 빨리 몰아서 나는듯이 좇아감을 말함. 《문선》 포조(鮑照)의 〈옛날 시체를 모방하여 지은 시(擬古詩)〉「짐승은 살찌는데 봄날 풀은 짧아지고, 나는 말굴레는 평평한 들판을 넘어다니네.」(獸肥春草短, 飛鞚越平陸) 당나라 두보(杜甫)의 〈미인을 읊은 노래(麗人行)〉「내시들이 누런 궁정문을 드나들며 말을 달리니 나는듯한 말굴레에도 티끌 일어나지 않고, 임금의 수랏간에서는 계속하여 팔진미를 양귀비의 친척들에게 나누어주네.」(黃門飛鞚不動塵, 御廚絡繹送八珍)

青雲白石我尙阻
청 운 백 석 아 상 조

푸른 구름 흰 돌 사이에 이르기까지
내 아직도 길 막혀 있으나,

海山千里君先去[16]
해 산 천 리 군 선 거

바다와 산 천리길을
그대는 먼저 떠나가네.

君言欲作反哺烏[17]
군 언 욕 작 반 포 오

그대는 말하네,
반포오反哺烏가 되고 싶다고,

16 | 군선거(君先去) : 송나라 소식의 〈유반이 해릉의 고을원으로 감을 송별하다(送劉攽倅海陵)〉「가을 바람 어제 밤에 뜰의 나무에 들더니, 순채 나물 아직 시들지 않았는데 그대 먼저 떠나네.」(秋風昨夜入庭樹, 蓴絲未老君先去)

17 | 반포오(反哺烏) : 자란 뒤에 늙은 어미에게 먹을 것을 물어다 먹이는 까마귀. 효조(孝鳥) 또는 자오(慈烏)라고도 한다. 「반포」란 말은 「효성한다」는 뜻으로 자주 사용됨. 《소이아 · 광조(小爾雅 · 廣鳥)》「순흑색의 먹이를 되물어다 주는 것을 자오라고 한다.」(純黑而反哺者, 謂之慈烏) 진 장화(張華)의 《금경(禽經)》「자오는 효조라고 하는데, 자라면 그 어미에게 먹이를 되물어다 준다. 다른 까마귀보다 더 적은데 먹이를 되물어다 주는 소리를 들을 수 있다.」(慈烏曰孝鳥, 長則反哺其母. 比他烏微小, 反哺之聲可聽)

18 | 전성(專城) : 당나라 백거이(白居易)의 〈당주의 최사또께서 양친을 모시며 부임하게 되어 송별하다(送唐州崔使君侍親赴任)〉「연이어 사또의 부절 지니고 두루 고을을 맡았으나, 유독 최사또님 가장 경사스럽고 영광스러움을 경하드리네.」(連持使節歷專城, 獨賀崔侯最慶榮)

유해무감처(有蟹無監處) : 당(唐)나라 때에는 각 지방 장관에 감찰관(監察官)을 두었는데, 흔히 서로 사이가 나빠서 권력다툼을 하였기 때문에, 당시의 벼슬아치들이 그것을 괴롭게 여기고서 이조(吏曹)에다 감독관이 없는 자리로 옮겨줄 것을 청하였다고 한다. 송나라의 문인 구양수(歐陽脩)가 지은 송대의 숨겨진 이야기[佚事]와 명사들의 일화를 적어놓은 《전원으로 돌아와서(歸田錄)》「태자소경 전곤이란 사람은 집안 대대로 항주에서 살아온 사람이다. 항주 사람들은 게를 좋아하였는데, 전곤은 늘 지방장관으로 외

乞得專城有蟹無監處[18]
걸 득 전 성 유 해 무 감 처

얻기를 비네, 한 고을 맡아 다스리되
게만 있고 감독관은 없는 곳을.

人生至樂君有之
인 생 지 락 군 유 지

인생의 지극한 즐거움을
그대는 간직하였으니,

具慶堂前舞綵衣[19]
구 경 당 전 무 채 의

양친이 다 살아계신 마루 앞에서
고운 옷 입고 춤추리.

지에 나가서 벼슬을 하고자 하였다. 고을사람들이 그에게 어느 고을을 맡기를 바라느냐고 물으니 『다만 게만 얻어먹을 수 있고 감독관은 없는 곳이면 좋겠다.』라고 말하여 지금까지도 선비들의 입방아꺼리가 되고 있다.」(錢昆少卿者, 家世餘杭人也. 杭人嗜蟹, 昆嘗求補外郡. 人問其所欲何州, 昆曰, 但得有螃蟹無通判處, 則可矣. 至今士人以爲口實)

19 | 구경(具慶) : 양친이 다 살아 계신 것을 말함. 《맹자 · 마음을 다함(盡心) 상》「군자에게는 세 가지의 즐거움이 있는데, 천하를 다스리는 것은 여기에 들어 있지 않다. 부모가 모두 생존해 계시며 형제에게 아무 일도 없는 것이 첫 번째 즐거움이다.」(君子有三樂, 而王天下不與存焉. 父母具存, 兄弟無故, 一樂也) 《이정유서(二程遺書) · 권6》「사람에게 부모가 없으면 생일날 비통한 마음이 두 배가 될 것이다. 더욱이 어떻게 차마 술을 차려 놓고 음악을 연주하며 즐기겠는가? 만약에 양친이 다 살아 계신 자라면 괜찮으리라.」(人無父母, 生日當倍悲痛, 更安忍置酒張樂以爲樂. 若具慶者可矣)

무채의(舞綵衣) : 옛날 중국의 노래자(老萊子)라는 분이 효성이 지극하였는데 70이 훨씬 넘어서도 양친을 봉양하면서 그들을 즐겁게 하여 드리기 위하여 어린이와 같은 장난을 하고 오색이 영롱한 색동옷을 입고 춤을 주었다고 한다. 당나라 이백의 〈역양의 지사마에게 드림. 당시 이분은 어린애 춤을 추었기에 이 시를 지었다(贈歷陽褚司馬. 是此公爲稚子舞, 故作是詩也)〉「먼저 어린애와 같이 춤을 추고, 다시금 노래자의 옷 입었다네.」(先同稚子舞, 更著老萊衣) 청나라 왕기(王琦)의 주석 「《여러 선비들의 전기》 노래자는 효성스럽게 양친을 봉양하였는데 나이 70이 다 되도록 어린애와 같이 스스로 즐거이 오색 무늬의 옷을 입었다.」(列士傳. 老萊子孝養二親, 行年七十, 嬰兒自娛, 著五色采衣)

此外萬事何足道
차 외 만 사 하 족 도

이 밖에 일만 가지 일이야
무엇을 말할 것이 있겠는가?

儻來軒冕如塵微[20]
당 래 헌 면 여 진 미

갑자기 큰 수레와 면류관을 가지고 와서
초빙한다고 하여도 티끌과 같이
물리칠 것을.

不羨圖凌雲[21]
불 선 도 릉 운

부러워할 것 없네,
능운각에 화상을 그려두는 것을,

20 | 당래헌면(儻來軒冕) : 《장자 · 본성을 닦음(繕性)》「옛날의 이른바 뜻을 얻었던 사람들이란 큰 수레와 면류관(즉 높은 벼슬을 뜻함)을 얻은 것을 뜻하는 것이 아니었다. …… 지금의 이른바 뜻을 얻은 사람들이란 큰 수레와 면류관[軒冕]을 얻은 것을 두고 말한다. 그러한 것이 자신에게 있다는 것은 자기의 본성이나 운명이 아닌 것이다. 그것은 물건이 갑자기 와서 자신에게 붙은 것이나 같다.」(古之所謂得志者, 非軒冕之謂也. …… 今之所謂得志者, 軒冕之謂也. 軒冕在身非性命也, 物之儻來寄也)

21 | 능운(凌雲) : 구름을 뚫고 높이 올라 솟아 있다는 말인데 당나라 태종때의 유명한 화가 염입본(閻立本)으로 하여금 24공신의 화상을 그려서 걸어두게 한 「능연각」(凌煙閣)을 두고 말한 것 같다. 당나라 때의 중 관휴(貫休)의 〈전상보 류(鏐)에게 올리다(獻錢尙父)〉「훗날 능연각에 이름 오르리니, 어찌 당시의 만 호 다스리는 제후 부러워하리오?」(他日名上凌煙閣, 豈羨當時萬戶侯)

22 | 자진암경명이진(子眞巖耕名已振) : 정자진은 앞의 〈44〉-27)을 보라.

23 | 원헌(原憲) : 공자의 제자로서 퍽 가난하게 살았기 때문에 후세에는 가난한 선비의 대명사같이 사용되었음. 《장자 · 임금자리를 사양함(讓王)》「원헌이 노나라에 살고 있는데 담장만 둘러서 방을 만들고, 아직 채 마르지도 않은 풀로 지붕을 이고 쑥대로 엮은 사립문조차 다 되어 있지 않았다. …… (역시 공자의 제자인) 자공이 큰 말에 좋은 흰 겉옷을 입고 안에는 붉은 옷을 받쳐 입었는데 골목에는 수레가 들어갈 만한 공간이 없어 걸어서 그를 찾아가 보았다. 원헌은 다 헤진 모자를 쓰고 명아주 지팡이를 짚고서 문앞에서 그를 맞았다. 『선생께서는 무슨 병에라도 걸리셨습니까?』 원헌이 말했다. 『제가 듣기에

不須擁旌麾
불 수 옹 정 휘

바랄 것 없네,
가는 곳마다 깃발로 에워쌓는 것을.

子眞巖耕名已振[22]
자 진 암 경 명 이 진

정자진鄭子眞은 바위 아래서 밭을
갈았으나 이름은 이미 떨치었고

原憲蓬居道非吝[23]
원 헌 봉 거 도 비 린

원헌은 쑥대로 사립문을 하고 살았지만
학문에는 부족함이 없었네.

재산이 없는 자를 가난하다고 말하고, 도를 배우고서도 이를 행하지 못하는 것을 병들었다고 말한다고 들었는데, 지금 저는 가난하기는 하지만 병든 것은 아닙니다.』 자공은 이 말을 듣고서 뒷걸음질치며 부끄럽게 생각하였다.」(原憲居魯, 環堵之室, 茨以生草, 蓬戶不完, …… 子貢乘大馬, 中紺而表素, 軒車不容巷, 往見原憲. 原憲華冠縰履, 杖藜而應門. 子貢曰, 嘻, 先生何病. 原憲應之曰, 憲聞之, 無財謂之貧, 學道而不能行謂之病. 今憲貧也, 非病也. 子貢逡巡而有愧色)

24 | 왕식(王式) : 《한나라의 역사 · 왕식의 전기(王式傳)》「왕식은 자가 옹사이며 동평 신도 사람이다. …… 조칙이 내려 박사에 제수되었는데, …… 박사 강공은 마음속으로 왕식을 매우 시기하여 노래를 연주하는 사람들에게 『(망아지가 문밖에 서서 있고, 종들도 모두 주인이 나오기를 기다리고 있도다.[驪駒在門, 僕夫俱存]라고 하는) 〈망아지〉(驪駒)라는 노래를 연주해주게.』라 했다. 왕식이 이르기를 …… 『내 본래 오고싶어하지도 않았는데, 여러분들이 억지로 나를 오라고 하여 놓고는 드디어 하찮 것 없는 녀석에게 욕을 당하게 만드는구려!』 하고는 마침내 병이라 일컫고 벼슬을 버리고 집에서 일생을 마쳤다.」(王式字翁思, 東平新桃人也. …… 詔除下爲博士, …… 博士江公心嫉式, 謂歌吹諸生曰, 歌驪駒. 王式曰, ……我本不欲來, 諸生彊勸我, 竟爲豎子所辱. 遂謝病免歸, 終於歌) 송나라 소식의 〈해남 사람들은 한식을 지내지 않고 삼짇날 성묘하러 간다. …… (海南不作寒食, 而上巳日上冢 ……)〉「관녕은 늙었다고 관 벗어던지고 마침내 돌아갔고, 왕식은 그때 본래 오려고 하지 않았었다네.」(管寧投老終歸去, 王式當年本不來)

須知王式本不來[24]
수 지 왕 식 본 불 래

모름지기 알아야 하네, 왕식王式
본래 벼슬하러 오고 싶은 생각이
없었음을,

莫怪邴曼終難進[25]
막 괴 병 만 종 난 진

괴상하게 여기지 말라, 병만용邴曼容
끝내 조정에 나아가기 어려웠음을.

送君歸
송 군 귀

그대 돌아감에 송별을 고하며,

25 | 병만용(邴曼容) : 전한(前漢) 말기에 경조윤(京兆尹 : 서울특별시장)을 지냈으나 왕망(王莽)이 집권을 하고 있을 때 사직을 하고 물러났던 병한(邴漢)의 조카로 이름은 단(丹)이고 만용(曼容)은 그의 자(字)임. 《주역》에 뛰어난 학자였다고 함. 《한나라의 역사 · 두 공씨의 전기(兩龔傳)》「병한의 형의 아들인 만용 또한 뜻을 기르고 스스로를 수양하여 관직에 나아갔으나 6백 섬 이상의 높은 관직은 받으려 하지 않았으며, 문득 스스로 마다하고 떠났는데, 그 이름은 병한보다도 훨씬 널리 알려졌다.」(邴漢兄子曼容, 亦養志自修, 爲官不肯過六百石, 輒自免去, 其名過出於漢)

26 | 박박주(薄薄酒) : 농도가 보잘 것 없는 값싼 술. 송나라 소식의 시에 〈박박주(薄薄酒)〉라는 것이 있는데 「묽디 묽은 술도 찻물보다는 낫고, 거칠고 거친 천으로 지은 옷도 벗은 것 보다는 낫고, 못생긴 아내와 못된 첩도 독수공방하기보다는 낫네. 조정에 벼슬하여 새벽까지 숙직하다가 벗어둔 신에 서리가 가득 차기 보다는 삼복날에 북쪽 창 밑 서늘한 곳에서 목침을 높이 베고 푹 잠자는 것이 낫네. ……」(薄薄酒, 勝茶湯. 麤麤布, 勝無裳. 醜妻惡妾勝空房. 五更待漏靴滿霜, 不如三伏日高睡足北窓凉 ……)로 시작된다.

27 | 옥음(玉音) : 남의 편지나 말씀을 높여서 이렇게 말함. 《시경 · 소아 · 백구(小雅 · 白駒)》「그때의 소리를 금과 옥과 같이 귀중하게 생각하여, 나를 멀리하는 생각을 갖지 말아다오.」(毋金玉爾音, 而有遐心)

搔我首
소 아 수

나의 머리를 긁고 있네.

爲君歌薄薄酒[26]
위 군 가 박 박 주

그대를 위하여 노래부르네, 〈박박주가〉를,

相思莫惜寄玉音[27]
상 사 막 석 기 옥 음

생각나거든 아끼지 말라,
안부 편지 띄우는 것을,

我詩聊贈千金帚[28]
아 시 료 증 천 금 추

나의 보잘 것 없는 시 이에 바치니
천금이나 하는 빗자루 같네.

28 | 천금추(千金帚) : 집에서 사용하던 낡은 빗자루가 비록 낡아서 보잘 것 없는 것이지만, 사용하던 사람에게는 마치 천금이나 나가는 값비싼 물건과 같이 소중하게 여겨진다는 뜻. 《문선(文選)》 위(魏)나라 문제(文帝) 조비(曹丕)의 경전과 다른 몇 가지 문제에 관하여 토론한 글인 〈전론 · 글에 대하여 논함(典論 · 論文)〉「무릇 사람이란 스스로를 나타내는 데는 잘 하지만, 그러나 글은 한가지 체가 아니어서 다 잘 할 수 있는 이는 드물다. 그래서 각각 자기가 잘하는 것으로써 서로 남이 못하는 것을 경시한다. 속담에 이르기를 『집에 낡은 빗자루가 있으면, 그것을 천금에 상당하게 여긴다.』라 하였으니. 이는 스스로를 알지 못하는 우환이다.」(夫人善於自見, 而文非一體, 鮮能備善, 是以各以所長, 相輕所短, 里語曰, 家有弊帚, 享之千金. 斯不自見之患也) 《강록》「문사들의 일상적인 태도라는 것이 글이 비록 훌륭하지 않더라도 스스로 보배롭게 여긴다는 말이다.」(言文士常態, 文雖未佳, 而自以爲珍也) 송나라 소식의 〈수재인 진관이 보여준 시의 각운자를 써서 짓다. 진관과 손신로, 이공택은 매우 숙련되었으며 장차 서울로 과거를 보러 가려 한다(次韻秦觀秀才見贈, 秦與孫莘老李公擇甚熟, 將入京應擧)〉「천금이나 하는 낡은 빗자루 어떻게 바꿀 수 있으리? 나 또한 오래도록 머무르고는 있지만 어찌 뛰어나다 하리오?」(千金敝帚那堪換, 我亦淹留豈長算)

56~57. 次韻答金應霖 · 林士遂在東湖見寄. 二首_甲辰[1] ○余癸卯冬下鄕, 病未還朝. 春兩君寄詩來

김주 · 임형수 두 친구가 동호에서 보내온 시를 받아보고 차운하여 답함. 두 수_갑진년(44세)○내가 계묘년 겨울에 고향으로 내려왔다가 병이 들어 조정에 돌아가지 못하였다. 봄에 두 사람이 시를 보내어 왔다

56

雪盡花開病臥村
설 진 화 개 병 와 촌

눈 다 녹고 꽃은 피었는데
병들어 산촌에 누웠으니,

1 | 퇴계 44세 봄에 지은 것임. 《요존록》에는 「갑진년 2월 17일」(甲辰二月十七日)이라는 말을 첨부하여 놓고 있다.
김주(金澍)와 임형수(林亨秀)에 관해서는 각각 앞의 〈26〉-1)과 〈47〉-1)을 보라. 지금 전하는 이 두 사람의 문집에는 불행하게도 그때 퇴계에게 지어보낸 시가 전하지 않는다. 〈연보〉에 의하면 그 전해 11월에 예빈시(禮賓寺)의 부정(副正)을 받았으나 부임하지 않고 고향에 돌아가서 머물면서 은퇴하려는 뜻을 굳혔다가 이해 2월에 홍문관의 교리 벼슬을 받고 서울로 다시 올라갔다고 하니까(權五鳳 박사의 《退溪家年表》에 의함) 서울로 올라가기 바로 전에 지은 것으로 보인다.

2 | 소마미진(消磨未盡) : 송나라 소식의 〈다시 잠스님에게 화답하다(再和潛師)〉「동쪽 언덕에서의 습관 다 떨어낼 수 없어, 이따금 다시 길게 지어 작은 초서로 써보네.」(東坡習氣除未盡, 時復長篇書小草)
시혼(詩魂) : 시를 좋아하고 즐기는 정신. 주자의 〈여러 사람들과 함께 소동파가 지은 시의 각운자를 사용하여 같이 매화를 노래하는 시를 짓다. ……(與諸人用東坡韻共賦梅花……)〉「소동파 같은 신선은 신선이 되어 갔으나 그의 시혼만은 남아 있네.」(蘇仙仙去餘詩魂)

消磨未盡只詩魂[2]
소 마 미 진 지 시 혼

삭고 갈리었으나 사뭇 없어지지 않은 것은
다만 시혼詩魂뿐일세.

榮枯輾轉回雙轂[3]
영 고 전 전 회 쌍 곡

영화와 몰락이 돌고 도는 것이
두 바퀴통이 회전하듯 하니,

倚伏冥茫隔九閽[4]
의 복 명 망 격 구 혼

화와 복이 아득하게 뒤섞여 있네,
궁중의 아홉문은 멀리 떨어져
있으면서도.

3 | 쌍곡(雙轂) : 당나라 가도(賈島)의 〈옛날일을 되새김(古意)〉「덜컹덜컹, 다시 덜컹덜컹, 백년 세월 양 수레바퀴 구르듯하네.」(碌碌復碌碌, 百年雙轉轂)

4 | 의복(倚伏) : 《노자》「화로만 보이지만 복이 그로 말미암아 생겨나는 수도 있고, 복으로만 보이지만 화가 거기에 도사리고 있을 수도 있다.」(禍前福所倚, 福前禍所伏)

구혼(九閽) : 혼은 원래 문지기[守門人]라는 뜻이다. 한나라 허신(許愼)의 《설문해자》의 풀이에 의하면 「혼은 날이 저물면 문을 닫는 노예이다.」(閽, 常以昏閉門隸也)라 했다. 옛날에는 성문을 지키는 사람들을 주로 죄를 짓고 복역 중인 죄인[隸]으로 많이 충당하였다. 주대의 관직을 설명한 책인 《주례 · 천관(周禮 · 天官)》에서는 「혼인은 왕궁의 매 문마다 4인씩을 두었다.」(閽人, 王宮每門四人)라 하였다. 「구혼」은 곧 천자의 궁전 앞에 있는 아홉 문을 지키는 문지기를 말한다. 초나라 송옥(宋玉)의 《초사 · 구변(九辯)》에는 「임금님의 문은 아홉 겹」(君之門以九重)이라는 말이 나오는데, 여기에 송나라 홍흥조(洪興祖)가 주석을 달기를 「천자에게는 아홉 개의 문이 있는데 관문(關門) · 원교문(遠郊門) · 근교문(近郊門) · 성문(城門) · 고문(皐門) · 고문(庫門) · 치문(雉門) · 응문(應門) · 노문(路門)이라 한다.」라 했다. 나중에는 구혼이 곧 구중, 즉 궁궐이라는 뜻으로 쓰이게 되었다.

芝朮養生顏益古[5] 지 출 양 생 안 익 고	봉지와 용출 먹어 양생을 도모하니 낯은 더욱 고색古色을 띠게 되었고,
烟霞入骨語無煩 연 하 입 골 어 무 번	안개와 노을이 뼈속까지 사무치니 말을 번거롭게 할 것도 없네.
山中氣味君知否 산 중 기 미 군 지 부	산중에서 사는 맛을 그대들은 아는가 모르는가?
世事都無一句論 세 사 도 무 일 구 론	세상 일 도무지 없네, 한 구절도 논할 것이.

5 | 지출(芝朮) : 당나라 소악(蘇鶚)의 《두양잡편(杜陽雜編)》「원화 5년(810) 내급사인 장유칙이 신라에서 돌아오던 도중에 바다에서 여러 공자들을 만났는데 그에게 금으로 된 거북 형태의 도장을 하나 주었다. 거기에 새겨져 있기를 『봉황 영지와 용 백출이 생명을 무한하게 연장시켜 줄 것이다』라고 하였다. 장유칙이 서울에 도착하여 그간 있었던 일을 갖추어 올려바쳤다. 이 달에 궁전 앞에서 잠을 자는데 연리수(두 나무 가지가 서로 꼬여 하나로 합쳐진) 나무에서 영지 두 그루가 났는데 완연히 용이며 봉황과 같았다.」(元和五年, 內給事張惟則自新羅使廻, 於海上遇數公子, 授一金龜印. 其篆曰, 鳳芝龍朮受命無疆, 惟則達京師, 具以事進. 是月寢殿前, 連理樹上生靈芝二株, 宛如龍鳳) 진나라 갈홍(葛洪)의 《포박자 · 신선약(抱朴子 · 仙藥)》「남양의 문씨가 말하기를 그의 선조들은 한나라 말기에 큰 난리를 만나서 산 속으로 도망을 갔다 하는데, 굶주리고 지쳐서 거의 죽을 지경이었다. 그때 어떤 사람이 일러주어 백출을 먹었는데, 마침내 배가 고파지지 않았다. 수십 년 만에 고향으로 돌아오게 되었는데 얼굴빛은 더 젊어졌고 기력도 예전보다 더 나았다.」(南陽文氏, 說其先祖, 漢末大亂, 逃去山中, 飢困欲死. 有一人敎之食朮, 遂不能飢, 數十年乃來還鄕里, 顏色更少, 氣力勝故)

57

金君韶奏鳳來儀[6] 김 군 소 주 봉 래 의	김군이 옛날 노래를 연주하니 봉황이 날아와서 자세를 바로잡았고,
林子兼將百步威[7] 임 자 겸 장 백 보 위	임형은 아울러 갖추었네, 백 걸음 밖에까지 떨치는 위엄을,
故國春風留病客 고 국 춘 풍 류 병 객	고향 땅에 봄바람 일어 병든 사람 만류하고 있는데,
神交書札到柴扉[8] 신 교 서 찰 도 시 비	마음 통하는 친구의 편지가 사립문 밖에 왔네.

6 | 소주봉래의(韶奏鳳來儀) : 소는 순임금의 음악을 말한다. 《서경 · 우의 기록 · 익직(虞書 · 益稷)》「〈소소〉 음악을 아홉 번 연주하자 봉황이 날아와 법도에 맞추어 춤을 추었다.」(簫韶九成, 鳳凰來儀) 《고증》「(김주가) 시를 잘 짓는다는 것을 말한다.」(案, 言能詩也)

7 | 백보위(百步威) : 당나라 한유의 〈맹호를 노래함(猛虎行)〉「대낮에 골짜기에 드러누워 자나, 눈매에는 백보 밖에까지 떨치는 위엄이 있네.」(正晝當谷眠, 眼有百步威) 당나라 단성식(段成式)의 《유양잡조 · 털 있는 짐승(酉陽雜俎 · 毛篇)》「호위는 『乙』자와 같으며, 길이는 한 치이고 겨드랑이 양쪽의 피륙 속에 있으며 꼬리 끝에도 또한 있다. 그것을 차고 관직에 나아가면 훌륭하게 되며, 관직이 없으면 사람들이 시기한다.」(虎威如乙字, 長一寸, 在脇兩旁皮內, 尾端亦有之. 佩之臨官佳, 無官人所모嫉) 호위는 여기서는 원래 호랑이 몸에 있다는 뼈의 명칭이다. 《요존록》「임사수가 장수의 풍격을 갖추고 있기 때문에 이렇게 말하였다.」(士遂蓋有將帥之風, 故云)

半成山屋謀曾拙
반 성 산 옥 모 증 졸

멧집을 반만 이루니
헤아림이 본래 옹졸하였고,

全落湖梅事太違
전 락 호 매 사 태 위

호당에 핀 매화 다 떨어졌을테니
조정으로 돌아갈 일 너무 늦었네.

知我不材君最甚
지 아 불 재 군 최 심

나같이 보잘 것 없는 재주 알아줄 이
그대들 가장 으뜸이니,

8 | 신교(神交) : 마음이 맞고 정신이 서로 통하여 의기가 투합하는 교유를 말함. 《진서 · 혜강의 전기(晉書 · 嵇康傳)》「마음이 서로 맞는 사람은 진류의 완적과 하내의 산도 뿐이었으며, 그 무리에 섞여 즐거이 논 사람으로는 하내의 상수 · 패국의 유령 · 완적의 조카인 함 · 낭야의 왕융이 있었는데 마침내 대나무 숲에서의 교유가 있었다.」(所與神交者, 惟陳留阮籍 · 河內山濤, 豫其流者河內向秀 · 沛國劉伶 · 籍兄子咸 · 琅邪王戎, 遂爲竹林之游)

9 | 회계귀(會稽歸) : 회계는 절강성(浙江省)과 강소성(江蘇省) 사이에 있는 지명. 《한나라의 역사 · 엄조의 전기(嚴助傳)》「한나라때 엄조는 회계군 오땅 사람이었다. …… 엄조가 연회에서 임금을 모시고 한가로이 얘기를 하는데 임금이 엄조에게 고향에 있을 때를 물어 엄조가 대답했다. 『집이 가난하여 동서며 부자들에게 욕을 보았습니다.』 임금이 소원을 물으니 회계태수가 되고 싶다고 하였다. 이에 회계태수에 제수되었다.」(嚴助會稽吳人, …… 助侍燕從容, 上問助居鄉里時, 助對曰, 家貧爲友壻富人所辱. 上問所欲, 對願爲會稽太守. 於時拜爲會稽太守) 《진나라의 역사 · 치음의 전기(郗愔傳)》「치음의 자는 방회이

可無容得會稽歸[9]
가 무 용 득 회 계 귀

어찌 용인하여 줄 수가 없겠는가?
회계태수로 돌아가는 것을.

時應霖爲銓郎, 故屬以外補[10]

이때 김응림金應霖이 전랑이었기 때문에 외지의 고을살이를 부탁하였다.

다. …… 태상에 제수되었으나 한사코 사양하고 받지 않았다. 매우 허심탄회하고 겸손하여 먼 고을에 임명되어도 즐거워하며 그를 따랐으며, 나가서 보국장군 회계내사가 되었다. …… 오랜 시간이 흐른 뒤 나이가 들었다하고 벼슬을 사퇴한 후 아예 회계에서 살았다.」(郗愔字方回. …… 除太常, 固讓不拜. 深抱沖退, 樂補遠郡, 從之, 出委輔國將軍會稽內史, …… 久之, 以年老乞骸骨, 因居會稽) 송나라 소식의 〈아우 소철(蘇轍)에게 다시 화답하다(再和)〉 두 수 중 둘째 시 「맑은 천자의 행렬 수행하며 늙은 곳이 아닌데, 회계에는 언제나 구하여 바야흐로 돌아갈 수 있으리?」(供奉淸班非老處, 會稽何日乞方回)

10 | 전랑(銓郎)은 조선시대 문무관의 인사행정을 담당하던 이조(吏曹)와 병조(兵曹)의 정5품관인 정랑(正郎)과 정6품관인 좌랑(佐郎) 직을 통칭하는 말이다. 전랑은 조선 중기까지만 해도 가장 중요한 청요직(淸要職) 가운데의 하나로 주로 홍문관 출신의 젊고 명망 있는 문신 중에서 선임되었다.

58~59. 湖堂梅花暮春始開, 用東坡韻. 二首[1]_春赴召後

호당의 매화가 늦은 봄에 비로소 피었네 소동파의 각운 자를 사용하여, 두 수_봄에 부름을 받은 뒤에

58

我昔南遊訪梅村[2]
아 석 남 유 방 매 촌

내가 옛날 남쪽 땅에 가서 놀 적에
매화 마을을 찾았더니,

風烟日日銷吟魂
풍 연 일 일 소 음 혼

바람과 안개 날이면 날마다 일어
시를 읊조리는 혼을 녹게 하였네.

天涯獨對歎國艶[3]
천 애 독 대 탄 국 염

하늘 아래 한쪽 끝에서 홀로 마주하고서
나라에 으뜸가는 아름다움이라
감탄하였더니,

1 | 주자(朱子)는 소식을 좋아하지 않았지만, 퇴계가 지은 이 시의 원운시 만은 매우 좋아하여 몇 번이나 화운(和韻)하는 시를 썼다고 함. 민족문화추진회의 《국역퇴계집 · 상》에도 이 시의 역주가 있음.

2 | 《요존록》「《문집》 권5에 보면 〈이른 봄에 매화를 보고〉라는 시에 『옛날 남쪽 땅에 가서 놀 적에 옥같은 모습을 알게 되었더니, 옛 친구 멀리서 보내어 주어 뿌리채로 얻게 되었네.』라는 구절이 있다. 대개 일찍이 어떤 매화 종류를 남쪽 지방에 있는 옛부터 알고 있는 사람의 집에서 싣고 왔기 때문에 늘 이 말을 옛날 이야기로 삼고 있다.」(卷五, 早春見梅, 舊遊南國識玉面, 故人遠惠連根得. 盖嘗得梅品於南州, 故人家載來, 故每以爲故事) 권5의 〈17〉을 보라.

3 | 다음 [원운시]의 둘째 시에 있는 소식의 시구 「天香國艶肯相顧, 知我酒熟詩清溫」을 보라.

驛路折寄悲塵昏[4]
역 로 절 기 비 진 혼

역로驛路에 적어 부치고는
　티끌에 세상이 어두움을 슬퍼하였네.

邇來京輦苦相憶
이 래 경 연 고 상 억

그 뒤로 내가 서울에 와서는
매우 생각이 많이 나서,

淸夢夜夜飛丘園
청 몽 야 야 비 구 원

맑은 꿈 밤이면 밤마다
　옛 동산으로 날아갔네.

那知此境是西湖[5]
나 지 차 경 시 서 호

어떻게 알리오? 이 땅이
　바로 서호西湖인 것을?

邂逅相看一笑溫[6]
해 후 상 간 일 소 온

만나서 서로 보니
　한번 웃음 따뜻하네.

4 | 《고증》「《형주기》 육개(陸凱)는 범엽(范曄)과 사이가 좋았는데, 강남(江南) 땅으로부터 매화 한 가지를 부치면서 시를 지어보내기를 『매화 가지 꺾다가 역마 달리며 문서 전달하는 관원을 만나, 부쳐보내노라, 고개 위에 사는 이에게. 강남 땅에서 아무것도 특별히 가진 것이 없음에, 오로지 보낼 뿐일세, 한 가지 봄을.』이라 하였다.」(荊州記. 陸凱與范曄善, 自江南寄梅一枝贈詩日, 折花逢驛使, 寄與隴頭人. 江南無所有, 聊贈一枝春) 《형주기》라는 책이 어떤 책인지는 잘 알 수 없으나, 이 시는 《남북조시대의 송나라 시를 다 모은 책(全宋詩)》에 들어 있다.(〈卷五〉 14쪽의 뒷면)

5 | 서호(西湖) : 중국 절강성 항주(杭州) 근처에 있는 경치가 아름답기로 세계적으로 이름난 호수. 이 호수 곁에 있는 고산(孤山)에 북송시대의 시인이며 은사인 임포(林逋)가 일생동안 결혼도 하지 않고 「매화로 아내를 삼고 학으로 자식을 삼아」(梅妻鶴子) 살았다고 함. 그가 지은 매화를 읊은 시들이 유명함.

芳心寂寞殿殘春[7]
방 심 적 막 전 잔 춘

향기로운 술 적막하게도
늦은 봄을 끝까지 지키며,

玉貌婥約迎初暾[8]
옥 모 작 약 영 초 돈

옥같은 모습 부드럽고 아름답게
아침에 솟는 해를 맞이하네.

6 | 해후~일소온(邂逅~一笑溫) : 《요존록》에서는 이 구절의 주석으로 주자의 시 〈매화(梅)〉의 「해마다 해마다 한번씩 웃고 서로 만나는 곳에서, 오래도록 근심스러운 아지랑이 괴로운 안개 속에 머물러 있네.」(年年一笑相逢處, 長在愁煙苦霧中)란 구절을 인용하여 두었다. 주자의 다른 시(〈유규보가 남이 쓴 매화시에 화답하여 쓴 시의 각운자를 써서 짓다(次劉圭甫, 和人梅花韻)〉에는 「미인(매화를 말함)과 만나보니 한바탕 웃고, (연못에) 거꾸로 비치는 그림자 하얀데 성근 가지 가로 비껴 섰네.」(美人邂逅一笑粲, 倒影的皪疎枝橫)라는 구절이 있다.

7 | 방심(芳心) : 향기로운 꽃의 중심 부분[花心]. 송나라 소식의 〈기성으로 가는 길 위에서 매화를 보고, 장난삼아 진조(陳慥)에게 지어 보냄(岐亭道上見梅花, 戲贈季常)〉 「몇 가지에 남은 푸른 꽃망울조차 바람에 불려 모두 떨어져 버리고, 오직 한송이의 향기로운 속을 새가 쪼아 열려서 피어 있네.」(數枝殘綠風吹盡, 一點芳心雀啅開) 소식의 〈아우인 소철이 남원(南園)에 있는 초목을 읊은 시에 화답하다(和子由, 記園中草木)〉의 넷째 시 「원추리가 비록 보잘 것 없는 꽃이긴 하나, 홀로 우뚝하니 빼어날 수 있네. 아리땁게 어지러운 잎 가운데, 하나 하나 다 향기로운 속이 끼워져 있네.」(萱草雖微花, 孤秀能自拔. 亭亭亂葉中, 一一芳心揷) 「방심」(芳心)이라는 말에는 이 밖에도 「여자의 마음」·「당신의 마음」(높여서 이름)·「아름다운 마음」·「친절한 마음」 따위의 뜻이 있다.
《요존록》「군대에서 맨 뒤에 있는 것을 『전』(殿)이라고 한다. 진(鎭)을 치는 것, 뒤에 있는 것이다.」(軍後曰殿. 後也, 鎭也) 주자(朱子)의 〈앞 마을의 매화(前村梅)〉「바로 눈과 서리와 더불어 한해의 늦은 경치를 즐기고, 도화꽃 복숭아꽃으로 하여금 멋대로 늦봄에 마지막에 피도록 놓아두게 하네.」(直與雪霜娛晚景, 任從桃柳殿殘春)

8 | 작약(綽約) : 몸매가 부드럽고 아름다운 모습. 아래 주 15)를 보라.
돈(暾) : 원래의 의미는 갓 떠오른 해를 말함. 《초사 · 구가 · 동군(九歌 · 東君) 「새 해 동쪽에서 막 떠오름이여, 부상나무에서 나의 집 난간을 비추네.」(暾將出兮東方, 照吾檻兮扶桑)

伴鶴高人不出山[9]
반 학 고 인 불 출 산

학을 벗한 지조 높은 선비는
산에서 나오지 않고,

辭輦貞姬常掩門[10]
사 연 정 희 상 엄 문

임금의 수레 사양한 정숙한 여인은
늘 문을 닫고 있네.

9 | 반학고인(伴鶴高人) : 위의 5)에 나오는 임포(林逋)를 말함. 송나라 심괄(沈括)의《몽계필담(夢溪筆談)》권10 〈인사(人事) 2〉「임포는 항주의 고산에 은거하면서 늘 학을 두 마리 키웠는데 풀어놓으면 구름 위 하늘까지 날아올라 오래도록 빙빙 공중을 맴돌다가 다시 새장 속으로 들어갔다. 임포는 늘 작은 배를 띄우고 서호에 있는 여러 절에 가서 놀았는데, 만약 어떤 손님이 임포를 찾아오면 시중드는 한 동자가 나가 문에서 맞아들여 안내하여 앉아 있게 하고서, 새장을 열어 학을 풀어놓는데 한참 있으면 임포는 반드시 작은 배를 노 저어 돌아왔다.」(林逋隱居杭州孤山, 常畜兩鶴, 縱之則飛入雲宵, 盤旋久之, 復入籠中. 逋常泛小艇, 遊西湖諸寺, 有客至逋所居, 則一童子應門延客坐, 開籠縱鶴, 良久逋必棹小船而歸)

10 | 정희(貞姬) : 《한나라의 역사 · 외척들의 전기(漢書 · 外戚傳)》「(前漢의) 성제가 황궁의 뒷뜰에서 놀면서 일찍이 그의 후궁인 반첩여와 함께 같이 수레를 타고자 하였다. 그러나 반첩여가 사양하기를『옛날 그림을 보니 어진 임금들은 모두 이름난 신하가 곁에 있었으나, (夏 · 殷 · 周) 세 왕조의 마지막 임금 때에 와서야 여자들을 가까이 하게 되었습니다. 지금 저와 수레를 같이 타고자 하신다면, 어찌 그들과 비슷하지 않겠습니까?』하였다. 임금이 그 말을 좋게 여기고 그만 두었다. 태후가 그것을 듣고서는『옛날에는 번희가 있었고 지금은 반첩여가 있도다.』라 하였다.」(成帝遊於後庭, 嘗欲與倢伃同輦載, 辭曰, 觀古圖畫, 賢聖之君皆有名臣在側, 三代末主乃有嬖女, 今欲同輦, 得無近似之乎. 上善其言而止. 太后聞之, 喜曰, 古有樊姬, 今有倢伃) 그러나 나중에는 조비연(趙飛燕)이라는 후궁의 모함을 받자, 신변의 위협을 느껴 태후가 계신 장신궁(長信宮)에 들어가서 태후를 모실 것을 청하였다. 장신궁에서 쓸쓸하게 지내는 모습을 〈장신궁을 읊음(長信賦)〉이라는 작품을 지어 후세에 남겼다.

天敎晩發壓桃杏[11]
천 교 만 발 압 도 행

하늘이 늦겨울에 피게끔하여
복사꽃 살구꽃을 제압하니,

妙處不盡騷人言[12]
묘 처 불 진 소 인 언

오묘한 곳 이루 다 표현할 수 없네,
시인의 말솜씨로도.

媚嫵何妨鐵石腸[13]
미 무 하 방 철 석 장

아리따운 문장 무엇이 방해되겠는가?
철석같은 심장을 가진 것이,

莫辭病裏攜甖罇
막 사 병 리 휴 앵 준

사양하지 말라, 병든 몸일 망정
술항아리와 바리를 끼고 옴을.

11 | 압도행(壓桃杏) : 송나라 소식의 〈다시 양번(楊蟠)이 지은 매화시에 화답하여 지은 절구 열 수(再和楊公濟梅花十絶)〉「하늘이 복사꽃과 오얏꽃으로 하여금 보잘 것 없는 심부름꾼으로 만들었기 때문에, 고의로 한매로 하여금 제일 먼저 피게 하였네.」(天敎桃李作輿臺, 故遣寒梅第一開)

12 | 묘처부진소인언(妙處不盡騷人言) : 《요존록》「〈송풍정매화시〉(곧 소식의 원운시)에서 『술이 깨고 꿈에서 깨어 일어나서 나무를 감도니, 오묘한 뜻 남아 있으나 끝내 말은 없네.』(《고증》이나 여기서 모두 『妙處有在不盡言』으로 적고 있음)라고 한 것은 매화의 묘함을 시인의 말로서는 다 적을 수 없다고 한 것이다.」(松風亭梅花, 酒醒夢覺起繞樹, 妙意有在終無言, 言梅花妙處, 不盡形容騷人之言)

13 | 철석장(鐵石腸) : 〈47〉-7)을 보라.

【원운시】 〈十一月二十六日松風亭下梅花盛開[14] 11월 26일 혜주의 송풍정 아래 매화가 활짝 피었네〉

春風嶺上淮南村	춘풍령 고개 위에 회남촌에서,
昔年梅花曾斷魂	옛날에 매화꽃 보고서 일찍이 넋을 잃은 적이 있었네.
豈知流落復相見	어찌 알았으리오? 혜주땅에 귀양와서 다시 서로 만나게 될 줄을?
蠻風蜑雨愁黃昏	오랑캐 바람 서남쪽 비에 황혼이 조심스럽네.
長條半落荔支浦	긴 가지 반이나 늘어져 있네, 여지포에서,
臥村獨秀桄榔園	누운 나무 유독히 빼어나네, 사탕야자沙糖椰子 숲에서.

14 | 소식이 지은 원운시 두 수는 소동파가 서기 1094년(紹聖 元年, 59세)에 중국의 가장 남쪽지방인 광동성(廣東省)의 혜주(惠州) 땅에 건창군사마(建昌軍司馬)란 보잘 것 없는 벼슬자리로 좌천되어 조정에서 밀려났을 때 그곳에 있는 가우사(嘉祐寺)라는 절에서 머문 일이 있는데, 그 근처에 있는 송풍정(松風亭)이란 정자 근처에 핀 매화꽃을 보고 지은 것임.
이 시들에 나오는 「선생」(先生)이란 말은 수(隋)나라 때의 사람 조사웅(趙師雄)을 말한다. 《상우록(尙友錄) · 16》이라는 책을 보면 다음과 같은 이야기가 나온다. 수나라 개황(開皇) 연간에 어느날 날이 저물었는데 조사웅이 혜주의 나부산(羅浮山)을 지나다가 소복한 미인(美人)을 만나서 술을 대작하다가 취하여 잠이 들었다. 깨어나서 보니 큰 매화나무 밑에 누워 있는데, 파란 깃을 가진 새(흔히 신선세계와 속세를 내왕하는 사자로 생각함)가 그 위에서 짹짹하며 우는데, 달은 지고 삼성(參星 : 성좌이름)만이 비껴나타나는 것을 보고서 슬픈 생각을 가졌다고 함.

豈惟幽光留夜色	어찌 오직 그윽한 빛을 밤빛에만 남길 것인가?
直恐冷艶排冬溫	바로 두렵구나, 찬 아름다움이 겨울 따뜻함을 물리칠까.
松風亭下荊棘裏	송풍정 아래 가시넝쿨 속에서,
兩株玉蕊明朝暾	두 그루의 옥심지는 내일 아침에 돋아 오르리라.
海南仙雲嬌墮砌	바다 남쪽의 신선구름 예쁘게 섬돌에 떨어질 때에,
月下縞衣來扣門	달 아래 흰 옷 입은 이 와서 문을 두드리네.
酒醒夢覺起繞樹	술이 깨고 꿈에서 깨어 일어나서 나무를 감도니,
妙意有在終無言	오묘한 뜻 남아 있으나, 끝내 말은 없네.
先生獨飮勿歎息	선생께서는 혼자 마시시고 탄식은 마시옵소서,
幸有落月窺淸樽	행여나 떨어지는 달 있으면 맑은 술잔을 엿볼 수 있으니.

59

藐姑山人臘雪村 15
막 고 산 인 랍 설 촌

막고야藐姑射산의 신선이
선달 눈 온 마을에서,

鍊形化作寒梅魂 16
련 형 화 작 한 매 혼

모습을 단련하여 변화되었네,
찬 매화의 혼으로.

15 | 막고산인(藐姑山人) : 《장자 · 자유롭게 노님(逍遙遊)》「막고야라는 산에 신비한 사람이 살고 있다. 살과 피부는 마치 얼음과 같고, 부드럽고 아름답기는 마치 처녀와 같다. 오곡을 먹지 않고 바람을 들이마시고 이슬을 먹는다. 구름을 타고 나는 용을 몰며 이 땅 밖에 나가서 논다.」(藐姑射之山, 有神人居焉. 肌膚若冰雪, 綽約若處子, 不食五穀, 吸風飮露, 乘雲氣, 御飛龍, 而遊乎四海之外)
주자의 시 〈매화(梅)〉「고야산 신선의 얼음과 눈같은 모습에, 속세의 티끌 묻은 생각은 이미 채색 구름과 함께 날아가 버렸네. 해마다 한번씩 웃고 서로 만나는 곳에서 오랫동안 머물러 있네, 근심스런 아지랑이와 짙은 안개 속에.」(姑射仙人氷雪容, 塵心已共彩雲空. 年年一笑相逢處, 長在愁煙苦霧中) 위의 주 6)에서 일부분 인용함.

16 | 연형(鍊形) : 당(唐)나라 단성식(段成式)의 《유양잡조(酉陽雜俎)》「어떤 사람이 땅을 파다가 돌함[石函]을 얻었는데, 그 안에는 한 사람이 누워있었으며 용모가 보통 사람과 똑같았다. 조금 있다가 툭툭 털고 일어나서 어디론가 가버렸다. 도사(道士)가 이르기를 이 사람은 바로 태음(太陰) 기운이 뭉쳐져서 사람으로 변한 이라고 하였다.」(有人掘地得石函, 見人方偃臥, 容色如常. 須臾振發而起, 不知所在. 方士云此太陰鍊形人也) 《고증》에서 재인용. 송나라 소식의 〈부용성(芙蓉城)〉「삼세를 왕래하며 모습을 단련하였으나 부질없이 되었고, 끝내는 주저앉아서 잘못 읽었네, 《황정경》이라는 신선되는 책을.」(往來三歲空鍊形, 竟坐誤讀黃庭經)
역시 소식의 〈원풍(元豊) 6년 정월 20일 다시 황주(黃州) 동파(東坡)의 동문(東門)을 나와서(六年正月二十日, 復出東門)〉「오랫동안 동풍과 더불어 오늘은 약속하였더니, 그윽히 풍겨오는 향기 먼저 되돌려 보내네, 옥매화의 혼을.」(長與東風約今日, 暗香先返玉梅魂)

風吹雪洗見本眞[17]
풍 취 설 세 견 본 진

바람에 불리우고 눈에 씻길수록
본 바탕을 잘 드러내어,

玉色天然超世昏
옥 색 천 연 초 세 혼

옥 빛 천연스럽게
세상의 혼탁함을 초월하였네.

高情不入衆芳騷[18]
고 정 불 입 중 방 소

고결한 마음에 들어가지 않네,
뭇 꽃들이 시끄럽게 하는 것이,

17 | 설세견본진(雪洗見本眞) : 소식의 〈다시 양번이 지은 매화시에 화답하여 지은 절구 열수(再和楊公濟梅花十絶)〉(위의 11)에서 한번 인용) 「분가루 다 씻어내고 나니 흰 눈같은 살결 나타나서, 참된 빛깔이 장차 가지 위에서 다투어 생겨나려 하네.」(洗盡鉛華見雪肌, 要將眞色鬪生枝)

18 | 불입중방소(不入衆芳騷) : 북송 증기(曾幾)의 〈해당시(海棠詩)〉「두보는 (매화를) 잊어버리고 오로지 보잘 것 없는 것만 한가로이 읊었고, 다시 굴원의 〈이소〉에서는 (모든 꽃을) 이야기하면서도 매화만은 망각하였네.」(少陵妄却渾閑事, 更有離騷妄却梅) 《패문운부(佩文韻府)》에 의거함. 《고증》에서는 이 시구의 저자를 「증창산」(曾蒼山 : 이름은 原一)로 보았으나 아마 「다산」(茶山 : 曾幾의 호)의 잘못으로 보임.

남송 양만리(楊萬里, 호 誠齋)의 〈매화시에 화답한 서문(和梅詩序)〉「초나라의 시인(굴원)은 (〈이소〉라는 작품 속에서) 온갖 아름다운 향초들을 먹고 마시고, 허리에 향초를 차고 꽃을 먹으며, 천하의 향기로운 풀이며 아름다운 나무는 다 꿰어서 사지에서는 향내가 나고, 그 언어와 문장은 금이며 옥과 같아 멀리는 강리와 두약 같은 희귀한 풀까지 다 취한 것으로 되어 있지만, 정작 가까이 있는 매화는 이야기하고 있지 않다. ……」(楚之騷人, 飮芳而食菲, 佩芳馨而食葩藻, 盡掇天下之香草嘉木, 以苾芬其四體, 而金玉其言語文章, 盡遠取江離杜若, 而近捨梅 ……) 《고금도서집성(古今圖書集成)》에서 재인용.

19 | 위의 5)를 보라.

千載一笑孤山園[19]
천 재 일 소 고 산 원

천년에 한번 웃네,
고산孤山의 정원에서.

世人不識嘆類沈[20]
세 인 불 식 탄 류 침

세상 사람들은 알아보지 못하고
심제량과 비슷하다고 탄식하나,

今我獨得欣逢溫[21]
금 아 독 득 흔 봉 온

지금 나는 홀로 만족하고 있네,
흔연히 온백설자溫伯雪子를 만난 것을.

20 | 탄류심(嘆類沈) : 북송 진관(陳瓘: 1057~1122. 호는 了翁, 시호는 忠肅)의 〈공자를 알아보지 못한 심제량을 책망하는 글을 종손(從孫)인 기수에게 보냄(責沈文送姪孫幾叟)〉「섭현(葉縣)의 현령인 심제량이 자로에게 공자에 관하여 물었으나, 자로가 그에게 대답하지 않았다. 섭현 현령은 당대의 현자로 노나라에 공자라는 분이 있었음에도 알지 못하니 자로가 대답하지 않은 것이 마땅하다. 내가 원풍 을축년(1058년) 여름에 예부의 과거시험 점검관이 되어 마침 교서랑으로 있는 범순부와 함께 같은 집에 근무하고 있을 때에, 일찍이 순부가 안자의 노여움을 딴 사람에게 옮기지 않으며, 똑같은 허물을 두번 되풀이하지 않음에 대하여 논하였는데, 오직 백순(程顥의 자, 호는 明道)만이 그렇게 할 수 있을 뿐이라고 하였다. 내가 그 말을 듣고『백순이 누구입니까?』하고 물었다. 순부공이 한참동안 침묵을 지키다가『정백순도 모르느냐?』고 하였다. 내가 사죄하여 말하기를『저는 동남쪽에서 성장하여 사실은 모릅니다.』고 하였다. 그때 내 나이 스물 아홉이었다. 이때부터 내가 견문이 좁고 보잘것 없음을 스스로 부끄러워하였다.」(葉公沈諸梁問孔子于子路, 子路不對. 葉公當世賢者, 魯有仲尼而不知, 宜乎子路之不對也. 予元豐乙丑夏爲禮部貢院點檢官, 適與校書郎范公純夫同舍, 公嘗論顏子之不遷不貳, 惟伯淳能之, 予問公曰, 伯淳誰也. 公默然者久之曰, 不知有伯淳邪. 予辭曰, 生長東南, 實未知也. 時予年二十九矣. 自是以來, 常以寡陋自媿)《요존록》「세상 사람들이 매화를 알지 못하는 것이 섭공이 공자를 알지 못한 것과 같음을 탄식하였다.」(世人不識梅花, 歎其如葉公之不識孔子也)

神淸骨凜物自悟
신 청 골 름 물 자 오

정신은 맑고 뼈는 차가워
사물의 이치를 스스로 깨달았나니,

至道不假餐霞暾[22]
지 도 불 가 찬 하 돈

이치의 궁극에 이르면 없어지네,
노을과 돋는 해를 먹을 일이.

21 | 온백설자(溫伯雪子) : 《장자 · 전자방(田子方)》「온백설자(라는 도사)가 제나라로 가는 도중에 노나라에 머물렀다. …… 공자가 온백설자를 보고서는 말을 하지 않았다. 공자의 제자인 자로가 의심이 나서 공자에게 물었다. 『선생님께서 온백설자를 만나 보고자 하신 지가 이미 오래되었습니다. 그런데 지금 그를 만나보고서는 아무말도 하지 않으심은 무슨 까닭입니까?』 공자 『저와 같이 도에 통달한 사람은 눈으로 한번 보기만 하여도 그 사람이 가진 도(道)를 얻어 가지게 된다. 그러니 말을 할 필요조차 없다.』」(溫伯雪子適齊, 舍於魯. …… 仲尼見之而不言. 子路曰, 吾子欲見溫伯雪子久矣. 見之而不言何邪?』仲尼曰, 若夫人者, 目擊而道存矣, 亦不可以容聲矣) 여기서는 매화를 얻은 것이 꼭 온백설자를 만난 것과 같다는 뜻을 빌어서 비유한 것이다. 송나라 소식의 〈이날 우연히 야인인 왕씨의 거처에 이르러 …… (是日, 偶至野人汪氏之居 ……)〉「얼굴이 초췌하고 형체가 말라 굴원 비웃을 만하고, 눈으로 보기만 해도 도가 있으니 어찌 온백설자가 아니겠는가?」(色瘁形枯應笑屈, 道存目擊豈非溫)

22 | 지도(至道) : 《장자 · 있는 그대로 둠(在宥)》「(黃帝가) 『감히 묻겠습니다만, 어떻게 몸을 다스리면 장수를 누릴 수 있겠습니까?』 광성자가 벌떡 일어서더니 말했다. 『훌륭하도다, 그 물음이! 자 내 너에게 지극한 도를 밝혀주겠다. 지극한 도의 핵심은 깊고 어두우며, 지극한 도의 극치는 어둡고 고요하다.』」(敢問, 治身奈何, 而可以長久? 廣成子蹶然而起曰, 善哉問乎! 來, 吾語女至道. 至道之精, 窈窈冥冥. 至道之極, 昏昏默默)
찬하돈(餐霞暾) : 『찬』은 『飧』과도 통하며 복용한다는 뜻이다. 『찬하』라는 것은 도사들의 수련 방법이다. 《고증》「《여씨춘추》 심윤서는 놀을 먹고 기를 단련했다. …… 자양진인 주의산은 항상 정월 초하룻날 입을 행구고 동쪽을 보고 기를 복용했다.」(《呂氏春秋》沈尹筮飧霞鍊氣. 又紫陽眞人周義山常旦日嗽口東面服氣)

昨夜夢見縞衣仙[23]
작 야 몽 견 호 의 선

어젯밤에 꿈에 보았네,
흰 깁 옷 입은 신선을,

同跨白鳳飛天門[24]
동 과 백 봉 비 천 문

흰 봉황 등에 함께 걸터 앉아서
하늘 문으로 드나드는 것을.

23 | 위 14)의 [원운시]의 해제에서 언급한 조사웅(趙師雄)이 만났다는 「소복한 미인」을 보라. 소식의 원운시 첫째 시 「바다 남쪽의 신선구름 예쁘게 섬돌에 떨어질 때에, 달 아래 흰 옷 입은 이 와서 문을 두드리네.」(海南仙雲嬌墮砌, 月下縞衣來扣門)

24 | 백봉(白鳳) : 만당(晩唐)의 시인 조당(曹唐)의 〈유선시(遊仙詩)〉「알지 못하겠네, 오늘밤 어디서 노는지? 임금의 시종들은 모두 흰 봉황을 타고 있네.」(不知今夜遊何處, 侍從皆騎白鳳凰) 송나라 소식의 〈섣달 그믐날 큰 눈이 내려 유주에 머무르다가 정월 초하룻날 아침에 개어 마침내 떠났는데 도중에서 또 눈이 내리다(除夜大雪, 留濰州, 元日早晴, 遂行, 中途雪復作)〉「거위 털 준마 위로 떨어지니, 스스로 부끄럽구나, 흰 봉황을 타고 있는 것이.」(鵝毛垂馬駿, 自愧騎白鳳)《고증》「연화암의 비구니인 묘정의 시에 『꿈에 나르는 난새를 타고 푸른 하늘을 오르네.』라는 것이 있다.」(蓮花庵尼妙靜詩. 夢跨飛鸞上碧虛)《신선전습유(神仙傳拾遺)》「진목공에게는 농옥이라는 딸이 있었는데 퉁소를 잘 불었으므로 진목공은 농옥을 (蕭史에게) 시집보냈다. 마침내 농옥에게 봉명곡을 지어 가르쳐 수십 년 만에 퉁소를 불면 봉황의 소리와 같게 되었다. 봉황이 와서 그 집에 머무르므로 소사는 봉대를 지었다. 부부가 그 위에 머무르면서 마시지도 먹지도 않고 여러해 동안이나 내려오지 않다가 어느날 아침 농옥은 봉황을 타고 소사는 용을 타고 하늘로 올라 날아가 버렸다.」(秦穆公有女弄玉, 善吹簫, 公以弄玉妻之. 遂教弄玉作鳳鳴, 居數十年, 吹簫似鳳聲. 鳳凰來止其玉, 公爲作鳳臺. 夫婦止其上, 不飮不食, 不下數年, 一旦弄玉乘鳳, 簫史乘龍, 昇天而去) 역시 소식의 〈부용성(芙蓉城)〉「삼세를 왕래하며 보습을 단련하였으나 부질없이 되었고, 끝내는 주저앉아서 잘못 읽었네, 《황정경》이라는 신선되는 책을.」(往來三歲空鍊形, 竟坐誤讀黃庭經)

역시 동파의 〈원풍(元豊) 6년 정월 20일 다시 황주(黃州) 동파(東坡)의 동문(東門)을 나와서(六年正月二十日, 復出東門)〉「오랫동안 동풍과 더불어 오늘은 약속하였더니, 그윽히 풍겨오는 향기 먼저 되돌려 보내네, 옥매화의 혼을.」(長與東風約今日, 暗香先返玉梅魂)

蟾宮要授玉杵藥[25]
섬 궁 요 수 옥 저 약

두꺼비 궁전에서 받으려 하였네,
옥으로 만든 약 빻는 절구를,

織女前導姮娥言[26]
직 녀 전 도 항 아 언

직녀織女가 앞 길을 인도하여
항아姮娥에게 말을 전하였다네.

25 | 섬궁(蟾宮) : 《회남자 · 남명훈(淮南子 · 覽冥訓)》「예라는 활을 잘 쏘는 사나이가 서왕모(西王母)에게 불사약을 청하였으나 그의 아내인 항아(嫦娥 : 흔히 姮娥라고도 함)가 그것을 훔쳐가지고 달로 도망을 갔다.」(羿請不死之藥於西王母, 嫦娥竊以奔月) 《후한서 · 천문에 관한 기록(天文志) 상》에 인용된 《영헌(靈憲)》이라는 책의 주석 「예가 서왕모에게 죽지 않는 약을 청하였는데 항아가 그것을 훔쳐 달로 달아나려 하였다. 떠나려 할 때 유황에게서 그것에 대하여 널리 점을 쳤는데, 유황이 『길하다. ……』하므로 마침내 항아는 달에다 몸을 맡기었는데 이것이 곧 『섬여』이다.」(羿請無死之藥於西王母, 姮娥竊之以奔月. 將往, 枚筮之於有黃, 有黃占之曰, 吉, ……. 姮娥遂託身於月, 是爲蟾蠩) 『蟾蠩』는 『蟾蜍』와 같다.

옥저약(玉杵藥) : 당나라 배항(裵航)의 〈전기(傳奇)〉 요약. 『배항이 남교(藍橋)를 지나다가 목이 말랐다. 한 노파가 있기에 그녀에게 간단한 인사[揖]를 드리고, 혹시 물을 싸가지고 온 것이 있으면 좀 달라고 하였다. 노파가 운영(雲英)이라는 데리고 나온 아가씨에게 싸가지고 온 물을 배항에게 건네주어 마시게 하였다. 배항이 그만 운영에게 반하여 아내로 삼고자 하였다. 노파가 다음과 같이 말하였다. 앞서 신선이 신령스러운 약을 조금 잘라서 주었는데, 그것을 먹자면 반드시 옥으로 된 절구와 공이를 얻어서 가루가 되도록 부수어야만 한다. 만약 이 아가씨를 아내로 맞고자 한다면 옥절구를 얻어와야만 된다.』고 하였다. 뒤에 배항이 옥절구를 얻어와서 운영을 아내로 맞고, 또 신선이 되어서 갔다. 북송 때 이방(李昉)이 편집한 괴상한 이야기들과 소설들을 모아둔 책인 《태평광기(太平廣記)》에서 재인용.

覺來異香滿懷袖[27]
각 래 이 향 만 회 수

깨어나서 보니 기이한 향기가
가슴과 소매에 가득하니,

月下攀條傾一罇
월 하 반 조 경 일 준

달빛 아래서 한 가지 휘어잡고
한 바리의 술을 기울이노라.

26 | 직녀(織女) : 직녀는 원래 은하 동쪽에 있는 세 개로 이루어진 별자리 이름이었으나 의인화되어 전설이 되었다. 남조 양나라 단운(段芸)의 《하찮은 이야기(小說)》「은하수 동쪽에 직녀가 있는데 하느님의 아들이다. 해마다 베틀에 앉아 일을 하면서 구름 무늬의 비단을 짜내었는데 용모를 가다듬을 겨를도 없었다. 하느님이 혼자서 거처함을 가련히 여기어 은하 서쪽의 견우랑에게 시집을 가도록하였는데 시집을 간 후에는 마침내 베짜는 일마저 팽개쳐 버렸다. 하느님이 노하여 꾸짖고는 은하 동쪽으로 돌아오도록 명하고 일년에 한번만 서로 만나게 하였다.」(天河之東有織女, 天帝之子也. 年年機杼勞役, 織成雲錦天衣, 容貌不暇整. 帝憐其獨處, 許嫁河西牽牛郞, 嫁後遂廢織紝. 天帝怒, 責令歸河東, 但使一年一度相會) 당나라 두보의 〈견우와 직녀(牽牛織女)〉「견우는 은하 서쪽에서 나왔고, 직녀는 그 동쪽에 살았네. 만고에 영원토록 서로 바라보면서도, 칠석날 누구와 함께 보는가?」(牽牛出河西, 織女處其東. 萬古永相望, 七夕誰見同) 나중에는 일반적으로 부부간에 떨어져서 지내거나, 남녀간에 서로 그리워하는 마음을 나타내게 되었다.

27 | 향만수(香滿袖) : 당나라 두보(杜甫)의 〈가지라는 중서사인 (황제의 문서 취임함) 벼슬하는 이가 「이른 아침에 대명궁에 출근하며」라는 제목으로 쓴 시에 삼가 화답하여(奉和賈至舍人早朝大明宮)〉「조회 파하니 향기로운 연기 소매에 가득하고, 시 완성되니 주옥 같은 글씨 붓끝에서 이루어지네.」(朝罷香烟携滿袖, 詩成珠玉在揮毫)

【원운시】 〈再用前韻 다시 앞시의 각운자를 사용하여〉

羅浮山下梅花村	나부산 밑 매화 마을에,
玉雪爲骨氷爲魂	옥설로 뼈를 만들고 얼음으로 혼을 만들었네.
紛紛初疑月掛樹	분분하여 처음에는 의심하였네, 달이 나무에 걸려 있는가 하고,
耿耿獨與參橫昏	밝고 밝게 유독히 삼성參星과 더불어 황혼에 걸려 있네.
先生索居江海上	선생은 거처할 곳을 찾아서 강해江海 곁에 사시니,
悄如病鶴棲荒園	병든 학이 거친 동산에 살 듯이 근심스럽네.
天香國艶肯相顧	하늘이 내린 향기, 나라에 으뜸가는 고움 서로 돌아보고자 하니,
知我酒熟詩淸溫	알겠네, 나의 술 잘 익고 시는 맑고 따뜻하여 짐을.
蓬萊宮中花鳥使	봉래 궁중에서 미녀를 모집하러 나온 사신인,
綠衣倒桂扶桑暾	푸른 옷 입은 파랑새가 부상扶桑 땅에서 올라오네.
抱叢窺我方醉臥	떨기를 껴안고 나를 엿보니 마침 취하여 누워 있기에,
故遣啄木先敲門	일부러 딱따구리를 보내어 먼저 문을 두드리게 하네.
麻姑過君急掃灑	마고선녀가 그대 있는 곳을 지나서 갈 것이니 급히 쓸고 물을 뿌리라고,

鳥能歌舞花能言	새도 능히 춤추고 노래하며 꽃도 말할 수 있네.
酒醒人散山寂寂	술 깨니 사람들 흩어지고 산만 적적한데,
惟有落蕊黏空樽	오직 남아 있네, 꽃 심지 떨어져서 빈 잔 속에 붙어 있네.

60. 湖堂曉起, 用東坡定惠院月夜偶出韻[1]

호당에서 아침에 일어나서 – 소식의 「정혜원에서 달밤에 우연히 밖에 나와서」라는 시의 각운자를 사용하여

雞鳴水村月掛簷
계 명 수 촌 월 괘 첨

닭은 물가의 마을에서 울고
달은 처마에 달렸는데,

一枕歸夢驚殘夜
일 침 귀 몽 경 잔 야

한번 잠들어 고향간 꿈꾸다가
새벽녘에 놀라 깨었네.

窓櫳闃寂蓬觀裏[2]
창 롱 격 적 봉 관 리

큰 창문 작은 창문 모두 조용하네,
봉관蓬觀 안에는,

1 | 이 시는 퇴계가 44세 때 지은 것이다. 정혜원(定惠院)은 뒤 [원운시]의 주석을 보라.

2 | 창롱(窓櫳) : 《요존록》「《운회(韻會)》(《古今韻會擧要》) 작은 것을 『창』이라 하고, 활달하게 큰 것을 『롱』이라고 한다.」(韻會. 小曰窓, 闊達曰櫳)
「봉관」은 〈55〉–12)를 보라.

3 | 총롱(葱瓏) : 위와 같은 책. 「《운회》에는 『총』은 기운이 통달하는 것이요, 『롱』은 밝은 것을 말한다고 하였다.」(韻會. 葱, 氣條達也, 櫳明貌)

4 | 요대(瑤臺) : 아름다운 옥으로 지은 높은 집. 고대 신화 중에는 신선이 사는 집으로 나타나기도 함. 당나라 맹계(孟棨)의 《본사시 · 감정(本事詩 · 感情)「시인 허혼은 일찍이 산에 오르는 꿈을 꾼 적이 있었다. 궁실이 구름을 뚫고 있었는데 사람들이 이곳은 곤륜이라 하였다. 들어가니 바야흐로 여러 사람들이 술을 마시면서 그를 불러 저물어서야 끝이 났다. 시를 짓기를 『새벽에 옥같은 누대에 드니 이슬 기운 맑고, 자리에는 오로지 허비경만 있을 뿐이네. ……』라 하였다. 훗날 다시 꿈에 그곳에 이르렀는데 허비경이 말하기를 『그

曙色葱瓏花樹下[3]
서 색 총 롱 화 수 하

아침 햇빛 영롱하게 비치네,
꽃나무 아래는.

庭梅半落香更吹
정 매 반 락 향 갱 취

정원의 매화 반 떨어지니
향내 더욱 풍기고,

石澗新疏響轉瀉
석 간 신 소 향 전 사

돌 사이 흐르는 물 새로 씻기어
소리 굴러가며 토하네.

欲知仙境定何如
욕 지 선 경 정 하 여

알고 싶나니 신선이 사는 경계는
필경 어떠한가?

聞說瑤臺此其亞[4]
문 설 요 대 차 기 아

말 듣자니 요대瑤臺라는 곳도
이곳에 비하면 그 다음이라고.

대는 무슨 까닭으로 나의 성씨와 이름을 인간세상에다 밝혔소?』라 하여, 이에 그자리에서 즉시 『하늘에서 바람불어 내려오니 걸음소리 비었다네.』라 고치니, 『훌륭하오!』라 하였다.」(詩人許渾, 嘗夢登山. 有宮室凌雲, 人云此崑崙也. 旣入, 見人方飮酒, 招之, 至暮而罷. 賦詩云, 曉入瑤臺露氣淸, 坐中唯有許飛瓊 ……. 他日復夢至其處, 飛瓊曰, 子何故顯余姓名于人間? 座上卽改爲天風吹下步虛聲. 曰, 善) 송나라 소식의 〈양반(楊蟠)이 받들어 매화를 의논한 시의 각운자에 맞추어 짓다(次韻楊公濟奉議梅花)〉 열 수 중 둘째 시 「달빛 아래서 서로 만나니 옥 같은 누대요, 풀 깔고 맑은 술 마시니 밤마다 피네.」(相逢月下是瑤臺, 藉草淸樽連夜開)

차기아(此其亞) : 당나라 두보의 〈뛰어난 말을 노래함(驄馬行)〉 「공경대부들의 집에 옛날 내려준 것을 그대가 능히 취하였으니, 천자의 참된 마구에 있는 참된 푸른 용마[蒼龍馬]도 이것에 비하면 그 다음 가리라.」(卿家舊賜公取一, 天廐眞龍此其亞)

綺饌常繼太官供[5]
기 찬 상 계 태 관 공

좋은 음식 늘 이었는데
임금님의 주방에서 보내어 준 것이오,

蘭燭時容漁店借[6]
난 촉 시 용 어 점 차

난초 기름과 촛불을 때때로 허용하네,
고기 잡는 가게에서 빌려가는 것을.

病來酒伴已全疎
병 래 주 반 이 전 소

병들어 술친구들도
이미 모두 멀어지게 되었으나,

老去詩情渾未謝[7]
노 거 시 정 혼 미 사

늙어가면서도 시를 즐기는 마음은
사뭇 시들어지지 않네.

5 | 기찬(綺饌) : 당나라 두보의 〈백중승을 모시고서 장사들에게 연회를 베푸는 것을 보면서(陪柏中丞觀宴將士)〉「사사로이 가지지 않고 아름다운 음식을 고루 나누어 먹으니, 오래 앉아 있을수록 병사들의 금혁대가 가까워지네.」(無私齊綺饌, 久坐密金章)

태관(太官) : 곧 태관령(太官令)을 말하며, 궁정에서 임금의 음식을 관장하였음. 대관(大官)이라고도 함. 우리나라에서는 봉상시(奉常寺)임. 《고증》 참조. 송나라 소식의 〈차나무를 심다(種茶)〉「천 묶음 태관에게 보내니, 백가지 떡 사사로이 다투며 자랑하네.」(千團輸太官, 百餅衒私鬪)

6 | 난촉(蘭燭) : 전국시대 초나라 송옥(宋玉)의 〈혼을 부름(招魂)〉「난초의 기름으로 밝은 촛불을 더욱 빛나게 하니, 그 등잔들의 조각을 살펴보면 온갖 화려한 짐승들의 용모가 다 갖추어져 있네.」(蘭膏明燭, 華容備些)

7 | 시정혼미사(詩情渾未謝) : 당나라 두보의 〈강에 물이 차서 바다와 같이 그윽한 것을 보고 흥이나서 짧은 시를 지음(江上値水如海勢聊短述)〉「늙어가자 나의 시편들이 홀연히 흥에 넘치게 되어, 봄이 되어 꽃이 피고 새가 우는 것을 보게 되어도 표현이 부족하여 근심하지는 않네.」(老去詩篇渾謾興, 春來花鳥莫深愁)

8 | 봉성(鳳城) : 서울. 전설에 진(秦) 목공(穆公)의 딸 농옥(弄玉)이 퉁소를 잘 불어 그 소리가 듣는 사람들의 마음을 움직이게 하였다. 봉황새들까지도 그 소리를 듣고 모두 그 나라 서울에 모여들었기 때문에 서울을 가끔 봉성, 또는 「단봉성」(丹鳳城)이라고도 한다. 위

青春欲暮鳳城塵[8]
청 춘 욕 모 봉 성 진

푸른 봄 저물려 하니
서울에 티끌 날아,

白雲空憶芝山舍[9]
백 운 공 억 지 산 사

흰 구름 쳐다보며 공연히 생각하네,
지산정사芝山精舍를.

年多老松棲怨鶴[10]
연 다 로 송 서 원 학

나이 많은 늙은 소나무에는
나를 원망하는 학이 깃들 것이요,

雨荒幽圃抛寒蔗[11]
우 황 유 포 포 한 자

장마로 황폐해진 그윽한 산전山田에는
추위에 시든 사탕야자를 버렸을 것이네.

의 시 〈59〉-24)를 참조하라. 당나라 두보의 〈밤(夜)〉「주랑(走廊)으로 나와서 지팡이에 의지하고 두우성을 쳐다보니, 은하수는 멀리서 나의 마음에 응하여 봉황성에 접하여 있네.」(步蟾倚杖看斗牛, 銀漢遙應接鳳城)

9 | 지산사(芝山舍) : 영지정사(靈芝精舍)를 말함. 〈46〉의 서문과 주 1)을 보라.

10 | 원학(怨鶴) : 남조 제나라 공치규(孔稚圭)의 〈북산이문(北山移文)〉(〈33〉-2)를 보라) 「혜초로 만든 장막이 비었음이여! 밤에 깃드는 학도 원망할 것이다.」(蕙帳空兮夜鶴怨)

11 | 한자(寒蔗) : 『자』는 대나무 비슷하게 생긴 설탕의 원료가 되는 사탕수수를 말함. 대체로 이를 감자라고 번역하고 있는데 구황식품으로 보급된 감자[甘藷]는 19세기나 되어서야 우리나라에 전래되었으므로 이는 옳지 않다. 한나라 양부(楊孚)의 《이물지(異物志)》「감자는 교지(지금의 베트남 근처)에서 나는데 …… 둘레가 몇 치이며 길이는 한자 남짓으로 자못 대나무와 흡사하다. 쪼개어서 먹는데 달 뿐만 아니라 짜서 즙을 취하면 엿과 같아 사당이라고 한다.」(甘蔗交趾所產 …… 圍數寸, 長丈餘, 頗似竹. 斬而食之, 既甘, 取汁如飴餳, 名之曰糖) 송나라 홍매(洪邁)의 《용재오필(容齋五筆)》 권6 〈당상보(糖霜譜)〉「당태종이 마갈타국에 사신을 보내어 설탕의 제조법을 가져오게 하여 즉시 양주 인근의 여러 사탕수수를 그 조제법대로 짜게 하였더니, 빛깔과 맛이 서역의 것보다도 훨씬 나은 것 같았는데 지금의 사탕일 따름이다.」(唐太宗遣使至摩揭陁國, 取熬糖法, 卽詔揚州上諸蔗搾瀋如其劑, 色味愈於西域遠甚然, 只是今之沙糖)

榮辱如雲本來無
영 욕 여 운 본 래 무

영화와 욕됨 구름과 같아
본래 정함이 없고,

富貴逼人眞堪怕[12]
부 귀 핍 인 진 감 파

부귀공명 사람을 핍박하니
정말 견디기 두렵네.

朝來百囀林下鳥[13]
조 래 백 전 림 하 조

아침이 오니 수없이 지저귀네,
수풀 밑에서 새들이,

似與詩僧助嘲罵[14]
사 여 시 승 조 조 마

마치 시승詩僧과 더불어
조롱하고 욕하고 있듯이.

12 | 부귀핍인(富貴逼人) : 《북조의 역사 · 주 · 양소의 전기(周 · 楊素列傳) 「항상 황제의 조서를 지으라 하면 붓을 대는대로 곧 완성을 해내었는데 글의 뜻이 아름다움을 갖추었다. 황제[高祖]가 그를 가상히 여기어 「계속하여 힘쓸 뿐, 부귀는 걱정말라.」고 하였다. 양소가 대답하기를 「오직 두려운 것은 부귀가 닥쳐와서 저를 자유롭지 못하게 구속할까 걱정입니다. 저는 부귀를 도모하는데는 관심이 없습니다.」라고 하였다.」(常令爲詔, 下筆立成, 詞義兼美. 帝嘉之, 謂曰, 善相自勉, 勿憂富貴. 素應聲曰, 臣但恐富貴來逼臣, 臣無心圖富貴)

13 | 백전(百囀) : 당나라 가지(賈至)의 〈이른 아침에 대명궁에 들어가서 두 성의 친구 관료들에게 드림(早朝大明宮, 呈兩省僚友)〉 「천 가지의 연약한 버들가지는 대궐문에 드리워져 있고, 쉴새 없이 재잘대며 날아다니는 새들은 건장궁 주위를 돌아다니네.(千條弱柳垂青瑣, 百囀流鶯遶建章)

【원운시】 〈定惠院寓居月夜偶出[15] 황주黃州에 좌천되어 정혜원이라는 절에 임시로 묵으면서 달밝은 밤에 우연히 밖에 나와서〉

幽人無事不出門	그윽하게 사는 사람 바쁜일 없어 문밖에 나오지 않다가,
偶逐東風轉良夜	우연히 동쪽 바람을 좇아 나와서 깊은 밤이 되어 버렸네.
參差玉宇飛木末	높고 낮은 절간 지붕들은 나무 끝 위로 나는 듯하고,
繚繞香烟來月下	얼키고 설킨 향 연기는 달빛 아래 풍겨오네.
江雪有態淸自媚	강 위에 휘날리는 눈송이 모습을 갖추어 맑은 것을 스스로 좋아하지만,
竹露無聲浩如瀉	대나무에 내리는 서리는 소리 없이도 끝없이 마구 내리네.
已驚弱柳萬絲垂	버드나무 만 가지나 늘어진 것 보고 벌써 놀랐더니,

14 | 시승(詩僧) : 〈36〉 7)을 보라. 당나라이 문호인 한유(韓愈)는 시승인 영천(靈徹) 등 승려들을 조롱하는 시를 많이 지었음.

15 | 위의 시 두 수는 소동파가 45세에, 시를 지어 집권자들을 비난하였다는 죄명을 입고 감금되었다가 지금의 호북성(湖北省)에 있는 황주(黃州)에 단련부사(團練副使)라는 실권이 없는 관직으로 좌천되었을 때 가족들이 미처 이사를 오기 이전에 정혜원(定惠院)이라는 절간에서 임시로 혼자 거처하고 있으면서 지은 시이다.

尙有殘梅一枝亞	아직도 남아있네, 피다가 남은 매화 한 가지가 끝까지.
淸詩獨吟還自和	맑은 시 혼자 읊다가 돌아와서는 스스로 화답 하였으나,
白酒已盡誰能借	흰 술 이미 끝났으나 누구에게 꾸어달라고 할 수 있으랴?
不惜靑春忽忽過	청춘시절 홀연히 흘러간 것은 아깝지 않으나,
但恐歡意年年謝	다만 두렵네, 즐거운 마음 해마다 시들어짐이.
自知醉耳愛松風	스스로 알겠네, 술취한 귀가 소나무 바람 사랑함을,
會揀霜林結茅舍	서리 맞은 나무를 모으고 가려서 띠 집이라도 엮어 보아야지.
浮浮大甑長炊玉	큰 시루 안에 부글부글거리는 것은 옥을 오래 태우는 것 같고,
溜溜小槽如壓蔗	작은 술 주자에서 졸졸 흐르는 것은 사탕 감자를 짜는 듯하네.
飮中眞味老更濃	술 마시는 중에 참맛은 늙어갈수록 더욱 짙어가나,
醉裏狂言醒可怕	취한 가운데 한 미친 소리는 깨고나면 겁날것 같네.
閉門謝客對妻子	문을 닫고 손님을 사절하고서 처자만 마주하고서,
倒冠落佩從嘲罵	갓이 기울고 몸에 찬 것이 떨어지도록 마음놓고 지껄여야지.

〈次韻前篇 다시 앞의 시의 각운자에 맞추어서〉

去年花落在徐州	작년에 꽃이 떨어질 적에는 서주 땅에 있었는데,
對月酣歌美淸夜	달을 대하고 취흥에 노래하니 맑은 밤이 아름다웠네.
今年黃州見花發	금년에는 이 황주 땅에 귀양와서 꽃피는 것을 보고도,
小院閉門風露下	작은 암자에서 문을 닫고 있으니 바람에 이슬만 떨어지네.
萬事如花不可期	인간만사는 꽃과 같은 것 도무지 앞날을 기약할 수 없고,
餘年似酒那禁瀉	남은 나의 생애는 이 술과 같은 것이니 어찌 마구 쏟아지는 것을 막을 수 있으랴?
憶昔扁舟泝巴峽	지난날 조각배 타고 고향가는 길에 파협巴峽땅 험한 물길 거슬러 올라갈 적에,
落帆樊口高桅亞	분구樊口 땅에서 돛은 떨어지고 높이 선 돛대도 넘어졌다네.
長江袞袞空自流	긴 양자강 물결 꾸역꾸역 부질없이 저절로 흘러만 가듯이,
白髮紛紛寧少借	나의 머리도 백발만 저절로 분분하여 지니 어찌 조금이나마 쉴 틈이 있겠는가?
竟無五畝繼沮溺	끝내는 다섯 이랑의 밭도 없어 장저長沮나 걸익桀溺과 같은 농사꾼이 될 수도 없고,
空有千篇凌鮑謝	할일 없이 시만 천 수 넘게 지어 포조鮑照와

사령운謝靈運을 능가하였네.

至今歸計負雲山　이제와서 고향으로 돌아갈 계책은 구름낀 산에 막혀 수포로 돌아갔으니,

未免孤衾眠客舍　면할 도리가 없네, 홀로 쓸쓸하게 이불 덮고 객사에서 외롭게 잘 수 밖에.

少年辛苦眞食蓼　소년시절 쓰리고 괴로운 일은 정말 여뀌를 먹는 듯하나 고생스러운 줄 모르고,

老境安閑如啖蔗　노경에 편안하게 사는 것은 사탕야자를 씹는 듯이 감미롭네.

饑寒未至且安居　굶주림과 추위 오지 않고도 편안하게 거처하니,

憂患已空猶夢怕　근심과 환난 이미 사라졌으나 오히려 꿈속에는 두렵네.

穿花踏月飮村酒　꽃을 뚫고 달빛을 밟으며 나아가서 시골 술을 마셨으나,

免使醉歸官長罵　면하게 하라, 취하여 돌아가 상관에게 꾸짖음이나 당하지 않게.

61~64. 七月望日, 狎鷗亭卽事. 四首[1]_時書堂有故, 稟啓移寓於此

칠월 보름날 압구정에서 본바를 곧장 읊다, 네 수_이때 동호東湖의 독서당讀書堂에 변고가 있었으므로 임금님께 여쭙고 이곳으로 잠깐 사가독서하는 장소를 옮겼었다

61

奔雲陣陣度簷楹[2] 분 운 진 진 도 첨 영	분주하게 달리는 구름 이따금씩 처마 끝을 지나가네.
雨過長江一半明 우 과 장 강 일 반 명	비 그치니 긴 강 줄기 한 반이나 밝아졌네.
隱几笑看爭渡客[3] 은 궤 소 간 쟁 도 객	안석에 기대어 웃으며 굽어보네, 나그네들 건너가려고 다투고,

1 | 44세 때 종친부(宗親府)의 전첨(典籤) 벼슬을 하고 있을 때 임금의 명령으로 휴가를 얻어 압구정(狎鷗亭)으로 가서 공부를 할 때[賜暇讀書] 지은 즉흥시(卽興詩)임.

2 | 진진(陣陣) : 끊어졌다 이어졌다하는 것을 나타내는 부사. 송나라 왕안석(王安石)의 〈밤에 숙직하며(夜直)〉「금향로에 향은 다 타고 물시계 소리도 줄어들었는데, 갈기갈기 찢어진 가벼운 바람 이따금씩 이따금씩 차네. 봄 빛이 사람을 괴롭게 하여 잠잘 수 없어, 달이 꽃 그림자에 옮겨 비치었는가 난간에 올라가 보네.」(金爐香盡漏聲殘, 翦翦輕風陣陣寒. 春色惱人眠不得, 月移花影上欄干)

漢江樓下雪山傾[4]
한 강 루 하 설 산 경

한강 누각 아래
눈같이 흰 산이 기울어져 있음을.

62

歸舟捐捐上前灘[5]
귀 주 골 골 상 전 탄

돌아가는 배 움적 움적
앞여울로 올라가네,

忽掛風帆萬里閒
홀 괘 풍 범 만 리 한

홀연히 돛을 다니
만리 길도 한가롭네.

總把向來牽挽力
총 파 향 래 견 만 력

지금까지 끌어당기던 힘을
힘껏 다 발휘하였다가,

3 | 은궤(隱几) : 「은」은 「기대다」[憑], 「의지하다」[依, 倚]의 뜻임. 《맹자 · 공손추가(公孫丑)하》 「맹자가 제나라를 떠나 주땅에 묵게 되었는데 (제나라)왕을 위하여 떠남을 만류하는 사람이 꿇어앉아 말했으나 대답하지 않고 안석에 기대어 누웠다.」(孟子去齊, 宿於晝. 有欲爲王留行者, 坐而言, 不聽, 隱几而臥)

4 | 설산(雪山) : 이 시의 제목이 「칠월 보름날 ……」로 시작되는데, 음력 칠월이면 늦은 여름철에 속하는데, 여기서 왜 「雪山」이란 말을 썼는지 잘 알 수가 없다. 한강의 흰 파도가 마치 산과 같이 느껴져 이렇게 썼을 것으로 생각되어 번역문과 같이 옮겨 보았음. 이 연작시들에 쓰인 「浪花」(둘째 시)니 「千頃白銀」(네째시)과 같은 시어들로 보아 이를 뒷받침할 수 있을 것이다. 《고증》 「〈서역에 관한 기록〉 천산에는 겨울 · 여름 없이 늘 눈이 있다.」(西域傳. 天山冬夏常有雪) 당나라 두보의 〈좌복야이신 정국공 엄무에게 드림(贈左僕射鄭國公嚴武公〉) 「공이 촉땅에 오시니 설산이 안정되고, 공이 촉땅을 떠나시니 설산이 불안하네.」(公來雪山重, 公去雪山輕)

5 | 골골(捐捐) : 「捐捐」은 「榾榾」로 표기하기도 하며 힘을 쓰는 모양을 말한다. 《장자 · 천지(天地)》 「움적움적하고 힘을 많이 들였으나, 공이 나타남은 드물다.」(捐捐然用力甚多,

一時酣寢浪花間[6]
일 시 감 침 랑 화 간

일시에 달콤하게 잠드네,
물거품 사이에서.

63

江中風起雨冥冥[7]
강 중 풍 기 우 명 명

강 가운데 바람일고
비바람 캄캄하게 몰아치네,

葉上靑蛙止復鳴[8]
엽 상 청 와 지 부 명

풀잎 위의 푸른 개구리
그쳤다가 다시 우네.

兩兩漁舟依別岸
량 량 어 주 의 별 안

짝과 짝을 맺은 고깃배
따로 따로 언덕에 기대어 있다가,

而見功寡) 당나라 육덕명(陸德明)은 《경전석문(經典釋文)》에서 「골골은 힘을 쓰는 모양」(搰搰, 用力貌)이라 하였다. 《한어대사전》 6권 참조.
《강록》(위 〈55〉-9)을 보라) 「이 시로 학문에 나아가는 공부를 비유하였다. 주자의 시에 『지금까지는 밀고 옮겨놓는 데만 힘을 헛되이 쏟았더니, 오늘에는 물 가운데서 자유자재로 흘러가네.』」(此詩以進學工夫爲比. 朱詩向來枉費推移力, 此日中流自在行) 주자시의 제목은 〈책을 보다가 느낌이 있다(觀書有感)〉로 모두 두 수인데 인용된 구절은 두 번째 시에 있다.

6 | 낭화(浪花) : 「浪華」라고도 하며 물결끼리 서로 부딪치거나 아니면 다른 물체에 부딪칠 때 생기는 물거품[泡沫]을 말함. 당나라 두보의 〈두솔사를 바라보다(望兜率寺)〉 「뭉게뭉게 구름 기운 겹치어 있고, 번뜩번뜩 물거품 뒤집히네.」(霏霏雲氣重, 閃閃浪花飜)

7 | 강중풍기우명명(江中風起雨冥冥) : 당나라 두보의 〈본 바를 곧장 읊다(卽事)〉 「하늘 가뭇 산 속에 있는 외로운 정자에서 바라보니, 강 가운데 풍랑 일고 비는 캄캄하게 몰아치네.」(天畔群山孤草亭, 江中風浪雨冥冥)

晩來收釣入柴荊
만 래 수 조 입 시 형

저녁이 오니 낚시대 거두고
가시 사립문으로 들어가네.

64

望中奇變忽無蹤
망 중 기 변 홀 무 종

바라보니 보이던 기이한 변화가
홀연히 자취도 없어졌네.

8 | 청와(靑蛙) : 《요존록》「(당나라) 한유의 시(〈盆池五首 · 其一〉)에 『밤새도록 청와가 울어 새벽까지 이른다.』(一夜靑蛙鳴道曉)라는 구절이 있다. 그 주석에 『안사고(顔師古)가 이르기를 「蛙」는 하마(蝦蟆)와 같은데, 다리는 길고 그 빛깔은 푸르다.』고 하였다.」(韓, 一夜靑蛙鳴道曉. 註, 師古曰, 蛙似蝦蟆, 而長脚, 其色靑) 여기 인용한 안사고의 주석은 《한나라의 역사 · 무제 본기(漢書 · 武帝本紀)》의 것을 인용한 것이다.

한유의 시집에 보면 〈유주자사 유종원의 「하마를 먹다」 시에 화답하며(答柳柳州食蝦蟆)〉라는 시가 있는데 「하마가 비록 물에 사나, 형체와 모양은 변하지 않았다. 억지로 불러서 하마라 하나, 사실은 별 차이가 없다.」(蝦蟆水中居, 未得變形貌. 强號爲蛙蛤, 于實無所校)라는 구절이 있다.

《한한대사전(漢韓大辭典)》(東亞出版社, 1273쪽)에 보면 「하마를 두비쥐, 개구리의 한 가지」라고 설명하였다. 한유 시집의 주석(《韓昌黎詩繫年集釋》 503쪽)에는 《본초도경(本草圖經)》이란 책에 의거하여 다음과 같이 설명하였다. 「『하마』는 배가 크고, 형체는 작으며, 피부에 검은 반점이 많고 잘 뛰며, 때때로 떠들썩한 소리를 내고 못 가에 산다.」 이어서 「와합」이란 말에 대하여서는 다음과 같은 주석이 있다. 「무릇 『와합』이라고 하는 것은 모두 『하마』와 같다. 그 등이 청록색인 것은 속칭 『청와』(靑蛙)라고 하고, 누런 무늬가 있는 것을 금선와(金線蛙)라고 하고, 흑색인 것을 『합』(蛤)이라고 하기도 하며, 또한 수계(水鷄)라고 부르기도 한다.」

日照西雲淡夕容
일 조 서 운 담 석 용

해는 서쪽 구름을 비치니
저녁 모습 담담하네.

未露四圍青黛色[9]
미 로 사 위 청 대 색

네 주위의 푸른 산천 풍경은
모습을 잘 드러내지 않고,

唯看千頃白銀鎔[10]
유 간 천 경 백 은 용

오직 보이나니 천 이랑
흰 은빛 물결 뿐.

《국역퇴계집 · Ⅰ》(24쪽)이나 이가원 교수의 번역(《退溪先生詩譯註》, 《退溪學 報》 5 · 6 合輯, 142쪽)에는 모두 여기 나오는 「青蛙」를 「청개구리」라고 해석하였다. 그러나 위에 인용한 한유시의 주석들을 참작하여 보면, 이 「青蛙」는 지금 우리말에서 흔히 사용되는 것과 같은 「몸집이 작고, 비가 오는 것을 미리 알아서 우는 청개구리」와는 다른, 다리가 길며, 배가 크고 떠들썩한 소리를 내는 개구리인 것 같다.

9 | 청대(青黛) : 페르시아[波斯]에서 나오는 물감으로 빛은 검푸른데, 눈썹을 그리는 데도 사용하고, 또 한약재료로도 사용하였음. 당나라 잠삼(岑參)의 〈세상에서 받은 느낌을 적음(感遇)〉 「사시사철 청대색을 띠우고 있으나, 가련하게도 두견화는 서로 알지를 못하네.」(四時長作青黛色, 可憐杜花不相識)

10 | 은용(銀鎔) : 당나라 유우석(劉禹錫)의 〈동정호의 가을 달을 노래함(洞庭秋月行)〉 「동정호에 가을 달 호수 가운데서 생겨나니, 층층의 물결 일만 이랑 마치 금을 녹여 놓은 듯.」(洞庭秋月生湖心, 曾波萬頃如鎔金) 중화서국(中華書局) 교점본(校點本)《유우석집(劉禹錫集)》 권26(1990년)에 의거함. 「金」자 대신 「銀」자로 된 판본도 많다. 송나라 소식의 〈대보름날 아우인 소철에게 부치다(中秋月寄子由)〉 세 수 중 둘째 시 「백 이랑 호수에 은 녹여 놓고, 8천 자나 되는 궁궐에 거울 걸어 놓았네.」(鎔銀百頃湖, 挂鏡千尋闕) 이 마지막 구절은 이 시의 원제목이 칠월 보름날 풍경을 보고 읊은 것이니까, 둥근 달이 하늘에 솟아서 한강 물결에 비치는 장면을 적은 것이다.

65. 晩步[1]_明陽正賢孫嘗有此詩, 偶讀而愛之, 用其韻

저녁 산보_명양정 현손이 일찍이 이 시를 지었는데, 우연히 읽어 보았더니 그 시가 좋아져서 그 시의 각운자를 그대로 사용하여 짓는다

苦忘亂抽書[2]
고 망 란 추 서

건망증 괴롭게 여기며
되는대로 책을 뽑아,

散漫還復整
산 만 환 부 정

산만하게 쌓아두었다가 또 다시 정리하네.

曜靈忽西頹[3]
요 령 홀 서 퇴

해는 홀연히 서쪽으로 기우는데,

江光搖林影
강 광 요 림 영

강물 빛에는 숲 그림자 일렁거리네.

1 | 《고증》「《해동명신록(海東名臣錄)》에는 『明陽』이 『鳴陽』으로 되어 있으며, 자는 세창(世昌)으로 왕족(세종대왕의 4대손)으로서 법도에 따라 몸가짐을 독실히 행하여 김굉필(金宏弼: 자는 大猷)에 버금갔지만, 30세가 못되어 죽었다고 하였다.」(海東名臣錄. 明陽作鳴陽, 字世昌, 神堯之後, 以法律身篤行, 亞於大猷, 未三十而卒) 「…… 정」이라는 것은 이조 때 종친부(宗親府: 왕족의 연금 같은 것을 관리함)에서 왕족 중에서 정삼품(正三品)에 해당되는 대우를 하여주는 사람에게 붙이는 벼슬. 「명양」(鳴陽)이라는 것은 여기 나오는 이 왕족에게 특별히 지어준 칭호이며, 이름은 현손(賢孫)이다.

2 | 난추(亂抽) : 당나라 한유(韓愈)의 〈장중승전후서(張中丞傳後敍)〉(李翰이 지은 안록산의 난에 순절하여 御史中丞이란 벼슬을 사후에 추증받은 장군 張巡의 전기 뒤에 붙이는 말) 「되는대로 다른 책들을 뽑아서 외우는가 시험하여 보았으나, 외우지 못하는 것이 없었다.」(亂抽他帙以試, 無不盡然)

扶笻下中庭
부 공 하 중 정
지팡이 짚고 마당으로 내려가서,

矯首望雲嶺
교 수 망 운 령
고개 돌려 구름 낀 봉우리들을 바라보네.

漠漠炊烟生
막 막 취 연 생
저녁 짓는 연기 넓게넓게 퍼지고,

蕭蕭原野冷
소 소 원 야 랭
들판은 바람소리 솔솔 추워지네.

田家近秋穫
전 가 근 추 확
시골 집들에 가을 추수 가까워지고,

喜色動臼井
희 색 동 구 정
즐거운 기색 절구방아나 우물에나 넘치네.

鴉還天機熟[4]
아 환 천 기 숙
까마귀 돌아가니 하늘의 뜻을
잘 터득한 것 같고,

3 | 요령(曜靈) : 태양을 말함. 《초사 · 하늘에 묻는다(楚辭 · 天問)》「각(角)이라는 별자리가 있는 동쪽이 아직 밝지도 않았을 때, 해는 그 빛을 어디에 감추고 있는가?」(角宿未旦, 曜靈安藏) 한나라 왕일(王逸)의 《초사장구(楚辭章句)》에서는 「요령은 해다」(曜靈, 日也)라 하였으니, 여타 주석에는 이 「요령」을 달로 본 것도 있음. 남조 진나라 반악(潘岳)의 〈아내의 죽음을 애도함(悼亡)〉「해는 하늘의 기밀을 운행시키고, 네 철은 번갈아 옮기어 간다.」(曜靈運天機, 四節代遷逝)

4 | 아환천기숙(鴉還天機熟) : 〈54〉-13) 진여의(陳與義: 1090~1138, 호는 簡齋)의 〈시월(十月)〉을 보라. 「천기」(天機)라는 말에는 ① 하늘이 부여한 오성(悟性), ② 하늘의 뜻, ③ 하늘의 비밀, ④ 천체운행의 관건 따위의 뜻이 있다.

鷺立風標迥[5]
노립풍표형

해오라기 우뚝 서 있으니
자태가 멀리 뛰어나네.

我生獨何爲
아생독하위

이 내 인생 유독히 무엇을 하였던가?

宿願久相梗
숙원구상경

오랜 소원 늘 막히어 있네.

無人語此懷
무인어차회

아무에게도 이 소회 말할 데 없어,

瑤琴彈夜靜
요금탄야정

옥으로 꾸민 금을 뜯으니
밤만 고요히 깊어가네.

5 | 노립풍표형(鷺立風標迥) : 북송 구양수(歐陽脩)의 〈해오라기(鷺鷥)〉「풍격이 고고하니 티끌 밖에 사는 것이요, 성정이 한가하니 물가에 있는 몸일세. 온종일 홀로 시냇물 얕은 데만 찾아다니니, 푸른 이끼 흰 돌 위에 가는 비늘만 보이네.」(風格孤高塵外物, 性情閑暇水邊身. 盡日獨行溪淺處, 青苔白石見纖鱗)
풍표는 풍치가 높음을 나타냄. 당나라 두목(杜牧)의 〈저녁에 개임(晩晴賦)〉「백로 가만히 옴이여, 마치 풍치가 뛰어난 귀공자 같구나.」(白鷺潛來兮, 邈風標之公子)

66~69. 登狎鷗亭後岡, 憶應霖・士遂・吉元, 四首[1]

압구정 뒷 등성에 올라 김주金澍・임형수林亨秀・정유길鄭惟吉 등을 생각함, 네 수

66

遠近峯巒揷彼蒼[2]
원 근 봉 만 삽 피 창

멀고 가까운 산봉우리들
저 푸른 하늘에 꽂혀 있고

水光橫帶暮天長
수 광 횡 대 모 천 장

물 빛은 가로 두르고 있네
저물어 가는 하늘 빛 길게.

1 | 응림(應霖)과 사수(士遂)에 관하여서는 각각 앞의 26.〈서당에서 김응림의 「가을에 느낌」이라는 시를 보고서, 그 시의 각운자(脚韻字)에 맞추어 짓다(書堂次金應霖秋懷)〉와 47.〈임사수의 《관서행록》을 읽은 뒤에 두 수를 적음(題林士遂關西行錄二首)〉의 제목 주석을 참고하라.
길원(吉元)은 정유길(鄭惟吉 : 1515~1588)의 자. 호는 임당(林塘), 본관은 동래(東萊)이며, 조부는 영의정이었던 광필(光弼), 아버지는 부사(府使)를 지낸 복겸(福謙)이다. 17세인 중종 26년(1531년)에 사마시에 합격하고, 동 33년에 24세의 나이로 별시 문과에 장원으로 급제하여 정언이 된 후 노승시・내세학・이조판서 등 요직을 기쳐 선조 때에 죄의정까지 역임함. 이때(1544년)는 퇴계・김하서(金河西) 등과 사가독서(賜暇讀書)를 하고 있던 중이었으며, 또 도승지로 있을 때는 퇴계를 조정으로 불러들여 학문에 관한 자문을 받을 것을 청한 일도 있음. 1560년에는 대제학이던 홍섬(洪暹)이 사퇴하면서 정유길과 윤춘년(尹春年), 퇴계를 추천하였는데 가장 많은 지지를 얻어 선임되기도 했다. 시문에 능하였고 서예에도 조예가 깊어 일찍이 「임당체」라는 평가를 받기도 하였다.

無人共說年前事
무 인 공 설 년 전 사

아무와도 이야기할 사람이 없구나
연전에 있었던 일을.

日日孤吟上翠岡
일 일 고 음 상 취 강

날마다 외롭게 시를 읊조리네
그 푸른 등성이에 올라서서.

去年與三君共登此[3]

지난 해에 세 사람과 더불어 함께 여기 올라온 적이 있다.

2 | 피창(彼蒼) : 하늘을 말함. 「蒼」은 푸른 하늘색을 말함. 《시경 · 진나라의 민요 · 꾀꼬리(秦風 · 黃鳥)》「저 푸른 하늘이여, 우리네 선량한 사람들을 (순장하는데 같이 묻어) 죽게 하는구나.」(彼蒼者天, 殲我良人) 당나라 두보의 〈답답한 마음을 풀다(遣悶)〉「남은 힘에 바다에까지 배 띄워 가리니, 바로 시름하여 (그 원인을) 저 하늘에 묻노라.」(餘力浮於海, 端憂問彼蒼) 역시 두보의 시 〈괴롭고 추움을 노래함, 뒤에 적음(後苦寒行)〉「파동의 협곡에 얼음과 우박이 생김을, 저 푸른 하늘의 힘으로 움직이는 일이니 사람들이 어찌 알랴?」(巴東之峽生凌澌, 彼蒼迴斡人得知)

3 | 《퇴계집 · 속집 권일》에 보면 이 시를 지은 해(44세)보다 3년 전인 신축년(辛丑年 : 41세)에 지은 〈독서당에서 임금님이 내리신 복숭아와 은잔을 받고서 임사수 · 정길원 · 김응림과 더불어 동호에 배를 띄우고 놀면서, 임금님의 은총을 특별히 받은 것을 크게 떠벌려 자랑하였다. 사수가 이때 시를 지었기에 나도 그 각운자에 맞추어 한 수를 지어 여러분에게 보이노라(讀書堂內賜仙桃銀杯, 與林士遂 · 鄭吉元 · 金應霖泛舟東湖, 以侈寵錫. 士遂有詩, 次韻示諸公)는 시가 있다. 이로보아 여기서 말한 「거년」(去年)이라는 것은 3년 전에 있었던 일을 말함을 알 수 있다.

67

去年燈火伴書牀[4]
거 년 등 화 반 서 상

몇 해 전에는 등불 아래서
　　책꽂이를 가까이 놓고 있었는데,

欲讀思君卻置傍
욕 독 사 군 각 치 방

금년에는 책 읽자니 그대 생각나서
　　도리어 한쪽편으로 밀어버렸네.

彌勒形模江海量
미 륵 형 모 강 해 량

미륵보살 같은 모습에
　　하해河海와 같이 넓은 도량,

城中咫尺阻音光[5]
성 중 지 척 조 음 광

서울 성문 안이 여기서 지척에 있으나
　　소식은 늘 막혀 있네.

4 | 서상(書牀) : 책꽂이. 당나라 백거이(白居易)의 〈동남으로 가며 읊음, 200구(東南行一百韻)〉「책꽂이에는 귀뚜라미 울고, 금빛 상자에는 거미줄 쳤네.」(書牀鳴蟋蟀, 金匣網蜘蛛)

5 | 미륵형모(彌勒形模) : 미륵은 원래 산스크리트어[梵語]로 Maitreya의 음역으로 불룩한 배를 그대로 드러내고 있는 미래불임. 송나라 황정견(黃庭堅)의 〈병에서 일어나 형강의 정자에서 있었던 일을 그대로 읊다(病起, 荊江亭卽事)〉 열 수 중, 아홉째 시 「그대 생긴 모습은 꼭 미륵보살 포대화상 같은데도, 그대의 문장은 양자강이나 황하와 같이 만고를 두고 흘리갈 것이네.」(形模彌勒一布袋, 文字江河萬古流) 주석 「장뢰(張耒 : 자가 文潛으로, 황정견과 더불어 蘇門四學士, 즉 소동파 문하의 뛰어난 네 문인의 하나)는 평소에도 뚱뚱한데다가 늙어서는 더욱 심했다. 《전등록》「명주의 포대화상은 형체가 살이 쪄서 느릿느릿하였고 이마를 찡그리고 배가 큼직한 것이 대체로 미륵불의 화신인 듯했다.」(文潛素肥晚益甚. 傳燈錄. 明州布袋和尙形裁腲, 蹙額皤腹, 蓋彌勒化身) 대만 중화서국 《사부비요(四部備要)》 본 참조.

右應霖. 時持服在城中

위는 응림. 이때 상을 당하여 성중에 머물러 있었다.

68

萬里星奔蜀道難[7]
만 리 성 분 촉 도 난

만리 길 별같이 달렸네,
촉으로 들어가는 어려운 길을,

柳生中道不能鞍[8]
류 생 중 도 불 능 안

혹이 중도에서 생겨나서
안장에 앉을 수가 없네.

6 | 지척(咫尺) : 「지」나 「척」은 모두 도량형 단위로 여덟 치를 「지」라 하고, 열 치를 「척」이라 했다. 한 자에 가깝거나 혹은 겨우 한 자에 이름을 나타내는 말. 당나라 유종원의 〈석거기(石渠記)〉 「시내의 너비는 한 자 남짓이나 두 자쯤 되었다.」(渠之廣, 或咫尺, 或倍尺) 나중에는 거리가 매우 가까움을 형용하는 말로 쓰이게 되었다. 《회남자 · 도의 감응에 대한 교훈(道應訓)》 「종일토록 가도 지척간도 떠나지 못하면서도 스스로는 멀다고 여기니 어찌 슬프지 않으리오!」(終日行不離咫尺, 而自以爲遠, 豈不悲哉)

7 | 성분(星奔) : 떨어지는 별똥별과 같이 빨리 달리는 것을 형용함. 《문선(文選)》 남조 진나라 유곤(劉琨)의 〈노심에게 답한 편지(答盧諶)〉 「양식을 싸고 노약자를 이끌고서, 포복하여 떨어지는 별과 같이 도망하였네.」(裹糧携弱, 匍匐星奔)

촉도(蜀道) : 사천성(四川省)이 분지이기 때문에 들어가는 길이 험난하므로, 들어가기 힘든 길을 「촉도」라고 말함. 흔히 세상살이와 인심이 고약한 것을 비유해서 이렇게 말하기도 함. 촉한(蜀漢)이 있던 사천성으로 가는 길이 험난함을 읊은 당나라 이백의 〈촉땅으로 가는 길이 험난함(蜀道難)〉 「오호라! 아찔하고도 높도다, 촉땅으로 가는 길의 험난함은 푸른 하늘을 오르는 것보다 어렵네.」(噫呼哉, 危乎高哉, 蜀道難, 難於上青天)

8 | 류(柳) : 「瘤」(혹)자와 통하는데 이는 그 음을 빌린 것이다. 《장자 · 지극한 즐거움(至樂)》 「지리숙(支離叔)과 골개숙(滑介叔)이 명백(冥伯)의 언덕과 곤륜산 봉우리 같은 황제(黃

裁書欲寄關河阻
재 서 욕 기 관 하 조

편지를 장만하여 부치고자 하나
관북땅 큰 강이 막혀 있으니,

安得如雲生羽翰[9]
안 득 여 운 생 우 한

어찌 구름과 같은 것을 얻으랴?
나에게 깃과 날개가 생겨나서.

右士遂. 使關北中途病臥[10]

위는 사수. 관북에 사신으로 나갔으나 중도에 병이 들어 누웠다.

帝)가 전에 노닐다 쉬던 곳을 구경갔다. 그런데 갑자기 골개숙의 왼쪽 팔꿈치에 혹이 생기어 그는 마음 속으로 놀라면서 그것을 언짢게 생각하는 듯하였다.」(支離叔與骨介叔觀於冥伯之丘, 崑崙之虛, 黃帝之所休. 俄而柳生其左肘, 其意蹶蹶然惡之) 김학주역《장자 · 외편》 236쪽에서 옮김. 송나라 소식의 〈오복고(吳復古)가 출가하려함에 선산의 머릿병풍을 드리다(吳子野將出家, 贈以扇山枕屛)〉「떠도는 구름 험한 산길 버려두고, 잔치에 앉으니 팔꿈치에 혹 생기네.」(浮游雲釋嶠, 宴坐柳生肘)
「혹」이란 뜻으로 「柳」 대신 또 「垂楊」을 사용하기도 하였는데 이는 음차(音借)한 글자의 그 뜻을 빌린 것이다. 당나라 왕유(王維)의 〈늙은 장군을 노래함(老將行)〉「옛날에는 전쟁터에 나가 싸우느라 나는 화살에 온전한 눈이 없어졌고, 오늘날에는 나이 늙어 왼쪽 팔꿈치에 혹이 생겨나네.」(昔時飛箭無全目, 今日垂楊生左肘)

9 | 안득여운생우한(安得如雲生羽翰) : 당나라 한유의 〈깜빡 잊어버림(忽忽)〉「어떻게 긴 죽지와 큰 날개가 구름과 같이 내몸에 생겨날 수 있어, 바람을 타고 떨치면서 천지사방을 벗어날 수 있겠는가?」(安得長翮大翼如雲生我身, 乘風振奮出六合)

10 | 임형수(林亨秀)가 명나라의 원병 요청에 응하여 이기(李芑)의 종사관으로 의주(義州)에 나갔다가 병을 얻은 사실에 관하여서는 위에 나온 〈47〉의 제목 주석에서 이미 상세하게 언급하였다.

69

趨庭西海路漫漫[11]
추 정 서 해 로 만 만

아버님 뵈오러 서해로 가니
길은 아득하고도 아득하네.

約在中秋月正團
약 재 중 추 월 정 단

중추 가절 달밝을 때에
서로 만나기로 약속하였는데.

爲洗東湖雙玉盞[12]
위 세 동 호 쌍 옥 잔

자네 위하여 동호의 쌍옥잔 씻고,

看君豪句瀉驚湍
간 군 호 구 사 경 단

그때 지은 그대의 호탕한 시구를 살펴보니
놀란 여울물이 마구 쏟아지는 것 같네.

右吉元. 時覲親海州

위는 길원. 이때 해주에 어른을 뵈오러 갔다.

11 | 추정(趨庭) : 글자 그대로 하면 「뜰안을 종종걸음으로 지나간다」는 말인데, 공자의 아들이 공자가 홀로 서서 계신 앞을 이렇게 지나갔다는 《논어 · 계씨(季氏)》의 고사에서 취하여, 흔히 아버님을 모시고서 가르침을 받는다는 뜻[過庭之訓]으로 많이 쓰임.

12 | 위 첫째 시의 3)을 보라. 《고증》「살펴보건대 독서당에는 수정배가 있었는데, 임금님이 식물(食物)을 하사할 때 내리신 것이다. 독서당을 관리하는 벼슬아치가 도금을 한 받침을 만들고 거기에 다음과 같은 말을 새겨 넣었다. 『맑으니 더럽혀지지 않고, 속이 비어 있으니 겸허하게 받아들일 수 있도다. 이 그릇이 지닌 덕을 크게 숭상하고, 그 뜻에 어긋남이 없게 하라.』」(案讀書堂有水精盃, 內宣醞時所賜者, 館官鍍金爲臺, 銘之曰, 淸不涅, 虛能受. 德其物, 思勿負)

70. 夜起有感[1]

밤에 일어나 느낌을 적음

缺月懸空窓夜明[2]
결 월 현 공 창 야 명

이지러진 달 허공에 걸려
창문은 밤에도 밝고,

壁間絡緯響機鳴[3]
벽 간 락 위 향 기 명

벽 틈에서 우는 베짱이
베틀소리 내면서 우네.

凄凄切切如相促
처 처 절 절 여 상 촉

처참하디 처참하고 애절하디 애절함은
마치 서로 재촉하는 듯하니,

不惟懶婦壯士驚[4]
불 유 란 부 장 사 경

게으른 아낙네 뿐만 아니라,
굳센 장사들까지도 놀라네.

1 | 위의 시나 다음 시와 같이 모두 압구정(狎鷗亭)에서 사가독서(賜暇讀書)할 때 지었음.

2 | 결월(缺月) : 한쪽이 이지러져서 둥글지 못한 달. 송나라 소식(蘇軾)의 사 〈복산자(卜算子)〉「이지러진 달은 가지 성근 오동나무에 걸려 있고, 물시계 소리 끊어지니 사람 인적 비로소 고요하네.」(缺月挂疏桐, 漏斷人初靜)

3 | 낙위(絡緯) : 베짱이. 《국어대사전》(이희승) 517쪽. 《고금주 · 어충(古今注 · 魚蟲)》「사계(莎鷄)를 일명 촉직(促織) 일명 낙위라고 하는데, 그 울음 소리가 베를 짜는 듯한 소리를 내기 때문이다.」《대사전》 3654쪽. 송나라 소식의 〈돈기와 손면과 더불어 배를 타고서--운자를 탐색하다가 「미」자를 얻어 지음(與頓起孫勉泛航探韻得未字)〉「창앞에는 오동나무 잎 쌓이고, 침상 밑에는 베짱이 우네.」(窓前堆梧桐, 床下鳴絡緯))

隣雞不歌更漏遲[5]
인 계 불 가 경 루 지

이웃집 닭도 울지 않고
　밤은 길기만 한데,

櫪馬齕草風雨聲[6]
역 마 흘 초 풍 우 성

마판에 매어둔 말 마른 풀 먹는 소리
　비바람 소리치듯 요란하네.

攬衣呼童睡不應
남 의 호 동 수 불 응

옷을 잡아당겨 입고 동자를 부르나
　잠들어 응답이 없어,

4 | 난부(懶婦) : 「懶」자는 「嬾」 또는 「懶」자로도 표기하는데, 게으른 여자를 말하며, 현대 한국 한자음에서는 흔히 「나」라고 발음한다. 《이아의소(爾雅義疏)》 「【베짱이】 지금의 베짱이다. …… 유주 사람들은 그것을 추직이라고 하는데, 속담에 말하는 『베짱이가 울면 게으른 아낙네가 놀라네.』라는 것이 이것이다.」(【蟋蟀蛬】今促織也. …… 幽州人謂之趨織. 里語曰, 趨織鳴, 懶婦驚, 是也) 그래서 후세에 베짱이란 뜻으로도 「懶婦」를 많이 인용하여 썼음.

5 | 인계(隣雞) : 이웃집 닭. 북송 황정견(黃庭堅)의 〈고하(高荷 : 자는 子勉)가 보낸 시 열 수를 읽고 그가 쓴 각운자에 맞추어 지음. 열 수(次韻高子勉十首)〉 넷째 시 「마구에 있는 말은 말라서 끌어내기 힘들고, 이웃집 닭도 얼어 울지 못하네.」(櫪馬羸難出, 隣鷄凍不歌) 반백응(潘伯鷹)의 《황정견시선(黃庭堅詩選)》 59쪽.

경루(更漏) : 물시계. 옛날에는 밤에 시간이 흘러가는 것을 측정하기 위하여 궁중에서 그릇 안에 물방울이 떨어지는 양을 눈금으로 표시하여 놓고, 매 경(更: 지금의 두 시간)이 흐를 때 알리게 하였음. 따라서 「경루」란 말로 「밤」을 대신 표현하기도 함. 당나라 두보의 〈강변의 별과 달(江邊星月)〉 「(달과 별의) 남은 빛 속에 물시계 소리도 묻혀버렸는데,

牀頭暗蘂垂短檠[7]
상 두 암 예 수 단 경

침상 머리 어두운 등잔심지
짧은 등경걸이에 드리워져 있네.

挑燈照我簡編讀
도 등 조 아 간 편 독

등심지 돋우어 나를 비치게 하고
옛날 책들을 읽으니,

口角瀾飜銀河傾[8]
구 각 란 번 은 하 경

입 언저리에는 글 읽는 소리 크게 일어
은하수가 기울듯 하네.

하물며 이슬방울이 영롱하게 엉킴을 알까보냐?」(餘光隱更漏, 況乃露華凝) 《대사전》 2105쪽. 역시 두보의 〈받들어 중서사인이신 가지의 대명궁에서 새해아침 조회를 하다라는 시에 화답하다(奉和賈至舍人早朝大明宮)〉「5경의 물시계 소리 새벽을 알리는 화살을 재촉하고, 궁중궁궐의 봄풍경은 복숭아 꽃에 취하였다네.」(五夜漏聲催曉箭, 九重春色醉桃花)

6 | 역마흘초(櫪馬齕草) : 송나라 소식의 〈황정견이 나와 함께 과거시험관이 되어 고시원에서 이공린(李公麟: 화가로서 역시 고시관이었음)이 그린 말을 보고서 지은 시의 각운자에 맞추어 지음(次韻黃魯直畵馬試院中作)〉「내 어릴 적에 말에 안장을 얹고 먼 길을 끌고 갔다가, 여관에 드러누워 들으니 말이 마른풀 뜯는 소리가 마치 비바람 부는 듯하였네.」(少年鞍馬勒遠行, 臥聞齕草風雨聲)
송나라의 황정견이 일찍이 〈유월 십 칠일 낮잠을 자다(六月十七日晝寢)〉이라는 시에서 「말이 마른 콩깍지를 먹는 소리 낮잠을 시끄럽게 방해하는데, 꿈결에 비바람 소리 이루어 물결이 강을 뒤집는 듯하네.」(馬齕枯萁喧午寢, 夢成風雨浪飜江--《黃庭堅詩選》 42쪽)라는 구절을 지었는데 스스로 뛰어난 구절이라 생각했다.

古人去我不待我
고 인 거 아 불 대 아

옛 사람들은 나를 버리고 떠나가
나를 기다리지 않으나,

芻豢悅口同性情[9]
추 환 열 구 동 성 정

소 · 양같은 제사고기 입에 맞음은
그들과 마음이 똑같기 때문일세.

安得平生金石友[10]
안 득 평 생 금 석 우

어떻게 얻게되랴? 평생 동안
금석과 같이 변하지 않는 친구를,

7 | 암예(暗蘂) : 「蘂」는 「蕊」와 같으며 원래의 의미는 꽃술이란 뜻임. 「암예」는 다 타서 어두워진 등잔불의 심지를 말함. 송나라 소식의 〈12월 17일 밤 앉아 있다보니 새벽이 되다--아우 자유에게 부침(十二月十七日, 夜坐達曉, 寄子由)〉 「등잔 심지 돋우지 않으니 어두운 불꽃만 드리우고 있는데, 화로의 재 다시 뒤집으니 아직도 훈기가 나네.」(燈燼不挑垂暗蘂, 爐灰重撥尙餘薰) 일역판(日譯版) 《소동파전시집(蘇東坡全詩集) · 제5권》 854쪽.

단경(短檠) : 당나라 한유의 〈짧은 등경걸이를 노래함(短燈檠歌)〉 「이 등경걸이는 여덟 자나 되어 공연히 길기만 한데, 짧은 등경걸이는 두 자 밖에 되지 않으니 편리하고 빛나네. …… 슬프다, 세상일 이와 같지 않음이 없으니, 그대는 보라, 담장 벽틈에 짧은 등경이 버려진 것을.」(長檠八尺空自長, 短檠二尺便且光. …… 吁嗟世事無不然, 牆角君看短檠棄)

8 | 구각(口角) : 입 언저리. 당나라 한유의 〈봄날 추위를 괴로워함(苦寒)〉 「탁주가 부들거리며 목구멍에 들어가니, 입언저리가 마치 말재갈 물린 듯하네.」(濁醪沸入喉, 口角如銜箝) 위와 같은 책 〈권5〉 22장의 앞면. 당나라 이상은(李商隱)의 시 〈한유가 지은 「회서지방을 평정함을 기념하여 지은 비문」을 노래함(韓碑)〉 「원하노니 이 비문을 일만 부씩이나 베끼면서 일만 번씩 외어, 입 언저리에는 침이 흐르고 오른손에는 못이 박히게 되기를.」(願書萬本讀萬過, 口角流沫右手胝)

난번(瀾飜) : 말이 도도하게 흘러 끊어지지 않는 모양. 한유의 〈꿈을 적음(記夢)〉 「나는 꿈꾸었네, 신선이 나와 더불어 이야기하는 것을, 길게 늘어놓는 이치가 묘하네, 별자리들

重玄玉匙開鍵扃[11]
중 현 옥 시 개 건 경

오묘하고도 오묘한 이치를 옥열쇠로서
잠겨진 빗장을 함께 열까?

十年國恩重於山
십 년 국 은 중 어 산

지나간 십년 동안 나라에서 입은 은혜는
산보다도 더 무거우나,

一生多病終無成
일 생 다 병 종 무 성

일생 동안 병이 많으니
끝내 성취한 것이 아무 것도 없네.

처음 생겨나던 것에 관하여. 천지사방에 대하여 하나 하나씩 이끌어다가 이야기하는데, 하루 120각이 순식간일세.」(夜夢神官與我言, 羅縷道妙角與根. 挈攜陬維口瀾飜, 百二十刻須臾間)「瀾」은 침이 흐르는 모습이다. 유명한《장자》의 주석가인《진나라의 역사 · 곽상의 전기(晉史 · 郭象傳)》「태위인 왕연은 늘 말하기를『곽상의 말을 들으면 공중에 높이 걸려 있는 강물에서 물이 끊임없이 흘러들어와 마름이 없는 듯하다』고 하였다.」(太尉王衍每云, 聽象語, 如懸河瀉水, 注而不竭)

9 | 추환(芻豢) : 풀을 먹는 소와 양, 곡식을 먹는 개와 돼지 같은 가축을 말함. 여기서는 그 고기 곧 모든 식용 육류를 가리키는 말로 쓰였음.《맹자 · 고자(告子) 상》「이치와 옳은 뜻이 내 마음을 기쁘게 함은 가축의 고기가 내 입을 즐겁게 해 줌과 같다.」(理義之悅我心, 猶芻豢之悅我口)

10 | 금석우(金石友) : 쇠나 돌같이 영원히 변하지 않는 우정.《한나라의 역사 · 한신의 전기(漢書 · 韓信傳)》「지금 그대가 비록 스스로 한고조와 더불어 금석과 같은 맹약을 맺었다고 말할지라도, 끝내는 한고조에게 사로잡히게 될 것입니다.」(今足下雖自以爲與漢王爲金石交, 然終爲漢王所禽矣)《문선(文選)》완적(阮籍)의〈영회시(詠懷詩 · 2)〉「어찌하여 금석과 같은 교분이 하루 아침에 이별의 쓰라림을 더하게 되는가?」(如何金石交, 一旦更離傷) 당나라 맹교(孟郊)의〈살피어 사귐(審交)〉「오로지 쇠나 돌같은 굳은 사귐을 감당할 수만 있다면, 더불어 현달함을 논할 수 있으리!」(唯當今石交, 可以賢達論)

去年霜髮映黑絲
거 년 상 발 영 흑 사

지난해에는 서리 같이 흰 머리
검은 머리털에 비치더니,

今年瘦骨仍崢嶸[12]
금 년 수 골 잉 쟁 영

금년에는 야윈 뼈가
그대로 튀어나왔네.

拓窓看月月未斜
척 창 간 월 월 미 사

창을 열어젖히고 달을 보니
달은 아직 기울어지지 않았는데,

白練一道澄江平[13]
백 련 일 도 징 강 평

흰 깁실 외로운 줄기 이루어 놓은 듯
맑은 강물만 고요히 흐르네.

11 | 중현(重玄) : 《노자(老子)》「심오하고 또 심오한 것이 뭇 오묘한 문으로 들어가는 문이다.」(玄而又玄, 衆妙之門)
옥시개건경(玉匙開鍵扃) : 위의 주 5)에 인용한 시. 「심오하고도 심오한 이치를 자물쇠로 굳게 잠궈 둔 것을, 옥으로 만든 훌륭한 열쇠로 열기를 기다려야만 하네.」(重玄鎖關鑰, 要待玉匙開)

12 | 수골쟁영(瘦骨崢嶸) : 송나라 소식의 〈조카인 안절이 멀리서 찾아와 밤에 함께 앉아서(姪安節遠來夜坐)〉「마음은 쇠하고 얼굴은 바뀌어 놀랍게 말랐으나, 서로 만나보니 오직 옛날 목소리만은 알아볼 만 하구나.」(心衰面改瘦崢嶸, 相見惟應識舊聲)
「쟁영」(崢嶸)은 원래 산세가 높고 험하다는 뜻으로 썼으나, 여기서는 얼굴 모습이 몹시 마른 것을 형용하는 의태어(擬態語)로 사용하였음.

13 | 백련(白練) : 원래의 의미는 흰 깁실이지만 또 그 비슷한 것을 비유하는 말로도 많이 쓰이며, 주로 물줄기를 형용하는데 많이 쓰임. 당나라 맹교(孟郊)와 한유의 〈가을 비를 몇 구절씩 이어서 읊음(秋雨聯句)〉「처마에는 흰 깁실 곧게 드리워 있고, 시냇물은 불어 맑은 상강으로 크게 흐르네.」(簷垂白練直, 渠漲淸湘大)

71. 大雷雨行[1]_以上并在狎鷗亭作

크게 천둥치면서 내리는 비를 노래함_이상은 모두 압구정에 있을 때 지은 것임

江亭曉起推月戶 강 정 효 기 추 월 호	강 곁의 정자에서 새벽같이 일어나 달빛 비치는 문을 여니,
遠近蒼茫靜林塢[2] 원 근 창 망 정 림 오	먼 곳 가까운 곳 모두 아득하고 숲속의 성채는 고요하네.
忽然江海色悽慘 홀 연 강 해 색 처 참	홀연히 온 강물 처참하게 빛이 변하더니,

1 | 제목에 붙은 「行」자는 「노래」라는 뜻인데, 악부시(樂府詩: 한나라 때부터 전하여 내려오는 민요시체)체의 시의 제목에 흔히 많이 붙는다. 여러가지 사항을 항목별로 엮어둔 유서(類書)인 《사문유취 · 시(事文類聚 · 詩) 상》「【가행시의 체제】 율시(律詩)는 성률(聲律)에 구애되고, 고시(古詩)는 어구(語句)에 구애를 받는다. 그렇기 때문에 시에 사용하는 말을 마음대로 사용할 수가 없다. 『行』이라는 것은 그말을 마음대로 사용하는데 주목적이 있을 뿐이다. …… 그래서 멈추거나 장애를 받는 바가 없이 구름이 흘러가듯 물이 흘러가듯이 굽어진 것을 펴나가게 하여 성률이나 어구에 구애받음이 없게 쓰는 것이다.」(【歌行之體】律詩拘於聲律, 古詩拘於語句. 以是詞不能達夫謂之. 行者達其詞而已 …… 無所留礙, 如雲行水行曲折容洩, 不爲聲律語句之所拘)

2 | 임오(林塢) : 숲속에 있는 낮게 꺼져서 웅덩이가 진 성채같은 곳을 말함.

礮車雲起初如縷[3]
포 차 운 기 초 여 루

포차운 일어나니
처음에는 실오리 같네.

望中紫電掣金蛇[4]
망 중 자 전 체 금 사

바라보는 사이에 자주빛 번개
금빛나는 뱀을 끌고,

怪氣颯沓相呑吐[5]
괴 기 삽 답 상 탄 토

괴상한 기운 분분하게 중첩되어
서로 삼켰다가 토하네.

西來黑風撼山岳
서 래 흑 풍 감 산 악

서쪽에서 불어오는 검은 바람은
산과 멧부리를 뒤흔들어 놓고,

3 | 포차운(礮車雲) : 「포차」는 돌쇠뇌(여러 개의 돌을 쏘아 한꺼번에 나가게 하는 것)를 싣는 수레인데, 「포차운」은 금방이라도 돌쇠뇌를 퍼부을 것 같이 험상궂은 구름을 말한다. 폭풍이 불어닥칠 징조가 있으면 이런 구름이 나타나기 때문에 뱃사공들은 이런 구름이 나타나면 곧 운항을 중지한다고 한다. 송나라 소식의 〈유월 칠일 금릉에 정박하였다가 바람에 막히어 …… (六月七日泊金陵, 阻風 ……)〉「오늘 강가에 하늘빛이 나빠져, 포차 구름 일어나고 바람이 일려하네.」(今日江頭天色惡, 礮車雲起風欲作) 《소식시집 · 권37》

4 | 금사(金蛇) : 송나라 소식의 〈망해루의 저녁 경치(望海樓晩景)〉「비 지나가고 조수 평온하여 지니 강과 바다 푸른데, 번개불 이따금씩 자금색 뱀을 끌고 있네.」(雨過湖平江海碧, 電光時掣紫金蛇) 《소식시집 · 권8》《요존록》「『掣』는 『질질 끈다』는 뜻이다. 발음은 체이다.」(掣, 曳也. 音滯)

龍捲湖波半空舞
용 권 호 파 반 공 무

용은 호수의 물결을 말아 올리며
반공에서 춤추네.

太陰崩騰鬼神惡[6]
태 음 붕 등 귀 신 오

여자 임금이 올라갔다 내려왔다함을
귀신은 미워하여,

銀河屈注傾天府[7]
은 하 굴 주 경 천 부

은하수의 물길을 강제로 돌려 놓으니
동쪽 하늘이 기울어진 듯하네.

鯨鯢駕浪馳前陣
경 예 가 랑 치 전 진

암고래와 숫고래는 물결을 몰고서
앞에서 진을 치고 달리고 있고,

5 | 삽답(颯沓) : 중첩한 모양, 많고 성한 모양. 당나라 두보의 〈상추를 심으며(種萵苣)〉「온 아침 (벽력이) 얽히어 분분하더니, 이틀 밤을 지내자 그치어 산뜻하게 개었네.」(終朝紆颯沓, 信宿罷蕭灑)

6 | 붕등(崩騰) : 올라갔다 내려갔다 하며 어지럽게 움직이는 것. 《요존록》「소두(小杜 : 당 말기의 杜牧)의 시 〈큰 비를 노래함(大雨行)〉『귀신이 채찍질을 하고 귀신이 말을 몰면서 여자임금[女蝸 : 다음112]을 수레에 모시고 다니면서 …… 네 방향으로 분주하게 올라갔다 내려갔다 하면서 옥황상제의 서울을 호위하네.』」(神鞭鬼御載陰帝, …… 四面崩騰玉京仗)

7 | 천부(天府) : 여기서는 별자리 중에서 동쪽 하늘에 있는 항(亢)과 방(房) 같은 별자리를 말하는 것 같다.

虎豹爭鋒嚴後鼓
호 표 쟁 봉 엄 후 고

호랑이와 표범은 날쌤을 다투며
무섭게 뒷북치며 달려오네.

穿城半夜縱千牛[8]
천 성 반 야 종 천 우

한밤중에 성을 뚫고 들어와서
소 천 마리를 풀어놓았고,

8 | 종천우(縱千牛) : 《사기 · 전단의 전기(田單列傳)》「전단은 이에 성에서 소 천여 마리를 거두어 들여 붉은 비단으로 옷을 해입히고 다섯 가지 색깔로 용의 무늬를 그리고 날카로운 칼을 뿔에다 묶은 후 꼬리에는 기름을 적신 갈대를 엮어 그 끝에다 불을 붙였다. (卽墨)성에다 구멍 수십 개를 뚫고는 밤에 소를 풀어 놓고 장사 오천 명으로 그 뒤를 따르게 했다. 소는 꼬리가 뜨거워지자 성이나 연나라 군진으로 내달았고 …… 연나라 군사들은 크게 놀라 패퇴하였다.」(田單乃收城中得千餘牛, 爲絳繒衣, 畵以五彩龍文, 束兵刃於其角, 而灌脂束葦於尾, 燒其端. 鑿城數十穴, 夜縱牛, 壯士五千人隨其後. 牛尾熱, 怒而奔燕軍 …… 燕軍大駭, 敗走)

9 | 비만노(飛萬弩) : 전국시대에 위(魏)나라의 장군 방연(龐涓)과 제(齊)나라의 참모인 손빈(孫臏 : 《孫子兵法》을 지은 孫武의 자손으로 두 다리가 잘리어 앉은뱅이가 되었음)이 서로 대치하고 있을 때 손빈이 마릉(馬陵)이라는 협곡으로 방연의 군대를 유인하여 섬멸할 때에 나오는 이야기임. 《사기 · 손자와 오기의 전기(孫子吳起列傳)》「손자[孫臏]는 방연이 행군하는 것을 헤아려 저녁 무렵이면 마릉에 도달할 것으로 예상하였다. 마릉은 길이 좁은데다 길 옆은 험하고 막힌 곳이 많아 병사를 숨겨두기에 알맞았다. 이에 큰 나무를 도끼로 찍어 흰색이 드러나 보이게 하고는 그 위에 『방연 이 나무 아래서 죽다.』라 써놓게 하였다. 이에 활을 잘 쏘는 제나라 군사 만명에게 쇠뇌를 설치하게 하여 길을 끼고 숨어 있게 하고는 『저녁에 불빛이 보이면 모두들 일제히 발사하라.』라고 기약하였다. 방연은 과연 밤에 찍어놓은 나무 밑에 이르러 흰 글씨를 보고 불을 켜 그것을 비추어 보았다. 그 글을 다 읽기도 전에 제나라 군사의 쇠뇌 만 개가 한꺼번에 발사되니 위나라 군사들은 크게 어지럽게 흩어졌다. 방연은 지혜가 다하고 병사는 패했음을 알고 스스로 목을 찌르면서 말했다. 『결국은 더벅머리 녀석의 성가를 높여주었구나!』」(孫子度其行, 暮當至馬陵. 馬陵道陜, 而旁多阻隘, 可伏兵, 乃斫大樹白而書之曰, 龐涓死于此樹之下. 於是令齊軍善射者

斫樹黃昏飛萬弩[9]
작 수 황 혼 비 만 노

찍어둔 나무에 황혼이 짙은데
쇠뇌가 만 발이나 쏟아지네.

阿香贔屭踏狂車[10]
아 향 비 희 답 광 거

아향이가 크게 힘을 쓰면서
미친 수레를 밟고,

萬弩, 夾道而伏, 期曰, 暮見火擧而俱發. 龐涓果夜至斫木下, 見白書, 乃鑽火燭之. 讀其書未畢, 齊軍萬弩俱發, 魏軍大亂相失. 龐涓自知智窮兵敗, 乃自剄, 曰, 遂成豎子之名)

10 | 아향(阿香) : 진(晉)나라 도연명(陶淵明)이 지었다고 전해지는《수신후기(搜神後記)》「진나라 영화 연간에 의흥의 성이 주씨인 사람이 서울을 나섰다. 날은 저물어 길가의 새로 이은 조그마한 집에 다다랐는데, 마침 어떤 여자가 문밖으로 나와 주씨가 지나가는 것을 바라보고 있었다. 주씨는 곧 그 여자에게 하룻밤만 자고갈 수 있도록 부탁하였다. 한식경이나 지났을까 밖에서 한 어린아이가 아향이라는 이름을 부르며『관청에서 너를 불러 뇌거(천둥을 말함)를 밀라고 하신다.』라고 말하는 것이 들렸다. 이에 그 여자는 곧 인사를 하고서 그 집을 나갔다. 밤이 되자 갑자기 큰 우레와 비가 마구 쏟아졌다. 아침이 다 되어갈 무렵 주씨가 묵었던 곳을 둘러보니 새로 만든 무덤 속에 있었다.」(晉永和中, 義興人姓周出都. 日暮, 道邊有一新草小屋, 一女子望見周過, 周便求寄宿. 向一更, 門外有小兒喚阿香云, 官喚汝推雷車. 女乃謝行. 夜, 遂大雷雨. 向曉, 周看宿處, 止見一新塚) 아향은 우레의 신이었다. 송나라 소식의〈무석을 지나던 도중에 물레방아를 읊다(無錫道中賦水車)〉「하느님 늙은이 우는 것은 보지 못하고, 아향 불러 들여 우레 수레 밀라 하네.」(天公不見老翁泣, 喚取阿香推雷車)

비희(贔屭) : 크게 힘을 쓰는 모양. 거대한 거북이라는 뜻도 있음. 후한(後漢) 장형(張衡)의〈서도부(西都賦)〉「큰 자라가 크게 힘을 쓰면서 머리에는 신령스런 산을 이고 있네.」(巨鰲贔屭, 首冠靈山)

광거(狂車) : 당나라 한유(韓愈)의〈동방삭의 잡사시를 읽다(讀東方朔雜事詩)〉「몰래 우레와 번개를 조종하는 방에 들어가서, 크게 흔들었네 미친 수레를.」(偸入雷電室, 捔狂車)

劃破乾坤壯神斧[11]
획 파 건 곤 장 신 부

하늘과 땅을 쪼개니
귀신의 도끼 웅장하네.

頗疑勢觸天柱折
파 의 세 촉 천 주 절

자못 의심하였네, 날쌘 기세로 들어받아
하늘 기둥이 꺾어지지나 않았는지.

鍊石區區憂莫補[12]
연 석 구 구 우 막 보

다진 돌 볼 모양없어
옳게 깁지 못했을까 근심되네.

11 | 신부(神斧) : 전설상에 나오는 번개의 신이 번개를 일으킬 때 쓰는 도구를 말함. 북송(北宋) 심괄(沈括)의 《몽계필담 · 신기(夢溪筆談 · 神奇)》「세상 사람들 중에서 뇌부니 뇌설을 주웠다는 자들이 말하기를 『그것은 뇌신이 떨어뜨린 것인데, 흔히 천둥번개가 많이 친 아래에서 얻을 수 있다.』고 하였는데, 나는 한번도 얻어 볼 수가 없었다. 원풍 연간에 내가 수주에 살고 있을 때, 여름날 번개가 크게 치더니 나무 한 그루가 벼락을 맞고 부러졌다. 그 밑에서 설 하나를 얻었으니, 정말 전하는 말과 같았다. 무릇 뇌부는 흔히 구리나 쇠로 만든 것이지만, 설(쐐기)은 돌로 만들었을 뿐인데, 부(도끼)와 비슷하나 구멍이 없다.」(世人有得雷斧雷楔者云. 雷神所墜, 多於震雷之下得之. 而未嘗得見. 元豐中, 予居隨州, 夏月大雷, 震一木折, 其下乃得一楔, 信如所傳. 凡雷斧多以銅鐵爲之, 楔乃石耳, 似斧而無孔)

12 | 천주절~우막보(天柱折~憂莫補) : 당(唐)나라 사마정(司馬貞)의 《삼황본기(三皇本紀)》「(옛날 여와씨가 천하를 다스리던) 말년에 공공씨라는 제후가 있었다. 지혜와 형벌을 믿고 강압적으로 패권을 잡으려 했으나 천하를 다스리지 못했다. …… 이에 축융과 싸워 이기지 못하자 화가 나서 머리로 부주산을 들이 받았다. 그러자 부주산이 무너지면서 하늘의 기둥[天柱]이 부러지고, 땅을 버티고 있던 밧줄이 끊어졌다. 이에 여와씨가 다섯 가지 빛이 나는 돌을 구워서 하늘에 난 구멍을 깁고, 큰 자라의 발목을 끊어 네 주위에다 세워서 땅을 바르게 하고 하늘을 그대로 지탱하게 하였다.」(當其末年也, 諸侯有共工氏. 任智刑, 以强霸而不王. …… 乃與祝融戰, 不勝而怒. 乃頭觸不周山, 崩, 天柱折, 地維缺. 女媧乃鍊五色石以補天, 斷鼇足以立四極)

又恐龍門未疏鑿[13]
우 공 룡 문 미 소 착

또한 두렵네, 용문 어귀가
아직 시원하게 뚫리지 않아,

洪流湯湯漂下土[14]
홍 류 상 상 표 하 토

홍수 물결 콸콸하면서
아래에 있는 땅들을 말끔히 씻어버렸네.

農夫投鍤失畎澮[15]
농 부 투 삽 실 견 쾌

농부 삽 내던져 버리니
밭고랑이 없어졌고,

「여와씨가 하늘을 기웠다」(女媧補天)는 이야기는 《회남자 · 추형훈(淮南子 · 墜形訓)》과 《열자 · 탕문편(列子 · 湯問篇)》에도 나오는데 내용이 조금씩 다름.

13 | 용문(龍門) : 《한서 · 지리에 관한 기록(地理志)》에 의하면 용문산은 장안의 오른쪽에 있는 풍익(馮翊)지방의 하양현(夏陽縣)에 있는데, 지금의 하중부(河中府) 용문현이다. 채침(蔡沈)의 《서경의 주석을 모음 · 우공(書經集傳 · 禹貢)》「이복이 말하기를 『한성현의 북쪽에 안국령이 있는데 우임금이 용문산을 파서 …… 황하 양쪽에 석벽이 우뚝하게 서 있어 큰 물이 수천 리를 산골짜기 사이로만 흐르다가 여기에 와서 산이 열리고 양쪽이 터지기 때문에 마음대로 갈라져 흘러갔는데, 격노한 기세는 바람을 내뿜고 그 소리는 수만 개의 우레가 한꺼번에 터지는 것 같다.』라 했다.」(李復云, 韓城縣北有安國嶺, 禹鑿龍門山 …… 兩岸石壁峭立, 大河盤束於山峽, 閒至北山開峰闊, 豁然奔放, 聲如萬雷) 《중문대사전》 참조.

14 | 상상(湯湯) : 물이 크게 파동치며 흐르는 모양. 《서경 · 요전(書經 · 堯典)》「기수가 바야흐로 콸콸 넘쳐 흐른다.」(湯湯洪水方割)

15 | 견쾌(畎澮) : 밭에 배수를 위하여 만든 도랑. 《서경 · 익직(益稷)》「내가 아홉 큰 내를 터서 사해까지 이르게 하였고, 도랑을 쳐서 내에까지 이르게 했다.」(予決九川距四海, 濬畎澮距川) 한 정현의 주석 「견쾌는 밭 사이의 도랑이다.」(畎澮, 田中溝也) 나중에는 그 도랑을 친다는 의미로도 쓰이게 되었다. 당나라 한유와 맹교의 〈가을비를 몇 구씩 이어서 지음(秋雨聯句)〉「물고기를 걱정하고 배를 생각하니, 우임금이 부지런히 도랑친 것 감사하네.」(憂魚思舟楫, 感禹勤畎澮)

賈客飄帆迷漵浦 16
고 객 표 범 미 서 포

장사꾼들의 돛단배 바람에 나부끼니
서계漵溪의 포구를 잃어버렸네.

堂上書生亦何爲 17
당 상 서 생 역 하 위

독서당 위에 있는 서생書生들은
또한 어떻게 할 것인가?

斂袵低徊上天怒 18
염 임 저 회 상 천 노

옷깃을 여미고 배회하네,
하늘이 노하실까.

16 | 고객(賈客) : 장사꾼. 당나라 두보의 〈초야의 늙은이(野老)〉「고기잡이는 맑은 못 아래서 그물을 거두고, 장사꾼 배는 햇빛이 강물에 되비침을 따라서 들어오네.」(漁人網集澄潭下, 賈客船隨返照來)

서포(漵浦) : 《설문신부(說文新附)》「서는 물가다.」(漵, 水浦也) 청나라 고조우(顧祖禹)의 《독사방여기요 · 진주부(讀史方輿紀要 · 辰州府)》「서수는 현 서쪽 30리 지점에 있다. 《한나라의 역사 · 지리지》에서는 『서수』라 하였다. 『서계』라고도 하며 또 『서천』이라고도 하는데 《초사》에서 이른바 『서포』이다. 부량산에서 발원하여 서북쪽에 있는 원수로 흘러든다.」(漵水, 縣西三十里. 漢志作漵水. 一名漵溪, 又名漵川, 楚辭所謂漵浦也. 源出鄜梁山, 西北流入沅)

굴원(屈原)의 〈구장 · 강을 건넘(九章 · 涉江)〉「서계의 포구에 들어와서 내 빙빙돌아 다니며 선회함이여! 미혹되어 내 어디로 가야할지 모르겠구나!」(入漵浦余儃佪前, 迷不知吾之所如)

17 | 서생(書生) : 당나라 두보의 〈가을비를 보고 탄식함(愁雨歎)〉 세 수 중 첫째 시「마루 위에 앉은 서생은 공연히 백발이 되어 가니, 바람을 맞으며 향기를 세 번 맡으면서 눈물을 흘리네.」(堂上書生空白頭, 臨風三嗅馨香泣)

18 | 염임(斂袵) : 「斂衽」이라고도 하며, 옷깃을 단정하게 정리하여 여미는 것을 말하며, 공손의 뜻을 표시할 때 쓰인다. 「袵」자 하나만으로 옷깃을 여민다는 뜻이 있다.

19 | 두목(杜牧) : 803~853. 자는 목지(牧之)이며 경조(京兆) 만년(萬年) 사람임. 일찍이 하급 관리를 지냈으며 성격이 호탕하고 얽매이거나 구속됨이 없었으며 명예 따위를 백안시

杜牧豪吟憶壯觀[19]
두 목 호 음 억 장 관

당나라의 두목은 호탕스럽게 읊었네
큰비 모습을 기억하면서,

夏侯談經猶倚柱[20]
하 후 담 경 유 의 주

위나라의 하후현은 경서를 이야기하였네,
오히려 벼락치는 기둥에 의지하여서,

斯須一眼盡如掃[21]
사 수 일 안 진 여 소

잠깐 사이 한눈 깜빡할 때
마치 다 씻은듯이 그치어,

하였다. 두보와 한유의 영향을 많이 받았으며 두보와 함께 「이두」(二杜)로 일컬어져 이들을 구별하여 두보를 대두(大杜), 또는 노두(老杜)라 하고, 두목은 소두(小杜)라 하였다. 《전당시(全唐詩)》에 실린 그의 간략한 전기[略傳]를 보면 「그의 시는 정취가 있고 호방하여 얽매이지 않았다.」(其詩情致豪邁)라 평하였다. 그가 비에 대해서 읊은 대표적인 시로는 위의 주 6)에 인용된 〈큰 비를 노래함(大雨行)〉 같은 것이 있다.

20 | 하후의주(夏侯倚柱) : 남조 송나라 유의경(劉義慶)의 《세설신어 · 아량(世說新語 · 雅量)》 「하후 태초가 일찍이 기둥에 의지하여 글씨를 쓰고 있었다. 그때 큰 비가 내리고 벽력이 치면서 기대고 있던 기둥이 벼락에 맞아서 부서졌다. 그래서 그가 입고 있던 의복까지 불에 그을렸다. 그러나 그는 신색에 변함이 없었고, 글씨도 앞서와 똑같았다.」(夏侯太初嘗倚柱作書. 時大雨, 霹靂破所倚柱. 衣服焦然, 神色無變, 書亦如故)
「태초」(太初)는 하후현(夏侯玄 : 삼국시대 위나라의 충신)의 자(字)임. 《고증》이나 《요존록》에는 모두 「하후현이 기둥에 의지하여 글을 읽고 있었다」(倚柱讀書)라고 하였으나 서진악(徐震堮)의 《세설신어교전(世說新語校箋)》(中華書局)에 의거하여 고침. 「하후현이 경서를 이야기한나」(夏侯談經)라 한 것은, 이마 하후현이 벼락이 치는 기둥에 의지하여 신색이 변하지 않고 하던 일을 계속하였다는 이야기가 너무 유명하였던 나머지 이렇게 여러가지로 조금씩 내용이 다른 설화가 후세에 전하여지게 되었던 것 같다.

21 | 사수(斯須) : 수유(須臾), 편각(片刻), 곧 매우 짧은 시간을 말함. 잠깐 동안, 잠시. 《예기 · 제의(禮記 · 祭義)》 「예의와 음악은 잠시라도 몸에서 떼어 놓아서는 안된다.」(禮樂不可斯須去身)

萬里晴光曬秋宇[22]
만 리 청 광 쇄 추 우

만리길에 밝은 햇빛 비치고
가을 하늘은 빛나네.

太虛幽幽本無物[23]
태 허 유 유 본 무 물

아득한 경지에는 그윽하고도 그윽하여
본래 아무것도 없었는데,

孰居無事爲之主[24]
숙 거 무 사 위 지 주

아무일도 없었는데 누가 있어
큰 천지를 주관하였던가?

一闔一闢恣披拂[25]
일 합 일 벽 자 피 불

한번 닫고 한번 여는데
열고 닫음을 마음대로 하니,

22 | 추우(秋宇) : 송나라 구양수(歐陽脩) 〈우는 매미를 읊음(鳴蟬賦)〉「엄숙하게 사당에 절하며 (하늘 맑아진 일에) 경의를 표함이여, 하늘 보니 넓고도 우뚝하도다.」(肅祠庭以祗事兮, 瞻玉宇之崢嶸)」

23 | 태허(太虛) : ① 아득하고도 오묘한 경지. ② 하늘. 《장자 · 지북유(知北游)》「곤륜산을 지나가지 않으며, 태초의 경지에서 놀지 않는다.」(不過乎崑崙, 不游乎太虛)

24 | 숙거무사(孰居無事) : 《장자 · 하늘의 운행(莊子 · 天運)》「하늘이 운행하는 것인가? 땅이 제자리에 붙어 있는 것인가? 해와 달은 그 자리를 서로 다투는 것인가? 누가 이렇게 주관하는가? 누가 이렇게 붙들고 있는가? 누가 아무일도 없는데 이렇게 밀고 나가는가? 기계가 설치되어서 그칠 수가 없는가? 운전되고 있기 때문에 스스로 그칠 수가 없는가? 구름을 만드는 것은 비인가? 비를 만드는 것은 구름인가?」(天其運乎? 地其處乎? 日月其爭於所乎? 孰主張是? 孰維綱是? 孰居無事而推其行是? 意者其有機緘而不得已邪? 意者其運轉而不能自止邪? 雲者爲雨乎? 雨者爲雲乎?)

變化神功誰敢侮
변 화 신 공 수 감 모

만물 변화시키는 신비로운 일을
그 누가 감히 깔볼 수 있으랴?

天公號令不虛出[26]
천 공 호 령 불 허 출

하느님이 호령하심이
헛나오는 것이 아니라,

摧殘震動皆仁煦[27]
최 잔 진 동 개 인 후

꺾고 부수고 놀래고 움직이게 하는 것이
모두 어질게 따뜻함을 베푸는 바일세.

向來所見付幻境[28]
향 래 소 견 부 환 경

조금 전에 보아온 바를
모두 변화무쌍한 경지로 돌리고서,

25 | 일합일벽(一闔一闢) : 《주역 · 계사의 주석(繫辭傳)》「문을 닫는 것을 곤이라 하고 문을 여는 것을 건이라 하고, 한번 닫고 한번 여는 것을 변이라 하며, 왕래하여 다함이 없는 것을 통한다고 한다.」(闔戶謂之坤, 闢戶謂之乾, 一闔一闢謂之變, 往來不窮謂之通)
피불(披拂) : 《장자》 위와 같음. 「누가 아무 일도 없는데 이것을 열고 닫고하는가?」(孰居無事而披拂是?)

26 | 천공호령(天公號令) : 송나라 소식의 〈공의보가 지은 「오랫 동안 가물다 말고 너무 비가 많이 오다」라는 시의 각운자에 맞추어(次韻孔毅父久旱已而甚雨)〉「하느님의 호령은 다시 나오지 않으나, 열흘 동안 장마 걱정은 모두 하나 같았네.」(天公號令不再出, 十日愁霖併爲一)

27 | 최잔진동(摧殘震動) : 《요존록》「꺾고 부수고 놀라게 하고 움직이게 하는 것이 또한 세상 만물을 고무시키는 바이니, 사는 맛이 넘쳐 흐르지 않음이 없는 바이다.」(摧殘震動, 亦所以鼓萬物, 莫非生意流行處也)

一笑臨風大江滸
일 소 림 풍 대 강 호

바람 맞으며 한번 크게 웃노라

큰 강물 기슭에서.

28 | 환경(幻境) : 허환(虛幻)한 경지, 세상일이 모두 변화무상하다는 것을 비유함. 《열자·주목왕(列子·周穆王)》「노성자가 윤문선생에게 환술(幻術)에 관하여 배웠는데 삼년이 되도록 아무것도 일러주지 않았다. 노성자가 자기에게 무슨 잘못이 있어 그러는지 이유를 묻고 물러가려고 하였다. 윤문선생이 예를 갖추고서 방으로 맞아들이고서는 좌우에 있는 사람들을 물리치고서 다음과 같이 이야기하였다. 『옛날 노자(老子)가 중국을 떠나서 서역(西域)으로 갈 적에 나에게 「삶을 있게 하는 기운이나, 모습을 있게 하는 상태는 모두가 허환한 것[幻]이다.」라고 하였다. 조화가 시작되는 바와 음양이 변화하는 바를 가지고 삶이니 죽음이니 한다. 운수를 끝까지 추구하고 변화에 통달하여 형상을 옮기며 바꿀 수 있는 것을 화(化)니 환(幻)이니 하고 이른다. 조물자는 그 기교가 묘하고 그 공능(功能)이 깊기 때문에 정말 끝까지 추구하기도 어렵고 또 끝까지 따라가기도 어렵지만 형상을 가지고 있는 것은 그 기교가 드러나고 그 공능이 얕기 때문에 곧 일어났다가는 곧 없어진다. 환이니 화니 하는 것이 삶이니 죽음 따위와 다르지 않다는 것을 알아야 비로소 환에 대하여 배울 수 있다. 나와 자네는 모두 다 환한 것이니 무엇을 모름지기 배울 수 있겠는가?』하였다. 노성자가 돌아와서 윤문선생의 말을 삼개월 동안 깊이 생각하여 보고서 드디어 살고 죽는 것이 자유자재로 되고, 사시사철을 번갈아 바꿀 수 있었다. 겨울에도 우레를 일으키고 여름에도 얼음을 만들었다.」(老成子學幻于尹文先生, 三年不告. 老成子請其過而求退. 尹文先生揖而進之于室, 屛左右而與之言曰, 昔老聃之西也, 顧而告予曰, 有生之氣, 有形之狀, 盡幻也. 造化之所始, 陰陽之所變者, 謂之生, 謂之死. 窮數達變, 因形移易者, 謂之化, 謂之幻. 造物者其巧妙, 其功深, 固難窮難終. 因形者, 其巧顯, 其功淺, 故隨起隨滅. 知幻化之不異生死, 始可與學幻矣. 吾與汝亦幻也, 奚須學哉? 老成子歸, 用尹文先生之言深思三月, 遂能存亡自在, 翻交四時, 冬其雷, 夏造冰)
《고승》「불교 책에 몽환 허환의 경지가 있다.」(梵書有夢幻虛幻之境)

72. 剪開檻外樹作[1]

헌함軒檻 바깥에 있는 나무를 베어 헤치고 읊음

南樓意不愜[2] 남 루 의 불 협	남쪽 누각 내 마음에 맞지 않음은,
檻前樹蓊蓊[3] 함 전 수 옹 옹	헌함 앞의 나무 너무 빽빽하고 무성하기 때문일세.
那聞竽籟響[4] 나 문 우 뢰 향	어찌 거기서 생황소리 · 퉁소소리 우러남을 듣겠는가?
祗見螻蟻孔[5] 지 견 누 의 공	오직 땅강아지와 개미들 구멍친 게 보일 뿐일세.

1 | 문집에 실린 시의 배열이 시의 제작연대순이라는 것을 감안하고, 《연보》와 대조하여 조사하여 보면, 이 시는 퇴계 44세 봄 · 여름 사이에 지은 것으로 나타난다. 이 시의 내용이 우거진 나무가지를 제거하는 것임을 보아서는 적어도 늦봄이나 여름에 지은 것으로 보인다. 남루(南樓 : 이 시의 첫 구절에 나옴)의 헌함(난간) 바깥에 있던 나무를 베고서 그 전망이 시원함을 읊고, 나랏일에도 이와 같이 앞을 가리는 것을 제거하는 것이 좋을 것이라는 뜻을 적어 끝을 맺고 있음.

2 | 남루(南樓) : 앞의 〈29〉-1), 〈37〉-1) 등을 보라. 동호(東湖) 독서당 안에 있음. 「누」(樓)란 이층 이상되는 건물, 또는 사방을 전망하기 좋도록 솜 높은 곳에 시은 건물을 뜻하는데, 우리나라의 옥편에서는 흔히 「다락」으로 풀고 있으나, 다락이란 말의 정확한 뜻은 「부엌 천정 위에 이층처럼 만들어서 물건을 두게 된 곳. 안방으로 드나들게 되었음.」(이희승 《국어대사전》 630쪽)이니, 이러한 개념으로 여기 나오는 「樓」를 생각해 볼 수가 없다.

3 | 함(檻) : 난간(欄干), 헌함(軒檻 : 누각의 대청 기둥 밖으로 돌아가며 난 칸 좁은 마루).
옹옹(蓊蓊) : 초목이 빽빽하고 무성한 모습.

勃然難恕宥[6]
발 연 난 서 유

불끈하게 그것을 용서하고 놓아두기
어려운 생각이 치미니,

腰斧奚奴勇[7]
요 부 해 노 용

허리에 도끼 차고 종놈들
만용을 발휘하네.

丁丁落遠揚[8]
정 정 락 원 양

쩌렁쩌렁 멀리 뻗어간 가지들
나가떨어지고,

4 | 우뢰(竽籟) : 대나무로 만든 생황(笙簧)과 통소(洞簫) 같은 악기. 《문선(文選)》 초(楚)나라 송옥(宋玉)의 〈고당부(高唐賦)〉「가는 가지들 바람에 슬프게 울리니, 그 소리 흡사 생황 같기도 하고 퉁소 같기도 하네.」(纖條悲鳴, 聲似竽籟) 당나라 두보의 〈녹나무가 비바람에 뽑히어 탄식하다(柟樹爲風雨所拔歎)〉「들판의 나그네는 자주 머무르며 눈과 서리 두려워하고, 길가는 사람들은 지나가지 않고 생황이나 퉁소 같은 바람소리 듣네.」(野客頻留懼雪霜, 行人不過聽竽籟)

5 | 누의(螻蟻) : 땅강아지와 개미, 흔히 하찮은 미물이란 뜻으로 사용됨.

6 | 발연난서유(勃然難恕宥) : 당나라 한유(韓愈)의 〈남산시(南山詩)〉「불끈하게 앞에 있는 땅을 갈라 놓고 싶은 생각이 치밀어, 그것을 감싸고 가리고 있음을 용서하지 못하겠구려.」(勃然思坼裂, 擁掩難恕宥)

7 | 해노(奚奴) : 주나라의 관직제도를 설명한 책인 《주례(周禮)》의 〈천관 · 서관(天官 · 序官)〉에 보면「해 삼백 명」(奚三百人)이란 말이 나오는데, 여기에 대해 한 정현(鄭玄)은 다음과 같은 주석을 달고 있다.「옛날에는 죄에 연루된 남녀를 고을의 관청에서 거두어 노비로 삼았는데, 그 가운데 젊고 재주와 지혜가 있는 종들을 해로 삼았다. 지금의 곁에서 시중을 드는 관비이다. 혹은 해는 궁중에서 일하는 계집종이라고도 한다.」(古者從坐男女沒入縣官爲奴, 其少才知以爲奚. 今之侍史官婢. 或曰, 奚, 宦女) 이로써 적어도 한대(漢代)까지는 재능이 있는 종이나 여자종[女奴]이란 뜻(「奚」자의 본래 뜻은 큰 배[腹]라는 뜻임)으로 쓰였음을 알 수 있는데, 뒤에 가서는 일반적으로 남자 · 여자종을 통틀어 이렇게 이야기하게 되었다. 당나라 이상은(李商隱)이 지은 〈시인 이하(李賀)의 약전(李長吉小傳)〉「(이하는) 매일 아침에 나가면 여러 친구들과 어울려 놀았다. …… 늘 어린 종을 하

豁豁去蔽壅
활 활 거 폐 옹

훤하고 훤하게 앞을 덮고
막고 있던 것 제거되었네.

川原忽紛披[9]
천 원 홀 분 피

시내와 언덕 홀연히 성대하게 드러나서,

宴坐不移踵[10]
연 좌 불 이 종

조용히 앉아서 발꿈치를
옮길 필요가 없네.

나 딸리고서, 나귀를 타고서 낡아빠진 비단주머니 하나를 그 종에게 짊어지어 다니게 하고서는 우연히 시상이 떠오르면, 곧 글을 적어 그 주머니에 던져 넣었다.」(每旦日出, 與諸公游, …… 恒從小奚奴, 其距驢, 背一古破錦囊, 偶有所得, 卽書投囊中)
또 이 「해노」의 뜻으로 중국 동북방에 살던 동호(東胡)의 일족인 유목민족 「해」(奚)족 사람들이 사람을 말 등에 태우고서 잘 몰고 다녔기 때문에 그들을 지칭하기도 한다. 당나라 조당(曹唐)의 〈늦봄에 오단공에게 장난삼아 드림(暮春戲贈吳端公)〉「깊은 뜰에서는 한의 여종이 생황 부는 소리 들리고, 고요한 거리에서 말 길들이는 것은 해노에게 맡기네.」(深院吹笙聞漢婢, 靜街調馬任奚奴) 《고증》이나 《요존록》에서는 모두 이런 의미로 보고 주석을 하였음.
요부(腰斧) : 당나라 유우석(劉禹錫)의 〈오랑캐의 노래(蠻子歌)〉「허리에 도끼 차고 높은 산 오르면서, 옛 길로는 가지 않으려 하네.」(腰斧上高山, 意行無舊路)

8 | 정정(丁丁) : 도끼로 나무를 벨 때 「쩌렁쩌렁」 울리는 소리를 그대로 적은 의성어. 《시경 · 소아 · 나무를 베다(小雅 · 伐木)》「나무 베는 소리 쩌렁쩌렁하고, 새는 꾀꼴꾀꼴 우네.」(伐木丁丁, 鳥鳴嚶嚶)
원양(遠揚) : 멀리까지 뻗어나간 가지를 말함. 《시경 · 빈나라의 민요 · 칠월(豳風 · 七月)》「누에치는 달에 가지치기를 하니, 저 도끼와 모난 도끼 가져다가, 멀리 뻗은 가지는 베고, 저 어린 뽕나무는 잎만 따네.」(蠶月條桑, 取彼斧斨, 以伐遠揚, 猗彼女桑) 주자의 《시경의 주석을 모음(詩集傳)》「원양은 멀리까지 가지가 뻗어올라간 것이다.」(遠揚, 遠枝揚起者也)

遠山入簾鉤[11]
원 산 입 렴 구

먼 산이 나의 발 안으로 들어오니,

愁髻樊姬擁[12]
수 계 번 희 옹

근심에 찬 쪽진 머리를
번가 아가씨가 움켜잡은 듯.

平湖熨冰紈[13]
평 호 울 빙 환

잔잔한 호수물은 꼭 얼음같은 깁을
다리미질한 듯하니,

9 | 분피(紛披) : 「분」은 많은 모습[盛多貌]이란 뜻임. 「분피」 그 자체도 같은 뜻을 가지고 있으나 여기서는 「피」가 「열리다」, 「트이다」의 뜻으로 쓰였음.

10 | 연좌(宴坐) : ① 한가롭게 앉아 있는것[閒坐], 조용히 앉아 있는 것[靜坐]. 당나라 백거이(白居易)의 〈병중에 가만히 앉아서 지음(病中宴坐詩)〉 「고요히 작은 못 둑에 앉아 있으니, 맑은 바람 때때로 불어와서 나의 옷깃을 흔들어 주네.」(宴坐小池畔, 淸風時動襟) ② 앉아서 참선함[坐禪]. 《유마힐소설경 · 제자품(維摩詰所說經 · 弟子品)》 「내가 일찍이 숲속의 나무 아래서 좌선을 하고 있었다. 그때 유마힐이 와서 내게 이르시기를 『아! 사리불아, 꼭 이렇게 앉아 있는 것 만이 연좌는 아니다. 대체로 연좌라는 것은 욕(慾)과 색(色) · 무색(無色)의 삼계에 몸과 뜻을 드러내지 않는 것이 연좌이니라. …… 마음이 안에 머물러 있지도 않고, 또한 밖에 있지도 않은 것, 이것이 연좌니라.』」(我昔曾於林中, 宴坐樹下. 時維摩詰來謂我言, 唯, 舍利弗, 不必是坐爲宴坐也, 夫宴坐者, 不於三界現身意是爲宴坐. …… 心不住內, 亦不在外, 是爲宴坐) 당나라 이백의 〈여산에 있는 동림사에서의 밤 회포(廬山東林寺夜懷)〉 「조용히 참선하며 적막하게 움직임 없으니, 대천세계에 터럭이라도 들어 가겠네.」(宴坐寂不動, 大千入毫髮)

11 | 염구(簾鉤) : 대나무 발을 거는 갈고리. 이 시구에서는 그냥 「대나무 발」을 의미함.(일부분으로서 전체를 대표함) 송나라 소식의 〈과거(科擧)의 동기생인 선석(單錫)이 덕흥 유씨의 취원루를 구하다(單同年求德興兪氏聚遠樓)〉 「한없는 청산은 흩어져서 거두어 들일 수가 없어도, 구름은 급히 달려오고 물방울은 말리어 내 발의 갈고리 안으로 들어오네. 곧장 눈으로 보이는 것이 다 내 땅이니, 무엇 때문에 꼭 인간세상의 만호를 다스리는 영주만 되려고 할 뿐인가?」(無限淸算散不收, 雲奔浪卷入簾鉤, 直將眼力爲疆界, 何人間萬戶位)

几席天光動[14]
궤 석 천 광 동

안석에까지 하늘의 햇빛이 반사되어 어른거리네.

怳如學變化
황 여 학 변 화

황홀하기는 마치 신선이 되어가는 법을 배운 것 같고,

12 | 수계번희옹(愁髻樊姬擁) : 후한(後漢) 영현(伶玄)의 〈조비연에 관한 또 다른 전기의 서문(趙飛燕外傳自序)〉「나 영현은 자가 자우이며 노수 사람이다. …… 늙어서 쉬면서 번통덕이라는 첩을 돈을 주고 샀는데, …… 그 첩이 재주와 미모를 겸비하였으며 글을 알아 사마천의 《사기》를 앙모하였으며, 조비연 자매(둘 다 후한 成帝의 후궁이 되었음)에 관한 이야기를 잘 하였다. …… 내가 번통덕에게 말했다. 『이 미인들도 둘 다 죽어 재가 되었다. 한창 날릴 때에는 정신을 다 쏟고 힘을 다하여 좋아하는 것을 한없이 탐내어 좇아 달렸을 뿐, 어찌 끝내 거친 들 야생풀 사이에 돌아가서 쓸쓸하게 파묻힐 것을 알았겠는가?』 하였다. 통덕은 소매로 얼굴을 가리고 오직 촛불 그림자만 바라보다가 두 손을 마주잡고 쪽진 머리를 감싸 쥐면서 눈물을 주르르 흘리는데 슬픔을 주저하지 못하는 듯하였다.」(伶玄字子于, 潞水人.…… 老休買妾樊通德, …… 有才色知書, 慕司馬遷史記, 頗能言趙飛燕姊弟故事. …… 子于語通德日, 斯人俱灰滅矣. 當時疲精力, 馳騖嗜, 欲蠱惑之事, 寧知終歸荒田野草乎? 通德占袖顧視燭影, 以手擁髻, 淒然泣下不勝其悲)
송나라 소식의 〈9월 9일날 배에서 유미당에서 노소경께서 술을 마시는 것을 바라보고 시로 희롱하다(九日, 舟中望見有美堂上魯少卿飮, 以詩戲之)〉 두 수 중 둘째 시 「번통덕 몹시도 슬퍼했음 어렴풋이 알리니, 쪽머리 감싸쥐고 말없이 원한 귀착시키지 않았다네.」(遙知通德淒涼甚, 擁髻無言怨未歸) 송 황정견(黃庭堅)의 〈영자여[이름은 미상]가 내가 앞서 쓴 「악양루」시에 뒤늦게 화답하였는데, 내가 다시 그 시의 각운자에 맞추어 짓는다(甯子與追和予岳陽樓詩復次韻)〉「시난해 새롭게 비 개었을 적에 홀로 난간에 의지하고 보니, 산은 흡사 번통덕이 쪽진 머리를 움켜잡고 있는 듯하였네.」(去年新霽獨憑欄, 山似樊姬擁髻鬟)
「계」자는 우리나라 옥편에서는 흔히 「상투 계」로 풀이되어 있는데, 여자의 경우에는 머리를 빗어 양쪽으로 쪽지게 묶는 것이 보통임. 이 구절은 비가 온 뒤에 바라본 산의 모습을 묘사하고 있음.

臺殿雲間聳
대 전 운 간 용

높은 누대와 큰 궁전들은
구름 사이 솟구치는 것 같네.

向來墻面界
향 래 장 면 계

옛날에는 담장과 얼굴이
맞닿듯이 답답더니,

萬象爭獻捧[15]
만 상 쟁 헌 봉

온갖 경치 다투어가며
받들어다 바치는 것 같네.

飛鴻渺天末
비 홍 묘 천 말

날아가는 기러기 저 먼 하늘 끝에서
아득히 사라지고,

13 | 울빙환(熨冰紈) : 《고증》「『熨』는 인두이며 음은 『위』다. 또 『울』이라는 음도 있다. 불을 담아가지고 생명주를 펴는 것이다.」(熨, 火斗, 音尉, 又音蔚. 持火展繒也) 당나라 두보의 〈흰 명주실을 노래함(白絲行)〉「미인은 평평하게 딱 붙을 수 있도록 다리미질 하는 데 세심하게 주의하고, 바느질 자욱 하나도 드러나지 않도록 곱게 꿰어 매네.」(美人細意熨帖平, 裁縫滅盡針線跡)

「빙환」(氷紈)은 올이 가늘고 눈같이 희고 깨끗한 깁으로 짠 생명주를 말함. 《한나라의 역사 · 지리에 관한 기록(地理志)》 안사고(顔師古)의 주석「빙이라는 것은 베나 비단이 가늘고 그 색은 뚜렷하고 깨끗하여 얼음과 같은 것을 말한다. 환은 명주다.」(冰謂布帛之細, 其色鮮絜如冰者也. 紈, 素也)

14 | 궤석(几席) : 옛날 사람들이 앉을 때에 신체를 기대던 나즈막한 책상. 안석(몸을 기대는 방석) 대신 사용함. 〈61〉-3)을 보라.

15 | 봉(捧) : 두 손으로 받든다는 뜻임.

16 | 멸몽(蠛蠓) : 「蔑蒙」이라고도 함. 눈에놀이. 풀숲에서 서식하며 여름에 사람의 눈앞에 어지럽게 떼지어 날며 뱅뱅 돌기도 하고 아래 위로 까불거리기도 함. 「蠓蚋」라고도 하

世事等蠛蠓[16]
세 사 등 멸 몽

온갖 세상일 눈에놀이와 같구나.

人心辟邪蠱[17]
인 심 벽 사 고

사람의 마음에서는 못된 기생충들 물리치고,

國政去微尰[18]
국 정 거 미 종

나라의 정치에는 정강이와 발에
병난 놈들을 제거해야 되네.

較我開林功
교 아 개 림 공

이런 일 내가 나무숲을 해친
공로와 비교한다면,

無分輕與重
무 분 경 여 중

어느쪽이 더 가볍고 무거운지
구분할 수 없으리.

며, 보통 수명이 극히 짧은 미물의 비유로 많이 쓰임. 《이아(爾雅)》「작은 벌레로 모기와 비슷하며 어지러이 날기를 좋아한다.」(小蟲似蚋喜亂飛) 《열자 · 탕문(湯問)》「봄 여름철의 눈에놀이라는 것은 비가 오면 생겨나서 볕이 나면 죽는다.」(春夏之月有蠓蚋者, 因雨而生, 見陽而死) 한나라 장형(張衡)의 〈오묘한 생각(思玄賦)〉「높푸른 하늘 건너 먼 곳에 오름이여, 눈에놀이처럼 떠다니며 높은 곳 떠다니네.」(涉清霄而升遐兮, 浮蔑蒙而上征) 《장자》에서는 또 초파리란 뜻의 「醯雞」라고도 풀이하였음.

17 | 벽사고(辟邪蠱) : 사악한 뱃속에 든 기생충들을 물리친다.

18 | 미종(微尰) : 정강이 뼈에 부스럼이 난 것과 발에 종기가 난 것. 《시경 · 소아 · 말을 꾸밈(小雅 · 巧言)》「정강이 뼈에 부스럼이 났을 뿐만 아니라 또 발에 종기까지 났으니, 너희 용기는 그 얼마나 대단한 것인가.」(旣微且尰, 爾勇伊何) 교묘한 말[巧言]을 꾸며내어 남을 모함하는 못된 놈들은 남이 보지 않는 음침한 곳에 숨어 음모를 조작하는 것이 보통인데, 그러한 곳은 축축하여 정강이에 부스럼이 쉽게 나고, 발에도 종기가 잘 나서 남들은 그런 놈들을 보고 증오를 하지만, 그런 놈들은 오히려 그런 증오에 아랑곳하지 않으니 얼마나 용기있는 것인가 하고 비방함.

73. 奉贈圭庵宋眉叟以冬至副使赴京[1]

규암 송미수가 동지부사로 북경에 가심에 삼가 지어 올림

廣平先生鐵作腸[2] 광 평 선 생 철 작 장	당나라의 광평선생 송경宋璟처럼 그대도 무쇠로 된 심장을 가졌는가 싶더니,

1 | 송미수(宋眉叟) : 송인수(宋麟壽 : 1487년, 성종18년~1547년, 명종2년)의 자로 호는 규암(圭庵), 본관은 은진(恩津)임. 일찍이 모재(慕齋) 김안국(金安國)에게서 지도를 받은 적이 있으며, 중종 16년인 1521년에 별시 문과에 갑과로 급제하여 홍문관정자로 관로에 오른 후 벼슬이 대사헌(大司憲)에 이르렀다. 그러나 당시 세도가들이었던 김안로(金安老)와 윤원형(尹元衡), 이기(李芑) 등을 탄핵하여 수차 좌천되기도 하는 등 관로는 험하였다. 결국 을사사화 때 한성부좌윤으로 있다가 파직 당한 후 청주에서 사약을 받았다. 죽은 뒤에 명예가 회복되어 문충공(文忠公)이란 시호를 받음. 송인수가 북경에 동지사로 간 것은 인종 때의 일임.

「동지부사」(冬至副使)란 우리나라에서 명나라에 동지(冬至)에 가서 조공을 바치고 책력(冊曆, 달력)을 받아오도록 되어 있는 사절단의 부단장. 단장을 정사(正使) 또는 상사(上使)라고 말하는데, 보통 재상급이 가게 되며, 부사(副使)는 흔히 차관급(참판)이 맡게 된다. 동짓날부터 음력설(황제에게 올리는 신년하례식에 참가)까지 북경에서 지내고 오는 것이 보통이었음. 옛날에는 중국의 천자만이 달력을 만들 수 있었으며, 새해 달력을 동짓날 여러 제후나라에 나누어 주는 것이 관례였음. 《퇴계연보》에는 이 시를 퇴계 44세 때 6월에서 7월 사이에(8월 이전) 지은 것으로 되어 있는데, 이해 《이조실록》에는 9월 6일에 정식으로 동지사가 서울을 떠나서 다음해 윤정월 16일에 돌아온 것으로 적혀 있음.

2 | 광평선생(廣平先生) : 〈47〉-7)을 보라. 이 시를 받는 주인공의 성이 송씨이기 때문에 당나라의 재상이었던 광평공(廣平公) 송경(宋璟)에 비유하였음. 송경의 태도가 꼿꼿하고 굳세게만 보여 그를 「쇠로 된 마음과 돌로 된 창자」(鐵心石腸)를 가진 것이나 아닌지 의심하였으나, 그는 부드럽고 아름다운 글을 잘 썼다고 함.

湖南今歲留甘棠[3]
호 남 금 세 류 감 당

호남지방의 감사로 나가서는 이 해에
팥배나무를 남기게 되었네.

歸來受命賀天朝
귀 래 수 명 하 천 조

조정으로 돌아와서는 명령을 받았네,
천자의 조정에 가서 신년하례
올리는 일을.

星槎迢迢上銀潢[4]
성 사 초 초 상 은 황

별 빛나는 뗏목 타고서 멀리멀리
미리내까지 올라가시네.

3 | 감당(甘棠) : 팥배나무. 《시경 · 소남(召南)》에 〈감당(甘棠)〉이란 제목이 있는데, 「우거진 팥배나무를 끊지도 말고 베지도 말라. 소백께서 그 밑에서 풀집을 짓고 쉬시던 곳이니라.」(蔽芾甘棠, 勿剪勿伐, 召伯所茇)라는 내용이 있다. 전하는 바에 의하면 주나라 무왕 때 소백(召穆公의 號)이라는 분이 남쪽 여러 제후나라를 시찰하고 다닐 때, 일찍이 이 나무 밑에서 풀집을 짓고 쉬면서 백성들의 억울한 사정을 들어주고 해결하여 주었는데, 그가 떠난 뒤에 그 지방 사람들이 그의 은덕을 생각하고 그 나무를 사랑하여, 위에 인용한 〈감당〉이라는 시를 지었다고 함. 그래서 후세에는 많은 은혜를 지방민에게 베푼 지방장관을 칭송할 때 흔히 이 감당이란 말을 많이 사용함.

《고증》「살펴보니 규암은 계묘년(중종 38년)에서 갑진년(동 39년)까지 전라도 관찰사를 지냈다.」(案, 圭庵癸卯甲辰年間爲胡伯)

4 | 성사(星槎) : 괘성사(掛星槎 : 별을 달고 다니는 뗏목)라고도 하며, 흔히 외국에 나가는 외교사절을 이렇게 표현함. 자세한 것은 〈28〉-2)를 보라.

초초상은황(迢迢上銀潢) : 「초초」는 멀리 멀리라는 뜻. 은황(銀潢)은 곧 은하수를 말하며 또한 은한(銀漢) · 은만(銀灣) · 은포(銀浦) · 하한(河漢) · 운한(雲漢) · 천하(天河) 등으로도 부르는데 여기서는 특별히 운자를 고려하여서 「은황」이라 하였음. 송나라 소식의 〈문동(文同)이 지은 「양천의 정원과 못」 30수에 화답하여(和文與可洋川園池三十首)〉 중 〈천한대(天漢臺)〉「한수의 물 동쪽으로 흐름은 옛날부터 《서경(書經)》에도 보이고, 은하수 왼쪽 경계는 위로 신령스러운 곳과 통하네.」(漢水東流舊見經, 銀潢左界上通靈)

이 구절은 외교사절로서 먼 길을 떠나서 천자가 있는 높은 곳까지 올라가게 된다는 뜻.

海東精英大雅資[5]
해 동 정 영 대 아 자

바다 동쪽 나라에서 가장 잘 뽑힌
크게 우아한 자질을 지닌 분들이,

不怨賢勞馳四方[6]
불 원 현 로 치 사 방

공무로 수고함을 원망하지 않고
제후의 명령 받고 멀리 달려가시네,

湖陰筆力扛九鼎[7]
호 음 필 력 강 구 정

호음 선생의 붓 힘은
아홉 솥을 들어 올리니,

5 | 정영(精英) : 좋은 것만 뽑아둔 것, 「금정옥영」(金精玉英 : 쇠 중에서 가장 순수한 것과 옥 중에서도 가장 훌륭한 것)의 준말. 또한 가장 준수한 영재(英才)를 말하기도 함. 남조 진나라 곽박(郭璞)의 〈강을 읊은(江賦)〉「쇠의 정수 구슬의 정화 그(호수) 속에 걸리어 있음이여, 각종 구슬과 기이한 돌이 그 곁에서 광채를 발하네.」(金精玉英瑱其裏, 瑤珠怪石其表)

대아(大雅) : 크고 우아함. 흔히 재주와 품덕이 고상한 인물에 대한 찬사로 많이 사용됨. 《문선(文選)》 반고(班固)의 〈서도부(西都賦)〉「크게 우아한 분들과 상당한 이치에 통달한 이들이 여기서 무리를 짓는다.」(大雅宏達, 於玆爲群)

6 | 현로(賢勞) : 흔히 남이 공무로 수고하는 것을 좋게 표현하여 이렇게 말함. 《맹자 · 만장(萬章) 상》「이것은 나라의 일이 아닌 것이 없거늘 나만이 홀로 어질다하여 수고롭다.」(此莫非王事, 我獨賢勞也) 「賢」자의 뜻을 「勞」자와 같이 본 주석도 있고, 또는 「多」자와 같이 본 주석도 있음.

사방(四方) : 사방지사(四方之事)의 준말. 제후 임금들에게 관련된 일. 《남조의 역사 · 도연명의 전기(南史 · 陶淵明傳)》「마침 제후들의 일이 있었다.」(會有四方之事)

7 | 호음(湖陰) : 이 때 정사(正使)였던 대제학(大提學) 정사룡(鄭士龍 : 1491~1570)의 호로 본관은 동래(東萊)이며 자는 운경(雲卿)임. 근체시(近體詩), 특히 7언 율시에 뛰어나 낙봉(駱峰) 신광한(申光漢)과 함께 쌍벽을 이루었다. 중국에 사신으로 갔다오면서 남긴 시문을 담은 《조천록(朝天錄)》 및 문집 《호음잡고(湖陰雜稿)》 등이 8권 8책으로 전함.

강구정(扛九鼎) : 아홉 솥을 두 손으로 들어 올리다. 「강」은 한 허신(許愼)의 《설문해자》에서 「가로지른 빗장을 두 손을 마주잡고 드는 것」(橫關對擧)이라 풀이하였음. 《사기 ·

中華感動傳文章[8]
중 화 감 동 전 문 장

중화의 사람들도 감동하여
그의 문장을 전하고 있다네.

參卿使事豈天意[9]
삼 경 사 사 기 천 의

세 분 사신으로 나가시는 일
아마 하늘의 뜻인 듯,

夜占奎璧騰光芒[10]
야 점 규 벽 등 광 망

밤하늘 독차지한 찬란한 규성 빛은
별똥별들보다 더욱 빛나네.

항우의 전기와 연대기(項羽本紀)》「항적(항우의 이름. 羽는 자임)은 키가 8척이 넘었고 힘은 능히 큰 솥을 두 손으로 들어 올릴 만한데다 재주와 기세가 남보다 뛰어나 오중의 젊은이들이 모두 항적을 두려워하였다.」(籍長八尺餘, 力能扛鼎, 才氣過人, 雖吳中子弟皆已憚籍矣) 당나라 한유(韓愈)의 〈병중에 장씨댁 종형제 중 열여덟째 적(籍)에게 드림(病中贈張十八)〉「용의 무늬 그려진 일백 휘(한 휘는 열 말)나 담는 큰 솥을, 그(장적)의 붓힘으로 홀로 들어올릴 것 같네.」(龍文百斛鼎, 筆力可獨扛)《사기 · 조나라의 연대기(趙世家)》「(武靈王) 18년에 진나라 무왕이 맹열과 함께 용 무늬가 있는 붉은 솥을 들다가 정강이가 부러져 죽었다.」(十八年, 秦武王與孟說龍文赤鼎, 絶臏而死)
「구정」(九鼎)이라는 것은 옛날 우임금이 9년간의 큰 홍수를 다스리고 천하를 아홉 개의 큰 고을[州]로 나누었는데, 그 아홉 개의 고을을 상징하기 위하여 아홉 고을에서 거두어들인 쇠로 큰 솥을 아홉 개나 만들었다고 함. 이 아홉 개의 솥은 그 뒤로 국가 정권을 상징하는 보물이 되었음.《사기 · 한무제의 전기와 연대기(武帝本紀)》「우임금이 아홉 고을의 쇠붙이를 거두어 아홉 개의 솥을 만들었는데, 모두 일찍이 거기에다가 하느님과 귀신들에게 올릴 제물(고기)을 삶았다. 태평성대를 만나면 올라와 하상으로 옮기어 갔다. 주나라의 덕이 쇠하고 (武王이 紂임금을 벌하고 세웠던) 송나라의 박(亳) 땅에 있던 사직이 망하자 솥은 가라앉아 보이지 않게 되었다.」(禹收九牧之金, 鑄鼎, 皆嘗鬺亨上帝鬼神. 遭聖則興, 遷于夏商, 宋之社亡, 鼎乃淪伏而不見) 뒤에 가서는 「구정」이라고 하면 무게가 매우 무거운 것을 비유하는 말로 자주 사용되었음.

8 | 《고증》「정사룡은 일찍이 문장으로 중원(中原, 즉 중국)에 알려졌던 것 같다.」(疑士龍曾以文章聞於中原) 정사룡은 이해(1544년)보다 10년이나 앞서 1534년에도 동지사(冬至使)로 명나라에 다녀온 적이 있다.

入海手探驪龍珠[11]
입 해 수 탐 려 룡 주

바다에 들어가서는 손으로 찾아내겠네,
검은 용 턱 밑에 있는 구슬을,

登天耳閱鈞音張[12]
등 천 이 열 균 음 장

하늘로 올라가서는 귀로 받아들이겠네,
하늘 한가운데 음악을 크게
연주하는 것을.

9 | 삼경(參卿) : 《퇴계시역주(退溪詩譯註)》(이가원, 69쪽) 「삼사(三使)를 이름인 듯 싶다.」 삼사(三使)는 정사 · 부사 · 서장관(書狀官)을 이름.

기천의(豈天意) : 아마 하늘의 뜻일 것이다. 「豈」자가 보통은 「어찌 …… 한 것이 아닌가?」하는 식으로 반문(反問)을 나타내지만, 이 구절의 경우에는 「아마 …… 일 것이다」는 식으로 기대 또는 추측의 뜻을 나타낸다. 이 경우에는 흔히 문장의 중간에 나오는 「其」자의 용법과 뜻과 음이 같다.

10 | 규벽(奎璧) : 제후가 천자를 뵐 때에 지니던 옥. 규성(奎星)은 늦여름 새벽에 나타나는 별자리인데, 거기에 속한 별들(16개)이 서로 구불구불하게 갈고리를 이루고 있는 것이 마치 문자로 된 그림과 같으므로, 흔히 문장(文章) · 문운(文運) · 문자(文字)와 관련된 것을 비유할 때 사용되기도 하고, 또 특별히 황제가 쓴 글자를 「규서」(奎書), 황제가 쓴 문장을 「규장」(奎章)이라고 하는 따위로 황제와 관련된 글을 지칭하기도 함. 《진나라의 역사 · 천문의 기록(晉書 · 天文志) 상》 「동벽의 두 별은 문장을 관장하는데 천하에 있는 도서 중의 귀중한 책을 보관하는 곳집이다.」(東壁二星, 主文章, 天下圖書之秘府也) 당 서견(徐堅)의 《초학기(初學記)》에서 인용한 《효경수신계(孝經授神契)》 「규성의 별자리는 문장을 관장하는데 창힐이 형상을 본떴다.」(圭主文章, 蒼頡效象) 《한어대자전》 제1권에서 재인용.

이 시구에서 「규벽」이란 뜻은 우리나라 임금을 대신하여 중국 천자를 만나러 나가는 사신이란 뜻도 있으면서, 또 그들이 모두 문장으로 온 나라에서도 가장 빛나는 훌륭한 문인이라는 의미를 풍기고 있음.

광망(光芒) : 사방으로 꼬리를 달고 흩어지면서 번쩍번쩍하는 별의 광선. 여기서는 중국에 모인 여러나라의 조공사절들을 비유한 것임. 당나라 유우석(劉禹錫)의 〈상서예부원외랑이신 유군의 문집에 대한 기술(尙書禮部員外郎柳君集記)〉 「천하의 문필가들이 그 뛰어난 것을 가지고 다투어 동시에 떨치었는데 찬연하기는 수많은 별들이 하늘을 수놓은 것 같고 빛은 차갑고 색은 뚜렷하여 사람들이 바라고 공경하는 것은 오행일 따름이다.」(天下文士執所長, 與時而奮, 粲焉如繁星麗天, 而芒寒色正, 人望而敬者, 五行而已)

豈但壯遊增氣義[13]
기 단 장 유 증 기 의

어찌 비단 장쾌하게 놀고
의기만 드높일 것인가?

樂哉酬唱如宮商[14]
낙 재 수 창 여 궁 상

즐거우리! 주고 받는 시
음률에도 아주 잘 맞으리라.

11 | 여룡주(驪龍珠) : 검은 용의 턱밑에 있는 구슬. 흔히 아주 진귀한 물건 또는 아주 「진귀한 문구」라는 뜻으로 비유됨. 《장자 · 열어구(列禦寇)》 「큰 강 곁에 가난하게 살면서 쑥을 엮어 팔아서 살아가는 사람이 있었는데, 그 아들이 못에 빠졌다가 천금이나 나가는 구슬을 하나 주워 가지고 왔다. 그 아버지가 아들에게 말하기를 『돌을 가지고 그것을 깨어버려라! 천금이나 나가는 구슬은 반드시 깊은 못 검은 용의 턱밑에 있는 것인데, 네가 그 구슬을 주워 올 수 있었던 것은 반드시 그놈이 잠자고 있는 틈을 만났기 때문이다. 만약 검은 용이 잠을 깬다면 네가 어찌 아직도 살아 있을 수 있겠느냐?』라 하였다.」(河上有家貧恃緯蕭而食者, 其子沒於淵, 得千金之珠. 其父謂其子曰, 取石來鍛之! 夫千金之珠, 必在九重之淵而驪龍頷下, 子能得珠者, 必遭其睡也, 使驪龍而寤, 子尙奚微之有哉?)
송나라 계유공(計有功)의 《당시기사(唐詩紀事)》 「장경 연간에 원진(元稹) · 유우석(劉禹錫) · 위초객 등 3인이 백거이(白居易)의 집에 함께 모여서, 남조의 흥망성쇠에 대해서 논하다가 각기 〈금릉 땅의 옛날 일을 회상함〉이란 제목을 놓고서 시를 지었다. 유우석이 한 잔 가득 술을 따루어 마시더니 이내 한 수를 완성하였는데, 『왕준의 큰 배가 익주 땅으로부터 내려오니, 금릉 땅의 왕의 기세 어둡게 걷혔네. ……』라 하였다. 백거이가 그 시를 보고서 말하기를 『우리 네 사람이 모두 구슬을 찾았지만, 그대가 먼저 구슬을 얻었으니, 남은 것은 고작해야 시원찮은 고기들의 비늘이나 껍데기들 뿐일 터인데 무엇에 쓰겠는가?』 이에 짓던 시를 중단하였다.」(長慶中, 元微之 · 劉夢得 · 韋楚客同會樂天舍, 論南朝興廢, 各賦金陵懷古詩. 劉滿一盃, 飲已即成, 曰, 王濬樓船下益州, 金陵王氣黯然收 ……. 白公覽詩曰, 四人探驪龍, 子先獲珠, 所餘鱗爪何用耶. 於是罷唱) 금릉은 지금의 남경으로 옛날 오나라의 도읍인데, 진(晉)나라 익주자사(益州刺史) 왕준이 큰 배를 만들어 그가 다스리고 있던 익주(四川省) 지방에서부터 양자강으로 내려와서 오나라에게서 항복을 받았던 일을 말함. 인용된 시의 제목은 《전당시》에는 〈서새산의 옛날일을 회상함(西塞山懷古)〉으로 되어 있음.

風雲隨處落咳唾[15]
풍 운 수 처 락 해 타

바람과 구름 타고 가시는 곳마다
주옥같은 글월 남기실 터이니,

誰復按劍投夜光[16]
수 부 안 검 투 야 광

누가 다시 칼을 어루만지랴?
야광주가 땅에 떨어졌다고.

12 | 균음(鈞音) : 천상(天上)의 음악, 즉 균천광악(鈞天廣樂). 「균천」이란 하늘의 중앙인데, 하느님[上帝]이 사는 궁전을 말함. 「광악」은 너그럽고 넓은 음악[寬廣之樂]이란 뜻. 《사기 · 조나라의 역사(趙世家)》 「조나라의 제후인 간자(簡子)가 병이 났는데 …… 이틀 반만에야 간자가 깨어나더니 대부(大夫)에게 말하였다. 『내가 하느님이 계신 곳에 올라가서 매우 즐겁게 지냈다. 여러 신들과 더불어 하늘 중앙[鈞天]에서 노는데 광악(廣樂)을 아홉 번이나 연주하고 온갖 춤을 다 추었다. 그런데 그것은 하 · 은 · 주(夏殷周) 같은 삼대(三代)의 음악과 다르며, 그 소리가 매우 사람의 마음을 감동시켰다.』」(趙簡子疾, …… 居二日半, 簡子寤. 語大夫曰, 我之帝所甚樂, 與百神遊於鈞天, 廣樂九州萬舞, 不類三代之樂, 其聲動人心) 후한 장형(張衡)의 〈서경인 장안을 읊음(西京賦)〉 「옛날에 하느님께서 진나라 목공이 뵈온 것을 기뻐하여 균천광악을 베풀었다.」(昔者, 大帝說秦穆公而覲之, 饗以鈞天廣樂)
「열」(閱)은 「용납하다」의 뜻이 있으며, 「장」(張)은 「크게 벌린다」는 뜻임.

13 | 증기의(增氣義) : 의로운 기분만 드높인다. 지금 사신으로 가는 곳이 북경인데, 이곳은 옛날 전국시대 연(燕)나라의 땅이다.(북경을 「燕京」이라고도 함) 전국 말기에 연나라 태자인 단(丹)이 진시황을 저격하기 위하여 형가(荊軻)라는 자객을 몰래 파견할 때 그를 떠나보내는 사람들이 모두 비분강개한 노래를 불렀다고 함. 그런 것이 전통이 되어 이 일대는 옛날부터 의기에 넘치는 선비들이 모이는 곳으로 알려져 있음. 도연명의 〈형가를 노래함(詠荊軻)〉을 보라.

14 | 궁상(宮商) : 옛날 중국 음악에 나오는 궁 · 상 · 각(角) · 치(徵) · 우(羽) 다섯 기본음의 첫 번째와 두 번째 음. 궁은 임금, 상은 신하를 대표하는 음이기 때문에, 「궁상과 같다」(如宮商)고 하면 아랫사람과 윗사람이 서로 마음이 맞아서, 소리가 아주 우아하고 정교하게 나는 것을 말함. 공자의 제자인 자하(子夏)가 지었다고 알려진 〈시경의 서문(毛詩序)〉 「감정이 소리로 발해져서 소리가 아름다움을 이루는 것을 음악이라고 한다.」(情發於聲, 聲成文, 謂之音) 한나라 정현(鄭玄)의 주석[箋] 「소리가 아름다움을 이룬다고 한 것은 궁소리와 상소리가 아랫사람과 윗사람에게 서로 감응하는 것이다.」(聲成文者, 宮

我似醯鷄守塵甕[17]
아 사 혜 계 수 진 옹

나는 초파리와 같이 보잘 것 없이
먼지 묻은 술병만 지키고 있으니,

大方之家嗟望洋[18]
대 방 지 가 차 망 양

그대같은 뛰어나신 분들을 뵈오면
바다를 바라보듯 감탄하게 된다네.

商上下相應) 이 구절에서는 중국의 [천자나] 높은 사람들과 서로 주고받게될 시가 서로 음률에도 맞고 또 그 분위기에도 잘 어울릴 것으로 예상한 것임.

15 | 풍운(風雲) : 용이 바람과 구름을 타고 하늘에 오르는 것처럼 자기들을 알아주는 좋은 기회를 얻게 되다[際遇]. 높은 재주와 훌륭한 학식이 남이 짐작할 수 없을 정도로 깊은 것, 풍채가 빛남 따위를 비유할 때 사용하는 말임. 《수나라의 역사 · 이악의 전기(隋書 · 李諤傳)》「연이어진 서책들이 달밤의 이슬 같은 형태가 나오지 않으니, 책상에 쌓이고 상자에 든 것이라고는 오로지 바람과 구름 같은 형태뿐이었다.」(連篇累牘, 不出月露之形, 積案盈箱, 唯是風雲之狀)

해타(咳唾) : 기침할 때 입에서 튀어나오는 침. 여기서는 「해타성주」(咳唾成珠 : 기침할 때 튀어나온 침이 구슬을 이룬다)라는 고사성어의 준말. 《장자 · 가을 강(秋水)》「그대는 저 침을 보지 못했는가? 내뿜으면 큰 것은 구슬 만하고 작은 것은 안개와 같아 섞이어 떨어지면 그 수를 이루 다 헤아릴 수도 없다네.」(子不見夫唾者乎? 噴則大者如珠, 小者如霧, 雜而下者, 不可勝數也) 이 말은 권세가 있는 사람의 말은 여러 사람의 중시를 받는다는 뜻도 있고, 또 훌륭한 문인들이 지어낸 시구가 아름답다는 뜻으로 사용되기도 함. 《진나라의 역사 · 하후담의 전기(晉書 · 夏侯湛傳)》「뱉는 침은 주옥을 이루고, 휘두르는 소매에는 바람과 구름이 이네.」(咳唾成珠玉, 揮袂出風雲) 당나라 이백(李白)의 〈첩은 박명하여(妾薄命詩)〉「뱉은 침이 저 높은 하늘에서 떨어지는 듯, 바람 따라서 주옥이 생겨나는 듯하네.」(咳唾落九天, 隨風生珠玉)

16 | 안검(按劍) : 서한(西漢) 추양(鄒陽)의 〈옥중에서 (梁孝王에게) 글을 올려 스스로 변명함(獄中上書自明)〉「신이 듣건데 밝은 달같은 구슬과 밤에도 빛나는 벽옥을 몰래 도로에서 사람들에게 던져 놓는다면, 어떤 사람이라도 칼집을 어루만지며 주위에 사람이 있는지 없는지 둘러보지 않는 사람이 없을 것입니다. 무엇 때문이겠습니까? 그 이유는 아무 까닭없이 좋은 보물이 자기 앞에 던져졌기 때문일 것입니다.」(臣聞, 明月之珠, 夜光之璧, 以暗投人於道路, 衆莫不按劍相眄者, 何則? 無因而至前也) 중국사람들이 [그대들의] 문장에 감동할 것이니, 어찌 다시 칼집을 어루만지는 것이 걱정이 있겠는가?라는 뜻임.

蓬山日月轉秋序[19]
봉 산 일 월 전 추 서

봉래산蓬萊山에 해와 달이
가을 순서로 바꾸어 드니,

坐覺別恨添鬢霜[20]
좌 각 별 한 첨 빈 상

갑자기 느끼겠네,
그대들과의 이별의 한스러움때문에,
머리털 더욱 흰 날이 많아짐을.

高風逸軌不可攀
고 풍 일 궤 불 가 반

그대의 높은 풍도와 탁월한 자취는
감히 따라올라가서 잡을 도리도 없으니,

17 | 혜계(醯鷄) : 「醯雞」라고도 하며, 곧 초파리를 말함. 촛병 안에서만 살기 때문에 천지가 넓은 것을 모름. 《장자 · 전자방(田子方)》「공자가 노자를 보고는 …… 나와서 안회에게 말했다. 『나의 도라는 것은 기껏해야 초파리와 같을 뿐이다.』」(孔子見老聃, …… 出, 以告顏回曰, 丘之於道也, 其猶醯雞與!) 곽상(郭象)의 주석 「혜계는 독 속의 눈에놀이다.」(醯雞, 甕中之蠛蠓也)

18 | 대방(大方) : 《장자 · 가을 강(秋水)》「(황하의 물귀신인) 하백이 비로소 얼굴을 돌려 바다를 바라보고서 (바다의 수호신인) 약을 향하여 탄복해서 말했다. …… 『저는 오랫 동안 뛰어나신 분들의 비웃음을 받아왔습니다.』(견문이 좁기 때문에)」(河伯始旋其面目, …… 望洋向若而歎曰, 吾將見笑於大方之家)

19 | 봉산(蓬山) : 봉래산(蓬萊山), 고대 전설에 동해 가운데 있다는 신선이 사는 산. 이 시구에서는 아마 우리나라를 이렇게 표현하고 있을 것임. 이가원 박사의 《퇴계시역주(退溪詩譯註)》(70쪽)에서는 이 「봉산」을 「역시 호당을 이름이다」라고 주석하고 있는데, 바로 앞에 나온 시가 호당에서 늦은 봄이나 여름에 지은 것이니까, 이 시를 지을 당시–이 구절에서 「가을로 계절이 바뀐다」(轉秋序)는 말이 있는 것으로 보아 음력 7월 쯤이 될 것 같은데–에도 계속하여 호당에 머물러 있었을 것임. 호당을 흔히 동쪽 바다속의 신선이 사는 곳[瀛洲]으로 비유하기도 함.

추서(秋序) : 가을이 되는 순서, 즉 가을이란 말.

西望萬里關河長
서 망 만 리 관 하 장

서쪽으로 하염없이 바라다 볼 뿐일세,
만리 길 그대들 지나가는 관문과
강물만 한없이 깊을.

謬蒙索贈一篇詩[21]
유 몽 색 증 일 편 시

내 잘못 부탁을 받았네, 꼭 지어달라는
한편의 송별시를,

幾日重躋君子堂[22]
기 일 중 제 군 자 당

어느날이나 다시 올라갈 수 있겠는가?
그대의 집 대청 마루에.

20 | 좌각(坐覺) : 갑자기 느끼다. 여기서 「坐」자는 부사로 「갑자기」라는 뜻임. 또 「바로」[正], 「마침」[適]이라는 의미도 내포하고 있음. 송나라 소식의 〈승제로 있던 전휘(錢暉)가 광서노분도감으로 부임하게 되어 송별하다(送錢承制赴廣西路分都監)〉「그 당시 내 〈표충비〉를 지었거늘, 갑자기 느껴지네, 강산의 기운 쇠퇴하지 않았음이.」(當年我作表忠碑, 坐覺江山氣未衰)

첨빈상(添鬢霜) : 글자 그대로 풀면 「살적(귀 곁에서 얼굴 쪽으로 내려오는 머리털)에 서릿발이 더하다」이나, 「살적」은 머리털의 일부분이며, (또 수사학에서는 부분으로써 전체를 대신하는 경우가 많으므로) 번역에서는 「머리털에 흰 날이 많다」고 풀었음.

21 | 유몽(謬蒙) : 「잘못 상대방으로부터 ……함을 입는다」는 뜻인데, 상대방으로부터 과분하게 어떤 대접이나 부탁을 받았다는 말로서 퍽 겸손하게 표현한 것. 여기서는 퇴계 자신이 시를 지을 줄도 모르는데, 송규암(宋圭庵)이 꼭 이번 행차를 빛내기 위하여 한 편의 송별시를 지어 보내달라고 졸라대니 부득불 위와 같은 졸작을 한 수 쓴다는 뜻임.

22 | 무사하게 일을 마치고 돌아와서 내가 그대의 집으로 찾아가서 다시 만나게 될 날을 기다린다는, 우정어린 뜻을 담고 있음.

74~76. 送林士遂以迎詔使從事, 赴義州, 三首_乙巳[1]

임형수가 명나라 천자의 사신을 환영하는 환영단의 종사관으로 의주로 나감에 송별하여, 세 수_을사년(45세)

74

詩老西迎詔使行[2]
시 로 서 영 조 사 행

시 잘 짓는 늙은이 서쪽으로 나가서
　맞이하네, 조칙을 받들고 오는
　사절들의 행차를,

一時從事盡豪英[3]
일 시 종 사 진 호 영

같은 때 종사관들은
　모두 영웅호걸들일세.

1 | 《연보》에는 을사년(1545년) 정월에 지은 것으로 되어 있음. 퇴계 45세 때임. 임사수에 관하여서는 〈47〉-1)을 보라. 그 전해에 중종대왕이 승하(昇遐)하니, 이 해 3월 초에 명나라에서 태감(太監 : 환관의 우두머리) 곽방(郭玐)과 행인(行人) 장승헌(張承憲)이 조문사절[弔祭使]로 오고 또 태감 장봉(張奉)과 오유(吳猷)를 다시 새로운 임금[明宗]을 책봉하는 사절[奉王使]로 삼아 보내었다. 이때 우리나라에서는 그들을 맞이하기 위하여 신광한(申光漢) 등을 영조원접사(迎詔遠接使 : 황제의 문서를 받들고 오는 사신들을 환영하기 위하여 그들을 국경지대까지 멀리 나가서 맞아오는 임시직책)로 삼고 임사수(林士遂) 등을 그 부관인 종사관(從事官)으로 삼아 의주(義州)까지 내어 보냈는데, 그 행차를 송별하는 시임. 《퇴계집 · 별집(別集)》에 보면 이 시와는 별도로 〈임사수가 의주에 영조사의 종사로 나가면서 시를 지어달라고 졸라서 지음(林士遂赴義州迎使從事索詩)〉, 〈남경림이 원접사의 조사관으로 서쪽으로 나감에 지어줌(贈南景霖遠接從使西行)〉, 〈이중구(담) 정랑이 나를 대신하여 종사로 나가면서 시를 지어달라고 졸라서 지음(李仲久(湛)正郎代余從事之索詩)〉 등 3제(題) 5수(首)가 실려 있어, 이 시를 이해하는 데 도움이 됨.

2 | 시로(詩老) : 송나라 소식의 〈장난삼아 조보지가 지은 시의 각운자를 써서 짓는다(戲用晁補之韻)〉「옛날 내 일찍이 취옹을 모시고서 취하였었는데, 지금 그대는 다만 시 잘 짓는

漳濱獨荷天恩重[4]
장 빈 독 하 천 은 중

장강 가에서 유독히 입었네,
하늘의 은혜 무거움을,

日夕空多感慨情
일 석 공 다 감 개 정

해 저무니 공연히 많아지네
감개에 찬 심정이.

滉亦忝是行, 恩許病免

나도 이 행차에 뽑히었으나, 신병 때문에 면제가 되었다.

늙은이의 시를 읊조릴 뿐이네.」(昔我嘗陪醉翁醉, 今君但吟詩老詩) 이 구절에 대한 송나라 조차공(趙次公)의 주석「취옹은 구양수(歐陽脩)이며, 시로는 매요신(梅堯臣)이다.」(醉翁歐陽永叔也. 詩老梅聖兪也)《고증》「이때 낙봉 신광한을 영조원접사로 내어 보냈다.」(是駱峯申光漢爲迎詔遠接使) 신광한(1484~1855)은 본관이 고령(高靈), 자는 한지(漢之) 또는 시회(時晦)이고, 호는 낙봉, 기재(企齋) 또는 석선재(石仙齋)·청성동주(靑城洞主)라고 하며, 신숙주(申叔舟)의 손자로, 벼슬은 찬성(贊成)·대제학(大提學) 등을 지냈고, 시호는 문간(文簡). 그의 글을 모은《기재집(企齋集)》10권이 있음.《요존록》에서는「시로」를 호음 정사룡(〈73〉-7)을 보라)이라고 하였다. 아래에도「양노신」이란 말이 나오는 것으로 보아 이때 두 사람이 함께 사절을 맞았던 것 같다.

3 | 일시(一時) : 여기서는 동시(同時)라는 뜻일 것임. 위의 주 1)에서 보는 바와 같이 임사수(林士遂)·남경림(南景霖)·이중구(李仲久) 등이 모두 종사관으로 따라 갔음.

4 | 장빈(漳濱) :《요존록》「《퇴계집》권5에 보면〈동지중추부사(同知中樞府事)를 지낸 권응창(權應昌)의 죽음을 애도하여(挽權同知)〉(31)라는 시 끝에 선생이 스스로 주석을 달기를『삼국(三國) 진림(陳琳)의 시에「나는 고질병이 깊이 들어, 삼년 동안이나 장강(복건성에 있음) 곁에 누워 있네」(余嬰沈痼疾, 三年臥漳濱)라는 구절이 있다.』고 하였다.」

75

仡仡騷壇兩老臣[5] 흘 흘 소 단 량 로 신	우뚝 우뚝하신 우리나라 문단의 두 노 대신들,
繞朝贈策可無人[6] 요 조 증 책 가 무 인	요조가 채찍을 증정하니 사람없다 할 수 있겠는가?
料知擒縱如神處[7] 요 지 금 종 여 신 처	짐작하여 알겠네, 그대의 글재주 잡았다 풀었다 함이 귀신 같음을,

5 | 흘흘(仡仡) : 씩씩하고 용감한 모습[壯勇貌], 또는 높고 큰 모습[高大貌].

소단(騷壇) : 시단(詩壇)이라는 말과 같음. 이 경우에 「騷」라는 말은 「근심」, 나아가서 「근심을 담은 글을 적은 시체」를 의미하는데, 초나라 문인 굴원(屈原)의 〈이소(離騷--근심을 만나다)〉라는 작품의 체를 모방하여 쓴 글을 말함. 그러나 일반적으로 「詩」와 「騷」를 비슷한 뜻으로 사용하는 경우도 많음. 예. 「소인」(騷人)=「시인」(詩人), 「소객」(騷客)=「시인」(詩人) 또는 「문인」(文人).

양노신(兩老臣) : 호음(湖陰) 정사룡(鄭士龍 : 〈73〉-7)을 보라)과 낙봉 신광한(申光漢). 위의 1)에서 언급한 《별집》에 수록된 임사수에게 준 또 다른 시 참조.

6 | 요조증책(繞朝贈策) : 춘추시대 진(秦)나라 대부(大夫)인 요조(繞朝)가 증정한 말채찍(일설에는 편지), 선견지명이 있는 책략이라는 뜻. 《좌전 · 문공(文公) 13년》 「진(晉)나라 사람들은 진(秦)나라가 (사고를 내고 도망간) 사회(士會)를 쓸 것을 걱정하여 …… 이에 위(魏)나라의 수여(壽餘)란 사람을 시켜 위나라에서 반란을 일으켰다가 실패하여 망명하는 것 같이 가장하여 진(秦)나라로 들여보내어, 사회(士會)를 달래어 (晉나라로) 되돌아오게끔 하였다. …… 이에 (사회가 秦나라를) 떠날 때 그 나라의 대부인 요조(繞朝)가 말채찍을 선물로 주면서 말했다. 『그대는 진(秦)나라에 아무 사람도 없다고 말하지 마시오! 나의 생각이 마침 우리 임금에게 먹혀들지 않았을 따름이오.』」(晉人患秦之用士會也, …… 乃使魏壽餘僞以魏叛者, 以誘士會. …… 乃行, 繞朝贈之以策, 曰, 子無謂秦無人, 吾謀適不用也) 이 뜻은 자기가 진작 사회(士會)의 내막을 알았으나, 다만 진(秦)나라의 임금이 자

一笑先衝萬馬塵[8]
일 소 선 충 만 마 진

한번 웃으며 급히 앞에서 달리니
만 마리 말들 먼지내며 따라오리.

76

不數林間喚雨鳩[9]
불 수 림 간 환 우 구

헤아리지도 말라, 숲 사이에서
비를 부르는 비둘기들을,

기를 믿지 않았기 때문이라는 뜻임.
당나라 이백(李白)의 〈우림 도장군을 송별하는 시(送羽林陶將軍詩)〉「말하지 마소서, 글 짓는 사람들이 간담이 약하다고, 떠나가심을 맞아서 『요조의 채찍』을 기증하려 하오.」(莫道詞人無膽氣, 臨行將贈繞朝鞭) 같은 사람의 〈선성의 우문태수께 드리고 아울러 최시어께도 바침(贈宣城宇文太守兼呈崔侍御)〉「감히 요조의 채찍 드리나니, 생각은 곽태의 배와 같다네.」(敢獻繞朝策, 思同郭泰船)

7 | 금종(擒縱) : 사로잡았다가 풀어줌. 제갈량(諸葛亮)이 남만(南蠻)의 추장 맹획(孟獲)을 「일곱 번 사로잡았다가 일곱 번 풀어줌」(七擒七縱)의 이야기가 유명한데 여기서는 임사수의 시재(詩才)가 능란함을 말함.

8 | 충(衝) : 급히 앞에서 달림. 바로 위의 구절은 임사수의 글이 훌륭함을 형용하고, 이 구절에서는 임사수의 무사(武士)로서의 기상이 뛰어났음을 말함.

9 | 환우구(喚雨鳩) : 산비둘기를 말하며 「반구」(斑鳩)라고도 한다. 《요존록》「명구이니 지금의 빌구이다. 하늘이 맑아지면 울면서 암컷을 부르고, 비가 오면 울면서 쫓아버린다. 그렇기 때문에 늘 그 우는 소리를 들을 수 있다. 대개 수시로 따라다니다가 쫓았다가 하는 것을 비유한다.」(鳴鳩, 今之鵓鳩也. 天晴則呼牝, 雨則逐之, 所以常聞其聲. 蓋喩隨時追逐者) 송나라 소식의 〈아우인 소철이 내가 종남산에 있는 태평궁의 계당으로 가서 글을 읽으려 하는 것을 듣다라는 시에 화답하다(和子由聞子瞻將如終南太平宮溪堂讀書)〉「중간에 이른 더위를 만나서, 비 부르는 비둘기를 흉내내고 싶네.」(中間罹早暵, 欲學喚雨鳩)

海東雙鳥起千秋[10]
해 동 쌍 조 기 천 추

우리 바다 동쪽 나라의 두 마리 새는
천 년에 한번 쯤이나 일어난다오.

爭看月斧揮神匠[11]
쟁 간 월 부 휘 신 장

다투어가며 보게 되겠지, 달 도끼로
귀신 같은 솜씨 휘두름을,

10 | 쌍조(雙鳥) : 당나라 한유(韓愈)의 〈두 마리의 새(雙鳥詩)〉「두 마리의 새가 바다 바깥에서부터 와서, 날고 또 날아서 중국 가운데 고을에까지 이르렀네. 한 새는 도시에 내려앉아 살고, 한 새는 그윽한 바위 속에 둥지 틀었네. 서로 친구 삼아 울지 못한지, 벌써 삼천 년이 되었네. …… 삼천 년이 지난 뒤에 다시 일어나서 울음을 서로 주고 받겠네.」(雙鳥海外來, 飛飛到中州. 一鳥落城市, 一鳥集巖幽. 不得相伴鳴, 爾來三千秋. …… 還當三千秋, 更起鳴相酬) 여기서 두 마리의 새는 이태백과 두보, 또는 한유 자신과 그의 친구인 시인 맹교(孟郊)라는 설이 있음.
이 시에서 두 마리 새는 호음(湖陰)과 낙봉(駱峯)을 말할 것임.

11 | 월부(月斧) : 달을 다듬는 도끼. 중국 전설에 의하면 달은 일곱 가지의 보물로 합금이 된 것인데, 하늘에 있는 기술자 8만 2천 호(戶)에서 그것을 늘 손질하고 다듬는다고 함. 당나라 때의 신기한 얘기를 담은 단성식(段成式)의 소설《유양잡조 · 천지(酉陽雜俎 · 天咫)》「태화 연간에 정본인이라는 사람의 한 사촌이(이름은 잘 모름) 숭산(嵩山)에 올라가서 놀았는데 한 사람이 두건을 베고 누워 있는 것이 보였다. 그를 불러보니, 그 사람이 웃으면서 말하기를, 『그대는 달이 일곱 가지 보물이 합쳐져 이루어진 것을 아는가? 달의 형세는 공과 같은데 그 빛은 날마다 불룩하게 튀어나온 곳을 태우고 있으며, 늘 8만 2천 가구에서 칠보를 연마하여 그 탄 부분을 손질하고 있다네. 나도 그 중의 하나이지.』라고 하고서는 두건을 여는데 도끼가 들어 있었다. 그 도끼로 몇 번 땅을 파니까 옥부스러기가 밥그릇 두 그릇 정도는 나왔다.」(太和中鄭本仁表弟遊嵩山見一人, 枕幞呼之, 其人笑曰, 君知月乃七寶合成乎? 月勢如丸, 其影日爍其凸處也, 常有八萬二千戶修之, 予卽一數. 因開幞, 有斤鑿數事, 玉屑飯兩裹)
뒤에 와서「月斧」는 곧「문재」(文才) 혹은「작문의 본령」,「수월」(修月 : 달을 손질한다)은「글을 잘하는 사람」따위와 같은 말로 사용되었음. 송나라 소식의〈왕문옥의 죽음을 애도하여(王文玉挽詞)〉「재주와 명성 누가 광문선생 정건처럼 차가울까? 달 도끼와 구름 날로 폐와 간을 다듬었네.」(才名誰似廣文寒, 月斧雲斤琢肺肝)

血指應難據一頭[12]
혈 지 응 난 거 일 두

피내는 서툰 손가락이야 틀림없이
어려울 것일세, 한 자리를 차지한다는 것이.

12 | 혈지(血指) : 당나라 한유의 〈유자후(유종원)에게 바치는 제문(祭柳子厚文)〉「연장으로 조각을 하는데 서투른 사람은 손에 피가 나고 얼굴에는 땀이 난다.」(不善爲斲, 血指汗顔) 여기서 「血指」는 퇴계 자신의 시 솜씨가 보잘 것 없다는 것을 비유함.

일두(一頭) : 송나라 소식의 〈우사랑중(右司郎中)으로서 강회형절등로발운사(江淮荊浙等路發運使)를 맡은 과거 동기생 조미숙이 조정으로 돌아감에 송별하여(送晁美叔發運右司年兄赴闕)〉「취옹 구양수(歐陽脩) 선생님께서 나 조미숙을 보내어 그대 소식과 교유를 하라고 하셨다네. 취옹 선생께서는 『정말 한퇴지(한유)와 같이 맹가(맹자) · 공구(공자)의 길을 걷는 훌륭한 분이시지. 그런데도 오히려 자네 소식을 자신보다도 한결 더 높이 올려놓기 위하여 길을 비켜주려고 하신다네』라고 말하면서 나를 찾아주었다. (그때 추억이 마치) 술이 깨니 꿈이 끊어진 것 같은데 이미 40년이나 지나가 버렸네.」(醉翁遣我從子遊, 翁如退之蹈軻丘. 尙欲放子出一頭, 酒醒夢斷四十秋)

이 시구의 「一頭」라는 말 다음에 소식 자신이 다음과 같은 각주를 달아 놓았다. 「가우 초년에 나와 아우인 소철이 흥국의 욕실에서 우거하고 있는데 조미숙이 느닷없이 나를 방문하여 『나는 구양수공을 스승으로 모시고 유학한 지가 오래 되었네. 공께서 나로 하여금 그대와 더불어 친구를 삼으라고 하면서 그대는 반드시 세상에 이름을 날리게 될 것이니 자기같은 늙은이는 모름지기 자네같은 사람을 한결 더 높이 올려 놓도록 길을 비켜주어야 된다고 말씀하시었네.』라고 하였다.」(嘉祐初, 軾與子由寓興國浴室, 美叔忽見訪, 云, 吾從歐陽公遊久矣. 公令我來, 與子定交, 謂子必名世, 老夫亦須放他出一頭地)

위 시에 나오는 조미숙과 소식 두 사람은 모두 구양수가 과거시험을 주관할 적에 같은 해에 급제하였음. 그때부터 구양수는 소동파가 앞으로 자기보다 더 훌륭한 문인이 될 것을 촉망하고, 당시에 이름 있는 시인 매요신(梅堯臣)을 보고서도 「나 같은 늙은이는 마땅히 이 사람에게 길을 피해주어야 하네, 그가 한결 더 높이 마음 놓고 나아가게 하기 위해서.」(老父當避此人, 放出一頭地)라고 했다고 함. 《송사 · 소식전(蘇軾傳)》

77. 望湖堂尋梅[1]_丙午. 仲春, 將歸嶺南

망호당의 매화를 찾아서_병오년(46세). 2월에 영남으로 돌아가려하다

望湖堂下一株梅
망 호 당 하 일 주 매

망호당 아래
　한 그루의 매화를,

幾度尋春走馬來
기 도 심 춘 주 마 래

몇 차례나 봄을 찾아
　말을 달려와 보았던가?

1 | 병오년은 퇴계가 46세 되던 해임. 망호당은 호당안에 있음.

2 | 고문(敲門) : 송나라 갈립방(葛立方)의《운어양추(韻語陽秋)》「가도(賈島)가 처음 과거시험장으로 가던 도중 나귀 위에서『새들은 못 속의 나무에서 잠들고, 중은 달 아래서 문을 두드리네.』라는 싯귀를 읊조렸다. 그러다가 임시로 서울시장직을 맡아보던 이부시랑 한유와 맞닥뜨리게 되었는데 길을 비키라고 소리지르는 것도 깨닫지 못해 말 앞으로 떠밀려 오자 이렇게 말을 했다.『고자를 써서도 짓고 싶고, 또 퇴자를 써서도 짓고 싶습니다. 정신이 시의 마당에서 놀다보니 대관과 마주치게 되었습니다.』이에 한유가 말했다.『고자를 써서 짓는 것이 좋겠네.』」(島初赴名場, 於驢上吟, 鳥宿池中樹, 僧敲月下門. 遇權京尹韓吏部, 呵唱而不覺, 洎擁至馬前則曰, 欲作敲字, 又欲作推字. 神游詩府, 致衝大官. 愈曰, 作敲字佳矣) 여기서 곧 시문을 짓느라 깊이 생각하여 다듬고 고친다는 퇴고(推敲)라는 전고(典故)가 나왔다.

千里歸程難汝負
천 리 귀 정 난 여 부

천리 길 돌아가는 노정路程에도
너를 저버리기 어려워,

敲門更作玉山頹[2]
고 문 갱 작 옥 산 퇴

문두드리며 다시 지었네,
옥산이 무너짐을.

옥산퇴(玉山頹) : 남조 양나라 유의경의 《세설신어 · 용지(世說新語 · 容止)》「혜강(嵇康 : 죽림칠현의 한 사람으로 숙야는 그의 자)의 사람됨은 우뚝하기가 마치 외로운 소나무가 홀로 선 것과 같으나, 그가 만약 술이 취했다 하면 뻣뻣하게 넘어짐이 마치 옥산이 무너지는 것과 같다.」(嵇叔夜之爲人也, 巖巖若孤松之獨立. 其醉也, 傀俄若玉山之將崩) 여기서부터 뒤에는 옥산이 스스로 넘어가다라는 뜻의 「玉山自倒」라는 전고가 생겼는데, 술이 취한 것을 형용하는 말이 되었다.
《요존록》「이때 조정에서는 정치적인 변화가 현저하게 일어났는데, 선생이 물러나려고 결의하고서, 지금 여기 매화를 찾아와서 자기의 뜻을 이 매화에 붙여서 읊은 것은 아마도 몰래 풍자하는 뜻을 담고자 함이 있었을 것이다.」(時朝著一變, 先生決意退休, 今此尋梅寄詠, 恐有微意之寓爾)

78. 再用前韻, 答景說[1]

다시 앞 시의 운자를 사용하여 민기에게 답함

聞道湖邊已放梅[2] 문 도 호 변 이 방 매	듣자하니 호수 곁에 이미 매화 피었다는데,
銀鞍豪客不曾來[3] 은 안 호 객 불 증 래	은 안장한 호기스러운 손님 일찍 찾아오지를 않네.
獨憐憔悴南行子 독 련 초 췌 남 행 자	유독히 가련하구나, 초췌한 남쪽으로 내려가는 나그네,
一醉同君抵日頹[4] 일 취 동 군 저 일 퇴	한번 취하여 그대와 같이 해가 질 때까지 있었으면.

1 | 경열(景說)의 성명은 민기(閔箕), 호는 관물당(觀物堂). 선조(宣祖) 초년에 우의정(右議政)을 지냄. 〈28〉-1)을 보라. 민기는 이 당시에 사인(舍人), 사헌부 장령(掌令) 등의 벼슬을 하고 있었음.

2 | 방매(放梅) : 당나라 두보의 〈작은 동지(小至)〉「언덕은 섣달이 되어서야 버드나무 피우려 하고, 산은 추위를 막고자 하여 매화를 피게 하고자 하네.」(岸容待臘將舒柳, 山意衝寒欲放梅) 소지는 동지 다음날을 말하며 일설에는 전날을 가리킨다고도 함.

3 | 은안호객(銀鞍豪客) : 송나라 육유(陸游 : 호는 放翁)의 〈방화루에서 매화를 감상하다(芳華樓賞梅)〉「백 개의 술통 무젖으니 옥 술잔 날고, 일만 사람을 비켜세우고 은안장 위에 탄 높은 사람 지나가네. 호기스러운 기운 넘치어 맑고 여윈 몸 억누를 뿐 아니라, 애오라지 시인 위해 차고 배고픔 씻는다네.」(百榼淋漓玉斝飛, 萬人辟易銀鞍過. 不惟豪橫壓淸臞, 聊爲詩人洗寒餓)

4 | 《요존록》「매화를 감상하는 일은 이미 허물어졌고, 봄을 찾아다녀도 사람이 없으니, 꽃 아래서 다시 한번 취하여 함께 해가 무너질 때까지 있는 것이 매화를 저버리는 것이 아니다. 군은 경열을 말한다.」(梅事已破, 尋春無人, 花下一醉, 共抵日頹, 所以不負梅也. 君指景說)

79~80. 兜觀院溪上, 奉懷家兄話別於東郊. 二首[1]

도관원의 시냇가에서 삼가 집의 형님과 서울 동대문 박에서의 이별을 생각함. 두 수

79

怊悵迷塗始可追[2]
추 창 미 도 시 가 추

슬프구나 잘못된 길
애당초 쫓았던 일,

踏青中路尙逶遲[3]
답 청 중 로 상 위 지

푸르름 밟고 가는 길이
한결같이 더디구나.

1 | 「도관원」은 서울에서 고향인 예안에 이르는 길 사이에 있는 역(驛) 이름인 것 같으나, 어디에 있는지는 미상. 앞의 시 〈51〉에서는 중춘(仲春 : 二月)에 서울을 떠나는 것 같이 되어 있고, 이 시 중에는 답청일(踏靑日, 3월 3일)이 나오니까, 아마 충청도나 경상도 쪽에 있는 지명으로 생각됨. 《신증동국여지승람》(국역본 · 제2책, 432쪽)을 보면 충주에 「도관원」(都官院)이란 지명이 나오는데, 한자로는 표기가 다르나, 바로 이곳이 아닌가 싶기도 함.
이때 퇴계의 형님인 온계(溫溪)는 51세의 나이로 그 전 해 10월에 중국황제의 생일을 축하하는 사절의 책임자 성절상사(聖節上使)로 북경에 다녀와서 서울에 머물러 있었음. 그러나 북경으로 갈 때 그를 수행하던 아들 하나(이름은 宓)가 도중에서 죽었고, 먼 여행길에 건강도 많이 나빠졌으며, 더구나 이때에 인종(仁宗)이 즉위하였다가 곧 죽고 명종(明宗)이 즉위하는 등 정국이 크게 불안한 변혁기에 처하여, 온계는 퇴계를 고향으로 보내면서 자기 혼자 서울에 남아 있게 되는 신세를 불안하게 생각하고 또 슬퍼한 것 같이 보인다. 《온계선생연보(溫溪先生年譜)》(국역온계전집 353쪽) 참조.
이 시에서 퇴계도 서울 교외에서 쓸쓸하게 이별하고 온 형님에 대한 아쉬운 마음을 남김없이 그리고 있다.

祇應此去相思夢[4]
지 응 차 거 상 사 몽

오직 호응하게 되겠지
여기 가는 나의 상사몽에,

長在東郊細雨時
장 재 동 교 세 우 시

오랫 동안 머물러 있으리,
동교에서 가는 비 내리던 때를.

80

細雨東郊酒一罇
세 우 동 교 주 일 준

가는 비 동교에 내릴 적에
술 한 바리 나누면서,

2 | 추창미도(怊悵迷塗) : 도연명(陶淵明)의 〈귀거래사(歸去來辭)〉「실로 잘못된 길(벼슬 한 일)이 멀지 않으니, 무엇을 슬퍼하면서 홀로 비관하겠는가?」(實迷途其未遠, 奚怊悵而獨悲)

《요존록》에서는 이 구절의 「始可追」가 어떤 판본에는 「不可追」로 되어 있다고 하였다. 「始」자보다 「不」자를 사용하면 벼슬길을 추구할 수가 없다는 뜻은 더 명백하게 들어가나, 「始」자에 「비로소」·「이제야」라는 뜻 이외에도 「당초에」, 「처음에」라는 뜻도 있으므로 여기서는 원문을 그대로 두고, 역문과 같이 번역하여 보았음.

3 | 답청~향위지(踏靑~向逶遲) : ① 답청(踏靑) : 봄날 교외에 나가서 노는 날을 말하는데, 중국에서는 지역에 따라 정월 초 8일(蜀지방), 2월 2일, 3월 3일(長安)을 답청일로 잡기도 하고, 또 청명(淸明)날을 답청절로 쉬기도 함. 《사해 · 어사분책(辭海 · 語詞分册)》 2145쪽 참조.

② 향(向) : 바로 윗 구절에 나온 「시」(始)자의 대(對)가 되게 시간을 나타내는 부사로 사용하였는데, 「한결같이」라는 뜻.

悲歎萬事不堪論
비 탄 만 사 불 감 론

세상 만사 비탄한 일
차마 이야기할 수도 없네.

何時石室雲巖裏
하 시 석 실 운 암 리

어느 때나 가지게 될 것인가?
운암 석실 안에서,

共對淸宵月滿軒
공 대 청 소 월 만 헌

함께 대하게 될 것인가? 맑은 밤에
밝은 달빛 온 마루에 가득함을.

兄家在木覓山麓, 扁小齋曰雲巖石室[5]

형님의 집은 서울의 남산 기슭에 있는데, 그의 조그마한 서재에 운암 석실이라고 현판을 붙였다.

③ 위지(逶遲) : 「逶」자에는 「삐뚤삐뚤하게」라는 뜻이 있음. 따라서 「삐뚤삐뚤하고 느리다」는 뜻.
이 구절에서는 서울에서 마음에도 없는 벼슬을 하다가, 그것을 벗어던지고 봄날 고향으로 돌아가는 길이 마땅히 가볍고 기분이 상쾌하여야만 할 터인데도, 불행하게 된 형님을 혼자 두고 떠나서 발걸음이 무겁다는 기분을 담고 있음.

4 | 지(祇)=只.
상사몽(相思夢) : 당나라 유종원(柳宗元)의 〈아우를 이별함(別弟)〉 「자네를 이 뒤에는 상사몽 속에서나 만나서 알아보고자 하노니, 오랫 동안 초나라의 형문 땅이나 그 도읍터였던 영의 안개낀 나무 사이에 머물러 있게나.」(欲知此後相思夢, 長在荊門郢樹烟)

5 | 목멱산(木覓山) : 지금의 서울 남산(南山)을 말함. 남산은 이외에 또한 종남산(終南山) · 인경산(仁慶山, 또는 引慶山) · 열경산(列慶山) · 잠두(蠶頭) · 마뫼 등으로도 불리었는데 주로 목멱산이라 하였다.

81~82. 寓月瀾僧舍書懷, 二首[1]

월란암에 묵으면서 회포를 적음, 두 수

81

十五年前此讀書[2] 십 오 년 전 차 독 서	열 다섯 해 앞서 여기서 책을 읽었는데,
紅塵奔走竟何如[3] 홍 진 분 주 경 하 여	세상 풍진에 분주히 쏘다니다가 끝내 어떻게 되어버렸는가?

1 | 「월란암」의 본명은 「월안암」(月安庵)인데, 퇴계가 「월란」으로 고쳐 불렀음. 예안현(지금의 안동군 도산면) 자하봉(紫霞峯)에서 마주 보이는 동봉(옛이름은 東翠屛) 아래 있는데, 낙동강 물이 그 앞에 흐르고 있음. 좌우로는 육대(六臺)가 있고, 단사곡(丹砂曲)·천사곡(川沙曲)·석담곡(石潭曲)이 보이며(이상은 모두 〈108〉을 참조할 것) 현재는 사촌(沙村) 안동 김씨네 월란정사(月瀾精舍)로 되어 있음. 「월란」이란 달빛이 강물에 비치어 출렁거림을 뜻함.

2 | 십오년전(十五年前) : 곧 퇴계 31세 되던 신묘년(辛卯, 1531년)을 말함.

3 | 홍진(紅塵) : 송나라 소식의 〈장지기(蔣之奇)와 전협권(錢勰權)이 경령궁으로 수행하면서 지은 시의 각운자를 써서 짓다(次韻蔣穎叔錢穆父從駕景靈宮)〉 두 수 중 첫째 시 「반백의 머리 목까지 드리운 것 부끄럽지 않고, 연분홍의 먼지는 오히려 수레바퀴 따르는 것 그리워하네.」(半白不羞垂領髮, 軟紅猶戀屬車塵) 소식 자신의 주석 「선배들의 우스갯소리에 『서호의 바람과 달이 동화궁의 향기로운 연분홍 먼지보다 못하다.』라는 것이 있다.」(前輩戲語, 有西湖風月, 不如東華軟紅香土)

4 | 단결(丹訣) : 단(丹)의 비결. 「단」이란 불로장생하는 방법인데, 호흡이나 운동으로 몸을 수련하는 방법을 외단(外丹)이라 하고, 약을 복용하는 방법을 내단(內丹)이라고 함. 남조

只今病骨迷丹訣[4]
지 금 병 골 미 단 결

오직 이제는 병든 몸에
내단內丹의 비결만 잊어버렸으나,

依舊灘聲上碧虛
의 구 탄 성 상 벽 허

옛날이나 다름없이 여울물 소리만
푸른 하늘에 사무치네.

居士忘家爲老伴[5]
거 사 망 가 위 로 반

거사는 집도 잊어버리고
늙은 벗이 되었고,

진나라 갈홍(葛洪)의《신선전(神仙傳)》「음장생이라는 사람은 신야 사람이다. 한 황실의 친속으로 어려서 부귀한 집에서 났는데 영화와 부귀는 좋아하지 않고 오로지 도술에만 전념하였다. 마명생이란 사람에게 세상을 헤아리는 도가 있다는 것을 듣고는 이에 찾아가 그것을 추구하였다. …… 청성산으로 들어가 황토를 구워 금을 만들어 그에게 보여주고, 서쪽에 단을 세우니 이에《태청신단경》이란 책을 주었다. …… 단약이 다 되어 절반을 다 복용하기도 전에 하늘로 올라갔다. …… 책을 아홉 편을 지었다.」(陰長生者, 新野人也. 漢皇室之親屬, 少生富貴之門, 不好榮貴, 唯專務道術, 聞馬鳴生度世之道, 乃尋求之. …… 將入青城山中, 煮黃土爲金, 以示之立壇西面, 乃以太清神丹經授之.…… 丹成服半劑不盡, 昇天. …… 著書九篇) 같은 책「(漢의) 위백양이란 사람은 오땅 사람이다. 본래 지체 높은 가문의 자제였으나 성격이 도술을 좋아하여 나중에 제자 세 사람과 산에 들어가 신선이 되는 단약을 지었다. 단약이 이루어지자 …… 모두 신선이 되어 갔다. …… 위백양은《참동계》과《오행상류》을 지었는데 모두 세 권으로 그 말하는 것은《주역》과 비슷하지만 사실은 효와 상을 빌어서 단약을 만드는 뜻을 논하고 있다.」(魏伯陽者, 吳人也. 本高門之子, 而性好道術, 後與弟子三人入山作神丹. 丹成 …… 皆仙去. …… 伯陽作參同契五行相類凡三卷, 其說似周易, 其實假借爻象以論作丹之意) 모두《태평광기》에서 재인용.

胡僧結約刱幽廬[6]
호승결약창유려

불가의 승려 약속을 지켜
그윽한 초막을 세웠다네.

不堪每累君恩重
불감매루군은중

이기지 못하겠네, 늘 임금님의
은혜에 무겁게 얽매였음을,

非爲高名向釣漁
비위고명향조어

위하고 싶지 않네, 높은 이름보다는
차라리 낚시질을 하고저.

5 | 거사망가(居士忘家) : 《퇴계문집·별집》에 보면 이 시를 지은 해보다 한 해 뒤인 정미년(丁未 : 1547년)에 지은 것으로 정리가 되어 있는 〈월란암 아래에 대가 하나 있는데, 고반암이라 한다. 대 아래에서 샘을 하나 얻었는데 몽천이라 했다. 그 위에 거사들이 거처하던 토실의 옛터가 있다(月瀾庵下有臺, 曰考槃. 臺下得泉, 曰蒙泉. 其上有居士土室舊基)〉란 시가 있는데, 아마 이 시의 제목에서 말하는 거사가 아닌가 한다.
송나라 소식의 〈왕공의 홀로 잠들다라는 시의 각운자에 맞추어 짓다(次韻王鞏獨眠)〉「거사의 몸과 마음 마른 나무와 같아, 여관에서 홀로 잠드니 몸에서 좁쌀같은 소름 돋아나네.」(居士身心如槁木, 旅館孤眠體生粟) 같은 사람의 〈절에서 노닐다가 하루에 진한 차 일곱 잔을 마시고 장난삼아 근스님의 벽에 적다(遊諸佛舍, 一日飮釅茶七盞, 戲書勤師壁)〉「유마힐(維摩詰) 선사께 병 보여주면 원래 병들지 않으니, 집에서 사령운(謝靈運)은 벌써 집 잊었다네.」(示病維摩元不病, 在家靈運已忘家)

6 | 호승결약(胡僧結約) : 「호」(胡)라는 말은 중국 서·북쪽에 사는 종족을 가리키는 경우가 보통인데, 여기서는 인도를 말함. 호승은 즉 불교의 승려. 당나라 잠삼(岑參)의 〈태백산의 호승의 노래(太白胡僧歌)〉 시의 서문 「태백의 중봉의 꼭대기에 호승이 있는데, 나이가 몇 백 살이나 되는지 잘 알 수가 없다. 눈썹의 길이가 몇 치나 되고, 몸에는 비단 옷을 지어 입지 않고 풀과 나뭇잎을 옷으로 삼았으며, 늘 《능엄경》을 지니고 있었다.」(太白中峯, 絶頂有胡僧, 不知幾百歲. 眉長數寸, 身不製繒帛, 衣以草葉, 恒持楞嚴經)

82

紫陌休騎沙苑馬[7]
자 맥 휴 기 사 원 마

번화한 서울거리에서 나라의 목장말을
쉬게 하고서,

青山來伴月瀾僧
청 산 래 반 월 란 승

푸른 산에 와서 벗하였네
월란암의 승려들과.

靜中自得安心法
정 중 자 득 안 심 법

고요한 가운데서 마음 편히 가지는 방법
스스로 터득하였으니,

창유려(刱幽廬) : 「刱」은 「創」과 같음. 《요존록》 「《별집》의 (〈월란암(月瀾庵)〉) 시에 또한 『띠집을 짓자고 한 약속 다행스럽게도 어기지 않았네.』라고 한 것이 있다. 대개 승려와 도사(道士)들이 (마치 도연명 때문에 여산에 모이듯이) 그곳에서 띠집을 함께 짓자는 약속이 있었을 것이다.」(別集詩, 結茅幸不違. 盖與僧道, 有結茅其地之約矣) 여산(廬山)의 백련사(白蓮社)의 결성을 전고로 썼음. 뒤 〈205〉 –118)과 119)를 보라.

7 | 자맥(紫陌) : 임금이 사는 도읍의 거리. 당나라 가지(賈至)의 〈이른 새벽에 대명궁에 조회를 드리며(早朝大明宮)〉 「은 촛불 하늘에 빛나고 서울 거리는 긴데, 궁궐 안의 봄빛은 새벽에도 짙푸르네.」(銀燭朝天紫陌長, 禁城春色曉蒼蒼)

사원마(沙苑馬) : 사원은 중국 섬서성에 있는 지명인데, 모래가 많아서 농업에 부적합한 곳이므로 당나라 · 송나라에서 국영양마장으로 사용하였음. 명나라 이현(李賢)의 《일통지 · 서안부(一統志 · 西安府) 상》 「【사원】 동주성 남쪽 12리 지점에 있으며 일명 사부라고도 한다. 그 땅이 목축을 하기에 알맞으므로 당나라에서는 여기에 사원감을 설치하였다.」(【沙苑】在同州城南一十二里, 一名沙阜. 其地宜畜牧, 唐於此置監) 당나라 두보의 〈받들어 엄무(嚴武)공께서 야정에서 지어 부쳐오신 시에 답하다(奉酬嚴公寄題野亭之作)〉 「받들어 인도하며 외람되이 사원의 말을 타고, 그윽히 깃들어 실로 금강의 물고기를 낚네.」(奉引濫騎沙苑馬, 幽棲眞釣錦江魚)

不用人間更折肱
불용인간갱절굉

인간으로 하여금 다시 팔을
꺾게 할 것도 없다네.

時以司僕正來, 故使沙司苑馬[10]

이때에 사복정을 하다가 왔으므로 『사원마』란 고사를 사용하였다.

8 | 안심(安心) : 마음을 편안하게 쉬는 것, 즉 「식심」(息心)이라는 말과 같으니, 함부로 뜻을 바깥에서 구하는 것이 아니다. 중국 불교의 역사를 적은 《전등록(傳燈錄)》「제2조 혜가(慧可)가 제1조인 달마대사에게 말하였다. 『저의 마음이 편하지 않으니, 선생님께서는 저의 마음을 편하게 하여 주십시오.』 달마 『마음을 가지고 온다면 너에게 마음을 편안케 하여주겠다.』 이조가 한참 만에야 말했다. 『마음을 찾아도 찾아낼 수가 없습니다.』 달마 『너의 마음이 이미 편하여졌느니라.』」(二祖謂達摩日, 我心未安, 請師安心. 師日, 將心與汝安. 二祖良久日, 覓心了不可得, 達摩日, 與汝安心竟)

9 | 절굉(折肱) : 《좌전 · 정공(定公) 13년》「제나라의 고강이 말했다. 『팔을 세 번은 분질러 보아야 훌륭한 의사가 됨을 알 수 있습니다.』」(齊高彊日, 三折肱知爲良醫) 의사는 경험이 많아야 양의(良醫)가 된다는 뜻임. 주자의 〈음아실(吟哦室)〉「부들 자리 대 안석에 깊이 잠들어 나르는데, 손이 묻기를 지금 그대 팔 몇 번이나 부러뜨렸는가?」(蒲團竹几睡騰, 客問今君幾折肱)

10 | 사복정(司僕正) : 정3품으로, 궁중의 마필 목장 등을 관리하는 사복시(司僕寺)의 책임자.

83. 以事當還都, 至榮川病發輟行, 留草谷田舍[1]

일이 있어 서울로 돌아가야만 하나, 영주에 이르러 병이 나서 갈길을 그만 두고 푸실에서 묵다

少日書紳服訂頑[2]
소 일 서 신 복 정 완

젊을 때에는 띠에다 글을 적어
「고루함을 뜯어 고친다」고 결심하였으나,

至今懵學但慙顔[3]
지 금 몽 학 단 참 안

아직까지 학문에 어두우니
다만 얼굴이 뜨겁구나.

1 | 영천(榮川)은 지금의 영주(榮州), 초곡(草谷)은 영주읍에서 십 리쯤 남쪽에 있는 마을로 「푸실」이라고 하는데, 퇴계의 전취 부인인 허씨의 외조부인 문경동(文敬同, 호는 滄溪, 淸風군수를 지냄)이 살던 마을인데, 그에게는 아들이 없었기 때문에 퇴계의 장인[許瓚]이 그 마을에 있던 재산을 절반쯤 상속하였고, 퇴계도 그 장인으로부터 이 마을에 문씨가 가지고 있었던 원 재산의 4분의 1을 분배받아서, 평소에 식량으로 사용하였다고 함. 권오봉(權五鳳) 저, 《예던 길》 93쪽 참소.
권오봉 박사의 《퇴계가연표(退溪家年表)》에는 퇴계 46세(丙午年, 1546년)에, 「4월 10일 병환 때문에 상경을 정지하고 초곡에 머뭄」(《별집》에 수록된 〈일이 있어서 서울로 가려다가 병 때문에 푸실에서 묵다(以事將西行, 病還草谷村庄)〉시의 원주에 「四月十日」이라는 말이 붙어 있음)이라고 하였는데, 이 시는 바로 이때 지은 것으로 보임. 여기서 말한 일이란 벼슬 또는 집안일 같은데 구체적으로 무엇을 말하는지는 잘 알 수 없음.

狂奔幸脫千重險[4]
광 분 행 탈 천 중 험

미친듯이 벼슬길 달리다가 용하게
빠져나왔구나 천만 겹의 위험한 곳을,

靜退纔嘗一味閒[5]
정 퇴 재 상 일 미 한

고요히 물러나서 겨우 맛보누나,
한결같이 조용한 경지를

2 | 서신(書紳) : 선비들이 도포를 입고 허리에 두르는 널찍한 띠를 말함. 요즘 흔히 사용하는 「신사」(紳士)라는 말은 곧 「띠를 두른 선비」라는 뜻임.《논어 · 자장이(子·張)》「자장이 행함에 대해서 물었다. 공자가 말씀하시기를 『…… 일어서면 그것이 앞에 들어옴을 볼 수 있고, 수레를 타고 있으면 그것이 멍에에 기대어 있음을 보아야 하니, 대체로 그런 뒤라야 행할 수 있는 것이니라.』라 하였다. 자장이 이 말을 띠에다 적었다.」(子張問行, 子曰, 『…… 立則見其參於前也, 在輿則其倚於衡也, 夫然後行. 子張書諸紳』)

정완(訂頑) : 북송(北宋)의 유학자 횡거(橫渠) 장재(張載)가 그의 서재(書齋) 오른편에 써 붙인 좌우명(座右銘)의 이름인데, 자기 스스로 어리석어 고루하게 되기 쉬운 것을 늘 바로잡는다는 뜻임. 뒤에 이천(伊川) 정이(程頤)가 그것의 이름을 〈서명(西銘)〉이라고 고쳤는데, 짧은 글이지만 사람이 태어난다는 것은 기(氣)가 뭉쳐지는 것이요, 사람이 죽는다는 것은 그 뭉쳐졌던 기가 흩어지는 것에 불과하니 천지 만물과 나는 모두 그 기가 통하는 것이며, 온 세상 사람들은 나의 형제와 부모들이니 늘 서로 사랑하고 아껴야 한다는 깊은 이치를 담고 있다. 퇴계도 이 글을 좋아하여 〈서명고증(西銘考證)〉이라는 〈서명〉에 대한 상세한 해설을 지었는데, 지금 보는《퇴계집》권7에 수록되어 있다.

3 | 몽학(懵學) : 「懜」이라고도 쓰며, 밝지 못하다는 뜻임. 한나라 허신의《설문해자》에서는 「밝지 않음이다」(不明也)라 했다.《문선(文選)》남조 송나라 사장(謝莊)의〈달을 읊음(月賦)〉「바른 글을 모르고 학문에 어두운데도 외로이 밝은 성은을 받들었다.」(味道懵學, 孤奉明恩)《용감수감(龍龕手鑑)》(또는《龍龕手鏡》이라고도 함)「음은 몽이며 혼미하다, (사리에) 어둡다, 부끄럽다는 뜻이다. 상성(上聲)으로도 읽는다.」(莫登反, 惛也, 悶也, 慙也. 又莫孔反)

羈鳥有時依樹木[6]
기 조 유 시 의 수 목

얽매인 새는 때때로
옛날 살던 나뭇가지를 찾아서
의지하고,

野僧隨處著雲山[7]
야 승 수 처 착 운 산

떠돌아다니는 중들도 가는 곳마다
구름 깊은 산 속에만 머문다네.

4 | 천중험(千重險) : 《요존록》「주자의 〈서시〉『천 겹 파란 속에 물결을 따라서 내려가고, 백 척간두에 서서 험난한 길을 조심스럽게 거슬러 올라온다.』《연보》에는『을사년(1545년) 9월에 홍문관(弘文館)의 전한이라는 벼슬을 하였는데, 이 때에 세도를 잡은 자들이 장난을 잘 하여, 조정에 있는 벼슬아치들이 죽음을 당하거나 쫓겨나는 일이 서로 뒤이었다. 이기가 궁중에 들어가서 임금에게 홀로 아뢰어 선생과 정황 등의 벼슬을 삭탈하였다. 그러나 얼마 지나지 않아서 벼슬을 다시 받게 되었다. 병오년(1546년) 2월에 휴가를 청하여 고향으로 돌아왔다. 정미년(1547년) 가을에 홍문관의 응교 벼슬을 받고 조정으로 돌아갔다.』」(朱公序詩, 千重浪裏隨流去, 百尺竿頭試驗回. 年譜, 乙巳九月拜典翰, 時權好用事, 誅竄相繼. 李芑詔闕, 啓先生與丁熿等削職. 未幾命還職牒. 丙午二月乞假還鄕. 丁未秋授應敎還朝) 이 주석에 따르면 이 시를 지은 연대가 정미년 봄이 되어 위의 1)에서 이야기한 것보다 1년이 늦게 되는데, 그렇게 볼 수 있을 만한 딴 증거는 없고《문집》의 편차(編次) 등을 감안해 볼 때, 이보다는 1년 앞서 쓴 것이 맞을 것 같음.
주자의 〈서시〉 및 그 내용은 주자의 문집 속에서는 찾아볼 수 없고, 다만 송의《책부원구(册府元龜)》라는 책을 쓴 진종이(眞從易)의 시 가운데「천 겹 물결 속을 편안히 지나치니, 백 자나 되는 대나무 끝에서 안온하게 내려오네.」(千重浪裏平安過, 百尺竿頭穩下來) 라는 구절이 시화 속에 전하고 있다.

5 | 재(纔) : 겨우.

後園花蕚猶爭笑
후 원 화 악 유 쟁 소

뒷 뜰의 꽃봉오리들
　오히려 다투어가며 웃는다네.

何必區區病始還[8]
하 필 구 구 병 시 환

하필이면 구구하게
　병든 뒤에야 비로소 돌아오느냐고?

6 | 기조(羈鳥) : 조롱 속에 얽매어 있는 새. 진나라 도연명의 〈옛 시골로 돌아와서 살다(歸園田居)〉 「조롱 속에 든 새는 옛날 살던 숲을 그리워하고, 못 속에 갇힌 고기는 옛날 살던 큰 연못을 그리워한다.」(羈鳥戀舊林, 池魚思故淵) 여기서는 퇴계 자신이 벼슬에 얽매인 것을 비유함.

7 | 착운산(著雲山) : 이 경우 「著」자의 음은 「착」으로 「着」자와 같은 뜻임. 어떤 한 장소에 머무르는 것을 편안하게 생각하여 자주 옮기지 않는 것을 「地着」 또는 「土着」이라고 하는데, 「地著」·「土著」으로도 씀.

8 | 《요존록》 「일찍 들으니 얼마 있다가 이러한 속된 곳으로 가는 걸음이 있을 것이라는 말을 듣고서 마당에 있는 꽃들도 오히려 다투어 가면서 웃음을 자아내었다. 『하필이면 병들어 앞으로 나아가지 못한 뒤에 가서야 비로소 돌아온다고 하느냐?』고.」(嘗聞未久作此走俗之行, 園花猶爭呈笑, 何必病未前進而後, 始還耶)

84. 孟夏廿五日, 入龍壽寺, 馬上寄黃敬甫[1]

4월 25일에 용수사에 들어가며 말위에서 황효공黃孝恭에게 띄우노라

作意入山尋舊遊
작 의 입 산 심 구 유

마음먹고 산에 들어와서
옛날 놀던 데를 찾아,

靑雲白石聊散愁[2]
청 운 백 석 료 산 수

푸른 구름 흰 돌 사이에서
잠깐 근심을 흩어버리네.

1 | 용수사(龍壽寺) : 예안현의 용두산(龍頭山) 남쪽에 있는데, 고려 때의 중 성원(誠源)이 처음 지었으며, 의종(毅宗)이 중 석윤(釋胤)을 위하여 고쳐짓고, 용수사라는 이름을 지어 하사하고 최선(崔詵)에게 명령하여 이 절의 〈기(記)〉를 짓게 하였음. 《국역신증동국여지승람 · III》 537쪽.

황경보(黃敬甫) : 황효공(黃孝恭: 燕山君 2년[1496년]~明宗 8년[1553년])의 자로 본관은 창원(昌原), 호는 구암(龜巖)으로 영천에서 났음. 중종 16년인 1521년에 문과에 병과로 급제하여 승문원 정자가 된 후 형조정랑 · 교리 · 지평 등을 거쳐 중국에 서장관으로 다녀온 일도 있다. 벼슬이 사간원 사간(司諫)에 이르렀으나 생질의 일로 함께 탄핵 파면되어, 영주(榮州)로 물러나서 구암정사(龜巖精舍)를 짓고 철학연구에 몰두하였음. 이후 복직되었으나 부임을 마다하고 《역학계몽(易學啓蒙)》 · 《황극경세서내편(皇極經世書內篇)》 · 〈태극도(太極圖)〉 등을 공힙하여 그린 12도의 병풍에 퇴계가 발문(跋文 : 곧 〈書易範諸圖屛後〉)을 써 준 적이 있는데, 《퇴계집》(권43)에 전함.

이 시는 바로 앞에 나온 시에 이어, 영주의 초곡에서 머물다가 상경할 뜻을 아예 포기하고, 다시 예안으로 돌아오면서 황효공에게 띄운 시일 것임.

2 | 료(聊) : 여기서는 시간을 나타내는 부사로 보고 「잠깐」으로 해석하였음. 옥편에 보면 흔히 「애오라지」로 풀이되어 있는데, 마찬가지 뜻임.

天公爲我捲宿霧[3]
천 공 위 아 권 숙 무

하느님은 나를 위하여
묵은 안개를 말아내니,

亂山滴翠當馬頭[4]
난 산 적 취 당 마 두

우뚝우뚝한 산들 푸르름 녹아내려
내 말 머리에 떨어지는 듯.

3 | 숙무(宿霧) : 밤 사이에 끼어 있던 안개를 말함. 진나라 도연명의 〈가난한 선비를 읊조림(吟貧士)〉「아침놀이 밤안개 헤치니, 새떼들 함께 나란히 나르네.」(朝霞開宿霧, 衆鳥相與飛)

4 | 난산(亂山) : 우뚝 우뚝하게 포개어 서 있는 여러 산봉우리들. 송나라 소식의 〈창화에 있는 쌍계관에서 심계의 근원을 타고 내려오다가 치평사에 이르러(自昌化雙溪館下步尋溪源至治平寺)〉 두 수 중 첫째 시「첩첩산중 푸르게 물드는데 갖옷 겹으로 입으니, 쌍계의 소리는 하늘까지 울리고 창문 흔들리네.」(亂山滴翠衣裘重, 雙溪響空窓戶搖)

5 | 단양(端陽) : 단오를 말하며 일년 중 양기가 가장 왕성한 날이라고 해서 그렇게 부름. 《요존록》「《세시기(歲時記)》 서울 사람들은 오월 일일을 『단일』이라고 하고, 이일을 『단이』라고 하며, 삼일을 『단삼』이라고 하고, 사일을 『단사』라고 하며, 오일을 『단오』라고 하며, 또한 『단오』라고도 한다. 또 『단양』이라고도 한다.」(歲時記. 京都人以五月一日爲端一, 二日爲端二, 三日爲端三, 四日爲端四, 五日爲端五, 亦謂之端午, 又謂之端陽) 진 주처(周處)의 《풍토기(風土記)》에서는「5월 단오에는 오리를 삶고 각서(곧 糉子라는 대나무 잎에 세모지게 싼 떡)를 먹는다.」(中夏端午, 烹鶩角黍)라 하였으며「단은 시작이다」(端, 始也)라고 주석을 달았다. 단오는 단양 말고도 또한 중오(重午)·포절(蒲節)·욕란절(浴蘭節)·수릿날[戌衣日, 水瀨日]·천중절(天中節)로도 불리워진다.
송나라 나원(羅願)의 《이아익(爾雅翼)》「연목은 높이가 한 길 남짓이며, 잎이 빽빽하기는 홰나무와 같으나 끝이 뾰족하다. 3, 4월에 꽃을 피우며, 붉은 자주빛이다. 아름다운 향기를 온 뜰에 풍기며 그 열매는 조그마한 방울만 하다. 다 익으면 누렇게 되는데 속칭 고련자라고도 하며 또한 금령자(금방울이란 뜻)라고도 한다. 고치실을 삼을 수 있으므로

節近端陽楝花風5
절 근 단 양 련 화 풍

절후는 단오날에 가까워
고련화 피울 바람 부는데,

家家喜氣迎麥秋6
가 가 희 기 영 맥 추

집집마다 즐거운 기운
보리 추수철을 맞고 있네.

『련』이라 부른다.」(楝木高丈餘, 葉密如槐而尖. 三四月開花紅紫色, 芬香滿庭. 其實如小鈴. 至熟則黃, 俗謂苦楝子, 亦日金鈴子. 可以練, 故名楝)

고련(苦練)을《국어대사전》(이희승)에서는「소태나무」로 풀었다.

연화풍(楝花風) : 옛날 사람들은 봄철에 꽃이 필 때를 맞추어 꽃소식을 알리는 바람이 불어와서 꽃이 핀다고 믿었는데, 그 중에서도 고련화가 피는 소식을 알리는 바람이 제일 늦게 불어와서 고련화가 제일 늦게 핀다고 믿었다. 소한(小寒)으로부터 곡우(穀雨)까지 여덟 절기 120일 동안에 매 5일마다 한 가지 조짐이 나타나서, 스물 네 가지 꽃이 번갈아가면서 계속 핀다고 하였다. 이러한 것을「스물 네 차례 꽃소식을 알리는 바람」(二十四番花信風), 또는 간단하게「꽃 소식을 알리는 바람」(花信風)이라고도 한다. 이 이야기에 따르면 소한 때에 매화(梅花)가 가장 먼저 피고, 곡우 때에 연화(楝花)가 마지막으로 피고 나면 곧 봄이 된다고 함. 송 주휘(周煇)의《청파잡지(淸波雜志)》「장강 이남에는 초봄부터 초여름까지 24번의 꽃소식이 있는데, 매화바람이 가장 먼저 이르며 고련화바람이 가장 뒤에 온다.」(江南自初春至首夏二十四番風信, 梅花風最先, 楝花風居後)《한어대사전》권1.

6 | 맥추(麥秋) :「맥추」는 보리를 수확하는 철인 음력 4월을 가리키는 말.《예기 · 월별 행사(月令)》「【4월】 잔풀이 말라죽고 보리(가 익는)가을이 온다.」(【孟夏】靡草死, 麥秋至) 주석「가을은 온갖 곡식이 무르익는 시기이다. 여기서는 이때가 비록 여름이지만 보리에 있어서는 가을이므로 보리가을이라고 한 것이다.」(秋者, 百穀成熟之期. 此於時雖夏, 於麥則秋, 故云麥秋也)

何須苦讀五車書[7] 하 수 고 독 오 거 서	무엇 때문에 반드시 읽으랴? 다섯 수레의 책을,
此去賣劍當買牛[8] 차 거 매 검 당 매 우	이번에 가면 칼을 팔고 꼭 소를 사리라.

7 | 오거서(五車書) : 읽은 책이 많아 학문이 해박함을 나타내는 말. 《장자 · 천하(天下)》「혜시라는 사람은 학문이 광범위하여, 그가 가진 책이 다섯 수레나 된다.」(惠施多方, 其書五車) 당나라 두보의 〈백학사의 띠집(柏學士茅屋)〉「부와 귀는 반드시 부지런하고 힘쓰는 데서 얻어지는 것, 남자라면 모름지기 다섯 수레의 책을 읽어야 하네.」(富貴必從勤苦得, 男兒須讀五車書)

8 | 매검매우(賣劍買牛) : 《한나라의 역사 · 후덕한 관리들 · 공수의 전기(循吏 · 龔遂傳)》「선제가 즉위한 지 오래되어 …… 임금이 나라를 잘 다스리는 자를 뽑았는데 승상어사가 공수가 쓸만하다고 추천하여 발해태수로 삼았다. …… 백성들 중에 허리에 칼이나 검을 차고 다니는 자가 있으면 검은 팔아서 소를 사게 하고 칼은 팔아서 송아지를 사게 하면서 『무엇 때문에 허리에 소나 송아지 한 마리를 차고 다니는가?』라 말했다.」(宣帝卽位, 久之 …… 上選能治者, 丞相御史擧遂可用, 上以爲渤海太守. …… 民有帶持刀劍者, 使賣劍買牛賣刀買犢曰, 何爲帶牛佩犢)

85~86. 晨至溪莊, 偶記東坡「新城途中詩, 用其韻, 二首[1]

새벽에 시내 곁에 있는 집에 이르러 우연히 소동파가 쓴 「신성으로 가는 도중에」라는 시가 생각나 그 각운자를 사용하여, 두 수

85

觸熱朝天病未行[2]
촉 열 조 천 병 미 행

더위 무릅 쓰고 임금님 뵈오러 나갔다가
병들어 나아가지 못하고서,

溪莊回轡趁雞聲[3]
계 장 회 비 진 계 성

시내 곁의 집으로 말고삐 돌려
닭우는 소리 좇아서 왔네.

1 | 계장은 시냇가에 있는 집을 말함.《연보》에는 46세 되던 해(丙午年) 11월에 퇴계의 아래 두서너 마장 되는 곳에 양진암이란 작은 암자를 지었다고 함. 포항공대 권오봉 박사가 퇴계의 시를 연대순으로 정리한《퇴계시대전(退溪詩大全)》(1992년, 포항공과대학) 본시의 주석「계장은 상계(上溪)에서 2km 쯤 내려와 하계마을(下溪 : 霞洞) 위 동암(東岩) 곁에 지은 양진암(養眞庵)이다. 50세 때 지은 한서암(寒栖庵)은 계장(溪庄), 51세에 지은 계상서당(溪上書堂)은 계당(溪堂), 암(庵) 옆에 제자들이 지어 공부한 집은 계재(溪齋), 뒷날의 도산서당(陶山書堂)은 도사(陶舍)·산사(山舍)·산당(山堂)·정사(精舍)라고 불렀다. 장(莊)·장(庄)·암(庵)·당(堂)·재(齋)·사(舍)는 모두 다른 집이다.」
계(溪)는 퇴계를 말하며, 시내의 본래 이름은 토계(土溪), 또는 두계(兜溪)로 불리었으나 선생은 이를 아름답지 못하다 여겨 시내의 이름을 퇴(退)자로 고치고 이를 자신의 호로 삼았음.
이 시는 퇴계의 일생에 있어서 그 자신이 상당한 의미를 부여한 것 같다. 퇴계의 일생은

雲山正似盟藏券[4]
운 산 정 사 맹 장 권

구름끼인 산들은 꼭 같네,
나와 함께 살기를 맹세한 듯,

身世渾如戰退鉦[5]
신 세 혼 여 전 퇴 정

물러난 내 신세 사뭇 닮았네,
전쟁에 물러난 징과도.

雨過洞門林氣爽
우 과 동 문 림 기 상

골짜기 어귀에 비 지나가니
수풀 기운 상쾌하고,

이 시는 퇴계의 일생에 있어서 그 자신이 상당한 의미를 부여한 것 같다. 퇴계의 일생은 대체로 3기로 나누어서 구분을 하는데 33세(1533년)까지를 수학기(修學期)로, 49세까지를 출사기(出仕期)로, 그리고 그 이후를 은퇴 · 강학기로 본다. 이 시는 퇴계가 퇴계에서 지은 시들 중 스스로 의미가 있다고 생각하여 손수 별도로 필사를 해둔 《퇴계잡영(退溪雜詠)》의 첫번째 시로 「병오년 여름 병이 나서 서쪽으로 가려던 일을 그만 두고 계장으로 돌아왔다.」(丙午夏, 病罷西行回溪莊)라고 주석을 붙여서 수록하고 있다. 여기서 서행은 예안의 서쪽에 위치한 서울을 가리킬 것인데, 이 시가 지어진 시기를 위의 시기구분과 연관지어 보면 출사기의 말년에 해당된다. 이후로도 퇴계는 한 차례 더 출사를 하여 단양군수(후에 풍기군수로 옮김)로 나서게 되는데 이때는 이미 나라에 봉사하겠다는 생각보다는 고향으로 돌아가 강학이나 하면서 여생을 보내겠다는 결심쪽으로 생각을 굳힌 것 같다. 이는 이때 이미 양진암(養眞庵 : 東家라고도 불림)을 완성하였으며 퇴계란 호도 이때부터 비로소 사용하기 시작했다는 등의 사실로 미루어 짐작할 수 있다.

2 | 조천(朝天) : 임금을 뵈오러 나감. 당나라 두보의 〈군색한 걸음을 읊음(偪仄行)〉「동쪽 집에서 절름발이 나귀를 나에게 빌려줌을 허락하였으나, 진흙길 미끄러워 감히 타고서 임금님 뵈오러 갈 수가 없었네.」(車家蹇驢許借我, 泥滑不敢騎朝天)

3 | 진(趁) : 뒤쫓다[追逐] · 달려오다[趨 · 赴] · 틈타서[乘勢] 등의 뜻이 있음.

風生石竇澗音淸[6]
풍 생 석 두 간 음 청

돌 구멍에 바람 생겨나니
산골 물 소리 맑네.

山翁笑問溪翁事
산 옹 소 문 계 옹 사

산 늙은이 웃으며 묻네,
퇴계 늙은이 할 일을,

只要躬耕代舌耕[7]
지 요 궁 경 대 설 경

오직 하겠네, 몸소 밭가는 것으로써
혀로 밭가는 것을 대신 하겠다고.

4 | 맹장권(盟藏券) : 《한나라의 역사 · 고조본기(高祖本紀) 하》「(한 고조는) 또한 공신들과 더불어 서로 맹서하는 부호를 나타내는 대나무 쪽을 쪼개어 맹서를 하고, 그 맹서하는 말을 붉은 글씨로 적은 책과 그 내용을 담은 쇠로써 표지를 만든 책을 금으로 봉하고 돌로 방을 만들어 종묘에 보관하게 하였다.」([漢高祖]又與功臣, 剖符作誓, 丹書鐵券, 金匱石室, 藏之祖廟)

5 | 전퇴정(戰退鉦) : 《고증》「鉦(정)은 징[鐃]이다. 군법에 전진할 때에는 북을 두드리고, 후퇴할 때에는 쇠붙이를 두드린다.」(鉦鐃也. 軍法鼓進金退)

6 | 석두(石竇) : 큰 돌이나 바위 따위에 난 구멍을 말함. 주자의 〈운곡을 스물 여섯 수로 읊음 · 정천(雲谷二十六詠 · 井泉)〉「산은 높아도 못과 기운이 통하고, 돌 구멍에서는 신비한 액체 나르네.」(山高澤氣通, 石竇飛靈液)

7 | 설경(舌耕) : 말로써 남을 가르쳐 생계를 유지한다는 뜻임. 《습유기(拾遺記)》「가규(동한 시대의 경학자)의 제자들이 천리길을 멀다하지 아니하고 배우러 와서 곡식을 많이 바쳤기 때문에 창고가 가득하였다. 혹자는 이야기하기를 가규는 힘으로 농사를 짓는 것이 아니라 혀로 농사를 짓는다라고 하였다.」(賈逵門徒, 來學不遠千里, 獻粟盈倉, 或云逵非力耕, 所謂舌耕) 여기서는 육체노동에 대한 「정신노동」, 또는 「벼슬하여 생계를 유지하는 것」 등의 의미로 쓰인 것일 것임. 위 〈40〉-5)에 이미 인용 했었음.

86

朝從溪上傍溪行
조 종 계 상 방 계 행

아침에 시냇가를 따라서
시내를 끼고 가서,

纔到溪莊聞雨聲
재 도 계 장 문 우 성

겨우 퇴계에 있는 집에 이르니
비오는 소리 들리네.

里社行誇宰分肉[8]
이 사 행 과 재 분 육

마을 모임에서 자랑하려네
고기를 고루 나눔을 주재함을,

詞壇曾笑將鳴鉦[9]
사 단 증 소 장 명 정

시단에서는 지난 일 우습네,
장수되어 후퇴하는 징 울렸음이.

8 | 이사(里社) : 「社」는 토지신, 또는 토지신을 제사지내는 곳이라는 뜻이며, 「里社」는 중국에서 옛날 마을 가운데 토지의 신을 제사지내던 곳. 백여 호가 되면 「사」를 하나씩 세우고, 각 집에서 돈을 내어 제사를 지냈다고 하는데, 지금의 마을 사람들의 「계」나 「회」와 같은 성격의 것임.

재분육(宰分肉) : 주재하는 사람이 고기를 나누다. 《사기 · 진승상 세가(陳丞相世家)》「마을 안의 제사 모임에 진평이 주재자가 되어 고기와 음식을 매우 고르게 나누었다. 마을의 어른들이 이르기를 『잘하는구나. 진씨집 아이가 주재함이여!』라 하였다.」(里中社, 平爲宰, 分肉食其均. 父老曰, 善, 陳孺子之爲宰)

9 | 사단(詞壇) : 문단, 시단이란 뜻임. 《강록》「마을 모임에 어울려 노는 즐거움이 호당에서 시를 가지고 다툴 때보다 낫다는 뜻이다.」(里社過從之樂, 勝於湖堂戰藝之時也) 당나라 두목(杜牧)의 〈구름이 개어 조하를 방문하다(雲晴訪趙嘏)〉「지금 문단의 영수로, 그 누가 이태백이며 두보와 같은 지위에 올라가겠는가.」(今代風騷將, 誰登李杜壇)

10 | 맥랑(麥浪) : 당나라 유종원(柳宗元)의 〈꾀꼬리 소리를 들으며(聞黃鸝)〉「눈 길 천리나 나아가도 산이나 강 하나 보이지 않고, 온 천지에 보리 가시랭이 하늘에 잇닿아 푸른 물결을 흔들고 있네.」(目極千里無山河, 麥芒際天搖清波)

이 시에서 「맥랑」이란 말이 나오는 것을 보면 바로 위의 시에 나오는 「집집마다 즐거운

寬閒南野麥浪徧[10]
관 한 남 야 맥 랑 편

넓고 한적한 남쪽 들에는
보리 물결 두루 퍼졌고,

翠密西林禽語淸
취 밀 서 림 금 어 청

푸른 빛 빽빽한 서쪽 숲에는
새소리조차 맑다네.

聖主洪恩知不棄[11]
성 주 홍 은 지 불 기

착한 임금님 크신 은혜
나를 버리지 않았음을 알겠으나,

只緣多病合歸耕
지 연 다 병 합 귀 경

다만 많은 병 때문에
돌아와서 밭 갊이 체질에 맞다네.

기운 보리 추수철을 맞고 있네」(家家喜氣迎麥秋)라는 구절과 관련되어 〈사월 이십 오일 ……〉 시를 쓴 다음에 고향으로 돌아와서 이 시를 쓴 것을 알 수 있으나, 이 시의 해제에서 본 바와 같이 이 해 11월에야 토계에 양진암을 마련 한 것으로 《연보》에는 나와 있으니 만약 이 시를 〈사월 이십 오일 ……〉과 같이 퇴계가 46세 되던 해 4월 말 경에 쓴 것으로 보면 몇 달 차이가 나게 된다. 그러나 《요존록》에서는 두 시가 모두 이보다 한 해 뒤에 쓰여진 것으로 보고 있는데 이 또한 증빙할 만한 뚜렷한 증거가 없다. 11월에 양진암을 마련하기 전에 이미 토계에 어떠한 거처를 마련하였는지, 또는 여기에 나오는 『계장』이란 말을 꼭 『토계』란 지명과 연관을 시키지 않고 그냥 막연하게 「시냇가에 있는 집」 정도로 해석을 해야할 지는 더욱 자세한 고증을 요한다.

11 | 성주 …… 기(聖主 …… 棄) : 당나라 맹호연의 〈세모에 남산으로 돌아가며(歲暮歸南山)〉「재주없는 나를 밝은 임금님이 버리셨고, 병이 많으니 옛 친구들도 멀리하는구나.」(不才明主棄, 多病故人疏)

12 | 신성(新城)은 항주(杭州) 서남쪽 133리 지점에 있는 지명이며, 이 시는 소동파가 희령(熙寧) 6년 2월에 항주 통판(通判 : 부지사)으로 있을 때 지은 것임. 앞의 시는 아침 풍경을 읊은 것이고, 뒤의 시는 정오에 말을 풀어놓고 쓴 것임.

【원운시】 〈新城途中[12] 신성으로 가는 도중에〉

蘇軾 소식

其一	첫째
東風知我欲山行	동쪽 바람은 알았다네, 내가 산으로 가고자 하는 것을,
吹斷簷間積雨聲	불어 끊었다네, 처마 사이에 줄줄 내리던 비소리를.
嶺上晴雲披絮帽	고갯마루의 맑은 구름은 솜 모자를 벗은 것 같고,
樹頭初日掛銅鉦	나무 꼭지에 처음 솟은 해 징을 걸어둔 듯하네.
野桃含笑竹籬短	들 복숭아 꽃 웃음을 머금고 대나무 울타리는 짧은데,
溪柳自搖沙水淸	시내 버들 저절로 흔들리고 모래물은 맑네.
西崦人家應最樂	서쪽 산 기슭에 있는 집들 아마 가장 즐거울 것이니,
煮芹燒筍餉春耕	미나리 볶고 죽순 구워 봄 밭갈이 먹이네.
其二	둘째
身世悠悠我此行	신세도 유유자적하네 나의 이번 걸음,
溪邊委轡聽溪聲	시냇가에 말고삐 풀어놓고서 시냇물 소리 듣네.

散材畏見搜林斧	내 보잘 것 없는 재주로는 숲을 뒤지는 도끼가 보일까 두렵고,
疲馬思聞卷旆鉦	피로한 말은 들을 것을 생각하네, 깃발 거두고 돌아가라는 징소리를,
細雨足時茶戶喜	가는 비 흡족할 때에 차농사 하는 집들 기뻐하고,
亂山深處長官淸	첩첩 산중 깊은 곳에는 관리도 청렴하네.
人間岐路知多少	인간 세상에 갈림길 몇이나 되는지 아는가?
試向桑田問耦耕	시험삼아 상전벽해에 대하여 쌍끌이 밭가는 이에게 물어보고자 하노라.

87. 聾巖先生愛日堂, 用李復古先生韻[1]

농암선생님의 애일당 – 이회재선생님께서 사용하신 각운자를 사용하여

1 | 회재(晦齋) 이언적(李彦迪) 선생이 경상도 감사 재직시에 예안에 은퇴하여 살고 있는 농암 이현보(李賢輔, 당시 77세) 선생을 방문하고 돌아간 뒤에, 농암 선생에게 지어 보낸 시를 보고서 그 시의 각운자에 맞추어 지은 시임.

농암선생에 관하여는 〈45〉을 보라. 애일당(愛日堂)은 농암 선생이 살던 예안현의 분천(汾川 : 부내, 곧 지금의 도산면 분천리)이라는 마을에 있는, 낙동강 지류 곁에 있던 큰 바위 곁에 지었던 정자를 말함. 그의 양친을 받들고 즐기기 위하여 1533년에 지었으며 안동댐으로 인한 수몰로 현 위치로 옮겨져 지금은 경상북도 유형문화재로 지정되어 있음. 〈154〉-1)을 참고하라. (이 바위 위에서는 강물소리가 너무 크게 들려 사람들의 말소리는 잘 들리지 않으므로 「귀먹은 바위」란 뜻으로 「농암」(聾巖)이라고 하였는데, 이현보 선생은 여기서 자신의 호를 취하였음. 지금은 이 분천이라는 마을 전체가 안동댐 때문에 수몰되어 버렸음)

「복고」(復古)는 명종 때의 성리학자 회재 이언적(李彦迪 : 1491~1553)의 자(字)임. 원래의 이름은 적(迪)이었으나 중종이 언(彦)자를 앞에 붙여주어 언적(彦迪)이 되었음. 본관은 여주(驪州)이며, 호는 회재(晦齋), 또는 자계옹(紫溪翁)이며, 옥산서원을 세웠기 때문에 「옥산」이라고도 하였다. 좌찬성 겸 원상(左贊成兼院相)까지 지냈으며, 그의 학문은 퇴계에 의해 「동방제일」이라는 극찬을 받은 바 있다. 시호는 문원(文元). 이때 회재는 감사로서 경상도의 북부지방인 영덕(盈德) · 영해(寧海)를 거쳐 예안에 들렀다가, 상주 선산지방으로 나와서 대구에 있는 감영으로 돌아왔음–각 지방을 경유하면서 지은 시가 문집에 보임.

퇴계의 이 시를 《퇴계선생문집》(成大영인본)에서는 병오년(명종 원년, 퇴계 46세)에 지은 것 같이 편집하였으나, 지금 역자가 위에 인용한 농암과 회재의 시와, 이 두 분들의 문집 · 연보를 두루 조사해 보니, 위 두 분의 시가 모두, 위의 병오년보다는 2년이나 앞선 갑진년에 지어진 것으로 정리되어 있는 것으로 보아, 퇴계의 이 시도 갑진년 안에 지어진 것이 아닐까 싶은 의문이 생긴다. 그러나 이중에 〈84〉 · 〈85~86〉에 이어 같은 병오년 여름에 고향에 왔을 때 애일당을 방문하여 이 시를 썼다고 볼 수 있을 것 같음.

《고증》「이때 경상감사로서 농암을 애일당으로 방문하였는데, 선생이 그와 더불어 시를 주고 받았다. 문집 49권의 행장을 보라.」(時以慶尙監司, 訪聾巖于愛日堂, 先生與之酬唱,

奇巖已得專佳境
기 암 이 득 전 가 경

기이한 바위는 이미 얻었네,
아름다운 위치를 온전하게,

至道應難喩俗人
지 도 응 난 유 속 인

지극한 도는 마땅히 어렵겠네,
속된 사람을 깨우치기가.

广屋靜深堪讀易[2]
엄 옥 정 심 감 독 역

바위집 아주 고요하니
《주역》을 읽을만 하고,

崖臺寥朗可延眞[3]
애 대 료 랑 가 연 진

낭떠러지 위에 지은 정자 트이고 밝으니,
참된 삶을 누릴 만하네.

見四十九卷行狀) 여기서 선생은 곧 퇴계선생을 말하고, 「49권의 행장」이란 《퇴계집 · 49권》(역문은 퇴계학연구원 刊 《퇴계전서 · 11》을 볼 것)에 실린 퇴계가 쓴 회재의 행장을 말하는데, 이 행장을 지금 조사하여 보아도 이때 회재가 농암을 찾아와서 퇴계가 합석하였다는 기록은 없다.

이 〈행장〉을 보면 퇴계의 회재에 대한 추억으로는 오직 「…… 선생은 당시에 스스로를 매우 숨기고 계셨으므로, 남들이 그가 도를 터득한 분으로 알지 못하였다. 나와 같이 남보다 못난 사람이 일찍이 선생의 마루에 올라 그 분의 모습을 바라본 일은 있지만, 멍청하니 알아뵙지 못하였기 때문에 그 분의 집 문을 깊이 두드려서 계발을 받지는 못하였다. 십여 년 농안 병으로 산촌에 물러나서 살면서 더러 낡은 책을 엿볼 틈은 있었으나, 찾아가서 의지하고 문의하여 보지는 못하였다. ……」고 되어 있는 것으로 보아서는, 퇴계가 회재를 직접 사사(師事)하거나 가까이서 대면한 일은 적었던 것으로 보인다. 따라서 위에 인용한 《고증》은 별 근거가 없는 것으로 보인다.

2 | 엄옥(广屋) : 바위에 기대어 지은 집. 또한 「암」이라는 음도 있는데 그럴 경우에는「庵」과 같은 뜻으로도 쓰임. 곧 초가집[草屋]과 같은 뜻임.

窓前綠水寒開鏡[4]
창 전 록 수 한 개 경

창문 앞의 푸른 물은
차가웁게 거울을 연 것과 같고,

石上蒼松老蹙鱗[5]
석 상 창 송 로 축 린

바위 위의 검푸른 소나무는
늙어 비늘이 쭈그러진 것 같네.

幸我溪莊容地近[6]
행 아 계 장 용 지 근

다행스럽네, 나의 시냇가의 집
가까운데 마련함을 허용하시니,

陪遊三徑往來頻[7]
배 유 삼 경 왕 래 빈

세 길 지름길 사이로 모시고 놀면서
자주 서로 왕래하겠네.

3 | 요랑가연진(寥朗可延眞) : 「요」는 「트이다」(廓), 「랑」은 「밝다」(明)의 뜻임. 남조 진(陳)나라 손작(孫綽)의 〈천태산에 노닐고서 읊음(游天台山賦)〉 「이미 꼬불꼬불한 비탈길 오르고 보니 길 아득히 길게 통하여져 있네. 마음과 눈은 거리낌 없이 탁 트이어 마음 내키는 대로 천천히 조용히 건네.」(旣克隮於九折, 路威夷而脩通. 恣心目之寥朗, 任緩步之從容) 당 이선(李善)의 주석 「요랑은 마음이 탁 트이고 눈이 환한 것이다.」(寥朗, 心虛目明也) 「延眞」은 「養眞」(신선이 되기 위하여 수양함)과 같다. 위와 같은책.

4 | 녹수한개경(綠水寒開鏡) : 소동파의 시. 「푸른 물 맑기가 찬 거울 같네.」(綠水寒開鏡) 《고증》. 소식의 시에는 이런 구절이 없다.

5 | 창송노축린(蒼松老蹙鱗) : 송나라 소식의 〈진각원의 꽃이 지는데 꽃이 필 때는 가볼 겨를이 없다가 4월 18일에 유경문과 함께 가서 비파나무를 감상하다(眞覺院有落花, 花時不暇往, 四月十八日, 與劉景文同往賞枇杷)〉 「날 추워져 그대 기록해 두었는데, 눈 덮인 소나무로는 검푸른 비늘을 들여다 보이네.」(歲寒君記取, 松雪看蒼鱗) 당나라 왕유(王維)의 〈봄날 배적과 함께 신창리를 지나는 길에 여일인을 찾아보았으나 만나지 못하다(春日與裴迪過新昌里訪呂逸人不遇)〉 「문 닫아걸고 책 지으니 세월은 많이도 흘렀고, 소나무 심었더니 모두 늙어 용 비늘을 이루었네.」(閉戶著書多歲月, 種松皆老作龍鱗)

6 | 계장(溪莊) : 〈85〉-1)을 보라.

【원운시】 〈甲辰仲春初八日, 李復古彦迪, 以方伯來訪聾巖, 旣歸, 吟長律以寄, 次其韻[8] 갑진년 2월초 여드렛날 이복고 언적이 감사로서 농암을 방문하였다가 돌아간 뒤에 긴 율시 한 수를 지어 보내었다. 그 각운자에 맞추어 짓는다〉

聾巖地僻誰能到	농암은 땅이 편벽한데 누가 이를 수 있는가?
玉節驚臨訪老人	귀한 분 행차 놀랍게 왕림하시어 늙은이를 찾아주셨네.
話古論今修宿約	옛날을 이야기하고 지금 일 논하며 옛 약속을 이행하고,
山肴野蔌示淸眞	산나물 안주와 들 새싹으로 조촐함을 보여 드렸네.

7 | 삼경(三徑) : 서한(西漢) 말기에 왕망(王莽)이 세도를 잡고 있을 때 연주자사(兗州刺史)로 있던 장후(蔣詡)가 벼슬을 사직하고 고향으로 돌아가서 은거하면서 정원에 소나무를 심은 길[松徑], 국화를 심은 길[菊徑], 대나무를 심은 길[竹徑]을 만들어 놓고 은거하였다는 고사. 남조 진(晉)나라 조기(趙岐)의 《삼보결록(三輔決錄)》「장후는 자가 원경인데 연주자사로 나갔다가 고향인 두릉으로 돌아와 문은 가시덤불로 막고 집안에 세 갈래 오솔길을 만들어 놓고 출입을 하지 않았는데, 오직 구중과 양중이라는 친구하고만 좇아 노닐었다. 두 중씨는 모두 청렴으로 천거받았으나 이름을 숨긴 선비이다. 두 사람은 어디 사람인지 모르는데 모두 수레를 수리하는 것을 업으로 삼았으며 당시 사람들이 이중이라고 불렀다.」(蔣詡字元卿, 去兗州刺史還鄕里杜陵, 荊棘塞門, 舍中有三徑不出, 惟裘仲羊仲從之游. 二仲皆推廉逃名之士. 二人不知何許人, 皆治車爲業, 時人謂之二仲)《삼보결록》은 이미 산일된 것을 조기가 여러 책에서 관련 기사를 수집하여 정리한 것임. 여기서는 당 우세남(虞世南)의 《북당서초(北堂書鈔)》 및 《태평어람》, 그리고 도연명의 《군보록(羣輔錄)》 등에서 인용한 것을 정리하였음. 진나라 도연명의 〈귀거래사(歸去來辭)〉「세 지름길은 황폐하여졌으나 소나무 국화는 오히려 그냥 남아 있네.」(三徑就荒, 松菊猶存) 남송 양만리(楊萬里)의 〈아홉 오솔길(三三徑)〉「세 오솔길 처음 연 이는 장후고, 두번째 연 이는 도연명이라네.」(三徑初開是蔣卿, 再開三徑是淵明)

風和岸柳將開眼　　바람 따뜻하여 지니 강둑의 버들도 눈을 트려하고,
氷泮潛魚欲動鱗　　얼음 녹으니 숨었던 물고기 비늘을 움직이려 하네.
日暮江頭增別恨　　강 어귀에 해 저무니 이별의 한 더해가는데,
咨詢知不此行頻　　삼가 여쭙노니, 느끼지 않으셨습니까?
　　이 걸음이 너무 위험하다는 것을.

【참고】 회재 이언적의 원시

〈書李知事愛日堂 지중추부사知中樞府事 이선생의 애일당을 시로 적다〉

疊石構亭烟水曲　　돌 쌓아 정자를 얽었네, 안개 낀 강물 구비에,
天成佳勝付幽人　　하늘이 아름다운 경치를 이루어 그윽히 사는 이에게 맡겼네.
聾巖境界超塵土　　농암이란 땅 경계는 속세를 떠나 있고,

8 | 《농암선생문집 · 권1》에 보면, 회재의 원시와 농암 · 퇴계가 그 시의 각운자에 맞추어 지은 시가 모두 수록되어 있다. 회재선생의 원시는 《회재집 · 권3》에 〈지중추부사 이선생의 애일당을 시로 적다(書李知事愛日堂)〉라는 제목으로 수록되어 있는데, 이 시의 원문이 위에 인용한 《농암집》에 수록된 것과는 몇 자 틀린다.

愛日情懷見性眞	애일당 정자에서 보이신 마음씨 참된 본성을 나타내었네.
景晏郊頭靑冪冪	산촌의 경치 평화로운데 들판에는 푸른 빛 짙었고,
風生江面碧鱗鱗	강물 위에 바람 이니 짙푸른 빛 일렁거리네.
陪歡半日聞淸詠	모시고서 반나절 즐기며 맑게 읊조리는 것 들으니,
款款心盃不厭頻	정성 쏟아 주시는 술잔 번거로운 줄 모르겠더라.

88. 士遂寄詩次韻[1]

임형수가 시를 지어 보내어 그 시의 각운자에 맞추어 짓다

故人在南溟[2] 고 인 재 남 명	옛 친구 남해에 있으면서,
尺素傳鯉魚[3] 척 소 전 리 어	한 자 되는 흰 비단을 잉어에게 전하였네.
緘封明月珠[4] 함 봉 명 월 주	명월주를 넣고 봉하여,

1 | 임형수(林亨秀)에 관하여서는 위 〈47〉-1)을 보라. 이때 제주목사로 좌천되어 제주도에 있으면서 시를 지어보냄. 권오봉 박사는 이 시를 병오년 2월 조(條)에 넣고 「임형수가 제주에서 보내온 시에 차운하여 은근히 고향에 돌아와 살 뜻을 비쳐 읊다.」(《퇴계가연표》 143쪽)라고 해설하였으나, 이 시 중간에 「고향인 예안들판에 농부가 되어, 밤낮으로 신음하네.」(爲農宣城野, 呻吟晝連宵)라는 내용이 있음으로 보아, 아마 바로 위에 나왔던 시들과 같이 그 보다는 몇 달 뒤에 이미 냇가의 집[溪莊]에 와 있을 때 지은 것으로 보임.

2 | 남명(南溟) : 남해(南海)와 같은 뜻임. 임형수가 제주목사로 좌천되어 갔음을 말한 것임. 《요존록》「임형수가 을사사화에 윤원형과 사이가 나빠 제주목사로 좌천되어 갔다. 앞서 임공이 떠날 때에 윤원형이 술을 놓고서 전별하였다. 임공이 술잔을 들고서 마음이 격앙되어 이르기를 『그대가 과연 나를 죽이지 않으니, 내가 주량껏 마셔야겠소.』하니, 윤원형이 얼굴빛이 변하였다. 정미년에 정언각이 임공을 윤임의 앞잡이로 무고하자, 윤원형이 그를 죽여야 한다고 앞장서서 주장해 끝내 죽게 되었다.」(士遂乙巳忤元衡, 出牧濟州. 初公將行元衡置酒以餞. 公持盃昂然曰, 公不果殺我, 我當盡量, 元衡變色. 丁未鄭彦慤告以尹任鷹犬, 元衡倡言當殺竟賜死)

贈我無所需[5] 나에게 보냈으나 쓸 바가 없네.
증 아 무 소 수

慰我如病鶴 나를 병든 학과 같이 위로하니,
위 아 여 병 학

一言意太足 이 한 마디만으로도 뜻에 너무나 흡족하네.
일 언 의 태 족

我今百無用 나는 지금 아무 쓸모도 없이,
아 금 백 무 용

纏此杯蛇惑[6] 이 술잔에 뱀이 들어 있지나 않나 싶은 의혹에 묶여 있네.
전 차 배 사 혹

3 | 척소전이어(尺素傳鯉魚) : 《문선 · 고악부(古樂府)》의 〈장성의 굴에서 말을 물먹이며 노래함(飮馬長城窟行)〉「손님 먼 곳에서 찾아왔는데, 내게 잉어 두 마리를 주네. 아이 불러서 잉어 삶으라 하니, 뱃속에 한 자나 되는 흰 비단 편지 있네.」(客從遠方來, 遺我雙鯉魚, 呼兒烹鯉魚, 中有尺素書) 이때문에 나중에는 「쌍리어」를 편지를 가리키는 말로 쓰게 되었다. 그러나 이 말은 잉어가 실제 편지를 뱃속에 넣어 전달한다는 얘기는 아니고 한나라 때에는 서찰을 보낼 때 비단에 쓴 편지를 잉어의 모양으로 접어서 주고받기도 하였다는데 이 말이 와전되어서 그렇게 전해진 것이라고 한다.

4 | 명월주(明月珠) : 시를 말함. 당나라 한유의 〈제자 조덕(趙德)을 이별하며(別趙子)〉「남쪽 바닷물은 일렁일렁, 키로써 명월주를 까부네.」(婆娑海水南, 簸弄明月珠)

5 | 증아무소수(贈我無所需) : 보낸 시가 너무 훌륭하여 나에게는 과분하다는 뜻임.

6 | 배사혹(杯蛇惑) : 진(晉)나라 때 하남군(河南郡)의 수령[尹]을 지냈던 악광(樂廣)과 관련된 이야기로 《진나라의 역사 · 악광의 전기(晉書 · 樂廣傳)》에 나옴. 「친한 손님이 있었으나, 오래도록 다시 찾아오지를 않았다. 광이 그 까닭을 물으니 대답하였다. 『저번 자리에서 나리께서 내려주시는 술을 막 마시려고 하는데 잔 속에 뱀이 있는 것이 보였습니다.

聖恩極天涵 성 은 극 천 함	임금님의 은혜는 하느님같이 보살핌을 다하나,
臣質垂蒲彫[7] 신 질 수 포 조	나의 재질은 땅버들처럼 시들어져 있네.
爲農宣城野[8] 위 농 선 성 야	고향인 예안 들판에 농부가 되어,
呻吟晝連宵 신 음 주 련 소	밤낮으로 신음하네.

마음 속으로 너무나 끔찍하였는데, 마신 뒤에 병이 들게 되었습니다.』 이때 하남군청의 벽에 각궁(角弓: 소뿔이나 양뿔로 치장을 한 활)이 걸려 있었는데, 옻[漆]으로 뱀을 그려 놓았다. 악광은 잔 속에 보인 뱀이 곧 각궁에 그린 뱀의 그림자일 것 같았다. 다시 앞서 술을 마시던 곳에다가 술상을 차리고서 손님에게 물었다. 『술잔 안에 전에 보이던 것이 또 있는가?』 대답하기를, 『앞서 보이던 것과 같습니다.』라 하였다. 광이 이에 그 까닭을 일러주자, 손님의 마음이 확 풀리게 되었다. 오랜 병도 따라서 낫게 되었다.」(嘗有親客, 久闊不復來. 廣問其故, 答曰, 前在坐, 蒙賜酒, 方欲飮, 見杯中有蛇. 意甚惡之, 旣飮而疾. 于時河南廳事壁上有角, 漆畵作蛇, 廣意杯中蛇卽角影也. 復置酎於前處, 謂客曰, 酒中復有所見不? 答曰, 所見如初, 廣乃告其所以, 客豁然意解, 沈痾頓愈) 여기에서 「배궁사영」(杯弓蛇影), 또는 「사영배궁」(蛇影杯弓)이라는 문자가 생겨났는데, 귀신에게 홀렸는가 해서 놀라서 근심한다는 뜻임.

7 | 포조(蒲彫) : 남조 송나라 유의경(劉義慶)의 《세설신어 · 언어(言語)》「(東晉의) 고열(유명한 화가 顧凱之의 아버지)은 간문제와 동갑이었으나, 머리가 빨리 하얗게 세었다. 간문제가 『경은 어찌하여 남보다 먼저 머리가 희어졌는가?』하고 물었다. 이에 대답하기를 『땅버들같이 가는 체질은 가을이 가까워지면 시들어 떨어집니다만, 소나무 같은 강건한 체질은 서릿발을 맞을수록 더욱 무성하여집니다.』라 하였다.」(顧悅與簡文帝同年, 而髮蚤白. 簡文曰, 卿何以先白? 對曰, 蒲柳之姿, 望秋而落, 松栢之質, 經霜彌茂)

安得忽變化 안 득 홀 변 화	어떻게 홀연히 변화하여,
培風負大翼[9] 배 풍 부 대 익	바람 두텁게 하고 큰 날개 지고 날아갈 수 있을까?
見君十洲中[10] 견 군 십 주 중	그대는 보았는가? 신선이 사는 열 고을에서,
群仙導儀飾[11] 군 선 도 의 식	뭇 신선들이 치장을 갖추고서 나를 인도하는 것을?

8 | 선성(宣城) : 예안의 옛이름.

9 | 배풍(培風) : 《장자 · 자유롭게 노님(逍遙遊)》「바람이 쌓임이 두텁지 않으면 설령 큰 날개를 지고 있다 하더라도 아무 힘이 없다. 그렇기 때문에 9만리나 높이 날아 올라간다고 하면 바람은 그 밑에 있을 것이다. 그 뒤에 이제 바람을 두텁게 해서 등으로 푸른 하늘을 지고서도 막힌 것이 없어진 뒤에야 장차 남쪽으로 날아가려고 기도하여 볼 것이다.」(風之積也不厚, 則其負大翼也無力. 故九萬里則風斯在下矣. 而後乃今培風, 背負青天, 而莫之夭閼者, 而後乃今將圖南)「培」는 여기서「馮」(풍)의 가차자로 쓰여「오르다」(乘)의 뜻으로 쓰이었음. 〈55〉-2)를 참조하라.

10 | 십주(十洲) : 신선이 사는 곳. 한(漢)나라의 동방삭(東方朔)이 지었다는 소설인《해내십주기(海內十洲記)》「한무제가 이미 서왕모에게서 팔방의 큰 바다 가운데 조주 · 영주 · 현주 · 염주 · 장주 · 원주 · 유주 · 생주 · 봉린주 · 취굴주가 있다고 들었다. 이 열 섬은 사람들의 발자취가 드문 빼어난 곳이라 하였다.」(漢武帝旣聞王母說, 八方巨海之中有祖洲瀛洲玄洲炎洲長洲元洲流洲生洲鳳麟洲聚窟洲. 有此十洲乃人跡所稀絶處)

11 | 의식(儀飾) : 원래는 고대의 예법상 갖추어야할 의관 등 장식물을 말하나, 여기서는 신선이 사는 곳에는 깃털로 만든 양산[翊蓋] · 무지개 깃발[霓旌] · 구름 수레[雲軿] · 바람 앞잡이[風馭] 등이 있는데, 이러한 것이 모두 그들이 행차할 때 길을 인도하는 의전적인 꾸밈들이다. 《고중》 참조.

閬苑摘蟠桃[12]
낭 원 적 반 도

낭풍원에서 반도를 따고,

扶桑看出日[13]
부 상 간 출 일

부상에서 해가 돋는 것을 보겠네.

12 | 낭원(閬苑) : 전설에 신선이 산다는 곳. 《신선전(神仙傳)》에 보면 곤륜산에 낭풍원(閬風苑)이 있는데, 옥으로 세운 12층 누각, 아홉 층 짜리 궁전 등이 있는데, 왼쪽에는 구슬못, 오른쪽에는 푸른 물이 있고, 그 주위에는 사람이 쉽게 접근하지 못하게 한번 빠져들어 가면 생명을 건지지 못하는 위험한 시내가 아홉 겹이나 맴돌고 있기 때문에, 회오리바람으로 된 수레[飈車]나 깃털로 만들어 날아다니는 틀[翊輪]을 이용하지 않으면 거기에 이를 수가 없다고 함. 《고증》에서 옮김.

반도(蟠桃) : 신선 세계에 있다는 복숭아. 한나라 왕충(王充)의 《논형 · 정귀편(訂鬼篇)》 「《산해경》에서 또 말하기를 『푸른 바다 가운데 탁삭산이라는 산 위에는 큰 복숭아나무가 있는데 구불구불 삼천리나 서려 있다.』하였다.」(山海經又曰, 滄海之中有, 度朔之山, 上有大桃木, 其屈蟠三千里) 「탁삭산」은 「度索山」이라고도 한다. 반고가 지었다는《한무제내전(漢武帝內傳)》「7월 7일에 서왕모가 잠시 내려왔다. …… 복숭아 7개를 담아오는데 큰 것은 오리알만 했으며 둥근 형태에 청색이었다. 서왕모에게 드리니 서왕모가 4개를 무제에게 주었다. 혼자서 3개를 먹었는데 복숭아의 맛은 감미로워 입안 가득 맛이 꽉찼다. 무제가 먹고는 문득 씨를 남겨두려고 했다. 서왕모가 무제에게 그 까닭을 물으니 무제가 대답하기를 『심으려고 그럽니다.』라 하였다. 서왕모가 말하기를 『이 복숭아는 3천 년을 사는 씨앗입니다. 한여름 땅이 얄팍한데 심으면 살지를 않습니다.』라 했다.」(至七月七日, 王母暫來也, …… 盛桃七枚, 大如鴨子, 圓形色青, 以呈王母, 母以四枚與帝. 自食三桃, 桃之甘美, 口有盈味. 帝食輒錄核, 母曰何謂, 帝曰欲種之耳. 母曰, 此桃三千歲一生, 實耳中夏地薄, 種之不生)

至道揖松喬[14] 지 도 읍 송 교	지극한 도리는 적송자 왕자교에게 가서 배우고,
餘事追甫白[15] 여 사 추 보 백	한가한 시간에는 두보와 이태백을 쫓아가겠네.

13 | 부상(扶桑) : 《해내십주기》「부상은 동해의 동쪽 기슭에 있다. …… 수풀이 많은데 나뭇잎은 모두 뽕나무와 같다. 또한 오디나무가 있는데 크기가 수천 길이나 되고, 둘레는 2천 아름 남짓이나 되는데, 나무가 둘씩 둘씩 같은 뿌리에서 솟아나서 짝수로 자란다. 더욱이 서로 기대어 있으므로 『부상』(서로 부축하고 있는 뽕나무)이라고 한다. 신선들이 그 열매인 오디를 먹으며 전체가 모두 금빛을 띠고 있다.」(扶桑在東海之東岸. …… 多林木葉, 皆如桑. 又有椹樹, 長者數千丈, 大二千餘圍, 樹兩兩同根偶生, 更相依倚, 是以名爲扶桑. 仙人食其椹, 而一體皆作金光色) 《산해경 · 해외동경(山海經 · 海外東經)》「양곡의 위에 부상이 있는데, 열 개의 해가 목욕을 하는 곳으로 흑치의 북쪽에 있다. 물 가운데 큰 나무가 있는데 아홉 개의 해는 아랫 가지에 있고 한 개의 해가 윗 가지에 있다.」(暘谷上有扶桑, 十日所浴, 在黑齒北. 居水中, 有大木, 九日居下枝, 一日居上枝) 퇴계의 시에는 이외에도 부상나무의 고사가 많이 나오는데 조금씩 그 내용이 다르므로 그때 그때 고사를 다르게 들어서 주석을 하겠음.

14 | 송교(松喬) : 적송자(赤松子)와 왕자교(王子喬)를 말함. 적송자는 신농씨의 신하로 비를 다스리는 벼슬인 우사를 지내다가 신선이 되어 승천하였다 하며, 왕자교는 원래 주나라 영왕(周靈王)의 아들로 생황을 잘 불어서 그 소리에 맞추어 봉황이 울었다고 함. 숭산(嵩山)에 들어가서 20년 동안이나 도를 닦다가 학을 타고 신선이 되어 갔다고 함.

15 | 보백(甫白) : 당나라의 유명한 시인 이태백과 두보를 말함. 도를 익히다가 틈이 나면 이 · 두와 같이 시를 짓는다는 뜻임.

89. 東巖言志[1]

동쪽 바위 곁의 집에서 뜻을 읊다

新卜東偏巨麓頭[2]
신 복 동 편 거 록 두

새롭게 터를 잡았네, 동쪽으로
치우친 큰 기슭 머리에,

縱橫巖石總成幽
종 횡 암 석 총 성 유

세로 가로 엉킨 바윗돌
모두 고요함을 이루었네.

烟雲杳靄山間老
연 운 묘 애 산 간 로

안개와 구름 아득히 피어올라
산 속에서 머무르고,

1 | 《퇴계연보》에 의거하면 위의 시 〈85〉-1)에서 인용하였듯이 병오년(丙午年 : 46세)에 「양진암을 고향[退溪] 동쪽 바위 위에 지었다.」(築養眞庵于退溪之東巖) 하고서, 다음과 같은 주석을 첨가하였다. 「이보다 먼저 작은 집을 온계리 남쪽의 지산 북쪽에 지었으나, 인가가 조밀하므로 아늑하고 고요하지 못하다 하여 이 해에 처음으로 퇴계 아래의 두서너 마장 되는 곳에서 빌어 살면서, 동쪽 바위 옆에 작은 암자를 짓고, 이름하기를 양진암이라 하였다. ……」(先是, 舊小舍於溫溪之南, 芝山之北, 以人居稠密, 頗未有寂, 是年, 始假寓退溪之下數三里, 於東巖之旁作小庵, 名曰養眞) 역문은 《국역퇴계집II》의 183쪽 인용. 양진암 터에는 지금 표석을 세우고 뒷면에다 이 시를 새겨 놓았음.
「동암(東巖)」의 「巖」이란 흔히 「바위에 생긴 구멍(巖穴)」을 뜻하는 경우가 많은데, 속세를 피하여 바위구멍에 들어가서 사는 선비를 「암혈지사(巖穴之士)」라고 함.
「언지(言志)」는 뜻을 표현한다는 뜻인데, 선비들이 자기의 호젓한 마음을 글에 담는다는 의미로서 시의 제목으로 자주 사용하고 있음. 퇴계의 문집 《속집》에도 이와 똑 같은 〈동암언지(東巖言志)〉라는 제목의 시가 한 수 더 있음.

2 | 신복(新卜) : 새롭게 거처를 마련하다. 여기서 「卜」은 「선택하다」의 의미인데, 집터를 새롭게 잡아서 살 터전을 마련하는 것을 「복택(卜宅)」, 「복거(卜居)」라고 함.

溪澗彎環野際流
계 간 만 환 야 제 류

산골짜기 물 빙 둘러서
들판으로 흘러가네.

萬卷生涯欣有托[3]
만 권 생 애 흔 유 탁

만권 책 읽으며 사는 나의 생애
흔쾌하게 의탁할 데가 생겼고,

一犁心事歎猶求[4]
일 려 심 사 환 유 구

한 보습의 비 바라는 마음
감복하면서 오히려 구하게 되었네.

丁寧莫向詩僧道[5]
정 녕 막 향 시 승 도

정녕코 말하지 말게나!
시 잘하는 승려에게,

不是眞休是病休[6]
불 시 진 휴 시 병 휴

정말 쉬는 것이 아니라
병들어 쉬는 것이라고.

3 | 생애(生涯) : 《장자 · 양생주(養生主)》「내 생은 끝이 있어도 지혜는 끝이 없다.」(吾生也有涯, 而知也無涯)

4 | 일려(一犁) : 봄비[春雨]를 말함. 송나라 범성대(范成大)의 〈치일제에서 있었던 일을 말하다(致一齋述事)〉「한 보습 흡족한 비 없애어 버리니, 눈 앞에 마음에 걸리는 사물 없다네.」(除却一犁春雨足, 眼前無物可關心)「보습」은 밭을 갈고 흙을 뒤엎는 연장인데, 한 보습으로 갈아 엎기에 충분할 정도로 비가 흡족하게 내렸다는 뜻임. 송나라 소순흠(蘇舜欽)의 〈농가를 읊음(田家詞)〉「산 언저리 한밤중에 한 보습의 비 내리니, 농부 소리높여 노래부르며 수확할 날 기다리네.」(山邊夜半一犁雨, 田父高歌待收穫)

5 | 시승(詩僧) : 당나라 때 동림사(東林寺)의 승려 영철(靈徹)을 가리킴. 〈36〉-7)을 보라.

6 | 진휴(眞休) : 송나라 소식의 〈자유가 왕진경이 산수를 그린 것을 보고 쓴 시의 각운자를 써서 지으니 진경이 화운하다(次韻子由書王晋卿畵山水而晋卿和)〉 두 수 중 둘째 시「이 경지 눈앞에 짐짓 헛되이 보이는데, 몇 사람이나 숲속에서 정말 쉬고 있는가?」(此境眼前聊妄想, 幾人林下是眞休)

90~98. 獨遊孤山, 至月明潭, 因並水循山而下, 晩抵退溪. 每得勝境, 卽賦一絕, 凡九首[1]

홀로 고산에 가서 놀다가, 월명담에 이르러 물을 끼고 산을 감돌며 내려오니 저녁에야 퇴계에 이르게 되었다. 좋은 경치를 만날 때마다 절구시 한 수씩을 지으니, 무릇 아홉 수가 되었다

90 孤山[2]

고산

何年神斧破堅頑[3]
하 년 신 부 파 견 완

어느해에 신령스러운 도끼가
굳고 딱딱함을 파헤쳤던가?

1 | 이야순(李野淳) 《퇴계선생연보보유(退溪先生年譜補遺)》(이하《연보보유》로 약칭) 「(병오년 : 46세) 가을에 홀로 고산에 가서 놀았다.」(秋獨遊孤山) 「고산」과 「월명담」은 모두 이 시의 제목에 나옴.

인방(因並) : 「並」은 「방」으로 읽으며 「傍」과 뜻이 같다. 《한나라의 역사 · 각종 제사에 관한 기록(郊祀志)》 「여덟 귀신이 있는데 첫째는 천주라 하며, 천제에서 제사 지낸다. …… 모두 제나라 북쪽으로 발해의 곁에 있다.」(八神, 一日天主, 祀天齊. …… 皆在齊北, 勃海) 당나라 안사고(顔師古)의 주석 「음은 방이다」(音, 步浪反) 《사기 · 진시황 본기(秦始皇本紀)》 「유중에서 황하의 가 동쪽까지를 음산에 귀속시키고 14현으로 하였다.」(自楡中並河以東, 屬之陰山, 以爲十四縣) 한(漢)나라 복건(服虔)은 「음은 방이며, 방은 곁이라는 뜻이다」(音, 傍. 傍依也)라 하였다.

壁立千尋跨玉灣 벽 립 천 심 과 옥 만	절벽은 천 길이나 높이 서서 옥같은 물구비를 걸터앉고 있네.
不有幽人來作主 불 유 유 인 래 작 주	그윽히 사는 사람 여기 와서 주인이 되지 않는다면,
孤山孤絕更誰攀[4] 고 산 고 절 갱 수 반	외로운 산 외로이 떨어져 있을 뿐 누가 다시 오르겠는가?

2 | 고산(孤山) : 예안현 동북쪽 30리, 청량산 아래에 있는데 매우 경치가 좋다. 전설에 의하면 낙동강[洛江]이 산을 둘러 흘렀는데, 어느날 갑자기 우레가 크게 일어나 푸른 산 허리를 두 토막으로 쪼개어 강물이 그 사이로 흐르기 시작하였기 때문에 「외로운 산」[孤山]이라고 불렀음. 퇴계의 제자였던 금난수(琴蘭秀)가 이 산에 숨어 살았다고 함.

3 | 신부(神斧) : 주자(朱子)의 〈우레소리를 듣고 감회를 적음(聞神雷有感)〉「누가 신비한 도끼를 가지고서 완악한 음기를 깨뜨리는가? 땅 갈라지고 산이 열리니 귀신은 숲을 잃었네.」(誰將神斧破頑陰? 地裂山開鬼失林)

4 | 고산고절(孤山孤絶) : 송나라 소식의 〈섣달 그믐날 고산에서 놀며 혜근과 혜사 두 스님을 찾아뵙다(臘日遊孤山, 訪惠勤惠思二僧)〉「외로운 산 외롭게 떨어져 있으니 누가 집을 짓고 살기를 바라겠는가? 도인이 도를 닦으니 산은 외롭지 않네.」(孤山孤絶誰肯廬, 道人有道山不孤) 여기서 소식이 읊은 「고산」은 항주(杭州)의 서호(西湖) 안에 있음.

91 日洞_洞在月明潭上，其稱正與相對. 氓俗誤呼那乙邑云，是古邑居之所，非也，故改之. 有琴孫兩生田其中[5]

날골_이 마을은 월명담 곁에 있는데, 그 이름이 이 못과 바로 대칭이 된다. 일반 백성들은 이 마을을 「나을골」이라고 잘못 부르며, 여기가 바로 옛날 도읍이 있던 곳이라 하나 틀린 것이다. 그렇기 때문에 그 이름을 이렇게 고친다. 금씨와 손씨 두 집이 그 안에서 농사를 짓고 산다

日洞佳名配月潭
일 동 가 명 배 월 담

날골이라는 아름다운 이름
달 못과 어울리는데,

官居知是謬村談
관 거 지 시 류 촌 담

관리들 있었다 하나 그것은
잘못된 촌사람들의 말임을 알겠네.

箇中儘有良田地
개 중 진 유 량 전 지

그 가운데 정말 있네
좋은 밭과 땅이,

欲問琴孫置一庵
욕 문 금 손 치 일 엄

묻고 싶구나, 금씨와 손씨에게
한 암자를 설치하는게 어떨지?

5 | 《요존록》「고산 동쪽에 있는데, 낙동강이 그 사이에 흐른다.」(在孤山東, 洛川流其間)
《고증》「금씨는 이름이 헌(憲)이니, 성성재(惺惺齋: 금난수)의 아버지요, 손씨는 누구인지 알 수가 없다.」(案琴名憲, 惺惺父, 孫未聞)

92 月明潭_有禱雨壇

월명담_비를 비는 제단이 있다

窈然潭洞秀而淸
요 연 담 동 수 이 청

깊숙한 못과 구멍은
빼어나고도 맑은데,

陰嘼中藏木石靈[6]
음 휴 중 장 목 석 령

음침한 짐승이 가운데 숨기고 있구나,
나무와 돌 귀신들을.

十日愁霖今可霽
십 일 수 림 금 가 제

열흘 동안 계속되던 근심스러운 장마
지금 개일 듯하니,

抱珠歸臥月冥冥[7]
포 주 귀 와 월 명 명

구슬 껴안고 돌아가서 누웠으리
달은 밝고도 밝은데.

6 | 음휴(陰嘼) : 《고증》「『嘼』의 음은 『好』(호)자와 『유』(宥)자를 절반씩 합한 것[好宥切]이니 거성(去聲)이다. 《예기 · 예운(禮運)》에 『용이 집 짐승이 된다』(龍以爲嘼)는 말이 있고 한유(韓愈)의 시[南山詩]에 『인연하여 그 소를 엿보니, 멈추고 맑은 물에 용도 숨은 것 같네』(因緣窺其湫, 凝湛閟陰嘼)라 한 구가 있다.」 옛날에는 「嘼」자와 「畜」(許又切, 후)와 「獸」(수)자를 모두 집에서 기르는 짐승이란 뜻으로 통용(通用)하기도 하였음. 동제덕(童第德) 《한집교전(韓集校詮)》 36쪽 참조.

목석령(木石靈) : 남조 진나라 장화(張華)가 지었다고 하는 《박물지(博物志)》「물에 엉킨 기괴한 정령을 용 · 망상이라고 말하고, 수풀에 엉킨 기괴한 정령을 기 · 망양이라고 한다.」(水之怪曰龍罔象, 木石之怪曰夔罔兩)

93 寒粟潭[8]

한속담

瘦馬凌兢越翠岑[9]
수 마 릉 긍 월 취 잠

야윈 말 추워 떨며
푸른 묏봉우리를 넘어 가는데,

俯窺幽壑氣蕭森[10]
부 규 유 학 기 소 삼

굽어보니 그윽한 골짜기에
찬 기운 빽빽하게 서려 있구나.

7 | 포주귀와(抱珠歸臥) : 송나라 소식의 시 〈선유담(仙遊潭)〉「내 물소 뿔로 비추어보고 싶은데, 응용(용이 천년 묵으면 날개가 남)이 보물을 껴안고 잠자네.」(我欲然犀角, 應龍抱寶眠)《태평광기 · 노리개(器玩) 4》「(唐) 정원 연간에 처사인 주한이 …… 한 종을 샀는데 …… 물에 잘 들어가 마치 평지를 걷는 듯하였는데 …… 그 이름이 수정이었다. …… 상주 북쪽 언저리에 팔각정이란 우물이 있었는데 …… 그믐날 밤에도 불같은 무지개가 빛을 천 자나 내뻗었으며 낮과 같이 사물을 비추었다. …… 주한이 마침내 수정에게 명을 내리니 흔연히 옷을 벗고 들어가 한참 만에야 나와서 주한에게 하는 말이,『누런 용 한 마리가 있는데 아주 크며 금빛 같은 비늘을 하고 야광주 몇 개를 쥐고서 깊이 잠들어 있습디다.』라 하였다.」(貞元中處士周邯 …… 買奴 …… 善入水, 如履平地 …… 其名水精. …… 相州北隅八角井 …… 晦夜有光如火虹, 射出千尺, 鑒物如晝. …… 邯遂令命水精, 欣然脫衣, 沉之良久而出於邯曰, 有一黃龍極大鱗如金色, 抱數顆明珠熟寐) 역시 소식의 〈엎드린 용이 일어나다(起伏龍行)〉「여지껏 보물 안고 잠만 자려 하니, 뱃속 가득한 우레며 천둥소리 벙어리처럼 토해내지 않네.」(爾來懷寶但貪眠, 滿腹雨霆瘖不吐) 여기서 구슬은 여주(驪珠 : 〈73〉-11)을 보라)를 말한다. 이때 장마에 시달리고 있었기 때문에 용으로 하여금 구슬을 안고서 잠이나 자라고 한 것이다.(비는 용이 몰고 오는 것이기 때문이다)

8 | 한속(寒粟) : 추울 때 몸에 돋는 소름을 말함. 아마 이 못의 물이 너무 서늘하여 이러한 이름이 생긴 것 같다.

清遊步步皆仙賞
청 유 보 보 개 선 상

맑은 놀이 걸음 걸음마다
모두 신선 경치 감상 뿐이니,

怪石長松滿碧潯[11]
괴 석 장 송 만 벽 심

기이한 돌 키 큰 소나무
퍼런 물가에 가득하구나.

9 | 능긍(凌兢) : 《문선(文選)》 양웅(揚雄)의 〈감천부(甘泉賦)〉 「하늘 문 앞에 달려가서 서늘하고 두려운 데로 들어가네.」(馳閶闔而入凌兢) 「능긍」(凌兢)의 본 뜻은 「서늘하고도 두려움이 감도는 모습」을 나타내는 첩운(疊韻-두 글자의 발음이 자음만 제외하고서는 모음과 받침, 성조가 모두 비슷함)으로 된 의태어(擬態語-동작을 나타내는 말). 《연면자전(聯綿字典)》 433쪽. 송나라 소식의 〈철종황제의 생일날 연회에서 모시기 하루전날 눈이 조금 내렸는데, 아우인 소철과 함께 왕정국을 찾아보고 청허당에서 작은 술자리를 갖다. …… (興龍節侍宴前一日, 微雪. 與子由同訪王定國, 小飲清虛堂)〉 「얼음 밟으며 두려운 곳으로 나가니 피로한 말 전율하고, 문 두드리며 주인 부르니 겨울 까마귀 놀라네.」(踏冰凌兢戰疲馬, 扣門剝啄驚寒鴉)

취잠(翠岑) : 비취색이 나는 묏부리. 「잠」(岑)은 산이 규모가 크지는 않으나 오똑하게 높은 것을 말함.

10 | 소삼(蕭森) : 본 뜻은 가지가 긴 것을 나타내는 쌍성(雙聲-바로 위에 나온 첩운과 반대로 초성자음이 비슷한 말)으로 된 의태어. 《연면자전》 3589쪽. 당나라 두보의 〈가을에 일어나는 느낌 · 8수(秋興八首)〉 「옥 같은 이슬 내리니 단풍나무는 시들어 가고, 무산과 무협의 감도는 기운 빽빽하네.」(玉露凋傷楓樹林, 巫山巫峽氣蕭森)

11 | 벽심(碧潯) : 퍼런 물가. 《고증》 「심(潯)은 물가이다.」(潯, 水涯也)

94 景巖[12]

경암

激水千年詎有窮 격 수 천 년 거 유 궁	천년을 두고 물살을 받으나 어찌 삭아 없어짐이 있겠는가?
中流屹屹勢爭雄[13] 중 류 흘 흘 세 쟁 웅	물결 가운데 우뚝 우뚝히 서 있으니 그 기세 씩씩함을 다투는 듯.
人生蹤跡如浮梗[14] 인 생 종 적 여 부 경	사람들의 발자취란 꼭 물에 뜬 부평초 줄기 같으니,
立脚誰能似此中 립 각 수 능 사 차 중	다리를 굳게 세움 누가 능히 이 가운데 있음만 하리오?

12 | 경암(景巖) : 《요존록》「미천(다음에 나옴) 위 1리 지점에 있다.」(在彌川上一里)

13 | 흘흘(屹屹) : 산이 우뚝우뚝한 모습을 나타낸 첩자(疊字–똑같은 자가 포개어짐)로 된 의태어.

14 | 부경(浮梗) : 물에 떠다니는 복숭아나무로 만든 장승 따위의 인형을 말함. 부평초와 같이 정처없이 떠돌아 다님을 비유함. 《전국책 · 제책(齊策)》「어떤 흙인형과 복숭아나무로 만든 인형이 말했다. …… (흙인형이 말했다.) 『지금 그대는 동쪽의 복숭아나무 가지로 그대를 깎아 사람을 만들었는데 비가 내려 치수의 물이 이른다면 그대를 떠내려가게 할 것이다. 그렇다면 그대는 둥실둥실 떠다녀서 장차 어디로 갈 것인지를 모를 것이다.』」(有土偶與桃梗相與語, …… 今子東國之桃梗也, 刻削子以爲人, 降雨下, 淄水至, 流子而去. 則子漂漂者將何如耳)

95 彌川長潭[15]

메네 긴 소

長憶童時釣此間[16]
장 억 동 시 조 차 간

한참동안 기억하여 보네, 어릴 때에
여기서 낚시하던 일을,

卅年風月負塵寰[17]
삽 년 풍 월 부 진 환

삼십 년 긴 세월 동안에
속세에서 자연을 등지고 살았네.

我來識得溪山面
아 래 식 득 계 산 면

내 돌아와 보니 알아볼 수 있네,
옛 시내와 산모습을,

未必溪山識老顔
미 필 계 산 식 로 안

시내와 산은 반드시 그렇지는 못하리라,
나의 늙은 얼굴을 알아보지는.

15 | 《요존록》「백운동 위에 있다.」(在白雲洞上)

16 | 동시조(童時釣) : 당나라 한유(韓愈)의 글〈하남(河南) 소윤이신 양거원(楊巨源)을 송별하며 짓다(送楊少尹序)〉「이곳의 물과 이곳의 언덕은 내가 어릴 때에 낚시하며 놀던 곳이다.」(某水某丘, 吾童子時所釣遊也)

17 | 진환(塵寰) : 속세에서 살다. 「寰」은 「살다」[居]는 뜻임. 당나라 한유의 시 〈탄곡추의 사당 벽에 적다(題炭谷湫祠堂)〉「온갖 생물은 모두 햇빛이 잘 비치는 곳에 사나, 어둡고 컴컴한 곳은 귀신들이 사는 곳일세.」(萬生都陽明, 幽暗鬼所寰) 당나라 백거이(白居易)의 시 〈길게 한탄함(長恨歌)〉「고개를 돌려 사람들 사는 곳을 내려다 보니, 장안성은 보이지 않고 티끌에 쌓인 안개만 보이네.」(廻頭下望人寰處, 不見長安見塵霧)

96 白雲洞_舊呼船乎知，乃鄉音之誤也[18]

백운동_옛날에는 배호지라고 불렀으나, 곧 그릇된 사투리다

靑山綠水已超氛 청 산 록 수 이 초 분	푸른 산 파아란 물은 이미 속세의 분위기를 벗어났고,
更著中間白白雲 갱 저 중 간 백 백 운	다시 드러났네, 그 중간에 희고도 흰 구름이.
爲洗鄕音還本色 위 세 향 음 환 본 색	사투리 이름 씻어버리고서 본래 모습대로 되돌려 주려하니,

18 | 《요존록》「단사(바로 다음에 나옴) 곁에 있다.」(在丹砂上) 《계명한문연구회자료총서 I》로 낸 《퇴계선생문집》의 두주(頭注)에는 「白雲洞」의 「洞」자가 「池」자가 아닌가 하고 의심하였다. 「洞」이라면 「큰 구멍」이라는 뜻이고, 「池」라면 못이라는 뜻이니, 후자로 보는 것이 시의 내용과 더 부합할 것 같음.

19 | 장사(藏砂) : 남조 진나라 갈홍의 《포박자 · 신선의 약(抱朴子 · 仙藥)》「내 돌아가신 조부 홍려소경께선 일찍이 임원현령을 지내셨는데 『이 고을에 요씨가 살고 있는 집이 있었는데, 대대로 장수(長壽)를 하였으며 백 살이 넘는 사람도 가끔씩 나왔고 8,90이 넘는 사람도 있었으나 나중에 이사를 가자 점차 일찍 죽는 자손들이 많아졌다. 딴 사람들이 그 옛집에 살아보아도 전과 마찬가지로 역시 대대로 장수를 하였다. 이 때문에 이 집을 지은 것을 생각해보았으나 그 까닭을 알 수 없었고 그 집의 우물이 유달리 붉은 것이 의심스러워 우물의 곁을 파보고, 옛날 사람들이 파묻어 둔 단사 수십 휘를 찾아내게 되었다. 우물에서 몇 자 떨어진 곳에서 이 단사의 즙이 샘물 때문에 조금씩 우물로 들어가 이 때문에 그 물을 마시면 장수를 할 수 있었던 것이니, 하물며 단사를 구워서 그것을 복용한다면야!』라 하였다.」(余亡祖鴻臚少卿曾爲臨沅令, 云, 此縣有廖氏家, 世世壽考, 或出百歲, 或八九十, 後徙去, 子孫轉多夭折. 他人居其故宅, 復如舊, 後累世壽考. 由此乃覺是宅之所爲, 而不知其何故, 疑其井水殊赤, 乃試掘井左右, 得古人埋丹砂數十斛. 去井數尺, 此丹砂汁因泉漸入井, 是以飮其水而得水, 況乃餌煉丹砂而服之乎)

地靈應許我知君
지 령 응 허 아 지 군

땅 신령도 마땅히 허락할 것일세,
내가 그대의 뜻을 안다고.

97 丹砂壁
단사벽

下有龍淵上虎巖
하 유 룡 연 상 호 암

아래로는 용이 사는 못 있고
위로는 호랑이 굴이 있는데,

藏砂千仞玉爲函[19]
장 사 천 인 옥 위 함

단사(丹砂)를 천 길이나 묻었고
옥으로 함을 만들었네.

단사는 주사(朱砂), 또는 진사(辰砂)라고도 하는 광물질로서 한약의 재료로 씀.
옥함(玉函) : 《포박자 · 지상의 신선(地仙)》「아홉번 굴린 단약이니 금액을 만드는 경전, 한 가지를 지키는 비결이 모두 곤륜산의 오성 안에 있는데, 옥으로 된 함 안에다 보관하여 두고 금으로 만든 패찰로 새기고 중장으로 도장을 찍어 두었다.」(九轉丹, 金液經, 守一訣, 皆在崑崙五城之內, 藏以玉函, 刻以金札, 印以中章焉) 갈홍이 지은 여러 신선들의 전기인 《신선전(神仙傳)》「위숙경(衛叔卿)은 중산 사람이다. 운모를 복용하고 신선이 되었다. 그 아들의 이름은 도세(度世)라고 했는데 …… 숙경이 말했다. 『네가 돌아가면 내 서재의 서북쪽 모서리에 있는 큰 기둥 아래의 옥함을 가져야 한다. 함 속에는 신선이 되는 비결이 적힌 책이 있는데 그것을 가져다 잘 배합하여 복용하면 일년 안에 구름을 탈 수 있을 것이다. ……』 그 뒤 기둥 밑을 파서 옥으로 된 함을 얻었는데 『날아다니는 신선의 도장』을 찍고서 그 함을 봉하여 두었다. 그것을 취하여 먹어보니 곧 다섯 가지 빛깔의 운모(雲母)였는데 마침내 약에다 섞이서 복용하여 신선이 되어 갔다.」(衛叔卿者, 中山人也. 服雲母得仙. 其子名度世 …… 叔卿曰. 汝歸當取吾齋室西北隅大柱下玉函. 函中有神素書. 取而按方合服之, 一年可能乘雲而行, …… 後掘得玉函封以飛仙之香, 取而餌服, 乃五色雲母, 遂合藥服之, 仙去) 송나라 소식의 〈장희명(張熙明)의 영강에 있는 만권당(張競辰永康所居萬卷堂)〉「유후 장량(張良)의 자손은 책이 배 속에 가득하니, 옥함에 든 신선되는 비방을 읽을 필요가 있겠는가?」(留侯之孫書滿腹, 玉函寶方何用讀)

故應此境人多壽
고 응 차 경 인 다 수

그렇기 때문에 이 가까운 땅에
사람들 흔히 장수하나니,

病我何須斸翠巉[20]
병 아 하 수 촉 취 참

병든 나 무엇 때문에
퍼런 산 꼭지를 자르리오?

98 川沙村[21]
내살메

幽敻川沙李丈居[22]
유 경 천 사 리 장 거

그윽하고도 먼 내살메에
이씨 어른이 살고 계신데,

20 | 촉취참(斸翠巉) : 《요존록》「『巉』의 음은 『讒』(참)인데, 『嶄』이라고도 쓴다. 『참』은 산의 바위가 삐쭉한 것이다. 단사(丹砂)가 이곳에 숨겨져 있다. 이 시 구절의 의미는 여기 살면 스스로 장수할 수 있을 것이니 하필 산꼭지를 잘라서 약을 캐어 장수를 구할 것이 없다는 뜻이다.」(巉音讒, 或作嶄. 嶄, 巖尖銳貌, 藏丹砂之地. 自應多壽, 不須斸嶄採藥以求長壽)
당나라 허혼(許渾)의 〈왕거사(王居士)〉「비 가운데서 흰 물을 갈고, 구름 바깥에서 푸른 산을 쪼갠다.」(雨中耕白水, 雲外斸青山)

21 | 《요존록》「월란암 북쪽에 있다.」(在月瀾北)
「내살메」라는 번역은 위에 나온 「날골」(日洞), 「메내 긴 소」(彌川長潭)와 같이 이가원교수의 《퇴계시 역주》에 따른 것임. 거기서는 이 「川沙村」을 또 「시골말로 대세」라고 한다고 주석하였음.

22 | 이장(李丈) : 이름은 현우(賢佑)요, 자는 국경(國卿)이며, 성화(成化 : 명나라 헌종의 연호) 경인년(庚寅年 : 1470년)에 나서 훈련원(訓鍊院)의 습독(習讀 : 종 9품의 무관직)을 지냈으나, 아버지의 상고를 당하여 삼 년 동안이나 무덤을 모시고 지냈다. 91세의 장수를 누렸고 나라에서 예조참판 벼슬을 증직으로 받았다. 농암 이현보(李賢輔)의 아우요, 퇴계의 제자가 된 간재(艮齋) 이덕홍(李德弘)의 조부다. 《요존록》에 의거함.

平田禾熟好林墟
평 전 화 숙 호 림 허

편편한 들에 벼 익고
숲 우거진 동산은 보기 좋네.

卜隣我亦專西壑[23]
복 린 아 역 전 서 학

이웃을 선택하되 나도 또한
서쪽 산너머 마을을 오로지
다 차지하고서,

茅屋中藏萬卷書
모 옥 중 장 만 권 서

초가집 가운데 갖추었네,
일만 권이나 되는 책을.

23 | 복린(卜隣) : 《좌전 · 소공(昭公) 3년》「집자리를 선택할 것이 아니라, 오직 그 근처에 사는 이웃을 선택할 것이니라.」(非宅是卜, 唯隣是卜) 여기서 「卜」자의 뜻에 관하여서는 〈89〉-2)를 보라.

서학(西壑) : 《요존록》「〈연보〉에서는 『앞서 땅을 하명동 자하봉 아래에 얻어두었다.』고 하였는데, 바로 여기를 말한 것이다. 내살메에서 보면 하명동은 그 서쪽에 있기 때문에 『서쪽에 있는 뫼』라고 한 것이다.」(譜, 先是得地于霞明洞紫霞峯下, 卽此也. 據川沙而觀則霞明洞爲其西, 故云西壑) 지금 전하는 《퇴계문집》에 수록된 〈연보〉(《국역퇴계집 II》의 〈연보〉와 같은 경우)에는 이러한 기사를 찾을 수 없고, 다만 이 《요존록》을 지은 이야순(李野淳)이 지은 《퇴계선생연보보유(退溪先生年譜補遺)》에만 정미년(丁未年: 퇴계 47세) 조에 「장차 자하산의 하명 울짱에 거처를 선택할까 하였다.」(將卜居于紫霞山之霞明塢)는 〈연보〉의 원문(서애 류성룡이 편집한 것에 의기하였다고 함)이 인용되어 있고, 「자하서원 · 하산정사 · 수석정 같은 이름이 있다.」(有紫霞書院 · 霞山精舍 · 漱石亭等號)라는 주석이 실려 있다.

송나라 왕안석(王安石)의 〈우연히 적음(偶書)〉「나도 또한 만년에는 오로지 한 산만을 차지하여 은퇴하여 살고서, 제후들의 사자가 좋은 수레를 타고 나를 찾아오는 것을 볼 때마다 놀라고 그 저의를 의심하겠네.」(我亦暮年專一壑, 每逢車馬便驚猜)

99~100. 後又得二勝

뒤에 다시 두 가지 좋은 경치를 얻음

99 **葛仙臺**[1] _丹砂壁南有王母城山, 山之西向而北抱處, 有兩臺, 名其一 曰葛仙, 其一曰高世云

갈선대_단사벽 남쪽에 왕모산성이 있고, 이 산이 서쪽으로 향하고 북쪽으로 껴안은 곳에 두 우뚝한 곳이 있으니 그 하나를 갈선이라고 부르고, 또 하나를 고세라고 부른다고 한다

丹砂南壁葛仙臺 단 사 남 벽 갈 선 대	붉은 진사辰砂 남쪽 벽에 있는 갈선대에는,
百匝雲山一水廻 백 잡 운 산 일 수 회	구름이 산을 백 바퀴나 감돌고 한 냇물이 돌아나오네.

1 | 《고증》「오나라 갈현(葛玄-진나라 葛洪의 증조부)이 연산현에서 도를 닦으며 단약(丹藥)을 구웠는데, 거기 있는 산을 갈선이라고 하였다.」(案吳葛玄修鍊於鉛山縣, 山稱葛仙) 《요존록》「갈홍은 단약을 구워 신선이 되었는데 그런 까닭에 대의 이름을 갈선이라고 하였다. 그 대가 단사벽에 있기 때문이다.」(葛洪鍊丹爲仙, 故臺名葛仙. 以其臺在丹砂壁故也)

2 | 신수(薪水) : 땔나무를 산에 가서 해오고, 먹을 물을 우물에 가서 지고 온다는 뜻인데, 일상생활에 필요한 일을 돕는다는 뜻이나, 후세에 가서는 「생활을 해결해주다」라는 뜻으로도 사용됨. 〈남조의 역사 · 도연명의 전기(南史 · 陶淵明傳)〉「(도연명이 彭澤의 현령을 하고 있을 때) 일꾼 하나를 자기 아들들에게 보내주면서 편지에 말하기를 『너희가 아침저녁으로 드는 비용을 자급자족하기에 어려움이 있을 것이다. 지금 이 일꾼 하나를 보내어 너의 나무하고 물 긷는 수고를 돕게하고자 하노라.』라고 하였다.」(送一力給其子, 書

若使仙翁今可見
약 사 선 옹 금 가 견

만약 갈현葛玄 같은 신선 늙은이로 하여금
이제 이 대를 보이게 한다면,

願供薪水乞靈來[2]
원 공 신 수 기 령 래

나무와 물을 지고 다니더라도
신령스러운 것을 빌려 보고자 하겠네.

100 **高世臺**_高世, 紫芝歌中語. 魏鶴山詩, 子雲亦號知書者, 猶把商山作釆榮[3]

고세대_고세라는 말은 〈자지가〉에 나오는 말인데 위학산의 시에 「자운도 역시 글을 아는 사람이라고 할만 하구나, 오히려 상산에서 놀던 것을 가지고서 영예로운 이름을 취하게 되었다고 하였으니」라는 말이 있다

碧嶂丹崖削玉成
벽 장 단 애 삭 옥 성

짙푸른 바위병풍, 붉은 낭떠러지는
옥을 깎아서 만들었고,

曰, 汝旦夕之費, 自給爲難, 今遣此力, 助汝薪水之勞)
송나라 소식의 〈늙은 도사 교동을 송별하는 편에 그의 스승인 항(亢)이라는 더 늙은 신선에게 띄움(送喬仝寄賀君)〉 여섯 수 중 다섯째 시 「듣자하니 동쪽 몽산 땅에 신선님께서 사시는 거처가 있다고 하오니, 원하옵건대 제가 가서 나무하고 물 긷는 심부름을 해드리면서라도 금단(金丹)을 굽는 구경을 하고자 하나이다.」(聞道東蒙有居處, 願供薪水看燒丹)
기령(乞靈) : 어떤 신령스런 힘이나 권위에다가 힘을 빌리는 것. 《좌전 · 애공(哀公) 24년》「우리나라의 임금님께서는 옛날 주공의 신령께 복을 구하고, 장씨네 영혼에게 원조를 얻으려 합니다.」(寡君欲徼福於周公, 願乞靈於藏氏) 「乞」자의 발음은 「구하다」라는 뜻으로 쓰이면 「걸」이 되지만, 이 경우와 같이 「빌리다」의 뜻으로 쓰이면 「기」임.

溪流曲曲抱山清 계 류 곡 곡 포 산 청	시냇물 흐름 구비구비 산의 흐름을 껴안았네.
臺名莫向癡人說 대 명 막 향 치 인 설	이 높은 바위 이름을 말하지 말라, 어리석은 사람을 향하여서는,

3 | 〈자지가(紫芝歌)〉라는 것은 진(秦)나라 말기에 섬서성(陝西省) 상산(商山)에 숨어살던 동원공(東園公)·녹리선생(甪里先生)·기리계(綺里季)·하황공(夏黃公)의 네 백발노인[白皓]들이 지었다는 노래로 내용은 다음과 같다.

邈邈高山	아득하고도 아득한 높은 산이여!
深谷逶迤	깊은 골짜기도 구불구불하구나.
曄曄紫芝	빛나고 빛나는 붉은 지초여!
可以療飢	그것으로 요기를 할 수 있구나.
唐虞世遠	요임금 순인금의 시절 멀리 지나갔으니,
吾將安歸	우리들은 장차 어디로 돌아갈 것인가?
駟馬高蓋	네 마리 끄는 높고 큰 수레 탄 사람들이여!
其憂甚大	그 근심이 매우 크도다!
富貴之留人	부귀와 영화 사람을 붙들어 둠이여!
不如貧賤而肆志	가난하고 천할지라도 제 뜻을 펴고 삶만 못하리!

위학산(魏鶴山)은 송나라 사람으로 이름은 요옹(了翁 : 서기 1178~1237), 자는 화보(華

怕認商山作采榮[4]
파 인 상 산 작 채 영

인정하여 버릴까 두렵구나, 상산사호들이
영예로운 이름을 따가졌다고 할까보아.

父) 사천성 가정(嘉定) 땅의 백학산 아래에다 학산서원을 세우고 제자들을 가르쳤으므로 「학산선생」이란 칭호를 얻게 되었다. 관리로서도 권지예부상서(權知禮部尙書)와 여러 지방의 장관을 역임하였음. 시호는 문정(文靖), 저서로《학산집》·《구경요의(九經要義)》등이 있음.(퇴계가 편집한《이학통록(理學通錄)》권 9에도 나옴)
자운(子雲)은 한나라 때의 학자이며 문인인 양웅(揚雄 : B.C.53~A.D.18)의 자인데, 그가 지은 〈남이 나를 조롱하는 것을 풀어 변명한다(解嘲)〉는 글에서 「인상여(藺相如 「完璧趙歸」라는 이야기의 주인공)는 장대에서 큰 공을 거두고, 사호는 상산에서 영예로운 이름을 거두었네.」(藺生收功於章臺, 四皓采榮於商山)라고 한 말이 있다.
여기 인용한 위료옹의 시는 제목이 〈상덕부(常德府 : 호북성, 동정호 서쪽에 있음)의 지사(知事)인 원신유(袁申儒 :《宋元學案》권 53에 나옴) 감승(중앙정부로부터 받은 벼슬)이 지은 송별시의 각운자에 맞추어 지음(次韻知常德袁尊固監丞送別)〉인데《학산집》권 제12와《영규율수(瀛奎律髓 원나라 方回가 훌륭한 율시를 뽑은 책)》권 제 24〈송별류(送別類)〉에 수록되어 있음. 이 시는 위료옹이 7년 동안 귀양살이를 하다가 풀려나와서 고향인 사천성[蜀]으로 돌아가는 길에 지었다고 함.

4 | 상산(商山) : 위의 주석 3)에서 말한 〈자지가〉를 지었다는 상산사호를 말함.

101. 踏靑登霞山_丁未[1]

푸름을 밟고 자하산에 오르다_정미년(47세)

踏靑幽徑草茸茸[2]
답 청 유 경 초 용 용

그윽한 오솔길에 푸름을 밟아가니
풀은 빽빽하고도 빽빽하구나.

來上霞山坐碧峯
내 상 하 산 좌 벽 봉

자하산에 올라와서
짙푸른 봉우리에 앉았구나.

萬樹欲花春漠漠
만 수 욕 화 춘 막 막

온갖 나무들 꽃 피우고자 하나
봄은 아직 아득하고도 아득하고,

1 | 정미년은 1547년으로 퇴계 47세 되던 해임. 이 시는 그해 3월 3일에 쓴 것인데, 음력 3월 3일을 「푸름을 밟는 날」(踏靑節)이라고 부른다.
《요존록》「선생이 손수 적어두신 기록에 의거하면 건지산의 기슭은 퇴계에 와서 그치는데, 그 동쪽에서 끊어졌다가 또 불끈 일어났다가 두 번 봉우리를 이룬 뒤에 외로운 산과 길이 끊어지는 곳이 있으니, 가로되 자하산이라고 한다.」(先生手錄曰, 搴芝山之麓, 臨退溪而止, 斷其東, 又斗起, 再成而斷如孤山者, 曰紫霞山)

2 | 용용(茸茸) : 풀이나 사람의 머리털, 또는 소인(小人)의 무리 등등이 연하고 가늘면서도 빽빽이 무리지어 있는 모습을 나타내는 말임. 송나라 소식의 〈소원수(巢元修) 집의 콩나물 요리(元修菜)〉「저 아름다운 그대 집의 나물요리여! 넓은 밭에 콩나물의 푸르름 넘치고 넘치는구나!」(彼美君家菜, 鋪田綠茸茸)

一山將暮翠重重
일 산 장 모 취 중 중

온 산은 저물어 가려는데
비취빛 푸름 겹겹이 더하여 가누나.

舊遊京國渾如夢
구 유 경 국 혼 여 몽

옛 놀던 서울 조정의 일
온통 꼭 꿈과 같이 되었고,

新卜田園只自農
신 복 전 원 지 자 농

새롭게 전원에 살 터전을 택하니
단지 스스로 농사꾼이 될 뿐이구나!

曲水佳辰當謁密[3]
곡 수 가 신 당 알 밀

유상곡수流觴曲水하는 좋은 날 새벽에
임금님의 승하를 당하였음에,

3 | 곡수(曲水) : 물을 빙 둘러 흐르게 하고 그 주위에 둘러 앉아 술잔을 띄워 돌리도록 하는 일을 유상곡수(流觴曲水)라고 하는데, 음력으로 3월 3일에 물에 가서 몸을 씻으면 겨우내 몸에 쌓였던 요사(妖邪)한 것이 모두 떨어져 나간다고 해서, 연중 행사로 이 때에 물가에 가서 목욕도 하고 술도 마시며 시를 짓기도 하였음. 남조 진(晉)나라의 왕희지(王羲之)가 쓴 유명한 글 〈난정집의 서문(蘭亭集序)〉은 그가 33세 되던 해에 회계군(會稽郡) 산음현(山陰縣)에 있는 난정에서 3월 3일날 친구 41명과 더불어 「유상곡수」하면서 지은 시를 모아 엮은 시집의 서문으로 유명하다. 《진나라의 역사 · 속석의 전기(晉書 · 束傳)》「옛날 주공께서 낙읍을 이루시고 물의 흐름에 따라 술을 띄우셨는데 그런 까닭에 일시(시의 전문이 전해지지 않는 것)에 이르길 『깃 술잔 물결을 따르네』라 한 것입니다. 또 진나라 소왕은 3월 3일에 시내의 굽이진 곳에 술자리를 벌렸는데 금으로 만든 사람이 물

題詩回首涕霑胸
제 시 회 수 체 점 흉

시를 지으며 고개 돌리니
눈물이 온 가슴을 적셨구나!

가운데서 검을 바치면서 『임금께 서하를 다스리라 하십니다.』라 하여 제후의 패권을 잡게 되었는데 이로 인하여 유상곡수를 세웠다.」(昔周公成洛邑, 因流水以汎酒, 故逸詩云羽觴隨波. 又秦昭王以三日置酒河曲, 見金人奉水心之劍, 曰令君制有西河. 乃覇諸侯, 因此立爲曲水)

알밀(遏密) : 본 뜻은 고요하게 금지한다는 말인데, 뒤에 가서 황제나 임금이 죽었다는 뜻을 갖게 되었음. 《상서 · 순전(尙書 · 舜典)》「황제께서 이에 돌아가시니 백성들이 꼭 자기의 친부모가 돌아가신 것 같이 생각하여, 3년 동안을 온 천하에서 음악소리를 내지 못하게 금지하였다.」(帝乃殂落, 百姓如喪考妣, 三載, 四海遏密八音)

이보다 전해인 기사년(己巳年) 7월에 인종(仁宗)대왕이 승하하였으나 이 때까지 장사를 치르지 않았기 때문에 이렇게 말한 것임.

102~103. 淸吟石_幷序

맑게 읊조린 바위_서문을 아우름

溫溪下流,[1] 有盤石臨溪. 辛未年中. 叔父松齋府君, 以江原監司來覲, 出游石上. 滉以童子侍側. 有紅衣官人來謁, 乃昌樂丞也.[2] 叔父有詩曰, 欲得溪山妙, 松門獨自回. 淸吟還敗意, 誰遣督郵來.[3] 今與諸兄姪會此, 追念前事, 感歎久之. 因名其石曰淸吟石. 用其韻二絶云

온계의 하류에는 편편한 바위가 하나 개울에 임하여 있다. 신미년(퇴계 11세) 중에 숙부 송재 부군(죽은 집안의 어른에 대한 존칭)께서 강원감사로서 재직 중에 친척을 방문하러 오셨다가 돌 위에 나와서 노셨다. 나도 어린 아이로서 곁에서 모시고 있다가 보니, 한 붉은 옷을

1 | 온계(溫溪) : 퇴계의 상류에 있으며, 예로부터 온천이 있었으므로 이 주위에는 온혜 등 온자가 들어간 지명이 더러 보인다. 퇴계의 증조부인 이정(李禎)이 예안현 동쪽의 부라촌(浮羅村)에서 처음으로 이곳으로 와 정착하였음. 그리고 퇴계의 네째 형인 이해(李瀣)가 호로 삼았음. 퇴계는 여기에서 출생하였는데 지금껏 생가와 태실(胎室)이 원형을 보존하고 있다.

2 | 창락승(昌樂丞) : 창락은 순흥부 서편 죽령 아래에 있으며, 지금의 풍기 근처임. 창락승은 당시 풍기·영주·예안·예천·안동 등지로 이어지는 역로의 각종 사무를 관장하는 벼슬이었음. 이곳을 관할하던 역승의 지위는 나중에 찰방(察訪)으로 승격되었음.

3 | 독우(督郵) : 원래는 중국에서 큰 군(郡)의 태수(太守) 밑에 근무하는 관리로서, 군 아래에 있는 각 현(縣)의 비리를 감찰하는 벼슬이었음. 우리나라에서는, 요소요소에 역(驛)의 사무를 종합하여 관장하는 벼슬을 흔히 찰방(察訪)이라고도 부르고, 또 역승(驛丞)·마관(馬官)이라고도 불렀는데, 「督郵」라는 말이 「잘못을 감독한다」는 뜻 이외에도 「우편사무를 감독한다」는 뜻으로 해석할 수도 있기 때문에 찰방을 독우라고도 불렀음.

입은 관리가 찾아와서 인사를 드렸다. 그는 바로 창락 역승이었다. 숙부께서 「시내와 산의 묘함을 얻고자 하여, 소나무 사립문을 홀로 스스로 머뭇거리네. 맑은 뜻 읊조리고자 하다가 도리어 뜻이 어긋나고 말았으니, 누가 감독하는 관리를 보내어 왔는가?」라는 시를 지으셨다. 지금 여러 형님들과 조카들이 여기에 모여서 옛날 일을 되돌아 생각하여 보고서 오랫동안 감개에 젖어 있었다. 이러한 연유로 그 바위를 「맑게 읊조린 바위」라고 명명하고, 그 시의 각운자를 사용하여 절구시 두 수를 지으니 다음과 같다.

102

總角陪游地 총 각 배 유 지	내 총각시절에 모시고 놀던 땅에는,
吟魂去不回[4] 음 혼 거 불 회	시 읊조리시던 혼령께서 떠나시고 되돌아오지 않네.
唯餘溪響石 유 여 계 향 석	오직 남아 있나니 시냇물 울리는 바위만이,
似欲慰重來 사 욕 위 중 래	꼭 내가 다시 찾아온 것을 위로하려는 듯.

4 | 음혼(吟魂) : 시인의 영혼이나 시정(詩情)을 말함. 여기서는 숙부 송재공을 가리킨다.

103

坡陀巨石在[5]
파 타 거 석 재

넓게 퍼진 큰 바위 있는데,

窈窕一溪回
요 조 일 계 회

고요하고 조용하게 냇물 한 줄기
감돌고 있네.

更待山花發
갱 대 산 화 발

다시 산에 꽃이 필 때를
기다려 보고자 하여,

吾今較早來
오 금 교 조 래

내 이제 비교적 일찍이 왔다네.

5 | 파타(坡陀) : 《고증》「『坡』자는 『陂』자의 오자일 것 같다. 『파타』는 『널리 퍼져 있는 모습』, 또는 『평평하지 않은 모습』이다.」(坡恐作陂. 陂陀, 延袤貌, 又不平貌)
송나라 소식의 〈내가 소장한 분(盆) 위에 올려놓는 관상용 돌덩이는 천하에 보물이다 …… (僕所藏仇池石, 希代之寶也 ……)〉「이 바다의 돌은 영남 땅 주강의 포구에서 나왔는데, 빼어난 빛깔은 미인의 눈썹을 화장하는 파아란 연지분과 같네. 그리 크지 않게 퍼져 있으나, 완연하게 한 덩이의 구릉과 묏부리 모습을 다 갖추고 있네 ……」(海石來珠浦, 秀石如蛾綠. 坡陀尺寸間, 宛轉陵巒足 ……)

104. 題黃仲擧方丈山遊錄[1]

황준량의 지리산 유람 기록을 보고서 적음

方丈仙山非世間[2]
방 장 선 산 비 세 간

방장이라는 신선이 사는 산은
인간이 사는 세계와는 달라서,

秦皇徒慕漢空憐[3]
진 황 도 모 한 공 련

진시황은 부질없이 그곳을 흠모하고
한무제는 공연히 그리워 하였다네.

1 | 황중거(黃仲擧) : 이름은 준량(俊良 : 1517~1663), 본관은 평해(平海)이며, 호는 금계(錦溪)임. 농암의 손서로 도산 분천으로 오면서 퇴계의 문하에 들어 중종 32년인 1537년에 생원이 되고 3년 뒤에 식년 문과에 을과로 급제하여 권지성균관학유(權知成均館學諭)에 임명된 후, 1560년에는 성주목사로 있은지 4년 만에 병으로 돌아오던 도중 47세로 예천에서 작고하였는데, 그를 위하여 퇴계가 행장(行狀 : 일생 동안의 전기)을 지어 준 일이 있음. 일찍이 교육진흥에 많은 힘을 써서 신령(新寧)의 백학서원(白鶴書院) 창설, 성주의 영봉서원(迎鳳書院) 중수 등 많은 치적을 남겼으며, 고향인 풍기에서는 금양정사(錦陽精舍)를 세워 많은 학자를 배출하기도 하였다. 금계의 문집(錦溪先生文集卷之一 · 外集》)을 보면 을사년(乙巳年 : 仁宗 원년, 1545년) 4월에 지리산을 유람하고서 지은 시 〈두류산(지리산의 딴 이름)을 유람하고서 지은 기행시(遊頭流山紀行篇)〉등 14수가 수록되어 있음. 지리산은 또 「방장산」이라고도 부름.

2 | 방장산(方丈山) : 당나라 두보의 〈태상경 장균 나으리에게 받들어 부치는 시 20구(奉贈太常張卿均十二韻)〉「방장산은 삼한 밖에 있고, 곤륜산은 만국의 서쪽에 있네.」(方丈三韓外, 崑崙萬國西)

3 | 진황도모한공련(秦皇徒慕漢空憐) : 《고증》「역사책에는 다음과 같은 이야기가 나온다. 진시황이 방사[道士]를 파견하여 바다에 들어가서 삼신산의 불사약을 구하여 오도록 하였으나, 거기에 도달하기 전에 갑자기 큰 풍랑을 만나서 정지하게 되었다. 한무제는 해안 지방을 순찰하고 다니면서 여행할 적에 삼신산을 바라보았다.」(史, 秦始皇遣方士, 入海求三神山不死藥, 未至輒以風爲解. 漢武帝巡遊海上, 望三神山)

不緣變化因丹藥[4]
불 연 변 화 인 단 약

신선들이 먹는 단약을 먹고서
몸이 변화하지 않았다면,

那得飛昇出紫烟[5]
나 득 비 승 출 자 연

어찌 가능하겠는가? 날아 올라가서
자주색 안개 낀 곳을 넘나드는 것이.

感慨躊躇青鶴洞[6]
감 개 주 저 청 학 동

감개에 젖어들어 머뭇거리셨네,
청학동에서,

4 | 단약(丹藥) : 〈97〉-19)를 보라.

5 | 자연(紫烟) : 자주 빛 연기, 또는 안개, 또는 그와 같은 것이 서려 있는 곳. 진(晉)나라 곽박(郭璞)의 〈신선 세계에서 노님(遊仙詩)〉「적송자(赤松子: 신농씨 때의 신선의 이름)는 높은 데 올라가서 노나니, 기러기를 타고서 자주빛 안개 위에 올라가 있네.」(赤松臨上遊, 駕鴻乘紫煙) 당나라 이백의 〈원단구의 노래(元丹丘歌)〉「원단 언덕의 사랑스러운 신선, 아침에는 영천의 맑은 물 마시고, 저녁에는 숭산 봉우리의 푸른 안개 위로 돌아와 서른여섯 봉우리를 언제나 선회하네.」(元丹丘, 愛神仙, 朝飮穎川之淸流, 暮還嵩山之紫烟, 三十六峯常周旋)

6 | 청학동(青鶴洞) : 옛날부터 전하여 오는 지리산 안에 있는 은사(隱士)들이 산다는 마을. 《동국여지승람 · 진주목(晋州牧)》「【청학동】(李仁老의 《破閑集》에) 그 안에 청학동이 있어 길이 매우 좁아서 사람들이 겨우 통행할 만한데, 엎드려서 수리 쯤 지나면 넓게 트인 경지에 들어가게 된다. 사방이 모두 옥토라 곡식을 뿌려 가꾸기에 알맞다. 그런데 오직 푸른 학이 그 안에 서식하는 까닭에 이렇게 청학동이라 부른다. 대개 옛날 속세를 피한 사람이 살던 곳으로 무너진 담이 아직도 가시덤불 속에 남아 있다. …… 인로는 바위에다가 시를 적기를 『두류산 멀고 저녁구름 나즈막한데, 만 구렁 천 바위가 회계와 같네. 지팡이 끌며 청학동 찾으려는데, 숲을 격해서 원숭이 울음소리만 들린다. 누대는 아득히 삼산이 멀고, 이끼 끼어 네 글자가 쓰인 것이 희미하네. 신선이 있는 곳 그 어디런가? 떨어지는 꽃 흐르는 물이 아득하기만 하네.』 했다.」(其間有青鶴洞, 路甚俠纔通人行, 俯伏經數里許, 乃得虛曠之境. 四隅皆良田沃壤, 宜播植. 唯青鶴棲息其中, 故以名焉. 蓋古之遁世

逍遙游戲大鵬天[7]
소 요 유 희 대 붕 천

즐겁게 거닐면서 놀고 다니셨네,
큰 붕새가 날던 하늘에서.

半生未試囊中法[8]
반 생 미 시 낭 중 법

반생 동안 나는 시험해보지 못하였네,
주머니 안에 든 옥을 먹는 법을.

者所居, 頹垣塊塹猶在. …… 仁老因留詩岩石云, 頭流山逈暮雲低, 萬壑千岩似會稽. 策杖欲尋青鶴洞, 隔林空聽白猿啼. 樓臺縹緲三山遠, 苔蘚微湛四字題. 試問仙源何處是? 落花流水使人迷) 역문은 민족문화추진회의 고전국역총서에서 전재.

황금계의 지리산 유람시 중에도 청학동을 읊은 시가 두 수 전하고 있는데, 그 중 최고운(崔孤雲)을 생각하고서 지은 시 한 수는 다음과 같다.

飄然仙鶴出雲	바람에 나부끼던 신선이 탄 학 구름 뜬 하늘 위에 솟아오르니,
文彩千秋見鳳毛	그 찬란한 문채 영원토록 봉황의 털이 나타난 듯하네.
華表月明魂不返	화려함은 밝은 달보다 더 드러나나 혼은 돌아오지 않으니,
寒松風起夜蕭蕭	찬 소나무에 바람 일어나고 밤은 쓸쓸하고도 쓸쓸할 뿐--.

7 | 대붕천(大鵬天) : 《요존록》「『거닐면서 논다』는 것은 《장자》의 편명인데, 자유자재하게 노니는 것을 이야기하고 있다. 그 안에서는 큰 붕새가 남쪽으로 날아가려고 하는 이야기를 담고 있다.」(逍遙遊莊子篇名, 言優遊自在也. 篇內大鵬圖南) 자세한 것은 〈55〉-2)를 보라.

8 | 낭중법(囊中法) : 당나라 두보의 〈떠나가리라(去矣行)〉「주머니 속에 있는 옥을 먹는 법을 시험하여 보지 못하였으니, 내일 아침에는 남전산에 들어가 볼까 하노라.」(未試囊中餐玉法, 明朝且入藍田山)

猶幸神遊託巨編[9]
유 행 신 유 탁 거 편

그래도 다행스럽네, 정신이 노닌 것이
그대의 훌륭한 작품 의탁해서.

옥은 양기(陽氣) 중에서도 가장 순수한 것이 모인 것[陽精之純者]이므로, 그것을 먹으면 물기[水氣]를 막아준다고 해서 옥의 가루를 먹는다. 남전은 한 · 당시대의 도읍인 장안(長安: 지금의 西安) 교외에 있는 지명인데 옥이 많이 생산되었다고 한다. 남북조시대 북제(北齊) 사람 이예(李預)는 장안에 살면서 옛날 사람들이 옥을 먹는 법을 흠선하여, 남전을 찾아가서 몸소 옥을 파내어 매일 복용하였다고 함. 《두시인득(杜詩引得) · 2》 37 · 15.

9 | 신유(神遊) : 정신 또는 꿈꿀 때 영혼이 가서 노는 것을 말함. 《열자 · 주목왕편(周穆王篇)》「주나라 목왕 때 서쪽 끝땅의 나라에서 화인(육체를 자유자재로 변화시킬 수 있는 도에 통달한 사람)이 왔다. …… (이 화인이) 왕을 뵙고서 하느님이 거처하시는 궁궐에서 함께 놀았는데, …… 하느님이 궁궐에서 연주하는 음악까지 들었다. …… 꿈을 깨고서 보니 자기가 앉아 있던 곳이 이전에 앉아 있던 곳과 똑같았으며 시종들도 이전의 사람들이었다. …… 목왕이 내가 어디서 왔느냐고 물었더니 곁에서 말하기를 왕께서는 묵묵히 있었습니다라 했다. 이 때문에 목왕은 망연자실하여 석 달만에야 회복되었다. 다시 화인에게 어떻게 된 일인지 물으니, 화인은 다음과 같이 대답하였다. 『저는 임금님과 함께 신유를 한 것이니, 육체가 어떻게 움직일 수 있겠습니까?』」(周穆王時西極之國有化人來. …… 謁王同游, …… 淸都紫微, 鈞天廣樂帝之所居. …… 旣寤, 所坐猶嚮者之處, 侍御猶嚮者之人. …… 王問所從來, 左右曰, 王默存耳. 由此穆王自失者三月而復. 更問化人, 化人曰, 吾與王神遊也, 形奚動哉?) 같은 책 〈황제편(黃帝篇)〉에도 신유의 고사가 실려 있음. 송나라 소식의 사 〈염노교(念奴嬌)〉「고향땅에 정신이 가서 노닐면 다정하게 나를 보고 웃네, 흰머리 일찍 났다고.」(故國神遊, 多情應笑我, 早生華髮) 이 구절은 또 「(삼국시대 적벽의) 옛 땅에 정신이 가서 노닐면 정이 많다고 나를 비웃겠네, 그래서 흰머리 일찍 났다고.」라고 해석하기도 한다.

105~106. 和西林院詩韻 · 二首[1]_三月寓月瀾庵

주자朱子께서 서림원에서 지으신 시의 각운자에 맞추어, 두 수_삼월달에 월란암에 들어가서 잠시 머물다

105

似與春山宿契深
사 여 춘 산 숙 계 심

마치 봄산과 더불어
옛날 약속이 깊었던 것 같이,

今年芒屩又登臨[2]
금 년 망 교 우 등 림

이해에도 짚신 신고
또 올라와 앉았네.

空懷古寺重來感
공 회 고 사 중 래 감

부질없이 "옛 절에 다시찾아와 감개가
깊구나" 하신 마음을 회고하여 보니,

1 | 정미년(丁未年 : 明宗 2년, 47세) 3월에 쓴 시임. 역자가 앞서 번역한 바 있는 《퇴계시학(退溪詩學)》에서도 이 시를 번역하여 두었는데, 거기 실린 왕소(王甦) 교수의 해설(pp.44~6)을 여기에 다소 손질하여 옮겨 놓는다.
주자는 소흥(紹興) 경진년(庚辰年 : 1160년) 겨울에 농서인(隴西人) 이연평(李延平 : 이름은 侗) 선생을 배알하고 물러나와 서림원(西林院 : 복건성의 연평에 있는 서림사를 말함)의 유가(惟可) 스님의 집에 묵었다. 그때에 〈서림원의 유가스님의 달관헌(정자 이름)의 벽에 적어둠(題西林院可師達觀軒)〉이라는 시를 지었다. 그 뒤 임오년(壬午年 : 1162년) 봄에 다시 연평 선생을 건안(建安)에서 배알하고, 드디어 그를 따라 돌아와 또 서림원에 묵으면서, 앞서 쓴 시와 똑같은 운(韻)으로 다시 시를 지은 것이 곧 퇴계가 화답한 전(前) 일수의 원시다. 주자는 별도로 〈서림원의 유가 스님에게 보임(西林院可師)〉이라는 시 두

詎識林中萬古心[3]
거 식 림 중 만 고 심

어찌 알리오? 숲속에 담긴
만고에 변하지 않는 마음을.

【원운시】 〈再題 다시 지음〉

古寺重來感慨深
옛 절간에 다시 찾아오니 감개가 깊구나!

小軒仍是舊窺臨
자그마한 달관헌은 여전하여 옛날 엿보고 올랐던 그대로구나.

向來妙處今遺恨
앞서 오묘하던 곳(진리를 말함) 지금도 다 알지 못한 한이 남아 있으니,

萬古長空一片心
언제나 늘 공허하구나 나의 한 조각 변하지 않는 마음이여!

수를 썼는데, 퇴계가 화답한 후(後) 제1수는 곧 〈서림원의 유가 스님에게 보임〉의 제2수이다.

2 | 망교(芒屩) : 짚신. 주자의 〈봄날 우연히 지음(春日偶作)〉「서쪽 동산에 봄풍경 무르익었다는 말 듣고, 급하게 짚신 신고 올라가서 앉았네.」(聞道西園春色深, 急穿芒屩去登臨)

3 | 만고심(萬古心) : 졸역 《퇴계시학》(p.45) 「주자의 〈무이산 계곡의 뱃노래(武夷櫂歌)〉의 『숲 사이에 나그네 있으나 아무도 알지 못하고, 어기여차 뱃노래 소리 가운데 만고에 참된 마음 느끼네.』(林間有客無人識, 疑乃聲中萬古心)란 구절과 주자의 『누가 알리오? 하늘과 땅이 조화된 마음을!』(誰識乾坤造化心-〈春日偶作〉)이란 구법을 아울러 사용한 것이다.」

106

從師學道寓禪林 종 사 학 도 우 선 림	스승님 좇아 진리를 배우실 때 절간에 묵으셨지,
壁上題詩感慨深 벽 상 제 시 감 개 심	벽 위에 적어두신 시에 감개가 깊네.
寂寞海東千載後 적 막 해 동 천 재 후	적막토다! 바다 동쪽 땅 천년 뒷날에,
自憐山月映孤衾[4] 자 련 산 월 영 고 금	스스로 안타깝네, 산 달이 외로운 이불을 비침이.

【원운시】 〈示西林可師[5] 서림원의 유가스님에게 보임〉

幽居四畔只空林	그윽히 묵으니 사방이 오직 빈 수풀 뿐인데,
啼鳥落花春意心	우는 새 떨어지는 꽃 봄 뜻이 깊었구나!
獨宿塵龕無夢寐	홀로 보잘 것 없는 절간방에 묵으면서 헛된 꿈에서 깨어나지 못하는데,
五更山月照寒衾	새벽에 나온 산중의 달빛이 찬 이불을 비추네.

4 | 산월영고금(山月映孤衾) : 위와 같은 책(p.46)「뒤의 두 구절은 곧 퇴계가 동국(東國 : 조선)에 성리학자가 적음을 한탄하여 주자의 원구『산중의 달빛이 찬 이불을 비추네.』(山月照寒衾)의 뜻을 따다가 스스로의 감개를 붙이는 데 매우 적절하게 사용한 것이다.」

5 | 뒤의 시 한 수만 기록함.

107. 雨晴述懷[1]

비 개인 뒤에 느낌을 적음

孟夏恢台一氣亨[2]
맹 하 회 태 일 기 형

초여름 크게 무르익어
모든 기운 형통하니,

山林百物爭流形[3]
산 림 백 물 쟁 류 형

산 숲속 온갖 사물 퍼져나가며
모습을 이루기에 바쁘네.

龍公及時霈嘉澤[4]
룡 공 급 시 패 가 택

용님께서 때에 맞추어
비를 흡족하게 내려주시니,

1 | 정미년(丁未年, 47세) 4월에 월란암(月瀾庵)에 우거하면서 초여름 비가 개인 날 《심경(心經)》을 읽은 소감을 읊음. 앞 부분은 봄비를 맞은 뒤 만물이 소생하고 농사꾼들이 농사에 바쁜 모습을 그렸고, 뒷 부분은 혼자 절간에 나와서 《심경》을 읽고서 참된 길을 느끼고, 또 자연을 독차지하고 즐기는 기쁨을 적었음.

2 | 맹하(孟夏) : 음력 4월.

회태(恢台) : 「회태」(恢貣)로도 쓰는데, 이 두 글자의 중국 고대발음이 각각 「k′uə」와 「t′ə」로 났기 때문에, 첩운(疊韻, 모음 ə가 중첩됨)으로 사용된 의태어(擬態語)로서, 두 글자 합하여 「넓고 큰 모습」(廣大之貌)을 나타냄. 《연면자전》 1537쪽 참조.(고음의 음가 표기는 郭錫良의 《한자고음수책(漢字古音手冊)》(北京大出版社, 1986)에 의거함)

《초사 · 구변(楚辭 · 九辯)》 「크나큰 첫 여름의 기운 거둠이여, 이에 깊숙히 감추어 두네.」(收恢台之孟夏兮, 然欿傺而沈藏)

3 | 유형(流形) : 《주역 · 건(乾)》 「구름 떠가며 비 뿌리니 갖가지 사물이 퍼져나가며 모습을 이루네.」(雲行雨施, 品物流形)

上天作意蘇疲氓
상 천 작 의 소 피 맹

위에 계신 하느님께서 마음 먹으시고서
피폐한 백성들을 소생시키려 하심일세.

丁壯驅牛出四野
정 장 구 우 출 사 야

건장한 젊은이들 소를 휘몰아
사방 들판으로 나가고,

婦姑執筐遵微行[5]
부 고 집 광 준 미 행

며느리와 시어머니는
좁은 길 따라 나물하러 가네.

4 | 용공(龍公) : 용신, 곧 용이나 용왕을 말함. 당나라의 장노사(張路斯)가 만년에 용이 되어 날아가 이를 모시는 사당이 있었다고 함. 송나라 소식의 〈소령후를 모신 사당의 비문(昭靈侯廟碑)〉「(당) 소령후 장공의 휘는 노사이다. …… 일찍이 초씨대 남쪽에서 낚시를 하는데 하루는 낚시를 하던 곳에 궁실 및 누대, 전각이 있는 것을 돌아보고 마침내 들어가 거처했다. 이로부터 밤이면 나가서 아침이면 돌아오는데 돌아올 때면 으레 몸이 차갑고 젖어 있기가 일쑤였다. 부인이 놀라 물어보니 공이 말했다. 『나는 용이오!』」(昭靈侯張公諱路斯. …… 嘗釣于焦氏臺陰, 一日, 顧見釣處有宮室樓殿, 遂入居之. 自是夜出旦歸, 歸輒體寒而濕. 夫人驚問之, 公曰, 我龍也) 같은 사람의 〈취성당에 눈이 내리다(聚星堂雪)〉「원우 6년 11월 1일, 용공 장노사에게 비를 빌었더니 눈이 조금 내렸으므로 객들과 취성당에 모여 술을 마셨다. …… 창 앞에 으스스 마른 잎 날리는 소리 울리더니, 용님께서 손으로 처음 눈 내려 주시네.」(元祐六年十一月一日, 禱雨張龍公, 得小雪, 與客會飮聚星堂. …… 窓前音響鳴枯葉, 龍公試手初行雪)

가택(嘉澤) : 때에 맞추어 내리는 비[及時雨]를 말함. 《후한의 역사 · 낭의의 전기(郎顗傳)》「겨울에서 봄을 지나치면서 어찌 때 맞춰 비 내리지 않겠습니까! 자주 서풍이 불면 절기를 거꾸로 거스르는 것입니다.」(自冬涉春, 訖無嘉澤. 數有西風, 反逆時節)

嚶嚶禽鳥自相和[6]
앵 앵 금 조 자 상 화

짹짹거리는 새 짐승들은
저절로 서로 화답하고,

矻矻人生各有營[7]
골 골 인 생 각 유 영

힘차게 움직이는 사람들은
제각기 경영하는 일이 있네.

我獨來居古僧舍
아 독 래 거 고 승 사

나 홀로만 나와서 거처하고 있네,
옛날부터 중들이 살던 암자에서,

5 | 준미행(遵微行) : 《시경 · 빈나라의 민요 · 칠월(豳風 · 七月)》「여인들은 깊숙한 광주리를 들고서, 저 좁은 길을 따라시 가네.」(女執懿筐, 遵彼微行)

6 | 앵앵(嚶嚶) : 《시경 · 소아 · 나무를 벰(伐木)》「나무 베는 소리 쩌렁쩌렁 울리고, 새들은 짹짹거리며 우네.」(伐木丁丁, 鳥鳴嚶嚶)

7 | 골골(矻矻) : 힘차게 일하는 모습(健作貌). 한(漢)나라 왕포(王褒)의 〈성군께서 현신을 얻으심을 칭송함(聖主得賢臣頌)〉「근육이 수고롭고 살이 괴롭도록 하루종일 힘차게 일합니다.」(勞筋苦肉終日矻矻) 《연면자전》 2962쪽.
당(唐)나라 한유의 〈학문에만 매진하는 태도를 비방하는 것을 해명함(進學解)〉「늘 힘차게 일하면서 한 해를 마친다.」(恒矻矻而窮年)
진나라 도연명의 〈경술년 9월에 서쪽밭에서 이른 벼를 거둠(庚戌九月中, 於西田穫早稻)〉「그것이 누구인가? 아무것도 하지 않으면서, 그러고서도 도리어 스스로 편안함만을 구하는 자들이.」(孰是都不營, 而以求自安)

8 | 가조뢰사(家操耒耜) : 우리집은 농사일을 하고 있으니 농가에서 태어났다는 뜻. 당나라 두보의 〈큰 비(大雨)〉「사방에 사는 이웃집에서 모두 쟁기를 들고 나오나니, 하필이면 우리 집 것만 잡겠는가.」(四隣耒耜出, 何必吾家操) 《두시언해(杜詩諺解) · 권12》 참조.

家操耒耜非躬耕[8]
가 조 뢰 사 비 궁 경

집에서는 쟁기를 다루고 있지만
나 자신은 밭갈이를 못하네.

不願少林從達摩[9]
불 원 소 림 종 달 마

소림사에 들어가서 달마선사의 불교를
배우고 싶지도 않고,

不願崆峒師廣成[10]
불 원 공 동 사 광 성

공동산에 들어가서 광성자의 신선술을
배우고 싶지도 않다네.

9 | 달마(達摩) : Bodhidharma(보뎨달마 · 菩提達摩 : ?~528) 중국 선종(禪宗)의 초조(初祖). 초명은 보리달라이며 남인도 향지국왕의 세째 아들로 인도 불교계에서도 이름을 크게 떨쳤으나, 서기 520년에 배를 타고 중국으로 와서 양나라 무제(梁武帝)를 만나고, 낙양 숭산(嵩山)의 소림사(少林寺)에 들어가서 9년 동안 좌선을 행하다가 혜가(慧可)에게 도를 전하고 죽음. 우리나라에서는 흔히 「보리달마」라고 부르고 있고, 그 화상(畵像)이 흔하며, 또 소림사 권법(拳法)의 창시자라고 알려져 있음.

10 | 광성(廣成) : 고대의 신선인 광성자(廣成子), 1,200세를 살았다 함. 《장자 · 있는 그대로 내 버려둠(在宥)》「황제(黃帝)가 천자가 된지 19년 만에 정령(政令)이 천하에 행하여지게 되었다. 광성자가 공동산(空同山) 위에 살고 있다는 말을 듣고 그를 찾아가 만나보고는 말하였다. 『제가 듣건데 선생님께서는 지극한 도에 통달하셨다니 지극한 도의 정수에 대하여 감히 여쭙고자 합니다. ……」(黃帝立爲天子十九年, 令行天下. 聞廣成子在於空同之山, 故往見之曰, 我聞吾子達於至道, 敢問至道之精)
공동(崆峒)은 「空同」으로 산 이름. 하남성 임여현(臨汝縣)에 있음. 명나라 이현의 《일통지 · 여주(汝州)》「【공동산】 주의 성 서남쪽 60리 지점에 있다. 옛날 광성자가 이곳에 은거하였는데, 지금껏 그 묘지가 남아 있다. 전하기로 공동산은 셋이 있는데 하나는 안정에 있고, 하나는 임조에 있다고 한다.」(【崆峒山】在州城西南六十里. 昔廣成子隱此, 今有墓存. 相傳崆峒有三, 一在安定, 一在臨兆) 송나라 소식의 〈쇠지팡이(鐵拄杖)〉「이에 수레자국 따라 공동산 찾아가고, 동정호 가로 건너 우임금 묻힌 굴 더듬네.」(便尋轍迹訪崆峒, 徑渡洞庭探禹穴)

天開一片燭幽鑑[11]
천 개 일 편 촉 유 감

하늘은 열었네, 한 조각의
그윽한 곳까지 비추는 거울을,

篁墩旨訣西山經[12]
황 돈 지 결 서 산 경

정황돈 선생이 마음을 기울여 주석한
서산의 《심경》이란 책을.

一川風月要人看[13]
일 천 풍 월 요 인 간

온 땅에 가득한 바람과 달을
사람으로 하여금 보게 만들고,

11 | 촉유감(燭幽鑑) : 명나라 정민정(程敏政)의 〈심경부주의 서문(心經附註序)〉「(이 《심경》이라는 책은)정말 물이 잘못 흘러가는 것을 막는 기둥이요, 옳은 방향을 바로 잡아 주는 지남철이 달린 수레요, 그윽한 곳까지 비추어 주는 거울이다.」(誠所謂障川之柱, 指南之車, 燭幽之鑑) 주자의 〈책을 보다가 느낌이 일다(觀書有感)〉 두 수 중 첫째 시 「반 이랑의 모난 연못 하나의 거울 열었는데, 하늘 빛과 구름 그림자가 함께 배회하네.」(半畝方塘一鑑開, 天光雲影共徘徊)

12 | 황돈(篁墩) : 명나라 정민정(?~1499)의 호. 명 휴령(休寧) 사람으로 자는 극근(克勤)임.
지결(旨訣) : 《어록(語錄)》「『지』(旨)는 뜻이 기울어짐이요, 『결』(訣)은 말이다.」-《고증》
서산경(西山經) : 《심경》을 편찬한 송나라 때의 학자 진덕수(眞德秀)의 호가 서산(西山)이었기 때문에, 《심경》을 이렇게 부름. 진덕수(1178~1235)는 자를 경원(景元) 또는 희원(希元)이라 하였고 건령(建寧 : 지금의 福建) 포성(浦城) 사람임. 시호는 문충(文忠). 《심경》이라는 책은 사서·삼경과 송나라 학자들이 마음을 어떻게 가지느냐 하는데 대한 격언과 좌우명 같은 내용을 모은 책임.
《요존록》「〈심경부주의 서문〉에 이르기를 『(《심경》이라는 책이) 바로 그윽한 곳까지 비추어 주는 거울이다.』라고 말하였는데, (여기서는) 황돈이 설명한 《심경》에 대하여 마음을 기울여 주석을 한 말들이 모두 이와 같다는 것이다.」(心經附註序云, 乃燭幽之鑑. 言篁墩稱說心經旨訣如此)

萬古靑山依舊靑
만 고 청 산 의 구 청

만고에 푸른 산은
옛날같이 늘 푸르러네.

伐檀之歌畏力纖[14]
벌 단 지 가 외 력 섬

《시경》의 〈박달나무 베는 노래〉도
힘이 부족할까 두려우니,

13 | 일천(一川) : 앞 뒤 문맥에 따라서 어떤 때는 「온 땅에」(滿地)라고도 해석할 수 있고, 또 어떤 때는 「한 조각」(一片)이라고도 해석할 수 있는 말임. 장상(張相)의 《시사곡어사회석(詩詞曲語辭匯釋)》 712쪽.
주자의 〈적계 호헌(胡憲 : 주자의 스승) 선생과 유공(劉珙)에게 부치노라(寄籍溪胡丈及劉恭父)〉는 시 2수.

先生去上芸香閣　　호선생님께서는 운향각으로
　　높이 올라가시고,
閣老新峩豸角冠　　입각한 분(유공)은 새롭게 높였겠네,
　　법관의 갓을,
留取幽人臥空谷　　그윽히 사는 사람만 남겨두어
　　빈 골짜기에 눕게 하니,
一川風月要人看　　온 천지에 가득한 바람과 달을
　　사람으로 하여금 보게하겠네.
甕牖前頭翠作屛　　깨어진 옹기그릇으로 낸 창문 앞에
　　비취색 푸른 병풍처럼 되었으니,
晩來相對靜儀刑　　늦게 나와 마주 대하네,
　　고요한 자연의 모습을.
浮雲一任閑舒卷　　뜬 구름은 멋대로
　　한가롭게 펴졌다 말아졌다 하고,
萬高靑山只麽靑　　만고에 푸른 산은
　　오직 푸르기만 하겠네.

莫道傍人聞絕纓[15]
막 도 방 인 문 절 영

곁에 있는 사람은 말하지 말라,
갓끈 떨어지는 소리 들었다고.

14 | 벌단(伐檀) : 《시경 · 위나라의 민요(魏風)》에 나오는 노래.

坎坎伐檀兮	쾅쾅, 박달나무를 벰이여!
寘之河之干兮	황하수의 물가에다 버려두었구나!
河水清且漣猗兮	황하수는 맑고도 또한 잔잔하구나!
不稼不穡	경작하고 수확하지 않으면서도,
胡取禾三百廛兮	어떻게 벼를 3백 터전이나 장만하였는가?
彼君子兮	저 군자라고 하는이들이여!
不素餐兮	놀고서 밥을 먹지 말지어다.

시위소찬(尸位素餐), 곧 놀고서 밥을 먹는 탐욕스러운 자를 풍자한 내용을 담고 있음. 퇴계는 이 구절에서 가만히 앉아서 책만 읽고 자연의 아름다움을 마음껏 누리고 있는 자기 자신이야 말로 이 《시경》 시의 시위소찬하는 자들보다도 더 탐욕스러움이 있는 것이 아닌가 하는 의문을 품어보고 있음.

15 | 절영(絶纓) : 《사기 · 우스개꾼의 전기(滑稽列傳)》「(齊나라) 위왕 8년 초나라가 큰 군사를 일으켜 제나라를 쳤다. 제나라 왕은 순우곤을 조나라에 보내어 구원병을 청하게 하였는데 금 백근과 거마 40두를 바치려 했다. 이에 순우곤이 하늘을 쳐다보고 크게 웃으니 갓끈이 다 끊어졌다. 왕이 말했다 『선생은 그것이 적다는거요?』 …… 순우곤이 말했다. 『저는 그 지닌 재물은 적으면서 바라는 것은 크니 그런 까닭에 웃었습니다.』」(威王八年, 楚大發兵加齊. 齊王使淳于髡之趙請救兵, 齎金百斤車馬四駟. 淳于髡仰天大笑, 冠纓索絶. 王曰, 先生少之乎? …… 髡曰, 臣見其所持者狹而所欲者奢, 故笑之)

108~117. 戲作七臺三曲詩[2]_月瀾庵, 近山臨水而斷, 如臺形者凡七, 水繞山成曲者凡三

장난삼아 일곱 높이 솟은 곳과 세 물구비를 읊은 시_

월란암은 산이 가까운데도 강물이 바로 앞에 구비쳐 흐르면서 절벽을 이루었는데, 높은 곳과 같이 생긴 것이 무릇 일곱이요, 물이 산을 감돌고 흘러 물구비를 이룬 것이 무릇 셋이다

108 招隱臺[2]

초은대

晨興越淸溪
신 흥 월 청 계

새벽에 일어나서 맑은 물 건너,

1 | 여기서 「대」(臺)라는 말은 「높이 솟은 곳」이라고 번역하였는데, 높고도 위가 편편한 곳을 말하며, 그 위에 걸터앉아서 사방의 경치를 바라볼 수 있는 곳을 말함. 《좌전 · 양공(襄公) 31년》에 보면 「바라볼 만한 대와 정자가 없다.」(無觀臺榭)라는 말이 나오는데 여기에 공영달이 주석[疏]을 달기를 「사방이 높은 것을 대라 하고, 대 위에 있는 집을 정자라 한다. 대와 정자는 모두 올라가 먼 곳을 바라볼 수 있는 곳이다.」(四方而高曰臺, 臺上有屋曰榭. 臺上皆高可升之以觀望)라 하였다.

퇴계가 제자인 구찬록(具贊祿, 호는 松顔, 자는 汝膺)에게 보낸 편지에는 다음과 같은 말이 있음. 「월란암 근처의 여러 높은 곳 중에서, 그 처음 들어가는 곳에 있는 첫째 높은 곳이 『초은』이라는 것이니, 『고반』의 왼쪽에 있어 『고반』과 서로 마주하고 있다. 큰 소나무가 그 위에 나 있는 곳이 있으니 『응사』이고, 『응사』의 왼쪽에 있는 것이 『낭영』이다. 다섯 높은 곳의 동쪽에 절반쯤 높은 곳에 『능운대』를 쌓으려다 겨를이 없어 마무리하지 못하였다. 그 일대에서 가장 높은 곳에 있는 것이 『어풍대』이다. 이곳 또한 이때에 쌓으려다 못 쌓은 것이지만, 그러나 그곳이 평평하고도 훤하여, 거기 앉아서 사방을 마음껏 바

杖策尋雲壑[3] 장 책 심 운 학	지팡이 짚고서 구름 낀 골짜기 찾아드네.
幽人在何許 유 인 재 하 허	그윽하게 숨어사는 이 어디쯤에서 살고 있는가?
鬱鬱松桂碧 울 울 송 계 벽	소나무 계수나무 짙푸름만 울창하고 울창하네.
山中何所樂 산 중 하 소 락	산 가운데서 즐기는 것은 무엇인가?
鳥獸悲躑躅 조 수 비 척 촉	날짐승 길짐승 머뭇거림 뿐일세.

라볼 수 있으니 모두 여섯 높은 곳이라고 말할 수 있다. 『월란암』과 합하여 모두 일곱 높은 곳이라고 할 수 있다.」(庵近諸臺中, 其初入處第一臺曰招隱, 在考槃之左, 與考槃相對. 有長松其上者曰凝思, 在凝思之左者曰郎詠. 在五臺之東中半高處, 欲築凌雲臺而未暇也. 其最高處曰御風臺. 此處亦時未築, 而平曠可坐而騁望, 總六臺. 幷月瀾爲七臺也) 《도산전서(陶山全書)》 권52, 《퇴계문집》 권36. 《요존록》과 《퇴계가연표(退溪家年表)》에도 인용됨. 퇴계 47세(丁未年) 때 작품임.

2 | 「초은」(招隱)이란 말은 「숨어사는 선비를 초청한다」(招隱士)는 뜻임. 한나라 때의 회남왕(淮南王) 유안(劉安)이 이러한 제목으로 지은 초사체(楚辭體)의 작품이 있고, 뒤에 진(晉)나라 때 좌사(左思)와 육기(陸機), 송나라 때 주자(朱子)가 비슷한 작품을 썼음.

3 | 장책(杖策) : 「지팡이를 짚다」, 「말 채찍을 휘두르다」라는 뜻이 있지만, 여기서는 앞의 뜻임. 진(晉)나라 좌사(左思)의 〈은사를 초청함(招隱)〉 「지팡이를 짚고 은사를 초대하려고, 거친 길 고금없이 가로지르네.」(杖策招隱士, 荒塗橫古今) 《전진문(全晉文)》 514쪽.

永懷不易見
영 회 불 이 견

언제나 생각하지만 쉽게 보이지 않으니,

躊躇長太息
주 저 장 태 식

주저 주저하면서 길게 한숨만 늘어놓네.

109 月瀾臺[4]
월란대

高山有紀堂[5]
고 산 유 기 당

높은 산에는 모서리도 있고,
편편한 곳도 있는데,

勝處皆臨水
승 처 개 림 수

경치도 좋은 곳에 모두 강물이 감돌고 있네.

4 | 월란대(月瀾臺) : 달빛이 강물에 비치어 출렁거림을 볼 수 있는 곳이란 뜻인데, 월란암(月瀾庵: 〈81〉-1)을 보라)을 말함.

5 | 기당(紀堂) : 《시경 · 진나라의 민요(秦風) · 종남산(終南: 진나라의 수도였던 함양(咸陽)과 주나라의 수도였던 호경(鎬京), 한나라의 수도였던 장안(長安) 일대의 남쪽에 있는 높은 산 이름)》「종남산에 무엇이 있는가? 『기』도 있고 『당』도 있네.」(終南何有? 有紀有堂) 「기」(紀)는 산의 모서리[廉角]요, 「당」(堂)은 산의 높고 편편한 곳[寬平處]을 말함. 《고증》 참조.

古庵自寂寞 고 암 자 적 막	오래된 암자 옛날부터 홀로 적막할 뿐인데,
可矣幽棲子[6] 가 의 유 서 자	그윽하게 혼자 사는 이 있을 법하네.
長空雲乍捲 장 공 운 사 권	넓은 하늘에 구름 갑자기 말리니,
碧潭風欲起[7] 벽 담 풍 욕 기	짙푸른 소沼에 회오리 바람 일 것 같네.
願從弄月人[8] 원 종 롱 월 인	원하노니 달을 즐기는 사람을 좇아서,
契此觀瀾旨[9] 계 차 관 란 지	이 물결 이는 것을 관찰하는 취지에 부합하고자 하네.

6 | 유서자(幽棲子) : 〈81〉-5)를 보라.

7 | 벽담(碧潭) : 물이 굽이진 곳에서 모여 짙푸르게 갑자기 깊어진 곳을 말함.

8 | 농월인(弄月人) : 달을 감상하는 사람. 주자(朱子)의 〈서료(西寮)〉「진중하도다 무심한 사람이여, 쓸쓸한 산골집에 살면서 밝은 달을 즐기네.」(珍重無心人, 寒棲弄明月)

9 | 관란(觀瀾) : 《맹자 · 마음을 다함(盡心)》「물 구경하는 데도 방법이 있으니 반드시 그 물결이 일렁거림을 관찰하여야 한다.」(觀水有術, 必觀其瀾)

110 考槃臺[10]

고반대

層臺俯絕壑
층 대 부 절 학

층층이 높이 솟은 곳에서
　끊어진 낭떠러지 밑을 굽어보니,

下有泉鳴玉[11]
하 유 천 명 옥

아래에는 샘이 있는데 옥구슬 소리가 나네.

西臨豁而曠
서 림 활 이 광

서쪽으로는 확 터져서 훤하고,

10 | 고반(考槃) : 「반」이란 나무로 된 두드려서 박자를 맞추는 악기의 이름이며, 「고」란 말은 「두드린다」의 동사임. 《시경 · 위나라의 민요(衛風)》에 〈고반〉이란 시가 있는데, 그 전문은 다음과 같다.

考槃在澗　　악기를 두드리며 물가에 있으니,
碩人之寬　　대인의 마음 너그러움이여!
獨寐寤言　　홀로 잠자고 홀로 일어나고 홀로 말하며,
永矢弗諼　　영원히 맹서하네, 끝내 이 즐거움 잊지 말자고,
考槃在阿　　악기를 두드리며 산 모퉁이에 있으니,
碩人之薖　　대인의 마음 큼이여!
獨寐寤歌　　홀로 잠자고 홀로 깨고 홀로 노래하며,
永矢弗過　　영원히 맹서하네, 끝내 이 즐거움 잊지 말자고,
考槃在陸　　악기를 두드리며 언덕 위에 있으니,
碩人之軸　　대인의 마음 탁월함이여!
獨寐寤宿　　홀로 잠자고 홀로 깨고 홀로 묵으며,
永矢弗告　　영원히 맹서하네, 이 즐거움 남에게 이야기하지 말자고.

《퇴계집 · 별집》 권1에는 〈월란암 아래 높이 솟은 곳이 있으니 이름을 「고반」이라고 한다. 이 아래 샘이 하나 있음을 발견하였는데, 「몽천」이라고 한다. 그 위에 거사가 살던

東轉奥且闃
동 전 오 차 격

동쪽으로 돌아서면 길고도 고요하네.

剪蔚得佳境
전 울 득 가 경

울창한 숲 잘라내고 아름다운
경지를 얻어내니,

茅茨行可卜 12
모 자 행 가 복

띠집을 지을 것을 점칠만 하구나.

隱求復何爲 13
은 구 부 하 위

숨어살면서 뜻을 구하지 또 다시
무엇을 구하겠는가?

優游歌弗告
우 유 가 불 고

즐겁게 노닐면서 「남에게 이야기 말자」고
한 노래 부르네.

흙집의 옛터가 있다(月瀾庵下有臺, 日考槃. 臺下得泉, 日蒙泉. 其上有居士土室舊基)〉라는 시가 있다.

11 | 명옥(鳴玉) : 진(晉)나라 육기(陸機)의 〈은사를 찾아서(招隱詩)〉「산의 낙숫물은 얼마나 맑디 맑은가? 날아오르는 샘물은 옥으로 양치하는 듯 맑은 소리나네.」(山溜何泠泠, 飛泉漱鳴玉)《전진시(全晉詩)》 권3.

12 | 모자행가복(茅茨行可卜) : 당나라 두보의 〈가래나무가 비바람에 뽑히어 탄식하다(柟樹爲風雨所拔歎)〉「띠풀 잘라 이것 엮어 집 지으니, 5월인데도 쓰르라미 소리 들리는 듯하네.」(誅茅卜居總爲此, 五月髣髴聞寒蟬)

13 | 은구(隱求) : 《논어 · 계씨(季氏)》「공자가 말씀하셨다. 『착한 일을 하는 것을 보면 마치 자기도 그렇게 하지 못하는 것을 걱정하는 듯이 하고, 착하지 않은 일을 하는 것을 보면 꼭 뜨거운 물을 찾아서 들어가듯이 싫어하는 사람들을 보기도 하였거니와, 나는 그러한 말을 하는 사람들의 말을 듣기도 하였다. 그러나 숨어살면서 조용하게 자기의 뜻을 구하고, 옳은 일을 행하면서 자기가 믿는 진리를 세상에 행하게 하려고 하는 사람들에 대하여서는, 나는 그러한 말을 하는 사람은 보았지만 그렇게 실천하는 사람을 보지는 못했노라.』」(孔子曰, 見善如不及, 見不善如探湯, 吾見其人矣, 吾聞其語矣, 隱居以求其志, 行義以達其道, 吾聞其語矣, 未見其人也)

111 凝思臺[14]

응사대

褰裳度寒磵[15]
건 상 도 한 간

바지 걷고서 찬 바위 틈에 흐르는 물 건너,

捫葛陟高崖[16]
문 갈 척 고 애

칡넝쿨 잡고서 높은 산비탈을 올라가네.

老松盤巖顚
로 송 반 암 전

늙은 소나무는 바위끝에 서리었는데,

百霆猶力排[17]
백 정 유 력 배

백번 뇌정벽력에도 오히려 힘으로
버틸 것 같네.

14 | 응사(凝思) : 정신을 한 곳으로 모아서 사고한다는 뜻. 진(晉)나라 손작(孫綽)의 〈천태산에서 놀며 짓다(遊天台山賦)〉「그윽한 바위 안으로 생각을 모으고, 긴 냇물을 즐겁게 노래한다.」(凝思幽巖, 朗詠長川) 《전진문(全晉文) · 권61》 위 1)에서 인용한 퇴계의 구찬록에게 보내는 편지에 「응사대」와 「낭영대」는 손작의 〈천태부〉에서 그 이름을 취하였다고 자주(自注)를 달아 놓았다.

15 | 건상(褰裳) : 「襃裳」이라고도 표기하며, 아랫도리[裳]를 걷고서 물을 건너 생각나는 것을 찾아 간다는 뜻. 위진(魏晉) 시대의 선비들에 대한 야담을 모은 남조 송 유의경(劉義慶)의 《세설신어 · 언어(世說新語 · 言語)》「진나라의 중랑장인 순선(荀羨)이 경구에서 북고령에 올라가서 바다를 바라보면서 말하였다. 『비록 신선들이 산다는 삼신산(三神山)은 여기서 바라볼 수 없으나, 그래도 여기 서니 곧 사람으로 하여금 구름을 타넘어 가고싶은 생각이 나게 한다. 저 진시황이나 한무제 같은 야망이 많았던 임금들은 반드

刊除舊叢灌[18]
간 제 구 총 관

옛관목 떨기들을 베어내어 보리니,

面勢幽且佳
면 세 유 차 가

앞경치 그윽하고도 또한 아름답네.

窅然坐終日[19]
요 연 좌 종 일

깊숙하게 하루종일 앉아 있으니,

無人知我懷
무 인 지 아 회

아무도 나의 마음을 알 길이 없다네.

시 바지를 걷고서 발에 물을 적시면서 달려가고 싶은 생각이 났을 것이다.』」(荀中郎將在京口, 登北固嶺望海云, 雖未睹三山, 便自使人有凌雲意. 若秦漢君, 必嘗褰裳濡足)

16 | 문(捫) : 잡다[持]라는 뜻임.

17 | 역배(力排) : 당나라 두보(杜甫)의 〈가래나무가 비바람에 뽑히어 탄식하다(枏樹爲風雨所拔歎)〉「큰 줄기 우레와 비를 받아내며 오히려 힘껏 나두나, 솟아나오는 물에 뿌리 끊어지니 어찌 하늘의 뜻이 아니겠는가?」(幹排雷雨猶力爭, 根斷泉源豈天意)

18 | 총관(叢灌) : 《시경 · 주남 · 칡덩굴(周南 · 葛覃)》「꾀꼬리가 날더니 관목에 모이네.」(黃鳥于飛, 集于灌木) 주자의 주석 「관은 총목이다.」(灌, 叢木也)

19 | 요연(窅然) : 조용하고도 깊숙하게. 《장자 · 소요유(逍遙遊)》「고요하게 온 천하를 잃어버린 것 같았다.」(窅然喪其天下焉)

112 朗詠臺[20]

낭영대

躋攀出風磴[21] 제 반 출 풍 등	붙잡고 올라가서 바람부는 돌사다리를 벗어나니,
一眼盡山川 일 안 진 산 천	한 눈에 온 산과 시내가 다 들어오네.
不有妙高處[22] 불 유 묘 고 처	만약에 묘하게 높은 곳이 없다면,

20 | 낭영대(朗詠臺) : 역시 손작의 〈천태부〉에 나오는 말을 따서 이름을 붙였음. 여기에서는 바로 앞에 보이는 낙동강을 바라다 보면서 그 경치를 노래하기 좋은 곳이라는 뜻에서 이러한 이름을 붙였음. 다음 24)를 보라.

21 | 제반(躋攀) : 등반(登攀). 당나라 한유(韓愈)의 〈영스님의 금을 타는 소리를 듣다(聽穎師彈琴)〉「금소리가 한 푼 한 치 끌어올리는 것도 올라가지 않더니, 기세를 잃자 한번 떨어짐에 천길도 더 되네.」(躋攀分寸不可上, 失勢一落千丈强)

풍등(風磴) : 바람이 부는 돌 사닥다리. 당나라 두보의 〈정부마댁의 동굴 안의 연회(鄭駙馬宅宴洞中)〉「잘못 의심하였네, 초가집 지붕이 이미 강 기슭으로 넘어갔는지, 벌써 바람부는 돌 사닥다리로 들어오니 흙비가 구름 끝에 잠겨 있네.」(誤疑茅堂過江麓, 已入風磴霾雲端)

22 | 묘고(妙高) : 《국역퇴계시 I》 97쪽. 「봉우리의 맨 꼭대기」를 말함. 소식의 〈금산의 묘고대(金山妙高臺)〉「그 가운데 묘고대 있고, 설봉은 혼자 외로이 서 있네.」(中有妙高臺, 雪峯自孤起)

23 | 아양(峨洋) : 《열자 · 탕문(列子 · 湯問)》「백아가 금을 타면서 높은 산을 생각하자 종자기는 말하기를 『좋다, 높고도 높아서 태산과 같구나』라고 하였고, 뜻이 흐르는 물에 있자 『넓고도 넓어서 양자강이나 황하나 같구나』라고 하였다.」(伯牙鼓琴, 志在高山, 鍾子期曰, 善哉! 峨峨兮若泰山, 志在流水, 洋洋兮若江河)

焉知雲水天
언 지 운 수 천

어찌 알겠는가? 구름과 물의 세계를.

俯仰宇宙間
부 앙 우 주 간

넓은 우주를 내려다보고 쳐다보니,

峨洋思古賢[23]
아 양 사 고 현

「높고도 높고 넓고도 넓다」고 한
옛 성현들 생각나누나.

借問擲金聲[24]
차 문 척 금 성

잠깐 묻노니 쇠를 던지는 듯한
천태산을 노래한 소리가,

何如沂上絃[25]
하 여 기 상 현

기수 가에서 거문고를 타는 소리와
비교하면 어떤 것이 나은가?

24 | 척금성(擲金聲) : 《진나라의 역사 · 손작의 전기(晉書 · 孫綽傳)》「일찍이 손작이 천태산을 노래하는 부를 지은 적이 있었는데 그 말솜씨가 매우 좋았다. 막 다 지어서 범영기(范榮期)에게 보였더니 『그대 시험삼아 땅에 던져보라. 당연히 쇠를 던지는 듯한 소리가 날 것이다.』라고 하였다.」(嘗作天台賦, 辭致甚工. 初成, 以示范榮期曰, 卿試擲地, 當作金石聲也) 바로 위 14)에 인용한 「이 냇물을 즐겁게 노래한다」(朗詠長川)는 말이 이 〈천태산부〉에 나오기 때문에 여기서 이렇게 노래한 것임.

25 | 기상현(沂上絃) : 《논어 · 선배들이(先進)》「『증점(曾點)이 너는 어떻게 하겠느냐?』 비파치는 소리가 드문드문해지더니 쨍그랑 하면서 타고 있던 비파를 내려놓고서 일어서서 말하였다. …… 『늦은 봄 삼월에 봄나들이 옷을 지어 입고서, 어른 대여섯과, 어린아이 예닐곱을 데리고서 기수 가에서 목욕을 하고서 무우던 곁에서 바람을 쐬면서, 노래를 읊조리며 돌아오는 것입니다.』라고 말하자 공자가 길게 탄식하면서 『나는 점과 뜻이 같다.』고 하였다.」(點爾何如? 鼓瑟希, 鏗爾舍瑟而作, 對日, …… 莫春者, 春服既成, 冠者五六人, 童子六七人, 浴乎沂, 風乎舞雩, 詠而歸, 夫子喟然歎日, 吾與點也)
여기 나오는 기수(沂水)는 공자가 살던 곡부(曲阜) 부근을 흐르는 물이름이며, 「上」자는 「가」, 또는 「곁」이란 뜻임.

113 御風臺[26]

어풍대

至人神變化[27] 지 인 신 변 화	수양이 잘 된 사람은 변화에 귀신 같아서,
出入有無間[28] 출 입 유 무 간	유와 무 사이를 나왔다 들어갔다 하네.

26 | 바람을 마음대로 조종하는 높은 곳. 「臺」라는 것은 위치가 높은 곳에 있으면서도 윗쪽이 좀 펀펀한 곳을 말하는데, 자연물일 수도 있고 인공물일 수도 있다. 여기서는 자연물인 바위와 같이 보임. 《장자 · 자유롭게 노님(逍遙遊)》「저 열어구(列禦寇)라는 사람은 바람을 몰고 다니는데 도가 통해서 이력이 났다. 보름 만에도 돌아온다. 그는 속세의 모든 일을 다 갖추는데 급급하지는 않다. 이 사람은 비록 행적을 남기지는 않으나, 그래도 기다리는 것[즉 바람]은 있다. 만약 하늘과 땅의 바름을 타고, 육기(음 · 양, 풍 · 우, 밝음과 어두움)의 변화를 조종하여 무궁무진하게 노닐 수만 있다면, 저 사람이 장차 무엇을 기다리겠는가? 그렇기 때문에 지인은 자기를 잊고, 신인은 공로를 잊고, 성인은 이름을 잊는다고 한다.」(夫列子御風而行, 泠然善也, 旬有五日而後返, 彼於致福者, 未數數然也. 此雖免乎行, 猶有所待者也. 若乎乘天地之正, 而御六氣之辯, 以遊無窮者, 彼且惡乎待哉? 故曰, 至人無己, 神人無功, 聖人無名)

27 | 지인(至人) : 만물을 일체로 보기 때문에 자기 자신을 잊는 사람이다. 대만 왕숙민(王叔岷) 교수의 《장자교전(莊子校詮)》 상권 21쪽.
주자의 〈도가의 책을 읽고 짓다(讀道書作六首)〉 여섯 수 중 여섯째 시. 「왕자교(周 靈王의 태자, 이름은 晉)는 피리를 불러 갔고, 열자는 바람을 몰고 돌아왔네. 지인은 화려한 생각 끊어버리고, 있고 없고 한 사이를 왔다 갔다 하네.」(王喬吹笙去, 列子御風還, 至人絶華念, 出入有無間)
위 26)에서 인용한 《장자》의 내용을 보면 열자(列子)를 아직 「지인」의 경지에까지는 못 이른 것으로 보고 있으나, 이 주자의 시나 퇴계의 시를 보면 열자를 바로 지인이라고 보았음.

泠然馭神馬[29]
영 연 어 신 마

경쾌하게 신령스러운 말을 타고서,

旬有五乃還[30]
순 유 오 내 환

열흘에다 닷새만에 이에 돌아오네.

嗟哉聞百人[31]
차 재 문 박 인

슬프구나, 스스로 견문이 넓다고
생각하는 못난이,

28 | 유무간(有無間) : 「有無中」이라는 말과도 같으며, 「유와 무 사이」라고 하여 초속적(超俗的)인 상태를 나타낸다. 《회남자 · 원도훈(原道訓)》「천하의 지극히 굳은 곳을 내달으며, 무와 유에서 나오고 없는 사이로 들어간다.」(馳騁天下之至堅, 出於無有, 入於無間) 손작의 〈천태산에서 놀며 짓다(遊天台山賦)〉「정신이 빠르게 변하는 곳을 내닫다가 갑자기 유에서 나와 무로 들어가네.」(騁神變之揮霍, 忽出有而入無)

29 | 영연(泠然) : 시원하고 경쾌하게. 위 26)을 보라.

30 | 순유오내환(旬有五乃還) : 위 26)을 보라.

31 | 문박인(聞百人) : 견문이 없으면서 스스로 많이 안다고 자부하는 못난 사람. 《장자 · 가을 강(秋水)》「하백(강물의 신)이 비로소 그 얼굴을 돌려서 해약(海若 : 바다의 신)을 쳐다보면서 말하기를 『속담에 「도를 넓게 얻어 나만한 사람이 없다」고 한 것이 있는데, 바로 나를 두고 한 말이라고 생각하였다. …… 이제 내가 그대를 보니 (너무 넓어) 끝까지 다 추구할 수가 없다. 내가 그대의 문 안에 들어와 보지 않았더라면 큰일 날 뻔 하였다. 나는 늘 큰 도를 터득한 사람들의 큰 웃음거리가 될 뻔하였나.』」(河伯始旋其面目, 望洋向若而歎曰, 野語有之曰, 聞道百, 以爲莫己若者, 我之謂也. …… 今我睹子之難窮也, 吾非至於子之門, 則殆矣, 吾長見笑於大方之家)
이 장자 인용문에서 「聞道百, 以爲莫己若」의 「百」자는 「넓을 박」(博) 자와 같이 읽고 풀어야, 다음에 나오는 「약」(若) 자와 서로 「박」 · 「약」으로 운(韻)이 맞는다고 본다. 위에 나온 《장자교전(莊子校詮)》 583쪽 참조.

夏蟲不知寒[32]
하 충 불 지 한

여름벌레는 추위를 알지 못한다네.

請君登此臺
청 군 등 차 대

청하노니 그대여, 이 대에 오르게 된다면

不用朝霞餐[33]
불 용 조 하 찬

아침노을로써 끼니를 삼을 필요도 없다네.

114 凌雲臺[34]
능운대

下有清清水
하 유 청 청 수

아래에는 맑디 맑은 물 있고,

32 | 하충(夏蟲) : 여름 한 철밖에 살지 못하는 목숨이 짧은 벌레. 바로 앞에 나온《장자 · 가을 강》편의 계속. 「북해약이 대답하기를 『우물 안에 사는 고기와는 바다에 관하여 더불어 이야기할 수 없는 것은 제가 살던 옛 터전에만 얽매어져 있기 때문이요, 여름 벌레와는 얼음에 관하여 더불어 이야기할 수 없는 것은 제가 사는 시기에만 얽매어져 있기 때문이다. …… 너는 지금 좁은 골짜기에서 나와서 큰 바다를 보고서야 너의 초라함을 알았으니, 너와는 이제부터야 함께 큰 이치를 이야기할 수 있을 것이다.」(北海若曰, 井不可以語於海者, 拘於所也, 夏蟲不可以語於冰者, 篤於時也. …… 今爾出於崖涘, 觀於大海, 乃知爾醜, 爾將可與魚大理矣)

33 | 조하찬(朝霞餐) : 진(晉)나라 혜강(嵇康)의 〈금을 읊음(琴賦)〉「회오리 바람을 탐이여! 영주(바다 가운데 신선이 사는 곳)에 가서 쉬리로다. 열자를 부름이여! 좋은 짝이 되리로다. 찬 이슬로 끼니를 삼음이여! 아침 노을을 지니니라. 아득하게 펄펄 날아감이여! 하늘에 닿아서 노니리로다.」(凌扶搖兮憩瀛州, 要列子兮爲好仇. 餐沆瀣兮帶朝霞, 眇翩翩兮薄天遊) 색인본《문선》p. 243. 한나라 사마상여의 〈임금을 읊음(大人賦)〉「북방의 밤기운을 들이킴이여, 아침놀을 먹네.」(呼吸沆瀣兮餐朝霞)《초나라의 가사(楚辭)》굴원의 〈멀리 나가 놈(遠遊)〉「여섯 기운을 끼니로 삼고 찬 이슬을 마심이여! 바른 양기로 양치질하고 아침노을을 머금는도다.」(餐六氣而飮沆瀣兮, 漱正陽而含朝露) 주자의 주석

上有白白雲
상 유 백 백 운

위에는 희디 흰 구름 있네.

斷峯呼作臺
단 봉 호 작 대

끊어진 봉우리를 「대」라고 이름지어 부르고,

登臨萬象分
등 림 만 상 분

올라가서 앉아보니 삼라만상이
나누어져 있네.

盪胸生浩氣[35]
탕 흉 생 호 기

가슴을 씻어내니 호탕한 기운 생겨나고,

超然離垢分
초 연 리 구 분

초연하게 속세의 기분 벗어났네.

「『육기』라는 것은 《능양자의 명경》에서 다음과 같이 설명하고 있다. 『봄에는 아침놀을 먹나니, 해가 처음 떠오르려고 할 때 나오는 누런 기운이다. 가을에는 지는 음기를 마시나니, 해가 지려할 때 나오는 붉고 누런 기운이다. 겨울에는 찬 이슬을 마시나니, 북쪽 지방의 야반의 기운이다. 여름에는 바른 양기를 마시나니, 남방의 한낮 기운이다. 이것과 하늘과 땅의 검고 누런 기운을 육기라고 한다.』」(六氣者, 陵陽子明經言, 春食朝霞, 日始欲出赤黃氣也. 秋食淪陰, 日沒以後赤黃氣也. 冬飮沆瀣, 北方夜半氣也. 夏食正陽, 南方日中氣也. 幷天地玄黃之氣, 是爲六氣也)《요존록》에도 인용되어 있음.

34 | 「凌雲」이란 구름을 뚫고 높이 올라간다는 뜻인데, 뜻[志氣]이 우뚝하게 뛰어난 것을 비유하는 말로 쓴다. 《사기 · 사마상여의 전기(司馬相如傳)》「상여가 〈대인(大人, 즉 천자)을 노래하는 가사〉를 지어 임금에게 바치니, 천자가 크게 즐거워 하여, 훌훌 구름을 뚫고 날아가는 기운을 느끼고, 하늘과 땅 사이를 마음껏 돌아다니는 것 같은 생각이 들었다.」(相如旣奏大人之頌, 天子大悅, 飄飄如凌雲之氣, 似有天地之閒意)

35 | 탕흉(盪胸) : 가슴을 시원하게 씻어내다[盪滌胸襟]. 당나라 두보의 〈태산을 바라보며(望嶽)〉「층층이 나는 구름에 가슴을 훤하게 씻고, 눈시울을 찢어지게 떠 돌아가는 새가 들어갈 때까지 바라보노라.」(盪胸生層雲, 結眥入歸鳥)《杜詩諺解 · 卷十三》

豈但劉天子[36]
기 단 류 천 자

어찌 다만 유씨성 가짐 천자님만이,

飄飄賞奇文[37]
표 표 상 기 문

훌훌 나부끼는 기분으로 기이한 글을 감상하겠는가?

115 石潭曲[38]
돌 웅덩이 구비에서

奔流下石灘
분 류 하 석 탄

분주하게 흐르는 물구비 돌여울로 내려와서,

一泓湛寒碧[39]
일 홍 잠 한 벽

한 소 이루어 차고 푸름 넘치네.

36 | 유천자(劉天子) : 한 무제(漢武帝)를 말함. 무제는 성이 「유」(劉)씨이며 이름은, 철(徹)임.

37 | 표표상기문(飄飄賞奇文) : 34)를 보라.

38 | 석담곡(石潭曲) : 《요존록》「자하산의 동남쪽에 있는데, 지금 월란이라고 부르는 곳에서 조금 돌아서 내려가면, 곧 그웅덩이다.」(在紫霞山東南, 今稱月瀾遷下, 卽其潭也)

39 | 홍(泓) : 여기서는 밑이 깊은 못 · 호수 · 소(沼) 같은 것을 말함.
잠(湛) : 여기서는 「맑음이 넘치다」(淸徹)는 뜻으로 풀었음.

40 | 척촉(躑躅) : 「양척촉」(羊躑躅)이라고도 하는데 철쭉을 말함. 이 꽃을 양이 먹으면 죽기 때문에, 양들이 이 꽃을 보면 머뭇머뭇하여 흩어진다고 하여 「척촉」(머뭇거린다는 것이 본래 뜻임), 또는 「양척촉」이라고 함. 《고증》, 《요존록》 참조.

躑蠋爛錦崖 40 척 촉 란 금 애	철쭉 꽃은 비단 무늬같이 아름다운 낭떠러지에 흐드러지게 피었고,
莓苔斑釣石 매 태 반 조 석	이끼는 낚시돌 위에 아롱지게 무늬를 이루었구나.
白鷗似我閒 41 백 구 사 아 한	흰갈매기는 나와 같이 한가롭고,
鯈魚知爾樂 42 조 어 지 이 락	피라미는 제 즐거움을 제가 아네.
何時辦小艇 하 시 판 소 정	어느 때에 작은 배를 갖추어서,
長歌弄明月 장 가 롱 명 월	길게 노래하며 밝은 달을 가지고 마음껏 즐길 것인가?

41 | 백구(白鷗) : 송나라 황정견(黃庭堅)의 〈여러가지를 늘어 놓다(演雅)〉「강남의 들 물은 하늘보다 더 푸른데, 그 가운데 흰 갈매기 나와 같이 한가한 놈 있네.」(江南野水碧於天, 中有白鷗閒似我)

42 | 조어(鯈魚) : 《장자 · 가을 강(秋水)》「장자가 혜자와 더불어 호수의 봇둑을 거닐고 있었다. 장자가 『피라미가 나와서 유유히 헤엄치고 있으니, 이는 고기의 즐거움이다.』 혜자가 말했다. 『그대는 고기가 아닌데 어찌 고기가 즐거울 것임을 아는가?』 장자가 말했다. 『그대는 내가 아닌데 어찌 내가 고기가 즐거워 할 것임을 모르리라는 것을 아는가?』 …… 장자가 말했다. 『…… 나는 호수 가에서 물고기와 일체가 되었으므로 그것을 아는 것이다.』」(莊子與惠子游于濠梁之上, 莊子曰, 魚出游從容, 是魚之樂也. 惠子曰, 子非魚, 安知魚之樂. 莊子曰, 子非我安知我不知魚之樂. …… 莊子曰, …… 我知之濠上也)

116 川沙曲

시내 모래 구비에서

川流轉山來 천 류 전 산 래	강의 흐름 산을 둘러 나오고,
玉虹抱村斜[43] 옥 홍 포 촌 사	옥무지개 마을을 껴안고 비스듬히 섰네.
岸上藹綠疇[44] 안 상 애 록 주	강언덕 위에는 푸른 밭이랑이 넘실거리고,
林邊鋪白沙 림 변 포 백 사	수풀 곁에는 흰 모래 깔려 있네.

43 | 옥홍(玉虹) : 송나라 소식의 〈울고대(鬱孤臺)〉「산은 푸른 물결되어 솟아오르고, 물은 옥무지개되어 흐른다.」(山爲綠浪湧, 水作玉虹流)
포강사(抱江斜) : 당나라 두보의 〈강촌에서(江村)〉「푸른 강 한 구비는 마을 껴안고 흐르는데, 긴 여름 강마을에는 일마다 그윽하네.」(清江一曲抱江流, 長夏江村事事幽)

44 | 애(藹) : 크게 번성하다[繁多貌], 초목이 우거지다[草木蘙雜貌]와 같은 뜻이 있지만, 여기서는 과실이 많이 열린 모습[果實繁盛貌]으로 보인다. 《한어대자전(漢語大字典)》 3328쪽 참조.

45 | 허곡(墟谷) : 사람이 별로 살지 않아서 좀 황폐화된 골짜기 마을. 「허곡」(墟曲)과도 비슷한 뜻임. 진나라 도연명의 〈시골로 돌아와서 거처하며 · 둘째 시(歸園田居 · 二)〉「때때로 다시 황량한 마을 안에서, 풀을 헤치며 서로 왔다갔다 하네.」(時復墟谷中, 披草芝往來)

石梁堪釣遊
석 량 감 조 유

돌 징검다리 낚시하고 놀 만하고,

墟谷可經過[45]
허 곡 가 경 과

쓸쓸한 골짜기도 지내 볼 만하구나.

西望紫霞塢[46]
서 망 자 하 오

서쪽으로 자주빛 노을 낀 산 언덕을
바라보니,

亦有幽人家[47]
역 유 유 인 가

또한 그윽하게 사는 사람 집이 보이네.

46 | 오(塢) : 《요존록》「《운회》에서는 조그마한 보루라고 하였고, (한) 복건의 《통속문》에서는 군사들이 임시로 마련한 막사를 말한다고 하였다. ○오는 그렇기 때문에 딴 물건으로 은폐하기 위하여 막아둔 것이다.」(韻會, 小障也, 服虔通俗文, 營居爲塢 ○塢, 是以物爲欄之名)
이 글자는 위와 같은 뜻[울짱] 이외에도 산 속에 사면은 높고 중앙은 푹 빠진곳[山坳](《한어대자전》 472쪽)을 의미하기도 하는데, 이 구절에서는 「노을진 …… 를 바라본다」고 하였으니, 위의 뜻과는 잘 들어맞지 않는다.

47 | 유인가(幽人家) : 앞의 시(98 〈川沙村〉)에 「초가집 가운데 만권의 책을 갖추었다」(茅屋中藏萬卷書)는 곳이다. 《요존록》

117 丹砂曲[48]

붉은 모래구비에서

靑壁欲生雲 청 벽 욕 생 운	푸른 절벽에선 구름 생겨나려 하고,
綠水如入畵 록 수 여 입 화	파란 물은 마치 그림 속에 들어온 듯하네.
人居朱陳村[49] 인 거 주 진 촌	사람들은 주씨 진씨 마을에 살고,
花發桃源界[50] 화 발 도 원 계	꽃은 무릉도원의 경계에서 피었네.

48 | 위의 97 〈단사벽(丹砂壁)〉과 관련이 있는 것으로 생각됨.

49 | 주진촌(朱陳村) : 주씨와 진씨 두 성이 정답게 사는 마을. 당나라 백거이(白居易)의 〈주진촌(朱陳村)〉

徐州古豊縣	서주 고풍현에,
有村日朱陳	어떤 마을이 있으니 「주진」이라고.
……	
家家守村業	집집이 시골 일 지키고 있고,
頭白不出門	머리가 희어져도 문을 나서지 않네.
……	
一村唯兩姓	한 마을에는 오직 두 성만 있는데,
世世爲婚姻	대대로 혼인을 하네.
……	
生者不遠別	살아있는 사람들끼리는 서로 멀리 이별하지 않고,
嫁娶先近隣	시집보내고 장가보내는 데도 가까이 보냄을 앞세우네.
死者不遠葬	죽은 사람은 멀리 나가서 장사지내지 않고,

安知萬斛砂[51] 안 지 만 곡 사	어찌 알았으리오? 만 휘의 모래가 진사를
中藏天秘戒 중 장 천 비 계	그 가운데 숨기고서는 하늘이 몰래 경계하고 있는 것을?
嗟我昧眞訣 차 아 매 진 결	슬프도다! 내 참된 비결에 어두워서,
悵望聊興喟 창 망 요 흥 위	처참하게 바라다 보면서 오로지 한탄만 일으키는구나!

墳墓多遶村	무덤은 대개 마을 주위에 있네.
旣安生與死	삶과 죽음을 편안하게 여길 뿐만 아니라,
不苦形與身	육체와 정신도 수고롭게 하지를 않네.
所以多壽考	그렇기 때문에 오래오래 사는 노인이 많아서,
往往見玄孫	왕왕 고손자까지도 본다네.
……	

《백낙천시집(白樂天詩集)》 권10 (《요존록》에도 인용되어 있음)

50 | 도원계(桃源界) : 진나라 도연명의 〈도화원기(桃花源記)〉에 나오는 유토피아[理想鄕]. 호남성의 도원현(桃源縣), 서남쪽의 도원산의 도원동(桃源洞)에 있음.

51 | 만곡사(萬斛砂) : 《요존록》「〈여덟 가지를 읊은 시의 인본(八詠印本)〉(퇴계 친필로 쓴 이러한 시 8수를 복판으로 인쇄한 것을 말하는 듯함) 『가운데 반 휘의 진사(辰砂)를 숨기고 있는데, 신비한 보물은 하늘도 경계하는 바일세. 내 집을 옮아가려 하니, 산 사람 틀림없이 괴상하게 여기지는 않겠지.』」(中藏萬斛砂, 秘寶天所戒. 我欲移家去, 山人應不怪)

「斛」(곡)은 도량형의 단위로 열 말[十斗]을 일 곡이라 함. 여기서 「만곡」은 많다는 뜻임. 「진사」(辰砂)는 〈97〉-19)를 보라.

118~127. 閒居讀武夷志次九曲櫂歌韻十首[1]

한가롭게 거처하며 《무이지》를 읽고서 〈무이구곡의 뱃노래〉시의 각운자에 맞추어 지은 시 10수

118

不是仙山詫異靈[2]
불 시 선 산 타 이 령

신선산의 이상한 신령을 보고서
놀란 것이 아니라,

滄洲遊跡想餘淸[3]
창 주 유 적 상 여 청

주자의 창주의 유적에서
남은 향기가 생각되기 때문이네.

1 | 《무이지(武夷志)》 : 《요존록》에서는 「명나라 양백숙(楊百叔)이 지은 책」이라고 하나, 저자나 이 책에 관하여 자세한 것은 알 수 없다. 명나라 때 구중유(裘仲孺)가 지은 《무이산지(武夷山志)》(19권)나 서표연(徐表然)이 지은 《무이산지략(武夷山志略)》(4권) 등과 같이 무이산에 관하여 쓴 책일 것임.
〈구곡도가〉 : 주자가 무이구곡을 노래한 시 10수, 《주자대전(朱子大全)》 권 9에 수록되어 있는데, 거기 적힌 제목은 〈순희 갑진년 2월에 무이정사에 한가하게 거처하고 있으면서 장난삼아 「무이산 골짜기의 뱃노래 10수」를 지어 여러 함께 노니는 사람들에게 바쳐 서로 어울려 한 차례 웃고자 하노라(淳熙甲辰仲春, 精舍閒居, 戲作武夷櫂歌十首, 呈諸同遊, 相與一笑)〉라고 되어 있음.
「무이산」에 관하여서는 〈41〉–4) 「만정홍교(幔亭虹橋) 조항을 참조하라. 이 시는 정미년(丁未年 : 1547년, 47세) 4월에 지은 시다. 주자의 원시에 대한 중국 사람들의 차운시(次韻詩)도 이미 남송 시대부터 많이 나왔고, 또 원나라 때의 진보(陳寶, 호는 懼齋)는 《도가시주(櫂歌詩註)》(臺灣 藝文印書館 《百部叢書》에 수록됨)를 짓기도 했다.
이 《도가시주》에서는 이 〈무이구곡〉 시 전체를 학문을 해가는 순서를 암시한 것으로 보아서 주석을 시종 하였는데, 퇴계는 주자의 이 시가 무이산의 자연경관을 그대로 묘사한

故能感激前宵夢[4]
고 능 감 격 전 소 몽

그렇기 때문에 전날 저녁의 꿈에
감격할 수가 있어,

一櫂賡歌九曲聲[5]
일 도 갱 가 구 곡 성

한 가닥의 뱃노래에 따라서
회답할 수 있네, 아홉 구비의 소리를.

【원운시】

武夷山上有仙靈
무이산 위에는 신령스러운 신선이 있고,

山下寒流曲曲淸
산 아래에는 찬 물이 흘러 구비구비마다
맑네.

것으로 보는 것이 옳다는 취지로 제자들에게 설명하고, 이러한 관점에서 차운시를 지었다–기대승(奇大升), 김덕곤(金德鵾)에게 보내는 편지와 기대승이 거기에 답한 편지 등이 있음.

주자의 원시와 퇴계의 차운시에 대한 번역과 해설로는 김주한(金周漢) 교수의 〈退溪의 朱子詩 理解–武夷櫂歌를 中心으로–〉(嶺南語文學 第10輯, 1983) 같은 글이 있음.

2 | 타이령(詫異靈) : 「이령」은 옛날 전설에 무이산에 살았다는 신선 무이군(武夷君)을 말함. 〈41〉–4)를 보라. 「타」(詫)는 여기서 「이상한 것을 보고 놀라다」(驚異)는 뜻으로 보았음. 이밖에도 「자랑하다」(夸耀), 「속다」, 「…… 에게 고하다」는 등의 뜻이 있음. 《한어대자전》, 3972쪽.

3 | 창주(滄洲) : 「강 가」(濱水)라는 뜻인데, 옛날에는 흔히 「은사들이 거처하는 곳」이란 뜻으로 많이 사용되었음. 당나라 두보의 〈강물이 불음(江漲)〉「가벼운 배가 간편하게 잘 떠내려 가니, 나의 길이 강 가에서 형성되겠구나.」(輕帆好去便, 吾道付滄洲)

여기서 「창주유적」이라고 한 것은 주자가 죽림정사(竹林精舍)를 창주정사(滄洲精舍)라고 고쳐부른 것을 말함. 주자의 사(詞) 〈수조가두(水調歌頭)〉「영원히 속세의 일을 던져버리고, 나의 길을 강가에서 형성하겠네.」(永棄人間事, 吾道付滄洲)

欲識箇中奇絶處	그 가운데 기이한 절경을 알아보려고 해서,
櫂歌閒聽兩三聲	뱃노래 한가하게 들어보네, 두 세 마디 소리를.

119

我從一曲覓漁船 아 종 일 곡 멱 어 선	나는 첫째 구비에서부터 고깃배를 찾으니,
天柱依然瞰逝川[6] 천 주 의 연 감 서 천	천주봉은 언제나 꼭 같이 흘러가는 시냇물을 굽어보고 있네.

4 | 전소몽(前宵夢) : 《연보보유》「(丁未年 : 47세 4월) 선생께서 일찍이 말씀하시기를 『꿈에 주자를 뵈었다』고 하셨는데, 이제 상고해 보니, 〈도가시〉와 같은 각운자를 써서 지은 시 가운데 『그렇기 때문에 전날 저녁의 꿈에 감격할 수가 있어』라는 구절이 있는데 아마도 이때 일인 듯하다.」(先生嘗言, 夢見朱子, 今按, 所次櫂歌詩有, 故能感激前宵夢之句, 疑卽是時也)

5 | 일도갱가(一櫂賡歌) : 「도가」(櫂歌)라는 말을 여기서는 모두 뱃노래로 번역하였는데, 「도」자는 노라는 뜻임. 「갱」(賡)이란 말은 「잇는다」, 「연속한다」는 뜻인데, 남의 시에 화답하는 것을 「갱가」(賡歌)라고 함.

一自眞儒吟賞後[7]
일 자 진 유 음 상 후

한번 참된 선비가
감상한 뒤부터는

同亭無復管風烟[8]
동 정 무 부 관 풍 연

만정幔亭에는 다시는 없어졌네,
바람과 안개를 관리할 길이.

【원운시】

一曲溪邊上釣船 — 첫째 구비 시내 곁에서 낚시배에 오르니,
幔亭峰影蘸晴川 — 만정봉의 그림자가 잠겼네.
虹橋一斷無消息 — 구름다리 한번 끊어진 뒤에는 아무 소식이 없고,
萬壑千巖鎖翠煙 — 만학과 천봉은 푸른 안개 속에 쌓였네.

6 | 천주(天柱) : 무이산에는 두 개의 천주봉이 있는데, 여기서 말하는 것은 제일곡 곁에 있는 천주봉을 말함. 수자의 〈무이산 일곱 가지 경치를 읊음(武夷七詠)〉이라는 시 첫째 수에 〈천주봉(天柱峯)〉을 읊은 시가 있음 : 「屹無天一柱, 雄鎭斡維東. 祗說乾坤大, 誰知立極功.」

7 | 진유(眞儒) : 주자를 말함.

8 | 동정(同亭) : 앞의 〈118〉-1)에서 언급한 만정(幔亭)의 잔치에 여러 신선이 함께 모인다고 하여, 산 기슭에 사당을 짓고 위진군(魏眞君)이란 신선을 제사지내면서 「동정」이라는 간판을 붙였다고 함.

120

二曲仙娥化碧峯[9] 이 곡 선 아 화 벽 봉	둘째 구비에는 선녀가 짙푸른 봉우리로 변하여,
天姸絶世靚脩容 천 연 절 세 정 수 용	타고난 아름다움 세상에 빼어났는데도 좋은 용모를 단장하였다네.
不應更覬傾城薦[10] 불 응 갱 기 경 성 천	꼭 다시 넘겨다 볼 필요는 없네, 성을 기울인다고 추천하여 주도록,
閶闔雲深一萬重[11] 창 합 운 심 일 만 중	하늘의 문턱에는 구름 깊어 일만 겹이나 두텁나니.

9 | 선아(仙娥) : 선녀.
벽봉(碧峯) : 옥녀봉(玉女峯)을 말함. 《요존록》

10 | 경성(傾城) : 한 성(城)을 기울여서 반할 만한 미인. 한나라 무제(武帝) 때 이연년(李延年)이라는 광대가 자기 누이동생을 무제에게 추천하고자 해서 〈가인가(佳人歌)〉라는 노래를 지어, 황제 앞에서 춤을 추면서 불렀는데, 한 무제가 그 노래를 듣고서 그 누이를 불러 후궁으로 삼았다고 하는데, 그 가사에 나오는 말. 「북쪽에 아리따운 사람 있으니, 절세의 미인으로 우뚝하네, 한 번 돌아보면 성을 기울일만 하고, 두 번 돌아보면 나라를 기울일만 하네. ……」(北方有佳人, 絶世而獨立. 一顧傾人城, 再顧傾人國)

11 | 창합(閶闔) : 하늘의 문. 여기서는 임금이 계신 궁궐의 문을 말함. 초(楚)나라 굴원(屈原)의 〈슬픔을 만나다(離騷)〉「내 하느님의 문지기로 하여금 관문을 열라고 하니, 창합에 기대어 서서 나를 물끄러미 바라보기만 하네.」(吾令帝閽開關兮, 倚閶闔而望予) 당나

【원운시】

二曲亭亭玉女峰　둘째 구비에는 정정하게 서 있네, 옥녀봉 봉우리가,

插花臨水爲誰容　꽃을 꽂고 물 곁에 있음은 누구를 위하여 얼굴을 다듬은 것인가?

道人不作陽臺夢　도인은 다시 꾸지 못하네, 양대의 꿈을.

(陽臺夢 : 남녀가 잠자리를 같이 하는 꿈)

興入前山翠幾重　그러나 흥겨워 앞산에 들어가니 짙은 푸름 몇겹이나 쌓였는가?

121

三曲懸崖插巨船[12]
삼 곡 현 애 삽 거 선

세째 구비에는 낭떠러지에 큰 배가 꽂혀 있는데,

라 한유의 〈잔달고 잔달음(齴齴)〉「구름 헤치고 들어가 하늘문 열도록 고함쳐서, 배를 내놓고서 아름다운 말을 바치고 싶네.」(排雲叫閶闔, 披腹呈琅玕) 송나라 소식의 〈상청군의 노래(上淸詞)〉「그대 떠나감이여! 하늘의 문을 여네, 창합을 두드림이여! 옥대에서 조회를 드리네.」(君之去兮天門開, 款閶闔兮朝玉臺)

12 | 삽거선(插巨船) : 《요존록》에서는 선선암(仙船巖)이라 하였음. 주자가 을묘년(乙卯年 : 1255년) 8월에 쓴 〈무이도의 서문(武夷圖序)〉「그 사이에 양쪽 절벽이 있는데 사람의 발자취가 닿지 않는 곳에, 이따금 마른 뗏목이 돌 틈 사이에 끼어 있고, 배와 널 조각 같은 것을 감추고 있는데 ……, 자못 의심스럽다. 이전에 길이 막혀 통하지 않고 시내가 막혀 터지지 않았을 때 미개한 사람들이 살던 곳인지?」(其間兩崖絶壁, 人迹所不到處, 往往有枯査插石罅間, 以庋舟船棺柩之屬, …… 頗疑, 前世道阻未通川, 壅未決時夷落所居)《주자대전(朱子大全)》 권76.

空飛須此怪當年[13] 공 비 수 차 괴 당 년	공중을 날아 꼭 여기에 꽂혀야만 한 그 당시의 일 괴이하네.
濟川畢竟如何用 제 천 필 경 여 하 용	시내를 건너는데 필경 어떻게 사용될 것인가?
萬劫空煩鬼護憐[14] 만 겁 공 번 귀 호 련	오랜 세월동안 공연히 번거롭게 하네 귀신이 가련하게 여겨 보호하고 있도록.

【원운시】

三曲君看架壑船	셋째 구비에서 그대는 볼 것이다, 산허리 에 얹힌 배를,

13 | 공비(空飛) : 송나라 소식의 〈합포의 중 유가 『한가롭게 외로운 구름을 벗하고서 자유자재로 난다』는 구절을 보고서 장난삼아 그 운자에 맞추어 지음(合浦愈上人 ……「間伴孤雲自在飛」戲和其韻)〉「외로운 구름 산 모퉁이에서 나올 때 어찌 짝을 구할 것인가? 스님의 지팡이 하늘을 가로질러 스스로 날려고 하네.」(孤雲出岫豈求伴? 錫杖淩空自要飛) 「수」(須)는 흔히 부사로서 「모름지기」·「마땅히」라는 뜻으로 사용되지만 여기서는 동사로 「…… 해야만 하다」는 뜻임.

14 | 만겁(萬劫) : 「겁」은 불교에서 말하는 한 세대이다. 「만겁」은 매우 오랜 세월을 가리키는 말. 이백의 〈짧은 노래(短歌行)〉「하늘은 넓어 까마득한데, 만세도록 태극만 영원하네.」(蒼穹浩茫茫, 萬劫太極長) 《고증》「겁은 한 세대이다. 유가에서는 세라 하며, 도가에서는 진이라 하고, 불가에서는 겁이라 한다.」(劫, 世也. 儒謂之世, 道謂之塵, 佛謂之劫)

不知停櫂幾何年	알지 못하겠네, 노를 쉰지 몇 해나 되었는지를?
桑田海水今如許	뽕나무 밭이 바다로 변한 지금 얼마나 되었는가?
泡沫風燈敢自憐	거품같이 사라지고, 바람 앞의 등불 같이 깜빡거리니 어찌 스스로 가련하게 여기지 않으랴?

122

四曲仙機靜夜巖[15] 사 곡 선 기 정 야 암	넷째 구비에는 신선의 예언 밤 되니 바위틈 사이에서 조용한데.
金鷄唱曉羽毛毶[16] 금 계 창 효 우 모 삼	금 닭 동굴에서 새벽에 울며 깃털을 길게 치네.

15 | 선기(仙機) : 《요존록》「바위 이름이다. 네째 구비에는 또 선계동(仙鷄洞)이 있는데 황중소(明代 사람으로 이름은 潛)의 〈무이기(武夷記)〉를 보면 옛날에 신선의 닭이 거기에 살면서 울었기 때문에 이러한 이름이 붙었다 한다.」(岩名. 四曲又有仙鷄洞, 黃仲昭武夷記, 昔有仙鷄栖, 鳴其間故名)
「선기」(仙機)란 신선이나 이인(異人)이 하는 예언이나 암시란 뜻이 있음. 《서호가화(西湖佳話)》의 〈갈령선적(葛嶺仙跡)〉「이미 신선의 예언 때때로 나타났고, 또 사람들의 종적이 매우 번거로워졌기 때문에, 마음속에서 늘 그것을 싫어하여, 문득 홀로 한 방에 틀어박혀 있었다.」(旣而仙機時露, 復爲人踪跡甚繁, 心每厭之, 輒獨居一室) 《한어대사전(漢語大詞典)》 1권 1151쪽.

此間更有風流在
차 간 갱 유 풍 류 재

이 사이에 다시 있네, 풍류가 남아서,

披得羊裘釣月潭[17]
피 득 양 구 조 월 담

양털 갖옷 걸쳐 입고 달 못에서 낚시하네.

先生在武夷, 〈答劉靜春寄羊裘〉詩, 狂奴今夜知何處, 月冷風凄未肯歸[18]

선생[朱子]이 무이에 계실 적에 유정춘이 양털 갖옷을 부쳐준 것을 답하는 시에서 「미친 사람 오늘밤에 어느곳에 있는가? 달 차고 바람 서늘한데도 돌아갈 줄 모르는구나」라고 하였다.

【원운시】

四曲東西兩石巖

넷째 구비에는 동쪽 서쪽으로 두 바위 굴이 있는데,

16 | 금계(金鷄) : 제4곡에 있는 동굴 이름임. 당나라 한유(韓愈)의 〈도원도(桃源圖)〉「한밤에 천상(天上) 금계 꼬꼬 울자, 태양이 솟아오르니 나그네 마음 놀랐네.」(夜半金鷄啁哳鳴, 火輪飛出客心驚)《국역퇴계시 I》, 104쪽에서 인용.
삼(毿) :《운회(韻會)》에서는 음은 「삼」(蘇含切)이며, 털이 길게 너덜거리는 것[毛長]이라 하였다.《요존록》

17 | 피양구(披羊裘) :《후한의 역사 · 은사들의 전기(後漢書 · 逸民列傳)》「엄광의 자(애칭)는 자릉이며, 또 준이라고도 한다. 어릴 때부터 이름이 높았으며, (후한의 창설자) 광무제와 같이 공부하였으나, 광무제가 즉위한 뒤에는 이름을 바꾸고 숨어서 드러내지 않았다. 황제가 그 어짐을 생각하여 그의 모습을 그림으로 그려 가지고 그를 찾아보게 하였는데, 얼마 후에 제나라에서 보고가 들어오기를 한 남자가 양털 갖옷을 입고서 못에서 낚시를 하고 있다고 하였다. …… 사도 후패는 엄광과 평소의 친구였는데 편지를 받들고 사신으로 보내어졌다. …… 엄광은 응하지 않았다. …… 황제가 웃으면서『미친 녀석의 옛 버릇이 그대로 남아 있구나!』라고 말하고는 수레를 몰고 그날로 그 집으로 행차

巖花垂露碧㲯毿　바위 구멍에 핀 꽃에 이슬 떨어져 짙푸르름 더욱 더하네.

金鷄叫罷無人見　금 닭 울음 끝내니 아무것도 보이지 않고,

月滿空山水滿潭　달 빈 산에 가득하고 물은 못에 가득하네.

123

當年五曲入山深[19]
당 년 오 곡 입 산 심

그때에 다섯 구비 돌아
산속 깊이 들어가니,

大隱還須隱藪林[20]
대 은 환 수 은 수 림

큰 은자는 그래도 모름지기
숲속에 들어가 숨었다네.

했다. …… 뒷사람들이 그 낚시하던 곳을 『엄자릉의 여울』이라고 한다.」(嚴光字子陵, 一名遵. 少有高名, 與光武同遊學, 及光武卽位, 乃變名姓, 隱身不見. 帝思其賢, 乃令以物色訪之, 後齊國上言, 有一男子披羊裘釣澤中. …… 司徒侯霸與光素舊, 遣使奉書. …… 光不答. …… 帝笑曰, 狂奴故態也! 車駕卽日行其館. …… 後人名其釣處爲嚴陵瀨焉) 〈1〉-8)을 참조하라.

18 | 유정춘의 이름은 청지(淸之) 자는 자징(子澄), 이 시는 《주자대전(朱子大全)》 권9에 실려 있음.

19 | 오곡(五曲) : 대은병(大隱屛)이라는 병풍 바위가 있는 곳인데, 무이서원(武夷書院)이 있는 곳임. 《고증》 참조.

20 | 대은(大隱) : 진(晉)나라 왕강거(王康琚)의 〈은자를 맞이함을 반대함(反招隱)〉「평범한 은자는 산 숲속에 들어가서 숨고, 큰 은자는 도회지에 들어가서 숨네.」(小隱隱陵藪, 大隱隱朝市) 이 시에서 「대은」은 곧 주자를 가리킴.

擬把瑤琴彈夜月[21]
의 파 요 금 탄 야 월

구슬 장식한 금을 끼고서
밝은 달밤에 타려고 하니

山前荷簣肯知心[22]
산 전 하 궤 긍 지 심

산 앞에 삼태기 짊어진 이
내 마음을 안다고 할까?

21 | 요금(瑤琴) : 주자의 〈이려(李呂)의 「옥같은 여울물 소리남」이라는 시를 읽고서 우연히 지음(讀李濱老玉澗詩偶成)〉

獨抱搖琴過玉溪　　홀로 구슬 장식한 거문고 끼고서
옥계를 방문하니,
琅然淸夜月明時　　옥같이 깨끗한 맑은 밤에
달 밝을 때일세.
祇今已是無心久　　오직 지금 이미
마음이 빈지 오래 되었는데,
却怕山前荷簣知　　도리어 겁나네 산 앞에 있는
삼태기 짊어진 은자가 앎이.

《朱子大全》卷七

송나라 소식의 〈서호의 달 아래서 거문고 소리를 듣다라는 시에 화답하여 보임(和西湖月下聽琴)〉「옥같은 여울물 흐르는 소리를 내는 솜씨라고 부를만 하니, 갈고의 어두운 소리 깨끗히 씻어주겠네.」(當呼玉澗手, 一世羯鼓昏) 소식의 자주(自注)「집에 우레소리가 나는 금이 있는데, 그 소리가 매우 기이하고도 옛스러웠다. 옥간노인 최한은 우아한 소리를 내는 솜씨가 묘하여 일찍이 불러 금을 타게 하니, 불러서 타게할 만했다.」(家有雷琴甚奇古. 玉澗老人崔閑, 妙於雅聲, 當呼使彈)《소식시집》권36.

【원운시】

五曲山高雲氣深	다섯 구비 들어서니 산은 높고 구름 깊은데,
長時煙雨暗平林	오랜 동안의 안개와 빗속에 평평한 숲 어둡네.
林間有客無人識	숲 속에 한 나그네 있으나 아무도 알아보지 못하니,
欸乃聲中萬古心	어기여차! 노젓는 소리에 만고에 변하지 않는 마음 느끼네.

22 | 하궤(荷簣) : 은자를 말함. 《논어 · 원헌이 묻기를(憲問)》「공자가 위(衛)나라에 계실 적에 우연히 경쇠를 치셨더니, 마침 삼태기를 멘 자가 그 문을 지나치다가 말하기를 『이 무심히 들리는 경쇠소리에도 세상을 근심하는 마음이 숨었구나!』 하더니, 이윽고 또 말하기를 『야비하고도 고집스러워라, 저 경쇠 소리여! 남이 자기를 알아주지 않을 때에는 그만 둘지니 마치 물이 깊으면 옷을 벗을 것이며, 물이 얕으면 옷을 걷고 건너감과 같을 지니라』 하였다. 공자 들으시고 말씀하시되 『너무나 지나치게 세상을 잊었구나! 만사를 모두 그렇게 생각한다면 어려울 일이 없겠지.』 하셨다.」(子擊磬於衛, 有荷簣而過孔氏之門者曰, 有心哉, 擊磬乎! 旣而, 曰, 鄙哉, 擊磬乎! 莫己知也, 斯已而已矣, 深則揭, 淺則揭. 子曰, 果哉, 末之難矣) 역문은 이가원 교수의 《논어신역(論語新譯)》 247쪽을 참조하였음.

《요존록》「극재(申益愰)가 다음과 같이 기록하였다. 『왕강거의 시에 「큰 은자는 성시에 들어가서 숨고, 평범한 은자는 산 숲속에 들어가서 숨는다.」고 하였는데, 여기서는 그것에 반대되게 말하기를 주자는 큰 은자로서 도리어 산림으로 돌아와서 숨었다고 한다. 그것은 도리어 스스로 좋아하였기 때문이다. 주자가 금을 탄 것은 공자가 경쇠를 두드린 것이나 같으니, 저 산 앞에 있는 삼태기를 지고 지나가는 자가 어찌 능히 그 마음을 알겠는가? 그러나 공자는 세상을 근심하는 마음을 가지고서 도를 행하였으나, 주자는 스스로 그런 마음이 없어진지 벌써 오래 되었다고 하였으니, 성인은 때에 따라서 산다는 뜻이다.』」(克齋錄云, 王康琚詩, 大隱隱城市, 小隱隱山林. 此反之, 朱子以大隱而還隱山林. 却自好了也. 朱子之彈琴, 如孔子之擊磬, 彼山前荷簣而過者, 詎能知其心乎. 然孔子有心行道, 而朱子自言無心已久, 聖賢隨時之義也)

124

六曲回環碧玉灣
육 곡 회 환 벽 옥 만

여섯 구비 돌아서니 빙돌아 나오네,
진푸른 옥간은 물구비를,

靈蹤何許但雲關
영 종 하 허 단 운 관

신령스러운 발자취는 어디쯤 있을까?
구름 관문만 남아 있네.

落花流水來深處
락 화 류 수 래 심 처

지는 꽃 물결에 흘러 내려
깊숙한 곳까지 떠내려오니,

始覺仙家日月閒[23]
시 각 선 가 일 월 한

비로소 깨닫겠네, 신선의 집에는
날과 달도 한가한 것을.

【원운시】

六曲蒼屏遶碧灣

여섯째 구비 돌아서니 푸른 병풍바위가 짙
푸른 물구비를 둘러쳤는데,

23 | 이 〈육곡〉은 선장암(仙掌巖)을 노래한 것임. 시내 북쪽으로 솟아 있는 봉우리의 벽면이 오랫 동안 흐르는 물결에 침식되어 마치 사람이 손가락으로 돌을 파낸 것 같이 보이므로 이렇게 부름.

茅茨終日掩柴關 　띠 집은 하루 종일 자주빛 관문으로 닫혀 있네.

客來倚棹巖花落 　나그네 와서 노에 의지하니 바위 구멍에 난 꽃잎 떨어지나,

猿鳥不驚春意閑 　원숭이와 새 놀라지 않으니 봄날 분위기가 한가롭네.

125

七曲撐篙又一灘
칠 곡 탱 고 우 일 탄 　일곱 구비 들어서니 삿대로 버티네 또 한 여울을,

天壺奇勝最堪看[24]
천 호 기 승 최 감 간 　저절로 생긴 병 같은 바위 기이한 모습 가장 볼 만하네.

何當喚取流霞酌[25]
하 당 환 취 류 하 작 　어떻게 마땅히 불러내어다가 흐르는 노을을 잔질하여,

24 | 천호(天壺) : 《고증》「천호는 바위의 이름으로, 칠곡의 고루암(鼓樓巖) 곁에 있다. 묏부리가 둥그렇게 합하여지는 것이 꼭 병 모양과 같이 생겼기 때문에 이렇게 부름. 그 가운데 도교의 절이 있으며, 돌 사이에서 나오는 물이 지극히 청명하다.」(天壺巖, 在七曲鼓樓巖之側. 峯巒環合. 中有道院, 石泉極清明)

醉挾飛仙鶴背寒[26]
취 협 비 선 학 배 한

취한 채 나는 신선을 옆에 끼고서
학의 잔등을 시원하게 타고 싶네.

【원운시】

七曲移船上碧灘 일곱 구비 배를 옮겨 푸른 여울 올라가니,
隱屛仙掌更回看 은병암과 선장암이 다시 돌아보이네.
却憐昨夜峯頭雨 도리어 어여쁘도다! 어젯밤 봉오리 위에 내린비에,
添得飛泉幾道寒[27] 솟아 나르는 샘물을 더하여 몇 차례나 추워졌는지?

25 | 유하(流霞) : 전설에 나오는 하늘에 있는 신선들이 마시는 음료수. 후한의 왕충(王充)이 지은 유가사상을 비판한 책인 《논형 · 도허(論衡 · 道虛)》「항만도는 말하였다. 『신선 몇 사람이 나를 데리고 하늘로 올라갔는데, 달에서 몇 리 떨어진 곳에서 멈추었다. …… 입에 시장기를 느끼어 무엇을 먹고싶은 생각이 났다. 신선이 문득 나에게 유하 한 잔을 먹여 주었는데, 한 잔씩 마실 때마다 몇 달이 지나도 배가 고프지 않았다.』」(項曼都曰, 有仙人數人, 將我上天, 離月數里而止. …… 口饑欲食, 仙人輒飮我以流霞一杯, 每飮一杯, 數月不饑) 《한어대사전》 권 5의 1275쪽. 항만도에 관한 고사는 갈홍의 《포박자 · 의혹을 떨침(抱朴子 · 袪惑)》편에도 나옴.
당나라 두보의 시 〈관청의 정원에 앉아서 안씨댁 열째 항렬인 소부벼슬하는 이에게 장난삼아 적어보내노라(官庭夕坐, 戱簡顔十少府)〉「늙은이는 지주를 기다리면서, 조금씩 조금씩 유하주를 잔질하노라.」(老翁須地主, 細細酌流霞)

126

八曲雲屛護水開
팔 곡 운 병 호 수 개

여덟 구비 돌아서니 구름 병풍이
물을 감쌌다가 열렸는데,

飄然一棹任旋洄[28]
표 연 일 도 임 선 회

날씬한 노 하나로
마음대로 빙빙 도네.

樓巖可識天公意[29]
루 암 가 식 천 공 의

고루암에서 알 만하네.
하느님의 뜻을!

鼓得遊人究竟來
고 득 유 인 구 경 래

노는 사람을 고무시켜
끝까지 오게 한 것을!

26 | 학배(鶴背) : 송나라 소식의 〈항주자사(杭州刺史) 원곡(元轂)이 궁궁이와 후추를 보내어 줌을 감사하게 생각하여 지은 시의 운자에 맞추어 지음(次韻元公濟謝芎椒)〉「부러워하네, 그대 날씬하게 말라서 정말 신선의 기골이 된 것을! 한 걸음 더 나아가서 나부끼고 나부끼는 학의 등을 타고 노는 몸이 된 것을!」(羨君淸瘦眞仙骨, 更助飄飄鶴背軀)

27 | 마지막 두 구절은 판본에 따라 다음과 같이 된 것도 있다.

人言此處無佳景　　사람들 이곳에
아름다운 경치 없다 하지만,
只有石堂空翠寒　　돌로 만든 높은 집 다만
비어 푸릇한 한기만 도네.

28 | 선회(旋洄) : 「유회」(遊廻, 또는 遊回)와 같으며, 빙빙 돔, 서성거림이란 뜻이 있음. 주자의 원운시에는 「廻」자로 되어 있음.

29 | 누암(樓巖) : 고루암(鼓樓巖)을 말하는데, 고자봉(鼓子峯) 앞에 있으며 모양이 북과 같이 생겼음.

【원운시】

八曲風烟勢欲開	팔곡에 들어서니 바람과 안개 걷히려는 기세인데,
鼓樓巖下水縈廻	고루암 아래에는 물결이 얽혀서 도네.
莫言此處無佳景	말하지 말라, 이곳에 아름다운 경치가 없다고,
自是遊人不上來	여기서부터 노는 사람들이 올라오지 않게 될까 보아!

30 | 허락(墟落) : 촌락. 당나라 왕유(王維)의 〈위천에 있는 시골 집에서(渭川田家)〉「기울어 가는 햇빛은 촌락에 비치고, 좁은 골목에는 소와 양 돌아오네.」(斜光照墟落, 窮巷牛羊歸)

31 | 퇴계는 당초 이 〈구곡〉에 대한 차운시를 두 수 지었다. 한 수는 위 주 1)에서 언급한《무이지》와《도가시주》등의 뜻에 입각하여 지은 것으로 본시보다 먼저 지어졌다. 그러나 그 주석본들의 해석에 입각한 이 차운시에 회의를 품고 탐색을 거듭하면서 과연 어느 것이 타당한 것인가에 대하여 제자들과 의견을 나누기도 하였다. 결국 이 시는 퇴계가 주자시의 원의가 학문을 해나가는 순서에 있는 것이 아니라 경치를 묘사한 데 있다고 최종 결론을 내리고서 나중에 고쳐 지은 것이다.

참고로 앞서 지은 〈구곡〉시를 소개하면 다음과 같다.

九曲來時却惘然	구곡에 왔을 때는 도리어 망연해졌네,
眞源何許只斯川	참된 근원이 어찌 오직 이 물줄기 뿐이랴?

127

九曲山開只曠然 구 곡 산 개 지 광 연	아홉째 구비 들어서니 산 열리고 오직 훤하기만 한데,
人烟墟落俯長川[30] 인 연 허 락 부 장 천	사는 사람 촌락에서 긴 시내를 굽어보네.
勸君莫道斯遊極 권 군 막 도 사 유 극	그대에게 권하노니 말하지 말라! 이 놀이가 극치라고,
妙處猶須別一天[31] 묘 처 유 수 별 일 천	묘한 곳으로는 오히려 모름지기, 별천지가 있겠지!

寧須雨露桑麻外	어찌 꼭 비와 이슬맞고 자란 뽕나무 삼 밖에,
更問山中一線天	산중의 일선천 다시 물을 것 있으랴?

(이장우 역《퇴계시학》47쪽)

이 〈구곡시〉에 대한 제자들과 의견을 교환한 것으로 대표적인 것을 꼽는다면 1561년(61세) 때 기고봉에게 답한 〈4단7정 논변〉의 두번째 편지와 1563년에 김성보(金成甫 : 金德鵾의 자)에게 보낸 편지 등이 있다. 주자가 55세에 지은 이 〈무이도가〉 시에 퇴계는 47세에 화답였는데 위 제자들과 편지를 주고받은 연도는 이보다 10년도 훨씬 지나서까지 계속 된 것으로 보아 퇴계가 이 〈무이도가〉에 대하여 얼마나 지속적으로 생각하고 또 탐색하였는가 하는 한 단면을 볼 수 있다.

【원운시】

九曲將窮眼豁然	아홉 구비 끝나려는데 눈앞이 환하게 열리고,
桑麻雨露見平川	뽕나무며 삼 비에 젖고 평천이 나타나네.
漁郎更覓桃源路	고기잡이 무릉도원 가는 길을 다시 찾아가려 하나.
除是人間別有天[32]	여기를 접어두고도 인간세상에는 별천지가 있겠는가.

32 | [참고] 평천(平川)은 지명으로 구곡이 끝나는 성촌(星村) 일대이다. 이 일대에 있는 평천에는 뽕나무와 삼이 들을 덮고, 또한 좋은 밭과 아름다운 못이 있으며, 집들이 즐비하고 개짖는 소리 닭소리가 서로 들려서 아주 도화원과 똑 같기 때문에 주희(朱熹)가 〈도가(櫂歌)〉에 읊은 바와 같이 이곳을 버리고 다시 도화원으로 가는 길을 찾으려 하니, 그것은 인간 세계 바깥에 있지 않는 별천지라는 것이다.
주희의 《구곡가》의 차례는 위로 올라가는 배를 타고서 물결을 거슬러 올라가는 것인데, 위험성이 비교적 크다. 그렇기 때문에 현재는 구곡을 유람할 때 성촌(星村) 나루의 평천(平川)에서 시작하여 물결을 따라서 내려오는 것이니, 구곡으로부터 일곡으로 내려오는 것이다.(武夷山朱熹研究中心 編, 《武夷勝境理學遺迹考》, 185쪽. 上海, 三聯書店, 1990.9)

128. 古意[1]_秋赴召後

옛날 일을 되새김_가을에 부름을 받아서 부임한 뒤에

溫溫荊山玉[2] 온 온 형 산 옥	윤택하고도 윤택한 형산의 옥이여!
淑氣含精英 숙 기 함 정 영	맑은 기운 정밀하고도 꽃다움을 머금었네.
夜夜虹貫巖[3] 야 야 홍 관 암	밤마다 무지개 바위 속을 관통하니,

1 | 고의(古意) : 옛날 일을 이끌어다 노래하면서 자기 자신의 느낌을 은근히 끼워 넣는 투의 시의 제목. 당나라 노조린(盧照隣)의 〈장안의 옛날을 되새김(長安古意)〉, 송나라 소식(蘇軾 : 東坡)의 〈옛날 일을 되새김(古意)〉 같은 제목이 있음. 《한어대사전 · 3》 26쪽.
정미년(47세) 8월에 홍문관 응교(應教) 벼슬을 받고 서울에 도착하여 지은 시임.

2 | 형산옥(荊山玉) : 지금의 호북성 남장현(南漳縣) 서쪽에 있는 형산(荊山)에서 나는 옥. 《한비자 · 화씨(和氏)》「초나라 사람 변화(卞和)가 초나라의 형산에서 박옥을 주워 여왕에게 받들어 바쳤다. 여왕이 옥세공인에게 보게하니 세공인은 『돌입니다.』라 하였다. 왕은 변화가 미쳤다하여 그의 왼다리를 자르는 형벌을 내렸다. …… 변화가 말했다. 『나는 다리를 잘리우는 형벌을 받은 것이 슬픈 것이 아니라 보옥을 돌이라 하고, 곧은 선비를 미쳤다고 하는 것, 이것이 내가 슬퍼하는 까닭입니다.』 왕이 이에 세공인에게 그 박옥을 다듬게 하여 보물을 얻었으며 마침내 화씨벽이라고 명명하였다.」(楚人和氏得玉璞楚山中, 奉而獻之厲王. 厲王使玉人相之, 玉人曰, 石也. 王以和爲誑, 而刖其左足. …… 和曰, 吾非悲刖也, 悲夫寶玉而題之石, 貞士而名之以誑, 此吾所以悲也. 王乃使玉人理其璞而得寶焉, 遂命曰, 和氏之璧) 북제(北齊) 유주(劉晝)의 《유자신론(劉子新論)》「대저 몇 개의 성에 버금가는 벽옥이 형산에 빛을 묻고, 밤에도 빛나는 구슬이 광채를 울포에다 감추고 있다.」(夫連城之璧, 瘞影荊山, 夜光之珠, 潛輝鬱浦)

山鬼自遁驚[4]
산 귀 자 둔 경

산의 귀신 스스로 놀라서 숨네.

抱哭何氏子
포 곡 하 씨 자

껴안고 우니 누구 댁의 사람인가?

三獻不避刑[5]
삼 헌 불 피 형

세 차례 바치면서도 형벌을
피하지 않았다네.

3 | 홍관(虹貫) : 《예기 · 손님을 맞아들이는 예법(聘禮)》「자공이 공자에게 물었다. 『감히 묻겠습니다만 군자가 옥을 귀하게 여기고 옥돌은 천하게 여기는 것은 무엇 때문입니까?』 …… 『기운이 흰 무지개 같은 것은 하늘이다.』」(子貢問於孔子曰, 敢問, 君子貴玉而賤者何也? …… 氣如白虹, 天也) 북송 황정견(黃庭堅 : 호는 山谷)의 〈장난 삼아서 미불(米芾)에게 지어보내노라(戲贈米元章, 二首)〉「푸른 강물 위에 온 밤이 다하도록 무지개가 달을 꿰고 있으니, 틀림없이 미씨댁의 좋은 글씨와 그림을 수집한 배일 걸세.」(蒼江盡夜虹貫月, 定是米家書畵船)(북송 시대의 유명한 서예가이며 화가인 미불이 좋은 그림과 글씨를 수집하는 것을 좋아하여 「米家書畵船」이란 깃발을 단배를 띄웠다고 함. 여기서는 배 안에 좋은 보물이 가득하니, 그 보물의 정기가 무지개가 되어 달을 꿰고 있다는 말임)

4 | 산귀(山鬼) : 《고증》「《초사》에 〈산귀편〉이 있는데, 그 주석에서는 이매 따위를 말한다 하였다.」(騷有山鬼篇, 註魑魅之屬)

5 | 삼헌(三獻) : 위 2)의 변화가 초나라 여(厲) · 무(武) · 문(文)의 세 왕에게 보옥을 바쳤으나 양다리를 잘리우는 형벌을 받은 후에야 양릉후(陽陵侯)가 된 것을 말함. 당나라 이백(李白)의 〈옛날의 민요를 모방하여 · 36(古風 · 三十六)〉「옥을 안고서 초나라에 들어갔으나, 가짜로 의심 받았음은 옛부터 들은 바일세. 좋은 보물은 끝내 버림 받을 수 없어, 헛되이 수고롭게 세 차례나 임금에게 바쳤다네.」(抱玉入楚國, 見疑古所聞. 良寶終難棄, 徒勞三獻君)

6 | 착위만승기(斲爲萬乘器) : 하 · 은 · 주(夏殷周) 삼대 이전에는 옥새가 없었다. 진(秦)나라에서 바로 위의 주 2)에서 말한 화씨벽(和氏璧)을 입수하여 이사(李斯)가 전자(篆字)로 「受命於天, 旣壽永昌」(하늘로부터 명령을 받았으니, 나라가 오래가고 또 창성하리)이라는 여덟 글자를 새겨서 황제가 바뀔 때마다 전하도록 하여 드디어 국권(國權)을 이양하

斮爲萬乘器[6]
착 위 만 승 기

다듬어져 만승 천자의 요긴한
기물이 되었고,

雄誇價連城[7]
웅 과 가 련 성

크게 알려져서 값은 몇 성을
묶은 것과 같았다네.

는 증거물이 되도록 하였다. 《고증》 30판(板)의 앞면 참조.

한(漢)나라 문인인 추양(鄒陽)이 〈감옥 중에서 양 효왕(梁孝王)에게 자신을 변명한 편지(獄中上書自明)〉「신이 듣건대 밝은 달같은 구슬과 밤에도 빛나는 벽옥을 몰래 도로에서 사람들에게 던져 놓는다면, 어떤 사람이라도 칼집을 어루만지며 주위에 사람이 있는지 없는지 둘러보지 않는 사람이 없을 것입니다. 무엇 때문이겠습니까? 그 이유는 아무 까닭없이 좋은 보물이 자기 앞에 던져졌기 때문일 것입니다. 구부러진 나무 뿌리가 울퉁불퉁하게 못생긴대로 있다가 갑자기 만승 천자에게 없어서는 안될 요긴한 기물이 되는 것은 무슨 까닭입니까? 천자의 좌우에 있는 사람들이 먼저 그것을 아름답게 다듬었기 때문입니다.」(臣聞, 明月之珠, 夜光之璧, 以暗投人於道路, 衆莫不按劍相眄者, 何則? 無因而至前也. 蟠木根柢, 輪囷離奇, 而爲萬乘器者, 何則? 以左右先爲之容也) 이미 〈73〉-16)에서 일부 인용하였음.

송나라 소식의 〈저작랑 벼슬을 하는 손씨가 고성으로 감에 송별하여 아울러 전순로[錢藻]와 이방직[李淸新]에게도 띄움. 두 사람이 손씨에게 편지하면서 나에 대하여서도 언급한 것을 보았기 때문임(送孫著作郎赴考城, 兼寄錢醇老 · 李邦直. 二君於孫處有書見及)〉「옛 친구인 전씨와 이씨는 지금 조정 안에서 두 요직을 차지하고 있는 중요한 인물들인데, 우뚝하게 만승천자의 훌륭한 보조자가 되었다지만, 아직도 기억하고 있는가? 도랑 가운데 끊어져 내버려진 나무토막과 같이 이미 그 본성은 다 허물어졌다는 것을!」(故人錢與李, 淸廟兩圭瓚. 蔚爲萬乘器, 尙記溝中斷)

「만승(萬乘)」이란 「승(乘)」 만 개를 거느리고 있는 규모가 큰 황제의 나라란 뜻임. 「승」은 말이 이끄는 전차 부대의 한 단위를 말하는데, 1승에는 전차(戰車) 한 대를 중심으로 하여 병사 72명이 따른다고 함.

在此衒國寶
재 차 현 국 보

여기서는 나라의 보물로서
이름을 날리지만,

在彼虧天成[8]
재 피 휴 천 성

저기서는 하늘이 만들어 준 본성이
이지러지게 되었다네.

7 | 가연성(價連城) : 《사기 · 염파와 인상여의 전기(廉頗藺相如列傳)》「조나라 혜문왕 때 화씨벽을 얻었는데 진나라의 소왕(昭王)이 그 말을 듣고서, 사신을 시켜 조왕에게 편지를 전하고 성(城) 열 다섯으로 벽옥과 맞바꾸길 바란다 하였다.」(趙惠文王時得和氏璧, 秦昭王聞之, 使人遺趙王書, 願以十五城請易璧) 삼국시대 위(魏)나라 문제(文帝) 조비(曹丕)의 〈종요(鍾繇)에게 보내는 편지(與鍾大理書)〉「초나라 화씨의 옥덩어리와 같은 것은 값이 황금 만 냥을 넘어서고 귀중하기는 도읍의 성보다도 더하다. …… 저와 같이 보잘 것 없는 사람에게 그대가 가지고 있는 세상에 보기 드문 보물을 보여준다면, 그것을 가지고 오는 심부름꾼을 번거롭게 하지도 않을 것이고, 성 몇을 묶어서 바꾸려고 하는 그 값어치에 손상이 가지도 않게 하겠다.」(楚之和璞, 價越萬金, 貴重都城, …… 猥以蒙鄙之寶, 得觀希世之寶, 不煩一介之士, 不損連城之價) 《文選》 권42. 북주(北周) 유신(庾信)의 〈강남을 슬퍼함(哀江南賦)〉「(인상여는) 형산의 화씨벽을 이고 기둥을 노려보니 여러 성을 받아야 하나 속았으며, (毛遂는) 맹약서를 들고 계단을 가로지르니 구슬 쟁반을 지고 있으면서도 맹약을 정하지 않게 하였다.」(荊璧睨柱, 受連城而見欺. 載書橫階, 捧珠盤而不定)

8 | 휴천성(虧天成) : 《요존록》「껴안고 울면서 세 차례나 바쳤다고 하였으니 그것을 가지고 있던 사람의 입장에서 본다면 국보감이라고 자랑한 것이 되지만, 그것을 다듬어서 옥새를 만들었으니 옥 자체의 입장에서 본다면 본래 타고난 성격을 이지러지게 한 것이다.」(抱哭三獻, 則在人爲衒國寶, 斲爲重器, 則在玉爲虧天性)

9 | 벽사주(甓社珠) : 벽사는 강서성 고우현(高郵縣) 서북쪽에 있는 호수인데 동서가 70리, 남북이 50리다. 송나라 심괄(沈括)의 《몽계필담 · 기이한 일(夢溪筆談 · 異事)》「가우 연간에 양주에 매우 큰 구슬이 하나 있었는데 날이 어두워지면 자주 보였다. 처음에는 천장현 피택에서 나와 나중에 벽사호로 흘러들었다. …… 내 친구 중에 하나는 호수가에 서재가

君看甓社珠[9]
군 간 벽 사 주

그대는 벽사호의 구슬을 보았는가?

光彩奪月明[10]
광 채 탈 월 명

그 광채 달의 밝음을 빼앗았네.

있었는데 어느날 밤에 별안간 그 구슬이 매우 가까이 있는 것을 보았다. 처음에는 희미했는데 방을 여니 입술에서 비스듬히 금빛 광선이 새어나왔고 조금 있다가 갑자기 껍질이 펴지니 그 크기가 자리의 반만 했고 껍질 속의 흰 광선은 은구슬과 같았는데 크기는 주먹만 했고 찬란하여 똑바로 볼 수가 없었다. 10여 리 가의 숲과 나무에 해가 갓 떠오른 듯한 그림자가 비쳤으며 먼 곳에서는 다만 들에 불이 난 듯 불그레한 하늘만 보일 뿐이었다. 그러다가 갑자기 멀리 가버렸는데 그 가는 것이 물결 속으로 해가 아득히 떠서 날아가는 듯하였다.」(嘉祐中, 揚州有一珠甚大, 天晦多見. 初出于天長縣陂澤中, 後轉入甓社湖. …… 予友人書齋在湖上, 一夜忽見其珠甚近, 初微, 開其房, 光自吻中出如橫一金線, 俄頃忽張殼, 其大如半席, 殼中白光如銀珠, 大如拳, 爛然不可正視, 十餘里間林木, 皆有影如初日所照, 遠處但見天赤如野火. 倏然遠去其行如飛浮於波中, 杳杳如日) 송나라 황정견(黃庭堅)의 〈장인인 손각(孫覺)에게 올린 시(呈外舅孫莘老)〉 두 수 중 둘째 시「벽사호 가운데 명월주 같은 것이 들어 있으니, 회수 남쪽에 있는 초목이 모두 그 광채를 빌렸네.」(甓社湖中有明月, 淮南草木借光輝) 《辭源》(1984년 북경판) 2090쪽. 전하는 바에 따르면 손각이 밤중에 벽사호 가에 앉아 있는데 갑자기 창문이 대낮처럼 밝아와 호수가를 따라 찾아가 흰 구슬을 발견하였는데 그 빛이 온하늘을 밝혔으며, 그 해에 급제를 하였다고 한다.

송나라 최백역(崔伯易)의 〈구슬을 노래한 부의 서문(珠賦序)〉「고우의 서북쪽에 큰 호수가 있으니 이름을 벽사라고 한다. 근래에 밤에 큰 구슬이 보이는데, 그 빛이 하늘에까지 이어졌다. 일찍이 고기잡이들에게 물어보니 그들이 말하기를 더러 딴 호수에서도 만나는데, 그것을 몰래 훔쳐가려고 하면 곧 바람이 일어 그들의 배를 이끌고 가버리기 때문에 끝내 더욱 가까이 갈 수가 없었다고 한다.」(高郵西北有湖, 名甓社. 近世夜見大珠, 其光屬天. 嘗問諸漁者, 言或遇於他湖中, 有竊謀之者, 則風輒引船而去, 終莫能至)

出入有無間[11] 출 입 유 무 간	유와 무의 사이를 들어갔다 나왔다 하니,
世巧焉得嬰[12] 세 교 언 득 영	세상의 재주꾼인들 어찌 그것을 손에 넣을 수 있으랴?

10 | 탈월명(脫月明) : 송나라 최백역(崔伯易)의 〈구슬을 노래한 부(珠賦)〉「늠름한 기운이 퍼져나가면 마치 바다에 달이 솟는 듯, 온갖 빛깔을 머금고서 밝은 빛을 토해내어 온 사방의 구석구석까지 다 훤하게 된다.」(凜氣將至, 若海月之升, 含彩吐耀, 周隅皆明)

11 | 유무간(有無間) : 〈구슬을 노래한 부(珠賦)〉「비록 그 (구슬이) 눈을 깜빡임을 감별할 수 있을 것 같으나, 분명하게 그것이 구슬 자체인 줄은 알아내지 못했는가 의심하고 있다. 이 때에 그 모양이 바꾸어짐이 점점 더해지다가는 어느 사이에 다시 본 모습을 이루어 가지고는 벌써 지나가 버린다. 그런데 하물며 엎드려서 나타남이 일정한 때가 없어 홀연히 여기 있다가는 홀연히 저기 있게 된다.」(雖鑑其眉睫, 疑未曉其機器. 方詭置之漸長, 果造形而已逝. 況伏見靡時, 倏彼倏此)

12 | 영(嬰) : 「갓난 여자아이」라는 뜻도 있지만, 원래의 의미는 부녀자들이 목에 걸고 다니는 목걸이 따위의 장식품을 말한다. 한나라 허신의 《설문해자》「영은 목 장식물이다.」(嬰, 頸飾也) 여기서는 보물을 획득하여 「목에 건다」(系在頸上)라는 뜻임. 《순자 · 부국(荀子 · 富國)》「처녀로 하여금 보주를 목에 걸고, 보옥을 허리에 차고, 황금을 머리에 이게 한다.」(使處女嬰寶珠, 佩寶玉, 負戴黃金) 양경(楊倞)의 주석 「영은 목에다 거는 것이다.」(嬰, 繫於頸也)

129. 玉堂宣醞後, 出書堂, 馬上作_景說 · 應霖 · 子用 · 景霖, 在堂見待[1]

홍문관에서 임금님이 내리신 술을 마신 뒤에 독서당으로 나오면서 말 위에서 지음_민기 · 김주 · 윤현尹鉉 · 남응림南應霖이 독서당에서 기다리고 있다

出城延望海中山[2]
출 성 연 망 해 중 산

성을 나와서 고개를 뽑아들고
바다 가운데 산을 바라보니,

1 | 경열은 관물당(觀物堂) 민기(閔箕), 응림은 우암(寓菴) 김주(金澍), 각각 앞의 〈28〉-1)과 〈26〉-1)을 참조하라.

자용(子用) : 윤현(尹鉉 : 1514~1578)의 자로 본관은 파평이며, 호는 국간(菊磵)이다. 중종 26년인 1531년에 진사가 되고 동 32년에 식년 문과에 장원으로 급제하여 정언이 되었다. 사가독서를 하였으며, 중앙관직을 두루 역임하였고 사은사로 명나라에도 다녀온 적이 있다. 이후에 벼슬이 판서에까지 이르렀으며 시문에 능하였다. 시호는 충간(忠簡)이며 문집인 《국간집》이 전한다.

경림(景霖) : 남응림(南應霖 : 1514~1555)의 자. 본관은 의령이며, 호는 요산(樂山), 또는 이요당(二樂堂)이다. 진사로 중종 30년인 1535년에 별시 문과에 병과로 급제하여 승문원 및 지직을 역임하였다. 벼슬이 공조참의(工曹參議)에까지 이르렀으며 《중종실록》의 편찬에 참여한 바 있다. 뒤 〈138〉-1) 참조할 것.

「옥당」이란 홍문관의 별칭, 「선온」이란 임금님이 신하에게 내리는 술을 말함. 한나라 제도에 궁중에서 정월에 술을 담가서 8월에 빚는 것을 구온(九醞)이라고 함. 〈31〉-8)을 보라. 이 때에 퇴계는 홍문관의 응교(應敎)라는 벼슬을 하고 있었는데, 여기 나오는 「선온」 행사가 끝난 뒤에 다시 사가독서(賜暇讀書)를 하러 가면서 이 시를 썼음. 「독서당」에 관해서는 역시 〈26〉-1)을 보라.

一色山川玉界寒[3]
일 색 산 천 옥 계 한

산천은 한결같이
신선 세계 같은데 차네.

箇裏群仙多一念[4]
개 리 군 선 다 일 념

저 가운데 있는 여러 신선들
한 가지 생각 더 할 것이니,

淸尊終夕待吾還[5]
청 준 종 석 대 오 환

맑은 술잔 들고 밤새우면서
내가 돌아갈 것을 기다리겠지.

2 | 연망(延望) : 고개를 뽑아 멀리 바라본다는 뜻임. 삼국시대 위나라 문제(文帝) 조비(曹丕)의 〈제수를 읊음(濟川賦)〉「고개 숙여 부추꽃과 마름 쪼으고, 고개 들어 두약과 향초를 먹네. 길게 부르고 길이 읊조리며 고개를 빼고 서로 바라보네.」(俯唼菁藻, 仰餐若芳, 永號長吟, 延首相望)

해중산(海中山) : 바다 속에 있는 신선이 노는 산이란 뜻인데, 여기서는 곧 동호(東湖)에 있는 독서당(讀書堂)을 말함. 당 태종 이세민(李世民)이 문학관(文學館)을 열고서 18학사를 초청하였는데, 거기에 발탁되는 것을 「영주(바다 속에 있는 신선이 사는 산)에 오른다」(登瀛洲))라고 불렀다 함. 앞의 〈28〉-4)를 보라. 여기서 「바다」는 실제로는 한강(漢江)을 말함. 그때 독서당이 동호의 송암(松菴 : 지금의 서울 금호동?)에 있었기 때문임.

3 | 옥계(玉界) : 하늘이라는 뜻과 벽옥 같이 맑고 깨끗한 신선의 세계란 뜻이 있는데 여기서는 후자의 뜻으로 쓰였음. 남송 문천상(文天祥)의 〈난초진(亂礁津)〉「온갖 풍경은 그림과 같고, 모든 낭떠러지는 신선 세계와 같네.」(萬象畵圖裏, 千崖玉界中)

4 | 군선(群仙) : 곧 1)에 나온 네 사람을 말함.

5 | 청준(淸尊) : 「尊」자는 「樽」 또는 「罇」자와 통함. 우리나라의 옛 말로는 「바리」라고 풀었는데, 큰 술잔임.

130~131. 次韻景說・景霖. 二首[1]

민기와 남응림이 지은 시의 각운자에 맞추어 지음. 두 수

130

朽拙身多病 후 졸 신 다 병	낡고 보잘 것 없는 몸에 병이 많아서,
繁華意易闌[2] 번 화 의 이 란	번화한 조정 벼슬 마음에 지치기 쉽네.
那知宣札下 나 지 선 찰 하	어떻게 알았으리오? 임금님 편지 내리시어,
復入道山間[3] 부 입 도 산 간	다시 독서당에 들어와서 글을 읽게 될 줄을?

1 | 바로 위에 나오는 시에 이어, 이 시도 사가독서를 하면서 쓴 것임.

2 | 난(闌) : 다하다, 쇠잔하다의 뜻임. 《고금운회거요》에서는 「다하다」(盡也)라 하였고, 《자휘(字彙)》에서는 「쇠잔하다」(殘也)라 했다.

3 | 도산(道山) : 독서당을 말함. 자세한 것은 〈55〉-12)를 보라.

自愧荒疎學
자 괴 황 소 학

스스로는 거친 학문이
허물어진 것을 부끄럽게 여기나,

人驚醜瘦顔
인 경 추 수 안

남들은 다 놀라네,
누추하고 마른 나의 얼굴에.

感君加策勵[4]
감 군 가 책 려

그대들 나를 격려해준 것을 감사하나,

獲寶不知還[5]
획 보 불 지 환

보물을 얻고도 아직 돌려드리지 못하였네.

4 | 책려(策勵) : 독려하다의 뜻임. 《송사 · 섭적의 전기(葉適傳)》「지금 여러 신하들을 둘러보니 전자와 후자가 번갈아 나서거니 물러서거니 하는데 …… 그 가운데 이 뜻을 품고서 희망을 기다리도록 독려할 수 있는 자가 누구이리오?」(今環諸臣, 前者後者, 迭進迭退, …… 其抱此志意而可以策勵期望者誰乎?)

5 | 획보불지환(獲寶不知還) : 《고증》「살펴보건대 시의 뜻은 두 사람의 격려하는 뜻을 얻었음이, 꼭 보물을 얻은 것과 같으나 어떻게 보답할 도리가 없다는 것이다.」(案詩意, 得兩君策勵之意, 如獲寶玩, 不知所還答也)
《요존록》「퇴계선생의 《만죽산방집첩(萬竹山房集帖 : 명나라 오흥(吳興) 사람 당경신(唐敬信)이 당 · 송시대의 문인들의 편지 글씨를 모아둔 책)》 뒤에 적은 〈발문(跋文)〉을 보면, 『내가 한양성의 서쪽에 살고 있을 때에 친구인 남경림과 서로 내왕하면서 이 글씨 첩이 그 집에 있는 것을 처음 보았다. 그래서 빌리게 되었는데 그 즐거움은 값진 벽옥을 손에 쥔 것이나 다를 바가 없었다. ……』라고 하였는데, (여기서 보물을 얻었다는 것은) 아마 이것을 말하는지도 모르겠다.」(先生題萬竹山房集帖跋曰, 余寓漢陽城西, 與故人南景霖相往來, 始見帖於其家. 從而借得, 則其爲喜幸, 不啻如拱璧之獲云云, 疑或指此) 〈제만죽산방집첩발〉은 《퇴계집》 권43에 있음.

131

相見新詩好 상 견 신 시 호	받아본 새 시가 좋아서,
相思舊恨闌 상 사 구 한 란	생각하던 묵은 한이 사라지네.
三餘蓬觀裡[6] 삼 여 봉 관 리	세 가지 나머지 시간에 독서당에서,
萬卷碧窓間 만 권 벽 창 간	만 권 책을 푸른 창가에서 읽네.
病劇無遺力 병 극 무 유 력	병이 심하여 공부에 힘쓸 수 없으니,

6 | 삼여(三餘) : 한가하여 여가가 있는 때를 말함. 《삼국지 · 위지 · 왕숙의 전기(魏志 · 王肅傳)》에서 배송지(裴松之)가 인용한 위나라 어환(魚豢)의 《위략(魏略)》「동우는 자가 계직인데 성질이 어눌하고 학문을 좋아했다. …… 좇아서 학문을 배우려는 사람이 있으면 동우는 가르치고 싶지 않아서 『마땅히 제자백가의 글을 먼저 읽어야 한다.』라 하고는 말하기를 『제자백가의 글을 다 읽으면 뜻이 절로 밝아진다.』라 하였다. 배우고자 하는 자가 말하기를 『피곤하고 지쳐서 여가가 없습니다.』라 하니, 동우는 말했다. 『세 나머지 시간에 하면 된다.』 그 중에 누가 세 여가의 뜻을 물으니 , 동우가 이르기를 『겨울은 한 해의 나머지이며, 밤은 한낮의 나머지이며, 장마철은 농사를 짓는 때의 나머지이다.』라 하였다.」(董遇字季直, 性質訥而好學. …… 人有從學者, 遇不肯敎而云, 必當先讀百篇. 言, 讀書白篇而義自明. 從學者云, 苦渴無日. 遇言, 當而三餘. 或問二餘之意, 遇言, 冬者歲之餘, 夜者日之餘, 陰雨者時之餘) 이러한 나머지 시간에 공부를 하여야 한다는 뜻임.

봉관(蓬觀) : 중국에서 도가(道家)들의 전설에 동해 가운데 있는 봉래산(蓬萊山)에 신비한 책들이 많이 소장되어 있다고 하였기 때문에 조정의 문인들이 모이는 도서관을 「봉관」(蓬觀)라고 하였고, 이조 때에는 동호 독서당을 이렇게 부르기도 하였다고 함. 자세한 것은 〈55〉-12)를 보라.

恩深只厚顔
은 심 지 후 안

임금님의 은혜 깊을수록
얼굴이 뜨겁기만 하네.

誠難效犬馬[7]
성 난 효 견 마

정말 어렵구나!
견마의 정성을 나타내기가,

非是故言還[8]
비 시 고 언 환

고의로 돌아간다고 말하는 것은 아닐세.

7 | 견마(犬馬) : 《사기 · 급암의 전기(汲黯列傳)》 「신은 개나 말같이 윗사람을 위하여 분주하게 쫓아다닐 성의는 있습니다.」(臣有狗馬之誠)

8 | 고언환(故言還) : 《요존록》 「병이 심하여 견마의 정성을 나타내기도 어렵다는 것을 힘주어 말하였기 때문에, 반드시 물러나야 되겠다는 것을 구한 것이지, 억지로 돌아가겠다는 것을 말한 것은 아니다.」(言病劇難效犬馬之力, 故必求退身, 非是强言還歸也)

132. 雪竹歌[1]

눈속의 대나무를 노래함

漢陽城中三日雪
한 양 성 중 삼 일 설

한양 성 중에
사흘 동안 내린 눈에,

門巷來人遽隔絕
문 항 내 인 거 격 절

문밖 골목에는 찾아오는 이
갑자기 끊어졌다네.

病臥無心問幾尺
병 와 무 심 문 기 척

병들어 드러누워 무심하게
몇 자나 왔느냐고 묻고 나니,

唯覺衾裯冷如鐵[2]
유 각 금 주 냉 여 철

오직 느껴지네, 홑이불
차갑기가 쇠와 같음을.

1 | 《퇴계가연표》 정미년(丁未年 : 1547년, 퇴계47세) 겨울 조 「사흘 동안 내린 큰 눈으로 대가 꺾여버릴까 병상에서 근심하다가 지팡이를 짚고 나가 보았더니, 천 길 높이 솟아 꿋꿋이 서 있는 것을 보고 안심하여 노래 한 편을 읊었다. 이 노래에는 그때의 정치와 간흉(姦凶)에게 시달려 꺾이는 어진 사람을 사모하는 깊은 뜻이 담겨 있다.」 755~756쪽.

2 | 금수냉여철(衾裯冷如鐵) : 당나라 두보의 〈띠집이 가을 바람에 무너진 것을 노래함(茅屋爲秋風所破歌)〉 「홑이불은 여러 해 되어 차갑기가 쇠와 같은데, 짓궂은 아이놈 잠버릇 나빠, 속까지 차서 찢어놓네.」(布衾多年冷如鐵. 嬌兒惡臥踏裏裂) 송나라 소식의 〈눈온 뒤 북대의 벽에 적다(雪後書北代壁)〉 「다만 느끼겠네, 이불과 잠옷에 물이 번지는 듯함을, 알지 못하겠네, 집안과 정원에 이미 소금과 같은 흰 눈이 쌓였음을.」(但覺衾裯如潑水, 不知庭園已堆鹽)

幽軒綠竹我所愛[3] 유 헌 녹 죽 아 소 애	그윽한 마루 난간 앞의 푸른 대는 내가 사랑하는 것인데,
夜夜風鳴如戛玉[4] 야 야 풍 명 여 알 옥	밤이면 밤마다 바람에 우네, 마치 옥을 때리는 듯이.
兒童驚報導我出 아 동 경 보 도 아 출	어린 아이 놀라서 고하며 나를 인도하고 나갈세,
携杖來看久嘆息 휴 장 래 간 구 탄 식	지팡이 짚고 와서 살펴보고는 오랫동안 탄식하였네.
梢梢埋沒太無端[5] 초 초 매 몰 태 무 단	줄거리마다 다 묻히어 거의 끝머리를 찾을 수 없고,

3 | 유헌녹죽(幽軒綠竹) : 송나라의 승려인 청순(淸順)의 〈십죽헌(十竹軒)〉「성안의 한 치 땅은 한 치의 금이나 같아, 그윽한 마루 앞에 대나무 심으니 다만 열 그루 정도라네.」(城中寸土如寸金, 幽軒種竹只十個)

4 | 알옥(戛玉) : 옥조각을 두드린다는 말인데, 맑고 부드러운 소리가 귀에 선명하게 들어오는 것을 형용함. 신라 최치원(崔致遠)의 〈돌 봉우리(石峯)〉「우유가루 점찍은 듯한 흰 그림자는 새로운 눈으로 치장한 것인데 옥을 두드리는 듯한 밝은 소리는 작은 샘물이 솟는 듯하네.」(點酥寒影粧新雪, 戛玉淸音噴細泉)
당나라 오융(吳融)의 〈변상관(汴上觀)〉「바다에 이르니 근심도 조개가 태껍질 잃은 듯하고, 천 리에 맑은 바람 불어오니 옥을 두드리는 듯한 소리 들리네.」(到海須憂蚌失胎, 千里好風淸戛玉)《고증》「소동파의 시에 『옥소리 차게 나니 위천의 가을일세.』라는 구절이 있다.」(坡, 玉聲寒戛渭川秋) 소식의 시에는 이런 구절이 보이지 않는다.

枝枝壓重皆欲折 지 지 압 중 개 욕 절	가지마다 무게에 눌리어 다 부러질 것 같네.
最憐中有一兩竿 최 련 중 유 일 량 간	가장 어여쁜 것은 그중에도 한 두 줄기가,
高拔千尋猶抗節 고 발 천 심 유 항 절	천 길이나 우뚝 솟아 꼭 절개를 버티는 듯.
不愁虛心受凍破[6] 불 수 허 심 수 동 파	근심하지 않네, 속이 비어 얼어서 깨어짐을 당함을,
無奈老根迸地裂[7] 무 내 로 근 병 지 렬	어찌하리? 늙은 뿌리 땅을 가르고 나옴을.

5 | 초초(梢梢) : 「초(梢)」자는 곁가지가 없는 긴 가지.
매몰태무단(埋沒太無端) : 주자의 〈극기(克己)〉「보배로운 거울 그 해에 쓸개까지 차게 비추었는데, 지금까지 쓸데없는 일에 매몰되어 너무나 두서가 없었네.」(寶鑑當年照膽寒, 向來埋沒太無端)

6 | 허심(虛心) : 당나라 유암부(劉巖夫)의 〈대나무를 심고서(植竹記)〉「(대나무가) 속은 비었으면서도 곧은 곧아서 아무 것도 은폐하는 것이 없음은 그 성격이 충성스럽기 때문이라고 할 수 있다.」(虛心而直, 無所隱蔽, 忠也)《전당문》권739. 당나라 백거이(白居易)의 〈대나무를 기르며(養竹記)〉「대나무의 속은 비었다. 비었기 때문에 도를 체득할 수 있다. 군자는 그 속을 본다면 마음을 비우고서 허심탄회하게 도를 받아들이는 방법을 응용할 것을 생각하게 될 것이다.」(竹心空, 空以體道. 君子見其心, 則思應用虛受者)《백거이집》권43.

杲杲太陽頭上臨[8]
호 호 태 양 두 상 림

밝고 밝은 태양이
머리 위에 떠 있으니,

不應彩鳳終無食[9]
불 응 채 봉 종 무 식

마땅하지는 않으리라, 저 붉은 봉황새
끝내 먹을 것 없다는 것이.

7 | 병지렬(迸地裂) : 당나라 한유(韓愈)의 〈새로 나는 대나무를 적음(題新竹)〉「드문드문하게 남은 숲을 교묘하게 도우려 함이요, 솟음은 땅을 다투는가 싶네.」(稀生巧補林, 迸出疑爭地) 송나라 소식의 〈대야장로에게 물어 도화다를 동파에 심기를 빌며(問大冶長老, 乞桃花茶栽東坡)〉「봄이 오니 언 땅이 갈라지고, 자줏빛 차나무 순이 빽빽하게 솟아 벌써 날카롭네.」(春來凍地裂, 紫笋森已銳)

8 | 호호(杲杲) : 당나라 한유의 〈형산의 산신묘를 배알하고서 …… (謁衡嶽廟)〉「원숭이 울고 종소리 울려도 날 새는 줄 몰랐는데, 밝고 밝은 차가운 해가 동쪽에서 솟아오르네.」(猿鳴鍾動不知曙, 杲杲寒日生於東)

9 | 채봉종무식(彩鳳終無食) : 《한시외전(韓詩外傳)》 권9의 〈대아 · 구부렁한 언덕(大雅 · 卷阿)〉「봉황새 날면서 날게 퍼득이다 머물 곳 찾아 내려 앉네.」(鳳凰于飛, 翽翽其羽, 亦集爰止)에 대한 주석「봉황새가 이에 황제(黃帝)의 동쪽 동산에 내려 앉아 황제의 오동나무에 모였으며, 황제의 대나무 열매만 먹으면서 죽을 때까지 떠나지 않았다.」(鳳乃止帝東園, 集帝梧桐, 食帝竹實, 沒身不去)

133. 冬日甚雨, 已而大雪, 喜而有作[1]

겨울날 비가 많이 내리다가 이윽고 큰 눈이 내렸다. 즐거워서 짓는다

北風怒起萬木號
북 풍 노 기 만 목 호

북쪽 바람 노하여 일어나니
만 가지 나무 울부짖고,

黝雲四合如飜濤[2]
유 운 사 합 여 번 도

검푸른 구름 사방에서 모여드니
꼭 파도가 뒤집혀지는 듯.

山蒸礎潤氣鬱沈[3]
산 증 초 윤 기 울 침

산에 구름 많으니 주춧돌 축축해지고
천지의 기운 침울해지더니,

1 | 바로 위에 나온 시와 같은 해 겨울에 지은 것으로 보임.

2 | 유운(黝雲) : 조금 푸르면서도 검은 색을 띤 구름.

3 | 산증초윤(山烝礎潤) : 《회남자 · 설림훈(淮南子 · 說林訓)》「산의 구름이 많으면 기둥 아래 주춧돌이 축축해지며, (소나무 뿌리인) 복령을 파내면 토사는 죽는다.」(山雲烝, 柱礎潤. 伏苓掘, 兎絲死)
당나라 백거이(白居易)의 〈한 시랑의 비를 괴로워한 시에 화답함(和韓侍郞苦雨)〉「축축한 기운 기둥 밑 주춧돌에 서리고, 번거로운 소리 기왓골을 따라 흐르네.」(潤氣凝柱礎, 繁聲注瓦溝)

雨聲晝夜聞嘈嘈[4]
우 성 주 야 문 조 조

빗소리 밤과 낮으로
시끄럽게 들리네.

當冬汔可石燕蟄[5]
당 동 흘 가 석 연 칩

겨울이 되면 아무쪼록
돌제비도 숨을 만한데,

此日怪見商羊跳[6]
차 일 괴 견 상 양 도

이 날에는 괴상함이 나타나네,
상양이 춤추는 것이.

4 | 조조(嘈嘈) : 시끄럽다[喧嘈]는 뜻임.

5 | 흘가석연칩(汔可石燕蟄) : 「汔」(흘)자는 「아무쪼록 (…… 하였으면 좋겠다)」라는 식으로 희망을 나타내는 부사어. 《시경 · 대아 · 백성들이 수고함(民勞)》「백성들이 정말 수고하였으니, 아무쪼록 조금만 쉬도록 해야겠네.」(民亦勞止, 汔可少康)
석연(石燕) : 돌제비. 호남성(湖南省) 영릉(零陵)에 있는 산이름. 북위(北魏) 역도원(酈道元)의 《수경의 주석 · 상수(水經注 · 湘水)》「동남쪽의 석연산 동쪽을 거쳐서 흐르는데, 그 산에 있는 감색 돌들이 제비의 형상을 하고 있어 산의 이름으로 삼았다. 그 돌은 크기도 하고 작기도 한 것이 꼭 어미와 새끼 같고, 우레가 치고 바람이 불면 이 돌제비들이 떼를 지어 날아다니는데 오르락 내리락 하는 것이 마치 정말 살아 있는 제비와 같았다. 나군장은 말했다. 『이제는 제비가 더 이상 꼭 날지는 않는다.』」(東南流逕石燕山東, 其山有石紺而狀燕, 因以山名. 其石或大或小, 若母子焉, 及其雷風相薄, 則石燕羣飛, 頡頏如眞燕矣. 羅君章云, 今燕不必復飛也) 또 박쥐를 보고 석연이라 하기도 함.

6 | 상양(商羊) : 새 이름. 《공자가어 · 정치를 설명함(孔子家語 · 辯政)》「제나라에 발이 하나 뿐인 새가 있는데 조정으로 날아와 궁전 앞에 내려앉아 날개를 펴고 춤을 추었다. 제나라 임금인 후작이 매우 괴이히 여겨 노나라로 사람을 보내어 공자에게 물으니, 공자가 이르기를 『이 새는 상양(商羊)이라고 하는데, 비가 올 징조다. 옛날에 한 아이가 그 한 다리를 꺾어서 두 눈썹을 떨면서 뛴다. 그러면서 노래부르길 「하늘에서 큰비가 오려면 상양이 춤을 춘다.」라 하였다. 지금 제나라에 상양이 왔으니 큰비가 내릴 것이다. 급히 백성들에게 도랑과 시내를 치고, 제방을 보수하라 하시오. 곧 큰 비가 올 것입니다.』라 하

直恐渺漫百川溢
직 공 묘 만 백 천 일

곧바로 겁이 나네, 넘실넘실
온 냇물이 넘어버릴까 하였더니,

已覺橫流千瀆豪
이 각 횡 류 천 독 호

이미 깨닫겠네, 가로질러
도랑마다 넘침을!

愆陽發洩龍戰野[7]
건 양 발 설 룡 전 야

지나친 양기陽氣 발설되어
용이 들판에서 싸우고,

였다. 얼마후에 큰 장마가 져서 물이 여러 나라에 넘쳐 백성들에게 해를 끼쳤으나 제나라만은 방비가 되어 있어 피해를 보지 않았다.」(齊有一足之鳥, 飛習於公朝, 下止於殿前, 舒翅而跳. 齊侯大怪之, 使使聘魯問孔子, 孔子曰, 此鳥名商羊, 水祥也. 昔童兒有屈其一脚, 振訊兩眉而跳. 且謠曰, 天將大雨, 商羊鼓儛. 今齊有之, 其應至矣. 急告民趨治溝渠, 修堤防, 將有大水爲災. 頃之, 大霖雨, 水溢泛諸國, 復害民人, 唯齊有備不敗)

당나라 이단(李端)의 〈형문가(荊門歌)〉「스스로는 바로 상주의 돌제비가 날아온 것이니(비가 많이 와서 상수의 물이 불어 양자강과 합류되는 형문 근처에 물이 많다는 뜻), 어찌 상관하랴? 제나라 땅에 상양이 춤추는 것을.」(自是湘州石燕飛, 那關齊地商羊舞) 《複音詞集林》 3~333에서 재인용.

7 | 건양발설(愆陽發洩) : 「건양」은 양기가 너무 많다는 뜻임. 《좌전 · 소공(召公) 4년》「겨울에는 건양이 없었다.」(冬無愆陽) 당나라 장구령(張九齡)의 〈임금께서 지으신 촉룡재의 제사에 지으신 시에 삼가 화답하여(奉和聖製燭龍齋祭詩)〉「유월이라 더위 다 가는데 사방이 너무 덥다.」(六月徂暑, 四郊愆陽)

용전야(龍戰野) : 용전이란 음효(陰爻)와 양효(陽爻)가 격렬하게 다툼을 말함. 《주역 · 곤괘(坤卦)》「용이 들에서 싸우니 그 피가 검누르다.」(龍戰于野, 其血玄黃) 주석[疏]「음이 극성하여 양(陽) 같으므로 용이라 일컫은 것이다. 성해지기를 마지 않으니 본래 양(陽)의 지위이지만 양이 견디다 못하여 양기의 용이 이와 맞싸움을 하는 것이다.」(陰盛似陽, 故稱龍焉. 盛而不已, 固陽之地, 陽所不堪, 故陽之龍, 與之交戰) 신호열 《국역퇴계시 I》 참고.

冥頊斂縮如藏逃[8]
명 욱 렴 축 여 장 도

현명玄明과 전욱顓頊은
움츠려 도망가서 숨은 듯하네.

爾來寒燠苦不常[9]
이 래 한 욱 고 불 상

그때부터 추위와 더위
정말 고르지 않아서,

饑荒疫癘民嗷嗷[10]
기 황 역 려 민 오 오

흉년 들고 병 돌아서
백성들 울부짖네.

腐儒無策謾多憂[11]
부 유 무 책 만 다 우

쓸모없는 선비들은 아무 계책 없어
부질없이 걱정만 하고,

8 | 명욱렴축(冥頊斂縮) : 《예기 · 월령(月令)》「마지막 겨울 달에는 그 달을 관장하는 임금은 전욱이고, 그 달을 보살피는 귀신은 현명이다.」(季冬之月, 其帝顓頊, 其神玄明)

9 | 한욱(寒燠) : 「寒奧」(한오)라고도 하며 추위와 더위를 말함. 《한서 · 천문에 관한 기록(天文志)》「그러므로 해가 들어오면 덥고 해가 물러나면 춥다. 만약 해가 남북쪽의 절기를 잃는다면 햇빛이 과도하여 오래도록 언제나 더울 것이고, (해가) 물러나 짧은 기간 항상 더울 것이다.」(故日進爲暑, 退爲寒. 若日之南北失節, 晷過而長爲常寒, 退而短爲常燠)

10 | 오오(嗷嗷) : 「嗸嗸」와 같으며 슬피 우는 소리를 말함. 《시경 · 소아 · 기러기(鴻雁)》「기러기가 날아가다 끼룩끼룩 슬피 우네.」(鴻雁于飛, 哀鳴嗸嗸) 한나라 허신의 《설문해자》「오는 여러 사람의 입에서 나오는 근심소리이다.」(嗷, 衆口愁也) 당나라 황보식(皇甫湜)의 〈길주자사의 관청 벽에 적다(吉州刺史廳壁記)〉「옛날에는 백성들 근심스러워 하였지만, 지금은 백성들 즐거워하네.」(昔民嗷嗷, 今民咍咍)

11 | 부유(腐儒) : 세상 물정에 어두운 쓸모 없는 선비. 《순자 · 비상(荀子 · 非相)》「그렇기

聖上焦思精貫高[12]
성 상 초 사 정 관 고

임금님께서는 노심초사하시어
정성精誠이 해를 꿰었네.

曉來風色忽已變[13]
효 래 풍 색 홀 이 변

새벽부터 날씨
홀연히 벌써 변하니,

滕六贔屭陰機挑[14]
등 륙 비 희 음 기 도

등륙이 큰 힘 내어
남몰래 농간을 부리네.

初看霰集如撒鹽[15]
초 간 산 집 여 살 염

처음에는 자세히 보니 싸락눈
모임이 소금을 뿌린 것 같더니,

때문에 《주역》에 이르기를 『주머니만 거머쥐고 있으면 허물이 없고 칭찬도 없다』고 하였으니, 썩은 선비를 두고 이름이다.」
당나라 두보(杜甫)의 〈강수와 한수(江漢)〉「강수와 한수를 보면서 (이 두 물줄기가 합하여 바다로 들어가듯이) 고향으로 돌아갈 것을 생각하는 나그네가 있으니, 하늘과 땅 사이에 아무 쓸모도 없는 한 선비일세.」(江漢思歸客, 乾坤一腐儒)

12 | 정관고(精貫高) : 《삼국의 역사 · 위나라의 역사 · 무제의 본기(魏志 · 武帝紀)》「임금께서 큰 정권을 잡으시니, 정기는 밝은 해를 꿰었고, 무력의 위세를 떨치시자, 신 같은 책략을 운용하셨습니다.」(君執大節, 精貫白日, 奮其武怒, 運其神策)

13 | 풍색(風色) : 바람의 기세, 날씨. 당나라 이태백의 〈왕력양이 술을 마시지 않으려는 것을 조롱하여(嘲王歷陽不肯飮酒)〉「땅은 희고 날씨 추워지는데, 눈송이는 손바닥만큼 크네.」(地白風色寒, 雪花大如手)

頃刻眩眼吹鵝毛16
경 각 현 안 취 아 모

어느 사이에 눈 앞에 현란함이
거위털을 불어 놓은 듯하네.

莫嫌潢汚旋消融17
막 혐 황 오 선 소 융

아쉬워하지 말라, 웅덩이에
떨어져 곧 녹아 버린다고,

漸見高低渾蓋韜18
점 견 고 저 혼 개 도

차츰 보게 될 것이니,
높고 낮은 곳이 다 덮이게 되는 것을.

14 | 등륙(滕六) : 당나라 우승유(牛僧孺)가 지은 《유괴록 · 등륙이 눈을 내리고 손이가 바람을 일으키다(幽怪錄(《玄怪錄》이라고도 함) · 滕六降雪巽二起風)》「진주의 자사 소지충이 섣달 그믐날을 기하여 장차 사냥을 가려고 하였다. 이보다 하루 앞서 어떤 나뭇꾼이 날짐승이며 길짐승 백여 마리가 현연사자에게 비는 것을 보았는데, 사자는 늙은 사슴들에게 동곡의 암사에게 가서 빌어보라고 하였다. 암사는 『등륙으로 하여금 눈을 내리게 하고, 손이로 하여금 바람을 일으키게 하면 소자사가 사냥을 떠나지 못할 것이다.』라고 하였다. 날이 밝지도 않았는데 별안간 큰 바람과 눈이 갑자기 몰아쳐 소자사는 나갈 수도 없게 되었다.」(晋州刺史蕭至忠, 將以臘日出獵. 前一日, 有樵者見禽獸百許, 祈於玄宴使者, 使者令老麋祈于東谷巖四. 巖四曰, 若令滕六降雪, 巽二起風, 不復遊獵矣. 天未明忽風雪大作, 刺史不復出) 이 고사는 송나라 이방(李昉)의 《太平廣記》 권 441에도 인용되어 있는데 암사가 엄사(嚴四)로 되어 있고 내용이 훨씬 구체적이고 상세하다.
「등륙」(滕六)과 「손이」(巽二)는 모두 엄사(嚴四)의 친구들인 도사들임. 《태평어람(太平御覽)》 12권에서는 《한시외전(韓詩外傳)》을 인용하여 이렇게 말하고 있다. 「무릇 모든 초목의 꽃은 대부분 꽃잎이 다섯이지만, 눈꽃만은 유독히 여섯이다. 눈꽃은 진눈깨비라고 한다.」(凡草木花多五出, 雪花獨六出. 雪花曰霙) 「滕」(등)은 성이고, 「육」은 형제들 중에서 여섯째라는 뜻이지만, 눈꽃의 형태가 육각형이어서 눈의 별칭으로 불린다.
비희(贔屭) : 크게 힘을 쓰는 모양. 〈71〉-10)을 보라.
음기(陰機) : 당나라 한유(韓愈)의 〈신묘년의 봄눈(辛卯年雪)〉「앞뒤 가리지 않고 마구 쏟아져서 온 대지를 짓이겨 놓은 것 같고, 와와하고 떠들면서 백제(白帝-겨울의 신)가

乾坤浩蕩無際涯
건 곤 호 탕 무 제 애

하늘과 땅 넓고 넓어
끝난 곳이 없고,

萬境合沓同周遭[19]
만 경 합 답 동 주 조

온 세상 높고 넓은 곳
한 울타리 안이 되어 버렸네.

豊年作瑞古所云
풍 년 작 서 고 소 운

풍년이 들 상서로운 조짐 이루었다
옛날부터 이르는 바이니,

남 몰래 농간을 부리는 것 같네.」(翕翕陵厚載, 譁譁弄陰機)

15 | 산집여살염(霰集如撒鹽) : 남조 송나라 유의경의 《세설신어 · 언어(世說新語 · 言語)》「사태부(謝太傅, 이름은 安)가 춥고 눈이 내리는 날, 안방에 모여서, 집안 아이들과 글의 뜻을 강론하였다. 그때 마침 눈이 갑자기 쏟아지자, 공이 즐거워하면서 『백설이 분분함이 꼭 무엇과 같으뇨?』라고 물었다. 형의 아들인 호아(胡兒 : 본명은 朗)는 『공중에 소금을 뿌린 것과 견줄 수 있을런지요?』라고 말하였고, 형의 딸(이름은 道蘊)은 『버들솜이 바람에 따라서 나부끼는 것 같지 않은지요?』라고 말하니, 공이 크게 웃으며 기뻐하였는데, 곧 공의 큰형님 무혁의 딸이요, 좌장군인 왕응지의 처였다.」(謝太傅寒雪日內集, 與兒女講論文義. 俄而雪驟, 公欣然曰, 白雪紛紛何所似? 兄子胡兒曰, 撒鹽空中差可擬. 兄女曰, 未若柳絮因風起. 公大笑樂. 卽公大兄無奕女, 左將軍王凝之妻也) 색인본 22판.

16 | 취아모(吹鵝毛) : 당나라 백거이의 〈봄눈(春雪)〉「크기는 거위 털이 떨어지는 듯하고, 빽빽하기는 옥가루가 나부끼는 듯하네.」(大似落鵝毛, 密如飄玉屑) 〈59〉-24) 소식의 시를 보라.

17 | 황오(潢汚) : 「潢汙」와 같음. 낮은 곳에 움푹하게 패여 물이 고여 흐르지 않는 것. 《좌전 · 은공(隱公) 3년》「정말 밝은 믿음이 있다면 …… 움푹 패인 길바닥의 물이라도 귀신에게 바칠 수 있을 것이다.」(苟有明信 …… 潢汙行潦之水, 可薦於鬼神)

18 | 개도(蓋韜) : 잘 덮고 감춘다는 뜻인데 딴 데서 사용한 예를 별로 찾지 못하겠음. 「韜」자는 원래 활집이란 뜻인데 활을 넣어둔다는 뜻이 인신(引申)되어 「감춘다」(藏), 「너그럽다」(寬)는 뜻으로도 쓰이게 되었음.

千尺藏蝗那肆饕[20]
천척장황나사도

천 자나 들어가 숨은 황충들
어떻게 마음대로 탐욕을 부릴까?

天民天恤理則然
천민천휼리칙연

하늘의 백성을 하늘이 구휼하는 것이
이치인즉 당연한 것이나,

導迎佳祥宜更勞
도영가상의갱로

좋고 상서로움을 인도하여 들이기
위해서는 더욱 노력함이 마땅하네.

19 | 합답동주조(合沓同周遭) : 「合沓」은 「높고 큰」 모습을 나타내는 첩운(疊韻--두 글자가 자음 이외의 발음이 같은 것)으로 된 의태어(擬態語). 《연면자전(聯綿字典)》 626쪽 참조. 「주조」(周遭)는 「주위」(周圍)라는 뜻과 같음. 당나라 유우석(劉禹錫)의 〈석두성(石頭城)〉 「산은 옛날 나라 터전을 빙 둘러서 있고, 양자강의 물결은 빈 성을 때렸다가는 적막하게 되돌아 오네.」(山圍故國周遭在, 潮打空城寂寞回)

20 | 천척장황나사도(千尺藏蝗那肆饕) : 송나라 소식의 〈눈온 뒤 북대의 벽에 적다(雪後書北臺壁)〉 「남은 황충(蝗蟲)들 땅에 들어가서 천 자나 깊숙히 숨었을 것이니, 겨울 넘기며 자라는 보리 구름까지 닿도록 키우는 집 몇몇 집이나 되리니.」(遺蝗入地應千尺, 宿麥連雲有幾家) 주석 「눈은 보리에는 좋고 황충에게는 나쁘기 때문에 풍년이 들 상서로운 징조라고 한 것이다. 황충은 알을 땅속에 낳아 두는데, 만약 눈이 한 자 깊이 쌓이면, 알은 한 길[丈] 깊숙히 들어가게 되어 보리가 눈을 얻으면 잘 자라고 좋은 이삭을 맺게 된다는 것이 농부의 말이다.」(雪宜麥而辟蝗, 故爲豐年之祥兆. 蝗遺子於地, 若雪深一尺, 則入地一丈, 麥得雪則滋茂而成稔歲, 此農之語也) 《蘇軾詩集》 권12.
「饕」(도)는 재물이나 먹는 것을 탐내는 것임.

21 | 단본미중재(端本弭衆災) : 여기서 「단」(端)자는 「바로 잡다」의 뜻임. 《진나라의 역사 · 왕도의 전기(晉書 · 王導傳)》 「옛날 훌륭한 임금님들이 제시하신 바른 길은 멀어지고, 화려하고 거짓된 풍속만 번지니, 그렇게 해서는 근본적인 것을 바로 잡고 말단적인 폐단을 고칠 바가 못됩니다.」(先王之道彌遠, 華僞之俗遂滋, 非所以端本靖末之謂也) 《佩文韻府》 권43에서 재인용.

豈惟端本弭衆災[21]
기 유 단 본 미 중 재

어찌 다만 근본을 바로 잡는다고
뭇 재앙을 막을 수 있을까?

中和樂職堪濡毫[22]
중 화 락 직 감 유 호

〈중화〉와 〈낙직〉 시로
붓 끝을 적실 만하네.

流民流民各歸業
류 민 류 민 각 귀 업

흩어진 백성들, 흩어진 백성들
각기 자기의 본업으로 돌아가라,

從今聖澤完爾曹
종 금 성 택 완 이 조

이제부터 임금님의 은택이
너희들을 온전하게 만드리라.

이 구절에서 「본」(本)자는 「농사」(農事)라는 뜻으로 사용된 것 같음. 진(晉)나라 반악(潘岳)의 〈적전(임금이 친히 밭갈이 하는 밭)부(籍田賦)〉「그 말단적인 것(상 · 공업)을 바로 잡는 것은 근본적인 것(농업)을 바로 하는 데 있다.」(正其末也, 端其本) 위와 같은 책 참조.

22 | 중화락직감유호(中和樂職堪濡毫) : 《한나라의 역사 · 왕포의 전기(漢書 · 王褒傳)》「(한나라 宣帝 때의) 왕포는 자가 자연으로 촉땅 사람이었다. …… 익주자사인 왕양이 그 곳 일반 백성들의 기풍을 진작시키어 교화시키고자 하였는데, 왕포가 빼어난 재주가 있음을 듣고 만나볼 것을 청하여 정치가 화평하다는 뜻을 담은 〈중화〉, 벼슬아치들이 맡은 일을 즐거이 수행한다는 내용의 〈낙직〉, 좋은 교화가 골고루 미치지 않은 곳이 없다는 뜻을 담은 〈선포시〉를 짓게 하고, 예악을 좋아하는 사람들을 뽑아서 《시경》의 〈녹명(鹿鳴)〉 장의 가락에 맞추어 노래부르게 하였다.」(王褒字子淵, 蜀人也. …… 益州刺史王襄欲宣風化於衆庶, 聞王褒有俊材, 請與相見, 中和樂職宣布詩, 選好事者令依鹿鳴之聲習而歌之)
「유호」(濡毫)는 붓에다 먹을 적신다는 말이니, 곧 글을 짓는 것을 말한다. 당나라 위응물(韋應物)의 〈유시랑 나리께서 보내주신 글에 보답하여(酬劉侍郎使君)〉「붓 끝을 적시어 적어 보내어 주신 뜻 정성스러워 한번이라도 걱정하여 주심에 사의를 표하고자 합니다.」(濡毫意僶俛, 一用謝悁勤) 《辭源》 1896쪽 참조.

134. 上聾巖李先生[1]

농암 이선생에게 드리다

高臺新曲賞深秋[2] 고 대 신 곡 상 심 추	높은 대에 오르니 새로운 물구비 감돌아 깊어가는 가을 감상하시는데,
手折黃花對白鷗 수 절 황 화 대 백 구	손에는 누런 국화 꺾어들고서 흰 갈매기 대하고 계시겠지.

1 | 《연보보유 · 정미(丁未 : 1547)》 9월 조 「이 달에 규암 송인수와 준암 이약빙이 조정으로부터 죽음을 받았고, 또 회재 이선생 및 모두 20여 명의 어진 선비가 먼 곳으로 귀양을 가서 선생은 바야흐로 매우 불안에 처해 있던 시기였다. 물러날 것을 구하였으나 바라는대로 되지 않아서, 농암선생이 누런 국화와 흰 갈매기들 틈에서 한적하게 절개를 지키고 있는 것을 회상하고, 흠모하여 우러러 감탄하나 그리되지 못함을 한스러워 하여 마침내 시에 이런 뜻이 있게 되었다.」(是月, 宋圭庵麟壽 · 李罇巖若氷賜死, 晦齋李先生及諸賢二十餘人, 皆竄逐, 先生方於危疑之際. 亦勇退不得, 回想聾巖先生之休閒風節於黃花白鷗之間. 更足以願慕歎仰而恨不同之, 故詩意有此)

仰德至今淸夜夢[3]
앙 덕 지 금 청 야 몽

지금토록 덕망 우러러
　　맑은 밤 꿈속에서 읊조려 보니,

月明時復到中洲[4]
월 명 시 부 도 중 주

달이 밝아 이때쯤 다시
　　모래톱에 이르셨겠지.

2 | 고대신곡(高臺新曲) : 《요존록》「농암과 같이 올라 앉아 놀던 높은 대는 바위 위에 있는데, 실은 분수의 물구비[曲]에 있는 것이다. 혹자는 『신곡』(新曲)이란 바로 〈어부사〉를 가리킨다고도 하나, 아마 그렇지는 않은 것 같다.」(聾巖等臺于巖上, 實汾水之曲也. 或云新曲指漁父詞, 恐未然)

3 | 청야(淸夜) : 맑고 고요한 밤. 한나라 사마상여(司馬相如)의 〈장문궁을 읊음(長門賦)〉「밝은 달 걸리어 스스로 비춤이여, 깊은 규방에 맑고 고요한 밤 깊어가네.」(懸明月而自照兮, 徂淸夜於洞房)

4 | 중주(中洲) : 모래톱. 《초사 · 구가 · 상군(九歌 · 湘君)》「상군이시여, 가시지 않고 머뭇거리시니, 도대체 그 누구를 모래톱에 남겨두셨나이까?」(君不行兮夷猶, 蹇誰留兮中洲) 한나라 왕일(王逸)의 주에 「중주는 모래톱이다. 물 가운데 거처할 만한 곳을 모래톱[洲]이라 한다.」(中洲, 洲中也. 水中可居者曰洲)라 했다.

135~137. 病中讀史有感三首[1]

병중에 중국 역사를 읽다가 느낌이 있었다, 세 수

135 史記子貢傳[2]

《사기》의 〈자공의 전기〉를 읽고

一貫微音契聖神[3] 일 관 미 음 계 성 신	하나로 꿰뚫었단 신묘한 말이 공자와 맞아 떨어졌는데,

1 | 퇴계의 시와 역사와의 관계에 대하여 쓴 논문으로는 이화여대의 이혜순(李慧淳) 교수가 단국대 퇴계학연구소에서 간행된 《퇴계학 연구》 제3집에 발표한 〈퇴계의 역사관〉 같은 것이 있다.

2 | 자공은 위나라 사람으로 이름은 단목사(端木賜)이다. 변설에 능했으며, 축재에 뛰어난 소질이 있어서, 공자가 천하를 주유할 때 재정적으로 많은 후원을 하였다. 《논어 · 공야장(公冶長)》을 보면 공자가 자공에게 안회와 비교하여 묻는 대목이 있는데, 자공은 「제가 감히 어떻게 안회를 바라보겠습니까? 안회는 하나를 들으면 열을 알고, 저는 하나를 들으면 둘을 알 뿐입니다.」(賜也, 何敢望回, 回也, 聞一以知十, 賜也, 聞一以知二)라 하였다. 둘을 안다는 것은 〈배우고서(學而)〉 편에서 이른바 「지나간 것을 말해주니 올 것을 안다」(告往知來)는 것을 말하며, 이 대답에서 스스로가 공자의 문하에서 제2인자라는 자부심을 갖고 있음을 단적으로 보여주고 있다. 자공의 전기는 《사기》의 〈공자 제자들의 전기〉(仲尼弟子列傳)에 보인다.

3 | 일관(一貫) : 《논어 · 위나라 영공이(衛靈公)》 「공자께서 말씀하시기를, 『사야! 너는 내가 많이 배우고 그것을 기억하는 사람이라고 생각하느냐?』라 하자, 자공이 대답하였다. 『그

縱橫那肯自輕身[4]
종 횡 나 긍 자 경 신

종횡술 발휘하여 어찌
스스로를 가볍게 처신하려 하리?

固知遷史終難信[5]
고 지 천 사 종 난 신

실로 사마천이 지은《사기》
끝내 믿기 어려움 알았건만,

誰爲靑天洗點塵
수 위 청 천 세 점 진

그 누가 푸른 하늘 위하여
한점 티끌 씻어 주리.

렇습니다. 아닙니까?』 말씀하시기를 『아니다, 나는 하나(의 이치)로 모든 것을 꿰뚫은 것이다.』라 하셨다.」(子曰, 賜也, 女以余爲多學而識之者與. 對曰然. 曰, 非也, 余, 一以貫之) 하나의 이치로 관철하였다는 말은 〈어진이를 이웃함이(里仁)〉의 증삼(曾參)과의 대화에서도 보인다.

성신(聖神) : 고대의 성인을 모두 가리켜하는 말이나, 여기서는 특히 공자를 가리켜 한 말임. 주자(朱子)의 〈중용장구의 서문(中庸章句序)〉「대체로 상고시대에 성인께서 하늘의 뜻을 이어 그 끝을 세운 이래로 도통의 전하여짐이 그 유래가 있게 되었다.」(蓋自上古聖神, 繼天立極, 而道統之傳有自來矣)

4 | 종횡(縱橫) : 《요존록》「전기 중에 오나라를 유세하여 노나라를 구하고, 제나라를 침략하여 월나라를 친 것이 종횡의 일이다.」(傳中言, 說吳赦魯侵齊伐楚, 是縱橫之事) 상세한 것은《사기 · 중니제자열전(仲尼弟子列傳)》에 보인다.

5 | 천사(遷史) : 사마천의 《사기》를 말함. 《고증》「자공이 한번 나아가 유세함에 다섯 나라에 모두 변화가 있었음을 가리켜 말한 것이다.」(指子貢一出遊說, 五國有變而言)

136 史記張良傳[6]

《사기》의 〈장량의 전기〉를 읽고

天授奇謀託異神[7]
천 수 기 모 탁 이 신

하늘이 기묘한 꾀 주어
기이한 신에게 기탁하니,

秦皇驚倒項分身
진 황 경 도 항 분 신

진시황은 놀라 거꾸러지고
항우는 몸 찢어졌네,

可知無欲能超世[8]
가 지 무 욕 능 초 세

욕심 없어 세속의 일
능히 초탈할 수 있음을 알겠으니,

6 | 장량의 자는 자방(子房)이며, 원래 전국시대 한(韓)나라의 재상의 후예로, 그의 모국이 진(秦)나라에게 멸망 당한 것을 분하게 여기어, 진시황을 저격하였다가 실패한 뒤에 한고조를 도와 진을 멸하는 데 큰 공을 세웠다. 그 공로로 유후(留侯)에 봉해졌음. 그의 전기는《사기 · 유후세가(留侯世家)》에 있으며,《한나라의 역사(漢書)》에도 그의 전기가 실려 있다.

7 | 천수기모(天授奇謀) : 하비(下邳)의 흙다리에서 황석공(黃石公)에게 병서《태공병법(太公兵法)》을 전해 받은 것을 말함.《사기 · 유후세가》에는 다음과 같은 이야기가 있다. 「장량이 한번은 한가하게 하비의 흙다리를 걸어서 지나는데, 베옷을 입은 한 늙은이가 장량이 있는 곳에 이르더니, …… 책을 한 권 꺼내더니 말했다.『이 책을 읽으면 왕이 될 사람의 스승이 될 것이야! 10년이 지나면 흥기할 걸세. ……』그러고는 마침내 가버렸는데 다시는 보이지 않았다. 다음날이 밝자 그 책을 보니 바로《태공병법》이었다. 장량은 그 일을 괴이쩍게 여기어 늘 그 책을 외고 읽으며 익혔다. 10년이 지나 진섭 등이 군대를 일으키자 장량 또한 젊은이 백여 명을 모았다. …… 길에서 패공을 만났는데 …… 장량은 여러차례《태공병법》으로 패공을 유세하였는데, 패공은 훌륭히 여겨 늘 그 계책을 썼다. 장량은 다른 사람에게도 말했으나 모두 알아듣지 못하였다. 장량이 말했다.『패공은 거의 하늘이 내리셨구나!』」(良嘗閒從容步遊下邳圯上, 有一老, 衣褐, 至良所, …… 出一篇書曰, 讀此則爲王者師矣. 後十年興. …… 遂去, 無他言, 不復見. 旦日視其書, 乃太公兵法

不似韓彭一網塵[9]
불 사 한 팽 일 망 진

한신 팽월과 같이 속세에서
일망타진되지는 않았다네.

137 晉史潘岳傳[10]

《진나라의 역사晉書》의 〈반악의 전기〉를 읽고

自是錢兄絕有神[11]
자 시 전 형 절 유 신

돈 형님에게는 반드시
귀신이 붙어다닌다고 한 뒤부터,

也. 良因異之, 常習誦讀之. 後十年, 陳涉等兵起, 良亦聚少年百餘人. …… 道遇沛公, …… 良數以太公兵法說沛公, 沛公善之, 常用其策. 良爲他人言, 皆不省. 良曰, 沛公殆天授)

8 | 무욕능초세(無欲能超世) : 장량이 벼슬과 봉록을 마다하고 신농씨(神農氏)의 우사(雨師)인 적송자(赤松子) 같은 신선이 했던대로 따라 노닐기를 자청한 사실을 말함. 〈유후세가〉에 보임.

9 | 한팽(韓彭) : 한고조(漢高祖) 유방(劉邦)의 명장인 한신(韓信)과 팽월(彭越)을 말함. 이들 또한 각기 뛰어난 용맹으로 장량 못지 않은 공로를 세워서 각각 제왕(齊王) 및 양왕(梁王)에 봉하여 졌었지만, 모두 지나친 욕망 등으로 모반을 꾀하다 역적으로 몰려 비참하게 죽음을 당하였다.

10 | 《고증》「반악(247~300)은 자를 안인이라 했으며, 어렸을 때부터 신동이라 일컬어졌다. 글의 기세가 찬란하여 비단을 펼쳐 놓은 것 같았다.」(潘岳字安仁, 少稱奇童. 文勢爛若披錦) 반악은 서진(西晉)의 재사(才士)로 당시의 장협(張協) · 장재(張載) · 장항(張亢) · 육기(陸機) · 육운(陸雲) · 반니(潘尼) · 좌사(左思) 등과 함께 삼장 · 이륙 · 양반 · 일좌로 일컬어졌는데, 문풍과 실제 그의 행동은 정반대였다. 가장 대표적인 예로 〈한가하게 거처함(閑居賦)〉 같은 작품을 들 수 있는데, 글의 내용은 은퇴하여 한가로이 지내고 싶은 심정을 읊은 것이지만 실제로는 고관대작들에게 아첨하여 권세를 좇기에 급급하였다. 그의 전기는 《진나라의 역사(晉書)》 제55권(〈열전〉 제25)에 들어 있음.

清談須與更謀身[12]
청 담 수 여 갱 모 신

청담에 꼭 참여하면서도
다시 자기 살 수단까지 꾀하였다네.

潘郎可惜多才思
반 랑 가 석 다 재 사

반랑은 아깝게도
재주는 많았지만,

11 | 전형절유신(錢兄絶有神) : 서진(西晉) 노포(魯褒)의 〈돈귀신을 논함(錢神論)〉「안은 그 형상이 모나고, 바깥은 그 형상이 둥글다. 움직이고 머무르는데 때가 있고, 나다니고 숨는데 절도가 있어 세상의 신성한 보물이 되었다. 그것을 친근하게 여겨 형님과 같이 대하고, 애칭을 『공방(네모진 구멍이 있다는 뜻)』이라 했다. 잃으면 가난하고 약해지게 되며, 얻으면 부유하고 번창하게 된다. 날개가 없는데도 날아다니며, 발이 없어도 걸어 다닌다. 금으로 된 대문을 밀치고 대궐문으로 들어 간다. 위태로운 것을 안정되게 할 수 있고, 죽은 것을 살릴 수 있으며, 귀한 것을 천박하게 할 수도 있고, 산 것을 죽일 수도 있다. 속담에 『돈에는 귀가 없지만, 귀신도 부릴 수 있다』라는 것이 있다.」(內則其方, 外則其圓. 動靜有時, 行藏有節, 爲世神寶. 親之如兄, 字曰孔方, 失之則貧弱, 得之則富昌. 無翼而飛, 無足而走. 排金門而入紫闥. 危可使安, 死加使活, 貧可使賤, 生加使殺. 諺曰, 錢無耳, 可使鬼) 〈돈귀신을 논함〉은 《진나라의 역사 · 노포의 전기》에 수록되어 전한다. 〈26〉-4)를 보라.

12 | 청담(清談) : 위진(魏晉) 시기에 극성했던 노장사상을 숭상하고, 오묘한 이치[玄理]만 탁상공론하던 기풍을 말함.

모신(謀身) : 《진나라의 역사 · 왕연의 전기(王衍傳)》「이에 아우인 징을 형주태수로, 그리고 집안의 아우인 돈은 청주태수로 삼은 뒤 왕징과 왕돈에게 말하기를 『형주는 양자강과 한수를 방벽으로 삼은 굳건함이 있고, 청주는 바다로 둘러 싸인 험준한 지형을 갖고 있다. 그대들 두 사람이 바깥에 있고 나는 이러한 곳에 근거지를 마련하여 두었으니 족히 어떠한 위기에도 살아남을 '세 구멍'이 만들어졌다고 하겠다.』 이에 식견있는 이들은 그를 천하게 여겼다.」(乃以弟澄爲荊州, 族弟敦爲青州. 因謂澄敦曰, 荊州有江漢之固, 青州有負海之險, 卿二人在外, 吾留此, 足以爲三窟矣. 識者鄙之)

白壁中藏一斛塵[13]
백 벽 중 장 일 곡 진

흰 벽옥 가운데

한 휘의 티끌 끼었다네.

13 | 벽중진(壁中塵) : 《진나라의 역사 · 반악의 전기》「반악은 재주있는 선비로서 이름이 당시에 으뜸이었지만 ……, 권세만 좇고 탐하여 …… 그 어미가 말하길 『너는 풍족한 것을 알아야 하는데도 긁어모으는 것을 그치지 않는구나』라 했다. 그러나 반악은 고칠 수가 없었다. …… 사관이 그를 평하기를 『이런 재주를 가지고도 이런 행동을 하였으니, 하늘이 부여한 바가 그 얼마나 조잡한가?』 ……」(才名冠世,…… 趍權冒勢,…… 其母曰, 爾當知足而乾沒不已乎. 岳不能改. …… 史臣曰, 斯才也, 而有斯行. 天之所賦, 何其駁歟云云)라 하였는데, 이것이 이른바 벽옥 가운데 있는 티끌이다.
송나라 소식의 〈반곡에게 드림(贈潘谷)〉 시에 「반랑 새벽에 하양의 봄길 밟고 지나가니, 밝은 구슬 흰 벽옥같은 용모에 저자의 사람들 놀라네(潘郎曉踏河陽春, 明珠白璧驚市人)」라는 구절이 있는데, 그 주석에서 다음과 같이 말했다. 「《진나라의 역사 · 반악의 전기》에 『악은 용모와 동작이 아름다왔다. 젊었을 때 늘 탄환을 끼고 낙양의 거리에 나다녔는데, 지나치는 부인네들이 모두 손을 내밀어 흠뻑 잡고는 그에게 과일을 던져주어 마침내 수레에 가득차게 되면 돌아왔다.』」(岳美姿儀. 少時, 常挾彈出洛陽道, 婦人遇之者, 皆連手縈饒, 投之以果, 遂滿車而歸)
소식 위의 시. 「말발굽 아래서 바라보며 절할 줄이야 어찌 알았으리오? 가슴 속에는 한 휘의 진흙과 먼지 있다네(那知望拜馬蹄下, 胸中一斛泥與塵)」라는 구절이 있고, 그 주에서는 다음과 같이 말했다. 「《진나라의 역사 · 반악전》에서 말하기를 『악은 성미가 가볍고 조급하였으며, 속세의 이익을 좇아 석숭 등과 함께 가밀을 아첨하며 섬겼다. 매번 그가 나오기를 기다려 석숭과 함께 문득 급히 달리느라 먼지에 싸인 그의 수레를 바라보며 절했다.』라 했다.」(岳性輕躁, 趨世利, 與石崇等諂事賈謐. 每候其出, 與崇輒望塵而拜)

138. 樂山南景霖在書堂, 雪中寄松酒兼律詩, 次韻卻寄[1]

요산 남응림이 서당에 있으면서, 눈이 내리는 중에도 솔로 담근 술과 율시를 부쳐 왔으므로, 그 각운자에 맞추어 지어 되 부치다

詞含風雪字騰龍 사 함 풍 설 자 등 룡	그대의 말씨는 바람과 눈 머금었고 필체는 용이 뛰는 듯.

1 | 경림은 남응림의 자. 남응림에 대해서는 〈129〉-1)을 보라.
이 시는 정미년 10월에 지은 것으로 병이 들어 독서당에 나가지 못하여 말미를 청하는 글을 올리고, 아울러 독서당에 함께 뽑혔던 남응림에게 시를 지어 보낸 것임. 같은날 이 시와 함께 또 한 수의 율시를 지었는데, 그 제목은 〈요산 남경림이 서당에서 솔로 담근 술과 아울러 율시 두 수를 부쳐 왔다. 마시기도 하고 음미해 보기도 하니 홍취가 나서 초연해졌다. 화답하여 완성하고 적어서 보낸다(樂山南景霖自書堂寄松酒幷詩二律且酌且吟興趣超然和成錄呈)〉이며, 《별집》 33장(張)에 보인다.

2 | 소옹(騷翁) : 늙은 소인(騷人)과 같은 뜻임. 소인이란 말은 원래 굴원(屈原)과 같이 〈이소(離騷)〉와 같은 근심을 담은 시를 쓰는 시인을 뜻하였으나, 후세에는 시인을 두루 일컫는 말로 쓰임.
양송(釀松) : 《고증》에서는 《원화기(原化記)》라는 책을 인용하여 다음과 같이 말하고 있다. 「당나라 대력 연간에 종릉 사람 최희진은 그림 그리는 일에 뛰어났다. 겨울날 한 노인이 그의 문 아래에서 눈을 피하고 있었는데, 맞아들이어 음식을 갖추어 내었다. 노인이 품속에서 알약을 한 개 꺼내 술 속에 넣으니 술맛이 갑자기 감미로워졌다. 그가 떠나간 뒤에 보니 그가 그려둔 그림 한 장이 또 책상 위에 있었다. 그래서 드디어 그가 눈 위에 남긴 발자국을 밟아가며 쫓아가다가 보니, 노주에까지 이르게 되었다. 그곳에 배 안에 몇 사람이 보였는데 말하기를 『이 그림은 갈홍의 세째 아들이 그린 것이며, 이 약은 곧 천년 묵은 소나무의 진입니다.』라 했다.」(大曆中, 鍾陵崔希鎭工繪事. 冬日, 見老人避雪門下,

知是騷翁詑釀松[2]
지 시 소 옹 타 양 송

알겠노니 이것은 노老시인이
솔로 술 담근 것 자랑하려 함임을.

白墮不傳千日法[3]
백 타 불 전 천 일 법

유백타가 천일 동안 깨지않는 술
담그는 법 전하지 않았으니,

烏程安得十分濃[4]
오 정 안 득 십 분 농

오정술인들 어찌
푹 익어 진할 수 있겠나?

迎入具酒食. 老人取懷中一丸藥. 置酒中, 味頓甘美. 旣去, 又有所書案上. 邃踏雪, 追至蘆州. 見船中數人, 曰, 此葛洪第三子所書, 藥乃千歲松醪也)

3 | 백타(白墮) : 《고증》「진나라 하동 사람인 유백타는 술을 잘 빚었는데, 그가 빚은 술을 마시면 취해서 깰 줄을 몰랐다.」(河東劉白墮能釀酒. 飮之醉而不醒)《요존록》「중산에 천일주가 있었는데 그것을 마시면 깊이 취하여 문득 천일이나 갔다」(中山有千日酒, 飮之昏醉輒千日) 유백타라는 사람에 대한 전기는 전하는 바가 없고, 남북조(南北朝) 때의 사람이라고만 추정된다. 다만 그에 대한 기사가 북위(北魏) 양현지(楊衒之)의 《낙양가람기 · 법운사(洛陽伽藍記 · 法云寺)》에 수록되어 전할 뿐이다.

천일법 : 《고증》에서는 《홍서(鴻書)》라는 책을 인용하여 다음과 같이 말하고 있다. 「중산 사람 적희는 천일주를 잘 만들었다. 유현석이 가서 한 잔을 얻어 마셨는데, 집에 와서 취하였다. 그의 집에서는 그가 죽은 줄 알고 그를 장사지냈다. 3년이 지나자 적희가 말했다. 『천일주를 마시고 잠들었으니 깨어날 때가 되었다.』 집안 사람들에게 무덤을 파헤쳐 관을 열게 했다. 현석은 그제서야 눈을 뜨고는, 입을 열더니 소리내어 『해가 얼마나 올라왔는가?』라 말했다.」(中山人狄希造能千日酒. 劉玄石往求飮一盃, 至家而醉. 其家以爲死葬之. 經三年, 希曰, 千日酒眠, 今合醒矣. 令其家發塚開棺, 玄石始開目張口. 引聲而語曰, 日高幾許矣)《홍서》라는 책은 미상이며, 유현석이 곧 유백타라고도 한다. 적희는 전설상의 인물로 진(晉)나라 간보(干寶)의 《신기한 이야기를 찾은 기록(搜神記)》 권45에 보인다.

閒開陶隱聽風院5
한 개 도 은 청 풍 원

한가하게 문열고 도홍경의
뜰에 바람 이는 소리 듣고,

笑灌留侯辟穀胸6
소 관 류 후 벽 곡 흉

웃으면서 술 따루며
유후의 생식법 가슴에 품으리.

4 | 오정(烏程) : 원래는 술의 명산지로 예장(豫章)의 강락현(康樂縣) 오정향(烏程鄕)이라는 설과 호주(湖州)의 오정현(烏程縣)을 가리킨다는 두 가지 설이 있으며, 좋은 술[美酒]을 가리킬 때도 쓰인다. 또한 전하는 바에 따르면 진(秦)나라 때 오건(烏巾) · 정림(程林) 이 두 사람은 형남에 살면서 술을 잘 빚었는데, 이들의 성씨를 따서 술 이름을 오정이라 하였다 한다.

《고증》「오정은 호주의 속현으로 진나라 때 오씨와 정씨가 이곳에 살면서 술을 잘 빚어 이에 술 이름이 되었다.」(湖州屬縣, 秦時烏氏程氏居此善釀. 故因名酒)

5 | 도은청풍원(陶隱聽風院) : 《강록(江錄)》「양나라 도홍경은 정원을 하나 가득 소나무만 심고서, 소나무를 스치는 바람 소리를 들으면 일어나 춤을 추었다.」(陶弘景庭院皆松, 聽松風起舞) 도홍경에 관한 전기는 《남조의 역사 · 은사들의 전기(南史 · 隱逸傳)》에 있는데, 그 중에 「특히 소나무에 이는 바람 소리를 좋아하여, 뜰에는 모두 소나무만 심어놓고 그 소리를 들을 때마다 아주 기뻐하며 즐거워하였다.」(特愛松風, 庭院皆植松, 每聞其響, 欣然爲樂)라는 기사가 있다.

直欲騎雲從此去
직 욕 기 운 종 차 거

곧장 구름 타고
여기에서 떠나고 싶지만,

道山銀闕儻相容[7]
도 산 은 궐 당 상 용

봉래산이나 은 궁궐에서
받아나 주려는지.

6 | 벽곡(辟穀) : 화식을 하지 않고 생식을 하는 것을 말함. 유후 장량이 적송자(赤松子)가 했던대로 좇아 생식을 하였으므로 솔 술을 따루어 마시는 것을 거기에 빗댄 것임.

7 | 도산(道山) : 문인들이 모이는 장소, 곧 유림(儒林)이나 문원(文苑)을 지칭하는 말임. 《후한의 역사 · 두장의 전기(後漢書 · 竇章傳)》「이때 학자들이 동관을 노자의 장서실, 도가의 봉래산이라고 하였다.」(是時學者稱東觀爲老氏臧室, 道家蓬萊山) 이는 노자가 한때 수장사(守藏史 : 국립도서관 관장)가 되어 사방의 책들이 그에게로 모였으며, 동관에는 각종 경적이 많았으므로 하는 말임. 〈55〉-12)를 보라.
은궐(銀闕) : 신선이 있는 곳을 말함. 당나라 노조린(盧照隣)의 〈비와 눈의 노래(雨雪曲)〉「높은 대궐은 은으로 궁궐을 짓고, 장성은 옥으로 성을 쌓네.」(高闕銀爲闕, 長城玉爲城) 송나라 소식의 〈개선의 수옥정에서(開先漱玉亭)〉「넓고 크도다! 희디 흰 은 궁궐이여, 깊고도 깊도다, 수정궁이여!」(蕩蕩白銀闕, 沈沈水精宮) 바닷속에 삼신산(三神山)이 있는데 흰 은으로 궁궐을 만들었으므로 선부(仙府), 곧 신선이 거처하는 곳을 가리킴.

139. 赴丹山. 書堂朴仲初左通禮 · 閔景說正 · 南景霖正 · 尹士推典翰, 餞席. 留贈[1]_戊申年

단양으로 부임하다. 독서당의 박충원朴忠元좌통례 · 민기정 · 남응림정 · 윤인서尹仁恕전한가 마련한 전별석상에 지어 남기다_무신년(48세)

十載沈痾愧素餐[2]
십 재 침 아 괴 소 찬

십 년 동안 깊은 병 앓으면서
일 않고 봉록 받는 것 부끄러운데,

洪恩猶得郡符懸[3]
홍 은 유 득 군 부 현

바다같은 은혜 입어 도리어
군수의 부절 얻어 걸게 되었네.

1 | 무신년은 1548년으로 퇴계가 48세 되던 해임. 《연보》에 의하면 「이 해 정월에 선생은 외직을 구하여 단양군수를 받았다」(戊申正月, 求外補, 拜丹陽郡守)고 되어 있다. 동호독서당에서 함께 사가독서를 하였던 박충원(朴忠元) · 민기(閔箕) · 남응림(南應霖) · 윤인서(尹仁恕) 같은 관리들이 베풀어준 전별시에 답한 시임.
민기와 남응림에 대해서는 각각 〈28〉-1), 〈129〉-1)을 보라.
박중초는 밀양 사람으로 박충원(朴忠元 : 1507~1581)의 자임. 호는 낙촌(駱村), 또는 정관재(靜觀齋)라고 하였으며, 공효공(恭孝公) 박중손(朴仲孫)의 현손임. 진사시에 장원 급제하였으며, 문과의 중시(重試)에서는 2등을 했다. 벼슬은 이조판서를 거쳐 홍문관제학(弘文館提學)이 되었고 밀원군(密原君)에 봉하여졌으며, 시호는 문경(文景)임.
윤사추는 이름은 윤인서(尹仁恕 : 생몰년 미상)이며, 본관은 파평(坡平), 호는 타괴(打乖)임. 벼슬은 참판에까지 올랐으나 당시의 간사한 권력자들에게 아부하였다 하여 선조 원년 사헌부의 탄핵을 받아 관직이 삭탈되었다.

2 | 소찬(素餐) : 시위소찬(尸位素餐)을 말함. 아무런 공로도 없이 국록을 받음을 빗대어 하는 말임. 《시경 · 위풍(魏風)》의 〈벌단(伐檀)〉 편에서 유래한 말임. 〈107〉의 주 14)를 참조할 것.

青松白鶴雖無分
청 송 백 학 수 무 분

청송의 백학과는
비록 연분 없으나,

碧水丹山信有緣
벽 수 단 산 신 유 연

짙푸른 물 단양과는
정말 인연 있다네.

北闕戀懷分燭夜[4]
북 궐 연 회 분 촉 야

북쪽 궁궐 그리워질 때는
촛불 나누어 주던 밤이 생각날 것이요,

3 | 군부(郡符) : 《사기 · 효문제본기(孝文帝本紀)》 「3년 9월에 처음으로 군의 수령과 나라의 재상에게 동호부와 죽사부를 주었다.」(九月, 初與君國守相, 爲銅虎符竹使符) 《사기집해》에서 응소(應劭)는 「죽사부는 모두 대나무 화살 5개의 무늬를 넣어 만드는데, 길이가 5촌이며 전자가 새겨져 있다.」(竹使符皆以竹箭五枚, 長五寸, 鐫刻篆書)라고 했고, 안사고(顔師古)는 「군의 수령에게 주어 부절[信標]로 삼는데, 각기 그 반을 나누어 오른쪽 것은 서울에 남겨 두고, 왼쪽 것은 군의 수령에게 준다.」(與郡守爲符. 各分其半, 右留京師, 左以與郡守)라고 주석을 달았다. 《경국대전 · 병전(兵典)》 「【군사를 징발하는 발병부】 원형인데다 한면에는 발병이라 쓰고, 다른 면에는 아무도의 관찰사 · 절도사라고 쓰며 제진을 가리킬 때는 진영의 칭호까지 써서 절반으로 쪼갠다.」(【發兵符】體圓, 一面書發兵, 一面書某道觀察節度及諸鎭號, 中分) 역문은 여강출판사에서 영인한 윤국일 교수의 《경국대전연구》에서 전재

4 | 분촉(分燭) : 《송나라의 역사 · 소식의 전기(蘇軾傳)》 「소식이 일찍이 궁중에서 숙직을 하고 있을 때 황제에게 불리어 편전(조회를 받는 궁이 아닌, 황제가 일상시에 거처하는 궁전)으로 가서 황제가 묻는 말에 대답하게 되었다. …… 잠시 후 앉으라 하고 차를 내리고는 어전의 금련촉을 집어내어 한림원으로 돌아가는 길에 전송하게 하였다.」(軾嘗鎖宿禁中, 召入對便殿, …… 而已命坐賜茶, 撤御前金蓮燭送歸院) 금련촉이란 금색의 연꽃 모양을 한 촛대에 꽂는 매우 굵고 큰 어전용 초를 말한다.

東湖離思賞梅天
동 호 이 사 상 매 천

독서당 떠나려 하니
매화 감상하던 일 생각나네.

撫摩凋瘵疲心力
무 마 조 채 피 심 력

시들어 앓는 백성 어루만지고 쓰다듬노라면
마음과 몸의 힘 다 피로해질 터이니,

鈴閣飜應憶故田[5]
영 각 번 응 억 고 전

방울 걸어 놓은 대문인들 도리어 꼭
고향땅 생각나지 않으리?

有一斯文老爲青松府使, 自號青松白鶴. 余嘗求青松不得, 而得丹山[6]

어떤 사문의 한 늙은이가 청송부사가 되어 스스로를 청송백학이라 호하였다. 내 일찍이 청송부사가 되기를 구하였으나 얻지 못하고 단산을 얻게 되었다.

5 | 영각(鈴閣) : 원래는 장수가 기거하는 곳을 말하나, 여기서는 군수가 집무하는 곳, 곧 동헌을 말함. 《진나라의 역사 · 양호의 전기(羊祜傳)》「양호는 군대에 있을 때 늘 가벼운 가죽옷에다 띠는 느슨히 하였으며, 몸에는 갑옷을 걸치지 않았고 방울을 설치한 누각 아래에는 지켜서서 호위하는 자가 10여 명을 넘지 않았다.」(在軍常輕裘緩帶, 身不被甲, 鈴閣之下, 侍衛者不過十數人) 도독(都督)의 대문간에는 방울 걸이를 만들어 놓고 불의의 사태를 경계하여 예방하였다.

6 | 《고중》에서는 한 사문의 늙은이란 곧 배익신(裵益臣)을 말한다고 했다.

140~141. 洛生驛樓次金應霖贈別韻二首[1]

낙생의 역루에서 김주가 지은 증별시의 운자에 맞추어 짓다. 두 수

140

郵亭孤坐聽禽啼[2]
우 정 고 좌 청 금 제

역루에 외로이 앉아
새 지저귀는 소리 듣노라니,

物色迎春動澗溪
물 색 영 춘 동 간 계

자연의 경치 봄을 맞아
골짜기의 시냇물 꿈틀거리는 듯하네.

他日偶同雲出壑[3]
타 일 우 동 운 출 학

훗날 우연히 도연명과 같이
구름 산모퉁이 따라 나옴을 노래하게
된다해도,

1 | 낙생역은 경기도 광주(廣州)에 있으며, 과천(果川)의 양재역(良才驛)에 예속되어 있었다. 이 시는 단양으로 부임하는 도중에 지은 것 같다. 김응림의 이름은 주(澍), 호는 우암(寓庵)으로 역시 동호독서당에서 함께 사가독서한 친구임. 〈26〉-1)을 보라.

2 | 우정(郵亭) : 우정은 곧 역루(驛樓)를 가리켜 한 말이다.

3 | 운출학(雲出壑) : 도연명의 〈돌아가며 부른 노래(歸去來辭)〉「구름은 무심결에 산 모퉁이에서 피어오르네.」(雲無心而出峀)

此身那學婦藏閨
차 신 나 학 부 장 규

이몸 어찌 배울 수 있으리오
규방 처녀들과 같이 몸 깊이 숨기는 법을.

最憐新得丹砂訣[4]
최 련 신 득 단 사 결

새로 얻은 단사의 비결
무엇보다 사랑스럽지만,

長憶曾聯玉府棲[5]
장 억 증 련 옥 부 서

일찍이 좋은 곳에서 함께 있던 일
길이길이 생각나리.

絕境歸時堪詫異
절 경 귀 시 감 타 이

아름다운 곳에서 돌아올 적에
기이함 생겨 놀라고 보니,

4 | 단사결(丹砂訣) : 갈홍(葛洪)의 〈유선시(遊仙詩)〉에서 단사(〈97〉-19)를 보라)를 복용하고서 신선이 되어 노니는 것을 이야기하고 있음. 《요존록》「군의 이름에 단(丹) 자가 들어가므로 갈홍의 구절에 있는 일을 내비치었다(郡名丹, 故使葛洪句漏事)

5 | 옥부(玉府) : 주나라의 관직제도를 설명한 책인 《주례 · 천관(周禮 · 天官)》「옥부는 왕의 황금과 주옥 · 진귀한 놀이개감 · 병기를 관장한다.」(玉府, 掌王之金玉玩好兵器) 여기서는 동호독서당을 가리켜 한 말이다. 당나라 두보의 〈늦은 봄 강릉에서 마씨 대감이 나라의 은혜로운 명을 받들어 대궐로 부임하기 위하여 떠나게 됨을 전송하다(暮春江陵馬大卿公恩命追赴闕下)〉「옥부는 우뚝하여 외로이 비치는데, 추상같은 말발굽은 떠나면서도 의심하지 않네.」(玉府標孤映, 霜蹄去不疑)

6 | 여주쌍(驪珠雙) : 여주란 검은 용의 턱 밑에 있는 구슬로, 여의주를 말한다. 〈73〉-11)을 보라. 여기서 말한 여의주 한 쌍이란 김주(金澍)가 지어준 증별시 두 수를 말한다.

7 | 오운향(五雲鄕) : 원래는 신선이 거처하는 곳을 이르는 말이나 여기서는 궁궐을 가리켜

驪珠雙贈袖中携[6]
여 주 쌍 증 수 중 휴

여의주 한 쌍 받아서
소매 속에 품었기 때문이네.

141

困倚闌干睡一場
곤 의 란 간 수 일 장

몸 피로하여 난간에 기대어
한바탕 잠이 드니,

依然夢到五雲鄉[7]
의 연 몽 도 오 운 향

의연히 꿈속에 오색 구름 드리운
궁궐에 이르렀다네.

寒花初發去栗里[8]
한 화 초 발 거 률 리

국화꽃 갓 필 무렵에
율리를 나왔더니,

한 말임. 《유양잡조(酉陽雜俎)》「황제 때 오색의 구름이 황제의 수레 덮개처럼 하늘을 덮었다.」(黃帝時, 五色雲覆如華盖) 당나라 두보의 〈가고 머무름(往在)〉「천자 효성스런 자손 생각하니, 오색구름 구중 궁궐에 이네.」(天子惟孝孫, 五雲起九重)

8 | 한화(寒花) : 한화(寒華)라고도 하며, 차가운 절기에 피는 꽃을 이른다. 주로 국화를 가리켜 하는 말이다. 진나라 도연명의 〈중양절날 한가히 보내다(九日閒居)〉「티끌 세상의 벼슬살이 부끄러워 술잔만 비우는데, 국화만 부질없이 절로 꽃피우네.」(塵爵恥虛罍, 寒花徒自榮)
율리는 심양(潯陽)의 시상현(柴桑縣)에 있으며, 한때 도연명이 살던 곳이다. 《남조의 역사 · 도잠의 전기(陶潛傳)》「한번은 잠이 여산에 간 적이 있는데, 홍이 잠의 옛 친구인 방통지더러 율리와 여산의 중간에 술을 차려 놓고 그를 맞이하게 하였다.」(潛嘗往廬山, 弘令潛故人龐通之齎酒於半道栗里, 邀之) 지난해 8월 홍문관응교로 임명되어 고향을 떠나 서울로 간 일을 말한다.

芳草欲生辭洛陽[9] 방 초 욕 생 사 락 양	향기로운 수풀 돋아나려할 때엔 또 서울을 사직하였다네.
多病不堪承誤寵 다 병 불 감 승 오 총	병이 많아 그릇되이 받는 은총 감당하기 어렵고,
一言未可許眞剛[10] 일 언 미 가 허 진 강	한마디 말로써는 실로 굳세다 받아들일 수 없다네.

9 | 사낙양(辭洛陽) : 이 해 정월에 외직을 구하여 단양군수로 나가게 된 것을 말한다.

10 | 진강(眞剛) : 《요존록》「이보다 전에 조정에서는 봉성군의 죄를 물었는데 선생만이 홀로 찬성하지 않았다. 아마 김응림이 이를 들어 퇴계를 『정말 굳센 사람(眞剛)』이라고 일컬었기 때문에, 퇴계는 그것을 한마디로 사양했던 것 같다. 아마 한 마디 말로써 지혜롭다고 한다면, 한 마디 말로써 지혜롭지 못하다고 생각할 수도 있을 것같은 생각에서였을 것이다.」(前此朝廷請罪鳳城君, 而先生獨不與焉. 疑應霖擧此稱許以眞剛, 故先生辭之一言. 恐一言以爲智, 一言以爲不智之類也) 봉성군의 청죄에 대한 기록은《연보보유》의 47세 8월 조(條)에 보인다.

11 | 미간채색황(眉間彩色黃) : 당나라 한유의 〈언성에서 저녁 때 마시며 부사 마시랑과 아울러 풍 · 이 두 원외랑에게 삼가 드림(郾城晩飮奉贈副使馬侍郎及馮李二員外)〉「성 위

天敎至拙藏深僻
천 교 지 졸 장 심 벽

하늘이 지극히 용렬한 나를
깊고 외진 곳에 감추어 주시니,

知我眉間彩色黃[11]
지 아 미 간 채 색 황

내 눈썹 사이에
밝은 누런 색 나타남을 아시리.

의 붉은 구름은 뛰어난 기운 보내고, 눈썹 사이의 누런 빛은 돌아갈 때를 드러내네.」(城上赤雲呈勝氣, 眉間黃色見歸期) 송나라 소식의 〈이공서가 대궐로 감을 전송하다(送李公恕赴闕)〉「갑자기 눈썹 위에 누런 기운 생겨나니, 그대는 점차 빼어난 기색 거두고자 하네.」(忽然眉上有黃氣, 吾君漸欲收英髦) 《문선》에는 매승(枚乘)의 〈칠발(七發)〉을 싣고 있는데, 그 가운데 「양기가 눈썹 사이에 나타나네.」(陽氣見於眉宇之間)라는 구절이 있으며, 당나라 이선(李善)은 「기쁜 기운이 내부에 쌓이면 반드시 양으로 나타난다. 그러므로 관상쟁이들은 눈썹 사이의 누런 기운을 기쁜 기운이라고 했다.」(喜氣內畜必見於陽, 故相工以眉間黃氣爲喜氣)라고 주석을 달았다. 이는 지극히 졸박한 재주로 매우 편벽된 곳에 감추어 주었으므로 기쁜 기운이 눈썹 사이에 나타난 것이다.

142. 次鄭吉元韻[1]

정유길鄭惟吉의 각운자를 사용하여 쓰다

遊騎城南已踏春[2]
유 기 성 남 이 답 춘

말타고 성남쪽을 노니니
이미 답청하는 철이라,

路邊楊柳絲絲新
노 변 양 류 사 사 신

길가의 수양버들은 올올이 새롭구나.

風流藉甚來相別[3]
풍 류 자 심 래 상 별

풍류가 가득한데 서로 작별하려 하니,

知是能詩谷口人[4]
지 시 능 시 곡 구 인

알겠구나, 시 잘 짓는
산입구에 살던 선비임을.

1 | 이 시는 정유길(鄭惟吉 : 〈66〉-1)을 보라)이 준 전별시를 읽고 한양성을 벗어나서, 그의 시를 차운하여 지은 것 같다.

2 | 답춘(踏春) : 곧 답청(踏靑)이다. 〈101〉의 주 1)을 보라.

3 | 풍류자심(風流藉甚) : 《요존록》「윗 구절에 이어, 영명왕전(세종대왕의 능)에 있는 버들의 풍류가 마치 정서를 펼쳐 놓은 듯하다는 말이다.」(因上句, 使英明王殿柳, 風流似張緖之語)

4 | 곡구(谷口) : 산 입구의 사람이란 한(漢)나라 때의 정자진(鄭子眞)을 말하며, 길원의 성씨가 정이므로 정자진에 견주어 한 말임. 자진은 운양골의 입구[雲陽谷口]에 은거하였는데, 성제(成帝) 때 대장군인 왕봉(王鳳)이 예로써 그를 초치하였으나 응하지 않았다. 세상에서는 그를 곡구자진(谷口子眞)이라 했다. 같은 성씨로 이렇게 빗댄 예는 많이 찾아볼 수 있는데, 이를테면 당나라 잠삼(岑參)의 〈고관골 입구에서 정호를 부르다(高冠谷口招鄭鄠)〉 같은 시의 「산 입구로 와서 찾았더니, 집은 비어 있고 그대는 보이지 않네.」(谷口來相訪, 空齋不見君) 같은 것이 있다. 이런 예는 퇴계의 시에서도 더러 찾아볼 수 있다.

143. 馬上次閔景說韻[1]

말 위에서 민기의 각운자에 맞추어 짓다

浩浩春泥一望間
호 호 춘 니 일 망 간

봄이라 질펀하게 녹은 길
아득히 바라보니,

行人愁去復愁還
행 인 수 거 부 수 환

행인들 근심 속에 갔다가
다시 근심 속에 돌아오네.

但能乘鶴遊丹峽[2]
단 능 승 학 유 단 협

다만 학을 타고서
단양의 골짜기 노닐 수만 있다면,

1 | 민경열(이름은 箕, 호는 觀物堂)에 대하여서는 〈28〉-1)을 보라.

2 | 승학(乘鶴) : 어떤 일이 마음먹은대로 됨을 비유하는 「양주학」(楊州鶴)의 고사도 있으나, 여기서는 지금 단양으로 부임해 가는 도중에 지은 시이므로 신선의 고을로 사또가 되어 간다는 뜻으로 쓰였다. 《열선전(列仙傳)》「왕자 교라는 사람은 주나라 영왕의 태자이다. 생을 불기를 좋아하여 〈봉황명〉이란 곡조를 지었다. 이수와 낙수 사이에서 노닐다가 도사인 부구공을 만나서 숭산에 올라 30여 년을 지냈다. 나중에 산에서 그를 찾으니 (그 집안 사람인) 환량을 보고 말하기를 『우리 집에다 칠월 칠석에 구지산 입구에서 나를 기다리라고 일러라.』 하였다. 과연 흰 학을 타고 산마루에 머물러 있었다.」(王子喬者, 周靈王太子也. 好吹笙, 作鳳凰鳴. 遊伊洛之間, 道士浮邱公接以上嵩山三十餘年. 後求之於山, 見桓良曰, 告我家, 七月七日待我於緱氏山頭. 果乘白鶴駐山嶺)《태평광기》에서 재인용.

何羨騎牛度紫關[3]
하 선 기 우 도 자 관

소 타고 자관 지나는 것
무엇이 부러우리.

離合正如塵起陌[4]
이 합 정 여 진 기 맥

헤어지고 만나는 것 꼭
거리에 이는 먼지와 같고,

古今猶似澤藏山[5]
고 금 유 사 택 장 산

예나 지금은 오히려
못 속에 어살을 감춘 것이나 같네.

3 | 기우도자관(騎牛度紫關) : 《사기》에 대한 주석서인 《사기의 숨은 뜻을 찾음(史記索隱)》의 〈노자전(老子傳)〉에서는 전한(前漢) 때 사람인 유향(劉向)이 지은 《신선들의 전기(列仙傳)》를 인용하여 「노자가 서쪽으로 가는데 함곡관의 수령인 윤희에게 아득히 보라빛 기운이 관의 위에 떠있는 것이 보였는데 노자가 과연 푸른 소를 타고 지나가는 것이었다.」(老子西遊, 關令尹喜望見有紫氣浮關, 而老子果乘青牛而過也)라고 하였다. 〈26〉-5)를 보라.

4 | 진기맥(塵起陌) : 맥(陌)은 길이며, 동서로 난 길을 말함(남북으로 난 길은 阡이라 함). 먼지가 길에서 이는 것이 무상하다는 것을 말함. 진나라 도연명의 〈잡시(雜詩)〉 열 두수 중 첫째 시 「인생이란 본래 뿌리가 없어, 길에서 이는 먼지처럼 날리네.」(人生無根蔕, 飄如陌上塵)

5 | 택장산(澤藏山) : 《장자 · 대종사(大宗師)》「배를 골짜기에 감춰 두고, 어살을 못속에 감추어 두면 든든하다고 할 것이다. 그러나 깊은 밤 힘센 자가 그것들을 지고 달아난다면, 어리석은 자는 알지 못한다.」(藏舟於壑, 藏山於澤, 謂之固矣. 然而夜半有力者, 負之而走, 昧者不知也) 산(山)은 곧 산(汕)으로, 내의 좁은 물살에 걸쳐놓고 고기를 잡는 살을 말한다.

心懸魏闕誠無奈[6]
심 현 위 궐 성 무 내

마음은 대궐에 걸리어 있어
실로 어찌할 수 없지만,

老病由來合置閒[7]
노 병 유 래 합 치 한

늙고 병든 까닭에
한가한 곳에 두기에 딱 맞다네.

6 | 심현위궐(心懸魏闕) : 궐은 궁문 바깥에 있는 대궐문으로 곧 관(觀)을 말하는데, 문의 양쪽 곁에 있으며 중앙은 뚫려서 길이 된다. 그 위에다 법령이나 포고문을 걸어 두는데, 그 모양이 높고 우뚝하여 상위(象魏)라고 한다. 사람들로 보게 하는데, 이 관(觀)은 상 · 위 · 궐(象魏闕) 자로 써서 그 실체는 하나이지만 이름은 셋이다. 후에는 곧 조정 · 대궐의 대칭(代稱)으로 쓰이게 되었다. 《장자 · 양왕(讓王)》「중산의 왕자 모가 첨자에게 말했다. 『몸은 바다나 강의 가에 있으면서도 마음은 대궐 아래 있으니, 어쩌면 좋겠습니까?』」(中山公子牟謂瞻子曰, 身在江海之上, 心居乎魏闕之下, 奈何) 주자의 〈받들어 장경부의 성남의 명승 스무 곳을 읊은 시의 각운자에 맞추어 짓다 · 뱃집(奉同張敬夫城南二十詠 · 船齋)〉「그대의 물가에 거처하는 취미가 옳지만, 궁궐에 얽힌 마음 잊기 힘드네.」(正爾滄洲趣, 難忘魏闕心)

7 | 치한(置閒) : 당나라 한유(韓愈)의 〈진학해(進學解)〉「한직에 던져두고 산직에 놓아두는 것이 곧 능력에 알맞다.」(投閒置散, 乃分之宜)

144. 二月一日郡齋, 雨中得洪退之見寄, 次韻[1]

2월 1일 군청사에서 비오는 가운데 홍섬이 보내온 시를 보고 그 시의 각운자에 맞추어 적다

到郡念民事 도 군 념 민 사	군에 도착하여 백성들 일 생각하느라,
經旬不讀書 경 순 부 독 서	열흘이 지나도록 글 한 줄 읽지 못하였네.
花朝坐衙後[2] 화 조 좌 아 후	꽃 핀 아침에 관청에 앉아 업무본 뒤에는,

1 | 무신년(戊申年 : 퇴계 48세) 2월 1일에 쓴 것임. 홍퇴지는 홍섬(洪暹 : 1504~1585)의 자로, 본관은 남양, 호는 인재(認齋)이다. 조광조(趙光祖)의 문인이며, 영의정을 지낸 언필(彦弼)의 아들이다. 1552년에는 청백리에 녹선되었으며, 1558년에 좌찬성으로 이조판서를 겸임하고 또 이듬해 대제학[文衡]까지 겸하게 되자 세 중임[三大任]을 겸할 수 없다 하여 좌찬성직을 사임하였다. 벼슬은 영의정까지 올랐으며 시호는 경헌(景憲). 이 시는 상평성의 어운(魚韻)을 사용하여 지은 시인데 홍섬의 문집인 《인재집(忍齋集)》에는 같은 운부의 각운자를 쓴 시가 없어 원시의 내용은 어떠했는지 알 수가 없다.

2 | 아(衙) : 원래 아(牙)라고 하였으며, 깃발의 이름이다. 상아로 깃봉을 장식하고 이를 장막 앞에 세웠는데, 아문(牙門)이라 하였다. 뒷사람들이 이로 인해 관청 등의 다스리는 곳을 아문이라 하였고, 아문(衙門)이라고도 썼다.

3 | 연침(燕寢) : 모든 한가하게 거처하는 곳을 말한다. 북제(北齊) 안지추(顔之推)의 《안씨가훈 · 학문을 힘씀(顔氏家訓 · 勉學)》「대저 성인이 남긴 책은 가르침을 베푼 것이나, 다만 경서의 본문에 관하여서는 밝게 익히고, 주석의 뜻에 관하여서는 대강만 통달하여도

燕寢得詩餘[3] 연 침 득 시 여	한가하게 거처하며 싯귀 찾아 여가 즐기네.
意愜香凝帳 의 협 향 응 장	향내 장막에 머무르고 있을 때는 마음 상쾌하고,
神淸雨滿虛 신 청 우 만 허	비 온 허공에 가득할 때는 정신 맑다네.
珍投無可答[4] 진 투 무 가 답	귀중한 선물에 보답할 길 없으나,
佩服擬璜琚[5] 패 복 의 황 거	깊이 감탄하며 패옥에 견주어 보네.

항상 스스로 말하고 행동하는 데 도움이 있을 것이며, 또 사람됨에 있어서도 넉넉함이 있을 것인데, 하필이면 『중니(공자)께서 거처하실 때』란 말이 나오면 곧 반드시 두 장이 넘도록 상세하게 주석을 달고 하니, 『연침』이니 『강당』이니 하는 말이 나온다면 또한 얼마나 길게 설명하여야 하겠는가?」(夫聖人之書, 所以設教, 但明練經文, 粗通注義, 常使言行有得, 亦足爲人, 何必仲尼居卽須兩紙疏義, 燕寢講堂, 亦復何在) 왕리기(王利器)의 《집해(集解)》에서는 「연침은 한가하게 거처하는 곳이다.」(燕寢, 閒居之處)라고 했다.

4 | 진투(珍投) : 귀중한 중물, 곧 선물을 말함. 송나라 소식 〈양선에게 대신 답장을 보냄(代書答梁先)〉 「그대의 아름다운 뜻 느껴도 보답할 수 없어, 도리어 모과로써 귀중한 선물에 보답하네.」(感子佳意能無酬, 反將木果報珍投)

5 | 황거(璜琚) : 허리띠 등에 끈으로 꿰어 늘어뜨려 장식하는 벽옥을 절반으로 가른, 즉 곡옥(曲玉) 형태의 옥기를 말함. 조례나 제사, 또는 장례 등의 의식에 쓰였으며, 평상시 귀족들의 일반적인 장식으로도 쓰였다.

145. 買浦倉賑給暮歸馬上[1]

매포창에서 굶주린 백성을 먹여주고 저물녘에 돌아오는 말 위에서

一麾出守愧疏慵[2]
일 휘 출 수 괴 소 용

한번 깃발 흔들고 수령되어 나가서
일 어설프고 게으른 것 부끄럽고,

民困當春意自忡
민 곤 당 춘 의 자 충

백성들 곤궁한 채 새봄 맞으니
마음 속 절로 근심되네.

1 | 매포(買浦) : 단양군 북쪽 25리 지점에 있으며, 《동국여지승람》에서 말한 「맷포」(買叱浦)이다.

2 | 일휘출수(一麾出守) : 일휘는 원래 「배척되다」라는 뜻이었으나, 나중에는 깃발의 의미로도 쓰이어 한 고을의 수령이 되어나가는 것도 함께 이르는 말이 되었음. 남조 송나라 안연지(顔延之)의 〈다섯 군자를 읊음 · 완적(五君詠 · 阮始平 : 시평은 阮籍의 字임)〉에서 「여러 차례 천거하여도 벼슬길 들지 않더니, 한번 배척받아 수령으로 나가게 되었네.」(屢薦不入官, 一麾乃出守)는 곧 일휘라는 말이 처음 쓰인 시로 원래의 뜻을 지니고 있으며, 당나라 두목(杜牧)의 〈오흥에 부임하여 낙유원에 오르려 하다(將赴吳興登樂游原)〉의 「한 번 깃발 잡고 강해로 나가, 낙유원 위에서 소릉을 바라보고 싶네.」(欲把一麾江海去, 樂游原上望昭陵)는 깃발의 의미로 이를 잘못 썼다. 이후로 두목이 잘못 쓴 이 일휘의 뜻

去傍紫崖殘雪外[3]
거 방 자 애 잔 설 외

자주빛 낭떠러지 녹다남은 눈을
결에 끼고 갔더니만,

歸吟斜景亂山中
귀 음 사 경 란 산 중

해 비낄 때 어지러운 산 속을
시 읊으며 돌아오네.

陽噓草茁人還羨
양 허 초 줄 인 환 선

햇볕이 풀 새싹에 입김 불어 넣어주기를
사람들 바라고 있으니,

天放鷗閒我未同[4]
천 방 구 한 아 미 동

거리낌 없는 한가로운 기러기 신세
내 아직 그러지 못하네.

또한 일반적으로 쓰이게 되었는데, 이를테면 소식의 〈북쪽 동산(北園)〉의 「한수와 파산엔 즐거움 남음이 있고, 깃발 한 번 흔들어 여기에서 머리 길로 돌리네.」(漢水巴山樂有餘, 一麾從此首歸道) 같은 것이 있다 《고주》 참조.

3 | 자애(紫崖) : 당나라 두보의 〈비(雨)〉 「가는 비 길을 매끄럽게 하지 않았는데, 끊어진 구름 성글더니 또 몰려오네. 자주빛 낭떠러지 위로 지나가는 곳은 검고, 흰새 날아가는 쪽은 밝네.」(微雨不滑道, 斷雲疏復行. 紫崖奔處墨, 白鳥去邊明)

4 | 천방(天放) : 자연에 모든 것을 내맡겨 어느 쪽으로도 치우치지 않는 것을 말함. 《장자 · 말발굽(馬蹄)》 「하나가 되어 치우치지 않는 것을 천방이라 한다.」(一而不黨, 命日天放) 천방은 같은 책의 〈제물론〉에 나오는 천유(天游) · 천균(天鈞) · 천행(天行)과도 뜻이 같다.

十室不堪星在罶[5]
십 실 불 감 성 재 류

작은 고을 별이 통발에
비치는 것 견뎌내지 못하니,

絃歌那得變謠風[6]
현 가 나 득 변 요 풍

악기와 노래인들 어찌 민요와
풍속 바꿀 수 있으리?

5 | 십실(十室) : 작은 고을을 말함. 〈논어 · 공야장(公冶長)〉「열 가구쯤 되는 고을에도 반드시 충성스럽고 믿음직한 사람은 있지만, 나처럼 학문을 좋아하는 이는 없을 것이다.」(十室之邑, 必有忠信如丘者, 不如丘之好學也)

성재류(星在罶) : 《시경 · 소아》〈능초꽃(苕之花)〉「암양은 머리만 커다랗고, 삼성이 통발 속에 비치고 있네.」(牂羊墳首, 三星在罶) 암양은 말라 머리만 커다랗게 보이고, 통발 속에는 고기가 없어 별빛만 비친다는 뜻으로, 기근이 들어 만물이 모두 말라 비틀어졌음을 말함.

6 | 현가(絃歌) : 음악과 노래로써 다스리는 것으로, 태평성세의 다스림을 말함. 《논어 · 양화(陽貨)》「공자가 무성에 가셨는데, 악기와 노래 소리를 들으셨다.」(子之武成, 聞絃歌之聲) 이때 자유(子游)가 무성의 고을원이 되어 예와 악으로 고을을 다스림에 백성들이 모두 악기를 다루고 노래를 할 줄 알았다 함. 여기서는 기근으로 흉년이 져서 예악으로 고을을 다스리기가 힘듦을 말함.

146~147. 島潭二絶[1]

도담, 절구 두 수

146

何年神物動雲雷
하 년 신 물 동 운 뢰

어느해 신묘한 영물이
구름과 번개 움직여,

絶境中間巨石開
절 경 중 간 거 석 개

멀리 외따로 떨어진 중간에
큰바위 열었던고?

1 | 퇴계는 이 해에 단양(丹陽) 군수로 부임하였으나, 마침 그 해에 흉년이 들어 빼어난 경치 때문에 자청했던 곳이었지만 그다지 쉽사리 단양의 산수를 즐길 여가가 없었다. 어느 정도 군을 안정시킨 뒤에 여가를 틈타 단양의 명승을 둘러보았다. 《연보》에는 「군내에는 특이한 명승지가 많았는데, 귀단 · 도담 등이 더욱 아름다웠다. 선생은 공무를 보는 틈틈이 유람과 등반을 하고, 시를 읊고 감상하였는데, 소연하기가 마치 속세를 떠난 듯한 아취가 있었다.」(郡地多奇勝, 如龜潭島潭等處尤佳. 先生於簿令之暇, 遊陟吟賞, 蕭然有出塵之趣)라 되어 있으며, 단양의 경치를 유람하고 기행시를 지었으며, 아울러 이 시기에 함께 지은 기행문도 있다.
기행문의 제목은 〈단양의 산수로 노닐 만한 곳을 이어 적음(丹陽山水可遊者續記)〉(이하 〈가유기〉로 약칭)이며 《문집》 권42에 보이는데, 그 가운데서 도담의 세 봉우리[三峯]에 관한 기록은 다음과 같다. 「나루를 건너 북으로 가서하여 동으로 흘러 들어가면, 큰 돌이 삼봉에 비스듬하게 물 가운데 솟은 것이, 이른바 도담이요, 또 서쪽 벼랑의 절승함과 돌문의 기이함이 있으니, 이것이 홀로 세상에 이름난 것으로《승람》에 기재되어 있으니, 이것은 진실로 나의 말을 기다릴 필요가 없다.」(渡津北行, 迤東而入, 有巨石三峯崒然峙于水中者, 卽所謂島潭也. 而又有西涯之勝, 石門之異. 此其獨鳴於世, 而見稱於勝覽者, 固不待余言也) 〈가유기〉의 번역문은 민족문화추진회 간행 《국역퇴계집》을 참고하여 옮겼으며, 이하 마찬가지임.

萬古不隨波浪去
만 고 불 수 파 랑 거

만고의 긴 세월을
물결 따라 없어지지 않고,

巍然如待使君來[2]
외 연 여 대 사 군 래

우뚝하니 선 것이 마치
사또 오리라 기다린 것 같네.

147

一棹扁舟放碧瀾
일 도 편 주 방 벽 란

작은배 노 하나로 저어
푸른 물결에 내맡겨,

2 | 사군(使君) : 명령을 받들어 사신으로 외지에 나가는 사람을 높이어 부르는 말. 《후한의 역사 · 구순의 전기(寇恂傳)》「왕망이 패하고 경시(漢 淮陽王의 연호 : 서기 23~25)가 서자 사신으로 하여금 군국을 경영하게 했는데, …… 사군은 부절을 지니고 명을 받들어 사방으로 나갔다.」(王莽敗更始立, 使使者徇郡國, …… 使君建節銜命, 以臨四方) 양(梁)나라 임방(任昉)의 《기이한 것의 기록(述異記)》「한나라 선성군의 태수인 봉소는 어느날 갑자가 호랑이로 변하여 고을 백성들을 먹었다. 이에 백성들이 그를 『봉 사또님』이라 불렀다.」(漢宣城郡封邵, 一日化爲虎食郡民, 民呼之曰封使君) 여기서 사군은 태수를 말하는 것이며, 임방의 《술이기》는 《태평어람(太平御覽)》 권892에 전함.

橫穿三島鏡光寒[3]
횡 천 삼 도 경 광 한

세 섬을 비껴 뚫고 지나가니
고요한 물빛 차갑구나.

泝洄欲盡西崖勝[4]
소 회 욕 진 서 애 승

물 거슬러 올라 서쪽 벼랑의
빼어난 경치 다 하고자 하면,

須傍東邊白玉灣
수 방 동 변 백 옥 만

동쪽가의 벽옥 같은 물굽이
곁에 끼어야겠네.

3 | 삼도(三島) : 1)을 보라.

4 | 소회(泝洄) : 「溯回」, 또는 「溯洄」라고도 쓰며, 물결을 거슬러 올라가는 것을 말함. 《시경 · 진나라의 민요 · 갈대(秦風 · 蒹葭)》「물결 거슬러 올라가 그를 따르려니, 길 험하고 또 머네.」(溯洄從之, 道阻且長)
서애(西涯) : 1)을 보라.

148. 仙巖[1]_俗號佛巖, 今改

선암_속칭 부처바위라 하였는데 지금은 고쳤다

白石層層疊素氈
백 석 층 층 첩 소 전

흰 돌 겹겹이 쌓여
흰 담요를 포개 놓은 것 같고,

神工不待巧磨鐫
신 공 부 대 교 마 전

신묘한 솜씨는 교묘한
갈고 닦는 솜씨 기다리지 않네.

1 | 선암은 〈가유기〉에 비교적 상세한 설명이 보인다.
〈가유기〉에는 부처바위[佛巖]라 되어 있으며, 다음과 같이 묘사하고 있다. 「남천의 위에 부처바위라는 것이 있으니, 가장 기이하나 역시 임후의 기록에 나타나 있다. …… 바위가 양 산 곁 붉은 벼랑 아래에 있으며, 시내 위에 백여 보의 바위가 깔려 있는데 흰 눈이 덮이고 흰 담요가 첩첩으로 쌓인 것 같다. 그렇게 무릇 세 층계인데, 물이 그 사이로 흘러 돌아 요란하게 갈라져서 폭포가 아래층 아래로 떨어져, 합하며 하나의 깊고 넓은 웅덩이가 되니, 푸르고 맑기가 거울과 같다. …… 임후가 불(佛)자를 고쳐 선(仙)자로 대신한 것은 매우 좋으나, 다만 그 돌 형태를 형용한 것이 너무 실상을 지났으니, 아마 임후는 일찍이 눈으로 보지는 못하고 남이 자랑하는 말만 듣고 드디어 붓을 들어 쓴 까닭인가 한다.」 (南川之上, 有日佛巖, 最奇, 亦見於林侯之記. …… 巖在兩山之夾丹崖之下, 盤礴于溪上百餘步, 若曰白雪平鋪. 素氈疊積者, 凡爲三層, 而水流其間. 縈廻汩㴲(氵+號), 而瀑落於下

從敎吼落雲門水[2]
종 교 후 락 운 문 수

운문의 물 포효하며
떨어지게 하여,

臺下寒開一鑑天[3]
대 하 한 개 일 감 천

대 아래에 차갑게
거울같은 하늘 하나 열었네.

層之下. 匯爲一泓, 綠淨可鑑. …… 林侯之改佛爲仙, 甚善. 第其狀石之態, 太過其實, 豈侯未嘗目睹, 而聞人詑異之說, 遂信筆書之之故耶) 임후(林侯)는 옛 단양군수였던 임제광(林霽光)을 말한다.

2 | 운문(雲門) : 《고증》에 「절 이름이며 약야계에 있다.」(寺名, 在若耶溪)라 하였다. 약야계는 또 약야계(若邪溪)라고도 하며, 오운계(五雲溪)라고도 한다. 중국 절강성(浙江省) 소흥현(紹興縣) 동남쪽에 있는 약야산 아래로 흐른다.(《사원》 2631쪽 참조) 《요존록》에서는 「추측컨대 바위로 이루어진 대의 폭포를 말하는 것 같으며, 달리 운문이란 이름이 있는 것은 아니다.」(推巖臺瀑布而言, 非別有雲門之名也)라 하였는데, 그 말이 타당한 것 같다.

3 | 한개일감천(寒開一鑑天) : 주자의 〈책을 읽다가 느낌이 있어(觀書有感)〉 두 수 중 첫째 시 「반 마지기의 모난 연못에 거울 하나 열렸는데, 하늘 빛이며 구름 그림자 함께 어울려 배회하네.」(半畝方塘一鑑開, 天光雲影共徘徊)

149. 馬上[1]

말 위에서

朝行俯聽淸溪響
조 행 부 청 청 계 향

아침에는 가면서 몸 숙여
맑은 시내 소리 듣고,

暮歸遠望靑山影
모 귀 원 망 청 산 영

저녁에는 돌아오며 멀리
푸른 산 그림자 바라보네.

朝行暮歸山水中
조 행 모 귀 산 수 중

아침에 가고 저녁에는
돌아오며 산수간을 누비니,

1 | 이 시는 제목으로 보건대 단양에서 군민들을 순무(巡撫)하러 다니던 중에 지은 것 같다.

2 | 서운(棲雲) : 구름이 걸릴 정도의 높은 산에서 거처하는 것을 말하며, 은둔 · 은거의 의미로도 쓰임. 《송나라의 전기 · 섭관경의 전기(聶冠卿傳)》「공의 선조께서는 노을을 먹고 구름 속에 거처하셨으며, 고상하여 벼슬을 살지 않으셨습니다.」(公先世餌霞棲雲, 高尙不仕)

3 | 부죽(符竹) : 한나라 때 군수는 대나무 부절을 받았는데(〈139〉-3) 참조할 것), 이 이래로 대나무 부절이 곧 군수를 나타내게 되었음.

山如蒼屛水明鏡
산 여 창 병 수 명 경

산은 푸른 병풍이요
물은 맑은 거울 같네.

在山願爲棲雲鶴[2]
재 산 원 위 서 운 학

산에서는 구름 속에
깃든 학이 되고싶고,

在水願爲游波鷗
재 수 원 위 유 파 구

물에서는 물결 타고 노니는
갈매기 되고싶네.

不知符竹誤我事[3]
부 지 부 죽 오 아 사

대나무 부절이 나의 일
그르친 줄도 모르면서,

强顔自謂遊丹丘[4]
강 안 자 위 유 단 구

억지로 신선 사는 단구에
노닌다고 스스로 일러보네.

4 | 강안(强顔) : 낯가죽이 두꺼움, 곧 염치를 모르는 것을 말하는 것임. 〈10〉-8)을 보라.
단구(丹丘) : 《고증》에 「단양은 또 단구라고도 한다.」(丹陽, 亦稱丹丘)고 되어 있다. 송나라 소식의 〈도연명의 산해경을 읽고 지은 시의 각운자에 맞추어(和陶讀山海經)〉의 셋째 시 「도연명은 비록 중간 정도의 수명밖에 못 누렸으나, 고상한 뜻은 여전히 단구에 남아 있네.」(淵明雖中壽, 雅志仍丹丘) 단구는 또 단구(丹邱)라고도 하며, 전설상의 신선이 거처하는 곳을 말한다.

150. 二樂樓, 次東坡黃樓詩韻[1]

이요루에서 동파의 황루시를 차운하다

夜臥郡齋淸[2] 야 와 군 재 청	밤되어 누우니 고을의 동헌 맑기도 하여,
夢作遊山詩 몽 작 유 산 시	꿈 속에서 산에 노니는 시를 지었다네.

1 | 이요루(二樂樓) : 단양군 동헌의 서쪽으로 30보 쯤되는 거리에 있다. 김일손(金馹孫)이 지은 기(記)가 있다. 《국역신증동국여지승람II》의 456쪽을 보라. 「이요」란 말은《논어 · 옹은(雍也)》의 「어진 사람은 산을 즐기고, 지혜로운 사람은 물을 즐긴다.」(人者樂山, 知者樂水)에서 따온 말임.

황루(黃樓) : 송나라의 소식이 팽성의 군수로 있을 당시 수재(水災)를 이겨낸 것을 기념하여 지은 것이다. 진관(秦觀 : 자는 太虛로 蘇門四學士의 하나임)의 〈황루를 읊은 글의 서문(黃樓賦序)〉「태수 소공이 팽성 군수가 된 이듬해 황하가 터지는 변란을 다스리자 백성들은 갱생하였고, 또 그 덕분에 성까지 수선하게 되었다. 동문의 위에 황루를 지었는데, 물이 흙에 의해 다스려졌으며, 흙의 색이 누르므로 그것을 취하여 이름으로 삼았다.」(太守蘇公守彭城之明年, 旣治河決之變, 民以更生, 又因修繕其城, 作黃樓於東門之上, 以爲水受制於土, 而土之色黃, 故取名焉) 소식의 아우인 소철(蘇轍)의 〈황루를 읊은 글의 서문(黃樓賦敍)〉「희령 10년(1077년) 가을 7월 을축일에 하수가 전연에서 터졌다. …… 8월 무술일에 물이 팽성의 아래에까지 이르렀다. 나의 형님 자첨은 마침 팽성의 군수로 있었는데, 물이 미처 이르기도 전에 백성들에게 삼태기와 가래를 갖추게 하고 흙과 돌을 모으고, 꼴을 쌓아 틈과 구멍을 충분히 매워서 물에 대비했다. …… 그런 까닭에 물이 이미 물러감에 백성들이 더욱 가까이 했다. 이에 곧 성의 동쪽문에 큰 누대를 지었는데, 황토로 겉을 바르고는 『흙이 실로 물을 이겼다』라 했다」(熙寧十年秋七月乙丑, 河決于澶淵, …… 八月戊戌, 水及彭城下. 余兄子瞻適爲彭城守, 水未至, 使民具畚鍤, 畜土石, 積芻茭, 完室隙穴以爲水備. …… 故水旣去而民益親. 于是卽城之東門爲大樓焉, 堊以黃土, 曰土實勝水)

2 | 군재(郡齋) : 군수가 거처하는 관아, 곧 동헌을 말함. 당나라 위응물의 〈최도수에게 답함

晨登溪樓敞 신 등 계 루 창	새벽에 탁트인 냇가의 누대에 올라,
對山吟古詞[3] 대 산 음 고 사	산을 마주하고 옛 글월을 읊조리네.
赤城山中仙[4] 적 성 산 중 선	적성산 속에는 신선이 있는데,
游天弄雲旗[5] 유 천 롱 운 기	구름 깃발 가지고 하늘에서 노니네.

〈答崔都水〉「동헌에는 아름다운 달 있고, 동산의 숲속은 맑은 샘물 머금고 있네.」(郡齋有佳月, 園林含淸泉)

3 | 음고사(吟古詞) : 소식의 〈황루부시〉를 읊조리는 것을 말함.

4 | 적성산(赤城山) : 단양에 있는 산 이름이며, 중국 절강성(浙江省) 천태현(天台縣)에도 같은 명칭의 산이 있다. 이로 인하여 단양을 적성이라고도 한다. 《고증》「일명 천태산이라고도 하며, 모양이 구름과 놀 같아 바라보면 성 위의 낮은 담과 같아 그렇게 이름하였다. 단양에도 적성산이 있으므로 군의 이름을 적성이라 하였다.」(天台山一名, 狀如雲霞, 望之如雉堞, 故名. 丹陽亦有赤城山, 故郡名赤城) 퇴계의 〈소백산 유람기(遊小白山錄)〉(이하 〈소백산록〉으로 약칭)「지팡이를 짚고 돌길을 더듬으며 환희봉에 오르니, …… 수십 보를 지나서 석성의 옛터를 찾았는데, 성 안에는 남은 주춧돌과 허물어진 우물이 그대로 남아 있었다. …… 주경유를 만나지 못하여 그대로 전날의 속된 이름을 지니고 있어서 고치지 않을 수 없으므로 …… 그 성을 적성이라 부르게 했으니 『적성에 놀이 일어나 표를 세웠다』라는 뜻을 취한 것이다.」(策杖攀磴, 登懽喜峯, …… 經數步, 得石城故址, 城中有遺礎廢井, 依然尙在. …… 而不遇周景遊, 名仍往陋, 不可以不改 …… 號其城爲赤城, 取赤城霞起而建標者義也) 역문은 동화출판사 간행 성락훈(成樂熏) 역《한국의 사상 대전집 10 · 이황》에서 전재. 「赤城霞起而建標」는 남조 진나라 손작(孫綽)의 〈천태산을 노닐며 읊은 부(遊天台山賦)〉에서 취한 것임.

5 | 운기(雲旗) : 구름을 깃발로 삼는 것, 혹은 구름 모양의 깃발을 말함. 여기서는 전자의 뜻으로 쓰이었음. 초나라 굴원(屈原)의 〈슬픔을 만남(離騷)〉「여덟 용을 타고 다님이여, 구름 깃발 싣고 길게 나부끼네.」(駕八龍之婉婉兮, 載雲旗之委蛇)

貽我黃精草[6]
이 아 황 정 초

나에게 장수약인 황정초 보내주면서,

約我勿差池[7]
약 아 물 치 지

날더러 그르치지 말라 언약하네.

萬事一敝屣
만 사 일 폐 사

인간만사 한결같이 헌 신짝인데,

6 | 황정초(黃精草) : 풀 이름으로 또한 황지(黃芝)·토죽(菟竹)·진죽(塵竹)·구궁초(救窮草)·야생강(野生姜)이라고도 하며, 다년생 초본(草本) 식물이다. 도가에서는 그것으로 땅의 정수를 얻는다 하여 황정이라 한다 함. 《사원》 3750쪽 참고. 당나라 두보의 〈태평사의 샘구멍(太平寺泉眼)〉「봄 석달 황정초 윤기있게 하여, 한번 먹으면 깃털 날개 돋아나네.」(三春濕黃精, 一食生羽毛) 주석 「《본초강목(本草綱目)》에서는 오래 복용하면 몸이 가벼워지고 수명을 연장한다 하였으며, 《박물지》에서는 태양의 풀을 황정이라 한다 하였다.」(本草, 久服輕身延年. 博物志, 太陽之草名黃精) 《본초강목(本草綱目)》「황정은 신선양식이라고도 하며 …… 3월에 싹이 나는데 크기는 1,2자 가량 되고, 잎사귀는 대나무 같이 짧으며 쌍쌍이 마주하고 있다. …… 흡사 복숭아 같은데, 뿌리는 누렇고 끝은 붉다. 4월이 되면 청백색의 꽃이 핀다. 열매는 기장 같은 흰색이며, …… 뿌리는 어린 생강처럼 누렇다. 2월에 뿌리를 캐어서 쪄내어 볕에 쬐어 말리어 쓴다.」(黃精一名仙人餘糧, …… 三月生苗高一二尺以來, 葉如竹葉而短, 兩兩相對. …… 頗似桃, 本黃末赤, 四月開青白花, 子白如黍, …… 根如嫩生薑而黃色, 二月採根蒸過暴根乾用) 남조 진나라 갈홍의 《포박자·신선의 약(仙藥)》「황정은 일명 면죽이라고도 하며 또한 구궁이라고도 하고, 수주라고도 한다. 꽃을 먹는 것이 열매를 먹는 것보다 낫고, 열매를 먹는 것이 뿌리를 먹는 것보다 나은데 다만 꽃은 많이 얻기가 어렵다. …… 황정은 한 십년 정도 복용을 하여야만 겨우 그 득을 크게 볼 수 있다.」(黃精一名兔竹, 一名救窮, 一名垂珠. 服其花勝其實, 服其實勝其根, 但花難多得. …… 服黃精僅十年, 乃可大得其益耳) 송나라 소식의 〈순주태수인 주언질(周彦質)에게 답함(答周循州)〉「그대 청렴하여 녹봉 많이 돌보기 어려움 알리니, 또한 황정초 찾아서 배고픔이나 면하게나.」(知君清俸難多輟, 且覓黃精與療飢)

胡爲學詭隨[8]
호 위 학 궤 수

어이하여 함부로 따르는 것을 배운단 말인가?

已呼祈孔賓[9]
이 호 기 공 빈

이미 기공빈을 불렀거던,

莫訝朱桃椎[10]
막 아 주 도 추

주도추를 나무라지 말게나.

퇴계가 정사년(丁巳年 : 1557년)에 쓴 편지인 〈황준량에게 답함(答黃仲擧)〉「부지런히 황정을 복용할 수만 있다면 신선이 아님을 어찌 근심하겠으며, 내 비록 황정을 복용할 수는 없지만 그대가 신선이 되어 승천하기를 기다리려오.」(但勤服凰精, 何患不仙. 如僕雖不服黃精, 俟君上昇) 《요존록》에 의하면 이때 황준량 또한 단양군수로 있었다 하며, 편지는 《퇴계문집》 권 19에 보인다.

7 | 차지(差池) : 착오, 어긋남, 또는 그르침을 말함. 당나라 한유의 〈최씨네 스물 여섯째인 입지에게 부침(答崔二十六立之)〉「열흘마다 내게 편지 띄워, 해를 넘기도록 어긋남이 없네.」(每旬遺書我, 竟歲無差池)

8 | 궤수(詭隨) : 시비를 가리지 않고 남을 따름, 곧 맹종함을 말함. 《시경 · 대아》의 〈백성들의 수고로움(民勞)〉에서 유래한 말임. 「무턱대고 따르는 것 버려두지 않아, 어질지 않은 것들 삼가네.」(無縱詭隨, 以謹無良)

9 | 이호기공빈(已呼祈孔賓) : 기공빈은 남조 진(晉)나라 사람인 기가(祈嘉)로 《진나라의 역사 · 은자들의 전기(隱逸傳)》에 전기가 실려 있다. 「젊어서는 청렴하여 가난하였으나 학문을 좋아하였다. 그의 나이 20여 세 되던 어느 날 밤 갑자기 창에서 어떤 목소리가 그를 부르면서 말했다. 『기공빈, 기공빈! 숨어버리게, 숨어버리게! 인간세상에서 겉치레를 꾸미는 것은 매우 괴롭고 성취할 수도 없다네. 얻는 것은 털끝만큼도 되지 않고 잃는 것은 산의 낭떠러지만 하다네.』 이에 곧 도망을 가버렸다.」(少清貧, 好學. 年二十餘, 夜忽窓中有聲呼曰, 祈孔賓, 祈孔賓! 隱去來, 隱去來! 修飾人世, 甚苦不可諧. 所得未毛銖, 所喪如山崖. 且而逃去) 송나라 소식의 〈돌영지(石芝)〉「명백히 꿈도 아니고 또 깨어 있지도 않은데, 누군가 한밤중에 기공빈을 부르네.」(了然非夢亦非覺, 有人夜呼祈孔賓)

我非戀塵土
아 비 연 진 토

내 티끌 세상 그리는 사람이 아니요,

亦非媚俗姿[11]
역 비 미 속 자

또한 속세에 아첨하는 자태도 아니라네.

淹玆久不決
엄 자 구 불 결

오랫동안 여기 머물러 결단 내리지 못하니,

我車何時脂[12]
아 거 하 시 지

내 수레엔 언제나 기름칠하리오?

10 | 막아주도추(莫訝朱桃椎) : 주도추는 당나라 익주(益州) 사람으로 역시 은사이다.《새로 쓴 당나라의 역사 · 주도추의 전기(新唐書 · 朱桃椎傳)》「가죽옷을 입고 다 헤진 신발을 끌고 다녀 그의 사람 됨됨이를 헤아릴 수 있는 사람이 아무도 없었다. 주지사인 두궤가 그를 보고 의복이며 사슴가죽 두건, 노루가죽 신발 등을 보내주고는 억지로 그를 향정에 임명하였다. 그러자 그것들을 땅에다 팽개쳐버리고는 입으려하지 않았다. 그리고는 아예 산 속에다 움막을 지어서 여름에는 벌거벗고 있었고, 겨울에는 나무껍질이나 나뭇잎을 이어 스스로를 가리고 남이 가져다 주는 것은 받는 것이 없었다. 일찍이 억새풀로 짚신을 열 켤래 짜서 길 위에 놔두었는데, 그것을 본 사람이 말했다.『은사의 신발이로구나!』이에 죽거리 쌀과 차로 바꾸어 그곳에 두었더니 재빨리 가져가고는 끝끝내 사람들과는 접촉을 하지 않았다. …… 고사렴이 주지사가 되어 예를 갖추어 그를 초치하고자 계단에서 내려와 그와 얘기를 하려 했는데, 대답도 않고 눈을 부릅뜨더니 나가버렸다. 고사렴이 절하며 말했다.『좨주께서 나로 하여금 아무일 없이 촉군을 다스리라함이 아니겠는가!』」(被裘曳索, 人莫能測其爲. 長史竇軌見之, 遺以衣服鹿幘麂鞾, 逼署鄕正. 委之地, 不肯服. 更結廬山中, 夏則贏, 冬緝木皮葉自蔽, 贈遺無所受. 嘗織十芒屩置道上, 見者曰, 居士屩也. 爲鬻米茗易之, 置其處, 輒取去, 終不與人接. …… 高士廉爲長史, 備禮以請, 降階與之語, 不答, 瞪視而出. 士廉拜曰, 祭主其使我以無事治蜀邪)

吾聞名教中[13] 내 듣자니 인륜 도덕 가운데는,
오 문 명 교 중

心法謹毫氂[14] 마음쓰는 법에 극히 미세한 것도 삼가라 하였네.
심 법 근 호 리

二樂如得樂 두 가지 좋아하는 것에서 즐거움을 얻는다면,
이 요 여 득 락

此外吾何知 이 밖의 일이야 내 어찌 알리오.
차 외 오 하 지

11 | 미속(媚俗) : 미세(媚世)라고도 하며, 당세에서 희열을 추구하거나 속세에 영합한다는 뜻임. 명나라 고계(高啓)의 〈규수의 원숭이를 노래함(嫣蜼之歌)〉「구부려 속세에 영합하지 않고, 교만하게 높은 사람을 업신여기지 않네.」(不詰曲以媚俗, 不偃蹇而凌尊)와 같은 용례가 있음.

12 | 아거하시지(我車何時脂) : 지(脂)는 수레바퀴의 굴대 따위에 기름을 쳐서 바퀴가 구르는 것을 원활하게 하는 것을 말함. 진나라 도연명의 〈무궁화(榮木)〉「내 공명의 수레에 기름치고, 내 공명의 천리마에 채찍질하네.」(脂我名車, 策我名驥)

13 | 명교(名教) : 명분 있는 예교, 곧 인륜도덕을 말함. 남조 송나라 유의경(劉義慶)의《세설신어 · 덕행(德行)》「진 악광이 이르되, 『명교 가운데 스스로 즐거움이 있다.』라 하였다.」(晉樂光曰, 名教中, 自有樂池)

14 | 호리(毫氂) : 「호」와 「리」는 원래 아주 적은 것을 헤아리는 도량형 단위로 호는 한 치[寸]의 일천 분의 일이며, 리는 10호를 나타내는데, 이 둘을 합하여 보통 극히 미세한 것을 비유하는 말로 쓰임.

【원운시】 〈太虛以黃樓賦見寄作詩爲謝 진관이 황루부를 지어 부쳐왔으므로 시를 지어 고마움을 나타내다〉

蘇軾 소식

我在黃樓上	내 황루 위에 서서,
欲作黃樓詩	황루시를 지으려 하네.
忽得故人書	문득 옛 친구의 편지 받았는데,
中有黃樓詞	그 가운데 황루의 글이 있다네.
黃樓高十丈	황루는 높이가 열 길이요,
下建五丈旗	아래에는 다섯 길의 깃발을 세웠다네.
楚山以爲城	초 땅의 산으로 성을 삼고,
泗水以爲池	사수의 물로 해자를 삼았다네.
我詩無傑句	내 시엔 걸출한 구 없어,
萬景驕莫隨	온갖 경치 이루 따를 수 없네.
夫子獨何妙	그대 유독 어찌나 신묘한지,
雨雹散雷椎	우박이 돌을 쪼개는 것 같네.
雄辭雜古今	굳센 말에는 예와 지금 뒤섞여 있고,
中有屈宋姿	그 가운데 굴원이나 송옥의 글솜씨 담겨 있다네.
南山多磬石	(그대의 시는) 남산에 경쇠로 쓸 돌 많은데,
淸滑如流脂	맑고 매끄럽기가 흐르는 기름과 같다네.
朱蠟爲摹刻	붉은 밀랍으로는 본떠서 새기는데,
細妙分毫釐	가늘고 신묘하기는 저울눈으로 나눈 듯하다네.
佳處未易識	아름다운 구절 나는 쉬 알 수가 없지만,
當有來者知	마땅히 잘 알아볼 수 있는 이 뒤에 나타나리라.

151. 花灘[1]

화탄

峽坼雲霾遇一灘[2]
협 탁 운 매 우 일 탄

골짜기 터지고 구름 모여
흙비 내리더니 한 여울 만나,

雷驚電激雪崩湍[3]
뇌 경 전 격 설 붕 단

우레 놀란 듯하고 번개 내리치니
눈 소용돌이쳐 무너지네.

1 | 〈가유기〉에 의하면 5월에 통첩[牒]에 따라 청풍(淸風)에 가려고, 하진(河津)에서 배를 타고 단구협(丹丘峽)으로 나가 귀담을 지나 화탄에서 내렸다고 하였다. 이 시는 이때 지은 것이다. 〈가유기〉에 있는 화탄의 관련기사는 다음과 같다. 「그날밤 나는 청풍군의 응청각에서 유숙하고 이튿날, 새벽의 서늘함을 틈타서 사람을 시켜 배를 끌어 흐르는 물을 거슬러 올라가서, 삼지탄을 지나 내매담 위에 이르러, 지붕을 걷고 바라 보았는데, 물이 두 골짜기 사이에서 나와 높은데서 바로 쏟아지고, 굴러내리는 돌이 그 아래에 있는 뭇 돌들을 치며, 성난 기세가 등등하며, 구름이나 눈같은 물결이 출렁거리고 용솟음치는 곳이 화탄이다.」(其夜, 余宿于淸風郡之凝淸閣. 翌日, 乘曉凉, 使人挽舟泝流而上, 搴篷而望之, 則水出于兩峽之間, 從高而直下, 礧擊于衆石, 怒勢奔放, 雲濤雪浪, 洶湧而澎湃者, 花灘也)

2 | 운매(雲霾) : 당나라 두보의 〈백제성의 최고루에서(白帝城最高樓)〉「골짜기 터지고 구름 일어 흙비 내리는 곳에는 용과 호랑이 잠자고, 강은 맑고 해는 껴안았네, 자라와 악어 노니는 것을.」(峽坼雲　龍虎睡, 江淸日抱黿鼉遊)

3 | 붕단(崩湍) : 격류(激流)를 말함. 북위(北魏) 역도원(酈道元)의 《수경의 주석 · 면수(水經注 · 沔水)》「현에서 위쪽으로는 산이 깊고 물살이 빨라, 휘어진 물가의 세찬 물결은 물과 뭍을 곧장 가로질러 흘러간다.」(自縣以上, 山深水急, 枉渚崩湍, 水陸徑絶)

斯須脫得垂堂戒[4]
사 수 탈 득 수 당 계

잠시 위태한 곳 앉지 말라는
경계에서 벗어나,

一任仙篷雨打寒[5]
일 임 선 봉 우 타 한

한번 신선의 배에 내맡기니
비 차갑게 와 두드리네.

4 | 사수(斯須) : 수유(須臾), 편각(片刻). 곧 매우 짧은 시간을 말함. 잠깐 동안, 잠시. 〈71〉-21)을 보라.

수당(垂堂) : 마루[坐堂]의 가장자리를 말하며, 그곳에 앉아 있으면 처마의 기와가 떨어져 다치게 될 것을 걱정한다는 뜻으로, 위태로운 처지에 있음을 비유하는 말이다. 《한나라의 역사 · 원앙의 전기(袁盎傳)》「신이 듣건데 천금을 가진 사람의 아들은 마루의 가장자리에 앉지 않는다고 하며, 백금을 가진 사람의 아들은 난간에 걸터앉지 않는다고 하였습니다.」(臣聞千金之子不垂堂, 百金之子不騎衡) 당나라 두보의 〈새벽에 나서다(早發)〉「옛사람들 위태로운 곳에 앉는 것 경계하였는데, 지금은 어이하여 분주히 명에 따르는가?」(古人戒垂堂, 今則奚奔命)

5 | 봉(篷) : 원래는 거적 비슷한 것으로 배나 수레의 비바람과 햇빛 등을 가리는 차양, 덮개 등을 말하나 여기서는 돛, 곧 배의 대칭(代稱)으로 쓰였음. 당나라 피일휴(皮日休)의 〈편지를 부쳐 남양의 윤경을 그리워함(寄懷南陽潤卿)〉「무슨 일로 그대를 대해도 부끄러우리니, 배가 한번 눈을 만나 화양으로 돌아왔기 때문이라네.」(何事對君猶有愧, 一篷衝雪返華陽)

152. 舟中

배 속에서

入眼平湖雨滿空
입 안 평 호 우 만 공

눈에 드나니 평평한 호수에
비는 하늘에 가득하고,

一杯未盡日穿篷[1]
일 배 미 진 일 천 봉

한 잔 술 미처 다 비우기도 전에
햇빛 덮개 뚫고 들어오네.

水光山色渾如畵
수 광 산 색 혼 여 화

산의 풍경 물의 경치
온통 뒤섞이어 그림과 같아

分付詩人較淡濃
분 부 시 인 교 담 농

시인에게 당부하여
옅음과 짙음 비교하게 하네

1 | 봉(篷) : 〈151〉-5)에서는 배의 뜻으로 쓰였으나, 여기서는 본래의 뜻인 띠나 대, 혹은 부들 등으로 엮은 거적 모양의 덮개로 쓰이었음. 〈151〉-1)의 〈가유기〉에서는 「지붕」이라 번역하였음.

153. 龜潭[1]

귀담

衆壑趨西出自東
중 학 추 서 출 자 동

뭇 골짜기 동쪽으로부터 나와
서쪽으로 내닫다가,

峽門餘怒始橫通[2]
협 문 여 노 시 횡 통

골짝의 문에서 성난 나머지
비로소 가로질러 통하네.

幾爭激浪崩雲上[3]
기 쟁 격 랑 붕 운 상

몇 번이나 격한 물결과 다투며
하늘 위로 솟았다가,

1 | 〈화탄〉과 같은 날 지은 시이다. 〈151〉 -1)을 참조할 것. 〈가유기〉에 보이는 귀담에 대한 기록 역시 화탄의 기록 바로 밑에 붙여서 기술하고 있는데, 다음과 같다. 「산봉우리가 그림같고 골짜기는 서로 마주 벌어져 있는데, 물은 그 가운데 괴어서 넓고, 맑고, 엉키고, 푸르러 거울을 새로 갈아서 공중에 걸어놓은 것 같은 것이 귀담이다.」(峯巒如畫, 峽門對折, 水積于其中, 而涵泓凝碧, 如鏡新磨, 如在空中者, 龜潭也) 또한 퇴계는 《동국여지승람》이나 전임 군수들이 지은 기행문에 귀담에 대한 기록이 지나치게 소략하고, 그나마도 그에 대한 합당한 평가를 내린 것이 없음을 한스럽게 여기는 바이며, 아울러 여기(곧 〈가유기〉)에서 이를 보다 구체적으로 기록해둔다라 하는 등등의 귀절도 보인다.

2 | 협문(峽門) : 곧 화탄을 말하는 듯함.

3 | 붕운(崩雲) : 파도가 흰 물을 내뿜으며 용솟음치는 모양을 말함. 송나라 소식의 〈두 다리를 읊음 · 동신교(兩橋詩 · 東新橋)〉 「뱃머리 흔들거리자 눈같은 강물 뒤집고, 배꼬리는 구름같이 부서지는 시내에 끼어 있네.」(首搖翻雪江, 尾揷崩雲溪)

4 | 학반풍(鶴盤風) : 〈가유기〉 「마침 현학이 중봉으로부터 날아와서 두 차례 빙빙 맴돌다가 뭉게구름 밖으로 들어갔다. …… 그 봉 아래에 있는 것을 채운이라 하고, 그 가운데 있는

纔入淸潭拭鏡中
재 입 청 담 식 경 중

이제야 맑은 못에 드니
닦은 듯한 거울 같네.

鬼刻千形山露骨
귀 각 천 형 산 로 골

귀신이 온갖 형태 새기어
산의 뼈 드러내고,

仙游萬仞鶴盤風[4]
선 유 만 인 학 반 풍

신선은 만 길 위에서 놀고
학은 바람결에 맴도네.

隱巖南畔苔磯石[5]
은 암 남 반 태 기 석

가은암 남쪽 못가의
이끼낀 자갈밭은,

靈境依然九曲同[6]
영 경 의 연 구 곡 동

신령한 경치 의젓한 것이
무이산의 아홉 골짜기와 같네.

봉을 현학이라 함은 그 본 바를 말한 것이다.」(適有玄鶴, 自中峯飛出, 盤廻數匝而入於雲之表. …… 其峯之在下者曰彩雲, 其中者曰玄鶴, 以其所見也)

5 | 은암(隱巖) : 〈가유기〉에서 말한 가은암을 가리킴. 「가은봉이란 곳은 물이 북으로 돌아서로 꺾이어지는 구비에 이르고, 서쪽으로는 오로봉과 서로 대하였고, 그 두 봉우리 사이에 골[洞]이 있으니, 아연하게 남으로 향하였으며, 깊고 고요하여 사람의 자취가 끊어졌고 동문 밖에 편편한 자갈밭이 있는데, 물에 다다른 것이 마루와 뜰 같아서 가히 낚시를 하고 놀게 되어 있다. 오직 이 한 구비가 모든 절경을 모은 것을 얻었으니 옛사람이 가은이라 이름한 것의 뜻이 이에 있음인 듯하다.」(可隱峯者, 當此轉西折之曲, 而西與五老峯相對, 兩峯之間, 有洞呀然而南向, 窈閴幽深, 人跡四絶, 洞門之外, 有石磯臨水如堂陛, 可以釣遊. 惟此一曲, 盡得諸勝之會, 古人名之曰可隱, 意其在此乎)

6 | 구곡동(九曲同) : 《고증》「무이산에도 대은병이란 곳이 있으므로 이른 것이다.」(武夷山亦有大隱巖, 故云) 여기서 말한 「대은암」이란 바로 주자의 〈무이구곡의 뱃노래(武夷九曲櫂歌)〉의 일곱째 구비(七曲)〉에서 이른바 「은병암」을 말함. 〈125〉의 [원운시]를 참조할 것.

154. 伏聞重新愛日堂, 上聾巖先生[1]

애일당이 중수되었다는 말을 듣고 농암선생에게 올리다

巖帶江聲自作聾[2]
암 대 강 성 자 작 롱

바위가 강소리 띠어서
저절로 귀먹은 것이지,

巖居仙伯本眞聰[3]
암 거 선 백 본 진 총

바위에 사는 신선은
본래는 실로 귀 밝다네.

1 | 농암 이현보(李賢輔) 선생이 부내[汾川] 가의 애일당을 중수하고 기문(記文)을 청하였는데, 퇴계는 이를 사양하고 대신 시를 적어 보냈다. 애일당이 중수된 것은 무신년(戊申年: 1548년) 4월이다. 애일당에 대해서는 〈87〉-1)을 보라. 《농암연보》「무신 4월에 애일당을 중수하였다. 애일당의 위의가 오래되어 기울고 허물어졌는데, 선생이 평소에 양친을 봉양하던 곳이라 황폐해진 채로 버려둘 수가 없어서 돋우고 헝클어진 것을 다듬은 뒤, 글을 지어 그것을 기록해 두었다.」(戊申四月重新愛日堂. 愛威久傾圮, 先生以平日養親之地, 不可以蕪廢, 就加修葺, 爲文以記之) 이때 퇴계는 48세였고 농암은 82세였으며, 《농암집》 권1에 보면 〈애일당을 중수하고 퇴계가 지은 시의 각운자에 맞추어 짓다(愛日堂重新, 次退溪)〉라는 제목의 차운시가 수록되어 있다.

2 | 암대강성자작롱(巖帶江聲自作聾) : 농암이라는 이름의 유래를 설명한 것임. 《농암집》 권1 〈농암의 애일당시 서(聾巖愛日堂詩序)〉「농암은 집 동쪽의 약 1리 쯤 되는 곳에 있는데, 그 높이는 여러 길이 되고도 남으며 그 위에는 스무 명은 앉을 수 있다. 앞에는 큰 내가 자리하고 있어 여울의 흐름이 격렬해지면 소리가 울려 사람의 귀를 요란스럽게 하여 목소리가 들리지 않게 된다. 농암이라 한 것은 대개 이 때문에 그 이름을 얻게 된 것이다.」(聾巖家東一里許, 高數丈餘, 上可坐二十人. 前臨大川, 灘激則響應, 聒亂人耳, 聲語不聞, 意者聾巖, 其以此而得名歟)

3 | 암거(巖居) : 암거(嵒居), 산거(山居)라고도 하며, 보통 벼슬을 버리고 은거하는 것을 이르는 말임. 《장자 · 달생(達生)》「노나라에 선표라는 사람이 있었는데, 바위굴에 살고 골

曾參可不悲三釜[4]
증 삼 가 불 비 삼 부

증삼이 삼 부의 봉록
슬퍼하지 않을 수 있었을 것이며,

疏廣元非傲萬鐘[5]
소 광 원 비 오 만 종

소광도 원래는 만종의 봉록
업신여긴 것 아니라네.

月色想添新水檻[6]
월 색 상 첨 신 수 함

달빛은 생각노니 새로운 물가의
난간에 더하여 질 것이며,

짜기의 물을 마시며 세속과 명예와 이득을 다투지 않았다. 그리하여 나이 일흔이 되도록 갓난애 같은 얼굴빛을 하고 있었다.」(魯有單豹者, 巖居而水飮, 不與民共利. 行年七十而猶有嬰兒之色) 당나라 이백의 〈밤에 동정호에 배를 띄우고 배시어를 찾아 조촐한 술자리를 벌이다(夜泛洞庭尋裵侍御淸酌)〉「우연히 은거하는 배시어를 만나 쉬는데, 비위에 살면서 붉은 사다리 타고 가네.」(遇憩裵逸人, 巖居陵丹梯)

선백(仙伯) : 원래는 신선의 우두머리를 말하며, 보통 신선을 범칭하는 말로 많이 쓰인다. 나중에는 또 관직에 있으면서도 청렴하고 고상하며, 문장이 아주 빼어난 인물을 가리키는 말로 의미가 뜻이 바뀌어 쓰이기도 하였다. 당나라 두보의 〈백수현의 최소부 십구옹의 서재에서 30운으로 짓다(白水縣崔少府十九翁高齋三十韻)〉「백수 땅에서 구씨를 만났는데, 여러 공이 곧 신선의 무리였다.」(白水見舅氏, 諸公乃仙伯)

4 | 삼부(三釜) : 삼부(三鬴)라고도 하며, 적어서 변변치 못한 봉록을 말함. 부는 도량형의 단위로 여섯 말 네 되[六斗四升]임. 《장자 · 우언(寓言)》「증자는 두 번 벼슬을 하였는데, 마음도 두 번 변화를 일으키어 『내가 부모님이 계실 적에는 벼슬을 하여 삼부의 녹봉밖에 받지 않았어도 마음이 즐거웠는데, 후에 벼슬을 할 때에는 삼천 종이나 되는 녹봉을 받았는데도 부모님을 봉양할 수 없어서 나의 마음이 슬펐다.』라 하였다.」(曾子再仕而心再化曰, 吾及親仕, 三釜而心樂, 後仕, 三千鍾而不洎親, 吾心悲)「종」(鍾) 또한 도량형 단위로 4부(釜)에 해당되는 양임.

秋香行發舊霜叢
추 향 행 발 구 상 총

가을 내음은 서리내린
묵은 국화 더미에서 나리라.

但令日日陪幽賞
단 령 일 일 배 유 상

매일같이 모시고서 그윽히
감상하게 하실 양이면,

何必題名向此中
하 필 제 명 향 차 중

어찌 반드시 기문 지어
그 가운데 보내라시는지요?

先生令滉作記, 滉辭之故云

선생이 나에게 기문을 지으라고 분부하셨는데 내가 이를 거절하였기 때문에 이른 것이다.

5 | 소광(疏廣) : 한나라 난릉 사람으로 자는 중옹(仲翁)임. 학자로서 조카인 소수와 함께 각각 태자의 스승인 태자태부와 태자소부라는 명예로운 자리에 올랐으나 높은 자리에 너무 오래 있는 것을 꺼려 함께 사퇴하였다고 함. 《한나라의 역사 · 소광의 전기(疏廣傳)》「소광이 태부로 옮기고, 소광의 형의 아들인 소수는 …… 소부에 배수되었다. …… 소광이 소수에게 일러 말했다. 『내가 듣기에 「스스로 만족할 줄을 알면 욕되지 않으며, 또한 그칠 줄을 알면 위태롭지가 않다」고 했고, 또한 「공이 이루어지면 물러나는 것이 하늘의 도이다」라고 했다.』 …… 소광은 마침내 (소수와 함께) 병이 위독함을 아뢰고 소장을 올려 벼슬에서 물러날 것을 청하였다.」(廣徙爲太傅, 廣兄子受 …… 拜受爲少傅. …… 廣謂受曰. 吾聞, 知足不辱, 知止不殆. 功遂身退, 天之道也. …… 廣遂稱篤, 上疏乞骸骨) 여기서는 농암선생이 높은 벼슬을 하다가 사퇴한 것에 비유하였음.

6 | 첨신수함(添新水檻) : 당나라 두보의 〈강가에서 바다같은 형세의 물을 만나 문득 짧게 적어봄(江上値水如海勢, 聊短述)〉「새로 더한 물가의 난간에서 낚시 갖추어 드리우고, 일부러 뗏목 띄워 타고서 사람의 배 대신하네.」(新添水檻供垂釣, 故著浮槎替人舟)

155. 白雲洞書院示諸生_己酉○赴豐邑後[1]

백운동서원에서 여러 유생들에게 보이다_기유년(49세)○풍기 고을에 부임한 후

小白南墟古順興[2]
소 백 남 허 고 순 흥

소백산 남쪽 터인
옛 순흥 땅에는,

竹溪寒瀉白雲層[3]
죽 계 한 사 백 운 층

죽계의 물 차갑게 쏟아지고
흰구름은 층을 이루었네.

1 | 기유년은 퇴계가 49세되던 해인 1549년임. 퇴계가 풍기군수로 옮긴 것은 지난해 10월에 형님인 온계(溫溪)가 충청감사로 임명되자, 단양이 그 관할에 있음에서였으며, 11월에 풍기로 부임하였다.

《연보보유》을유년(乙酉年)「백운동서원에서 강학을 하셨다. 선생께서는 이 고을에 와서 서원의 원장이 된 것을 다행스럽게 여기어 교육을 진흥시키는 일에 마음을 두셨다. 공무를 보는 틈틈이 시간만 나면 서원으로 가서 여러 유생들에게 강론하기를 게을리하지 않았다. 반드시 옛 사람이 하던 자신을 위한 학문으로 지성을 다하여 거듭 가르치시어, 일년여 만에 선비들의 기풍이 크게 진작되었으며, 학문을 하는데는 좋은 스승이 있어야 높이 존경할 수 있다는 것을 알게 하였다.」(講學白雲洞書院. 先生自幸, 其換符爲洞主, 留意興學. 簿書之暇, 輒到院與諸生講論不倦. 必以古人爲己之學. 諄復告諭, 居一年, 儒風丕振, 知學之有師而尊慕之)

백운동서원 : 지금의 소수서원(紹修書院)을 말하며, 신재(愼齋) 주세붕(周世鵬)이 1543년 고려말의 학자 안향(安珦)을 모신 곳이다. 선생의 〈심감사 통원에게 올림(上沈方伯通源)〉「이 고을에 있는 백운동서원은 전 군수 주세붕이 창건한 것입니다. 죽계의 물줄기가 소백산 밑에서 시작하여 옛 순흥부 가운데로 흐르고 있으니 그곳이 바로 우리 유학의 선정 문성공 안향이 살던 옛 터입니다. …… 군수 주세붕이 이곳을 다스림에 있어 특히 학

生材衛道功何遠[4]
생 재 위 도 공 하 원

인재 내어 도통 지키니
공 얼마나 거룩하며,

立廟尊賢事匪曾[5]
립 묘 존 현 사 비 증

사당 세워 성현 높이니
이런 일 일찍이 없었네.

문을 일으키고 인재를 육성하는 것을 급선무로 삼고 향교에 대하여 정성을 기울였습니다. 그리고 죽계가 바로 선현의 유적이 있는 곳이라 하여 그곳에 터를 잡고 서원을 설립하였습니다. 서원은 대강 30여 간이나 되며 사묘에는 문성공을 봉향했고, 문정공 안축과 문경공 안보를 배향했습니다.」(郡有白雲洞書院者, 前郡守周世鵬所創建者. 竹溪之水, 發源於小白山下, 流經於古順興府之中, 實斯文先正安文成公裕之居也. …… 周侯之理郡, 尤以興學育材爲先務. 旣拳拳於鄕校, 又以竹溪是前賢遺迹之所在, 乃就相其之, 營構書院. 凡爲屋三十餘間, 有祠廟以奉享文成公, 而安文貞公軸文敬公輔拜之) 역문은 퇴계학회 경북지부 간행 이완재 역《퇴계선생의 편지(退書百選)》에서 전재.

2 | 소백(小白) : 《퇴계집》 권40에 있는 〈소백산록〉을 참조하라.
고순흥(古順興) : 풍기의 옛이름으로, 당시에는 이미 이 이름이 쓰이지 않았으므로 이렇게 부른 것이다. 《동국여지승람 · 풍기군》 폐순흥부(廢順興府) 조(條) 「세조 임금 때 부사 이보흠이 수인들에게 협박되어 난리를 꾀했다 하여 폐지하고서 본군에 소속시켰다.」(世祖朝, 以府使李甫欽爲囚人所脅謀亂, 革屬本郡)

3 | 죽계(竹溪) : 위의 주에 나오는 옛 순흥부의 북쪽 23리 지점에 있다. 안향 등 순흥 안씨가 대대로 살던 곳[世居地]이다.

4 | 위도공(衛道功) : 유가의 정통이론을 계승하여 지켜나가는 것을 말함. 《송사 · 유약의 전기 평론(劉爚傳論)》 「유약은 주희의 《사서》을 높이 추천하여 시강(侍講 : 황제나 황태자에게 학문을 강론하던 벼슬)의 교과서로 비치토록 하니, 도를 지킨 공로가 그보다 큰 자가 없었다.」(劉爚表章朱熹四書, 以備勸講, 衛道之功, 莫大焉) 여기서는 백운동 서원이 모셔져 있는 안향이 이 고을에서 나서 유교의 도통을 이루었다는 것을 말함.

景仰自多來俊碩
경 앙 자 다 래 준 석

우러러 흠모하니 절로
준걸이며 석학 모여 들고,

藏修非爲慕騫騰[6]
장 수 비 위 모 건 등

학문을 염두에 두고 또 닦는 것은
높이 훌쩍 뛰어오름 흠모해서가
아니라네.

안향의 원래 이름은 유(裕)이며, 홍주(興州) 사람이다. 향(珦)자가 문종(文宗)의 휘였으므로, 조선조에서는 원래의 이름인 유를 썼다. 원종(元宗 : 재위기간 1259~1274) 초에 급제하였으며, 벼슬은 찬성사까지 올랐다. 《고려사절요 · 충렬왕(忠烈王)》「국학에 섬학전을 설치하였다. 처음에 찬성사 안향이 학교의 교사가 크게 허물어지고 유학이 날로 쇠퇴해감을 우려하여, 양부와 의논하기를 『재상의 직책은 인재를 양성하는 것보다 더 급한 것이 없는데 이제 양현고가 탕진되어 교육에 쓸 자금이 없으니, 청컨대 6품 이상은 각기 은 한 근씩을 내고 7품 이하는 등급에 따라 베를 내개 하여, 양현고에 돌리어 본전은 두고 이자를 받아서 영구히 교육의 자금으로 만들게 하자.』 하니 양부에서 이를 좇았다. (그) 사실이 보고되니 왕이 내고의 금전과 양곡을 내어 이를 보조하였다. …… 안향은 또 남는 돈을 박사인 김문정에게 부탁하여 강남에 보내어 공자와 70제자의 상을 그리고, 또 제기 · 악기 · 육경 · 제자 · 역사책들을 사들였다.」(置國學贍學錢, 初, 贊成事安珦, 憂庠序大毁, 儒學日衰, 議兩部曰, 宰相之職, 莫先於敎育人材, 今養賢庫殫竭, 無以資敎養, 請令六品以上, 各出銀一斤, 七品以下, 出布有差, 歸之養賢庫, 存本取息, 永爲敎養之資, 兩部從之. 事聞, 王出內錢穀以助之. …… 又以餘貲, 付博士金文鼎, 送江南, 畵先聖及七十子之像, 又購祭器 · 樂器 · 六經 · 諸子史以來)
늘그막에는 회암(晦菴 : 즉 주자)의 영정을 걸어놓고 경의를 표하다가 마침내는 호를 회헌(晦軒)이라 하였다.

5 | 입묘존현(立廟尊賢) : 안향이 이 고을에서 나서 유학의 도통을 이었는데, 또 주세붕이 이곳에 군수로 와서 백운동서원에 사당을 세우고 문성공(文成公) 안향을 모시어, 그동안 단절되었던 도통을 이었음은 물론 이것이 우리나라 서원의 효시가 되었음을 말한 것임.

古人不見心猶見
고 인 불 견 심 유 견

옛사람 볼 수 없어도
그 마음은 오히려 볼 수 있나니,

月照方塘冷欲氷[7]
월 조 방 당 냉 욕 빙

연못에 달 비치니
차가워 금방이라도 얼음이 얼 듯.

6 | 장수(藏修) : 《예기 · 학기(學記)》「군자는 학문에 대하여 (문제되는 곳을), 항상 이것을 염두에 두고, 이것을 닦으며, 이것을 가지고서 쉬고, 이것을 가지고서 놀 것이니라.」(君子之於學也, 藏焉修焉息焉遊焉)

건등(蹇騰) : 높이 뛰어오르는 모양을 말함. 당나라 한유의 〈후협률의 죽순을 읊음이란 시의 각운자를 써서 짓다(和侯協律竹笋)〉「때를 얻으면 바야흐로 홍성해져서, 세력 옆에 끼고 훌쩍 뛰어오르고자 하네.」(時得方張王, 挾勢欲蹇騰) 《고증》에서는 이 두 자에 대해서 또 다른 주석을 달고 있는데 다음과 같다. 「『騫』은 본래 『鶱』으로 음은 헌(軒)이다. 蹇자와는 음과 뜻이 모두 다른데, 지금의 판본에서는 모두 마부(馬部)를 따르고 있으니 의심스럽다.」(騫本作鶱, 音軒, 與蹇音義不同, 而今本皆從馬, 可疑)라 하였다.

7 | 냉욕빙(冷欲氷) : 찬 얼음으로써 옛 사람들의 깨끗한 마음을 비유하였음.

156~157. 答周景遊見寄二首[1]

주세붕周世鵬이 부쳐 보내준 시에 답하다, 두 수

156

我是疎愚一病人 아 시 소 우 일 병 인	나는 어설프고 어리석은 한 병든 사람으로,
叨蒙郡寄自前春 도 몽 군 기 자 전 춘	외람되이 군수 벼슬 받음 지난해 봄부터라네.
換符得遂平生願[2] 환 부 득 수 평 생 원	부절 바꿔 평생 소원 이룸을 얻어,
來向雲溪謁廟眞 내 향 운 계 알 묘 진	구름 드리운 시내가로 와 사당의 진영 배알하네.

1 | 경유는 주세붕(周世鵬 : 1595~1554)의 자임. 호는 신재(愼齋)이며 중종(中宗) 조 무릉(武陵) 사람으로 퇴계보다는 6년 연상이다. 풍기군수로 있을 당시 우리나라 최초의 서원인 백운동서원(지금의 紹修書院)을 세웠나. 〈155〉-1)을 보라.
주세붕의 문집인 《무릉잡고(武陵雜稿)》를 보면 같은 운자를 쓴 시가 두 수 보이는데 〈내집〉과 〈별집〉에 한 수씩 떨어져 보이고 또 내용상으로 보아도 퇴계에게 부쳐준 시는 아닌 것 같다.

2 | 환부(換符) : 단양에서 풍기군수로 옮겨온 것을 말함. 부절에 관하여서는 앞의 〈139〉-3)을 보라.

157

自闕誰能倡別人[3]
자 궐 수 능 창 별 인

스스로 흠 있으면서 그 누가
남 이끌 수 있으리?

難窺斯道曠千春[4]
난 규 사 도 광 천 춘

성인의 도 엿보기 힘드니
그 틈새 천 년일세.

竹溪但欲投冠去[5]
죽 계 단 욕 투 관 거

죽계에서 단지
관 벗어 던지고,

研味遺經得道眞[6]
연 미 유 경 득 도 진

남긴 경전 갈고 음미하여
도 깨우친 진인 되고자 하네.

3 | 자궐~별인(自闕~別人) : 《강록(江錄)》「스스로 도학에 있어서 또한 부족함이 있다면, 무엇으로 남들을 창도할 수 있겠는가?」(自家於道學, 亦有欠闕, 則何以倡導他人乎)

4 | 난규(難窺) : 관규(管窺)와 같은 말임. 곧 좁은 대롱으로 사물을 보듯이 전체를 보지 못하고 일부분 밖에 보지 못하여 소견이 좁음을 말함.

사도(斯道) : 사문지도(斯文之道)를 말함. 곧 예악교화(禮樂敎化)와 전장제도(典章制度) 등 유가의 성인들에 의하여 이루어진 도학을 말함.

5 | 투관(投冠) : 기관(棄官), 즉 관직이나 벼슬 따위를 버리고 떠나가는 것을 말함. 진나라 도연명의 〈신축년 7월에 휴가를 얻어 강릉으로 돌아가던 도중에 도구의 밤길을 가면서 짓다(辛丑歲七月, 赴假還江陵, 夜行涂口作)〉「관 벗어던지고 곧 옛터를 돌아보나니, 벼슬에 얽매이는 것 좋아하지 않음일세.」(投官旋舊墟, 不爲好作縈)

6 | 득도진(得道眞) : 도를 터득한 진인을 말함. 후한 장형(張衡)의 〈오묘함을 생각함(思玄賦)〉「득도한 진인 순수함이여, 세속의 얽힌 것에서 벗어나 가벼이 떠 다니네.」(何道眞之淳粹兮, 去穢累而飄輕)

158. 石崙寺效周景遊次紫極宮感秋詩韻_并序[1]

석륜사에서 주세붕이 이백의 자극궁에서 가을이 되었음을 느껴 짓다라는 시의 각운자를 써서 지은 것을 본받다_서문을 아우름

景遊詩敍云, 李太白四十九作紫極感秋詩,[2] 其後蘇黃皆效之. 余夜誦三賢詩,[3] 多少感慨, 乃次其韻云云.[4] 蓋景遊時年四十九矣. 滉今犬馬之齒, 亦不多不少, 適與相値, 然則其所感, 寧有異於昔之數君子耶? 敢用元韻遣懷云

1 | 퇴계가 49세 되던 해(己酉年 : 1549년) 소백산을 유람하던 중 4월 임술(壬戌)일에 석륜사에 하룻밤 유숙하면서 지은 시다. 석륜사는 소백산 태봉의 서쪽에 있으며 〈소백산록〉에 기록이 보인다. 「태봉 서쪽에 이르러 비로소 말에서 내려 걷다가 …… 이날은 철암 · 명경을 거쳐 석륜사에서 묵었다.」(至胎峯之西, 越一澗, 始舍馬步行, …… 是日, 歷哲巖明鏡, 宿于石倫寺)

2 | 원시의 정확한 제목은 〈심양의 자극궁에서 가을이 되었음이 느껴서 짓다(尋陽紫極宮感秋作)〉이다. 이백의 원시는 《이태백집 · 권 23》에 수록되어 있으며, 내용은 뒤의 [참고]를 보라.

자극궁(紫極宮) : 현원묘(玄元廟)를 말함. 당나라 현종(玄宗)은 도교를 숭상하여 노자(老子)를 현원황제(玄元皇帝)로 추존하고, 양경(兩京: 당나라의 東都인 長安과 西都인 洛陽을 말함) 및 전국 각지에 노자를 모신 도관, 곧 현원묘를 설치하였는데, 자극궁은 곧 양경 이외의 지역에 있는 노자를 모신 사당, 곧 도관을 말한다. 《먼저 쓴 당나라의 역사 · 현종(舊唐書 · 玄宗) 하》「천보 2년 3월 서경의 현원묘는 태청궁이라 고치고, 동경의 것은 태

주경유가 지은 시의 서문에서 이르기를, 「이태백이 49세에 〈자극궁에서 가을이 되었음을 느껴 짓다〉라는 시를 지었는데, 그 후에 소식과 황정견이 모두 그 시를 본받아 지었다. 내가 밤에 이들 세 현사의 시를 외다 보니 얼마간의 감개가 일어 이에 그 시의 각운자를 써서 짓는다. ……」라 하였다. 대체로 그때 경유의 연세가 49세였다. 내 지금 보잘 것 없는 나이 또한 많지도 적지도 않은 것이 마침 더불어 서로 똑 같게 되었다. 그러한 즉 그 느낀 바가 어찌 예의 여러 군자들과 다를 것이 있겠는가! 감히 원래의 각운자를 써서 느낌을 풀어본다.

미궁이라 고쳤으며, 천하의 여러 군에 있는 것은 모두 자극궁이라 하였다.」(天寶二年三月, 改西京玄元廟爲太淸宮, 東京爲太微宮, 天下諸宮爲紫極宮) 이백의 시에 나오는 자극궁은 곧 지금의 강주(江州)에 있는 천경관(千慶觀)을 말한다. 한편 《고증》에서는 「요주부 성 서쪽 빈주문 안에 있다. 당나라 개원 중에 도관을 세웠다.」(在饒州府城西蠙州門內, 唐開元中, 建道觀)라고 말하고 있다.

3 | 삼현시(三賢詩) : 곧 이백이 지은 원시와 소식 및 황정견(黃庭堅)이 차운한 시를 말함. 소·황의 시는 각각 《소식시집 · 권23》과 《산곡시집주 · 내집 권17》에 수록되어 있으며, 이들의 시는 뒤의 [참고]를 보라.

4 | 운운(云云) : 주세붕이 지은 시에 붙어 있는 설명의 생략된 부분은 다음과 같다. 뒷 부분은 퇴계시의 서문과 별 차이가 없으나 그대로 옮겨보겠다. 「나 또한 내 나이가 이렇게 된 줄 깨닫지 못했다. 지금 잣나무를 살피며 석륜사에 들어왔는데 비에 사흘이나 길이 막혀

鳳鳥去不返[5] 봉황 날아가더니 돌아오지 않고,
봉 조 거 불 반

空山無舊竹[6] 빈 산에는 옛 대나무 없네.
공 산 무 구 죽

山中舊多苦竹, 辛丑結實, 後盡枯死

산에는 옛부터 참죽이 많았는데, 신축년에 열매를 맺더니 그 뒤로 모두 말라 죽었다.

寒溪空紀名 차가운 시내만 부질없이 이름 남았는데,
한 계 공 기 명

一源誰挹掬[7] 한 갈래 물의 근원 그 누가 움켜 뜨리?
일 원 수 읍 국

竹溪源出於此

죽계의 근원은 여기서 나왔다.

산을 내려갈 수가 없었다. 밤이 되어 세 신선의 시를 외다 보니 곧 얼마간의 감개가 일어 이에 그 시의 각운자를 써서 짓는다.」(余亦不覺其已到此也. 今以省栢入石崙寺, 阻雨三日, 不得下山, 夜誦三仙詩, 便懷多少感慨, 乃次其韻)

5 | 기불빈(去不返) : 당나라 최호(崔顥)의 〈항하루(黃鶴樓)〉「누런 학 한번 가더니 다시 돌아오지 않고, 이곳에는 다만 황학루만 남아 있네.」(黃鶴一去不復返, 此地空餘黃鶴樓)

6 | 공산무구죽(空山無舊竹) : 남조 진(晉) 대개지(戴凱之 : 자는 慶預)의 《죽보(竹譜)》「대나무는 나서 꽃을 피우고 열매를 맺으면 그 해로 곧 말라 죽는다. …… 대나무는 60년에 한 번씩 뿌리를 바꾸는데, 뿌리를 바꾸면 곧 열매를 맺고 말라죽는다.」(竹生花實, 其年便枯死. …… 竹六十年一易根, 易根輒結實而枯死)

7 | 일원(一源) : 「일원」은 곧 윗구에서 말한 「차가운 시내[寒溪]」를 가리키는 것 같다.

古人不可見[8]
고 인 불 가 견

옛 사람 볼 수 없고,

吾生亦云獨
오 생 역 운 독

나의 생애 또한 외로웠다네.

幽尋遂高陟
유 심 수 고 척

깊숙히 찾아들어 마침내 높이 올라,

感歎梵宮宿[9]
감 탄 범 궁 숙

감탄하며 절간에서 묵네.

四十九年非[10]
사 십 구 년 비

마흔 아홉 살의 그릇됨을,

知之莫再卜[11]
지 지 막 재 복

알기는 알았으나 다시 점칠 수는 없다네.

8 | 고인불가견(古人不可見) : 주자의 〈입춘에 큰 눈이 내려 유규보 등 여러 형씨들을 맞아 천호에서 놀다(立春大雪, 邀劉圭甫諸兄, 遊天湖)〉라는 시의 자구를 그대로 썼다. 「옛 사람은 볼 수 없으며, 올 사람은 또 누가 헤아릴 수 있으리?」(古人不可見, 來者誰能量)

9 | 범궁(梵宮) : 원래는 불경에 있는 범천(梵天) 가운데서 특히 대범천(大梵天)에 있는 궁전을 가리키는 말이었으나, 나중에는 일반적으로 절을 가리키는 말로 쓰이게 되었다. 《고증》「범은 서역의 오랑캐의 일종이다. 《육첩》에 범궁은 절의 이름이라 했다.」(梵, 西域種胡. 六帖, 梵宮, 佛寺名)

10 | 사십구년비(四十九年非) : 거백옥(蘧伯玉 : 이름은 瑗)은 춘추시대 위(衛)나라의 대부(大夫)로 나이 쉰에 마흔 아홉 살까지의 잘못을 알았다고 함. 《회남자 · 원도(淮南子 · 原道)》「거백옥은 나이 오십이 되어 마흔 아홉 살까지의 잘못을 알았다.」(蘧伯玉年五十而有四十九年非)

11 | 사십구~막재복(四十九~莫再卜) : 《요존록》「옛 사람들은 마흔 아홉 살 때의 그릇됨을 알았으나 나는 마흔 아홉 살의 그릇됨이 있어 그것을 알기는 하지만, 옛날 사람들과 같이 능히 다시는 그러한 잘못을 되풀이하지 않는다고 장담할 수 없다는 것을 겸양하여 한 말이다.」(謙言昔人知四十九年之非, 而我則有四十九年之非, 而知之莫再卜其能爾也)

世患累牽掣
세 환 루 견 체

세속의 근심에 여러 차례 밀리고 당기어,

時光迭往復
시 광 질 왕 복

시간은 번갈아 오고 가네.

門有打鐵作[12]
문 유 타 철 작

문은 쇠 두드려 만들어 놓고,

羹有捩手覆[13]
갱 유 열 수 복

국은 손 비틀어 엎어 버렸네.

寡過胡不勉[14]
과 과 호 불 면

허물 적은 일 어찌 힘쓰지 않겠는가?

夫仁亦在熟
부 인 역 재 숙

대저 어짊 또한 익힘에 있다네.

12 | 문유타철작(門有打鐵作) : 송나라 소이간(蘇易簡)의《문방사보 · 필보(文房四譜 · 筆譜) 상》에 「(수나라 때의) 중인 지영이 누대에서 글씨 쓰는 연습을 하여 뭉툭해진 붓끝이 열 항아리 하고도 여러 섬이 되었다. 사람들이 그의 글씨를 많이 구하여 입구의 문지방에 구멍이 났다. 이에 철판으로 그것을 싸고는 쇠문지방이라 했다. 나중에 (뭉툭해진) 붓끝을 가져다가 묻고는 『필퇴총』이라 부르고 스스로 명문을 지어서 기록해 두었다.」(僧智永於樓上學書, 有禿筆頭十甕數石. 人求題, 頭門限穿穴, 乃以鐵葉裹之, 謂之鐵門限. 後取筆頭瘞之, 號退筆塚, 自製銘之) 송나라 소식의 〈임금님[仁宗]의 용안을 적어 묘선스님께 드림(贈寫御容妙善師)〉「도시 사람들 쇠문지방 밟아 망가뜨리고, 황금이며 흰벽옥만 부질없이 평상에 쌓네.」(都人踏破鐵門限, 黃金白璧空堆牀) 묘선스님은 사람의 초상을 잘 그린 중이며, 소식이 인종의 얼굴 모습을 묘사하여 주고 초상을 부탁하는 내용의 시이다.

13 | 갱유려수복(羹有捩手覆) : 당나라 한유의 〈가난을 떠나보내는 글(送窮文)〉「손을 비틀어 국그릇을 엎지르고, 노래를 하며 남이 꺼리는 일을 들추었다.」(捩手覆羹, 轉喉觸諱)

【원운시】 〈石倫寺, 次李白紫極宮感秋詩[15] 석륜사에서 이백의 자극궁에서 가을을 느끼다라는 시의 각운자를 써서 짓다〉

石倫三夜雨	석륜사에 사흘밤이나 비 내리더니,
秋聲紫極竹	가을 소리 절의 대나무 숲속에서 나네.
玉芝不見種	옥영지 종자 보이지 않는데,
玉井聊可掬	옥같이 맑은 우물 물 손으로 뜰 수 있네.
流年入手著	세월 흘러 손에 톱풀 숫자 마흔 아홉 들어오니,
古來歎非獨	옛부터 탄식한 이 나 혼자 아니었네.
君看黃太史	그대 왕태사 황정견을 보게나,
欲共蘇李宿	소동파 · 이태백과 함께 잠자고 싶었네.
行止諒有命	가고 멈추는 것 실로 명 정해진 것이니,
潦霽何用卜	비 내리고 개이는 것 점쳐도 무슨 소용 있나.
蘧知是我師	놀라 반기며 그가 내 스승인 줄 아니,

14 | 과과(寡過) : 《논어 · 원헌이 묻기를(憲問)》「거백옥이 심부름꾼을 보내어 공자에게 안부를 전하니, 공자께서 그와 함께 앉으시고 물으셨다. 『선생께서는 무엇을 하시는가?』 그러자 대답하기를 『선생님은 허물을 적게 하려고 하시지만 아직 잘 하시지는 못합니다.』」(蘧伯玉使人於孔子, 孔子與之坐而問焉曰, 夫子何爲? 對曰, 夫子欲寡其過而未能也) 《요존록》「늘 그 허물을 적게 하고자 하나 잘 하지는 못한다면 그 그릇됨을 아는 것이다.」(常欲寡其過而未能, 則知非矣)

15 | 여기서 자극궁이란 원래 도교의 사당인 도관(道觀)을 말하나, 여기서는 절, 곧 석륜사를 말하는 듯함. 주 2)를 보라.

庶幾未遠復	아마도 멀리 가지 않았다가 돌아오리라.
世情變鶉哇	세태 마치 메추라기 지저귀듯 변하였고,
萬事掌翻覆	세상만사는 손바닥을 뒤집은 듯 뒤바뀌었네.
何如歸賦去	돌아감을 선언하고 물러감이 어떠한가?
故國稻應熟	고향에는 벼 다 익었으리라.

【참고】 〈尋陽紫極宮感秋作 심양의 자극궁에서 가을이 느껴워서 짓다〉

李白 이백

何處聞秋聲	어느 곳에서도 가을소리 듣고 있지만,
翛翛北窓竹	쇄아쇄아하고 북쪽 창 밖에서 대나무소리 나네.
廻薄萬古心	오랜 세월을 두고 변하지 않는 생각 모여 들지만,
攬之不盈掬	그것을 잡으려 해도 다 움켜쥘 수 없네.
靜坐觀衆妙	고요히 앉아 만물의 변화를 관찰하여 보니,
浩然媚幽獨	넓고 커 그윽하게 혼자서 반할 만하네.
白雲南山來	흰 구름은 남산에서 날아와,
就我簷下宿	나 있는 이 자극궁 처마 밑에 내려와 쉬네.
嬾從唐生決	게으르게 점쟁이 당거唐擧 좇아 의심 풀어 볼까 망설여지기도 하고,
羞訪季主卜	부끄럽게도 점장이 사마계주司馬季主 방문해 볼까도 싶네. ……

四十九年非	지난 마흔 아홉 해 동안의 잘못,
一往不可復	한번 지나가 돌이킬 수도 없네.
野情轉蕭散	들판의 정회 조용하고 한가롭게 굴러가지만,
世道有翻覆	바깥 세상에는 번복이 무상하다네.
陶令歸去來	팽택彭澤 현령 도연명처럼 벼슬 버리고 돌아간다면,
田家酒應熟	이때쯤 농가의 술 꼭 익었으리라.

〈和李太白 이태백 시에 화답함〉

蘇軾 소식

李太白有〈尋陽紫極宮感秋〉詩. 紫極宮, 今天慶觀也. 道士胡洞微以石本示余, 蓋其師卓玘之所刻. 玘有道術, 節義過人, 今亡矣. 太白詩云, 四十九年非, 一往不可復. 余亦四十九, 感之, 次其韻. 玉芝一名瓊田草, 洞微種之七八年矣, 云, 更數年可食, 許以遺余. 故并記之

이태백에게는 〈심양의 자극궁에서 가을을 느껴다〉라는 시가 있다. 자극궁은 지금의 천경관이다. 도사인 호통미가 (이태백이 지은 위의 시의 원본을 돌에 새긴) 석각본을 가져와 내게 보여주었는데, 대체로 그의 스승인 탁기가 새긴 것이리라. 탁기에게는 도술이 있었으며 절개와 의리가 남보다 뛰어났지만 지금은 죽고 없다. 이태백의 시에서는 「마흔 아홉 해 동안의 잘못, 한번 지나가니 돌이킬 수도 없네.」라 했다. 내 또한 마흔 아홉 살이니 감개가 일어 그 각운자를 써서 짓는다. 옥영지는 일명 경전초라고도 하는데, 통미가 그

것을 심은 지가 7, 8년이 되었으며 수년만 더 지나면 먹을 수 있을 테니 나더러 주마고 했다. 그런 까닭에 아울러 기록해 둔다.

寄臥虛寂堂	비고 적막한 집에 나그네로 누워 있으니,
月明浸疏竹	밝은 달빛 성긴 대숲으로 스며드네.
泠然洗我心	시원하게 내 마음 씻어 주어,
欲飮不可掬	마시고자 하나 손으로 뜰 수가 없네.
流光發永歎	흐르는 빛 보고 오래도록 탄성 발한 것,
自昔非余獨	예로부터 나 혼자만은 아니었네.
行年四十九	마흔 아홉 해를 떠돌아 다니다가,
還此北窓宿	이곳으로 돌아와서 북쪽창 밑에서 묵네.
緬懷卓道人	멀리 탁기도인 생각해 보니,
白首寓醫卜	흰머리에 의원들과 점장이들 사이에 묻혀 있었네.
謫仙固遠矣	귀양온 신선 이태백도 실로 떠나간 지 옛날이 되어버렸고,
此士亦難復	이 도사 또한 되돌아오게 하기 힘드네.
世道如弈棋	세상의 도리 바둑 두는 것과 같으니,
變化不容覆	변화하여 가는 것 번복함을 용납하지 않네.
惟應玉芝老	오직 옥영지 주리라던 통미 노인께 응답하리니,
待得蟠桃熟	기다리다가 신선의 복숭아 익으면 얻으려 한다고.

〈次蘇子瞻和李太白尋陽紫極宮感秋詩韻, 追懷太白子瞻 소자첨이 이태백의 심양의 자극궁에서 가을을 느끼다라는 시에 화답한 시에 차운하여 태백과 자첨을 생각하며〉

黃庭堅 황정견

不見兩謫仙	귀양온 두 신선[이태백과 소동파] 보이지 않아,
長懷倚脩竹	오래도록 긴 대나무숲에 기대어 그리워하네.
行遶紫極宮	자극궁 궁전안을 거닐며 맴도는데,
明珠得盈掬	밝은 구슬 얻어 주먹 안에 꽉찬 것 같네.
平生人欲殺	평시에 사람들 죽이고자 하나,
耿介受命獨	굳센 기개 유독히 천명을 받았다네.
往者如可作	지나간 사람 만약 되 일으킬 수 있다면,
抱被來同宿	이불 껴안고 와서 함께 묵어도 좋으리.
砥柱閱頹波	황하 중류의 숫돌바위 온갖 험한 물결 다 겪었지만,
不疑更何卜	의심하지 않았으니 더욱이 어찌 점을 쳤으리?
但觀草木秋	다만 풀과 나무 가을 되어 관찰하여 보니,
葉落根自復	잎사귀 떨어져서 뿌리로 돌아가니 뿌리는 절로 회복되네.
我病二十年	내 병든 지 스무 해,
大斗久不覆	술 끊어 큰 술그릇 오래도록 뒤집지 못하였네.
因之酌蘇李	이 시를 계기로 잠시 소자첨과 이태백에게 술 따루고자 하니,
蟹肥社醅熟	게 살찌고 제사 막걸리 익었네.

159. 紫蓋峯[1]

자개봉

天嫌吾未趁丹楓
천 혐 오 미 진 단 풍

하늘이 내 단풍에
맞추어 오지 못함 꺼리어,

故遣山花發晩紅
고 견 산 화 발 만 홍

산의 꽃 늦게사
붉게 피게 하였네.

正似虹橋連綵幕
정 사 홍 교 련 채 막

마치 무지개 다리에
비단 장막 이어진 것 같아,

1 | 자개봉은 소백산의 가장 서쪽에 있는 봉우리의 이름으로, 원래는 중국의 형산[衡嶽] 72봉 가운데 주봉의 하나인데, 소백산을 형산에 견주어 그 이름을 가져다 썼다. 한유의 〈형악묘를 참배하고, 마침내 형악의 절에 묵으면서 문루에 지어 남기다(謁衡嶽廟, 遂宿嶽寺題門樓)〉「자개봉은 연이어 뻗쳐 천주봉까지 이어져 있고, 석름봉은 훌쩍 던져져 축융봉과 겹쳐 있네.」(紫蓋連延接天柱, 石廩騰擲堆祝融) 청나라 고사립(顧嗣立)이 주를 달기를 「형산 72봉 가운데 가장 큰 것이 다섯 있는데, 부용 · 자개 · 석름 · 천주 · 축융이 가장 높다.」(衡山七十二峯, 最大者五, 芙蓉 · 紫蓋 · 石廩 · 天柱 · 祝融爲最大)라 했다. 형악과 소백산을 연관지어 쓴 퇴계의 시는 다음에 나오는 시 〈164〉를 보라.
퇴계의 〈소백산기〉에 의하면 소백산으로 유람을 떠난 이튿날인 계해(癸亥)일에 석름봉(石廩峯) 옆에 있는 이 봉우리를 스쳐간 것으로 되어 있다. 이 시는 이 날 지어졌는데 〈소백산기〉에 「봉우리 위에서 술을 석잔 마시고 시 일곱 장을 썼다.」(峯上, 引三杯, 題詩七章)한 것으로 보아 최소한 다음의 〈국망봉〉 세 수도 이 시와 함께 쓰여진 것 같다. 위 시와 마찬가지로 신재 주세붕이 지은 같은 제목으로 된 시의 각운자를 써서 지은 것이다.

群仙酣宴武夷中[2] 군 선 감 연 무 이 중	뭇 신선들 무이산에서 홍겨운 잔치 벌이는 것 같네.

【원운시】 〈紫蓋峯 자개봉〉

周世鵬 주세봉

峯頭生樹盡青楓	산 꼭대기에 난 나무들 다 푸른 단풍나무 인데,
七月來看楓半紅	칠월에 와 보니 단풍 반은 붉었네.
直到深秋如紫蓋	자개봉 같은 깊은 가을에 곧장 이르러,
我來揮筆綵雲中	내 비단결 같은 구름 속에서 붓 휘둘러 보네

2 | 정사~무이중(正似~武夷中) : 〈소백산기〉「석름 · 자개 · 국망 세 봉우리의 거리가 서로 8, 9리 쯤 되는 사이에 철쭉이 우거져 한참 난만하게 피어 너울거려서, 마치 비단 포장 속을 거니는 것 같기도 하고, 축융의 잔치에 취한 것 같기도 하여 매우 즐거웠다.」(三峯相距八九里之間, 躑躅成林, 方盛開, 爛熳綽約, 如行錦障之中, 如醉祝融之宴, 可樂也) 홍교(虹橋)는 〈41〉-4)를, 무이(武夷)는 〈118〉을 각각 참조하라.

160~162. 國望峯三首[1]

국망봉, 세 수

160

漢漠烟雲生晩日
막 막 연 운 생 만 일

끝없고 끝없는 안개와 구름
저녁에 피어 오르니,

龍門不見況脩門[2]
룡 문 불 견 황 수 문

용문도 보이지 않거늘
하물며 도성이야!

欲知紫極宸居處[3]
욕 지 자 극 신 거 처

임금님 계신 곳을
알려고 하신다면,

1 | 국망봉 역시 〈소백산기〉에 보이며, 자개봉의 동쪽 몇 리 지점에 있다. 이 시 또한 같은 제목으로 된 주세붕의 시를 차운 한 것임. 원시는 한 수 뿐이어서 세 수 중 첫째 시만 주세붕 시의 원운에 맞추어 지은 것이며, 나머지 두 수는 즉흥적으로 지은 것 같다.

2 | 용문불견(龍門不見) : 용문산은 양근군(楊根郡 : 지금의 醴泉郡을 말함) 동쪽 32리 지점에 있다. 〈소백산기〉「청명한 날씨에는 용문산으로부터 서울까지 바라 보이는데, 이날은 산에 아지랭이와 바닷구름이 부옇게 끼어서 흐릿하고 아득하니 용문산도 보이지 않았다.」(如遇天晴日皦, 則可望龍門山, 以及國都. 而是日也山嵐海靄, 鴻洞迷茫, 雖龍門亦不得望焉)

수문(脩門) : 원래는 초(楚)나라의 도읍인 영(郢)의 성문을 가리켰지만, 나중에는 한 나라의 도성문을 대칭하는 말로 쓰이게 되었다. 《초사 · 초혼(招魂)》「혼백이여 돌아와 수문으로 들어오소.」(魂兮歸來, 入脩門些)

天際遙瞻一抹痕
천 제 요 첨 일 말 흔

하늘가 저멀리
일말의 흔적 엿보게나.

【원운시】 〈國望峯 국망봉〉

周世鵬 주세봉

國望峯頭望京國
長安不見見龍門
龍門西畔五雲起
白髮孤臣雙淚痕

국망봉 꼭대기서 서울을 바라보니,
서울은 보이지 않고 용문산만 보이네.
용문산 서쪽 모롱이서 오색 구름 이니,
백발의 외로운 신하 두 줄기 눈물 흐르네.

161

烟雲杳靄幾重重
연 운 묘 애 기 중 중

안개 구름 아득한 놀
그 몇 겹이나 되며,

3 | 자극신거(紫極宸居) : 임금이 거처하는 곳, 즉 대궐을 말함. 자극이란 자미궁(紫微宮), 곧 임금이 거처하는 궁전의 끝이라는 말로 자미궁의 궁궐문을 가리킴. 후에는 제왕의 궁전을 곧 자극이라고 하였다. 신거 또한 왕이 거처하는 궁궐이나 제위(帝位)를 나타내는 말이다.

龍首軒昂太白雄[4]
용 수 헌 앙 태 백 웅

용두산은 훤칠하고
태백산은 우뚝하네.

白髮未成歸隱計
백 발 미 성 귀 은 계

백발이 다 되도록
돌아가 숨을 꾀 이루지 못하고,

憑高回望思無窮
빙 고 회 망 사 무 궁

높은 데 의지하여 고향땅 되돌아보니
여러 생각 끝이 없네.

162

南望山河許幾疆
남 망 산 하 허 기 강

남쪽으로 넓은 국토 바라보니
그 변두리 얼마나 되는가?

雲低秪覺海天長
운 저 지 각 해 천 장

구름 낮게 드리워 오직 느껴지네,
하늘 바다처럼 아득하게 펼쳐짐이.

4 | 용수헌앙태백웅(龍首軒昂太白雄) : 곧 용두산(龍頭山)을 말하며, 예안현(禮安縣) 북쪽 22리 지점에 있다. 《동국여지승람》「최선의 〈용수사기〉에 『태백산 남쪽으로부터 3백여 리를 높았다 낮았다 하여 우뚝하게 빠져 나온 것이 있으니, 이것이 용두산이다.』라 하였다.」(崔詵龍首寺記, 自太白而南起伏三百餘里, 突如而秀出者, 是爲龍頭山)

願從鶴駕招仙子[5]
원 종 학 가 초 선 자

학가산 올라
신선 불러 놀고 싶고,

飛上淸都謁玉皇[6]
비 상 청 도 알 옥 황

하느님 궁전 날아 올라
옥황상제 뵙고 싶네.

5 | 학가(鶴駕) : 《고증》「산 이름이다. 안동부 서북쪽에 있으며 일명 하가산이라고도 한다」(山名. 在安東府西北, 一名下柯山) 〈소백산록〉에도 이 산의 이름은 언급되어 있지만 상세한 기록은 없다.

6 | 청도(淸都) : 원래는 신화나 전설상의 하느님[天帝]이 거처하는 궁궐이나, 여기서는 임금이 거처하는 도성을 높이어 부르는 말로 쓰였음. 《초사 · 원유(楚辭 · 遠遊)》「하늘까지 이러러 황제의 궁전에 듦이여, 태백성(太白星)을 찾아가 하느님의 궁전 살펴보네.」(集重陽入帝宮兮, 造旬始而觀淸都) 《열자 · 주목왕(列子 · 周穆王)》「주나라의 목왕은 마술사의 옷자락을 잡고 구름을 뚫고 올라 하늘 한가운데에 이러러서야 멈추었다. …… 왕은 실로 천도 · 자미의 궁전이며 균천 · 광악의 음악이 있는 것이 천제가 거처하는 곳이라고 생각했다.」(王執化人之袪, 騰而上者, 中天乃止. …… 王實以爲淸都 · 紫微 · 鈞天 · 廣樂, 帝之所居)

163. 答尙牧金季珍[1]

상주 목사 김언거金彦琚에게 답하다

我今爲郡子爲州[2]
아 금 위 군 자 위 주

내 이제 보잘 것 없는 군수 되었는데
그대는 높은 목사 되셨네,

豪士空慙百尺樓[3]
호 사 공 참 백 척 루

그대같이 호탕한 선비 공연히 부끄럽게 하네,
백척고루 넘겨다보는 나를.

1 | 이 해에 퇴계는 풍기군수로 옮겨 오게 되면서 상주목사로 있는 김언거(金彦琚)와 여러 차례 시를 주고 받게 되는데, 이 시 외에도 또한 《별집》에 〈상주목사 김계진이 지어 부쳐 준 시에 차운하다(次韻尙州牧金季珍見寄)〉 · 〈동헌의 각운자를 빌어 써서 계진에게 보이고 화답을 구하다(次東軒韻示季珍求和)〉 · 〈차운하여 계진에게 답하다(次韻答季珍)〉 등이 있다.
김계진은 광주(光州) 김씨이다. 이름은 언거이며 호는 풍영정(風詠亭), 또는 관포당(灌圃堂) · 칠계(漆溪)라고도 한다. 중종(中宗) 조 신묘년(辛卯年 : 1531년)에 과거에 급제하였으며 벼슬은 승문원판교(承文院判校)에까지 이르렀다.
《요존록》에서는 《언행록》을 인용하여 다음과 같이 말하고 있다. 「묻기를 『김아무개와는 이떻게 교유를 하게 되있습니까?』라 하니, 『내가 풍기 군수로 있을 때 그는 바침 상산(상주) 목사가 되어 서로 왕래하게 되어 사귐이 두텁게 되었다. 그때는 내가 그가 이런 사람인 줄 몰랐다.』라 하셨다.」(問, 金某何以許交, 曰, 某守豊基渠適爲商山牧, 相往來交厚, 彼時, 不知渠是這樣人) 지금 전하는 《언행록》의 판본에서는 김언거를 평한 이 말을 찾아볼 수가 없으며, 김언거와의 교유 성격상 「이런 사람」[這樣人]이란 표현이 구체적으로 무엇을 말하는지는 잘 모르겠다.

若待足時方欲退[4]
약 대 족 시 방 욕 퇴

만족할 때를 기다렸다는 듯이
바야흐로 물러나고자 한다면,

溪山何日得淸遊
계 산 하 일 득 청 유

좋은 산수 찾아 그 어느 날
맑은 놀이 할 수 있겠는가?

2 | 위의 주를 보라.

3 | 백척루(百尺樓) : 높은 누각을 두루 칭하는 말. 《삼국의 역사 · 위지 · 진등의 전기(三國志 · 魏志 · 陳登傳)》「(陳元龍은 강호의 우뚝한 선비로서 호탕한 기분이 사라지지 않았다) 허사(許汜)가 말했다. 『예전에 난리를 만나 하비를 지나다가 원룡을 보았습니다. 원룡은 주인과 객을 구분하는 예를 갖출 뜻이 없어 오랫동안 더불어 이야기를 하지 않더니, 스스로는 큰 침대에 올라 눕고 객은 침대 아래에 눕게 했습니다.』 유비가 말했다. 『…… 그대는 자기의 실속만 차리고 말에는 취할 만한 것이 없었으니 이는 원룡이 꺼리는 것이다. 무슨 까닭으로 그대와 이야기를 하려하겠는가? 소인이 백 자나 되는 높은 누각에 오르려고 하는 것이나 같아서, 그대를 땅바닥에 눕힌 것이지 어찌 다만 침대 아래 위의 분간이 있겠는가?』」(汜曰, 昔遭亂, 過下邳, 見元龍. 元龍無客主之意, 久不相與語, 自上大牀臥, 使客臥下牀. 備曰, …… 君求田問舍, 言無可采, 是元龍所諱也, 何緣當與君語. 如小人, 欲臥百尺樓上, 臥君於地, 何但上下牀之間邪)

4 | 족시방욕퇴(足時方欲退) : 한나라 소광(疏廣)의 고사에 보임. 〈154〉-5)를 보라.

164. 郡齋. 有懷小白之遊, 追次景遊用昌黎衡岳詩韻[1]

동헌에서 소백산을 유람하고 난 느낌이 있어, 주세붕을 좇아 차운하여 한유의 형악시의 각운자를 써서 짓다

摶沙攫土愁神工[2]
단 사 확 토 수 신 공

모래 다지고 흙 움키며
　귀신의 솜씨 근심스레,

辦此巨嶽東海中
판 차 거 악 동 해 중

이곳 동해 가운데다
　거대한 봉우리 갖추어 놓으셨네.

衆山培塿卑幼行[3]
중 산 배 루 비 유 행

뭇산과 작은 산들
　어린 아이들처럼 낮은데,

1 | 퇴계가 소백산 유람을 다녀와서 느낀 감회를 주세붕이 당나라 한유의 〈형악묘를 참배하고, 마침내 형악의 절에 묵으면서 문루에 지어 남기다(謁衡嶽廟, 遂宿嶽寺題門樓)〉라는 시의 각운자에 맞추어 지은 시를 다시 차운[追次]한 것임.
형산은 곧 중국의 동서남북과 중앙을 지키는 오대 명산[五岳] 중 남쪽지방을 지키는 산[南岳]이며, 중국에서 옛날부터 조정의 삼공(三公)을 제사지내는 예의를 갖추어 나라에서 관리를 보내어 제사지냈다. 장사(長沙) 상남현(湘南縣)의 남쪽에 있다. 형악묘는 형산현 서쪽 30리 지점에 있다.
한유의 형악시(衡岳詩)는 그가 영정(永貞) 원년(唐 順宗 : 805년)에 양산(陽山)에서 강릉(江陵)으로 옮겨 벼슬살이를 하러 가던 중 늘 「배를 상수의 물결에 맡기고, 남악으로 가서 유람할」(委舟湘水, 往觀南嶽) 때 지은 것이며, 이때 한유의 나이는 38세였으므로 시어가 호쾌 방일하다. 한유의 시는 본 시 뒤의 [참고]를 볼 것.

2 | 단사확토(摶沙攫土) : 송나라 소식의 〈종형 정보와 함께 백수산에 노닐다(同正輔表兄游白水山)〉「위대하도다 조물주 정말 호방하여서, 흙 움키고 모래 뭉쳐서 이곳에 장난질 해놓았네.」(偉哉造物眞豪縱, 攫土摶沙爲此弄)

直與太白爭爲雄
직 여 태 백 쟁 위 웅

곧장 태백산과 더불어
으뜸자리 다툰다네.

南臨徐伐北濊貊[4]
남 림 서 벌 북 예 맥

남으로는 서라벌에 임하고
북으로는 예맥 땅에 닿았으니,

茫乎利澤施無窮[5]
망 호 리 택 시 무 궁

아득하여라, 이익과 은택
베풂이 끝이 없네.

3 | 배루(培塿) : 「배」는 「부(附)」 · 「부(部)」와도 함께 쓰며, 「루」는 「루(婁)와도 함께 쓰는데 작은 토산(土山)을 가리켜 하는 말이다. 《좌전 · 양공(襄公) 24년》 「작은 흙산에는 소나무나 잣나무가 없습니다.」(部婁無松柏) 이후로는 주로 작고 보잘 것 없는 것을 비유하는 말로 쓰이게 되었다.
당나라 두보의 〈서악을 바라보며(望岳)〉 「서쪽 화산(華山) 첩첩이 쌓여 높은데 비쭉 솟아 있으니, 여러 봉우리들은 아들 손자처럼 그 아래 늘어 서 있네.」(西岳崚嶒竦處尊, 諸峰羅列如兒孫)

4 | 서벌 · 예맥(西伐 · 濊貊) : 「서벌」은 곧 서라벌(徐羅伐), 또는 서야벌(西耶伐)을 말하며 원래는 신라의 옛 이름, 혹은 경주의 옛이름을 일컫는 말이었다. 신라의 시조인 박혁거세(朴赫居世)가 기원전 57년에 나라를 세우고 진한(辰韓) 땅에다 도읍을 정하였는데 곧 서야벌이라 하였으며, 후에 서라벌이라고 하였다. 나중에는 한 나라의 중앙정부가 있는 곳, 곧 서울을 널리 가리키는 말로 일반명사화되었다. 「예」와 「맥」은 모두 옛나라의 이름으로 「예」는 지금의 강릉을, 「맥」은 춘천을 말한다.

5 | 이택(利澤) : 《장자 · 하늘의 운행(天運)》 「이익과 은택이 만세에 베풀어지도록 하는데도 천하에서는 그것을 알아 주지 않는다.」(利澤施於萬世, 天下莫知也)

6 | 군불(郡紱) : 군불은 군수가 관복에 매다는 도장끈을 말한다. 불은 옛날 벼슬아치의 관인이 들어 있는 주머니를 관복에 달아 매는 끈[印綬]을 말하며, 지금으로 말하면 관인함과

我叨郡紱守玆土[6]
아 도 군 불 수 자 토

내 외람되이 도장끈 차고
이곳의 수령되었으나,

自慙無以興謠風
자 참 무 이 흥 요 풍

좋은 풍속 일으키지 못하여
스스로 부끄럽네.

烟霞結習尙未除[7]
연 하 결 습 상 미 제

산수를 좋아하는 습관
아직 떨치지 못해,

그 의미가 비슷하다. 불은 그 길이가 한길 두자[一丈二尺]이기 때문에 또한 「장이지조」(丈二之祖)라고도 하였다.

7 | 연하결습(烟霞結習) : 연하의 원래 의미는 안개와 노을이라는 뜻이나 인신되어 산수, 자연을 가리키는 뜻으로 많이 쓰임.

결습은 불교어로 인간세상의 욕망과 번뇌 등을 가리키는 말이며, 여기서는 몹시 좋아하여 버릴 수 없는 취미를 말함. 《유마경 · 관중생품(維摩經 · 觀衆生品)》「그때 유마힐의 집에는 한 천녀가 있어 여러 천인들에게 나타났는데, 설법하는 것을 들으면 곧 그 몸을 나타내었다. 곧 천화를 여러 보살과 대제자들의 위에 뿌리는데, 꽃이 여러 보살에 이르면 곧 모두 떨어지는데 대제자에 이르러서는 달라붙어 떨어지지 않았다. …… 습관이 완전히 맺히지 않으면 꽃이 몸에 달라붙어 있을 따름이며, 완전히 습관이 맺힌 자는 꽃이 달라붙지 않는다.」(時維摩詰室, 有一天女, 見諸天人, 聞所說法, 便現其身, 卽以天華散諸菩薩大弟子上. 華至諸菩薩, 卽皆墮落, 至大弟子, 便著不墮. …… 結習未盡, 華著身耳, 結習盡者, 華不著也)

송나라 소식의 〈좌중에서 머리에 꽃 꽂는 것을 읊음에 하늘 천자 운을 얻다(坐上賦戴花得天字)〉「나쁜 버릇 차츰 사그러져 남기려 해도 붙어있지 않음이, 도리어 모름지기 또한 천녀가 꽃 뿌리는 것 같네.」(結習漸消留不住, 却須還如散天花)

幽夢夜夜精靈通[8]
유 몽 야 야 정 령 통

근심스런 꿈 밤마다
정령과 통한다네.

一朝振翮出雲外
일 조 진 핵 출 운 외

하루 아침에 깃촉 떨치어
구름 밖으로 나가면,

似馭鶴背超虛空
사 어 학 배 초 허 공

학의 등을 타고서
허공을 뛰어 넘는 듯.

國望峯頭望四海
국 망 봉 두 망 사 해

국망봉 꼭대기서
사해를 바라보니,

蓬萊杳杳心神融[9]
봉 래 묘 묘 심 신 융

봉래산 가물가물 보이니
마음이 흡족하게 풀리네.

8 | 유몽(幽夢) : 근심스런 꿈을 말함. 당나라 두목의 〈동헌에서 홀로 마시다(郡齋獨酌)〉「중 찾아 근심스런 꿈 해몽하고, 술 얻어 시름에 잠긴 마음 늦추네.」(尋僧解幽夢, 乞酒緩愁腸)

9 | 봉래묘묘(蓬萊杳杳) : 봉래산은 원래 중국의 전설에 동해 가운데 있다는 삼신산 중의 하나임.

10 | 곤륜천궁(崑崙天宮) : 곤륜산은 신강(新疆)과 서장(西藏)의 사이에 있으며, 서로는 파미르고원에 접해 있고 동으로는 청해(青海)의 경계 내에까지 뻗어 있다. 숭산(嵩山)과는 5만 리가 떨어져 있으며 최고봉의 높이는 7719m에 달한다. 이 산의 동북쪽 모서리에서 황하가 발원하며 전설상의 선경이 많이 있는 곳이다. 천궁은 하느님이 거처하는 궁전을 말하며, 곧 천제(天帝)를 일컫는 말로 쓰인다.

群仙婥約官府足
군 선 작 약 관 부 족

여러 선녀들 아름답고
관아는 넉넉한데,

朝遊崑崙暮天宮[10]
조 유 곤 륜 모 천 궁

아침에는 곤륜산에서 노닐고
저녁에는 하느님의 궁전에서 노니네.

下憫蒼生蟣蝨然[11]
하 민 창 생 기 슬 연

아래로는 억조창생들이나
서캐같이 가여워하나니,

惟見塵埃千丈紅
유 견 진 애 천 장 홍

보이느니 진흙 먼지
천길이나 붉은 것 뿐이라네.

丹臺尙掛我名姓[12]
단 대 상 괘 아 명 성

신선사는 단대에 내 이름
아직 걸려 있으니,

11 | 기슬(蟣蝨) : 이와 이의 알, 곧 서캐를 말함. 《한비자 · 노자로 비유함(喩老)》 「천하에 도가 없으면, 공격하기를 그치지 않고 서로 지키기를 여러 해 동안 그만두지 않아, 갑옷과 투구에 이와 서캐가 생기고 군막에는 제비와 참새가 살게 되어도 병사들은 돌아가지를 못합니다.」(天下無道, 攻擊不休, 相守數年不已, 甲冑生蟣蝨, 燕雀處帷幄, 而兵不歸)

12 | 단대괘명(丹臺掛名) : 단대는 도교에서 신선의 거처를 일컫는 말. 《고증》 「자양진인 주계통이 몽산에 들어가 선문자에게 들러 장생의 비결을 구하였다. 그러니 답하기를 『그대의 이름이 단대옥실에 있는데 어찌하여 신선이 아님을 근심하는가?』라 했다.」(紫陽眞人周季通入蒙山過羨門子, 乞長生訣. 答曰, 子名在丹臺玉室, 何憂不仙) 자양진인은 도가의 전설상의 인물로, 한나라 사음(沙陰) 사람인 주의산(周義山)을 말하며 계통은 그의 자임. 자양진인의 「단대옥실」에 대한 고사는 《예문유취(藝文類聚)》에서 《진인주군전(眞人周君傳)》을 인용한 데 보인다.

擧手相招懷我衷 거 수 상 초 회 아 충	손들어 서로 불러 내 마음 위안하리.
欲往從之畏下墜 욕 왕 종 지 외 하 추	가서 따르고자 하나 아래로 떨어질까 두렵고,
久食烟火悲吾躬 구 식 연 화 비 오 궁	오래도록 익힌 음식 먹은 이 내몸이 슬프구나.
恭聞泰山天下大 공 문 태 산 천 하 대	듣자하니 태산이 천하에 제일 크다 하는데,
亦有南嶽將無同[13] 역 유 남 악 장 무 동	또한 남악 있으니 거의 같지 않겠는가?

13 | 장무동(將無同) : 「無」는 「毋」로도 쓰며, 「같지 않을 것이 없다」, 「같을 것이다」라는 뜻임. 남조 송 유의경(劉義慶)의 《세설신어 · 문학(世說新語 · 文學)》 「완선자에게는 훌륭한 인물이라는 명성이 있었다. 태위인 왕이보가 (그를) 보고 묻기를 『노자 · 장자와 공자의 가르침은 다릅니까?』라 했다. 이에 대답하기를 『거의 같을 것입니다.』라 했다. 태위는 그 말을 훌륭하게 여기고 그를 불러서 관리로 삼았다.」(阮宣子有令聞. 太尉王夷甫見而問曰, 老莊與聖教同異? 對曰, 將無同. 太尉善其言, 辟之爲掾) 완선자는 완수(阮脩)이다. 그러나 《진나라의 역사(晉書)》에서는 이를 완첨(阮瞻)과 왕융(王戎) 사이에 있었던 일로 기재하고 있다. 〈완첨의 전기〉에 실려 있다.

聖登賢游象道巍[14]
성 등 현 유 상 도 외

성인이 오르고 현인이 노닐었으니
도학 높이 드러나고,

名與天地相爲終
명 여 천 지 상 위 종

이름 하늘 땅과 더불어
그 끝 함께 하리.

斯人斯世我若及
사 인 사 세 아 약 급

이 사람 이 세상을
내 만약 만났다면,

何用遠慕飛昇功
하 용 원 모 비 승 공

날아다니는 공력
어찌 그리 우러르리.

商山白髮好事翁[15]
상 산 백 발 호 사 옹

상산의 일 좋아하는
백발의 늙은이,

14 | 성등현유(聖登賢遊) : 공자가 태산에 오르고 주자가 남악(南嶽)에서 노닌 것을 말함. 《맹자 · 마음을 다함(盡心) 상》「공자는 동산에 올라 노나라를 작게 여겼고, 태산에 올라 천하를 작게 여겼다. 그러므로 바다에서 보는 사람은 (다른 물은) 물로 생각하기 어렵고, 성인의 문하에서 노닐었던 사람은 (다른 사람은) 말하기 어렵다.」(孔子登東山而小魯, 登泰山而小天下. 故觀於海者, 難爲水, 遊於聖人之門者, 難爲言) 주자가 남악을 유람한 것은 송 효종(孝宗) 건도(乾道) 3년(1167년) 주자의 나이 48세 때의 일이다. 이해 8월에 장사(長沙)의 남헌 장식(南軒張栻 : 자는 敬夫)를 방문하고 11월에 함께 남악에 올라 유람을 하였으며, 이때 주고 받은 시를 모아 놓은《남악창수집(南嶽唱酬集)》이 있고 또 기행문인 〈남악을 유람한 후에 쓴 기행문(南嶽遊山後記)〉이 있다.

續韓正直羞朣朧[16]
속 한 정 직 수 동 롱

한유의 정직함 이어 받아
흐릿한 것 싫어하네.

嗟我非韓亦非周[17]
차 아 비 한 역 비 주

한탄스럽게도 내 한유가 아니고
또한 주세붕도 아니니,

狂吟擲筆歸墻東[18]
광 음 척 필 귀 장 동

마음껏 읊조리며 붓 던져버리고
담장 동쪽으로 돌아나 갈까.

15 | 상산백발(商山白髮) : 《고증》「주경유가 스스로 호로 삼은 것이다. 상산백발은 주씨의 계보가 상주에서 나왔기 때문에 그런 것이다.」(周景遊自號. 商山白髮, 以周氏系出尙州也) 상산은 상주의 별칭이다.

16 | 속한정직수동롱(續韓正直羞朣朧) : [참고]에 있는 한유의 원시 제 9, 10구를 보라.

17 | 비한비주(非韓非周) : 이 시를 원래 지은 한유와 또 이 시를 차운한 주세붕도 아니라는 뜻. 자신의 재주가 한유나 주세붕에 비하면 크게 떨어진다는 겸양의 표현임.

18 | 광음~귀장동(狂吟~歸墻東) : 「광음」은 거리낄 것 없이 내키는 대로 읊조리는 것을 말함. 백거이의 〈홍주에서 웅유 등을 만나다(洪州逢熊孺等)〉「(장안에 있는) 정안원의 신이나무 아래에서, 취하여 웃고 마음껏 읊조릴 때에는 기운 가장 거칠었네.」(靖安院裏辛夷下, 醉笑狂吟氣最粗)
「墻」은 「牆」으로도 쓰며, 「장동」은 은거하는 곳을 일러 말한다. 《후한의 역사 · 일민 · 봉맹전(逸民 · 逢萌傳)》「처음에 봉맹과 같은 고을의 서방 · 평원의 이자운 · 왕군공은 서로 매우 친했다. …… 서방과 이자운은 각각 천 명의 무리를 길렀는데, 왕군공은 난리를 만나서 홀로 떠나지 않고 있다가 소값 흥정인으로 가장하여 스스로 숨어버렸다. 당시 사람들이 논평해서 말하기를 『담장 동쪽으로 세상을 피한 왕군공』이라고 했다.」(初, 萌與同郡徐房 · 平原李子雲 · 王君公相友親, …… 房與子雲養徒各千人, 君公遭亂獨不去, 儈牛自隱, 時人謂之論曰, 避世墻東王君公)

【원운시】 〈小白山阻雨, 次韓昌黎謁衡岳詩韻 소백산에서 비 때문에 지체하면서 한유의 형악을 참배하다라는 시의 각운자를 빌려 짓다〉

周世鵬 주세붕

衡岳昔謁昌黎公	형악은 옛적에 한창려가 참배했었고,
小白我又來山中	소백산에는 내 또 산 가운데 와 있네.
龍飛鳳舞四千里	용 나르고 봉황 춤추는 4천 리,
橫截南北何其雄	남북으로 가로 자르니 그 아니 굳센가!
初來爲窮竹溪源	처음와 죽계의 근원 다 찾고자 하였는데,
流水有窮源不窮	흐르는 물 끝이 있되 근원은 끝이 없네.
石崙西臺一振衣	석륜사 서쪽 대에서 옷 한번 털고,
開襟浩浩求天風	소매 펼쳐 넓디 넓은 하늘바람 구하네.
驂虯直欲遍十洲	이무기 타고 곧장 신선의 고을 두루 살피고자하니,
廣寒咫尺眞堪通	달님 궁전 지척에 있어 정말 통할 만하네.
三韓方丈聞天下	삼한의 방장산은 천하 이름 날렸는데,
此山亦自跨蒼空	이 산 또한 푸른 하늘에 스스로 걸터 앉았네.
松鳴蝸皇五十絃	소나무가 여와의 오십 거문고 줄 울리니,
幽竇古樂聲融融	그윽한 옛 음악은 화락하고 화락하네.
梯空謾擬上上頭	하늘에 사다리 놓으면 저 위까지 오를 듯한데,
阻雨五日留梵宮	비에 막혀 닷새를 곁에서 머무르네.
狐鳴鼯嘯虎豹吼	여우 울고 날다람쥐 휘파람 불며 호랑이와 표범은 울부짖는데,

層崖七月楓已紅　겹 벼랑 칠월 되니 단풍 이미 붉었네.

陰雲晦冥鬱不撥　어둔 구름 캄캄하여 울적함을 틔울 수 없었는데,

時有漏日臨余衷　이따금 햇볕 나와서 내 참마음에 임하네.

嗟余默禱禱已久　아!내 묵묵히 기원하며 기도한지 오래인데,

盍歸吾黨多直躬　어찌 우리 무리들 돌아와서 몸을 바로함이 많지 않은가?

回天不回天何心　해 하늘로 돌아가 돌아오지 않으니 하늘은 어떤 마음인가?

天乎無夸與人同　하늘이여 자랑하지 않음이 사람과 같은가?

由來萬事有命焉　본래부터 세상 만사는 정해진 운명 있으니,

誰將溫飽憂始終　뉘라서 따뜻함과 배부름 시종여일하도록 걱정한다고 되겠는가?

孔作春秋孟能拒　공자는 춘추 지으셨고 맹자는 이단을 막아낼 수 있었으니,

平生自許治水功　평생 잘못된 물 다스린 공로 스스로 자부하네.

丈夫事業固如此　대장부의 하는 일 실로 이러하여,

肯學雲月光朦朧　어찌 구름에 걸린 달 같이 빛 몽롱함을 배우랴?

明朝待霽躋冢頂　내일 아침 날 개이면 언덕 꼭대기에 올라,

手援旭日昇天東　손 뻗어 동쪽 하늘로 오르는 해 당기어 보리.

【참고】 〈謁衡嶽廟, 遂宿嶽寺題門樓[19] 형악묘를 참배하고, 마침내 형악의 절에 묵으면서 문루에 지어 남기다〉

韓愈 한유

五嶽祭秩皆三公	다섯 산의 제사 품수는 모두 삼공과 같으며,
四方環鎮嵩當中	사방을 고리지어 산진 이루었는데 숭산은 그 가운데를 차지하였네.
火維地荒足妖怪	남방의 땅 거칠어 요사스럽고 괴상함 많은데,
天假神柄專其雄	하늘이 귀신의 병권 빌려 주어 그 씩씩함 오로지 하였네.
噴雲泄霧藏半腹	구름 뿜고 안개 일어 산 중턱까지 잠겨 있으니,
雖有絕頂誰能窮	비록 꼭대기 있다 하나 그 누가 끝까지 오를 수 있으리오?
我來正逢秋雨節	내 와서 마침 가을비 내리는 철을 만나,
陰氣晦昧無淸風	음산한 기운 어둑어둑하고 맑은 바람 없네.
潛心默禱若有應	마음을 가라 앉히고 묵묵히 기도하니 마치 감응하는 듯하니,
豈非正直能感通	어찌 정직하면서도 감응하여 통할 수 없으리오!

19 | 이 시의 한글로 된 주석은 이장우의 《한유의 고시 용운》(영남대 출판부, 1983)의 부록을 참고하라.

須臾靜掃衆峯出	어느새 운무 깨끗이 쓸어 뭇 봉우리 나타날 새,
我來突兀撑青空	내 오니 우뚝하게 푸른 봉우리 받치고 섰네.
紫蓋連延接天柱	자개봉은 연이어 뻗쳐 천주봉까지 어어져 있고,
石廩登擲堆祝融	석름봉은 훌쩍 던져져 축융봉과 겹쳐 있네.
森然魄動下馬拜	삼엄하게 나의 혼백 움직여 말에서 내려 절하고,
松柏一逕趨靈宮	소나무며 잣나무 우거진 길 따라 신령스러운 집으로 올라갔네.
粉牆丹柱動光彩	분칠한 담 붉은 기둥에는 광채가 움직이고,
鬼物圖畫塡青紅	신령스러운 물건과 그림 청홍으로 채웠네.
升階傴僂薦脯酒	계단에 올라서 몸을 굽히어 건어포와 술을 바치고,
欲以菲薄明其衷	보잘 것 없는 것으로나마 나의 충심을 밝히고자 하였네.
廟令老人識神意	사당을 지키는 노인이 산신의 뜻을 알아차리고,
睢盱偵伺能鞠躬	눈을 크게 뜨고 엿보고서는 몸을 굽힐 줄 아네.
手持盃珓導我擲	손에는 자개 산통을 잡고서 나를 이끌어다 던지게 하고,
云此最吉餘難同	이것이 가장 상서러운 것 딴 것은 이렇기가 어렵다 하네.
竄逐蠻荒幸不死	오랑캐 땅 거친 곳으로 좇겨 왔으니 죽지

	만 않아도 다행일 것이요,
衣食纔足甘長終	입을 옷과 먹을 것만 겨우 족해도 늙어 죽을때까지 만족하리라.
侯王將相望久絕	왕이며 제후 장수나 재상이 될 바램 오래 전에 끊어졌으니,
神縱欲福難爲功	산신이 내게 복을 내리려 해도 효험 나타나기는 어려울 것이네.
夜投弗寺上高閣	밤에 불사에 들어 높은 누각에 올라가니,
星月掩映雲朣朧	별과 달 밝음 가리어져 구름 희끄무레 하네.
猿鳴鐘動不知曙	원숭이 울고 종소리 울려 날새는 줄 모르겠는데,
杲杲寒日生於東	차츰 밝아오는 차가운 해 동쪽에서 솟아오르네.

165. 郡齋移竹[1]

동헌에 대를 옮겨 심다

君不見
군 불 견

그대는 보지 못했는가!

子猷平生酷愛竹[2]
자 유 평 생 혹 애 죽

왕휘지 평생토록
대나무를 몹시 좋아하여,

蕭灑風流眞絕俗[3]
소 쇄 풍 유 진 절 속

초탈한 그 풍류
실로 속세를 벗어났음을.

1 | 《고증》「풍기의 풍락정 뒤에는 대숲이 있는데 지금까지도 『선생의 대나무』라고 일컫는다.」(豊基豊樂亭後, 有叢竹, 至今稱爲先生竹) 《연보 보유》 기유년 조(4月)에 「군의 관아에다 대나무를 옮겨 심고 시를 지었다」(郡齋移竹有詩)라 하였고, 그 아래에 「고을 사람들은 지금까지도 이 대나무를 『선생의 대나무』라 부르며, 또 손수 소나무도 심었는데 역시 『선생의 소나무』라 부르고 있다.」(郡人至今稱爲先生竹, 又有手植松, 亦稱先生松)라는 주석이 달려 있어 풍기군수로 있을 때 소나무도 함께 옮겨 심었음을 알 수 있다.

2 | 자유혹애죽(子猷酷愛竹) : 자유는 남조 진(晉)나라 왕희지(王羲之)의 아들인 왕휘지(王徽之)의 자임. 《진나라의 역사 · 왕휘지의 전기(王徽之傳)》「당시 오중의 한 사대부 집에 좋은 대나무가 있었는데, 보고 싶어서 즉시 나가 수레를 타고 대나무 아래로 가서 읊조리고 휘파람을 불기를 오랫 동안 했다. 주인이 물을 뿌리고 청소를 하여 앉기를 청했는데 왕휘지는 돌아보지도 않았다. 나가려고 하자 주인이 안에서 문을 잠궈 왕휘지는 이에 그 대나무를 감상하다가 즐거움이 다해서야 갔다.」(時吳中一士大夫家有好竹, 欲觀之, 便出坐輿造竹下, 諷嘯良久. 主人洒掃請坐, 徽之不顧. 將出, 主人內閉門, 徽之便以此賞之, 盡歡而去)

一日不可無此君[4]
일 일 불 가 무 차 군

하루라도 이 군자
없을 수는 없으니,

坐令百卉來匍匐[5]
좌 영 백 훼 래 포 복

안온하게 온갖 수풀들
와서 엎드리게 하였네.

又不見
우 불 견

또 보지 못했는가!

樂天才調本浮華
낙 천 재 조 본 부 화

백거이의 재주는 본래
가볍고 화려하기만 했으나,

3 | 소쇄(蕭灑) : 뜻이 맑고 높아 세속을 초탈함을 말함. 맑고 깨끗하다는 뜻도 있으나 그때는 주로 자연 경관의 묘사에 많이 쓰임. 남조 제(齊)나라 공치규(孔稚珪)의 〈북산의 산신령이 항의하여 보낸 글(北山移文)〉「대저 군은 기개와 세속의 무리를 뛰어넘는 의표, 맑고 높아 세속을 초탈한 생각으로 ……」(夫以耿介拔俗之標, 蕭灑出塵之想, ……)

4 | 일일불가무차군(一日不可無此君) : 《진나라의 역사 · 왕휘지의 전기》「(왕휘지가) 일찍이 빈집에 임시로 거처했었던 적이 있는데, 즉시 대나무를 심으라 했다. 누가 그 까닭을 묻자 휘지는 다만 휘파람을 불면서 대나무를 가리키고는 말했다. 『어찌 하루라도 이 군자가 없을 수 있겠는가!』」([徽之]嘗寄居空宅中, 便令種竹. 或問其故, 徽之但嘯詠, 指竹曰, 何可一日無此君邪) 이 말로 인하여 나중에는 「차군」으로 대나무를 대신 일컫게 되었다.

5 | 백훼래포복(百卉來匍匐) : 당나라 풍지(馮贄)의 《운선잡기(雲仙雜記)》 제5권 「왕휘시가 창포를 대나무에 비추어 보면서 말했다. 창포는 다만 아홉 마디에 불과하면서도 귀한 대접을 받는데, 이 군자는 면목이 우뚝하게 솟아났으니 마땅히 두번 절을 해야 한다. 이 군자가 또한 어찌 받지 아니하겠는가!」(徽之以菖蒲映竹曰, 菖蒲止以九節爲貴. 此君面目聳然, 正當再拜. 此君安得以不受耶) 《고증》「당나라 시인의 시에 『뭇 초목들 결국에는 그를 임금으로 모셨네.』라는 싯구가 있다.」(唐, 衆卉終當北面之)

相國亭中變初服[6]
상 국 정 중 변 초 복

관상국의 정자 가운데서
처음의 깨끗한 옷으로 바뀌었다네.

櫻桃楊柳摠莫汚[7]
앵 도 양 류 총 막 오

앵도와 양류는 모두
더러웠던 적 없었고,

晩歲飄然八灘曲[8]
만 세 표 연 팔 탄 곡

만년에는 홀가분하게
여덟 구비 여울을 열었다네.

6 | 락천~변초복(樂天~變初服) : 당나라 백거이의 〈대나무를 기르며(養竹記)〉「정원 19년 봄 나는 발췌과에 뽑히어 급제하여 교서랑을 제수받아 비로소 장안에서 거처할 곳을 빌리게 되었는데, 상락리에 있는 전임 재상 관파(關播) 정승의 사저 동쪽 정자를 얻어 거처하였다. …… 정자의 동남쪽 모퉁이에서 이곳에 대나무 숲이 있는 것을 보았는데 가지와 잎이 병들고 시들어서 소리도 나지 않았고 빛깔도 없었다. …… 썩은 흙을 깨끗이 하고 그 사이를 텄으며 그 아래를 북돋았는데 하루 해가 다하지 않아서 끝내었다. 이에 해가 뜨니 시원한 그늘이 생겼고 바람이 불어오니 맑은 소리가 났으며, 연연해 하는 것 같기도 하고 흔연한 듯도 한 것이 마치 감응의 정이 있는 것 같았다.」(貞元十九年春, 居易以拔萃選及第, 授校書郎, 始於長安求假居處, 得常樂里故關相國私第之東亭而處之. …… 亭之東南隅, 見叢竹於斯, 枝葉殄瘁, 無聲無色. …… 除糞壤, 疏其間, 封其下, 不終日而畢. 於是日出有淸陰, 風來有淸聲, 依依然, 欣欣然, 若有情於感遇也)
초복은 벼슬을 하기 전에 입던 옷을 말하며, 벼슬길 등에 나서기 전의 순수한 마음을 비유함. 초나라 굴원의 〈이소〉「충성을 다하였으나 쓰이지 못하고 억울함을 당하였음이여, 물러나 내 처음의 깨끗한 옷 수선하려 하네.」(進不入以離尤兮, 退將復修吾初服)《고증》「생각건대 여기서는 백락천이 그 부화한 습관을 변모시킨 것을 말함이다.」(案, 此言樂天變其浮華之習也)

7 | 앵도양류(櫻桃楊柳) : 앵도와 양류는 모두 백거이의 애기(愛妓)를 이르는 말임. 《고증》「백락천에게는 소만이란 기생이 있었는데 양류지를 잘 불렀으므로 마침내 그것으로 이름을 삼았으며, 또 한 첩은 번소라 이름하였다.」(樂天有妓小蠻, 善唱楊柳枝, 遂名之. 又一姬

我從承明一麾出[9]
아 종 승 명 일 휘 출

내 승명려에서
한번 깃발 흔들고 나와,

故山三載辭麋鹿
고 산 삼 재 사 미 록

고향의 큰 사슴 작은 사슴과
삼 년간 하직했네.

鈴齋不有竹千挺[10]
영 재 불 유 죽 천 정

군청 동헌에 천 줄기나 되는
대나무 없었다면,

名樊素) 당나라 맹계(孟棨: 자는 初中)의 《시의 사적에 대한 근원을 밝힘 · 사감(本事詩 · 事感)》「백상서의 첩 번소는 노래를 잘 불렀으며, 기녀인 소만은 춤을 잘 추었다. 일찍이 시를 지어 말하길, 『앵도는 번소의 입이요, 양류는 소만의 허리라네』라 하였다.」(白尙書姬人樊素, 善歌, 妓人小蠻, 善舞. 嘗爲詩曰, 櫻桃樊素口, 楊柳小蠻腰) 《본사시》는 근대의 학자인 정복보(丁福保)가 편집한 《역대시화속편(歷代詩話續編)》에 수록되어 전한다.

8 | 팔탄곡(八灘曲) : 팔절탄(八節灘)을 말하는데, 백거이가 53세 되던 해인 장경(長慶) 4년(824년) 항주자사(杭州刺史)로 있을 때 농한기를 틈타 호수를 파고 물을 가두어 그곳의 가뭄을 해결해주고 사재를 털어 용문의 험난한 계곡을 뚫어 판 여덟 구비의 여울을 말한다. 《당나라 인재들의 전기(唐才子傳) · 백거이의 전기》에 보임.

9 | 승명일휘출(承明一麾出) : 일휘출은 앞의 시 〈145〉의 주 2)를 볼 것.
승명은 곧 승명려(承明廬)를 가리킴. 승명려는 한나라 때 승명전의 곁에 있던 건물로 시종(侍從)이 야근을 할 때 거처하는 곳[値宿所止]이다. 《한나라의 역사 · 엄조의 전기(嚴助傳)》「그대는 승명려를 싫어하고 시종의 일을 수고로이 여기며 고향땅을 그리워하여 나가 군의 관리가 되었다.」(君厭承明之廬, 勞侍從之事, 懷故土, 出爲郡吏) 당나라 백거이의 〈다시 강주에 이르니 옛날 놀던 일이 생각나 군의 누대에다 11운자로 짓는다(重到江州, 感舊遊, 題郡樓十一韻)〉「지난날에는 불리어 사마 벼슬에 종사하였는데, 지금은 승명원에서 나왔네.」(昔徵從典午, 今出自承明) 우리나라에서는 승명이 홍문관(弘文館)을 가리켰으며, 여기서는 퇴계가 독서당을 나와 고을원이 되어나간 것을 이른 것이다.

曉夕何以淸隈隩[11]
효 석 하 이 청 외 욱

아침과 저녁에 무엇으로
구석져 으슥한 곳 맑게할 것인가?

舊林憔悴沒寒烟
구 림 초 췌 몰 한 연

옛 숲은 시들고 메마른 채
차가운 연기에 매몰되었고,

新笋縱橫翳凡木[12]
신 순 종 횡 예 범 목

새 대나무싹은 이리저리
뭇나무들에 가려져 있네.

窓前地偏石堪砌
창 전 지 편 석 감 체

창 앞의 땅 치우쳐 있어
돌로 계단 쌓을 만하고,

10 | 영재(鈴齋) : 영각(鈴閣)과 같은 뜻이며, 곧 동헌을 말함. 영각은 〈139〉-5)를 보라. 정(挺)은 곧게 뻗어 자라는 식물을 헤아리는 데 쓰는 단위사(單位詞)임.

11 | 외욱(隈隩) : 원래의 뜻은 물이 깊이 굽어들어간 곳[曲深處]이다. 《이아 · 언덕을 풀이함(釋丘)》「물가의 안(으로 굽은)쪽을 욱이라 하고, 바깥 쪽을 외라 한다.」(厓內爲隩, 外爲隈) 나중에는 구석져 으슥한 곳을 가리키는 말로도 쓰이게 되었다.

12 | 신순종횡(新笋縱橫) : 당나라 한유의 〈새 대를 읊음(題新竹)〉「가로 세로 언뜻 보면 서열이 있는 것 같은데, 잎 무성하여 홀연 질서가 없는 것 같네.」(縱橫乍依行, 爛漫忽無次)

13 | 패택(霈澤) : 흡족히 내리는 비를 말함. 당나라 두보의 〈빗속에서 잠시 소단에게 들르다(雨過蘇端)〉「하물며 비 흡족히 내렸으니, 곡식과 낟알 더러 스스로 충족하겠네.」(況蒙澤垂, 糧粒或自保)

14 | 휴참착창옥(携鑱斸蒼玉) : 참은 쟁기의 술바닥에 맞추는 쟁기날, 곧 보습을 말하며, 창옥은 대나무를 가리키는 말임. 당나라 두보의 〈건원 연간에 동곡현에 우거하면서 짓다(乾元中寓居同谷縣作)〉 일곱 수 중 둘째 시「삽이여! 긴 삽이여! 흰 나무로 자루 만든, 나의 목숨 너에게 맡기고 살아가네.」(長鑱長鑱白木柄, 我生託子以爲命) 송나라 황정견

軒外人稀壇可築
헌 외 인 희 단 가 축

난간 밖은 사람 드무니
화단 하나 쌓을 만하리.

忽然霈澤遍農野[13]
홀 연 패 택 편 농 야

갑자기 흡족한 비
농사 들에 두루 내려,

我亦携鑱劚蒼玉[14]
아 역 휴 참 촉 창 옥

나 또한 쟁기날 들고
푸른 옥 쪼아내네.

遷辰不待醉兀兀[15]
천 진 불 대 취 올 올

죽취일 기다리지 않고
진일에 옮겨 심는데,

의 〈빈로에게서 참대의 새순을 빌다(從斌老乞苦笋)〉「그대 번거롭게 하여 곧 푸른 옥 다발 이루었으니, 내일 바람 불고 비오면 모두 대나무 되리.」(煩君便致蒼玉束, 明日風雨皆成竹)

15 | 천진부대취올올(遷辰不待醉兀兀) : 송나라 엄유익(嚴有翼)이 지은 시화《예원자황(藝苑雌黃 : 문장의 여러 잘못된 곳을 고침)》「5월 13일을 옛 사람들은 죽취일이라고 하였다. 이날 대를 심으면 매우 무성해진다.」(五月十三日, 古人謂之竹醉日. 栽竹多茂盛)
송나라 안수(晏殊 : 시호는 元獻)의 〈죽취일(竹醉日)〉「북돋우고 불어나는 것 즐겨할 수 있다면, 왜 반드시 죽취일날 옮겨야 하나?」(如能樂封殖, 何必醉中移) 송나라 황정견의 〈사후의 대를 심다라는 시에 화답하다(和師厚栽竹)〉에「뿌리는 모름지기 진일에 잘라내야, 죽순 일등품 될 것이네.」(根須辰日劚, 筍要上番成)라 하였으며, 주석에「대나무를 심는 일은 진일에 많이 한다.」(種竹, 多用辰日)라 하였다.
당나라 백거이의 〈술을 마주하고(對酒)〉「그런 까닭에 죽림칠현 중의 유령(劉伶)과 완적(阮籍) 같은 이들은, 평생토록 술에 도취하여 참된 마음을 꿋꿋하게 지녔다네.」(所以劉阮輩, 終年醉兀兀)

去故何曾戀碌碌
거 고 하 증 련 록 록

옛것 버렸지만 어찌
　　남들 좇아하는 것 그리워하리.

眼看十十復五五[16]
안 간 십 십 부 오 오

보아하니 열이면 열 다시
　　다섯이면 다섯 씩,

儼立相持如伯叔
엄 립 상 지 여 백 숙

점잖게 서서 서로 의지하는 것이
　　마치 맏형과 아우 같네.

初來魯卿慰此心[17]
초 래 로 경 위 차 심

처음으로 범노경이
　　이 마음 위로하였으니,

16 | 십십부오오(十十復五五) : 열 개씩 한무리가 되고, 다섯 개씩 한 조가 된다는 뜻으로 어지럽게 뒤섞이어 가지런하지 못함을 비유하는 말임. 《새로 쓴 당나라의 역사 · 가서한의 전기(哥舒翰傳)》「최건우(崔乾祐 : 安祿山의 난 때 반군의 장군)가 진을 짜는데 열이면 열, 다섯이면 다섯이 한 조가 되어 어떤 사람은 물러나고 어떤 사람은 나아가기도 하였으며, 큰 칼을 가진 군사 오천은 진 뒤에 줄지어 섰다.」(乾祐爲陣, 十十五五, 或却或進, 而陌刀五千列陣後)

17 | 노경(魯卿) : 《고중》「당 직방낭중 범노경은 섬서의 사원 안에다 대나무를 심고 총죽가를 지었다.」(唐職方郎中范魯卿, 於陝西使院內種竹, 作叢竹歌) 범노경이 누구인지, 또 그가 지은 시가 어떠한 지는 상세히 알 수 없지만, 잠삼(岑參)의 시 가운데 〈범공의 대나무 숲의 노래(范公叢竹歌)〉라는 시가 있는 것으로 보아 범노경의 원시를 차운한 것 같으나 원시가 전하지 않아 그 내용은 확실히 알 수가 없다. 잠삼이 지은 시의 서문에서는 이렇게 말하고 있다. 「직방낭중 겸 시어사 범공은 이에 섬서의 사원 안에다 대나무를 심었다. 새로 〈대나무 숲〉이라는 시를 지어서 보여 주었다. 범공의 맑은 정취와 우아한

盍歸殷賢枵厥腹[18]
합 귀 은 현 효 궐 복

어찌 아니 돌아 가는가? 은나라의 현자들
그 뱃속이 크게 비었으니.

可惜中有誤遭挫
가 석 중 유 오 조 좌

애석하게 그 가운데
잘못하여 꺾인 것 있으니,

斫頭將軍應爲蜀[19]
작 두 장 군 응 위 촉

작두장군 마땅히
촉을 위해 그런 것이리.

杖屨巡簷訝群兒
장 구 순 첨 아 군 아

지팡이에 가죽신 신고 처마 밑 둘러보니
뭇아이들 괴이쩍게 생각하는데,

지조를 아름답게 여겨 마침내 노래불러 화답한다.」(職方郎中兼侍御史范公, 迺於陝西使院內種竹. 新製叢竹詩以見示. 美范公之淸致雅操, 遂爲歌以和之)

18 | 합귀은현(盍歸殷賢) : 《사기 · 백이의 전기(伯夷列傳)》「백이와 숙제는 고죽국 임금의 두 아들이다. 아버지는 (막내인) 숙제를 후사로 세우려 했으나 아버지가 죽자 숙제는 백이에게 양위했다. …… 이에 백이와 숙제는 서쪽 나라의 영주인 희창(姬昌: 주문왕)이 노인들을 잘 봉양한다는 소리를 들었으니 어찌 그곳에 가서 의탁하지 않았겠는가! 하였다.」(伯夷 · 叔齊, 孤竹君之二子也. 父欲立叔齊, 及父卒, 叔齊讓伯夷. …… 於是伯夷 · 叔齊聞西伯昌善養老, 盍往歸焉)

남송 양만리(楊萬里 : 자는 廷秀, 호는 誠齋)의 〈청허자의 차군헌을 읊음(淸虛子此君軒賦)〉「그 모습을 보면 풍채가 있으면서도 수척한 것이, 이른바 백이 숙제가 수양산 아래서 굶주린 것 같은데, 백성들이 지금껏 그것을 일컫는 것은 그 가운데를 들여다 보면 텅 비었기 때문이다.」(視其貌, 頎然而臞也, 所謂伯夷叔齊, 餓于首陽之下. 民到于今稱之者, 與汝視其中洞然而虛也)

瓶罐携泉忙一僕
병 관 휴 천 망 일 복

물동이로 샘물 긷느라
종 하나 바쁘네.

抽枝展葉漸猗猗[20]
추 지 전 엽 점 의 의

가지 나고 잎 펴져
점차 우거져 무성해지고,

脫綳行鞭更續續[21]
탈 팽 행 편 갱 속 속

거죽 벗고 뿌리 뻗으니
더욱 이어져 끊이지 않네.

19 | 작두장군(斫頭將軍) : 《삼국의 역사 · 촉지 · 장비의 전기(蜀志 · 張飛傳)》「강주에 이르러 유장(劉璋)의 장수인 파군태수 엄안을 깨뜨리고 엄안을 사로 잡았다. 장비가 엄안을 꾸짖어 말하길 『대군이 이르렀는데 어찌하여 항복하지 않고 감히 항거하여 싸우느냐?』라 하자, 엄안이 대답했다. 『경 등은 무례하게도 우리 고을을 침탈하였는데, 우리 고을에는 목이 잘리울 장군은 있어도 항복이나 하는 장군은 없소이다.』 장비가 노하여 곁에 있는 사람들에게 명하여 작두를 끌어내게 하였으나 엄안은 얼굴색 하나 변하지 않고 말했다. 『머리를 자를 것이면 자를 것이지 어찌하여 화는 내는가!』 장비는 그를 씩씩하게 여기어 풀어주고는 이끌어 빈객으로 삼았다.」(至江州, 破璋將巴郡太守嚴顔, 生獲顔. 飛呵顔曰, 大軍至, 何以不降而敢拒戰. 顔答曰, 卿等無狀, 侵奪我州, 我州但有斷頭將軍, 無有降將軍也. 飛怒, 令左右牽去斫頭, 顔色不變, 曰, 斫頭便斫頭, 何爲怒邪. 飛壯而釋之, 引爲賓客)

20 | 의의(猗猗) : 「의의」는 의태어로 수풀 등이 아름답고 무성하게 우거져 있는 모양이다. 《시경 · 위나라의 민요(衛風)》〈기수의 물굽이(淇奧)〉「저 기수의 물굽이를 바라보니, 왕골과 마디풀 아름답게 우거져 있네.」(瞻彼淇奧, 綠竹猗猗)

21 | 탈팽(脫綳) : 「綳」은 싼다는 뜻인데, 아기를 싸는 포대기나 업을 때 두르는 띠, 즉 강보를 말함. 송나라 소식의 〈죽순과 작약을 공택에게 보내어 줌(送筍芍藥與公擇)〉「머리 나란한 구슬같은 어린아이들, 하나하나 비단 포대기 벗네.」(駢頭玉嬰兒, 一一脫錦) 당

已知凉氣灑琴書
이 지 량 기 쇄 금 서

시원한 기운 거문고와 책에
맑게 와닿음 이미 알겠고,

行見高標出牆屋
행 견 고 표 출 장 옥

높은 의표 담장 넘어
밖으로 드러나네.

風敲雜佩韻琤戛[22]
풍 고 잡 패 운 쟁 알

바람 와 닿으면 여러가지 패옥
쨍그렁 부딪치는 소리 나고,

저광희(儲光羲)의 〈죽순(筍)〉「갓난 애 비단 포대기 벗으니, 나란한 머리 옥같이 매끄럽고 향기롭네.」(穉兒脫錦, 餠頭玉滑香)

행편속속(行鞭續續) : 편은 대나무의 뿌리를 가리키는 말임. 소식 〈자유가 지은 기원의 초목을 읊은 시 11수에 화답하다(和子由記園中草木十一首)〉의 일곱째 시. 「섬돌을 두르고 갑자기 터져나오니, 달리는 채찍같은 대나무 뿌리 말라 쇠잔하네.」(澆砌忽墳裂, 走鞭瘦跉跰) 남조 진(晉) 대개지(戴凱之)의 《죽보(竹譜)》「대나무는 성질이 서남쪽으로 뻗기를 좋아하므로 동산의 동북쪽 모서리에다 대나무를 심으면 몇년 뒤에는 스스로 동산을 꽉 매우게 된다. 속담에 이르기를 『동쪽 집에 대나무를 심으면 서쪽 집에 있는 땅에 묻힌다.』라 하였다.」(竹性愛向西南引, 故園東北角種之, 數歲之後, 自當滿園. 諺云, 東家種竹, 西家埋地)

22 | 풍고(風敲) : 당나라 정곡(鄭谷 : 字는 守愚)의 〈다정(多情)〉「잠 깊이 들지 않았으니 바람이 대나무를 때리는 소리를 참을 수 있으나, 술 마시다 흩어지면 어이 견디랴! 달이 아직도 꽃을 비추고 있음을.」(睡輕可忍風敲竹, 飮散那堪月在花)

잡패(雜佩) : 「佩」는 패(珮)를 말하며 허리에 차는 여러가지 패옥으로 모전(毛傳)에 의하면 행(珩) · 황(璜) · 거(琚) · 우(瑀) · 형아(衡牙) 등이 있다고 함. 《시경 · 정나라의 민요(鄭風)》〈닭이 우네요(女日鷄鳴)〉「그대 오시는 것을 알면, 여러가지 패옥을 드리리다.」(知子之來之, 雜佩以贈之)

月碎寒金影熠煜[23]
월 쇄 한 금 영 습 욱

달이 차가운 금 잘게 부수니
그림자 환하게 빛나네.

千尋强寫笑文同[24]
천 심 강 사 소 문 동

팔천 자 억지로 그리려던
문동이 가소롭고,

23 | 월쇄한금영습욱(月碎寒金影熠煜) : 당나라 한유와 맹교(孟郊)의 〈성남에서 몇 구절씩 서로 이어서 씀(城南聯句)〉 중 맹교가 읊은 구절. 「대 그림자는 금 잘게 부스러뜨리고, 샘물은 옥소리 쨍그렁거리네.」(竹影金硝碎, 泉音玉琮琤) 습욱은 환하게 빛나는 모양임. 당나라 유종원(柳宗元)의 〈진나라 땅(유종원의 고향)에 대한 문답(晉問)〉「해는 환하게 빛나고, 반딧불은 놀라 번개처럼 달리네.」(日晶熠煜, 螢駭電走)

24 | 천심강사소문동(千尋强寫笑文同) : 문동은 송나라 재동(梓潼) 사람으로 문인이면서 화가로 특히 대나무를 잘 그렸다. 자는 여가(與可)이며 소식과 친분이 매우 두터웠다. 일찍이 호주지주(知州)를 지낸 적이 있고 또 이른바 호주죽화의 창시자이기도 해서 그를 문호주(文湖州)라고도 함. 송나라 소식 〈문여가가 운당골의 누운 대를 보고 그린 그림을 보고 적음(文與可畵篔簹谷偃竹記)〉「여가가 양주에서 돌아가고 내가 서주지주(知州)가 되자, 여가는 나에게 편지를 보내고 …… 편지의 말미에는 다시 시를 한 수 썼는데 그 대략은 이렇다. 『아곡의 비단을 한 단 가져다가, 만 자 되는 대나무 가지를 깨끗하게 그렸으면!』 …… 내 그 시에 답하여 말하기를 『세상에는 팔천 자나 되는 대나무도 있으니, 달빛이 빈 뜰에 내려오면 그림자 그 얼마나 길 것인가?』라 하였다. 여가는 웃고는 …… 이어 운당골의 쓰러진 대나무 그린 것을 내게 주면서 말했다. 『이 대나무는 몇 자에 불과하지만 만 자의 기세를 가지고 있다네.』」(及與可自洋州還, 而余爲徐州, 與可以書遺余 ……, 書尾寫一詩, 其略曰, 擬將一假鵝谿絹, 掃取寒梢萬尺長. …… 答其詩曰, 世間亦有千尋竹, 月落庭空影許長. 與可笑, …… 因以所畵篔簹谷偃竹, 遺予曰, 此竹數尺耳, 有萬尺之勢)
「尋」은 단위사로 여덟 자[八尺]이며, 〈언죽기〉에 나오는 소식 시의 제목은 〈문여가가 시

萬夫錯比嗤杜牧[25]
만 부 착 비 치 두 목

십만의 장부로 잘못 비유한
두목도 웃음거리라네.

世人區區鶴又州[26]
세 인 구 구 학 우 주

세상 사람들 잗달게
학타고 또 고을원 바라지만,

를 지어 부쳐 보여주어 이르기를『아계(비단의 명산지)의 비단을 한 단 가져다가, 만 길의 대나무 가지를 깨끗하게 그렸으면!』이라 했다. 각운자를 써서 답한다(文與可有詩見寄云, 擬將一假鵝谿絹, 掃取寒梢萬尺長. 次韻答之)〉이다.

25 | 만부착비치두목(萬夫錯比嗤杜牧) : 당나라 두목이 〈저녁에 개어서 읊음(晩晴賦)〉을 지어「대나무 숲 밖으로 십만의 장부 둘러쌈이여, 갑옷과 칼날 삐쭉삐죽 빽빽이 진치고 둘러서 모시었네.」(竹林外裏兮十萬丈夫, 甲刃摐摐密陣而環侍)라 노래하니, 소식이 〈문여가의 양천원지 30수에 화답하다(和文與可洋川園池三十首)〉의 다섯째 시 〈대나무 언덕(竹塢)〉에서「조잡한 두목의 재주 실로 웃을 만하여, 군중의 십만 병사를 불러 깨웠네.」(粗才杜牧眞堪笑, 喚作軍中十萬夫)라 하였다.

26 | 세인구구학우주(世人區區鶴又州) :《연감유함 · 조 · 학 3(淵鑒類函 · 鳥 · 鶴三)》에서 남조 양(梁) 단운(段芸)이 지은《하찮은 이야기(小說)》를 인용한 데에 보인다.「객들이 서로 모여 각기 마음 속에 품은 뜻을 말하기로 하였는데, 혹자는 양주의 자사가 되기를 바란다 하고, 혹자는 재물을 많이 갖기를 바란다 하고, 또 혹자는 학을 타고 날아오르고 싶다고 하였다. 그 가운데 한 사람이 말하기를『허리에는 십만 관의 돈을 두르고, 학을 타고 양주의 위를 날아 세 가지를 한꺼번에 하고싶다』고 하였다.」(有客相從, 各言所志, 或願爲揚州刺史, 或願多貲材, 或願騎鶴上乘. 其一人曰, 腰纏十萬貫, 騎鶴上揚州, 欲兼三者) 송나라 소식의 〈오잠에 있는 적조사(寂照寺)에 거처하는 자(孜)스님의 녹균헌에서(於潛僧綠筠軒)〉「만약 이 군자[대나무]를 마주하고서 거듭 크게 씹는다면, 이 세상에 어찌 양주의 학이 있으리오.」(若對此君仍大嚼, 世間那有揚州鶴)

誰肯同歸節也獨[27]
수 긍 동 귀 절 야 독

홀로 지닌 이 절개
뉘와 함께 귀의하리.

荒哉酒放林下七[28]
황 재 주 방 림 하 칠

허황하구나, 술마시며 마음껏 노닐었던
대나무 숲의 일곱 어진이여,

邈矣詩豪溪上六[29]
막 의 시 호 계 상 륙

아득하도다, 시 호탕하게 써내었던
죽계의 여섯 은사들이여!

27 | 동귀절야독(同歸節也獨) : 《시경 · 패나라의 민요(邶風)》〈북풍(北風)〉「점잖고 나를 좋아하는 이와, 손잡고 함께 돌아가리로다.」(惠而好我, 携手同歸) 《장자 · 덕이 충만한 징조(德充符)》「(나무는) 명운을 땅에서 받았는데 오직 송백만이 홀로 겨울 여름으로 푸르르다. (사람은) 명운을 하늘에서 받았는데 오직 순만이 올바른데, 다행히 자신의 품성을 바르게 할 수 있다면 뭇사람들을 바르게 이끌 수 있는 것이다.」(受命於地, 唯松栢獨也, 在冬夏青青. 受命於天, 唯舜獨也正, 幸能正生, 以正衆生)

28 | 임하칠(林下七) : 죽림칠현을 말함. 「죽림칠현」이란 말이 최초로 보이는 곳은 《삼국지 · 위지 · 왕찬전(魏志 · 王粲傳)》에 나오는 혜강에 대한 배송지(裴松之)의 주석에서 인용한 《위씨춘추(魏氏春秋)》에서이다. 「혜강은 하내의 산양현에 우거하였는데, 그와 더불어 노니는 자들은 일찍이 기뻐하거나 성내는 기색을 나타낸 적이 없었다. 진류의 완적 · 하내의 산도 · 하남의 상수 · 적의 형의 아들 함 · 낭야의 왕융 · 패땅 사람 유령과 더불어 매우 친했는데 대나무 숲에서 놀아 『칠현』이라 불리웠다.」(康寓居河內之山陽縣, 與之游者, 未嘗見其喜慍之色. 與陳留 · 阮籍 · 河內山濤 · 河南向秀 · 籍兄子咸 · 邪王戎 · 沛人劉伶相與友善, 遊於竹林, 號爲七賢) 《위씨춘추》은 남조 진(晋)나라의 손성(孫盛)이 지은 것이며, 역시 남조 송나라 유의경(劉義慶)의 《세설신어 · 임탄(任誕)》에도 보임.

儻有翩翩丹穴禽[30]
당 유 편 편 단 혈 금

혹시라도 훨훨 나는
단혈산의 봉황 있다면,

千載回翔此棲宿
천 재 회 상 차 서 숙

천년을 빙빙 돌며 날다가
이 숲에 와 깃들어 살리.

老我年來冷淡生
로 아 년 래 랭 담 생

내 늙어 나이 드니
냉담함 생기는데,

29 | 계상육(溪上六) : 죽계육일(竹溪六逸)을 말함. 《먼저 쓴 당나라의 역사 · 이백의 전기(舊唐書 · 李白傳)》「젊어서 노중의 여러 선비인 공소보 · 한면 · 배정 · 장숙명 · 도면 등과 조래산에 숨어 지내면서 흥에 겨워 노래를 부르고 마음껏 술을 마셨는데, 당시에 죽계의 여섯 은자라 했다.」(少與魯中孔巢父 · 韓沔 · 裴政 · 張叔明 · 陶沔等隱於徂徠山, 歌縱酒, 時號竹溪六逸)

30 | 편편(翩翩) : 가볍고 빨리[輕疾] 나는 모양. 《시경 · 소아》〈네 마리 말(四牡)〉「훨훨나는 집비둘기, 날아가다 내려와서, 상수리나무 떨기에 모이네.」(翩翩者鵻, 載飛載下, 集于苞栩)

단혈금(丹穴山禽) : 단혈산에 산다는 전설상의 길조인 봉황을 말함. 《산해경 · 남산경(南山經)》「천우의 산 동쪽 오백 리에는 …… 또 동으로 오백 리에 있는 산은 단혈의 산이라 하는데 …… 그곳에는 새가 있는데 그 모양은 닭을 닮았으며 다섯 가지 색이 빛나는데 이름을 봉황이라 한다. …… 이 새는 마시고 먹는 것이 자연스럽고 스스로 노래하고 춤도 추는데 이 새가 나타나면 천하는 평안해진다.」(天虞之山東五白里, …… 又東五白里, 曰丹穴之山, ……. 有鳥焉, 其狀如鷄, 五采而文, 名曰鳳凰, …… 是鳥也, 飮食自然, 自歌自舞, 見則天下安寧)

相對寧憂食無肉[31]
상대녕우식무육

마주보고 있으니 어찌
식탁에 고기없음 걱정하리.

從今更歎衛公賢
종금갱탄위공현

이제야 위무공의 어짊
더욱 경탄스러워,

一篇淇隩湔心讀[32]
일편기오전심독

〈기욱〉 한 편 읽으며
마음 깨끗이 씻네.

31 | 식무육(食無肉) : 송나라 양만리의 〈청허자의 차군헌을 읊음(淸虛子此君軒賦)〉「공자가 위나라에 가셨을 때 공손청이 시중을 들었다. 공자께서 기욱(淇澳)의 동산에 계셨는데 바람이 불어 대나무를 움직여 소슬하면서도 빼어나고 아름다운 소리를 내자, 흔쾌히 좋은 맛마저 잊어버리고 석달 동안이나 고기를 먹지 않으셨다. 공손청을 돌아보며 말씀하시기를 『사람은 고기를 먹지 않으면 수척해지고 대나무가 없으면 속되게 되느니라.』라 하셨다.」(夫子適衛, 公孫青僕, 子在淇園, 有風動竹, 聞簫瑟檀欒之聲, 欣然忘味, 三月不肉, 顧謂青曰, 人不肉則瘠, 不竹則俗) 송나라 소식의 〈오잠에 있는 적조사(寂照寺)에 거처하는 자(孜)스님의 녹균헌에서(於潛僧綠筠軒)〉「고기를 먹지 않고는 지낼 수 있을 지언정, 대나무 없이는 살아갈 수 없다네. 고기는 없어도 사람을 수척하게 할 뿐이지만, 대나무가 없다면 사람을 속되게 만든다네. 사람은 수척해지면 그래도 살찌울 수 있지만, 선비는 속되어지면 고칠 수가 없다네. 주위의 사람들 이 말 비웃으니, 고고한 척 또한 어리석다네. 만약 이 군자를 마주하고서 거듭 크게 씹는다면, 이 세상에 어찌 양주의 학이 있으리오?」(可使食無肉, 不可使居無竹. 無肉令人瘠, 無竹令人俗. 人瘠尚可肥, 士俗不可醫. 旁人笑此言, 似高還似癡. 若對此君仍大嚼, 世間那有揚州鶴) 제일 끝의 두구절은 위 26)에서 이미 인용하였음. 송나라 우호(于湖) 장효상(張孝祥)의 〈장식(張栻)이 죽순포와 그 비법을 함께 보내어 왔으므로 다시 짓다(張欽夫送笋脯與方俱來復作)〉「죽순 포 내 쟁반에 올리니, 고기를 먹지 않아도 되네.」(笋脯登吾盤, 可使食無肉)

何必柴桑歸去來[33]
하 필 시 상 귀 거 래

어찌하여 반드시
시상촌으로 돌아가,

白衣悵望東籬菊[34]
백 의 창 망 동 리 국

동쪽 울타리서 국화 따며
흰옷 입은 이 한탄하며 바라리.

32 | 종금~기욱(從今~淇澳) : 《시경 · 위나라의 민요(衛風)》의 편명으로 「욱」자는 「오」(奧)로도 쓰며, 위나라 무공(武公)의 덕을 칭송하는 내용을 담고 있다. 위나라 무공은 나이 90살이 넘어서도 밤낮을 게을리 하지 않고 훈도(訓道)를 듣고자 하였다 함.

33 | 시상귀거래(柴桑歸去來) : 시상은 심양(潯陽)에 있으며, 원래는 도잠이 살던 곳을 말하나 여기서는 곧 도잠을 가리켜 말한 것이다. 도연명이 〈귀거래사〉를 짓고 돌아 간 것을 말한다.

34 | 동리국(東籬菊) : 남조 진(晉)나라 손성(孫盛)의 《진양추(晉陽秋)》「도연명이 구월 구일 중양절에 술이 없어 집 가에 나가서 국화 무더기 가운데 앉아 국화를 한 줌 가득 따가지고 있었다. 한참 있자니 흰옷을 입은 사람이 이르는 것이 바라보였는데, 곧 강주자사인 왕홍이 술을 보낸 것이었으며 이에 즉시 혼자 마시다가 취하고 난 뒤에야 돌아갔다.」(陶潛九月九日無酒, 出宅邊菊叢中坐, 摘菊花盈把. 久之, 望見白衣人至, 乃江州刺史王弘送酒, 卽便獨酌, 醉而後歸)《진양추》은 지금은 이미 산일되고 없음. 여기서는 송나라 소식 시(〈같은 해에 급제한 소영(邵迎)이 장난삼아 가수재에게 지어준 시에 화답하다(和邵同年戲贈賈秀才)〉)의 왕십붕(王十朋) 주를 재인용.
진나라 도연명 〈음주〉의 다섯째 시. 「동쪽 울타리 아래서 국화를 따노라니, 문득 남산이 눈에 보이네.」(採菊東籬下, 忽然見南山) 소식의 〈장질부가 술 여섯 동이를 보내옴에 편지만 이르고 술은 도착하지 않아서 장난삼아 작은 시를 지어 묻다(章質夫送酒六壺, 書至而酒不達, 戲作小詩問之)〉「흰 옷 입은 사람이 술은 보내왔으나 도연명은 없어, 급히 풍헌을 청소하고 뿔잔도 깨끗이 씻어 놓았네.」(白衣送酒無淵明, 急掃風軒洗破觥)

166. 浮石寺聚遠樓, 鄭湖陰贈僧韻[1]

부석사의 취원루에서 정사룡鄭士龍이 중에게 준 시의 각운자로

鬼役天成萬古樓[2]
귀 역 천 성 만 고 루

귀신을 부렸음인가 하늘의 이룸인가
만고에 전하는 누대,

風雲一任洗新秋
풍 운 일 임 세 신 추

바람과 구름은 가을
완전히 씻어 새롭게 하였네.

1 | 정호음은 정사룡(鄭士龍 : 자는 雲卿)의 호이다. 본관은 동래(東萊)이며, 성종 22년(1491)에서 선조 3년(1770)까지 살았다. 일찍이 사가독서를 한 적이 있으며 벼슬은 공조판서 · 판중추부사(判中樞府使)에까지 이르렀다. 동지사(冬至使)로 명나라에 두 차례나 간 적이 있으며 이때 일행으로 간 사신들과 주고받은 시문을 모은 《동사집(東槎集)》과 문집인 《호음잡고(湖陰雜稿)》이 전한다. 〈73〉-7)을 보라. 제목으로 보면 퇴계가 정사룡의 시를 차운한 것이나 《호음잡고(湖陰雜稿)》에는 같은 각운자를 쓴 시가 전하지 않아 원시는 어떤 것인지 알 수 없다.

부석사(浮石寺) : 경상북도 영풍군(榮豊郡) 봉황산(鳳凰山)의 중턱에 있음. 신라 문무왕(文武王) 16년(676년) 2월에 의상(義相)이 왕명을 받들어 창건하였다. 《삼국유사》에 창건설화가 실려 있다.

취원루(聚遠樓) : 《요존록》「금당의 서남쪽에 있으며, 높은 난간은 아득하며 시계가 넓고 탁 트였다.」(在金堂西南, 危欄縹渺, 眼界曠達) 「취원」이란 말은 부석사에 있는 이 누대에

夜深獨對高僧榻 야 심 독 대 고 승 탑	밤 깊은데 홀로 고승이 앉았던 걸상 마주하고 있으니,
唯見長空月似鉤 유 견 장 공 월 사 구	보이느니 끝없는 하늘의 갈고리 같은 달 뿐이라네.

송나라 소식의 〈같은 해에 급제한 선석(單錫 : 자는 君賜)이 덕흥 유씨가 지은 취원루시를 구하다(單同年, 求德興兪氏聚遠樓詩)〉라는 시를 써서 걸어 놓은 데서 유래하였다. 소식의 시 세 수 중 첫째 시. 「높은 누대에 힘입어 먼곳의 경치를 끌어모을 수 있어, 한꺼번에 거두어 들여 한가로운 사람과 함께 하네.」(賴有高樓能聚遠, 一時收拾與閑人) 《고증》 참조.

2 | 귀역천성(鬼役天成) : 진나라 반악의 〈서쪽으로 감을 읊음(西征賦)〉「남산을 터서 궁궐을 드러내고 번천을 크게 하여 해자를 빠르게 하였으니, 귀신을 일꾼으로 부린 것이 노한 아니겠습니까?」(疏南山以表闕, 倬樊川以激池, 役鬼傭猶否) 《장자 · 우언(寓言)》「내가 선생님의 말을 듣고서는 1년 만에 소박해졌고, …… 6년째에는 신명이 들게 되었고, 7년째에는 하늘의 뜻과 같이 자연스럽 이루게 되었으며, 8년째에는 죽음도 모르고 삶도 모르게 되었고, 9년만에 크게 신묘한 경지에 이르게 되었습니다.」(自吾聞子之言, 一年而野, …… 六年而鬼入, 七年而天成. 八年而不知死不知生, 九年而大妙)

167. 八月十五日夜吟[1]

팔월 십오일 밤에 읊조리다

夢覺圓明櫝裏珠[2]
몽 교 원 명 독 리 주

꿈에서 깨이 보니 달 둥글고 밝기가
　궤 속의 구슬 같은데,

安排纔涉已非初[3]
안 배 재 섭 이 비 초

인위적으로 안배하자마자
　이미 애초의 모습 아니라네.

寒溪遠響紙窓靜
한 계 원 향 지 창 정

차가운 시내소리 멀리서 들리고
　종이창은 고요한데,

1 | 기유년(己酉年 : 1549년, 퇴계49세) 추석날 풍기군수 재직 중에 임지에서 지은 것임.

2 | 원명(圓明) : 불교 용어로 본성을 말한다. 《원각경》「청정마니보주를 오색으로 비추면 어떤 방향에서도 (그 색이) 나타나며, …… 원만하게 깨달아 고요한 성정은 몸과 마음에 나타나 어떠한 무리와도 각기 응답한다.」(清淨摩尼寶珠暎於五色,隨方各現, …… 圓覺淨性, 現於身心, 隨類各應) 이는 성정이 밝고 둥금을 말하는 것이다.

3 | 안배(安排) : 「安排」는 「按排」라고도 하며, 말의 본뜻은 자연의 변화에 내맡기는 것을 말한다. 《장자 · 큰 스승(大宗師)》「갑자기 흡족한 곳에 이르면 웃을 것까지는 없을 것이며, 이미 웃었다면 그것을 밀고 갈 것까지는 없다. 자연의 안배에 의하여 변화하는 곳으로 간다면 곧 텅빈 넓은 하늘의 진리[道]와 일체를 이룰 것이다.」(造適不及笑, 獻笑不及排, 安排而去化, 內入於寥天) 이에 남조 진(晉)나라의 곽상(郭象)이 주를 달기를 「안배는 자연의 추이에 안주하여 변화와 더불어 가는 것이므로 적막한 곳에 들어가 하늘과 하나가 되

斜月淸光竹閣虛
사 월 청 광 죽 각 허

비스듬한 달 맑고 빛나는데
대나무 누각은 비었네.

四序孰居無事者[4]
사 서 숙 거 무 사 자

사계절 바뀌는데 누가 있어
별일 없이 주관하고 있겠는가?

群蟲爭訴不平如
군 충 쟁 소 불 평 여

뭇벌레들은 다투어
불평을 호소하는 듯하네.

爲官不理身多病
위 관 불 리 신 다 병

벼슬살이 하나 잘 다스리지 못하고
몸에는 병만 많아,

回首平生愧有餘
회 수 평 생 괴 유 여

지난날 뒤돌아 보니
부끄러움만 남네.

는 것이다.」(安排謂, 安於推移而與化俱去, 故乃入於寂寥與天爲一也)라 하였다.
그러나 이 말을 「차례에 맞게 인위적으로 잘 배열하여 놓는다」는 뜻으로 보고 해석한 주석도 있는데, 《고증》에서는 「《강록》에는 『원명주는 본심을 가리키는데 안배하여 드러내면 본래 그러한 것이 아니다.』」(江錄, 圓明珠指本心, 安排著則非本然矣)라고 하였다. 《요존록》「본심을 보존하고 키움은 다만 잊지도 않고, 인위적으로 키우려고 하지도 않음에 있는데, 조금이라도 재촉한다면 이미 본연의 단계와는 멀어진다.」(存養只在勿忘勿助, 才涉把捉, 已非本然之體段)

4 | 사서(四序) : 봄 · 여름 · 가을 · 겨울의 사철, 혹은 사철의 순서를 말함. 《북위의 역사 · 율력지(魏史 · 律曆志) 상》「그러나 사계절은 옮기어 흐르고 다섯 가지 운행은 변하고 바뀐다.」(然四序遷流, 五行變易)
「숙거무사」에 대해서는 〈71〉-24)를 보라.

168. 十月十日夜, 大雷雨

시월 십일 밤에 크게 번개치고 비내리다

十月中宵風亂鳴 시 월 중 소 풍 란 명	시월 한밤중에 바람 어지러이 울더니,
雷驚電激雨如傾[1] 뇌 경 전 격 우 여 경	천둥 사람 놀래고 우레 격렬한데 비는 물동이 기울인 듯하네.
只今天意何多舛[2] 지 금 천 의 하 다 천	요즘들어 하늘의 뜻 어찌나 어긋나는지,
起坐茫然百感生 기 좌 망 연 백 감 생	넋을 잃고 일어나 앉으니 갖은 생각 다 생겨나네.

1 | 시월~여경(十月~如傾) : 중소는 한밤중, 정밤중을 말하며, 중야(中夜) · 중석(中夕) · 야반(夜半)이라고도 함.
남조 진(晉)나라 육기(陸機)의 〈상서랑으로 있는 고언선에게 드림(贈尙書郎顧彦先)〉의 둘째 시. 「맹렬한 우레 한밤중에 격렬하게 치고, 놀란 듯한 번개 빛 밤에 펴지네.」(迅雷中宵激, 驚電光夜舒)

2 | 지금(只今) : 지금(至今) · 현재(現在)와 같은 뜻임.

169~171. 十一日曉地震, 三首[1]

십 일일 새벽에 지진이 나다, 세 수

169

風雨雷霆天怒甚
풍 우 뢰 정 천 노 심

비바람 뇌성벽력
하늘의 노여움 심한데,

如何地道亦靡寧[2]
여 하 지 도 역 미 녕

어찌하여 땅의 움직임
또한 편치 않단 말인가?

勢崩山岳聲驅海
세 붕 산 악 성 구 해

기세는 산악을 가르고
소리는 바다로 내달으니,

誰使神龍戰血腥[3]
수 사 신 룡 전 혈 성

그 누가 신룡 시켜
피비린내 나는 싸움하는가?

1 | 《연보보유》에 의하면 이 해에 지진이 일어나 나라에서 이상한 일이 있을 때 지내던 제사인 해괴제를 지냈다[行地震解怪祭]고 하였다.

2 | 지도(地道) : 대지의 특징과 규율[법도]을 가리키는 말로 천도(天道)및 인도(人道)에 상대되는 말. 《주역 · 겸(謙)》「하늘의 도는 아래로 사귀어 광명하고, 땅의 도는 낮은 데서 위로 올라간다.」(天道下濟而光明, 地道卑而上行)

3 | 신룡혈전(神龍血戰) : 지진이 일어난 달이 시월이므로 이렇게 썼다. 《주역 · 곤(坤)》 상륙(上六) 「용이 넓은 벌판에서 싸우는데 그 피가 검붉다.」(龍戰于野, 其血玄黃) 《강록》「시월은 곤월이므로 그렇게 말했다.」(十月爲坤月, 故云) 〈133〉-7)을 참조할 것.

170

風起荒城葉亂飛
풍 기 황 성 엽 란 비

바람 황량한 성에 일어
　나뭇잎 어지러이 날리는데,

頑雲如墨雨霏霏[4]
완 운 여 묵 우 비 비

짙은 구름 먹같고
　비는 부슬부슬 흩뿌리네.

不知天意緣何怒
부 지 천 의 연 하 노

알지 못하겠네, 하늘의 뜻
　무엇 때문에 그리 노했는지,

陰雹交揮更逞威
음 박 교 휘 경 령 위

음산한 우박 마구 뿌려대니
　위세 더욱 왕성하네.

是日雨雹

이날 우박이 내렸다.

4 | 완운(頑雲) : 짙은 구름을 말함. 송나라 소식의 〈유미당에 폭우가 쏟아지다(有美堂暴雨)〉「나그네 발 아래 우레소리 한번 들리더니, 그득한 짙은 구름 없어져 열리지 않네.」(遊人脚底一聲雷, 滿座頑雲撥不開)

5 | 일중오(日中烏) : 해[太陽]를 말함. 금아(金鴉) 또는 금오(金烏)라고도 하며, 옛날 중국의 신화에 해 속에 세 개의 다리를 가진 까마귀가 살고 있다고 전하기 때문에 이렇게 말함. 옛날 중국의 동해(東海)에는 부상(扶桑)이라는 신목(神木)이 있었는데 그 위로 열 개의 해가 번갈아 하나씩 떠올라 땅을 한 바퀴 씩 돌고 돌아오는데 모두 세 발이 달린 까마귀의 등에 업히어 다닌다고 하였다. 그런데 요 임금 때에 열개의 해가 한꺼번에 떠올라 땅위의 곡식이 다 타고 초목이 모두 메말라 버려 활을 잘 쏘는 예(羿)에게 명하여 하나의 해만 남기고 모두 쏘아 떨어뜨려 지금처럼 하나의 해만 남게 되었다고 한다. 이같은 전설은 《산해경 · 해외동경(海外東經)》 · 《장자 · 제물론(齊物論)》 · 《회남자 · 본경훈(本經訓)》 및 《대황남경(大荒南經)》 · 《초사 · 천문(天問)》 등에 모두 실리어 있는데 모두 내용도 조

171

兇雲虐雪極陰獰
흉 운 학 설 극 음 녕

흉흉한 구름 사나운 눈
　매우 음산하고 모진데,

風勢如奔百萬兵
풍 세 여 분 백 만 병

바람의 기세는 마치
　백만의 병사가 내닫는 것 같네.

凍及日中烏可畏[5]
동 급 일 중 오 가 외

해까지 얼어붙어
　금까마귀 벌벌 떠니,

溝中未暇念民生[6]
구 중 미 가 념 민 생

도탄에 빠진 백성들
　생각할 겨를이 없네.

是夜, 大風大寒

이날 밤에 바람이 몹시 불고 매우 추웠다.

금씩 다르고 체계적으로 전후를 연결시켜 수록하고 있는 것이 없다. 위와 같이 체계적으로 열 개의 해에 대한 전설을 정리한 것으로는 근대 학자 원가(袁珂)가 지은《중국의 고대 신화(中國古代神話)》이 있다.

당나라 두보의 〈먼저 지은 추위에 시달림(前苦寒)〉 두 수 중 둘째 시. 「세발 달린 까마귀 다리 잘릴까 걱정하는데, 희화가 보내어준들 어디로 돌아가리?」(三足之烏足恐斷, 羲和將送安所歸) 희화는 위 전설에서 금까마귀와는 달리 해를 태우고 다닌다는 마부임. 또 당나라 한유의 〈추위에 시달림(苦寒)〉「해와 달 비록 높다고 하나, 까마귀와 두꺼비를 살릴 수는 없네.」(日月雖云尊, 不能活烏蟾)

6 | 구중(溝中) : 구중척(溝中瘠)의 준말로 궁핍과 빈곤으로 도랑과 골짝에 버려진 백성들, 곧 도탄에 빠진 백성들을 일컫는 말. 《순자 · 영예와 치욕(榮辱)》「이것이 그들이 추위와 굶주림을 면하지 못하고 바가지와 주머니를 들고 구걸하며 구덩이와 골짜기에서 굶어 죽어가는 까닭입니다.」(是其所以不免於凍餓, 操瓢囊爲溝壑中瘠者也)

172~173. 池方寺瀑布, 二首[1]

지방사의 폭포에서, 두 수

172

灑灑仙風襲客衣[2]
쇄 쇄 선 풍 습 객 의

맑고 시원한 풍취
나그네 옷 속에 스미고,

陰陰山木怪禽飛
음 음 산 목 괴 금 비

어두컴컴한 산나무들 사이로
기이한 새들 날아 다니네.

何人好事同來看
하 인 호 사 동 래 간

어느 사람 호사자 있어
같이 와서 볼까?

獨對蒼崖信筆揮
독 대 창 애 신 필 휘

나 홀로 푸른 벼랑 마주하고 앉아
붓 가는대로 쓰네.

1 | 지방사(池方寺) : 《요존록》「《풍기군지》에 의하면 지방사는 군 남쪽에 있는 천부산 아래에 있었는데, 절은 지금은 없어졌다.」(豊基郡誌, 池方寺在郡南天浮山下, 寺今廢) 《유집》에도 〈지방사 폭포를 찾다(尋池方寺瀑布)〉라는 시 두 수가 있다. 그 시의 첫째 수 아래에 달린 퇴계 자신의 설명에 「무릇 폭포를 관찰할 때에는 아래서부터 쳐다 보아야 하나, 이곳은 너무나 치우쳐 있어 유람하러 오는 사람이 없고, 중들은 다만 위에서부터 내려다 보기 때문에 그 기이함을 모른다. 내가 처음으로 거친 수목을 헤치고 들어가서 폭포 아래에 있는 큰 소[潭] 곁에 있는 바위 위에 앉아서 쳐다 보니, 그 웅장하고 빼어남을 비로소 다 맛볼 수 있었다. 절의 중들도 나를 따라와서 보고서야 일찍이 보지 못하였던 경지를 보고서 찬탄하여 마지 않았다.」라고 하고 있음.

173

坐石沈吟日欲斜[3]
좌 석 침 음 일 욕 사

바위에 앉아 깊은 생각에 빠져 있노라니
해 기울려 하는데,

碧潭增色湛無波
벽 담 증 색 잠 무 파

짙푸른 소에 저녁빛 더해가니
잔잔해 물결도 일지 않네.

莫辭再訪淸秋後
막 사 재 방 청 추 후

맑은 가을 지난 뒤에
다시 오는 것 사양하지 않겠네,

要看楓林爛似紗
요 간 풍 림 란 사 사

비단 같이 울긋불긋한
단풍까지 아울러 보려하니.

2 | 선풍(仙風) : 선풍도골(仙風道骨)을 말함. 원래는 불교 용어로 신선 및 득도자들의 기질과 풍채를 말하며, 세속적인 풍격과 풍도를 초월하였음을 비유하는 말로 쓰임. 도골은 도격(道格) 또는 도기(道氣)로도 씀.

3 | 침음(沈吟) : 낮게 읊조린다는 뜻도 있으나, 여기서는 깊은 생각에 빠져 있다는 의미로 쓰였음. 《고시 열 아홉수 · 동쪽성은 높고 긴데(古詩十九首 · 東城高且長)》「달리는 마음은 옷매무새 추스려 가다듬는데, 깊이 생각하니 문득 머뭇거려지네.」(馳情整中帶, 沈吟聊躑躅)

174. 退溪草屋. 喜黃錦溪來訪_庚戌○罷郡歸鄕後[1]

퇴계의 초가집에서. 황준량이 찾아옴을 기뻐하다_경술년(50세)

○군수를 그만두고 고향으로 돌아온 뒤

溪上逢君叩所疑[2] 계 상 봉 군 고 소 의	퇴계가에서 그대를 만나 의심나는 것을 묻고,
濁醪聊復爲君持 탁 료 료 부 위 군 지	탁주잔도 애오라지 다시 그대 위해 잡고 있다네.
天公卻恨梅花晩 천 공 각 한 매 화 만	하느님도 오히려 매화 늦게 핀 것을 한스러워 하여,
故遣斯須雪滿枝[3] 고 견 사 수 설 만 지	일부러 잠깐만에 온 가지에 눈 가득히 보내셨다네.

1 | 경술년은 1550년으로 퇴계가 50세 되던 해임. 《연보》「정월에 함부로 임지를 버리고 갔다하여 직첩(職牒) 2등급을 삭탈당하였다.」(正月擅棄任所, 奪告身二等) 「고신」이란 말은 원래 당나라 때의 임관의 사령장을 말하나 여기서는 직첩을 말함.
여기 나오는 「퇴계 초옥」은 곧 다음 시에 나오는 한서암임. 금계(錦溪)는 황준량(黃俊良 : 자는 仲擧)의 호. 황준량에 대해서는 〈104〉-1)을 보라.

2 | 고(叩) : 단순히 묻는 정도를 지나 더듬어 찾아서 묻다[探問] · 상의하여 자문하다[詢問]의 뜻. 《논어 · 선생님은 드물게(子罕)》「내가 아는 것이 있는가? 나는 아는 것이 없다. 그러나 어떤 비루한 사람이 나에게 무엇을 묻는데 그가 아무리 아는 것이 없더라도 나는 그 묻는 내용의 양쪽을 다 탐문하여 말해준다.」(吾有知乎哉, 無知也. 有鄙夫問於我, 空空如也, 我叩其兩端而竭焉)

3 | 사수(斯須) : 수유(須臾)와 같은 뜻임. 〈71〉-21)을 보라.

175. 移草屋於溪西, 名曰寒棲庵[1]

초가를 퇴계의 서쪽으로 옮기고 한서암이라 이름짓다

茅茨移構澗巖中 모 자 이 구 간 암 중	초가집 골짜기 바위 사이로 옮겨 얽으니,

1 |《연보》 2월. 「비로소 퇴계 서쪽에 살 곳을 정하여 거처하기 시작하였다. 이에 앞서서는 먼저 하명동 자하봉 아래에 땅을 구하여 집을 짓다가 미처 끝내지 못한채 다시 죽동으로 옮겼으나 또 골이 좁고 또한 시냇물도 흐르지 않아서 퇴계의 가로 정하게 된 것이니 대체로 세 번이나 옮겨서 거처를 정한 것이다.」(始卜居于退溪之西. 先是, 得地霞明洞紫霞峯下, 營室未畢, 又遷于竹洞, 又以洞狹隘, 且無溪流, 乃卜於溪上, 蓋三遷而定居焉)《요존록》「선생은 어떤 사람에게 준 편지에서 말했다. 『세상에 발을 잘못 내디뎌 세속을 따르느라 골몰하다보니 수십 년의 세월이 홀연히 이미 잘못 지나갔다. 고개를 돌려 회상하여 보니 망연자실할 뿐이라 내 몸을 어루만지며 크게 탄식할 뿐이다. 그래도 오히려 다행스러운 것은 몸을 거두어 들여 본래의 모습으로 돌아와서 옛서적을 찾아내어 깊은 뜻을 찾고 뜻을 풀어보니 때때로 내 뜻에 맞는 것이 정말 옛날부터 이른바 『공부에 몰두하면 흔연히 밥 먹는 것도 잊는다』고 한 말이 나를 속이지 않음을 알겠다. 퇴계 곁에 겨우 몇 칸의 집을 엮어 이제부터는 곧바로 죽을 때까지 기약하고서, 묵묵히 앉아서 고요하게 학문을 완상하면서 여생을 지내려 한다. 하늘의 영험에 힘입어 큰 밝은 진리 중에서 문틈 사이로 새어들어오는 조그마한 한 가닥의 빛이라도 엿볼 수 있다면 나의 보잘 것 없는 행로에 조그마한 행복이 될 것이다. 그 나머지 것이야 또 무엇을 이르리오!』」(先生有與人書曰, 失脚世路, 徇俗汩沒, 數十年光陰, 忽已蹉過. 回首茫然, 撫躬浩歎, 猶幸收身反本, 尋釋舊書, 則時與意會, 信古今所謂欣然忘食者, 不我欺也. 溪邊縛得數間屋, 自今以往, 直以蓋棺爲期, 默坐靜玩, 過了殘生. 賴天之靈, 或可窺隙光於大明之餘, 以畢其願, 則下之拙幸矣. 他尙何云哉)《연보보유》에서는 〈도연명집의 거처를 옮기다 시의 각운자에 맞춰 짓다(和陶集移居韻詩)〉와 관련지어 이 말을 인용하고 있는데 이 시를 지을 무렵 벌써 여생을 이곳에서 보내기로 작정한 것 같으므로《요존록》을 따른다.

한서암(寒棲庵) : 「한서」라는 말은 원래 속세를 떠나 산중에서 가난하게 거처하다의 뜻이며, 한서암이란 말은 주자의 무이정사에 있는 한서관에서 따다 쓴 말임. 〈무이정사에 대해 이것 저것 읊다(武夷精舍雜詠)〉의 서. 「석문오(石門塢)의 서쪽 조금 남쪽에다 다시

正値巖花發亂紅
정 치 암 화 발 란 홍

때마침 바위의 꽃
흐드러져 붉게 피었네.

古往今來時已晩[2]
고 왕 금 래 시 이 만

예로부터 지금까지 세월 흘러가서
때 이미 늦었지만,

朝耕夜讀樂無窮[3]
조 경 야 독 낙 무 궁

아침에 밭 갈고 밤에 책 읽으니
즐거움 끝이 없네.

집을 짓고 도가와 같이 거처하였는데, 도에 대하여 쓴 책인《진고》중의 말을 취하여 명명하기를『한서지관』이라 하였다.」(石門之西, 少南又爲屋以居道流, 取道書眞誥中語, 命之曰, 寒棲之館) 이『한서』란 말이 나오는《진고》란 책은 남조 양(梁)나라의 도홍경(陶弘景)이 지은 책이며, 한서라는 말이 나오는 부분은 다음과 같다.「태허진인이 말했다.『평범한 사람 백을 먹이는 것은 어진 이 한 사람을 먹이는 것만 못하며, 어진 이 천 사람을 먹이는 것도 도를 배우는 자 한 사람을 먹이는 것만 못하다. 산이나 숲에서 가난하게 사는 사람은 더욱 뜻이 있다고 여길 만하다.』」(太虛眞人曰, 飯凡人百, 不如飯一善人, 飯善人千, 不如飯一學道者. 寒棲山林者, 益當以爲意)
이외에 주자는 또한 시에서도 이 말을 즐겨 썼는데, 이를테면〈운곡의 스물 여섯 곳을 읊음 · 서료(雲谷二十六詠 · 西寮)〉시에서「진중하게나 사욕없는 사람이여, 가난하게 살면서 밝은 달이나 가지고 놀리.」(珍重無心人, 寒棲弄明月)라 한 것이나,〈휴암에 묵으면서 덕공의 벽 사이에 있는 운자를 써서 진도인에게 드림(宿休菴用德功壁間韻, 贈陳道人)〉시에서「저물어 천봉으로 들어가, 한 초가집 지어 가난하게 살리라.」(暮入千峯裏, 寒棲一草庵)라 읊은 것 등이 있다.

2 | 고왕금래(古往今來) : 옛날부터 지금까지라는 뜻으로, 자고이래(自古以來)와 뜻이 같다. 진나라 반악의〈서쪽으로 감을 읊음(西征賦)〉「예로부터 지금까지는 아득하고 멀구나!」(古往今來, 邈矣悠哉)

3 | 조경야독(朝耕夜讀) : 주경야독(晝耕夜讀)과 같은 뜻임. 당나라 한유의〈슬프도다, 동선생님의 행적이여(嗟哉董生行)〉「슬프다! 동생이여, 아침에 나가서 밭 갈고, 저녁에는 돌아와서 옛사람들의 책을 읽네.」(此哉董生朝出耕, 夜歸讀古人書) 동생(董生)의 이름은 동소남(董召南)이며, 여기서 생은 선생님이란 뜻의 존칭어이다.

176. 三月三日, 雨中, 寓感_用丁未踏靑韻[1]

3월 3일, 빗속에서 느낌이 있어 뜻을 기탁하다_정미년에 지은 답청시의 운자를 쓰다

不向江皐踏綠茸[2]
불 향 강 고 답 록 용

강언덕으로 가서
파릇파릇한 새싹 밟지 않고,

小窓看雨對前峯
소 창 간 우 대 전 봉

작은 창으로 비를 내다보며
앞에 있는 봉우리 대하고 있네.

1 | 정미년(丁未年 : 1547년)은 퇴계가 47세 되던 해이며 〈답청시〉는 101. 〈푸름을 밟고 자하산에 오르다(踏靑登霞山)〉를 보라.

2 | 강고(江皐) : 강가의 언덕, 곧 강변을 말함. 《초사 · 아홉 노래 · 상수신의 부인(九歌 · 湘夫人)》「아침에 내 말로 강변을 달림이여, 저녁에는 서쪽 개펄을 건너네.」(朝馳余馬兮江皐, 夕濟兮西澨)

녹용(綠茸) : 어린 풀이 파릇파릇하고 조밀하게 난 모양이나 섬세하고 조밀하게 난 파란 풀을 말함. 당나라 원진(元稹)의 〈낙천의 원진이 희고 가벼운 비단과 베로 옷을 지어서 부쳐준 것을 받고 시로 보답하다라는 시에 답하다(酬樂天得稹所寄紵布白輕制成衣服以詩報之)〉「봄풀 가늘고 파릇파릇하며 구름 색 흰데, 말탄 그대 모습 생각해 보니 몸가짐 훌륭하였다네.」(春草綠茸雲色白, 想君騎馬好儀容) 원운으로 된 시의 「용용(茸茸)과도 뜻이 통함. 〈101〉-2)를 참고하라.

閒忙頓別差爲幸
한 망 돈 별 차 위 행

한가하고 바쁨 갑작스레 달라짐은
　　조금 다행이라 하겠지만,

愚智相懸定幾重
우 지 상 현 정 기 중

어리석음과 슬기로움 서로 달라짐이
　　몇 겹이나 되었던가?

古學未傳皆末士
고 학 미 전 개 말 사

옛 학문 전해받지 못하였으니
　　모두 하찮은 선비 되었으나,

3 | 순풍(淳風) : 돈후하고 옛스러운 질박한 풍속을 말함. 남조 진(晉)나라 갈홍(葛洪)의 《포박자 · 일민(逸民)》「순박한 풍속은 충분히 백 세대나 내려온 더러움을 씻을 수 있으며, 높은 지조는 충분히 장차 오게 될 탁함을 떨칠 수 있다.」(淳風足以濯百代之穢, 高操足以激將來之濁)

4 | 배중물(杯中物) : 술을 가리키는 말. 진나라 도연명의 〈자식들을 책망함(責子)〉「하늘의 운세 실로 이러하니, 짐짓 잔 속의 술 들이키네.」(天運苟如此, 且進杯中物)

5 | 벽적(襞積) : 「적」(積)자는 적(績), 적(襀)으로도 쓰며 원래는 옷의 주름을 가리키는 말이었으나, 여기서는 갖가지 생각과 근심이 쌓인 것을 비유하는데 쓰였음. 한(漢)나라 사마상여(司馬相如)의 〈자허가 읊음(子虛賦)〉「정나라 여인 날씬한 아가씨는 아석(가는 베

淳風猶在祇村農[3]
순 풍 유 재 지 촌 농

순박한 풍속은 아직도
농촌에 있을 뿐이라네.

呼兒且進杯中物[4]
호 아 차 진 배 중 물

아이 불러 잔 속의 술
바치게 하여,

澆我平生襞積胸[5]
요 아 평 생 벽 적 흉

내 평생 가슴 속에 쌓인
갖은 주름 씻어 보려 하네.

옷)을 입고 저호(흰 비단)를 끌며 섬라(가는 비단)를 곁들여 안개처럼 엷은 비단을 늘어뜨리니, 치마의 주름과 구김살이 드리워져 구불구불한 것이 수목이 울창하고 깊숙한 계곡 같았다.」(鄭女曼姬, 被阿錫, 揄紵縞, 積纖羅, 垂霧縠, 襞積褰縐, 紆西委曲, 鬱橈谿谷)《한나라의 역사》에 주를 단 당나라의 안사고(顔師古)는 이 책의 〈사마상여의 전기〉에 인용된 이 구절을 풀기를 「벽적은 곧 지금의 치마주름으로, 옛날에는 소적이라 하였다」(襞積, 卽今之裙褶, 古謂之素積)라 하였다. 《고증》「〈상복〉의 주석에 만약 허리 가운데 주름을 잡지 않으면 몸을 단속하는 것을 이룰 수 없다. …… 이것으로 생각과 근심이 쌓여서 모인 것을 비유한 것이다.」(喪服疏, 若不襞積其腰中, 則身不得就. …… 以喩思慮積聚)

177. 拜聾巖先生, 先生令侍兒, 歌東坡月夜飮杏花下詩, 次其韻示之, 滉亦奉和, 呈上[1]

농암선생을 찾아뵙고 절하니 선생이 곁에 모시고 있던 아이를 시켜 동파의 달밤에 살구나무 아래서 술을 마시다라는 시를 노래하게 하고 그 각운자를 써서 지어 보여줌에 나 또한 받들어 화답하여 바치다

病臥山中九十春 병 와 산 중 구 십 춘	병져 누워 산 속에서 구십 일 봄을 보내다가,
起拜巖仙春喚人 기 배 암 선 춘 환 인	일어나 농암의 신선 뵈러 가니 봄이 사람을 일깨우네.

1 | 이 시는 퇴계가 농암을 분천(汾川 : 부내)으로 가 찾아뵙고, 농암의 살구나무 아래서 함께 술을 마시며 지은 것이다. 이 시가 지어진 시기는 농암이 지은 원운시의 제목으로 보아 3월 17일[暮春, 望後二日]임을 알 수 있으며, 퇴계는 이때 이미 한서암을 다 지었을 때였을 것으로 보인다.

2 | 정주영백빈(汀洲詠白蘋) : 「정주」는 물로 둘러쳐진 작은 모래섬[水中小洲]을 말함. 남조 양(梁)나라 유운(柳惲)의 〈강남을 노래함(江南曲)〉「모래톱에서 흰 마름을 뜯노라니, 강남의 봄에 해 저무네.」(汀洲采白蘋, 日落江南春) 유운의 이 노래는 송(宋)나라 곽무천(郭茂倩)이 편찬한《악부시집 · 상화가사(樂府詩集 · 相和歌辭)》에 수록되어 전함.

3 | 홍행~최령(紅杏~催令) : 《고증》「이것은 『갈고를 쳐서 꽃을 재촉함』의 전고를 빌어 썼다.」(此借用羯鼓催花之事) 당 남탁(南卓)의 《갈고록(羯鼓錄)》「일찍이 2월 초하룻날 새벽에 (唐 明皇이) 세수를 막 마쳤는데 때마침 밤새 내리던 비가 갓 개여 경치가 밝고 환했

巖中老仙惜光景
암 중 노 선 석 광 경

바위 속의 늙은 신선
봄 풍경 아까워하여,

獨立汀洲詠白蘋[2]
독 립 정 주 영 백 빈

홀로 작은 모래 섬에 서서
흰 마름풀을 읊조리네.

倚巖紅杏尚未發
의 암 홍 행 상 미 발

바위에 기대어 선 붉은 살구
아직도 꽃 피지 않아,

催令雪兒唱香雪[3]
최 령 설 아 창 향 설

설아 재촉하여
향설가 부르도록 하네.

다. 안뜰에다 작은 자리를 펴니 버들과 살구가 곧 꽃이 필 것 같아 보면서 감탄하여 말했다.『이러한 아름다운 경치를 마주하고서 어찌 다른 것을 감상할 수 있으리오?』그리하여 곁에서 모시는 사람들이 서로 눈길을 주고받으며 술자리를 차리게 하려는데 고력사만이 홀로 갈고를 끌어 당기니 왕이 재빨리 그에게 명령을 내렸다. 난간에 앉아 내키는대로 한 곡조를 켜니 곡명이 〈봄 풍경은 좋고〉였는데, 마음 속으로 스스로 만족한 것 같았으며, 버들과 살구를 돌아보니 모두 이미 꽃망울을 터뜨렸다. 왕이 그것을 가리키고 웃으며 후궁에게『이 일로 내가 하느님을 부르지 않아도 되게끔 했다해도 옳지 않겠는가?』라 말했다.」(嘗遇二月初詰旦, 巾櫛方畢, 時當宿雨初晴, 景色明麗, 小展內庭, 柳杏將吐, 覩而嘆曰, 對此景物, 豈得不爲他判斷乎. 左右相目將命備酒, 獨高力士遣取羯鼓, 上旋命之, 臨軒縱擊一曲, 曲名春光好, 神思自得, 及顧柳杏, 皆已發拆. 上指而笑謂嬪御曰, 此一事不喚我作天公可乎)

待得花開要賞春
대 득 화 개 요 상 춘

꽃 다 피고 난 뒤에
　봄 감상하려다가는,

只恐花時已無月
지 공 화 시 이 무 월

다만 꽃 필 무렵에 달 벌써
　없게되지나 않을까 걱정된다네.

咳唾珠璣俄頃中[4]
해 타 주 기 아 경 중

내 뱉는 구슬 같은 훌륭한 말씀
　잠깐 사이에,

吟罷不覺杯心空
음 파 불 각 배 심 공

읊조림 끝났는데도
　잔 비는 줄 모르겠네.

설아창향설(雪兒唱香雪) : 설아는 수(隋) 말 사람인 이밀(李密)이 아끼던 첩으로 춤과 노래에 뛰어났던 사람이다. 《당시기사 · 한정사(唐詩紀事 · 韓定辭)》「설아라는 사람은 이밀의 애첩으로 노래와 춤을 잘했다. 매번 손님이나 막료들 가운데 문장이 아름다워 마음에 드는 것이 있으면 곧 설아에게 넘겨 그 문장을 음율에 맞추어 노래하게 했다.」(雪兒者, 李密之愛姬, 能歌舞. 每見賓寮文章有奇麗入意者, 卽付雪兒叶音律而歌之)
「향설」은 동파의 원운시에 나오는 말로 여기서는 동파의 원시를 가리키며, 설아에게 향설을 노래하게 했다는 것은 곧 농암이 모시고 있는 아이를 시켜 동파의 시를 노래부르게 한 것을 말한다.

4 | 해타주기(咳唾珠璣) : 「해타」의 원 뜻은 말할 때 나오는 기침과 침이지만, 딴 사람의 말이나 시문을 아름답게 일컬어 비유하는 말로 쓰임. 「해타주기」는 「咳珠唾玉」 · 「咳唾成珠」와 같은 뜻으로, 말할 때 나오는 기침이나 침이 구슬이 되듯 내뱉는 말마다 모두 훌륭한 싯구나 문장이 된다는 말임. 〈73〉-15)를 보라.

江邊歸興浩無涯
강 변 귀 홍 호 무 애

강변 따라 돌아오는 홍취
넓디넓어 끝이 없고,

回首亂山花欲紅
회 수 난 산 화 욕 홍

고개 돌려 어지러운 산 돌아보니
꽃 막 피어 붉어지려 하네.

【원운시】 〈庚戌暮春望後二日，邀景浩飮聾巖杏樹下．是時春寒花未發，而歌兒唱蘇仙爭挽長條落香雪之句，次其詩拜呈求和 경술년 3월 17일에 경호를 맞아 농암에 있는 살구나무 아래서 술을 마셨다. 때는 이미 봄인데도 추워서 아직 꽃이 피지 않았는데, 마침 노래 부르는 아이가 소동파의 『무엇 때문에 긴 가지 끌어 당기어 향기로운 눈 떨어지게 하랴?』라는 구절을 노래하여 그 시를 차운하여 절하고 드리며 화답을 구하노라〉

一年光景屬三春
한 해 경치 가운데서도 지금은 봄 석 달에
속하는데,

今歲胡爲獨靳人
올해는 어이하여 유독 사람에게 아끼는고.

池塘春草是虛句
연못 물가에 봄풀 난다는 사령운의 말도
헛된 글귀이고,

南澗無人歌採蘋
남쪽 시내에는 마름 따며 노래하는 사람도
없네.

杏花一株立巖頭
살구꽃 나무 한 그루가 농암 가에 있는데,

枝幹枯瘦經氷雪
가지는 마르고 줄기는 여위었으니 얼음이

며 눈 겪었다네.

退溪學士邀賞春　　퇴계에서 온 학사 맞아 봄 경치 감상하려 했거늘,

遷延不見已數月　　망설이며 미루다가 보지 못한지가 이미 여러 달이 되었네.

把杯從容雖可喜　　술잔 잡고 조용히 마주 앉은 것도 즐거워할만 하나,

花事多欠笑談空　　꽃 구경하는 일 거의 빠져 웃고 애기하는 것도 부질 없다네.

東君暖律豈長秘　　봄 귀신 따뜻한 봄의 법칙 어찌 오래 숨길 것인가?

要趁重來滿樹紅　　틈 내어 다시 온다면 온 나무에 붉은 꽃 만발하리.

【참고】　〈月夜與客飮杏花下 달밤에 객과 더불어 살구꽃 아래서 마시다〉

蘇軾 소식

杏花飛簾散餘春　　살구꽃 발에 날리어 남은 봄 흩어버리고,

明月入戶尋幽人　　밝은 달은 지게문에 들어 그윽한 곳의 은자 찾네.

褰衣步月踏花影　　옷 걷고 달 속을 걸으면서 꽃그림자 밟으니,

炯如流水涵淸蘋　　환하게 흐르는 물에는 맑은 마름 윤기 나네.

花間置酒淸香發　　꽃 사이에 술상 차리니 맑은 향기 나는데,

爭挽長條落香雪	무엇 때문에 긴 가지 끌어 당기어 향기로운 눈 떨어지게 하랴?
山城酒薄不堪飮	산성의 술 묽어서 마시기 힘드나,
勸君且吸杯中月	그대 잠시 술잔 속의 달 들이켜 보게나.
洞簫聲斷月明中	퉁소 소리 끊기고 달은 밝은데,
惟憂月落酒杯空	달지자 술잔에 달그림자 사라질까 오로지 근심스럽네.
明朝捲地春風惡	내일 아침 땅을 말아올리는 봄바람 미우니,
但見綠葉棲殘紅	다만 푸른 잎 속에 몇 송이 붉은 꽃만 남아 있겠지.

178. 李先生來臨寒棲[1]

이선생님이 한서암으로 왕림하시다

清溪西畔結茅齋
청 계 서 반 결 모 재

맑은 시내 서쪽 가에
떠집을 이었으니,

俗客何曾款戶開[2]
속 객 하 증 관 호 개

속세의 나그네 어찌
사립문을 열라 두드릴 것인가?

頓荷山南老仙伯[3]
돈 하 산 남 로 선 백

갑자기 산남쪽에 사시는
늙은 신선께서 찾아주시는 은혜를 입어,

肩輿穿得萬花來[4]
견 여 천 득 만 화 래

작은 가마 타고서
온갖 꽃 뚫고 오셨다네.

1 | 《연보보유》에 의하면 이 해 3월에 농암이 한서암에 왕림하셨다 하였는데, 이 시는 이때 농암의 왕림을 기념하여 쓴 것이다. 농암 또한 이 시에 차운한 것이 있다. [참고]를 보라. 농암의 차운시로 보아 이 시는 퇴계가 다섯 차례나 거처를 옮기어 비로소 한서암을 다 짓고 정착한 후에 지은 것임을 알 수 있다.

2 | 관(款) : 문을 열어 달라고 두드리다[叩]라는 뜻이다.

3 | 선백(仙伯) : 〈154〉-3)을 보라.

4 | 견여(肩輿) : 원래의 의미는 산길 같은 좁은 곳을 지날 때 잠시 쓰는 간단한 상여이나, 여기서는 두 사람이 매는 간단한 가마라는 뜻으로 쓰였음.

【참고】 〈訪退溪于寒棲菴[5] 한서암에 가 퇴계를 방문하다〉

前日因問藥而進, 始見五遷, 永建之基. 賀其得地, 更蒙款慰. 從容醉飽, 又此示韻, 益知繾匱. 不敢虛辱, 步韻以謝

전날 약에 대해서 물으러 갔다가, 다섯 번이나 거처를 옮겨 영구히 살고자 세운 터를 보고 그 땅을 얻은 것을 축하하고, 다시 간곡하고 편안한 대접을 받고 조용히 실컷 마신 뒤 또 글까지 보여주니 더욱 정성스러움을 알게 되었다. 외람되이 얻음을 감히 헛되이 할 수가 없어 같은 각운자를 써서 고마움을 나타낸다.

穿巖越壑問山齋	바위길 뚫고 골짜기를 넘어 산에 있는 집 방문하였더니,
半掩柴扉爲我開	반 쯤 닫힌 사립문이 나를 위하여 열렸네.
愛殺隔溪春後艶	건너편 시내 봄된 후의 아름다운 경치 너무나 사랑스러워,
荒乘忘返日斜來	낮설지만 돌아올 것도 잊어버리고 다니다가 해 기울어서야 돌아 왔네.

5 | 이 시는 판본에 따라 제목이 달라 〈한서암에 갔던 다음날 경호가 시를 써서 고마워 하여 차운하다(往寒栖明日, 景浩以詩謝次)〉라 한 것도 있다.

179. 退溪

퇴계

身退安愚分
신 퇴 안 우 분

몸 물러나니 어리석은 내
분수에 편안하나,

學退憂暮境
학 퇴 우 모 경

학문이 퇴보하니 늘그막이 걱정스럽네.

溪上始定居
계 상 시 정 거

퇴계의 가에 비로소 거처 정하니,

臨流日有省[1]
임 류 일 유 성

흐르는 물 굽어보며 날로
반성함이 생기네.

1 | 임류일유성(臨流日有省) : 《요존록》「몸이 물러나 마음이 넓어지니 물처럼 아래로 나아감이 있게 되고, 학문이 퇴보하여 부지런히 힘쓰니 물같이 쉬지않고 흐름이 있게 되었다. 그런 까닭에 거처를 정하여 성찰에 임하였다.」(身退而浩然, 有如水之就下. 學退而勉焉, 有如水之不舍也, 故定居臨省)

180. 寒棲

한서암

結茅爲林廬
결 모 위 림 려

띠 이어 숲속에 오두막집 지으니,

下有寒泉瀉
하 유 한 천 사

아래로는 차가운 샘물 콸콸 솟네.

棲遲足可娛[1]
서 지 족 가 오

마음 편히 쉬면서 즐길 만하니,

不恨無知者
불 한 무 지 자

알아주는 이 없다는 것 한스럽지 않네.

1 | 서지(棲遲) : 은퇴하여 마음 편히 푹 쉬는 것[游息]을 말함.《시경 · 진나라의 민요 · 삽짝문(陳風 · 衡門)》「오막살이 아래 거처하여도, 맘 편히 지낼 수 있네.」(衡門之下, 可以棲遲)

181~182. 溪居雜興, 二首

퇴계에서 지내면서 이것저것 홍이 일어, 두 수

181

買地靑霞外
매 지 청 하 외

푸르른 자하봉 밖의 땅을 사서,

移居碧澗傍
이 거 벽 간 방

파란 시냇가로 거처 옮겼네.

深耽惟水石
심 탐 유 수 석

깊이 즐기는 것 물과 돌 뿐이요,

大賞只松篁[2]
대 상 지 송 황

크게 감상하는 것은 솔과 대 뿐이라네.

靜裏看時興
정 리 간 시 흥

조용한 가운데 철따라 홍취 구경하고,

1 | 청하(靑霞) : 여기서 「하」(霞)는 특별히 자하봉(紫霞峯)을 가리키는 듯하다. 퇴계가 퇴계에서 지은 시만을 손수 필사하여 둔 시집인《퇴계잡영(退溪雜詠)》의 세 번째 시에 〈자하봉에 오르다(登霞峯)〉 (〈101〉을 참조하라)라는 시로 이를 알 수 있다.

2 | 송황(松篁) : 소나무와 대나무를 말함. 북위(北魏) 역도원(酈道元)의《수경 주석 · 면수(水經注 · 沔水) 2》「못 가운데는 낚시터가 솟아 있고, 못의 북쪽 정자에는 욱묘가 있으

閒中閱往芳
한 중 열 왕 방

한가한 가운데 지나간 향기 더듬네.

柴門宜迥處[3]
시 문 의 형 처

사립문은 그윽한 곳에 있어야 할지니,

心事一書牀
심 사 일 서 상

마음 쓸 곳이라고는 책상 위의 책 뿐이라네.

182

開荒臨綠岸
개 황 임 록 안

황무지 일구니 푸른 언덕 굽어보고 있고,

結屋對丹巖
결 옥 대 단 암

집 얽으니 붉은 바위 마주하고 있네.

澗草多無號
간 초 다 무 호

시내의 풀은 거의 이름 없고,

며, 못가에는 소나무와 대나무를 나란히 심어 놓았다.」(池中起釣臺, 池北亭, 郁墓所在, 列植松篁於池側) 나중에 송황은 굳센 정절과 절개를 비유하는 말로도 쓰이게 되었다.

3 | 시문의형처(柴門宜迥處) : 당나라 두보의 〈지방장관인 엄무(嚴武) 공이 5월에 초당에 왕림하여 함께 주안상을 들다(嚴公仲夏, 枉駕草堂, 兼携酒饌)〉「백년의 궁벽한 땅에 사립문 깊숙하고, 5월이라 강물은 깊고 초당은 차기만 하네.」(百年地僻柴門迥, 五月江深草閣寒)

沙禽竝不凡[4] 사 금 병 불 범	물새들도 모두 보통 새 아니라네.
山居思損益[5] 산 거 사 손 익	산에 살면서《주역》의 손괘와 익괘 생각하며,
溪座聽韶咸[6] 계 좌 청 소 함	시내 가에 앉아 소소와 함지의 음악 듣네.

4 | 사금(沙禽) : 모래톱이나 모래 여울에 사는 물새를 말함. 〈39〉-6)을 보라.

5 | 손익(損益) : 《주역》의 〈손괘(損卦)〉와 〈익괘(益卦)〉를 말함. 손괘는 아래를 덜어서 위를 보태는 것이며, 익괘는 위의 것을 덜어서 아래를 보태는 것을 말함. 《후한의 역사 · 은자들의 전기 · 상장(逸民傳 · 向長)》「상장의 자는 자평인데 은거하면서 벼슬길에 나아가지 않았다. …… 《주역》을 읽어 〈손〉 · 〈익〉괘에 이르자 탄식하여 말했다. 『내 이미 부유한 것이 가난한 것만 못하고, 귀한 것이 천한 것만 못하다는 것은 알겠으나 죽음은 삶에 비해 어떠한 지를 모를 따름이다.』 건무 중에 아들 딸이 모두 장가가고 시집을 가자 …… 마침내 마음을 풀어놓고서 행동하면서 취미를 같이 하는 북해의 금경과 함께 더불어 오악의 명산을 유람하였는데 끝내 그가 어디에가서 일생을 마쳤는지 알지 못했다.」(向長字子平, 隱居不仕, …… 讀易至損益卦, 喟然歎曰, 吾已知富不如貧, 貴不如賤, 但未知死何如生耳. 建武中, 男女娶嫁既畢, …… 遂肆意, 與同好北海禽慶, 俱遊五嶽名山, 竟不知所終) 「向」자는 《뜻 높은 선비들의 전기(高士傳)》에는 「尙」으로 되어 있다.
주자의 〈상자평의 일로 느낌이 있어서(感尙子平事)〉「훨훨 먼 산을 마음껏 유람하고 다니자니, 마음속 깊이 그때의 상자평 생각나네. 나 또한 요즘 들어 손괘와 익괘의 뜻알아, 다만 징계와 억제로써 남은 생애 헤아릴 따름이네.」(翩然遠嶽恣遊行, 慨想當年尙子平. 我亦近來知損益, 只將懲窒度餘生)

6 | 소함(韶咸) : 「소」(韶)는 순임금의 음악인 소소(簫韶 : 또는 韶箾)를 말하며, 「함」(咸)은 황제의 음악인 함지(咸池)를 말함. 《예기 · 악기(樂記)》「함지는 모든 것이 갖추어졌음을 의미하며, 소는 계승함을 의미하였다.」(咸池, 備矣, 韶繼也) 동한 정현(鄭玄)의 고주(古

燗煮新蔬美[7]
난 자 신 소 미

햇나물 푹 익히니 맛 좋은데,

何須待晩饞[8]
하 수 대 만 참

어째서 반드시 늦은 식사 기다릴것인가?

注) 「함지는 황제가 지은 음악의 이름이다. 요임금이 첨가하고 다듬어서 그것을 썼다. 『함』은 『다』라는 뜻이며 『지』는 『베품』을 말한다. 덕이 베풀어지지 않음이 없음을 말한다. …… 소는 순임금의 음악 이름이다. 『소』는 『잇는다』는 말이며, 순임금이 능히 요임금의 덕을 이을 수 있었음을 말한다.」(咸池, 黃帝所作樂名也. 堯增脩以用之. 咸, 皆也. 池之言施也. 言德之無不施也. …… 韶, 舜樂名也. 韶之言紹也. 言舜能繼紹堯之德)

7 | 난자(爛煮) : 삶아서 푹 익힘. 송나라 소식의 〈계피주를 새로 담금(新釀桂酒)〉「아욱국 푹 익히고 맛좋은 계피주 따루니, 인적드문 구석진 마을에서의 풍류 아름답기만 하네.」(爛煮葵羹斟桂醑, 風流可惜在蠻村)

8 | 하수대만참(何須待晩饞) : 「饞」은 「먹는다」[食]는 뜻이며, 만참은 만식, 곧 때에 늦게 하는 식사를 말한다. 《전국책 · 제책(戰國策 · 齊策)》「안촉이 벼슬을 내놓고 떠나면서 말했다. …… 때늦은 식사는 고기를 먹는 것에 비할만 하고, 편안히 걷는 것은 수레를 타는 것에 비견할 수 있으며, 죄가 없는 것은 귀한 것에 비할 수 있고 맑고 조용하며 곧고 바르게 살며 스스로 즐기고자 합니다.」(顔斶辭去曰, …… 晩食以當肉, 安步以當車, 無罪以當貴, 淸靜貞正以自虞) 시장한 뒤의 식사는 고기를 먹는 것처럼 맛이 있음을 말하며, 나중에는 욕심이 없고 께끗함[淡泊]을 달게 여긴다는 뜻의 비유어로 쓰였음. 주자의 〈오공제(吳公濟)가 산나물 네 가지를 베풀고 아울러 아름다운 글을 가져오시어 그 각유자에 맞추어 짓다 · 미나리(公濟惠山菜四種, 幷以佳篇來貺, 因此其韻 · 芹)〉「때늦은 식사 어찌 고기 반찬과 논할 수 있으리오, 그대 세상의 영화 엷게 보심을 알겠네.」(晩食寧論肉, 知君薄世榮)

183. 寒棲雨後書事

한서암에서 비가 온 뒤의 일을 쓰다

浪浪夜雨聲[1]
낭 랑 야 우 성

주룩 주룩 밤새 비 오는 소리 들리더니,

朝起青山濕
조 기 청 산 습

아침에 일어나 보니 푸른 산
물기에 젖어 있네.

宿雲半解駁[2]
숙 운 반 해 박

밤새 끼어 있던 구름
반쯤 개어 엷어졌지만,

澗水流更急
간 수 유 갱 급

시냇물 흐름은 다시 빨라졌네.

1 | 낭랑(浪浪) : 의태어로 물이 흐르는 모습을 나타내기도 하나, 여기서는 비가 내리거나 물이 흐르는 소리를 나타내는 의성어로 쓰였음.

2 | 숙운(宿雲) : 「숙운」은 밤새 끼어 있는 구름을 말함. 당나라 송지문(宋之問)의 〈새벽에 시흥의 강 포구를 출발하여 허씨촌에 다다라 짓다(早發始興江口, 至虛氏村作)〉「밤 구름은 붕새의 날개 끝에서 떨어지고, 새벽달은 조개 속에서 열리네.」(宿雲鵬際落, 殘月蚌中開)
해박(解駁) : 구름 따위가 개려고 햇볕을 받아 얼룩덜룩한 층이 엷어진 모습을 가리킴. 당나라 한유의 〈남해신을 모신 사당의 비문(南海神廟碑)〉「공이 마침내 배에 오르자 하늘이 얼룩얼룩해지고 햇볕이 구름을 뚫고 나오니 물결은 가라 앉아 일지 않았다.」(公遂陞舟, 風雨少弛, 櫂夫奏功, 雲陰解駁, 日光穿漏, 波伏不興)

巖林迎光景
암 림 영 광 경

바윗골 숲속에 햇빛 가득차니,

衆絲如新沐
중 사 여 신 목

모든 실가지들 마치 새로 목욕한 듯하네.

野人相喚出
야 인 상 환 출

농군들은 서로 서로 불러내고,

幽鳥語款曲[3]
유 조 어 관 곡

깊숙한 곳의 새는 지저귀는 소리 간곡하네.

柴荊澹無事[4]
시 형 담 무 사

가시나무 삽짝은 조용하니 일 없는 듯하고,

圖書盈四壁
도 서 영 사 벽

도서는 사방의 벽 가득 채우고 있네.

古人不在玆
고 인 부 재 자

옛사람 지금 여기 없지만,

3 | 관곡(款曲) : 충심에서 우러나온 지극한 정성을 말함. 한(漢)나라 진가(秦嘉)의 〈군에 머물면서 부인에게 지어 줌(留郡贈婦)〉「마땅히 멀리 이별을 하고자 하여, 가슴 속 생각 간곡히 푸네.」(念當遠離別, 思念敍款曲)

4 | 시형(柴荊) : 「시형」은 원래 땔나무로 쓰이는 작은 잡목의 덤불을 말하나, 여기서는 그런 것들을 얽어 만들어 초가집의 문에 단 삽짝을 말함. 당나라 백거이의 〈가을날 들판에서 노닐다(秋游原上)〉「맑은 새벽에 일어나 머리 빗고 망건 맨 뒤, 천천히 삽짝문으로 걸어 나가네.」(淸晨起巾櫛, 徐步出柴荊) 나중에는 이 말로 촌의 집을 가리키는 데도 썼음.

其言有餘馥
기 언 유 여 복

그 말씀 향기로이 남아 있네.

望望三益友[5]
망 망 삼 익 우

바라고 바라네, 세 이로운 벗,

來從三徑讀[6]
내 종 삼 경 독

세 갈래 오솔길로 와서 책 읽기를.

5 | 망망삼익우(望望三益友) : 삼익우는 사귀어서 자기에게 도움이 될 만한 세 가지 벗을 말함. 《논어 · 계씨(季氏)》「공자께서 말씀하셨다. 『(자기에게) 유익한 벗이 셋 있고, 손해되는 벗이 셋 있다. 곧은 이를 벗하고, 성실한 이를 벗하며, 견문이 많은 이를 벗하면 유익하다.』」(孔子曰, 益者三友, 損者三友. 友直, 友諒, 友多聞, 益者) 나중에는 이 말로 훌륭한 친구, 좋은 친구를 나타내게 되었다. 남조 양(梁)나라 강엄(江淹)의 〈나라에서 불렀으나 나아가 벼슬하지 않은 도잠선생이 전원에 거처하다(陶徵君潛田居)〉「본디 품고 있는 생각 꼭 이와 같아, 좁은 길 열어 놓고 세 가지를 갖춘 좋은 벗 기다리네.」(素心正如此, 開逕望三益)

6 | 삼경(三徑) : 「경」(徑)자는 「逕」과도 통하여 쓰며, 돌아가 은퇴하여 사는 사람의 정원을 가리키는 말임. 진나라 도연명의 〈돌아가면서 읊다(歸去來辭)〉「세 오솔길 황폐해졌지만 소나무와 국화 아직도 있네.」(三徑就荒, 松菊猶存) 〈87〉-7)을 보라.

184~185. 和陶集移居韻, 二首[1]_五月十八日

도연명집에서 거처를 옮기며라는 시의 각운자에 화답하다, 두 수_5월 18일

184

我生五十年 아 생 오 십 년	내 난 지 오십 년에,
今有半成宅 금 유 반 성 택	이제사 반이나마 지은 집 가졌다네.
地僻人罕至[2] 지 벽 인 한 지	땅 치우쳐 있으니 찾아오는 이 드물고,
山深日易夕 산 심 일 이 석	산 깊어 해 빨리 지니 쉬이 저녁되네.
亦知生事疎[3] 역 지 생 사 소	또한 살아가는 일 성글어 쓸쓸함 알겠지만,

1 | 도연명의 〈거처를 옮기며(移居)〉 시는 《도연명집》 권2에 실려 있다.

2 | 지벽(地僻) : 당나라 두보의 〈어떤 나그네 있네(有客)〉 「그윽히 땅 편벽된 곳에 거처하니 지나 다니는 것 적고, 늙어 병들어 사람들 부축해도 두 번 절하기 어렵네.」(幽棲地僻經過少, 老病人扶再拜難)

3 | 생사소(生事疎) : 「생사」(生事)는 세사(世事), 곧 세상의 일을 말함. 당나라 위응물(韋應物)의 〈풍수 가의 정사에 우거하면서 중서사인(中書舍人) 벼슬을 하고 있는 장씨네 둘째에게 부침(寓居灃上精舍, 寄于張二舍人)〉 「도에 트인 마음 담박하게 흐르는 물 대하고 있노라니, 세상 일 쓸쓸하니 멀어 공연히 문만 닫고 있네.」(道心淡泊對流水, 生事蕭疎空掩門)

猶勝勞形役[4]
유 승 노 형 역

그래도 육체의 노예로
수고롭힘 보다는 낫다네.

省力撤舊材
생 력 철 구 재

힘 덜고자 묵은 재목 걷어치우고,

隨宜展敝席
수 의 전 폐 석

편의한대로 헤진 자리 펴리라.

無論固窮節[5]
무 론 고 궁 절

실로 궁벽한 절개 논하지 말게나,

野性諧夙昔[6]
야 성 해 숙 석

전원을 좋아하는 성격
예로부터 잘 어울렸으니.

苟爲道不同
구 위 도 부 동

실로 도가 같지 않다면,

4 | 형역(形役) : 「형」(形)은 「신」(神)과는 반대되는 개념으로, 정신이 깃들어 있는 껍데기, 즉 육신을 말함. 진나라 도연명의 〈돌아가면서 읊음(歸去來辭)〉「이미 스스로 마음을 육체의 부림으로 삼았으니 어찌 실망하여 탄식하면서 홀로 슬퍼하지 않겠는가!」(旣自以心爲形役, 奚惆悵而獨悲)《문선》에서 당나라 이선(李善)이 이 말에 주석을 달기를 「《회남자》에서는 『이것이 모두 육체와 정신을 함께 부리는 것이다』라고 하였다.」(是是形神俱役者也)라 하였다.

5 | 고궁절(固窮節) : 《논어 · 위령공(衛靈公)》「자로가 노기를 품고 (공자를) 뵙고 『군자도 궁한 때가 있습니까?』라 하자, 공자께서 말씀하시기를 『군자는 원래부터 궁한 것이니 소인은 궁하게 되면 넘치게 된다』라 하셨다.」(子路慍見曰, 君子亦有窮乎. 子曰, 君子固窮, 小人, 窮斯濫矣) 진나라 도연명의 〈음주시〉「不賴固窮節」(其二), 「竟抱固窮節」(其十六) 여기서 번역은 생략함. 이 다음 시 〈도연명집에서 음주시에 화답하다(和陶集飮酒)〉의 원운시를 참조하라.

千言難剖析[7] 천마디 말로도 판단하기 어렵다네.
천 언 난 부 석

【원운시】

昔欲居南村 옛날부터 남쪽 마을에 살고자 하였음은,
非爲卜其宅 그 집터를 보아서가 아니었다네.
聞多素心人 듣자하니 순결한 마음 가진 이 많다 하여서,
樂與數晨夕 즐거운 마음으로 아침 저녁으로 자주 이야기하기 위해서라네.
懷此頗有年 이 마음 품은지 자못 여러 해 되었지만,
今日從玆役 오늘날에야 이 일 성취하였다네.
弊廬何必廣 보잘것 없는 집 어찌 반드시 넓어야 하리,

6 | 야성(野性) : 성격이 전원을 좋아함을 말함. 송나라 육유(陸游)의 〈전원을 좋아함(野性)〉「전원을 좋아하여 예로부터 세상과는 동떨어져 있고, 속세의 일 스스로 내 초가집에 이르지 않았네.」(野性從來與世疎, 俗塵自不到吾廬) 숙석(夙昔)은 지난날[昔時, 往日]이라는 뜻임.

7 | 구위~부석(苟爲~剖析) : 《요존록》「선생이 〈기명언에게 답하는 편지〉에서 말하기를, 『도가 같으면 편언으로도 서로 부합할 수 있지만, 같지 않으면 많은 말이 도를 해칠 뿐이다』라 하였는데, 또한 이런 뜻이다.」(先生答奇明彦書曰, 道同則片言足以相符, 不同則多言適以害道, 亦此意也) 퇴계의 이 편지는 《내집》 권 16에 수록되어 있으며, 편지의 역문은 《퇴계전서 5》의 184~185쪽에서 전재. 「부석」은 옳고 그름을 갈라서 결정함, 곧 판단을 이르는 말임.

取足敝牀席	침상과 자리만 가리면 충분하다네.
隣曲時時來	이웃사람들 때때로 찾아오니,
抗言談在昔	목청 높여 옛날 일을 이야기 하네.
奇文共欣賞	기이한 문장 함께 감상하며 즐기고,
疑義相與析	의문 나는 뜻 너불어 캐어 보기도 하네.

185

獨酌一杯酒 독 작 일 배 주	홀로 한 잔 술을 따루어,
閒詠陶韋詩[8] 한 영 도 위 시	한가로이 도연명과 위응물의 시 읊조리네.
逍遙林澗中 소 요 임 간 중	숲과 시내 사이를 유유자적하게 거니노라니,
曠然心樂之 광 연 심 락 지	광활하여 마음 즐겁기 그지없네.

8 | 도위(陶韋) : 진나라의 도연명과 당나라의 위응물(韋應物)을 가리킨다. 위응물(737?~791?)은 당대(唐代)의 저명한 시인으로 장안(長安 : 지금의 陝西 西安市) 사람이다. 일찍이 소주자사(蘇州刺史)와 강주자사(江州刺史)를 지낸 적이 있으므로 그를 위소주(韋蘇州), 또는 위강주(韋江州)라고 하며, 또 입조하여 좌사낭중(左司郞中)을 지낸 적이 있어서 위좌사(韋左司)라고도 부른다. 전원시인인 도연명과 사령운(謝靈運) 시의 기교를 융합시켜 담담한 필치로 그윽하고 조용한 경치를 잘 읊어내었으며, 작시의 풍격이 도연명과 비슷하다 하여 「도위」(陶韋)로 병칭되었다.

古書誠有味 옛 글에 실로 풍미 있으나,
고 서 성 유 미

多病畏沈思 병 많아 깊이 생각하는 것 두렵다네.
다 병 외 침 사

疾惡憤遺臭[9] 악을 미워하여 오명 남기는 것 격분하게 되었고,
질 악 분 유 취

慕善嗟後時 선을 흠모하여 때 늦은 것 한탄하였네.
모 선 차 후 시

溪聲日夜流 시내 소리 밤낮으로 흘러 가지만,
계 성 일 야 류

山色古今玆[10] 산의 경치는 예나 지금이나 같네.
산 색 고 금 자

何以慰吾心 무엇으로 이 내 마음 위로해 볼까,
하 이 위 오 심

9 | 유취(遺臭) : 유취만재(遺臭萬載) 곧 더러운 이름을 후세에 길이 남기는 것을 말함. 《세설신어 · 허물과 뉘우침(尤悔)》「환온(桓溫)이 …… 어느새 벌떡 일어나 앉으며 말하기를 『이미 명성을 후세에 전할 수 없을 뿐 아니라, 또한 오명을 길이 남길 수도 없습니다』라 말했다.」(桓公, …… 旣而屈起坐曰, 旣不能流芳後世, 亦不足遺臭萬載邪) 주자의 〈받들어 우연지 제거의 여산에서 읊은 여러 시의 운자에 맞추어 · 절계원의 황운관에서(奉同尤延之提擧廬山雜詠 · 折桂院黃雲館)〉「역사책에는 오명 있고, 계수나무에는 아름다운 향기 따르네.」(竹帛有遺臭, 桂樹徒芬芳)

聖言不我欺 성 언 불 아 기	성인의 말씀 나를 속이지 않으리.

【원운시】

春秋多佳日	봄 가을에는 좋은 날 많아,
登高賦新詩	높은 곳에 올라 새로운 시를 읊는다네.
過門更相呼	문앞을 지나면서 번갈아 서로 불러내어,
有酒斟酌之	술 생기면 따루어 마시네.
農務各自歸	농사 바쁘면 각기 알아서 돌아가고,
閑暇輒相思	한가로운 틈 나기만 하면 번번이 서로 생각하네.
相思則披衣	서로 생각나면 곧 옷을 펼쳐 입고 나가서,
言笑無厭時	말하고 웃고하니 싫증나는 때 없네.
此理將不勝	이렇게 즐거운 일 끝날 날이 없으니,
無爲忽去玆	이웃 친구여, 훌쩍 이곳을 떠나지 말게나.
衣食當須紀	입고 먹는 것 모름지기 꾀할 수 있으리니,
力耕不吾欺	힘써 농사 짓는 일 나를 속이지 않으리라.

10 | 고금자(古今玆) : 《시경 · 주송 · 풀을 뽑음(周頌 · 載芟)》「이와 같이 될 줄 알아 이런 것이 아니며, 지금만 이와 같은 것이 아니라, 예로부터 이러하였다네.」(匪且有且, 匪今斯今, 振古如玆) 이는 산의 경치가 아름답기가 예나 지금이나 이와 같이 좋다는 것을 나타내는 말이다.

186~205. 和陶集飮酒, 二十首[1]

도연명집에서 음주시에 화답하다, 스무 수

186

其一 첫째

無酒苦無悰[2] 무주고무종 술이 없어서 실로 즐거움 없는 것이지,

有酒斯飮之 유주사음지 술만 있으면 곧장 마셔버린다네.

得閒方得樂[3] 득한방득락 한가로워져야 바야흐로 즐거워지는 것이니,

1 | 도연명의 〈음주〉 시는 《도연명집》 권3에 실려 있으며, 제목과는 달리 모두 술을 마시는 것을 읊은 것이 아니며, 근심을 잊고자 술을 마시면서 느낀 평소에 품은 뜻을 서술하고 있다.

2 | 고무종(苦無悰) : 「고」(苦)는 여기서는 「실로」, 「매우」, 「대단히」 등과 같은 부사적 용법으로 쓰였다. 「종」(悰)은 「즐기다」의 뜻이며, 「무종」(無悰)은 즐길 만한 거리가 없어 낙이 없다는 뜻임. 남조 제(齊)나라 사조(謝朓)의 〈동쪽의 전원에서 노님(游東田)〉 「슬프디 슬프니 실로 즐거움 없어, 손잡고 함께 즐거이 놀러가네.」(戚戚苦無悰, 携手共行樂)

3 | 득한(得閒) : 「閒」은 「閑」과도 통하며, 한가로워지다, 틈이 있다의 뜻임. 당나라 한유의 〈동도에서 봄을 맞다(東都遇春)〉 「한가로워지면 하는 일 없게 되고, 귀하여지면 보고 듣는 것도 거절하게 된다네.」(得閑無所作, 貴欲辭視聽)

爲樂當及時 위 락 당 급 시	즐기는 것도 마땅히 때에 맞춰 해야하리.
薰風鼓萬物 훈 풍 고 만 물	따뜻한 바람 만물을 고무시키니,
亨嘉今若玆[4] 형 가 금 약 자	아름다운 것의 모임이 오늘 이와 같다네.
物與我同樂 물 여 아 동 락	만물 나와 더불어 함께 즐긴다면은,
貧病復何疑 빈 병 부 하 의	가난과 병 다시 무엇 때문에 의심하리오?
豈不知彼榮 기 부 지 피 영	어찌 저네들의 영화를 모르리오만,
虛名難久持 허 명 난 구 지	헛된 명예는 오래 간직하기 어렵다네.

4 | 형가(亨嘉) : 《주역 · 건 · 문언(乾 · 文言)》「형이라는 것은 가의 모임이다.」(亨者, 嘉之會也) 「형」(亨)은 사시(四時)로 치면 여름에 해당함으로 이렇게 쓴 것임.

5 | 이하 도연명 시의 해석은 대개 대만 왕숙민(王叔岷) 교수의 《도연명시전증고(陶淵明詩箋證考)》의 설명을 참조함.

【원운시】 〈飮酒[5] 음주〉

余閑居寡歡. 兼比夜已長, 偶有名酒, 無夕不飮. 孤影獨盡, 忽焉復醉. 旣醉之後, 輒題數句自娛, 紙墨遂多. 辭無詮次, 聊命故人書之, 以爲歡笑爾

내 한가로이 지내다 보니 즐거운 일이 적었다. 게다가 또 근래에는 밤까지 이미 길게 되었다. 마침 이름난 술이 있어서 마시지 않은 밤이 없었다. 외로이 그림자를 돌아보니 혼자서만 다 마셨는지라 홀연히 다시 마시고 또 취하였다. 이미 취한 뒤에는 문득 몇 구를 지어 스스로 즐기다 보니, 붓으로 쓴 것이 드디어 많아졌으나 말에는 차례가 없다. 그런대로 옛친구들에게 이 시들을 청서하게 하여 독자 여러분들에게 웃음거리를 제공하고자 할 뿐이다.

衰榮無定在	쇠락과 영화 정하여 놓고 있는 곳 없으니,
彼此更共之	이것과 저것 번갈아가며 서로 함께 하네.
邵生瓜田中	소평邵平이 오이밭에 있을 때가,
寧似東陵時	어찌 동릉이 제후로 있을 때와 같으리.
寒暑有代謝	추위와 더위는 바뀌고 시듦 있고,
人道每如此	인간 세상의 도리도 매양 이와 같다네.
達人解其會	통달한 사람만이 이치를 이해할 수가 있어,
逝將不復疑	맹세코 앞으로 더이상 의문 없네.
忽與一觴酒	홀연히 한 잔의 술을,
日夕歡相持	저녁마다 즐거이 부여잡고 있네.

187

其二 둘째

我欲挾天風
아 욕 협 천 풍

내 긴 바람 옆에 끼고,

遨遊崑崙山[6]
오 유 곤 윤 산

곤륜산에 즐거이 노닐고 싶네.

區區未免俗
구 구 미 면 속

구차하고 구차하여 속세를
벗어나지를 못했으니,

至今無足言
지 금 무 족 언

지금에 와서는 더 말할 것이 없네.

前有百千世
전 유 백 천 세

내 앞으로 백 세대 천 세대가 있었고,

後有億萬年
후 유 억 만 년

내 뒤로도 억만 년 세월이 있다네.

6 | 아욕~곤륜산(我欲~崑崙山) : 당나라 한유의 〈이것저것 생각이 나서(雜詩)〉「다만 무언자만 데리고서, 곤륜산 꼭대기를 함께 오르고 싶네. 긴 바람 나의 옷깃에 나부끼니, 마침네 일어나서 높고 둥근 하늘로 날아 오르고 싶네.」(獨携無言子, 共昇崑崙顚. 長風飄襟裾, 遂起飛高圓) 「무언자」(無言子)는 「말이 없음」을 의인화하여, 도가에서 말하는 소위 「잔재주를 뛰어 넘는 절대적인 성인의 경지」(絶聖棄智)에 이른 것을 말함.

7 | 천진(天眞) : 조금도 꾸밈이 없는 자연 그대로의 진면목을 말함. 당나라 두보의 〈이씨네

醉中見天眞[7] 취 중 견 천 진	술 취한 가운데 천진함이 드러나니,
那憂醒者傳[8] 나 우 성 자 전	깨어 있는 사람에게 전하는 것 어찌 걱정하리.

【원운시】

積善云有報	착한 일 쌓으면 갚음 있다고 하나,
夷叔在西山	백이와 숙제는 서산[首陽山]에 있었다네.
善惡苟不應	선과 악 실로 응보 없다면,
何事空立言	무슨 일로 공연히 말을 세우리.
九十行帶索	아흔까지도 오히려 [영계기榮啓期는] 새끼 띠 하였는데,
飢寒況當年	추위와 더위 하물며 젊은 시절에야 어떠하였으랴?

항렬의 열 두 번째인 백에게 40구로 지은 시를 띄움(寄李十二白二十韻)〉「유쾌하게 이야기 하니 전원에 은거하는 모습이 어여쁘고, 술을 즐기니 천진함이 나타나네.」(劇談憐野逸, 嗜酒見天眞)

8 | 성자전(醒者傳) : 당나라 이백의 〈달 아래서 홀로 술을 마시다(月下獨酌)〉 네 수 중 둘째 시. 「다만 술 가운데서 즐거움을 얻을 수만 있다면, 깨어 있는 사람에게는 전하지 말게나.」(但得酒中趣, 勿爲醒者傳)

不賴固窮節 「군자는 본래 궁하다」는 절개를 취하지 않는다면,

百世當誰傳 오랜 세월 뒤에 장차 그 누가 전하려 하리.

188

其三 세째

智者巧投機[9] 지혜로운 자는 시기에 맞추어 도모하는데 뛰어나고,
지 자 교 투 기

愚者滯常情 어리석은 자는 일상적인 정리에 집착한다네.
우 자 체 상 정

滔滔汩末流[10] 도도히 흐르는 말단적인 흐름에 휩쓸리는 것은,
도 도 골 말 류

9 | 투기(投機) : 「시기를 잘 맞추다」라는 뜻과 「기회에 편승하여 이익을 꾀하다」라는 뜻이 있는데, 여기서는 전자의 뜻으로 쓰인 것 같음.

10 | 말류(末流) : 「말」은 유가(儒家) 사회에서 근본적인 것으로 이해되는 것, 즉 학문이나 농업에 상반되는 의미로 말단적인 것, 즉 상업이나 공업 따위를 말함. 〈133〉-21)을 참조하라.

11 | 차도즉구갈(此道卽裘葛) : 당나라 한유의 〈도의 본질을 밝힘(原道)〉 「여름이면 갈포로 만든 옷을 입고 겨울이면 모피로 만든 옷을 입으며, 목이 마르면 물을 마시고 배가 고프

總爲中利名
총 위 중 리 명

모두 이득과 명예에 부합하기 위함이라네.

古來賢哲人
고 래 현 철 인

예로부터 어질고 밝은 이 많았는데,

吾獨後於生
오 독 후 어 생

나만 홀로 이 세상에 남아 늦었던가?

此道卽裘葛[11]
차 도 즉 구 갈

이 도는 곧 겨울에 모피옷 입고 여름에 갈포옷 입는 것과 같은데,

奈何或猜驚
내 하 혹 시 경

어찌하여 혹은 시기하고 혹은 놀라는가?

拳拳包苦心
권 권 포 고 심

성실하고 정성스레 괴로운 마음 품었으나,

淹留愧無成[12]
엄 류 괴 무 성

오래도록 머물러 이루어 놓음 없음이 부끄럽네.

면 밥을 먹는 것은 그 하는 일은 달라도 그것이 지혜롭게 되는 까닭은 마찬가지이다.」(夏葛而冬裘, 渴飮而飢食, 其事殊, 其所以爲智一也)

12 | 권권~괴무성(拳拳~愧無成) : 「권권」은 성실하고 정성스런 모양을 말함.
초나라 송옥(宋玉)의 《초사 · 아홉 가지 말로 웅변함(九辯)》「때 뉘엿뉘엿 중년이 지나가려고 하는데, 여전히 오래도록 머무르면서 이룬 것 없네.」(時亹亹而過中兮, 蹇淹留而無成) 《요존록》「이 도를 구하는 마음을 품고도 과감히 나아갈 수 없어서 마침내 아무것도 이루지 못하는데 이르렀으니, 부끄러워할 만하다는 것을 말한 것이다.」(言抱此求道之心, 而不能勇往, 遂至無成, 爲可愧也)

【원운시】

道喪向千載	도 쇠한지 천 년이 다 되어가니,
人人惜其情	사람들마다 자연스러운 마음 없어졌음이 아깝네.
有酒不肯飮	술 있어도 마시려 하지 않고,
但顧世間名	다만 인간 세상의 속된 명예만 돌아볼 뿐이라네.
所以貴我身	내 몸을 귀히 여기는 까닭,
豈不在一生	어찌 일생 동안에 있지 않으리?
一生復能幾	한 평생 또 그 얼마나 될까?
倏如流電驚	빠르기가 번개 내려치는 것 같네.
鼎鼎百年內	많아야 고작 서둘러 백년일 뿐인데,
持此欲何成	이 짧은 시간을 가지고 무엇을 이루려는가?

189

其四　　네째

白雲在空谷[13] 백 운 재 공 곡	흰 구름 빈 골짜기에서
無心天上飛 무 심 천 상 비	아무 생각없이 하늘을 난다네.
偶然隨風起 우 연 수 풍 기	우연히 바람 부는대로 일어나니,

何更有戀悲
하 갱 유 련 비

무엇 다시 그리운 것과 슬플 것 있을 것인가?

游空恒泛泛
유 공 항 범 범

하늘에 노닐 적엔 언제나 둥실둥실 떠다니고,

含雨亦依依
함 우 역 의 의

비를 머금으면 또한 연연해 하네.

苟不霈嘉澤[14]
구 불 패 가 택

때 맞춰 내리는 비 흡족히 내려줄 수 없다면,

曷若遄其歸
갈 약 천 기 귀

어찌 빨리 돌아감만 같으리!

我思古賢達
아 사 고 현 달

내 옛 현달한 사람들 생각해 보니,

13 | 백운재공곡(白雲在空谷) : 흰 구름[白雲]은 보통 은자(隱者)로, 빈 골짜기[空谷]는 보통 은거하는 곳의 비유로 많이 쓰인다. 남조 양(梁)나라 도홍경(陶弘景)의 〈임금님[齊 高帝]이 산 속에 무엇이 있느냐고 물으시어 시를 지어 답하다(詔問山中何所有賦詩而答)〉 「산 속에 무엇이 있는가? 재 위에 흰 구름 많다네.」(山中何所有, 嶺上多白雲) 《시경 · 소아 · 흰 망아지(小雅 · 白駒)》 「하얗디 새하얀 흰 망아지, 저 빈 골짜기에 있네.」(皎皎白駒, 在彼空谷) 당나라 공영달(孔穎達)은 주[疏]를 달기를 「어진이는 은거할 때면 반드시 산골짜기 깊은 곳에 숨어서 거처한다.」(賢者隱居, 必當潛處山谷)라 했다.

14 | 가택(嘉澤) : 때에 맞추어 내리는 비[及時雨]를 말함. 〈107〉-4)를 보라.

末路何多衰　　그 끝길 쇠잔함이 어찌 그리 많던가?
말 로 하 다 쇠

旣雨不能罷　　이미 비 내렸으면 그칠 수 없으니,
기 우 부 능 파

亦與天道違[15]　　또한 하늘의 도와 어긋나네.
역 여 천 도 위

【원운시】

棲棲失群鳥　　안절부절 무리 잃은 새,
日暮猶獨飛　　날 저물었는데 아직 홀로 날고 있네.
徘徊無定地　　배회하며 정하여둔 곳도 없어,
夜夜聲轉悲　　밤이면 밤마다 우는 소리 슬프게 옮아가네.
厲響思淸遠　　구슬픈 소리는 맑고 먼 곳 생각하는데,
去來何依依　　오고 가는 것 그 어찌나 연연해 하는지.
因値孤生松　　마침 외로이 자란 솔 만나니,

15 | 《요존록》「하늘을 날고픈 마음이 없다가 우연히 바람을 따라 올라 갔으니 어찌 비를 머금은 뜻이 없으리오만, 단지 시원하게 비를 내릴 수 없다면 어찌 머물러 지체를 할 수 있겠는가? 예로부터 현달한 사람들은 할 수 있는 것이 아니면 그만 두었으니, 그렇게 하지 않으면 실패에 빠졌다. 화는 대체로 이미 비가 내리기 시작하면 구름을 말아올릴 수 없는 것인 즉, 정말 사시의 순서에 맞는 것이 아니다.」(無心飛天, 偶然隨風而起, 豈無含雨之意, 但不能霈. 然則何可濡滯哉. 古來賢達, 不可則止, 不然陷於敗, 禍蓋旣雨而不能卷, 則亦非四時之序矣)

斂翮遙來歸　　죽지 거두고 멀리서 와 귀착하네.
勁風無榮木　　드센 바람에 꽃 피우는 나무 없지만,
此蔭獨不衰　　이 나무만 무성하여 홀로 시들지 않네.
託身已得所　　몸 맡기어 이미 의지할 곳 얻었으니,
千載不相違　　천 년이 되어도 서로 어기지 않으리.

190

其五　　다섯째

我本山野質
아 본 산 야 질
내 본래 산과 들 좋아하는 체질이라,

愛靜不愛喧
애 정 불 애 훤
조용함은 좋아해도 시끄러움은 사랑하지 않네.

愛喧固不可
애 훤 고 불 가
시끄러움 좋아하는 것 실로 옳은 일은 아니지만,

愛靜亦一偏
애 정 역 일 편
조용함만 좋아하는 것 또한 한쪽으로 치우친 것이라네.

君看大道人
군 간 대 도 인
그대 큰 도를 지닌 사람들 보게나,

朝市等雲山[16]
조 시 등 운 산
조정과 저자를 구름 낀 산과 같이 여긴다네.

義安卽蹈之 의 안 즉 도 지	뜻이 평안하면 곧 나가는데,
可往亦可還[17] 가 왕 역 가 환	갈 수도 있고 돌아올 수도 있다네.
但恐易磷緇[18] 단 공 이 린 치	다만 걱정되는 것은 쉽게 갈리고 물들여지는 것이니,
寧敦靜修言[19] 녕 돈 정 수 언	어찌 조용히 몸 닦으라는 말을 돈독히 않으리오.

【원운시】

結廬在人境	띠집 이어 사람들 사는 곳에 있으나,
而無車馬喧	수레나 말 달리는 시끄러움 없네.

16 | 조시(朝市) : 조정과 저자를 말함. 《사기 · 장의의 전기(張儀列傳)》「신이 듣건대, 명예를 다투는 자는 조정에 있고, 이익을 다투는 자는 저자에 있다고 하였는데 지금 하수(河水) · 낙수(洛水) · 이수(伊水)의 삼천과 주왕실은 천하의 조정과 저자입니다.」(臣聞, 爭名者於朝, 爭利者於市, 今三川 · 周室, 天下之朝市也) 나중에 이 말은 주로 속세, 곧 명리를 추구하는 곳이라는 뜻으로 쓰였으며 여기서도 그런 의미로 쓰였다. 구름은 은거자의 의미로 쓰임. 위의 시 〈189〉-13)을 보라.

17 | 의안~가환(義安~可還) : 《요존록》「뜻이 편안하게 되면 그로 말미암아 갈 만하면 가고, 돌아올 만하면 돌아온다.」(義之所安卽由之可以往則往, 可以還則還)

18 | 인치(磷緇) : 「磷」은 갈아서 얇게 말하는 것을 말하며, 「緇」는 「淄」라고도 하며 물들여

問君何能爾	그대에게 묻노니, 어떻게 그럴 수 있는가?
心遠地自偏	마음 멀리 두니 땅도 스스로 구석져서라네.
採菊東籬下	동쪽 울타리 아래서 국화 따노라니,
悠然見南山	한가로이 남쪽 산 눈에 드네.
山氣日夕佳	산의 기운 날 저무니 아름답고,
飛鳥相與還	나는 새는 서로 더불어 돌아가네.
此中有眞意	이 가운데 참뜻 있어,
欲辨已忘言	설명하려 하니 이미 말 잊었네.

191

其六	여섯째
有人生卓然[20] 유 인 생 탁 연	걸출한 인물들 우뚝하게 났는데,

검게 만드는 것을 말한다. 《논어 · 양화(陽貨)》「단단하다고 하지 않겠는가, 갈아도 얇게 할 수 없으니! 희다하지 않겠는가, 물들여도 검어지지 않으니!」(不曰堅乎, 磨而不磷. 不曰白乎, 涅而不緇) 이 말은 나중에 외부의 영향을 받아도 변화를 일으키지 않는 것을 비유하는데 많이 쓰이게 되었다.

19 | 정수언(靜修言) : 삼국시대(三國時代) 촉한(蜀漢) 제갈량(諸葛亮)의 〈자식들을 훈계함(誡子)〉「대저 군자의 행실은 조용히 몸을 닦고 검소하게 덕을 길러야 한다. 담박하지 않으면 뜻을 밝힐 수 없고 편안하고 조용하지 않으면 먼 곳에 이를 수 없다.」(夫君子之行, 靜而修身, 儉而養德, 非澹泊無以明志, 非寧靜無以致遠) 《요존록》「어찌 조용히 닦는다는 말에 힘을 도타이 하지 않겠는가 하는 말이다.」(言寧篤力於靜修之言也)

吾獨異於是
오 독 이 어 시

나만 홀로 이것과는 다르네.

少愚晩益戇[21]
소 우 만 익 당

젊어서는 어리석었고 만년에는
더욱 고지식하여,

無成反有毁
무 성 반 유 훼

이룬 것 없이 오히려 헐뜯음만 얻었네.

自耽衆所棄
자 탐 중 소 기

뭇사람들 버린 것 스스로 탐하였으니,

屛迹亦宜爾[22]
병 적 역 의 이

자취 감추고 물러남 또한 마땅할 따름이네.

區區口體間
구 구 구 체 간

구차하고 구차한 이 입과 몸에,

豈必魚與綺
기 필 어 여 기

어찌 반드시 고기반찬과 비단 옷 필요하리.

20 | 유인(有人) : 일반적으로는 부정칭으로 주로 3인칭을 일컫는 말로 쓰이나, 여기서는 걸출한 인물이라는 뜻으로 쓰였음. 《진나라의 역사 · 충의로운 사람들의 전기 서문(忠義傳序)》「변호 …… 등은 이미 열전에 들어가 있으며, 그 나머지는 곧 그 행실과 사적을 적어서 〈충의전〉을 지어 진씨의 걸출한 인물을 드러내고자 한다.」(卞壼 …… 等已入列傳, 其餘卽敍其行事, 以爲忠義傳, 用旌陳氏之有人焉)

21 | 소우만익공(少愚晩益戇) : 이런 표현은 퇴계가 자신을 겸양할 때 주로 쓴 표현으로, 퇴

【원운시】

行止千萬端　나아가고 그침 천만 갈래나 되지만,
誰知非與是　그 누가 알리오, 그름과 옳음을.
是非苟相形　옳고 그름 다만 서로 드러나기만 하면,
雷同共譽毁　덩달아 따라서 함께 칭찬하고 헐뜯네.
三季多此事　하 · 은 · 주 삼대의 말엽에 이런 일 많았으나,
達士似不爾　현달한 선비는 그렇지 않은 것 같았네.
咄咄俗中愚　쯧쯧, 세속의 어리석은 자들이여,
且當從黃綺　잠시 마땅히 사호四皓의 하황공夏黃公과 기리계綺里季 따라야 하리.

계가 스스로 쓴 〈묘갈명(墓碣銘)〉에도 이와 비슷한 표현이 있다. 「세상에 나서는 크게 어리석었고, 자라서는 병이 많았다.」(生而大癡, 壯而多疾)

22 | 병적(屛迹) : 「屛跡」이라고도 하며 세상을 피하여 자취를 감추고 숨는 것, 은거하는 것을 가리키는 말이다. 《진나라의 역사 · 변호의 전기(卞壼傳)》 「(그를) 찾아 복직시켜 어사중승으로 전임시켰는데 일 하는데 충실했지만 권세와 부귀를 누릴 즈음에 잠적하여 숨어 버렸다.」(尋復職, 轉御史中丞. 忠於事上, 權貴屛跡)

192

其七　　　　일곱째

憶昨始來玆 억 작 시 래 자	생각노니 지난날 이곳에 처음 왔을 때는,
四山花繁英 사 산 화 번 영	사방의 산에 꽃이 무던히도 많이 피었었네.
俄然暗衆綠 아 연 암 중 록	어느 틈에 뭇 나무들 짙은 녹색으로 바뀌어,
悄悄幽居情[23] 초 초 유 거 정	그윽히 거처하는 마음 조용하기만 하네.

23 | 초초(悄悄) : 「초초」는 「근심걱정하는 모양」이란 뜻과 「고요하여 적막하게 느껴지는 모습」이란 뜻이 있는데, 여기서는 후자의 뜻으로 쓰였음. 주자의 〈매미 소리를 듣다(聞蟬)〉「고요하고 적막한 산성 마을 어둑해지니, 옛 동산 응당 사립문 닫았으리라.(悄悄山郭暗, 故園應掩扉)

24 | 석인(石人) : 세상에 오래도록 남아 있는 사람을 비유하는 말임. 《사기 · 위기와 무안후의 전기(魏其武安侯列傳)》「지금 내[竇太后]가 살아 있는데도 사람들마다 모두 내 동생을 짓밟고 있습니다. 만약 내가 죽은 뒤에는 여러 사람이 모두 그를 어육으로 만들 것입니다. 또 황제인들 어찌 돌로 만든 사람일 수 있겠습니까!」(今我在也, 而人皆藉吾弟, 令我百歲後, 皆魚肉之矣. 且帝寧能爲石人邪) 「석인」에 대해 사마정(司馬貞)은 《숨은 뜻을 찾음(索隱)》에서 「황제도 돌로 만든 사람 같이 오래 보존될 수 없다는 것을 이른 것이

寧聞有石人[24]
영 문 유 석 인

돌사람 있다는 말 어찌 들었으리오만,

百歲苦易傾
백 세 고 이 경

백년 세월도 쉬 기울어지는 듯하네.

邈彼古聖賢
막 피 고 성 현

까마득한 저 옛날의 성현들께서는,

身死道長鳴
신 사 도 장 명

몸은 죽었지만 도는 길이 울리네.

不及望門牆[25]
불 급 망 문 장

문과 담장 바라는 것조차 미치지 못하니,

咄咄如吾生[26]
돌 돌 여 오 생

쯧쯧, 나와 같은 인생이라니!

다.」(謂帝不如石人得長存也)라 하였고, 당나라 안사고(顔師古)는 《올바른 뜻(正義)》에서 「한갓 사람의 형태만 있을 따름이지 좋아하고 미워함을 모르는 것을 말한다.」(言徒有人形耳, 不知好惡)라고 하였다.

25 | 문장(門牆) : 문장(門墻)이라고도 통하여 쓰며, 원래는 「스승의 집 문」이라는 뜻인데 스승의 학식 등이 넓고 큼을 비유하는 표현으로 많이 쓰인다. 《논어 · 자장이(子張)》「선생님의 담장은 여러 길이나 된다. 그래서 그 문으로 들어갈 수 없다면 종묘의 아름다움과 백관의 풍부함을 보지 못한다. 그 문으로 들어갈 수 있는 자는 드물다.」(夫子之牆, 數仞, 不得其門而入, 不見宗廟之美, 百官之富, 得其門者或寡矣)

26 | 돌돌(咄咄) : 감개를 나타내는 탄성 소리임. 혀를 끌끌 차는 소리.

【원운시】

秋菊有佳色	가을국화 아름다운 색 띠고 있어,
裛露掇其英	이슬 머금은 그 꽃을 따네.
汎此忘憂物	이를 근심 잊게 하는 술에 띄워,
遠我遺世情	세속을 버린 마음 더욱 멀리하네.
一觴雖獨盡	한 잔 술 비록 홀로 다하나,
杯盡壺自傾	잔 다하면 병 또 기울이네.
日入群動息	해 들어가니 모든 움직이는 것들 쉬고,
歸鳥趨林鳴	돌아가는 새 숲을 향해가며 우네.
嘯傲東軒下	동쪽 처마 아래서 마음 내키는대로 휘파람 부니,
聊復得此生	잠시 다시 이 삶 스스로 터득하였네.

27 | 총청(葱蒨) : 초목이 짙은 청록색을 띠고 무성한 모양을 나타냄. 남조 양(梁)나라 강엄(江淹)의 〈못가에서 유기실에게 수창하다(池上酬劉記室)〉「선화당엔 초목 무성하고, 향기 아름다운 나무에 섞이어 있네.」(葱蒨亘華堂, 葐蒀雜綺樹))

28 | 중허(衆虛) : 《장자 · 제물론(齊物論)》「온화한 바람이 불면 작게 화답하고, 회오리 바람이 불면 크게 화답하는데, 매서운 바람이 그치면 곧 모든 구멍이 비어 소리가 나지 않는다.」(泠風則小和, 飄風則大和, 厲風濟則衆竅爲虛)

29 | 혈료(泬寥) : 맑고도 환하게 탁 트인 모양을 말함. 《초사 · 구변(九辯)》「맑게 탁 트임이여, 하늘은 높고 기운은 맑네.」(泬寥兮天高而氣淸) 왕일(王逸)은 「혈료」에 주를 달기를

193

其八　　　　여덟째

園林朝雨過
원 림 조 우 과
동산의 숲에 아침 비 지나가니,

蔥蒨嘉樹姿[27]
총 천 가 수 자
아름다운 나무 자태 더욱 짙네.

晩凉生衆虛[28]
만 량 생 중 허
저녁되니 시원한 바람 빈
구멍에서 생겨나고,

餘靄棲高枝
여 애 서 고 지
잔 놀은 높은 나뭇가지에 깃들어 있네.

泬寥茅屋靜[29]
혈 료 모 옥 정
초가집 환하게 트이니 고요하고,

谽谺洞壑奇[30]
함 하 동 학 기
골짝은 넓고 깊어 기이하기만 하네.

「혈료는 넓어서 공허한 것이다. 혹자는 혈료는 소조와 같다고 하는데, 소조는 구름이 없는 모양이다.」(泬寥, 曠蕩空虛也. 或曰, 泬寥猶蕭條, 蕭條無雲貌)라고 하였다.

30 | 함하(谽谺) : 「谺」(하)는 「呀」로도 쓰며 골짜기가 크고 넓어 텅빈 모양, 혹은 깊은 모양을 말함. 한나라 사마상여(司馬相如)의 〈임금님의 숲을 읊음(上林賦)〉에 「골짜기 넓고 깊어 휑뎅그렁하네」(谽谺豁閜)라 한 구절이 있는데, 《사기》의 주석서인 《숨은 뜻을 찾음(索隱)》에서는 사마표(司馬彪)의 말을 인용하여 「『함하』는 큰 모양이며, 『활하』는 텅 비어 공허한 것이다」(谽谺大貌, 豁閜空虛也)라고 주석을 달았다.

酒無獨飮理[31] 주 무 독 음 리	술은 홀로 마시지 않는 것이 이치이건만,
偶興聊自爲 우 흥 료 자 위	어쩌다 흥 올라 짐짓 마셔보네.
陶然形迹忘[32] 도 연 형 적 망	취하여 흥 오르니 종적조차 잊었거늘,
況復嬰塵羈[33] 황 부 영 진 기	하물며 다시금 세속의 굴레에 걸려든단 말인가!

【원운시】

靑松在東園	푸른 솔 동쪽 동산에 있는데,
衆草沒其姿	뭇 잡초들 그 자태 덮어버렸네.
凝霜殄異類	된 서리 다른 무리 모두 없애버리니,
卓然見高枝	우뚝하니 높은 가지 드러나네.

31 | 주무독음리(酒無獨飮理) : 남송 육유(陸游)의 〈술은 홀로 마시는 것이 이치가 아님(酒無獨飮理)〉「술이란 혼자서 마심이 이치가 아니니, 늘 좋은 손님 없음을 한탄하네.」(酒無獨飮理, 常恨欠佳客)

32 | 도연(陶然) : 취하여 흥이 올라 화락한 모양을 말함. 진나라 도연명의 〈시운(時運)〉「이 한 잔을 떨쳐, 흔쾌히 스스로 즐긴다.」(揮茲一觴, 陶然自樂)

33 | 도연~영진기(陶然~嬰塵羈) : 《요존록》「지금 나는 이미 형태와 흔적을 잊고 있는데, 하물며 다시금 세속의 굴레에 얽힐 수 있겠는가!」(今我已忘形迹, 況可復嬰於塵羈乎)

連林人不覺　　수풀에 가까이 있을 때는 사람들 깨닫지 못하다가,
獨樹衆乃奇　　나무 홀로 있게되면 모두들 이에 뛰어나다 하네.
提壺挂寒柯　　술병 끌어 겨울의 찬 나무가지에 걸어두고,
遠望時復爲　　이따금 다시 멀리서 바라보네.
吾生夢幻間　　이 내 꿈속 같은 인생,
何事紲塵羈[34]　　무슨 일로 세속의 굴레에 얽매이리!

194

其九　　아홉째

皦日出東北[35]
교 일 출 동 북
밝은 해 동북쪽에서 솟아오르니,

巖居霧露開[36]
암 거 무 로 개
산속의 거처에 안개와 이슬 걷히네.

34 | 마지막 구의 각운자인 「羈」자는 왕숙민 교수의 《도연명시전증고》에는 「羇」(기)로 되어 있으나 여기서는 《퇴계집》에 의거함.

35 | 교일(皦日) : 「밝은 해」라는 뜻으로 《시경》 등에서는 맹서의 비유로 많이 쓰였으나 여기서는 원래의 의미대로 쓰였음.

36 | 암거(巖居) : 「산 속에 은거함」의 비유로 많이 쓰임. 〈154〉-3)을 보라.

川原曠延矚 천 원 광 연 촉	내와 들판 넓디넓어 시야 죽 이어져 있으니,
爽朗幽人懷 상 낭 유 인 회	은자 품은 뜻 맑고도 상쾌하네.
萬物各自得 만 물 각 자 득	만물은 제각기 스스로 만족한 것 같고,
玄化妙無乖[37] 현 화 묘 무 괴	오묘한 조화는 신묘하여 어긋남 없네.
飛飛雙燕子 비 비 쌍 연 자	이리저리 나르는 한 쌍 제비는,
長夏自來棲 장 하 자 래 서	긴 여름 동안 스스로 와 깃드네.
有口不啄粟 유 구 불 탁 속	부리 있어도 낟알 쪼지 않고,
卒瘏銜其泥[38] 졸 도 함 기 니	진흙만 물어 나르다 지쳐버렸네.

37 | 현화(玄化) : 신묘한 변화나 조화, 또는 신기한, 오묘한 변화나 조화를 말함. 당(唐)나라 이조성(李朝聲)의 전기소설(傳奇小說)《유의전(柳毅傳)》「그대는 용인데 용은 물을 신으로 삼아 한 방울만 하면 함곡관을 덮어버릴 수가 있다. 도사는 곧 사람이다. 사람은 불을 신성한 것으로 여기는데 등 하나를 밝혀 아방궁을 태울 수가 있다. 그러나 신령스런 쓰임은 같지 않으며, 오묘한 변화 또한 각기 다르다.」(吾君, 龍也. 龍以水午神, 與一滴可包涵谷. 道士, 乃人也. 人以火爲神聖, 發一燈可燎阿房. 然而靈用不同, 玄化各異) 장우학(張友鶴)은 여기에 주석을 달기를 「현화는 신기한 변화이다.」(玄化, 神奇變化)라 하였다.

巢成養雛去 소 성 양 추 거	둥지 다 되어 새끼 기르고 떠나니,
物性天所諧 물 성 천 소 해	만물의 본성 하느님이 조화롭게 한 것이라네.
無機似獨智[39] 무 기 사 독 지	꾀부림 없으니 홀로 지혜로운 듯한데,
用巧還群迷 용 교 환 군 미	기술 쓰면 오히려 무리들에 섞이어 혼미스러워지네.
晴簷語呢喃[40] 청 첨 어 니 남	맑게 개인 처마에서 재잘거리는 소리에,
主人夢初回 주 인 몽 초 회	주인 꿈세계에서 막 돌아왔다네.

38 | 졸도(卒瘏) : 《시경 · 빈나라의 민요(豳風) · 부엉이(鴟鴞)》「내 입과 발 다 닳도록, 갈대 쪽 따고, 띠풀 모았다네. 내 입까지 모두 병이 난 것은, 내 이제껏 집이 없어서라네.」(予手拮据, 予所捋瘏, 予所畜租. 予口卒瘏, 曰予未有室家) 여기서 「졸」은 「췌」(瘁 : 병들다)의 뜻으로 보아서 「予口卒瘏」는 곧 「내가 입병이 난 것은」으로 풀이하고 있다. 당나라 공영달(孔穎達)의 주석[疏]과 주자(朱子)의 《시경의 주석을 모아놓음(詩集傳)》을 참조하라.

39 | 기(機) : 기심, 즉 잔꾀 또는 간교한 생각이라는 뜻으로 쓰였다. 《장자 · 천지(天地)》「기계를 가진 자는 반드시 기계를 쓸 일이 있게 되고, 기계를 쓸 일이 있는 사람은 반드시 간교한 생각(잔꾀)이 있게 된다.」(有機械者必有機事, 有機事者必有機心)

【원운시】

清晨聞叩門　맑은 새벽에 문 두드리는 소리 듣고,
倒裳往自開　아랫도리 거꾸로 입고 나가 친히 열어주네.
問子爲誰與　그대 누구인가 물어보니,
田父有好懷　농부인데 좋은 생각 있다하네.
壺漿遠見候　병에 술 가지고 멀리서 와 문후하며,
疑我與時乖　나 때와 어그러진 것 아닌가 의심하네.
람縷茅簷下　「헤진 옷에 띠집 처마 아래서 사는 것,
未足爲高栖　고결하게 산다고 여기기에는 부족하다네.
一世皆尙同　세상 사람들 모두 숭상함이 같으니,
願君汨其泥　원컨대 그대도 그 탁류와 함께 흐르길.」
深感父老言　어르신 그 말씀에 깊이 감사 드리나,
稟氣寡所諧　타고난 기질이 남과 잘 어울리지를 못하네.
紆轡誠可學　고삐 늦추는 것 실로 배울 만하나,

40 | 이남(呢喃) : 작은 소리로 재잘거림, 제비가 지저귀는 소리, 또는 목소리 따위가 낮아서 잘 알아들을 수 없음을 형용하는 말로 쓰임. 여기서는 복합적인 의미로 쓰였음. 《당척언(唐摭言)》「왕사는 항해하는 도중 바람을 만나 한 섬에 다다르게 되었는데, 그곳의 왕이 딸을 아내로 주면서 말하기를 『여기는 오의국(검은 옷을 입은 백성들이 사는 나라라는 뜻임)입니다.』라 하였다. 나중에 왕사가 돌아가고픈 마음이 생기자 왕은 명령을 내려 날으는 구름 수레를 모으더니 집에까지 돌려보내 주었다. (왕사가) 들보 위에 제비 한 쌍이 재잘거리는 것을 보고 곧 그 나라가 제비의 나라인 줄을 알았다.」(王榭航海過風抵一洲, 其王以女妻之, 曰, 此烏衣國也. 後榭思歸, 王命取飛雲車, 送歸至家. 見梁上雙燕呢喃, 乃悟燕子國也)《패문운부(佩文韻府)》 성운(成韻) 조(條)에서 재인용.

違己詎非迷	나를 어기어 어찌 방황하리오?
且共歡此飲	잠시 함께 즐거이 이 잔 마시세,
吾駕不可回	나의 수레 돌릴 수 없으니.

195

其十	열째
所思在何許[41] 소 사 재 하 허	그리운 이 어느곳에 있는가?
天涯與地隅[42] 천 애 여 지 우	하늘 가일까? 땅 모퉁이일까?
迢迢隔塵響 초 초 격 진 향	아득하고 아득하여 속세의 소리 가로막히고,

41 | 소사재하허(所思在何許) : 「소사」는 사모하는 사람, 혹은 깊이 생각하는 바를 말함. 《초사 · 구가(九歌) · 산 귀신(山鬼)》 「석란꽃 꽂음이여, 두형으로 묶었다네, 향기로운 꽃 꺾음이여, 그리운 이에게 주네.」(被石蘭兮帶杜衡, 折芳馨兮遺所思) 「허」는 장소를 나타내는 의문사로 쓰였음. 진나라 도연명의 《오류선생의 전기(五柳先生傳)》 「선생은 어느 곳 사람인지 모르며, 성씨도 확실치 않다.」(先生不知何許人, 不詳姓字)

42 | 천애지우(天涯地隅) : 당나라 한유의 〈십이랑에게 바치는 제문(祭十二郎文)〉 「한 사람은 하늘의 가에 있고, 한 사람은 땅의 모퉁이에 있네.」(一在天之涯, 一在地之角)

浩浩綿川塗[43]
호 호 면 천 도

넓고 넓어 길 연이어져 있네.

人生如朝露[44]
인 생 여 조 로

인생은 아침 이슬과 같은 것,

羲馭不停驅[45]
희 어 불 정 구

희화는 수레 몰아 멈추지 않네.

手中綠綺琴[46]
수 중 록 기 금

손에 든 좋은 거문고마저,

絃絕悲有餘
현 절 비 유 여

줄 끊기고 슬픔만 남아 있네.

43 | 천도(川塗) : 「川途」, 「川涂」라고도 하며, 곧 길이라는 뜻임. 남조(南朝) 송(宋)나라 사령운(謝靈運)의 〈9월 9일에 송공의 희마대에 모여 공수령님을 송별함(九日從宋公戲馬台集送孔令)〉 「어찌하여 갈 길 생각하는가? 전부터 품어온 마음 이별하려 함에 부끄럽네.」(豈伊川塗念, 宿心愧將別)

44 | 조로(朝露) : 아침 이슬. 존재하는 시간이 극히 짧음을 비유하는 말. 《한의 역사 · 소무의 전기(漢書 · 蘇武傳)》 「인생이란 아침이슬과 같은 것인데, 얼마나 오랫 동안 이렇게 스스로 괴로워 했던가.」(人生如朝露, 何久自苦如此!) 당나라 안사고(顔師古)는 주석을 달기를 「아침 이슬은 해가 나타나면 말라버리는데, 사람의 목숨이 짧기도 또한 이와 같다.」(朝露見日則晞, 人命短促亦如之)라고 하였다.

45 | 희어(羲馭) : 희화가 태양의 수레를 몬다는 뜻. 곧 해가 떠오른다는 것을 말하며 시간의 흐름을 비유하는 말로 쓰였음. 희화는 해를 수레에 태우고 달리는 마부로, 곧 태양의 어머니다. 《산해경 · 대황남경(山海經 · 大荒南經)》 「동해의 바깥, 감수의 사이에 희화라는 나라가 있다. 희화라는 여자가 있어 지금 감연에서 해를 목욕시키고 있다. 희화는 제준의 아내로 열 개의 해를 낳았다.」(東南海之外, 甘水之間, 有羲和之國. 有女子名曰羲和, 方浴日於甘淵. 羲和者, 帝俊之妻, 生十日) 여기서 동남해의 「남」 자는 잘못 들어간 글자라고 한다(袁軻의 설). 《초사 · 슬픔을 만남(離騷)》 「내 희화에게 가는 것 멈추게 함이여, 엄자산을 보고도 급하지 않네.」(吾令羲和弭節兮, 望崦嵫而勿迫)

獨有杯中物[47]
독 유 배 중 물

유독 저 잔 속의 술만이,

時時慰索居[48]
시 시 위 삭 거

때때로 쓸쓸한 거처 위로해 주네.

【원운시】

在昔曾遠遊 — 옛날 일찍이 먼 곳에서 놀아,

直至東海隅 — 곧장 동해의 모퉁이까지 이르렀네.

46 | 녹기금(綠綺琴) : 당나라 사마상여(司馬相如)가 〈옥여의부(玉如意賦)〉를 지어 바치자 양왕(梁王)이 기뻐하여 하사했다는 거문고. 진(晉) 부현(傅玄)의 〈거문고를 읊은 글의 서문(琴賦序)〉「제환공에게는 거문고가 있었는데 호종이라 했으며, 초장왕에게도 타는 거문고가 있었는데, 요량이라 했고, 중세에는 사마상여에게 녹기가, 채옹에게는 초미가 있었는데 모두가 이름난 악기였다.」(齊桓公有鳴琴曰號鍾, 楚莊王有鳴琴曰繞梁, 中世司馬相如有綠綺, 蔡邕有焦尾, 皆名器也) 그러나 나중에는 일반적인 거문고도 모두 「녹기」라 하게 되었다. 남조 진(晉)나라 장재(張載) 〈네 가지 근심을 빗대어 지은 시(擬四愁詩)〉「아름다운 이 나에게 녹기 거문고 주니, 무엇으로 그에게 한 쌍 남쪽 거문고를 줄까?」(佳人遺我綠綺琴, 何以贈之雙南琴)

47 | 배중물(杯中物) : 술을 말함. 〈176〉-4)를 보라.

48 | 삭거(索居) : 헤어져 삶, 또는 쓸쓸히 삶을 말함. 《예기 · 단궁(檀弓) 상》「자하가 아들을 잃고 …… 말하길 ……『내가 무리를 떠나 흩어져 쓸쓸히 산 지가 또한 이미 오래되었다.』」(子夏喪其子 …… 曰, …… 吾離群而索居亦已久矣) 정현(鄭玄)은 주석을 달고 「『군』은 동문수학한 친구들을 말하는 것이며, 『삭』은 흩어진다는 것과 같다.」(群謂同門朋友也, 索猶散也)

道路迥且長 가는 길 먼데다 또 지루하고,
風波阻中塗 중도에 바람과 파도에 막히기도 하였네.
此行誰使然 이 갈 길 누가 그렇게 하게 하였던가?
似爲飢所驅 굶주림에 내몰린 것이리라.
傾身營一飽 온 몸의 힘 기울여 한 몸 배부른 것 영위하니,
少許便有餘 조금쯤은 먹고 남은 것 있게 되었네.
恐此非名計 아무래도 이것 명분있는 계책 아닌 것 같아,
息駕歸閒居 수레 버리고 돌아와 한가로이 거처하네.

196

其十一 열 한째

東方有一士 동방에 한 선비 있는데,
동 방 유 일 사

夙志慕斯道[49] 평소부터 이 도학 흠모하는데 뜻을 두었다네.
숙 지 모 사 도

49 | 숙지모사도(夙志慕斯道) : 「숙지」는 평소부터 지니고 있던 바램을 말함. 「사도」는 유가의 도학을 가리키는 말. 〈157〉-4)를 보라.

50 | 용량(舂糧) : 원래의 의미는 밤을 세워 쌀을 찧어 양식을 준비한다는 뜻으로 쓰였다. 《장자 · 소요유(逍遙遊)》「백 리를 가는 자는 밤새 양식을 찧어 준비하고, 천 리를 가는 자는 석 달 동안 양식을 모은다.」(適百里者宿舂糧, 適千里者三月聚糧) 이로 인하여 나중에는 곧 100리를 대칭(代稱)하는 말로 쓰이게 되었다.

舂糧欲往從[50] 용 량 욕 왕 종	양식 준비하여 백리 길 찾아가 좇고자 하였는데,
守隅今向老 수 우 금 향 로	방 모퉁이만 지키고서 지금 늙어가고 있네.
孰能諭迷塗[51] 숙 능 유 미 도	뉘라서 길 잃은 것 깨우쳐 줄 수 있는가?
人皆惡衰槁 인 개 오 쇠 고	사람들 모두 쇠약하고 시들어 가는 것 싫어한다네.
蹙蹙顧四方[52] 축 축 고 사 방	움츠리고 움츠리면서 사방을 돌아보아도,
不見同所好 불 견 동 소 호	함께 즐길 만한 이 보이지 않네.
空知五車書[53] 공 지 오 거 서	부질없이 안다네, 다섯 수레 책 읽은 것이,

51 | 미도(迷塗) : 「도」(塗)는 곧 「길」이며, 「途」라고도 쓴다. 길을 잃음을 나타내는 말이다. 진나라 도연명(陶淵明)의 〈돌아가면서 지음(歸去來辭)〉 「실로 길을 잃은지 얼마 되시 않아, 지금이 옳고 지난날이 잘못 되었음을 깨달았네.」(實迷途之未遠, 覺今是而昨非) 나중에는 혼란한 세태를 비유하는 말로도 쓰였음.

52 | 축축고사방(蹙蹙顧四方) : 《시경 · 소아 · 높은 저 남산(小雅 · 節彼南山)》 「사방을 둘러 보아도, 마음 움츠려들어 달려갈 곳도 없네.」(我瞻四方, 蹙蹙靡所聘)

53 | 오거서(五車書) : 읽은 책이 많아 학문이 해박함을 나타내는 말. 〈84〉-7)을 보라.

終勝萬金寶 종 승 만 금 보	마침내 만금 어치 보배보다 낫다는 것을.
至哉天下樂[54] 지 재 천 하 락	지극하도다, 천하의 즐거움이여!
從來不在表 종 래 불 재 표	예로부터 겉에 드리나지 않았다네.

【원운시】

顏生稱爲仁	안회顔回는 어질다 일컬어지고,
榮公言有道	영계기榮啓期는 도가 있다 말하네.
屢空不獲年	쌀독 자주 비어 제 수명껏 살지 못하고,
長飢至于老	오래도록 굶어 늙게 되었다네.
雖留身後名	비록 죽은 후에 이름 남아 있어도,
一生亦枯槁	한평생 또한 야위고 메말랐다네.
死去何所知	죽고나면 무엇을 아는 바 있을까?
稱心固爲好	마음에 맞는 것이야 말로 실로 좋은 것이라네.

54 | 지재천하락(至哉天下樂) : 북송 구양수의 〈책을 읽으며(讀書)〉「지극하도다! 천하의 즐거움이여, 종일토록 책상 앞에 앉아 있네.」(至哉天下樂, 終日在几案)

客養千金軀	손님 대하듯 천금 어치의 몸 가꾸나,
臨化消其寶	죽음에 이르면 그 보배도 사그러지네.
裸葬何必惡	맨몸으로 묻힌들 어찌 반드시 나쁘리,
人當解意表	사람들 마땅히 속뜻을 알아야 하리.

197

其十二	열 둘째
問君今何爲 문 군 금 하 위	묻노니 그대 지금 무엇을 하는가?
麥秋正丁時[55] 맥 추 정 정 시	보리가을 한창 제때를 만났네.
山泉淸可釀 산 천 청 가 양	산 속의 샘 맑아 술 빚을 만하니,
自勸寧有辭 자 권 녕 유 사	스스로 권할지언정 어찌 사양할 수 있으리.

55 | 맥추정정시(麥秋正丁時) : 「맥추」는 보리를 수확하는 철인 음력 4월을 가리키는 말. 〈84〉-6)을 참조하라.
「丁時」는 한창때를 만나는 것을 말함. 《초사 · 구탄 · 석현(九嘆 · 惜賢)》「한창 때 재앙을 만났으니 어찌해야할까? 마음 수고롭히고 근심하며 눈물 줄줄 흐르네.」(丁時逢殃可奈何兮, 勞心悁悁涕滂沱兮) 왕일(王逸)은 주석에서 「『정』은 곧 『당하다』이다」(丁, 當也)라고 했다.

每攬昔人懷[56] 매 람 석 인 회	매번 옛 사람들이 품은 생각 더듬어보니,
感慨祇如玆 감 개 지 여 자	감개 다만 이와 같았을 뿐이네.
安得金蘭友[57] 안 득 금 란 우	어찌 쇠를 끊고 난초향기와 같은 친구 얻어서,
趣舍不復疑[58] 취 사 불 부 의	나아가고 버리는 것 다시 의심 않으리!
片言釋千誣 편 언 석 천 무	한 마디 말로 천 가지의 속임수 풀고,
一誠消百欺[59] 일 성 소 백 기	한 번 성실함으로 백 가지 거짓 삭이네.

56 | 매람~감개(每攬~感慨) : 진(晉)나라 왕희지(王羲之)의 〈난정에서 지은 시문을 모은 문집의 서문(蘭亭集序)〉「매번 옛 사람들이 감개를 일으키던 까닭을 살펴보니, 함께 서약을 한 것과 똑같이 일찍이 글 앞에서 탄식하여 슬퍼하지 않았던 적이 없었는데 마음 속으로 왜 그런지 알 수가 없었다.」(每攬昔人興感之由, 若合一契, 未嘗不臨文嗟悼, 不能喩之於懷)

57 | 금란우(金蘭友) : 《주역 · 계사 상(繫辭上)》「두 사람이 마음을 함께 하면 그 날카로움은 쇠를 끊고, 마음을 함께하여 한 말은 그 향기가 난초와 같다.」(二人同心, 其利斷金, 同心之言, 其臭如蘭) 남조 송나라 유의경의 《세설신어 · 현명하고 아름다운 여인(世說新語 · 賢媛)》「산도(山濤)는 혜강(嵇康), 완적(阮籍)과 한번 대면하고는 쇠라도 끊을 듯하고 난초향기라도 날만한 서약을 했다.」(山公與嵇阮一面, 契若金蘭)

此時望憂物[60]
차 시 망 우 물

이때 근심 잊을 수 있는 술 있으면,

吾亦可已之
오 역 가 이 지

내 또한 그것 마다할 수 있으리!

【원운시】

長公曾一仕	장지(張摯 : 자는 長公)는 일찍이 한차례 벼슬길 나섰다가,
壯節忽失時	한창때의 절도 홀연히 잃게 되었네.
杜門不復出	문 닫고 다시 나서지 않고,
終身與世辭	평생토록 세상과 고별하였네.

58 | 취사(趣舍) : 「趣捨」 또는 「取舍」라고도 하며, 씀과 버림, 나아감과 머무름을 나타낸다. 《순자 · 수신(荀子 · 修身)》「나아가고 머무르는 것은 정해진 것이 없으니 일러 무상이라고 한다.」(趣舍無定, 謂之無常) 《고증》「《육도(六韜)》『대저 사람에게는 나아가고 머무르는 데 다른 마음이 있다.』」(夫人有心趣舍不同) 《육도》는 여상(呂尙, 太公望이라고도 하며 후히 姜太公이란 이름으로 널리 알려져 있음)이 지었다고 하는 가장 이른 시기의 병서이나 이 책에는 위의 구절이 보이지 않음. 안사고(顔師古)는 「『취』는 향하는 것이며, 『사』는 버려두는 것이다.』(趣所向也, 舍所廢也)라 하였다.」

59 | 《요존록》「주자는 『한번 성실하기만 하면 온갖 거짓을 없앨 수 있다.』라 하였다.」(朱子曰, 一誠可以消百僞)

60 | 망우물(忘憂物) : 술을 말함. 진나라 도연명의 〈음주 · 일곱째(飮酒 · 其七)〉「이 마음 근심 잊는 것에 띄워, 나를 세태의 정리에서 멀리하네.」(汎此忘憂物, 遠我遺世情)

仲里歸大澤	양륜(楊倫 : 자는 仲里) 대택으로 돌아오니,
高風始在玆	높은 기풍 비로소 예 있게 되었다.
一往便當已	한번 떠났으면 그만 두어야 할 것을,
何爲復狐疑	어찌하여 다시 여우처럼 의심하는가?
去去當奚道	가고 가니 어느길로 가야하는가?
世俗久相欺	속세에서는 오래도록 속여왔다네.
擺落悠悠談	헛소리는 그만 떨쳐버리고,
請從余所之	내 가는 바를 좇을지어다.

198

其十三	열 셋째

我思千載人[61] 아 사 천 재 인	내 천년 성인 그리워하나니,

61 | 천재인(千載人) : 천재성인(千載聖人), 곧 천년에 하나 날까말까한 성인을 말함. 여기서는 주자(朱子)를 가리켜 한 말임. 곧 주자 같은 이는 이 세상에 항상 있는 것이 아님을 말함.

62 | 노봉~암회(蘆峯~庵晦) : 곧 운곡(雲谷)에 있는 주자의 초당인 회암(晦庵)을 말함. 주자의 〈운곡기(雲谷記)〉「운곡은 건양현에서 서북쪽으로 70리 지점에 있는 노산의 꼭대기에 있다. …… 건도(南宋 孝宗의 연호로 1565년에서 1173년까지 사용) 경인년(1170년)에 비로소 내가 그 땅을 얻어서 초당을 짓고 이름[牓牌]을 붙이기를 회암이라 하였다.」(雲谷在建陽縣西北七十里蘆山之顚. …… 建道庚寅, 予始得之, 因作草堂其間, 牓曰晦庵) 주자는 이 초당의 이름으로 자호를 삼았다.

장수(藏修)는 「藏脩」라고도 하며 학문을 염두에 두고 갈고 닦는 것을 말함. 〈155〉-6)을 보라.

蘆峯建陽境 노 봉 건 양 경	노산의 봉우리 건양 땅에 계셨다네.
藏修一庵晦[62] 장 수 일 암 회	회암의 한 초당에서 학문을 품고 닦아,
著書萬古醒 저 서 만 고 성	책을 지어내어 만고에 홀로 깨우쳤네.
往者待折衷[63] 왕 자 대 절 충	지나간 것은 그에게서 올바름 얻기를 기다리고,
來者得挈領[64] 내 자 득 설 영	앞으로 올 것은 그에게서 옷깃 끄는 것 얻는다네.
懿哉盛授受 의 재 성 수 수	아름답도다, 주고 받는 것 풍성함이여!

63 | 왕자대절충(往者待折衷) : 「折衷」은 「折中」과 같다. 「절」은 어떤 것을 자르는 것[斷]이며, 「중」은 「합당하게 하는 것」[當]으로, 곧 타당한 것을 가려서 사물을 판단하는 것을 준칙으로 삼는 것을 말함. 《사기 · 공자의 전기(孔子世家)》「천자나 왕후로부터 나라의 가운데서 육예라는 것이 선생님께서 그 올바름을 얻었다 하니 지극한 성인이라 할 만하다.」(自天子王侯, 中國言六藝者折中於夫子, 可謂至聖矣)

64 | 설령(挈領) : 옷깃을 잡아당긴다는 뜻으로 요점을 파악했다는 뜻의 비유로 많이 쓰인다. 《순자 · 권학(荀子 · 勸學)》「모피옷의 옷깃을 끌 때 다섯 손가락을 구부려 가지런히 한다면 결에 따라 따르는 것은 셀 수 없을 만큼 많다.」(若挈裘領, 詘五指而頓之, 順者不可勝數也)

源遠雜魯穎[65] 원 원 잡 노 영	근원 멀어 노둔함과 영민함 뒤섞이었다네.
口耳障狂瀾[66] 구 이 장 광 란	천박한 학문의 거센 물결 막았으니,
心經嘉訓炳[67] 심 경 가 훈 병	아름다운 훈계가 《심경》에 빛나네.

【원운시】

有客常同止	두 손님 늘 함께 거처하나,
趣舍邈異境	나아가고 물러감은 까마득히 그 경계가 다르네.
一士長獨醉	한 선비는 늘 홀로 취해 있고,

65 | 잡노영(雜魯穎) : 《고증》「정자께서 말씀하시기를 『윤돈(尹焞 : 자는 彦明)은 노둔하고, 양시(楊時 : 자는 中立)은 영민하다.』 했는데, 아마 이것을 가리키는 것인가 한다.」(程子謂, 尹彦明魯, 楊中立穎悟, 恐或指此)

66 | 구이장광란(口耳障狂瀾) : 「구이」는 입으로 말하고 귀로는 듣기만 하는 학습을 말함. 《순자 · 권학(荀子 · 勸學)》「소인배들의 배움이란 것은 귀로 들어갔다가 입으로 나오는 것이다.」(小人之學也, 入乎耳, 出乎口) 나중에는 길을 가면서 듣고 말하듯이 귀담아 새겨 듣지 않는 천박한 학문을 비유하게 되었음.

장광란(障狂瀾) : 당나라 한유의 〈학문에 나아가는 것을 비방함에 해명함(進學解)〉「모든 시내를 막아 동쪽으로 흐르게 해서 미친 듯한 물결에 이미 기울어져 가는 것을 되돌렸습니다.」(障百川而東之, 回狂瀾於旣倒)

一夫終年醒	한 지아비는 일년 내내 깨어 있네.
醒醉還相笑	깨어 있는 사람, 취한 사람 또한 서로 비웃으며,
發言各不領	말하나 각기 깨닫지 못하네.
規規一何愚	소심하여 쩨쩨한[깨어 있는] 사람 얼마나 어리석은가?
兀傲差若穎	우뚝하니 오만한[취한 사람] 사람 차라리 똑똑한 것 같네.
寄言酣中客	얼근히 취해 있는 손에게 말 기탁하나니,
日沒燭當秉[68]	해 지면 촛불 붙여 즐길 만하리.

67 | 심경가훈병(心經嘉訓炳) : 명(明) 정민정(程敏政)의 《심경의 서문(心經 · 序)》「대체로 경전의 가르침은 경이라는 이 한 마디에서 나온 것이 아니므로, 그 말은 요약되어 있고 뜻은 정미로우며, 그 공덕은 간략하고 효력은 넓으니 실로 이른바 내를 막는 기둥이요, 남쪽을 가리키는 수레이며, 어두움을 밝히는 거울인 것이다.」(蓋是經所訓不出敬之一言, 故其語約而義精, 其功簡而效博, 誠所謂障川之柱, 指南之車, 燭幽之鑑)
《요존록》「학교를 세워 크게 가르침을 주고 받던 시대가 이미 멀어져 둔하고 날카로운 자질이 섞이어 입으로 말하고 귀로는 듣기만 하는 경박한 흐름이 있게 되었다. (《심경》의) 권말에 〈존덕성재의 잠명(存德性齋箴銘)〉 한 단락이 있는 것은 문하의 말류적인 학문의 폐단을 구하고자 하는 까닭이다.」(設敎授受之盛, 傳之旣遠, 雜以鈍敏之資, 乃有口耳之流. 卷末存德性一段, 所以救門下末學之弊)

68 | 이 시에서는 술을 빌어 자기의 진가를 숨기고 세상일에는 아랑곳하지 않는 태도를 좋게 보았음.

199

其十四	열 넷째
舜文久徂世 순 문 구 조 세	순임금과 주문왕周文王이 세상을 떠난지 오래니,
朝陽鳳不至[69] 조 양 봉 불 지	산동에 봉황새 오지를 않네.
祥麟又已遠[70] 상 린 우 이 원	상스러운 기린마저 또한 이미 멀어졌으니,
叔季如昏醉 숙 계 여 혼 취	말세라 모두 어지러이 취한 것 같네.

69 | 조양(朝陽) : 산의 동쪽을 말함. 《시경 · 대아 · 구부정한 언덕(大雅 · 卷阿)》「봉황이 우는구나! 저 높은 언덕에서. 오동나무 싹 나네, 저 산의 동쪽에서.」(鳳凰鳴矣, 于彼高岡. 梧桐生矣, 于彼朝陽) 한나라 유희(劉熙)의《명칭을 풀이함 · 산의 풀이(釋名 · 釋山)》「산의 동쪽을 조양이라 하고, 산의 서쪽을 석양이라 하는데, 해를 따라 밝아지므로 그렇게 이름을 지었다.」(山東曰朝陽, 山西曰夕陽, 隨日所照而名之也) 여기서 조양은 공자가 난 곳인 산동(山東)을 가리키며, 봉황은 곧 공자를 일러 말한 것임.

70 | 상린(祥麟) : 상서로운 기린. 여기서는 곧 공자를 가리켜 한 말임.

71 | 앙지락여민(仰止洛與閩) : 「앙지」는 「향하여 가다」, 「우러르다」라는 뜻이며, 여기서 「지」는 의미없는 어조사로 쓰였음. 《시경 · 소아 · 수레바퀴 굴대(小雅 · 車舝)》의 「높은 산 우러르고, 큰 길 가네.」(高山仰止, 景行行止)에서 나온 말임.

낙민(洛閩)은 송대의 이학(理學)을 집대성한 낙양(洛陽)의 정호(程顥) · 정이(程頤) 형제의 이정(二程)과 민남(閩南) 복건(福建)의 주자(朱子)를 일컫는 말임. 이정의 학문을 「낙학」(洛學), 주자의 학문을 「민학」(閩學)이라 하며, 여기에다 통상적으로 염계(濂溪)

仰止洛與閩[71] 낙양과 복건 땅의 이학 우러르니,
앙 지 락 여 민

群賢起鱗次[72] 뭇 어진이들 비늘처럼 차례로 일어섰다네.
군 현 기 린 차

吾生晚且僻 나 태어남이 늦고도 궁벽하니,
오 생 만 차 벽

獨昧修良貴[73] 가장 고귀한 것 닦기에 홀로 어둡네.
독 매 수 량 귀

朝聞夕死可[74] 아침에 도를 들으면 저녁에
조 문 석 사 가
죽어도 좋을지리니,

此言誠有味 이 말에 실로 참된 맛 있다네.
차 언 성 유 미

주돈이(周敦頤)와 관중(關中)의 장재(張載)를 포함하여 「염락관민」(濂洛關閩)이라고 하는데, 이로써 송대의 이학을 지칭하는 말로 쓰임.

72 | 인차(鱗次) : 「인비」(鱗比)와도 통하여 쓰며, 어떤 순서의 배열이 고기비늘처럼 가지런하게 나열되어 있음을 말함. 진(晉)나라 장화(張華)의 〈뜻을 격려함(勵志)〉「사철의 기운 고기비늘처럼 배열되어 있고, 추위와 더위는 고리처럼 돌고 돈다네.」(四氣鱗次, 寒暑環周)

73 | 양귀(良貴) : 가장 고귀한 것을 말함. 《맹자 · 이루 상(離婁上)》「남이 귀하게 만들어 준 것은 최선의 고귀함이 아니니, 조순(趙盾: 자는 孟)이 귀하게 만들어 주었다면 조순이 그를 천하게 만들 수도 있다.」(人之所貴者, 非良貴也. 趙孟之所貴, 趙孟能賤之) 주자는 「양」(良)을 본연의 선을 말한다고 풀이하였다.

74 | 조문석사가(朝聞夕死可) : 《논어 · 어진 이를 이웃함이(里仁)》「공자께서 말씀하셨다. 『아침에 도를 들으면 저녁에 죽어도 좋다.』」(子曰, 朝聞道, 夕死可矣)

【원운시】

故人賞我趣	옛 친구들 내 취향을 칭찬하여,
挈壺相與至	술병 들고 서로 함께 이르네.
班荊坐松下	나란히 소나무 아래에 앉아,
數斟已復醉	몇 잔 드니 이미 또 취하네.
父老雜亂言	어르신네들 횡설수설 말하여,
觴酌失行次	술잔 따루는데 차례마저 잃어버렸네.
不覺知有我	나 있음도 깨닫지 못하거늘,
安知物爲貴	물건 귀함을 어찌 알겠는가?.
悠悠迷所留	명리 추구하여 머무는데 미련 가지면,
酒中有深味	술 가운데 무슨 깊은 맛 있으리.

75 | 도이구저원(道邇求諸遠) : 《맹자 · 이루 상(離婁上)》「도가 가까이에 있는데도 먼 곳에서 구하고, 일이 쉬운데 있는데도 어려운 곳에서 찾는다.」(道在邇而求諸遠, 事在易而求諸難) 「諸」 어조사로 「之於」 또는 「之乎」와 같은 뜻이다.

76 | 광안택(曠安宅) : 《맹자 · 이루(離婁) 상》「어짊은 사람의 편안한 집이며, 의로움은 사람의 바른 길이다. 편안한 집을 비워두고 거처하지 않으며 바른 길을 버려두고 가지 않으니 슬프도다!」(仁, 人之安宅也, 義, 人之正路也. 曠安宅而弗居, 舍正路而不由, 哀哉)

77 | 서언(緖言) : 「서」(緖)는 여기서 「남다」[餘] 또는 「남기다」[遺]의 뜻으로 쓰였다. 이미 말을 꺼내긴 했지만 끝을 내지는 못했다는 말로, 설명이 충분히 다 되지 않은 것을 뜻함. 《장자 · 어부(漁父)》「조금전에 선생께서는 말씀을 다 하시지 않고 남겨두신 채 가셨습니다.」(曩者, 先生有緖言而去)

200

其十五　　열 다섯째

道邇求諸遠[75]
도 이 구 저 원
도 가까이 있는데도 멀리서 찾고,

滔滔曠安宅[76]
도 도 광 안 택
세상의 풍조따라 편안한 집
비워 두었다네.

哲人有緖言[77]
철 인 유 서 언
철인이 못다한 말씀 남기셨으니,

因可追心迹[78]
인 가 추 심 적
따라서 마음과 행적 좇을 만하네.

苟未及唯一[79]
구 미 급 유 일
오로지 하나로 하라는 말에
미치지 못한다면,

78 | 심적(心迹) : 「心跡」이라고도 하며, 사상과 행적을 가리키는 말. 당나라 한유(韓愈)의 〈최씨네 종형제 중 스물 여섯째인 입지에게 부침(寄崔二十六立之)〉 「서쪽 성의 원외승 벼슬 하는 이, 마음과 행적 둘 다 우뚝 솟았네.」(西城員外丞, 心跡兩屈起)

79 | 유일(唯一) : 「唯」는 「惟」로도 쓴다. 《상서 · 우서 · 대우모(虞書 · 大禹謨)》 「사람의 마음은 오로지 위태롭고, 도를 지키려는 마음은 오로지 희미하니, 정신을 오로지 하나로 하여 진실로 마음 속을 잡아야 한다.」(人心惟危, 道心惟微, 惟情惟一, 允執厥中) 《논어 · 위령공이(衛靈公)》 「나의 도는 하나로 관철했느니라.」(吾道, 一以貫之)

何異誇聞百[80]
하 이 과 문 박

백가지 들었다고 자랑하는 것과
무엇이 다르리.

常怪楚狂輩[81]
상 괴 초 광 배

늘 초나라의 미치광이 무리들
괴이쩍게 여기어,

妄自分黑白
망 자 분 흑 백

망령되이 스스로 검고 흰 것 가리네.

遇聖不遜志[82]
우 성 불 손 지

성인을 만나고도 뜻 겸허해하지 않으니,

潔身還可惜[83]
결 신 환 가 석

몸 깨끗이 하려한 것이 오히려 애석하네.

80 | 과문박(誇聞百) : 견문이 없으면서도 스스로 많이 안다고 자랑하는 것을 말함. 〈113〉-31)을 보라.

81 | 초광배(楚狂輩) : 「초광」(楚狂)은 「초나라의 거짓 미치광이」라는 뜻으로, 《논어 · 미자(微子)》 편에 나오는 공자가 수레를 타고 초나라를 지나갈 때 공자의 수레 곁으로 다가와서 「봉이여, 봉이여, 덕이 어찌 그리 쇠했는가! 지나간 것은 간언할 수 없고 오는 것은 오히려 좇을 수 있으니, 그만두게, 그만두게, 지금의 정치를 좇는 자는 위태하리로다.」(鳳兮鳳兮, 何德之衰, 往者不可諫, 來者猶可追, 已而已而, 今之從政者殆矣)라는 노래를 부르고는 사라졌다는 접여(接輿)라는 은자(隱者)를 말함. 접여라는 이름은 은자의 실제 이름이 아니고, 공자가 타고 있는 수레 곁으로 다가왔다는 의미로 가탁한 것임. 초나라 미치광이의 무리라는 것은 접여와 같이 도가 쇠한 세상에서 은거하며 살았던 《논어》의 같은 편에 나오는 장저(長沮), 걸익(桀溺)과 같은 무리들을 말함.

【원운시】

貧居乏人工	가난하게 거처하니 사람의 일손 모자라,
灌木荒余宅	작은 나무들 내 집을 황량하게 하였네.
班班有翔鳥	분명히 나는 새는 있어도,
寂寂無行跡	적막하니 지나가는 흔적 없네.
宇宙一何悠	우주 그 얼마나 유구한가?
人生少至百	사람은 살아서 백에 이르는 이 드무네.
歲月相催逼	해와 달 서로 재촉하여,
鬢邊早已白	귀밑머리 일찌감치 이미 하얗게 변하였네.
若不委窮達	궁핍과 영달에 순응하지 않는다면,
素抱深可惜	본래 품은 뜻 심히 애석하리니!

82 | 손지(遜志) : 《상서 · 상서 · 열명(商書 · 說命)》「부열(傅說)이 말했다. …… 오로지 배움에 있어서는 뜻을 겸손히 하고, 언제나 민첩한데 힘을 쓰면 그 닦음이 올 것이며, 진실로 여기에 뜻을 품었다면 도가 그 몸에 쌓일 것입니다.」(說曰, …… 惟學遜志, 務時敏, 厥脩乃來, 允懷于玆, 道積于厥躬)

83 | 결신(潔身) : 《논어 · 미자가(微子)》「자로가 (은자인 삼태기를 매고 가는 사람[荷蓧丈人]에게) 말했다. 『벼슬을 않는 것이 의로움이 없으니, 어른과 아이의 절개를 폐할 수 없으며 임금과 신하의 의리를 어찌 그렇게 폐할 수 있으리오? 그 한 몸을 깨끗이 하고자 큰 인륜을 더럽혔도다.』」(子路曰, 不仕無義, 長幼之節不可廢也, 君臣之義, 如之何其廢之, 欲潔身而亂大倫)

201

其十六　　열 여섯째

吾東號鄒魯[84]
오 동 호 추 로
우리 동방 예로부터 추로지향이라 불리워,

儒者誦六經[85]
유 자 송 륙 경
유자들은 언제나 육경을 암송하네.

豈無知好之
기 무 지 호 지
그것 좋아함을 아는 이 어찌
없었으리오만,

84 | 추로(鄒魯) : 문화, 특히 유교문화가 홍성한 곳을 가리키는 말. 「추」(鄒)는 맹자가 난 땅이고, 「노」(魯)는 공자가 난 땅이어서 그렇게 부름. 《장자 · 천하(天下)》「그 《시경》 · 《서경》 · 《예기》 · 《악경》에 있는 것은 추 땅과 노나라 땅의 선비들과 유자들이 거의 대부분 밝혀 놓았다.」(其在於詩書禮樂者, 鄒魯之士 · 縉紳先生, 多能明之) 지금 도산서원(陶山書院)에 가면 그 입구에 공자의 종손인 공덕성(孔德成)교수가 1982년에 일일원장(一日院長)을 할 때 써 놓은 「추로지향」(鄒魯之鄕)이라는 비석이 있다.

85 | 육경(六經) : 유가의 가장 대표적인 경전인 《시경(詩經)》 · 《서경(書經)》 · 《역경(易經)》 · 《예기(禮記)》 · 《춘추(春秋)》 · 《악경(樂經)》을 말한다. 《고증》에서는 《소학(小學)》의 주를 인용하여 《악경》 대신 《주례(周禮)》를 포함시켰는데 이는 대체로 진(秦)의 분서(焚書) 사건 후에 《악경》이 없어졌기 때문에 그런 것 같다. 《장자 · 천운(天運)》「공자가 노자(老子)에게 말했다. 『저는 《시》 · 《서》 · 《예》 · 《악》 · 《역》 · 《춘추》의 육경(六經)을 닦은 지가 스스로 오래되었다고 생각하며 그 뜻을 익히 알고 있습니다.』」(孔子謂老聃曰, 丘治詩 · 書 · 禮 · 樂 · 易 · 春秋六經, 自以爲久矣, 孰知其故矣)

86 | 교교정오천(矯矯鄭烏川) : 「교교」는 씩씩한 모양을 말함. 《시경 · 노송 · 반수(魯頌 · 泮水)》「씩씩하도다, 범같은 장수들, 문묘(文廟)에서 베어온 목 바치네.」(矯矯虎臣, 在泮獻馘)

정오천(鄭烏川) : 정몽주(鄭夢周)를 말함. 정몽주는 자가 달가(達可), 호는 포은(圃隱)으로 연일(延日) 오천(烏川) 사람임. 고려조 공민왕 때 사람으로 성리학을 깊이 연구하여

何人是有成
하 인 시 유 성

어느 누가 이룸 있었던가?

矯矯鄭烏川[86]
교 교 정 오 천

씩씩하도다, 오천의 정선생이여!

守死終不更[87]
수 사 종 불 경

죽음으로 지켜 끝내 바꾸지 않았네.

佔畢文起衰[88]
점 필 문 기 쇠

점필재 선생은 문장으로 쇠락함 일으켜,

동방의 이학의 조종이라 일컬어져 조선조에 들어 영의정이 추증되었고 시호를 문충공(文忠公)이라 하였으며, 문묘에 제사지냈음.

87 | 수사(守死) : 《논어 · 태백(泰伯)》「선생님께서 말씀하셨다. 『돈독히 믿으면서 학문을 좋아해야 하고, 죽음으로 지키면서 도를 잘 행해야 한다.』」(子日, 篤信好學, 守死善道)
불경(不更) : 《사기 · 전단의 전기(田單列傳)》「왕촉이 말했다. 충신은 두 조대에 걸쳐 임금을 섬기지 아니하고, 정숙한 여인은 두 지아비를 바꾸지 않습니다. 제나라 임금님은 제 간언을 듣지 않았으므로 물러나 들에서 농사를 지었던 것입니다.」(王蠋日, 忠臣不事二君, 貞女不更二夫. 齊王不聽吾諫, 故退而耕於田)

88 | 점필(佔畢) : 점필재(佔畢齋)는 김종직(金宗直, 1431~1492 : 자는 季昷)의 호이다. 문장이 고결하고 후학을 장려하여 키우는데 힘써 일세의 유종(儒宗)이 되었으며, 시호는 문간(文簡)이다. 연산조(燕山朝) 때 무오사화(戊午士禍)를 입었으나 그때 이미 죽어서 부관참시(剖棺斬屍)를 당하는 참변을 입었다. 《요존록》「문장이 뛰어나 필적할 만한 사람이 없었으며 한때 그를 종사(宗師)로 삼았다. 도학을 하는 선비들이 그의 문하에서 많이 났다.」(文章冠絶, 一時師宗之, 道學之士多出其門)
문기쇠(文起衰) : 송나라 소식의 〈조주의 한문공을 모신 사당의 비문(潮州韓文公廟碑)〉「문장은 팔대나 계속된 쇠락을 일으켰으며, 도는 천하의 빠진 사람을 구출하였다.」(文起八代之衰, 而道濟天下之溺) 여기서 「팔대」란 한(漢)에서 당(唐)에 이르기까지의 부화한 기풍이 횡행하던 각 조대를 말하며, 이 구절은 김종직을 한유(韓愈)와 견주어 높여서 이른 것이다.

求道盈其庭
구 도 영 기 정

도를 구하는 사람들이 그의 뜰을 채웠네.

有能青出藍[89]
유 능 청 출 남

능히 청색에서 남색 나올 수 있었으니,

金鄭相繼鳴[90]
김 정 상 계 명

김굉필과 정여창 서로 이어 울리었다네.

莫逮門下役
막 체 문 하 역

문하의 일꾼에도 못 미쳤으니,

撫躬傷幽情
무 궁 상 유 정

내 몸 쓰다듬으며 깊은 마음 상해 하네.

89 | 출청람(出青藍) : 《통지(通志)》의 〈곤충초목략(昆蟲草木略)〉「쪽에는 세 가지가 있는데 요람은 녹색이 섞여 있고, 대람은 겨자 같이 생겼는데 열은 황색이며, 괴람은 회나무 같이 생겼는데 푸른 빛이 섞여 있다. 세 쪽은 모두 염료로 쓸 수 있는데 본색보다 낫게 되어 『파란색은 쪽에서 나오지만 쪽빛보다 파랗다』고 한다.」(藍三種, 蓼藍雜綠, 大藍如芥淺黃, 槐藍如槐雜青. 三藍可作澱色, 成勝母, 故日青出藍而青於藍)《순자 · 권학(勸學)》「푸른색은 쪽풀에서 빼내지만 쪽풀보다 푸르고, 얼음은 물이 얼어서 되는 것이지만 물보다 차갑다.」(青取之藍而青於藍, 氷水爲之而寒於水) 나중에는 따라서 제자가 스승보다 나음을 비유하는 말로 쓰였음. 《북조의 역사 · 이효백의 전기(北史 · 李孝伯傳)》「이밀(李謐)의 자는 영화인데 젊어서 배우기를 좋아하여 백가의 학문을 두루 살폈다. 처음에는 소학박사인 공번을 스승으로 모셨는데 수년 후에는 번이 오히려 밀에게 가서 학업을 청하였다. 동문의 선비들이 말하기를 『청색은 쪽풀이 된 것인데 쪽풀이 청색에 감사해 하니, 스승이라고 어찌 항상 스승일 수 있겠는가! 경문을 밝히는 것이 스승일세.』라 했다.」(謐字永和, 少好學, 周覽百氏. 初師事小學博士孔璠, 數年後, 璠還就謐請業. 同門生爲之語日, 青成藍, 藍謝青, 師何常, 在明經)

【원운시】

少年罕人事	젊은 시절에는 사람 사귀는 일 드물었고,
遊好在六經	육경에서 노니는 것 좋아하였네.
行行向不惑	가고 또 가서 불혹의 나이 되려 하나,
淹留遂無成	정체하여 마침내 이룬 것 없네.
竟抱固窮節	끝내 군자의 실로 궁한 절개 안고,
飢寒飽所更	주림과 추위만 싫컷 겪었네.
蔽廬交悲風	헤진 초가집에 슬픈 바람만 왔다갔다 하고,
荒草沒前庭	거친 풀은 앞뜰을 덮어버렸네.
披褐守長夜	베옷 걸치고 긴밤을 지켜도,
晨鷄不肯鳴	새벽 닭은 울려하지 않네.
孟公不在玆	유공(劉龔 : 자는 孟公) 여기 있지 않으니,
終以翳吾情	끝내 내 마음 가리웠다네.

90 | 김정(金鄭) : 김굉필(金宏弼 : 1454~1504)과 정여창(鄭汝昌 : 1450~1504)을 말함.
김굉필의 자는 대유(大猷), 호는 한훤당(寒暄堂)으로 서흥(瑞興) 사람이며 점필재를 사사했다. 평생을《소학(小學)》을 가지고 몸의 법도로 삼았으며 실천을 참으로 알아 천거되어 형조좌랑이 되었다. 무오사화 때 희천(熙川)으로 귀양갔다가 순천(順天)으로 옮겨져 극형을 당했다. 나중에 영의정에 추증되었으며, 시호는 문경(文敬)이고 문묘에 배향되었다.
정여창은 자가 백욱(伯勖) 호는 일두재(一蠹齋)로 하동(河東) 사람이다. 점필재의 문하에서 노닐며 도의(道義)를 연마하여 성리학에 정통하였다. 정주학(程朱學)을 법도로 삼았다. 무오사화 때 종성(鍾城)에 유배되어 갑자년(甲子年)에 사약을 받고 죽음을 당하였으며 좌의정에 추증되었다. 시호는 문헌(文獻)이며 문묘에 배향되었다. 이상《고증》과《요존록》에서 정리.

202

其十七 열 일곱째

蕭蕭草蓋屋 소 소 초 개 옥	쓸쓸하고 쓸쓸한 풀로 이은 집에,
上雨而旁風[91] 상 우 이 방 풍	위로는 비 내리고 옆으로는 바람 부네.
就燥屢移牀[92] 취 조 누 이 상	마른 곳 찾아 여러번 책상 옮기고,
收書故篋中 수 서 고 협 중	낡은 궤짝 속으로 책 거두네.

91 | 소소~방풍(蕭蕭~旁風) : 진나라 도연명(陶淵明)의 〈오류선생의 전기(五柳先生傳)〉「사방의 벽은 허전하였으며, 풍우나 햇볕을 가려주지 못했다.」(環堵蕭然, 不蔽風日)

92 | 취조(就燥) : 《주역 · 문언의 주석(文言傳)》「물은 축축한 곳으로 흐르고, 불은 마른 곳으로 나아간다.」(水流濕, 火就燥)

93 | 무무현금(撫無絃琴) : 《남조의 역사 · 도잠의 전기(南史 · 陶潛傳)》「잠은 음악에 능하지는 못했지만 줄없는 거문고를 하나 가지고 있었다. 술이 적당히 취할 즈음에는 걸핏하면 그것을 타면서 뜻을 의탁하였다.」(潛不解音聲, 而畜素琴一張. 每有酒適, 輒撫弄以寄其意)

94 | 궁여통(窮與通) : 궁핍과 현달을 말함. 《장자 · 양왕(讓王)》「옛날의 득도한 자들은 궁핍해도 즐거워 하였고 현달해도 즐거워 하였는데, 즐거워한 것은 궁핍하고 현달한 때문이 아니었기 때문이다. 도덕이 이러한 경지에 이르면 곤궁과 현달은 추위와 더위, 바람과 비가 순환하는 것과 같다.」(古之得道者, 窮亦樂, 通亦樂, 所樂非窮通也. 道德於此, 則窮通爲寒棲風雨之序矣)

但撫無絃琴[93] 단 무 무 현 금	다만 줄없는 거문고 어루만지니,
寧知窮與通[94] 영 지 궁 여 통	궁핍과 현달이야 어찌 알리오?
誇言笑宋玉 과 언 소 송 옥	호언장담하는 송옥 보고 웃는다네,
欲掛扶桑弓[95] 욕 괘 부 상 궁	부상 나무에 활 걸고 싶다고.

【원운시】

幽蘭生前庭	그윽한 곳에 피는 난초 앞뜰에서 자라,
含薰待淸風	향기 머금고 맑은 바람 기다리네.

95 | 과언~부상궁(誇言~扶桑弓) : 《형초고사(荊楚故事)》「양왕이 송옥에게 말하길 『그대는 호언장담할 수 있는가?』라 하니, 말하길, 『구부러진 활 부상나무에 걸고 싶고, 긴칼 하늘 가에 기대두네.』라 했다.」(襄王謂宋玉曰, 女能大言乎, 曰, 彎弓掛扶桑, 長劍倚天外) 《고증》에서 재인용. 삼국시대 위나라 완적(阮籍)의 〈마음 속을 읊음(詠懷詩) · 38〉「구부러진 활 부상나무에 걸고 싶고, 긴칼 하늘 가에 기대어 두네.」(彎弓掛扶桑, 長劍倚天外) 초나라 송옥의 〈대언부(大言賦)〉「초양왕이 당륵 · 경차 · 송옥과 함께 양운에 있는 누대에서 노닐었는데, 왕이 말했다. 『누가 과인에게 큰소리를 칠 수 있겠는가?』라 하자 위에 앉아 있던 …… 송옥에 말했다. 『모난 땅을 수레로 삼고, 둥근 하늘을 지붕으로 삼으며 긴칼 번쩍번쩍 하늘가에 기대두네.』라 했다.」(楚襄王與唐勒景差宋玉遊於陽雲之臺, 王曰, 能爲寡人大言者, 上座 …… 宋玉曰, 方地爲車, 圓天爲蓋, 長劍耿耿倚天外)

淸風脫然至	맑은 바람 경쾌하게 이르니,
見別蕭艾中	성긴 쑥 가운데서도 달라보이네.
行行失故路	가고 또 가서 옛길 잃어버렸어도,
任道或能通	진리[道]에 내맡기면 어쩌다 통할 수도 있으리.
覺悟當念還	깨닫게 된다면 돌아갈 것 생각해야 하리니,
鳥盡廢良弓	새 다 잡고나면 좋은 활도 버려둔다네.

203

其十八	열 여덟째
酒中有妙理[96] 주 중 유 묘 리	술 속에 오묘한 이치 있으나,

96 | 주중유묘리(酒中有妙理) : 당나라 두보의 〈그믐날 최즙(崔戢)과 이봉을 찾다(晦日尋崔李封)〉「탁주 속에 정미로운 이치 있으니, 부침하는 인생 위안 삼을 만하리.」(濁醪有妙理, 庶用慰浮沈) 《고중》「주석에 왕상이 우존이 탁주를 마시는 것을 보고 웃으며 말했다. 『어찌 그리도 이것을 좋아하는가?』 존이 말했다. 『절로 정미로운 이치가 있으니 그대가 알 바가 아니라네.』라 했다.」(王商見于存飮濁酒, 笑曰, 何苦好此物, 存曰, 自有妙理, 非公所知) 《진나라의 역사 · 맹가의 전기(孟嘉傳)》「맹가는 술을 즐겨 마셨는데 많이 마시면 많이 마실수록 취하여 흐트러지지 않았다. 환온이 맹가에게 술이 뭐가 좋아서 그대는 그것을 즐기는가라 묻자, 맹가는 웃으며 말하기를 『그대는 술 속에 있는 정취를 얻지 못했소이다.』라 했다.」(嘉好酣飮, 愈多不亂, 溫問嘉, 酒有何好而卿嗜之. 嘉曰, 公未得酒中趣耳)

未必人人得 미 필 인 인 득	사람마다 다 깨닫는 것은 아니라네.
取樂酣叫中 취 락 감 규 중	즐거이 거나해져 떠드는 중에,
無乃汝曹惑 무 내 여 조 혹	바로 그대들이 현혹되는 것이 아닌가?
當其乍醺醺[97] 당 기 사 훈 훈	언뜻 얼근히 취하는 때 만나면,
浩氣兩間塞[98] 호 기 양 간 색	호연지기 천지간에 꽉 차네.
釋惱而破吝 석 뇌 이 파 린	번뇌 풀어지고 인색함 없어지니,
大勝榮槐國[99] 대 승 영 괴 국	괴안국의 영화보다 훨씬 낫다네.

97 | 훈훈(醺醺) : 술이 얼근히 취하여 기분이 좋은 상태를 말함.

98 | 호기양간(浩氣兩間) : 「호기」(浩氣)는 하늘과 땅의 넓고 큰 정기[浩然之氣]를 말함. 《맹자 · 공손추(公孫丑) 상》「(공손추가) 『묻건데 선생님은 어디에 뛰어나십니까?』라 하자 (맹자는) 『나는 남의 말을 잘 분별하여 들을 수 있고, 나에게 있는 하늘과 땅의 넓고 큰 정기를 잘 기릅니다 』라 했다.」(敢問夫子惡乎長? 曰, 我知言, 我善養吾浩然之氣)
「양간」(兩間)은 하늘과 땅 사이를 말하며, 그 사이에서 거처하는 인간을 가리키는 말로 쓰임. 당나라 한유의 〈사람이란 무엇인가(原人)〉「위에서 형체를 이루고 있는 것을 하늘이라 하고, 아래에 형체를 이루고 있는 것을 땅이라 하며, 그 둘 사이에서 운명을 받은 것을 사람이라 한다.」(形於上者謂之天, 形於下者謂之地, 命於其兩間者謂之人)

99 | 괴국(槐國) : 곧 괴안국(槐安國)을 말하며 헛된 부귀영화를 형용하는 말로 쓰임. 〈39〉-5)를 보라.

畢竟是有待[100] 이것도 결국은 기다림 있는지라,
필 경 시 유 대

臨風還愧默[101] 바람 맞으니 또한 부끄러워 잠잠히 있네.
임 풍 환 괴 묵

【원운시】

子雲性嗜酒 양웅(揚雄 : 자는 子雲)은 성격이 술을 좋아하였으나,

家貧無由得 집이 가난하여 얻을 도리가 없었네.

時賴好事人 이따금 온정 베풀기를 좋아하는 사람 덕에,

載醪祛所惑 탁주를 싣고 오면 의혹 풀어주었네.

觴來爲之盡 술잔 오면 그대로 다 마셔버리고,

是諮無不塞 이 물음 대답 차지 않은 적이 없었네.

有時不肯言 때때로 기꺼이 말을 하고자 하지 않은 것은,

100 | 유대(有待) : 의지하는 것이 있음을 말함. 아무리 도가 통한다 해도 완전무결한 경지에 이르지 않으면 어떤 일이 있을 때 그래도 의지를 해서 행해야 한다는 것의 비유. 《장자 · 자유롭게 노님(逍遙遊)》에서 나온 말. 〈113〉-26)을 참조하라.

101 | 임풍환괴묵(臨風還愧默) : 바람을 맞음을 말함. 《초사 · 구가 · 소사명(九歌 · 少司命)》 「미인을 바라나 오지 않음이여, 바람을 맞으며 멍하니 크게 노래하네.」(望美人兮未徠, 臨風怳兮浩歌) 당나라 두보의 〈검문(劍門)〉 「이런 일 다시 우연히 일어날까 걱정되어, 바람 맞으니 잠자코 슬퍼지네.」(恐此復偶然, 臨風默惆悵)

豈不在伐國	이 어찌 나라를 치는 질문에 있지 않았겠는가?
仁者用其心	어진 이 그 마음을 쓰는데,
何嘗失顯默	어찌 일찍이 달변과 침묵할 때를 잃었던 적 있으리?

204

其十九 열 아홉째

小少聞聖訓 소 소 문 성 훈	어려서나 젊어서나 성인의 가르침 들으니,
學優乃登仕[102] 학 우 내 등 사	학문을 하고도 틈이 나면 벼슬에 나간다 하네.
偶爲名所累 우 위 명 소 누	어쩌다 명예욕에 얽히게 되면,
輾轉徒失已[103] 전 전 도 실 이	엎치락 뒤치락 헛되이 자신을 잃게 되네.

102 | 학우내등사(學優乃登仕) : 《논어 · 자장(子張)》「자하가 말했다. 『벼슬을 하다가 여가가 있으면 학문을 하고, 학문을 하다가 여가가 있으면 벼슬을 한다.』」(子夏曰, 仕而優則學, 學而優則仕) 「우」(優)는 「~을 하고도 남는 힘이 있음」(有餘力)이란 뜻이다.

103 | 전전(輾轉) : 전전반측(輾轉反側), 곧 어떤 일로 고민하며 누워서 엎치락 뒤치락하며 뒤척이는 것을 말함. 《시경 · 주남의 민요 · 물수리(周南 · 關雎)》「그립고 또 그리워, 이리저리 뒤척이네.」(悠哉悠哉, 輾轉反側)

龍鍾猶强顔[104] 룡 종 유 강 안	늙어서 보잘 것 없는데도 억지로 버티며,
竊獨爲深恥 절 독 위 심 치	몰래 홀로 아주 부끄럽게 생각하네.
高蹈非吾事[105] 고 도 비 오 사	멀리 나다니는 것 나의 일 아니어서,
居然在鄕里 거 연 재 향 리	편안히 고향 마을에 있네.

104 | 용종유강안(龍鍾猶强顔) : 「隴種」, 「躘踵」과 같이 쓰며, 「鍾龍」이라고도 한다. 첩운어로 쓰이는 뜻이 매우 많은데 시어로는 「일반적으로 노쇠하여 거동이 느린 모양」(潦倒失意)을 형용할 때 많이 쓰인다. 당나라 한유의 〈취하여 맹교(孟郊)가 떠나감을 만류하다(醉留東野)〉「동야는 벼슬을 얻지 못하고, 흰머리만 용종종하게 휘날리네.」(東野不得官, 白首誇龍鍾) 주석(《韓昌黎全集》 同治 乙巳[1869]年 東雅堂本 참조)에 「躘踵이라 해야한다. …… 소악(蘇鶚)의 《연의》에 『용종은 확 피어 위로 들지 못하는 모양으로, 머리털이 많아 헝클어진 것, 느릿느릿하여 영민하지 못한 것과 같은 따위이다.』라 하였다.」(當作躘踵, …… 蘇鶚演義, 龍鍾不昌熾不翹擧貌, 如藍鬖拉搭之類) 《요존록》「《광운》에서는 『대나무의 이름』이라 했는데, 연로한 사람들은 대나무의 가지와 잎새처럼 흔들흔들하여 스스로 부지할 수 없음을 이른다.」(廣韻, 竹名. 謂年老, 如竹之枝葉, 搖曳有不能自持也)

「강안」(强顔)은 〈10〉–8)을 보라.

105 | 고도(高蹈) : (벼슬 등을 하러) 멀리 나다님[遠行]을 말함. 《좌전 · 애공(哀公) 21년》「노나라 사람들 죄가 있는데도 몇 해가 되도록 깨닫지 못하고 우리로 하여금 멀리 나다니게 하네.」(魯人之皐, 數年不覺, 使我高蹈) 《십삼경주소(十三經注疏)》에는 멀리 나다님이란 주석을 달고 있으나, 높이 뛰는 모양으로 매우 화가 난 모습이라고 풀이한 주석(楊伯峻의 《左傳譯註》인용, 王引之의 견해)도 있다.

所願善人多
소 원 선 인 다

바라기는 착한 사람 많이 나는 것이니,

是乃天地紀[106]
시 내 천 지 기

이는 곧 하늘과 땅의 밑바탕이기
때문이라네.

四時調玉燭[107]
사 시 조 옥 촉

사철 날씨가 조화롭고 화창하니,

萬物各止止[108]
만 물 각 지 지

온갖 사물 제각기 머무를 곳에 머무네.

106 | 선인다~천지기(善人多~天地紀) : 《좌전 · 성공(成公) 15년》「한궐(韓厥)이 말했다. 『극씨네는 (화를) 면치 못할 것이다. 선량한 사람들은 천지의 도리를 지키는 요체인데 여러 번 그것을 끊었으니, 망하지 않는다면 무엇을 기다리겠는가?」(韓獻子曰, 郤氏其不免乎. 善人, 天地之紀也, 而驟絶之, 不亡何待) 「선인」은 「도덕이 있는 사람」, 「선량한 사람」을 말함. 《논어》에서는 군자란 의미로 쓰였음. 송나라 나대경(羅大經)의 《학림옥로(鶴林玉露)》 권12 「예장의 여저는 열 두 자를 써서 말하기를 『하늘이 항상 착한 사람을 내어서 사람들이 항상 착한 일을 하기를 바란다.』라고 하였다.」(豫章旅邸有題十二字云, 願天常生善人, 願人常行善事)

107 | 사시조옥촉(四時調玉燭) : 「옥촉」은 사철 날씨가 고르고 기후가 화창함을 말하며, 태평성세를 형용하는 말임. 《이아 · 하늘을 풀이함(爾雅 · 釋天)》「사철 날씨가 온화한 것을 옥촉이라 한다.」(四氣和謂之玉燭) 시교(尸佼)의 《시자(尸子)》「옥으로 만든 초에 촛불을 붙이고, 달콤한 샘 곁에서 마시며, 긴 바람을 쐬고, …… 사철 온화한데 마침 햇빛이 내려 쪼이는 것, 이것을 일러 옥촉이라 한다.」(燭於玉燭, 飮於醴泉, 暢於永風, …… 四氣和正光照, 此之謂玉燭)

108 | 지지(止止) : 「止之」와 같이 쓰며 머물러야 할 곳에 멈추는 것을 말함. 《장자 · 인간세(人間世)》「저 빈 곳을 보면 빈 공간에 흰색이 생겨나니 길하고 상스러움이 머물 곳에서 머무른다.」(瞻彼闋者, 虛室生白, 吉祥止止)

畢志林壑中[109] 필 지 림 학 중	필생의 뜻 숲속 골짜기에 두었으니,
吾君如怙恃[110] 오 군 여 호 시	우리 임금님 부모처럼 믿고 의지하네.

【원운시】

疇昔苦長飢	지난날 오랜 굶주림을 괴로워하여,
投耒去學仕	쟁기 내던지고 가서 벼슬길 배웠네.
將養不得節	가족 먹여살리는 일 제대로 되지 않아,
凍餒固纏己	추위와 굶주림 실로 나를 휘감고 있네.
是時向立年	때는 벌써 서른을 바라봐도,
志意多所恥	마음 속에 품은 뜻 부끄러움 많았네.
遂盡介然分	마침내 굳센 분수 다하여,
拂衣歸田里	옷 털고 고향마을로 돌아왔네.
冉冉星氣流	점점 별자리와 절기는 흘러가,

109 | 임학(林壑) : 원래의 의미는 「산골짝의 시내」라는 뜻이지만, 주로 은거의 비유로 많이 쓰인다.

110 | 호시(怙恃) : 두 가지 의미가 있는데 첫번째 의미는 「믿고 의지하다」라는 뜻이다. 《좌전 · 양공(襄公) 18년》 「제나라 임금 환은 국토의 험함을 믿고 백성의 많음을 등에 업어 우호관계를 버리고 맹세를 저버려 신을 모시는 백성을 괴롭히고 있습니다.」(齊環怙其險, 負其衆庶, 棄好背盟, 陵逆神主) 이 뜻이 인신(引申)되어 「부모」라는 의미로도

亭亭復一紀	까마득히 또 열 두 해가 되었네.
世路廓悠悠	세상의 길 휑하고 또 머니,
楊朱所以止	양주가 그친 까닭이라네.
雖無揮金事	비록 소광처럼 돈을 뿌리며 논 일은 없다 하나,
濁酒聊可恃	탁주만 애오라지 믿을 만하네.

205

其二十	스무째
近代蘇雲卿 근 대 소 운 경	가까운 시대에는 소운경이,
漢時鄭子眞[111] 한 시 정 자 진	한나라 때에는 정자진이 있었다네.
遯迹意何如 둔 적 의 하 여	자취 감춘 뜻 어떠함인가?

쓰인다. 《시경 · 소아 · 무성한 다북쑥(蓼莪)》「아버지가 없으면 누구를 의지할 것이며, 어머니가 없으면 누구를 의지할 것인가?」(無父何怙, 無母何恃) 여기서는 두 가지 의미가 복합적으로 쓰였다. 당나라 한유의 〈유모의 묘에 바치는 명문(乳母墓銘)〉「유는 난지 두 달도 미처 차지 않아 (의지하고 믿을만한) 부모를 여의었다.」(愈生未再周月, 孤失怙恃)

聊欲還其淳 료 욕 환 기 순	애오라지 그 순박함으로 돌아가고자 함이었네.
千歲如流電 천 세 여 류 전	천년 세월 흐르는 번개와 같아,
萬事更故新[112] 만 사 경 고 신	만사 옛 것 새롭게 바꾸었네.
伯夷本歸周[113] 백 이 본 귀 주	백이 애당초 주나라로 귀속하였고,
黃公竟避秦[114] 황 공 경 피 진	황공은 끝끝내 진을 피하였다네.

111 | 소운경~정자진(蘇雲卿~鄭子眞) : 소운경과 정자진은 모두 이름있는 은사이다. 소운경은 남(南宋) 광한(廣漢) 사람이다. 소흥(紹興) 연간에 정강(靖康)의 난이 일어나자 예장의 동호로 가 움막을 짓고 혼자서 살았는데 이웃에서 귀천노소를 가리지 않고 모두 그를 공경하고 사랑하여 그를 소옹(蘇翁)이라 불렀다 한다. 칡의 올[葛布]로 된 옷을 입고 짚신을 신고서도 종신토록 이를 바꾸지 않았으며, 채소를 가꾸고 짚신을 삼아 자급하였는데 틈이 나면 문을 닫고 높이 누워 있었으며, 어떤 때는 우뚝하니 종일토록 앉아 있었는데 아무도 그의 의중을 헤아리지 못했다. 젊어서부터 포의(布衣)의 친구였던 장준(張浚)이 입조하여 재상이 되어 편지와 돈 따위를 예장(豫章)의 운송관리[帥漕]에게 주어 그에게 전하라고 했다. 그 관리는 이에 말에서 내려서 그의 채마밭으로 들어가 서한과 패물을 내어 함께 가주기를 간곡히 청했다. 사양하면서 다음날 아침에 찾아보겠다 해서 다음날 관원을 보내어 나아가 맞게 했는데 문짝만 고요할 뿐 어디로 갔는지 알 수가 없었다. 그 고을에서는 그에게 사당을 세워주었다 한다. 《송나라의 역

古來英傑士
고 래 영 걸 사

예로부터 영걸한 선비들은,

終不墜風塵
종 불 추 풍 진

끝내 세속으로 떨어지지 않았다네.

聖賢救世心
성 현 구 세 심

성현들 세속적인 마음 구하는데,

豈必夙夜勤
기 필 숙 야 근

어찌 밤낮으로 부지런해야 하리?

卓哉柴桑翁[115]
탁 재 시 상 옹

우뚝하도다, 시상의 늙은이여!

사·은자들의 전기(隱逸傳)》에 전기가 실려 있다.

정자진은 한나라 때 곡구(谷口)에 은거하면서 살던 은사임. 〈44〉–27), 〈142〉–4)를 보라.

112 | 만사경고신(萬事更故新) : 주자의 〈제자인 구자복이 지은 시의 각운자를 써서 저행지 나으리·백옥·탁문 및 좌중의 여러 벗들에게 드림(用丘子服弟韻, 呈儲行之明府伯玉卓文及坐上諸友)〉「한 잔 술로 그대들과 더불어 삶과 죽음 같이 할지니, 만사 그때부터 옛것이 새것으로 바뀐다네.」(一杯與爾同生死, 萬事從渠更故新)

113 | 백이귀주(伯夷歸周) : 〈165〉–18)을 보라.

114 | 황공경피진(黃公竟避秦) : 황공은 진(秦)이 중국을 통일하자 세상에서 자취를 감추었던 상산사호(商山四皓) 중의 하나인 최광(崔廣)을 말함. 최광은 최곽(崔廓)이라고도 하며 자는 문통(文通)이다. 일찍이 하리(夏里)에 은거하였던 적이 있어서 호를 하황공(夏黃公)이라 하였다.

115 | 시상옹(柴桑翁) : 시상에서 살았던 도연명(陶淵明)을 말함.

百世朝暮親[116]
백 세 조 모 친

백 년을 아침저녁으로 가까이 여기었네.

湯湯洪流中
상 상 홍 류 중

넘실넘실하는 큰 물결 속에서도,

惟子不迷津[117]
유 자 불 미 진

그대만이 나루 찾아 헤매지 않았네.

同好陸修靜[118]
동 호 육 수 정

같이 즐기던 육수정은,

晚負廬山巾[119]
만 부 여 산 건

늙으막에 여산의 두건 벗어버렸다네.

安得酒如海
안 득 주 여 해

어떡하면 바다같은 술 얻어,

116 | 백세조모친(百世朝暮親) : 《장자 · 제물론(齊物論)》「만세가 흐른 뒤에 한 큰 성인을 만나 이 도리를 깨우친다 해도 또한 아침이나 저녁에 그를 만나는 것이나 다름없다.」(萬歲之後而遇大聖, 知其解者, 是旦暮遇之也)

117 | 미진(迷津) : 길을 잃다[迷途, 또는 迷塗]의 뜻임. 당나라 맹호연(孟浩然)의 〈남으로 돌아오는 배 속에서 원태축에게 부침(南還舟中寄袁太祝)〉「도원은 어디 있는가? 나그네 바로 길 잃었다네.」(桃源是何處, 遊子正迷津) 「미도」에 대한 용례는 위 51)을 보라.

118 | 동호육수정(同好陸修靜) : 육수정(406~477)은 남조 송(宋)나라 오흥(吳興)의 동천(東遷) 사람으로 자는 원덕(元德)이다. 일찍이 여산(廬山)의 간적관(簡寂觀)에서 도를 닦은 적이 있으며 중 혜원(惠遠) 및 도연명과 함께 정토종(淨土宗) 최초의 결사인 백련사(白蓮社)를 결성하였다. 시호는 간적(簡寂)이다. 주자의 〈같은 해에 급제한 우무가 지은 여산을 읊은 여러시 · 간적관(奉同尤延之提擧廬山雜詠 · 簡寂觀)〉「다섯 그루 버들 있는 곳의 늙은이와 친교 맺어서, 여러번 줄없는 거문고 감상하였네. 서로 손잡고 백련사의 가에서, 한 차례 웃으면서 평소에 품은 뜻 기울였다네. 만년에는 사람 많은 곳

喚起九原人[120]
환 기 구 원 인

구천九泉의 언덕에 누운 사람
불러 일으키리.

【원운시】

羲農去我久 복희씨와 신농씨 우리를 떠난지 오래되어,
擧世少復眞 온세상에 순진한 데로 돌아가는 이 적네.
汲汲魯中叟 바쁘디 바빴던 노나라의 늙은이[공자]는,
彌縫使其淳 깁고 채워서 그를 순박하게 하였네.
鳳鳥雖不至 봉황새 이르지는 않았어도,
禮樂暫得新 예악 잠시나마 새로워질 수 있었네.

바꾸어, 옛산에 구름봉우리 잠기었다네. 땔나무 수레 마침내 돌아오지 않으니, 난새며 학 부질없이 우네.」(結交五柳翁, 屢賞無絃琴. 相携白蓮渚, 一笑傾夙心. 晚歲更市朝, 故山鎖雲岑. 柴車竟不返, 鸞鶴空遺音)

119 | 만부여산건(晩負廬山巾) : 「산건」(山巾) 「황관」(黃冠)이라고도 하며, 야산에 은거하면서 지내는 도사들이 간편하게 쓰는 두건을 말하는데, 보통 은자의 비유로 많이 쓰임. 육수정은 여산의 간적관에서 은거하며 지내다가 만년에 송 명제(明帝)의 부름을 받아 건강(建康)으로 가 결국 숭허관(崇虛館)에서 죽었는데, 여기서는 이 같은 육수정의 처사를 못마땅하게 여기어 말하는 것임. 〈26〉-6)을 보라.

120 | 구원인(九原人) : 「구원」은 원래 춘추시대 진(晉)나라 경대부들의 묘지를 말함. 《예기 · 단궁 하(檀弓下)》「조문자는 숙예와 더불어 구원의 무덤을 보았다.」(趙文子與叔譽觀乎九原) 나중에는 또한 일반 묘지를 범칭하는 말로도 쓰이게 되었음. 당나라 교연(皎然)의 〈단가행(短歌行)〉「쓸쓸한 안개와 비 구천의 언덕을 덮고 있으니, 흰 버들이며 푸른 소나무 있는 곳에 묻힌 자 누구인가?」(蕭蕭煙雨九原上, 白楊靑松葬者誰)

洙泗輟微響　곡부땅 흐르는 수수와 사수에 가느다란 소리 끊기니,
漂流逮狂秦　떠돌아 흐르며 미친 진나라까지 이르렀네.
詩書復何罪　《시》와 《서》에 무슨 죄 있다고,
一朝成灰塵　하루 아침에 재와 먼시로 화했넌가?
區區諸老翁　작고도 작은 몇몇 늙은 유생들,
爲事誠殷勤　일하는데 실로 정성들였네.
如何絕世下　어찌하여 세상(한나라) 끊긴 후에는,
六籍無一親　육경 가까이 하는 이 하나도 없는가?
終日馳車走　종일 수레를 달려 가도,
不見所問津　나루터 묻는 이 보이지 않네.
若復不快飮　다시금 흔쾌히 마시지 않는다면,
空負頭上巾　술 거르는 두건 헛되이 쓴 것이리.
但恨多謬誤　다만 한스럽긴 잘못과 그릇됨 많은 것이니,
君當恕醉人　그대 마땅히 취한 사람들 용서해야 하리.

206. 六月七日作_聞許南仲遷謫[1]

유월 칠일날 짓다_허자許磁가 좌천되어 귀양갔다는 말을 듣다

遠壑依依雲冪冪[2] 원 학 의 의 운 멱 멱	먼 골짝은 어른어른하고 구름은 짙고 짙은데,
輕風拂拂雨紛紛 경 풍 불 불 우 분 분	가벼운 바람은 설렁설렁 비는 어지러이 내리네.
窓前水石含幽憤 창 전 수 석 함 유 분	창앞의 수석까지도 깊은 울분 머금고 있는 듯,
增我平生苦憶君 증 아 평 생 고 억 군	나로 하여금 끊임없이 그대 생각 더하게 하네.

1 | 허남중(1496~1551) : 《요존록》「이름은 자(磁 : 호는 東崖)이며, 을사년(乙巳年 : 1545年)에 벼슬이 찬성(贊成)이었는데 이기(李芑)의 무리들과 밀지를 받들고 윤임(尹任) 등의 죄를 논하고 아울러 옥사를 의논했다. 그러나 이기와는 상반되어서 논공행상을 거절하고 거듭 이기의 심기를 거슬렀으며, 그 이듬해인 병오년(丙午年)에는 대간(臺諫) 진복창(陳復昌)의 죄를 논했다. 경술년(庚戌年 : 1547년)에 대간에서는 계(啓)를 올려 공이 있다고 적었으나 부끄러이 여겨 스스로 소인의 이름을 면할 수 없다고 생각했다. 일부러 미친 소리를 하며 홍원(洪原)으로 귀양가 울분을 안고 죽었다.」

2 | 멱멱(冪冪) : 연기 구름 등이 짙은 모양. 당나라 한유의 〈작살로 고기를 잡는데 장공조를 부르다(叉魚招張公曹)〉「강 덮고 있는 연기 짙고도 짙어, 그림자 떨쳐나가 쓸쓸하고도 쓸쓸하네.」(蓋江煙冪冪, 拂掉影寥寥)

207~208. 偶讀宋潛溪靜室詩, 次韻示兒子寯閔生應祺, 二首[1]

우연히 송렴의 정실시를 읽다가 그 시의 각운자에 맞추어 지어 아들 준과 민응기에게 보이다, 두 수

207

林扉面山開
임 비 면 산 개

숲속의 싸리문은 산을 향해 열려 있고,

揷籬村蹊隔
삽 리 촌 혜 격

울타리 꽂혀 마을길과 막혀 있네.

室中靜圖書
실 중 정 도 서

방안은 고요하게 책과 그림만 꽂혀 있고,

門前閒杖屐
문 전 한 장 극

문 앞에는 한가로이 지팡이와 나막신 놓여 있네.

1 | 송잠계(宋潛溪) : 송렴(宋濂 : 1310~1381, 자는 景濂)의 호이다. 금화(金華) 잠계(潛溪) 사람인데 나중에 포강(浦江 : 지금의 浙江)으로 옮겼음. 명초에는 임금의 명을 받들어《원사(元史)》의 편수를 주관했다. 벼슬이 학사승지지제고(學士承旨知制誥 : 곧 翰林學士)까지 이르렀다. 나중에 장자인 송신(宋愼)이 당시 승상으로 있던 호유용(胡惟庸)의 일에 연루되어 일가가 모두 무주(茂州)로 귀양을 가게 되었는데, 송렴은 도중에 기주(夔州)에서 죽었다. 시호는 문헌(文憲)이며,《명사(明史)》에 전기가 실려 있다. 문집으로는《송학사집(宋學士集)》이 전한다.

준(寯) : 자는 정수(廷秀)이며 퇴계의 맏아들이다. 가정(嘉靖) 계미년(癸未年 : 1523年)에 났으며, 일찍이 남다른 가정교육[過庭之訓]을 받았다. 문학적 소양이 풍부했으며 벼슬을

雨餘暑氣淸 우 여 서 기 청	비온 뒤라 더운 기운 맑아지고,
溪邊人事寂 계 변 인 사 적	시내가에는 사람들 일없어 적막하네.
時時挾册來 시 시 협 책 래	때때로 책 끼고들 오니,
汝輩留行迹 여 배 유 행 적	너희들 오간 흔적만 남아 있네.

【원운시】 〈靜室 고요한 방〉

宋濂 송렴

靜室似僧廬	고요한 방 마치 승방과 같아,
絕與黃塵隔	속세와는 까마득히 떨어져 있네.

하면서 청렴과 부지런함으로 이름이 났으며 벼슬은 현령(縣令)을 지냈다.

민응기(閔應祺) : 《고증》「자는 백향(伯嚮), 호는 경퇴재(景退齋) 또는 우수(尤叟)라고도 했다. 영주(榮州)에 살면서 선생이 문하에서 수하하였는데, 선생도 그의 입지가 드물게 훌륭하다고 인정하였다. 윤중사마(倫中司馬), 왕자의 사부에 배수되었으며 《대학요람(大學要覽)》과 《심경석의(心經釋義)》을 지어 바쳤다. 임금이 그에게 매화분재가 있다는 소리를 듣고 바치라 하니 공이 말했다. 『옛사람들이 예쁜 국화를 바치고 조롱을 받았으므로 신은 감히 눈과 귀의 노리개를 바칠 수 없나이다』라 하니 임금이 의롭게 여겼다. 현령(縣令)을 지냈다.」 그의 사후 광해군 때에 좌승지(左承旨)로 추증되었다. 민응기의 호가 《고증》에는 경진재(景進齋)로 되어 있으나 틀렸으므로 바르게 고침.

引雀喜留黍	참새 끌어들이니 남은 낟알에 기뻐하고,
惜苔懶穿屐	이끼 게을러져 나막신에 끼인 것 안타까워 하네.
有時倚幽軒	이따금 그윽한 난간에 기대니,
情境一何寂	정경 그 얼마나 고요한가?
知有巖花飛	바위에 핀 꽃 날리는 것 아나,
隨風亦無迹	바람 따라 날아가 또한 자취 없네.

208

幽庭草積翠 유 정 초 적 취	그윽한 뜰에는 풀 푸르름 더하여 쌓이고,
曲渚沙鋪明 곡 저 사 포 명	구비진 물가에는 모래 깔려 환하네.
風驅酷暑去[2] 풍 구 혹 서 거	바람이 무더위 몰아내니,

2 | 풍구혹서거(風驅酷暑去) : 송나라 소백온(邵伯溫)의 《문견전록(聞見前錄)》「노국공 범질이 하루는 봉구의 골목에 있는 찻집에 앉아 있었는데, 어떤 모습이 괴이하고 남루한 한 사람이 앞으로 오더니 읍을 했다. 때가 매우 더웠던 때라 공이 쥐고 있던 부채에 우연히 『크게 더울 때 혹독한 관리 가더니, 맑은 바람 부니 옛 친구 오네.』라는 시 두 구절을 썼다. 그 사람이 말하기를 『세상에 혹독한 관리며 억울한 옥사(獄事)가 어찌 큰 더위에 그치겠습니까.』라 했다.」(范魯公質, 一日坐封丘巷茶肆中, 有人貌怪陋前揖. 時暑中, 公所執扇偶書, 大暑酷吏去, 淸風故人來, 詩兩句. 其人曰, 世之酷吏冤獄何止如大暑也) 이 전고는 송(宋)나라 때의 중인 문형(文瑩)이 지은 《옥호청화(玉壺淸話)》에도 수록되어 전한다.

鳥呼殘夢驚 조 호 잔 몽 경	새 지저귀어 남은 꿈 깨네.
靜居何所修 정 거 하 소 수	조용하게 거처하며 닦는 것 무엇인가?
年光倏遞更 연 광 숙 체 경	세월은 빨리도 번갈아 바뀌네.
少壯當勉業 소 장 당 면 업	젊어서 학업에 힘을 써야,
庶以慰老情 서 이 위 로 정	늙은 뒤의 심정 위안 받을 수 있으리.

【원운시】

明月出東山	밝은 달 동쪽 산에서 떠올라,
照見西林明	서쪽 숲 밝게 비추어 보이네.
龍蛇布滿地	용이며 뱀 온 땅에 깔려 있는 것 같아,
欲步還自驚	가고져 하다가 오히려 스스로 놀라네.
試問夜何其	묻노니, 밤 그 얼마나 되었는지?
鳥喧似知更	새 시끄럽게 우니 5경은 된 듯하네.
誰探千載意	누가 천고의 진리 탐색하는가?
寂默乃其情	눈감고 조용히 그 속뜻 명상해 보네.

찾아보기

ㄱ

ㅇ

ㅈ

ㅌ

ㅍ

ㅎ

지은이

이 황 (李滉, 1501~1570)

호는 퇴계退溪, 시호는 문순文純으로 경상북도 예안에서 출생했다. 서른네 살에 문과에 급제하여 대사성, 부제학, 우찬성, 양관대제학 등의 벼슬을 지냈고, 도산서원陶山書院을 통해 학문 연구와 후진 양성에 힘썼다. 기대승과 8년간의 서신 왕래로 인간의 심성과 선악에 대해 펼친 사칠논변四七論辯은 유성룡, 김성일, 정구 등에게 계승되어 영남학파를 이뤘고, 이이李珥를 중심으로 한 기호학파와 대립하며 조선 성리학의 발전에 크게 공헌했다. 저서로는 〈자성록自省錄〉을 비롯하여 16종의 시문집을 묶은 〈퇴계전서退溪全書〉, 〈주자서절요朱子書節要〉, 〈도산십이곡陶山十二曲〉등이 있다.

옮긴이

이장우 (李章佑 : 1939~)

경북 영해에서 태어나 서울대학교 중어중문학과를 졸업하고, 국립대만대학에서 석사, 서울대학교에서 박사학위를 취득하였다. 중국의 국립중앙연구원, 프랑스 파리 제7대학, 미국 스탠포드대학과 하바드대학 등지에서 연구와 강의를 하였으며 현재 영남대학교 중국언어문화학부 명예교수, 사단법인 영남중국어문학회 이사장, 동양고전연구소 소장으로 있다.

주요 역저로 『한유 시 이야기』(1988), 『중국문화통론』(1993), 『중국문학을 찾아서』(1994), 『중국시학』(1994), 『중국의 문학이론』(1994), 『고문진보 전 · 후집』(공역, 2001, 2003) 외 다수가 있다.

jangwu@yumail.ac.kr

장세후 (張世厚 : 1963~)

경북 상주에서 태어나 영남대학교 중어중문학과를 졸업하고, 같은 대학 중어중문학과에서 석사학위와 박사학위(『주희 시 연구』, 1996)를 취득하였다. 영남대학교 중어중문학과 겸임교수 및 경북대학교 퇴계연구소 연구초빙교수를 역임하였으며, 2003년 대구매일신문에서 선정한 대구 · 경북지역의 인문사회분야의 뉴리더 10인에 선정된 바 있다. 현재 대구한의대학교 주자대전 번역팀의 전문연구원으로 있다.

주요 역저로 『주자시 색인』(1996), 『한학 연구의 길잡이古籍導讀』(1998), 『퇴계시 색인』(2000), 『초당시(*The Poetry of the Early T'ang*)』(2000), 『고문진보 전집』(공역, 2001), 『주희 시 역주 1, 2』(2004, 2005), 『도산잡영』(공역, 2005), 외 다수가 있다.

jshljy@yumail.ac.kr